MANUEL

DE

PHILOSOPHIE MODERNE.

Paris. — Imprimerie de Schneider et Langrand,
rue d'Erfurth, 1.

MANUEL

DE

PHILOSOPHIE

MODERNE,

PAR CH. RENOUVIER.

> Vivida vis animi pervicit.
> (LUCRÈCE.)

PARIS,
PAULIN, ÉDITEUR, RUE DE SEINE, 33.

1842

PRÉFACE.

Une partie de ce livre a été mentionnée honorablement par l'Académie des sciences morales et politiques, à l'occasion d'un concours par elle ouvert sur l'histoire critique du cartésianisme.

Mais ce n'est pas la seule raison pour laquelle le nom de Descartes y domine; il faut un point de vue fixe à celui qui veut indiquer la marche de la philosophie moderne avec quelque conscience de son origine et de sa nature. Or, où trouver mieux ce point de vue que dans les ouvrages du grand initiateur de la philosophie en France?

Descartes, après avoir le premier fondé la science générale et esquissé son ensemble, en dirige ensuite et en gouverne le cours pendant tout le dix-septième siècle.

Avant ce grand siècle, toute philosophie dépend de l'antiquité ou du moyen âge. Si une réforme se fait jour, elle a un caractère critique ou n'embrasse qu'une partie des connaissances humaines; si une science se développe avec originalité et grandeur, c'est la science mathématique, mécanique, physique; aussi contient-elle le germe de la révolution qui va se faire.

Après le dix-septième siècle, au contraire, il semble qu'il n'y ait plus de science désintéressée: la pensée moderne est, il est vrai, constituée; l'élément antique et celui du moyen âge ont été absorbés par l'esprit humain pendant les quinzième et seizième siècles; enfin l'élément nouveau est vivace, et déjà tout un monde d'idées s'en est échappé. Mais d'un autre côté la réforme religieuse éludée en France y devient plus exigeante, le problème scientifique pur est abandonné, toute question se fait politique ou sociale, l'Europe est entraînée par la France, et la philosophie n'est plus qu'un nom, hors celle qui sert les passions du moment.

A notre âge appartiennent toutes les restaurations; mais il semble qu'au milieu de la fureur d'érudition qui nous possède, et de l'ardeur qui nous pousse à l'explication, à l'interprétation universelles, la grande philosophie française, celle du dix-septième siècle, celle qui nous a donné la méthode, et la science, et presque tout l'esprit que nous avons, n'a pas encore trouvé un interprète assez dévoué.

C'est dans cette philosophie cependant que le rapide aperçu que je viens de donner du mouvement des esprits depuis trois siècles m'apprend à chercher le point central de la doctrine moderne et le nœud de son histoire. Le titre donné à cet ouvrage sera donc justifié, si je parviens à représenter dans leur origine tous les éléments historiques qui ont pu contribuer en quelque chose à faire atteindre à la pensée la station qu'elle occupe de nos jours, et si j'essaye ensuite de définir la méthode et les principes premiers de la philosophie, tels qu'ils se poseront naturellement devant moi à la fin de mon analyse historique.

La philosophie étant éminemment la science des sciences, je devrai embrasser, autant que possible, son application aux sciences particulières, et insister plus qu'on ne le fait ordinairement sur la philosophie naturelle. La physique cartésienne, jusqu'ici méconnue, revendiquera la part immense à laquelle elle a droit dans les derniers progrès de cette science, et cet admirable monument d'un grand génie sera analysé dans ses éléments et relevé dans son ensemble. L'histoire de la philosophie des mathématiques sera enfin éclaircie dans certains de ses principes généraux.

On rencontrera dans la conclusion dogmatique de ce livre un grand mot, *éclectisme*, sur lequel on dispute beaucoup aujourd'hui, et sur lequel on s'entend très-peu. Il faut dire en deux mots comment il s'y trouve compris : il y a d'abord, ou du moins il peut y avoir une *méthode vraie*, car il est impossible de juger sans admettre un *principe*, de comparer sans poser un *criterium*, et de raisonner sans partir d'un *système logique*. Cela posé, il ne faut pas songer à soumettre la méthode à l'épreuve d'un éclectisme quelconque, puisque l'examen ne saurait avoir lieu qu'à la condition qu'une autre méthode serait implicitement reconnue, laquelle alors il faudrait poser pour vraie. Donc s'il existe un moyen de savoir, il existe aussi une méthode inébranlable, et si l'on connaît bien la portée de ce mot, on verra qu'il embrasse la philosophie même, dans son origine et dans les lois qui la déterminent nécessairement. D'après cela il n'y aurait pas lieu à éclectisme, dans un traité de philosophie. Mais ici paraît l'histoire qui nous apporte les contradictions perpétuelles des philosophes, et il semble impossible, aujourd'hui plus que jamais, de séparer la science de son histoire. Que faire alors? Si l'on dit que de chaque système la partie négative est la plus raisonnable, on arrive à nier ou tout principe en lui-même, ou toute méthode qui peut servir à développer un principe, et, dans les deux cas, il faut renoncer à la philosophie. Aussi l'auteur même d'une pareille proposition ne songera jamais à l'appliquer rigoureusement ni à la suivre partout. Une autre tendance se fait jour, que l'on pourrait énoncer ainsi : reconnaître comme la plus raisonnable la partie positive de chaque système. De là vient la nécessité d'un choix ; mais le choix, comme on l'a vu, suppose et principe, et criterium, et méthode. Donc, enfin, le problème se pose comme il suit : déterminer et prouver la méthode, si elle existe, ensuite y faire entrer tout ce qu'à son aide on pourra trouver de positif dans chaque doctrine.

Et la partie positive de chaque doctrine est plus étendue peut-être qu'on ne le croit communément. Le tort des systèmes est de se croire ennemis et de se combattre quand ils ne sont que contradictoires, et quand la contradiction siége dans la raison même. Il serait consolant de regarder l'erreur comme rare chez les plus grands esprits, et si l'on parvenait à justifier cet aperçu, la haute impartialité de notre siècle et son enthousiasme pour l'histoire, et, si on peut le dire, son amour pour les contraires, recevraient la première et la plus naturelle des explications. Il est aisé de remarquer, en effet, que les plus savants et les plus élevés d'entre les penseurs de notre temps donnent l'exemple de l'étude et de l'admiration de toutes les grandes doctrines philosophiques, si opposées quelquefois dans leurs principes et dans leurs conséquences : l'esprit humain règne sur chacune d'elles et sur elles toutes dans sa grandeur et dans sa vérité.

Voilà l'œuvre à laquelle j'essaye de donner un commencement systématique, afin de venir en aide à ce que je crois être le sentiment confus d'un très-grand nombre.

Que l'on ne croie pas cependant trouver ici un affreux synchrétisme. Où règne une méthode sévère qui n'embrasse le contradictoire qu'à la condition d'en démontrer les deux termes, une méthode qui conduit celui qui s'est pénétré de son esprit à mépriser franchement certains systèmes et certains noms très-célèbres, là on ne peut dire qu'il y ait synchrétisme, mais bien plutôt raison avant tout, histoire ensuite.

Pour ne rien laisser de vague dans cette histoire philosophique abrégée que je place à côté d'une exposition plus abrégée encore, je définirai ici quelques termes qui s'y trouvent empruntés à la nomenclature philosophique commune. La plupart de ces termes, qu'ils puissent ou non se justifier en bonne méthode, ont au moins, à priori, le mérite de représenter la philosophie dans l'histoire. J'appellerai donc phénomènes *subjectifs* tous ceux qui se trouvent directement observables dans le *sujet qui pense* ou dans la *conscience*, en un mot, les faits humains intérieurs, et phénomènes *objectifs* tous ceux dont la connaissance implique un *objet* qui nous est soumis ou représenté, quelle que soit d'ailleurs leur nature. *L'idéalisme* (1), ou doctrine des idées, sera alors toute méthode dont le point de départ se prend dans le sujet, et dont les principes sont cherchés dans les formes originales de la pensée, modifications propres de ce sujet primitif. Le *sensualisme*, au contraire, sera toute méthode fondée sur la considération exclusive de la sensation, et des phénomènes ou rapports qu'elle nous représente ou qu'elle nous donne lieu de considérer dans son objet. A l'idéalisme se rapporte le *rationalisme*, qui est l'application d'un procédé logique à la connaissance de toutes les choses, et en particulier à la réglementation de la nature; et au sensualisme l'*empirisme*, qui place toute méthode dans l'*observation* et dans l'*expérience* sensibles. Les mots *spiritualisme* et *matérialisme* expriment des tendances marquées, quoique souvent peu méthodiques, à envisager les principes et les causes des êtres comme actifs, vivants, intelligents, par essence, ou comme naturellement passifs et inertes, bien que propres à se modifier mutuellement selon les notions vulgaires de matière, d'impénétrabilité et de mouvement. Les noms *sceptique* et *mystique* s'appliquent enfin, si toutefois il est nécessaire de les définir, l'un, à ces philosophes qui, professant l'incompréhensibilité (acatalepsie) de toutes choses, font consister la philosophie à établir la nécessité du doute et ses conséquences morales; l'autre, à ceux qui, s'isolant du monde et de la science actuelle, se mettent en relation immédiate avec Dieu, ou, en général, avec des créatures invisibles par rapport auxquelles la science devient un cantique et la vie une extase.

Je regrette que le défaut d'espace et la nature de ce petit livre ne m'aient pas permis de donner toujours à mes vues tout

---

(1) On a voulu, dans ces derniers temps, distinguer l'*idéalisme* de l'*idéisme*, et faire servir le premier de ces deux mots à nommer la doctrine de l'*idéal*. Mais si l'idéal est une idée, et il ne semble pas qu'il en puisse être autrement, pourquoi ne pas conserver au mot *idéalisme* sa signification générale en philosophie? Du nom substantif *idée* on peut en effet tirer les adjectifs *idéant*, *idée*, puis ces deux autres noms, *idéat*, *idéal*, et de ce dernier, qui est le plus général, *idéalisme*, *idéaliste*, *idéaliser*, etc. Rien n'empêche ensuite de prendre l'*idéal* dans un sens particulier plus restreint.

le développement qu'elles comportent. J'ai tâché seulement de rendre ma phrase précise et compréhensive autant que je l'ai pu, et de n'avancer rien qui ne me parût clair. Je demande grâce, au surplus, pour quelques idées de détail qui pourront sembler aventurées, parce que je n'aurai pu les exposer complètement dans mes limites ; et je désire que l'ensemble de mon travail en éclaircisse les parties.

Je ne finirai pas sans remercier publiquement mes juges du concours académique, et en particulier leur savant rapporteur, M. Damiron, pour la bienveillance avec laquelle ils ont accueilli mes études cartésiennes, plus isolées, plus imparfaites que celles qu'aujourd'hui je présente au public.

Qu'il me soit permis aussi de rapporter à un ami, L. Besset, la part qui lui est due de ce livre, dont le sujet a si souvent fourni matière à nos entretiens.

TABLE ANALYTIQUE

DES MATIÈRES.

PREMIÈRE PARTIE. — HISTOIRE.

LIVRE I. — *De la Philosophie avant Descartes.*

§ 1. *Introduction.* 1

1. Comment, avant d'entrer en matière, il faut jeter les yeux sur le moyen âge et sur l'antiquité.
2. Différence entre la culture antique et la culture moderne, causée par le dogme de la diversité des races.
3. Les sages : la philosophie est, comme la religion, une sorte de monopole dans l'antiquité.
4. Quel progrès était surtout à accomplir à l'époque de la décadence de la société antique.
5. Avénement d'un principe nouveau et ses premiers effets dans la première partie du moyen âge.
6. Fondement reconnu de la science et de la société au moyen âge.
7. Comment la science antique y eut accès par Platon et par Aristote.
8. Première renaissance de la philosophie antique au treizième siècle dans l'université de Paris.
9. Deuxième renaissance au quinzième siècle, en Italie.
10. Formation graduelle d'un esprit nouveau durant le siècle suivant.
11. Que les grands principes de la tradition évangélique durent conserver une domination suprême.
12. Répartition en trois catégories des hommes qui préparèrent la science moderne.

§ II. *Philosophie de la renaissance.* 8

1. Comment se produisit et comment parvint à son apogée la renaissance philosophique en Italie.
2. G. G. Pléthon et le néoplatonisme. Comment cette doctrine convenait alors à la nation italienne.
3. Opposition péripatéticienne. Le cardinal Bessarion : essai de conciliation.
4. Raisons de la prééminence d'Aristote sur Platon, durant la deuxième moitié du moyen âge.
5. Hostilité des péripatéticiens vis-à-vis de l'Église ; question de bonne foi.
6. Tendance opposée des néoplatoniciens, et nature de leur esprit.
7. Politique des Médicis protecteurs de l'art antique et de la philosophie néoplatonicienne.
8. Traduction latine de Platon. Caractère de la restitution platonicienne de Marsile Ficin.
9. Pic de la Mirandole : son enthousiasme pour la cabale ; ses travaux critiques ; sa fin mystique.
10. Action philosophique de J. Reuchlin, élève de Pic, sur l'Allemagne.
11. Cours du néoplatonisme et de la cabale durant les deux siècles suivants.
12. Restitution aristotélicienne pure : Pomponazzi. Fin de la guerre d'Aristote et de l'Église : Vanini.

§ III. *Mouvement des esprits dans le seizième siècle.* 10

1. Valeur générale des travaux des philosophes italiens au quinzième et au seizième siècle.
2. Ce qui manquait encore après eux à la philosophie.
3. Kryp!fs cardinal de Cusa : science de Dieu et du monde ; trinité de l'être ; criterium de certitude.
4. Giordano Bruno : l'origine de sa doctrine est dans celle de Cusa et dans la nouvelle astronomie.
5. Bruno introduit l'idée de l'Infini dans la physique ; beaucoup de grandes idées, nulle méthode.
6. Caractère de son système métaphysique : panthéisme idéaliste.
7. Telesio : son influence sur son siècle. Analyse sommaire de sa physique.

8. Supériorité de la science astronomique au seizième siècle sur les autres sciences physiques.
9. Cesalpini déduit de l'aristotélisme un nouveau panthéisme idéaliste ; côté antique de sa doctrine.
10. Importance philosophique de l'ancien système des sphères et de la doctrine du mouvement de la terre.
11. Que l'aristotélisme au seizième siècle était rétrograde sur ce point ; Taurell réfute Cesalpini.
12. Campanella : sa critique d'Aristote ; son doute ; sa métaphysique ; sa physique ; sa république. Caractère de ses idées.

§ IV. *Réforme des sciences.*

1. Attaques des littérateurs classiques contre la science scolastique.
2. Pierre la Ramée : point principal de la réforme qu'il essaya d'accomplir.
3. Viète : formation définitive de l'algèbre et sa première application à la géométrie.
4. Galilée : constitution définitive de la mécanique, et vulgarisation du système du monde.
5. Képler : ses trois lois ; sa théorie des mouvements planétaires est néoplatonicienne.
6. Bacon : esprit général de sa méthode, qui est celle des physiciens modernes.
7. Analyse ; exclusion ; induction ; abus naturel de l'induction et impossibilité de la réduire à l'induction légitime.
8. La méthode de Bacon repose sur une hypothèse. Elle n'est pas rigoureuse et complète.
9. Détermination du caractère et de l'influence de Bacon considéré comme réformateur.
10. Comment une révolution plus décisive se prépare en France. Caractère de l'école sceptique de Montaigne.
11. Vices généraux des doctrines philosophiques antérieures ou dix-septième siècle.
12. A quelles conditions principales un philosophe nouveau devait alors satisfaire.

LIVRE II. — *Exposition de la Science humaine au point de vue de Descartes.*

§ I. *Descartes lui-même.* 42

1. Sa naissance et les premières dispositions naturelles de son esprit.
2. Son éducation par les jésuites. État de la philosophie dans l'enseignement.
3. Caractère de la science scolastique et des principes d'Aristote sur lesquels elle s'appuyait.
4. Premières idées de Descartes sur la philosophie dans le passé. Comment il arriva sans effort au doute universel.
5. Les mathématiques et la physique réformée constituaient à cette époque le fond de son esprit.
6. Caractère de Descartes; sa solitude en Hollande; son voyage en Suède; sa mort.

§ II. *Définition et division de la philosophie.* — *Méthode.* 50

1. Définition de la philosophie : science par excellence; science par les causes et par les principes.
2. Division de la philosophie; philosophie première. (La métaphysique proprement dite n'y est pas développée.)
3. Mathématique et physique; principes de ces deux sciences; indication de leur rapport intime.
4. Politique et morale; à quoi elles se réduisent dans les ouvrages de Descartes.
5. Exposition première de la *méthode mathématique*. Ses quatre grandes règles.
6. Que la méthode est à la fois *analytique* et *synthétique*.
7. Elle donne à la physique une théorie des *hypothèses*. L'hypothèse *explique* les faits et est *prouvée* par eux.
8. L'essence de la méthode est déterminée avant que le principe de la certitude soit posé par Descartes.
9. Recherche de ce principe pour échapper au doute dans la science et dans la méthode même. Le doute n'atteignant pas la réalité de la pensée, là est le principe.
10. Comment la méthode et la philosophie entière se peuvent fonder sur ce premier principe.

§ III. *Philosophie générale.*

1. La méthode de Descartes existe avant sa philosophie première.
2. LOGIQUE. Doute métaphysique; existence personnelle : elle est clairement et distinctement connue; l'entendement.
3. Définition de l'*idée*; première revue des idées; *pensée; étendue, infini, substance, Dieu.*
4. Définition de l'*attribut*; *attribut fondamental* de la substance; *modes, accidents, qualités.*
5. La *durée*, le *temps* et l'*espace* sont des modes de penser à la substance.
6. Origine et nature des *universaux*; nombre, vérité, etc., genre, espèce, propre, *différence*, accident.
7. Les idées fondement unique de la connaissance, du *possible* et de l'*impossible*. La substance existe.
8. Distinction de l'essence et de l'existence. Principe de *causalité*. De l'existence objective et formelle.
9. Principe de la *distinction*. Trois sortes de distinction. A quel signe on reconnaît la *réelle*.
10. Neuf axiomes qui résument toute la logique.
11. ONTOLOGIE. Pourquoi il faut d'abord prouver que Dieu existe.
12. La cause de l'idée que nous avons de Dieu ne peut être que Dieu. Donc Dieu est.
13. L'essence de Dieu implique nécessairement son existence. Donc Dieu est. Formes nouvelles de ces deux preuves.
14. Dieu est *par soi*, et il est *cause* de tout ce qui est. Comment et jusqu'où nous le pouvons comprendre.
15. La connaissance de Dieu une fois prouvée sert de base à la méthode. Du cercle vicieux de la méthode en tant que rationnelle.
16. Que Dieu est le maître libre des *vérités éternelles.*
17. L'essence de la pensée peut être conçue indépendamment de toute autre.
18. Nous avons l'idée de certaines essences éternelles qui sont l'objet des mathématiques, et ces essences, dont les propriétés nécessaires ne résultent pas de notre volonté, existent tout au moins dans l'esprit.
19. Imagination et sentiment. La nature des objets de ces facultés ne peut s'expliquer qu'en admettant qu'il existe une substance étendue.

20. La cause active de nos sensations ne peut être que dans la substance étendue.
21. La substance pensante est réellement distincte de la substance étendue.
22. De l'union de l'âme et du corps. Comment on peut la concevoir. De l'étendue de l'âme.
23. L'âme est immortelle, et probablement avec mémoire de son ancien état.
24. Nature et origine des pensées et facultés de l'âme. Les idées se succèdent sans interruption durant la vie.
25. L'âme est active dans la volonté. Étendue de la volonté. Elle est libre sans être indifférente.
26. Dieu, auteur de l'ordre établi de vérité et de bonté est seul libre et indifférent.
27. La cause des erreurs est dans l'extension de la volonté au delà de la connaissance.
28. Les vues de Dieu sont impénétrables, et c'est de sa place seulement qu'on pourrait estimer la perfection du monde.
29. Règle générale à suivre pour éviter l'erreur.
30. Disparition définitive du fantôme du doute.

§ IV. *Philosophie mathématique.* 83

1. Comment Descartes fut le continuateur de Ramus. Objet de ce chapitre.
2. Origine première et nature de la science mathématique. Analyse et synthèse chez les anciens.
3. Généralisation de l'idée mathématique, par Descartes.
4. Et en particulier de la méthode analytique. Solution des problèmes déterminés.
5. Problèmes indéterminés. Expression d'une courbe par une équation, et subordination de la géométrie à l'algèbre.
6. La mathématique cartésienne forme un ensemble synthétique, et n'use de l'analyse que pour la solution des problèmes secondaires.
7. Différence que l'invention de la *géométrie générale* introduit entre la géométrie des anciens et celle des modernes. De l'origine de l'algèbre.
8. Progrès généraux que Descartes fait faire à l'algèbre.
9. Comment toute la philosophie naturelle se ramène aux mathématiques.
10. Preuve de l'identité de la méthode générale de Descartes et de la méthode mathématique.

11. Que restait-il à explorer dans les mathématiques après Descartes ?

§ V. *Philosophie physique.* 92

1. La matière. Les idées de l'entendement pur nous peuvent seules enseigner l'essence des choses.
2. L'essence de la matière, c'est-à-dire son unique attribut nécessaire, est l'étendue.
3. Objet et division de la physique.
4. Les lois de la matière. Toute étendue suppose substance, et le mot *vide* n'a pas de sens absolu.
5. Des idées de *raréfaction* et de *condensation*, d'espace et de lieu.
6. *Tangibilité, impénétrabilité, divisibilité* de la matière. Son extension indéfinie.
7. Définition du *mouvement*. Le mouvement ne suppose pas l'action ; il entraîne réciprocité.
8. Composition et décomposition du mouvement. Il a lieu suivant des anneaux fermés.
9. Conservation de la quantité de mouvement dans le monde. Principe d'inertie. Force centrifuge. Force d'inertie. Lois du choc et de la transmission du mouvement.
10. De la nature des solides et des liquides, et encore de la force d'inertie ou du repos.
11. Le monde. Comment la variété s'est établie dans la matière. Premier arrangement dans le chaos primitif.
12. Constitution des trois éléments. Centres et tourbillons. Formation des étoiles et du soleil.
13. Formation des comètes et des planètes. Atmosphères planétaires.
14. Mouvement des planètes autour du soleil et sur leurs propres centres. Satellites.
15. Qu'ainsi le système de Copernic est vrai, sans qu'à proprement parler la terre se meuve.
16. Circulation à travers les tourbillons d'une partie du premier élément. Matière cannelée ; taches, déclin, disparition ou naissance des astres lumineux.
17. Histoire présumée de l'établissement de notre système planétaire. Temps des révolutions. Inégalités.
18. La terre. Explication de la pesanteur, du flux et reflux de la mer, de la lumière, etc.

b

19. Constitution de l'air, de l'eau, du feu, etc. Divers états des corps. Dilatation, transparence, etc.
20. Théorie de la lumière. Lois de la réflexion et de la réfraction.
21. L'Homme. Principe de la machine. Chaleur du cœur, circulation du sang, et nutrition du corps.
22. Formation de la semence et du fœtus. Esprits animaux. Cause générale de la locomotion.
23. Correspondance naturelle entre les divers mouvements de la machine et les mouvements extérieurs. Sentiment.
24. Sommeil de la machine. Mémoire, songes, imagination, association des idées. Réveil de la machine. Vieillesse et mort.
25. Les passions. Situation de l'âme dans la *glande pinéale*. Analyse du côté matériel de la sensation, et des notions de *situation*, de *distance* et de *grandeur*.
26. Définition des *passions de l'âme*. Admiration, amour, joie, désir, haine, tristesse.
27. L'action. Application de la volonté au mouvement de la glande pinéale pour la locomotion, le souvenir, l'attention, et l'imagination.
28. Distinction entre l'action volontaire et les actions mécaniques. Les animaux n'agissent que comme pures machines, et il n'y a pas signe de raison en eux.
29. Conclusion. L'expérience peut seule terminer la physique. D'une physique achevée, un système médical devrait se déduire.
30. Origine générale des maladies. Nature de la fièvre.
31. Préceptes divers relatifs à l'hygiène.
32. Action médicale de l'homme sur lui-même.

§ VI. *Philosophie morale.* 125

1. Simultanéité de la préordination divine et du libre arbitre humain.
2. Principe complexe du *souverain bien* de l'homme. Il réside à la fois dans la liberté, dans la connaissance et dans la vertu.
3. Morale tirée du principe du libre arbitre : nature, moyens, étendue de la domination de l'homme sur ses passions ; valeur des passions.
4. Du mérite et du démérite ; du péché et de la grâce.

5. Morale tirée du principe de la Providence : vérité et bonté absolues ; ordre des choses ; connaissance nécessaire.
6. Distinction entre le bien absolu et les biens particuliers ; obéissance et soumission au bien fatal universel.
7. Principe social de la morale ; solidarité et dévouement.

LIVRE III. — *Histoire de la Philosophie au temps de Descartes.*

§ I. *Origine du sensualisme.* — *Bacon, Hobbes et Gassendi.* 131

1. A quel moment parut le discours de la méthode. État général des pays catholiques et protestants. Situation intermédiaire de la France.
2. État général de la philosophie en Allemagne.
3. En Angleterre. Retour de cette exposition à la philosophie de Bacon.
4. Ce que sagement il faut voir en Bacon.
5. Arbre scientifique de Bacon. Dieu : religion et théologie. Nature : Physique et métaphysique. L'homme.
6. Que Bacon est un homme de foi, mais que pour lui toute science se réduit à la physique.
7. Origine et criterium de la connaissance selon Bacon. Méthode, induction. Qu'est-ce que l'induction dans Aristote, dans Bacon et dans le fait?
8. Quelques opinions détachées de Bacon : Dieu, l'âme, la matière, principes moraux, fin que poursuit la science.
9. Comment Bacon est de l'école d'Aristote ; Hobbes dégage et met au jour le véritable principe de sa philosophie.
10. Principe sensualiste : le corps, la matière. Définition, objet et fin de la philosophie.
11. Principe nominaliste : la logique ou computation. Méthode ; analyse et synthèse ; division de la science.
12. Comparaison d'Hobbes et de Bacon. Cause des rapports et des différences de leurs doctrines.
13. Philosophie première d'Hobbes. Espace et temps ; fantômes ; corps et accidents ; cause ou réunion d'accidents.
14. Réduction de tout phénomène à un par mouvement. Géométrie et physique. Morale.
15. Politique d'Hobbes. Sens et valeur du mot *religion*. Dieu et les puissances invisibles.
16. Deux degrés supérieurs de la philosophie d'Hobbes. Fantasmatisme, égoïsme.

17. Transformation de l'antagonisme antique, entre Aristote et Platon, en celui d'Hobbes et Descartes.
18. De la philosophie originaire du Midi. État de l'Italie. Effet de la réforme de Galilée.
19. Restauration de l'Ionisme, par Bérigard, de la philosophie de Démocrite, par Magnen, et de celle d'Epicure, par Gassendi. Principes de l'atomisme épicurien, de Gassendi.
20. Criterium, nihil ex nihilo, la matière, l'âme, les appétits, les propriétés des atomes, la volupté. Réfutation de ces idées. La philosophie de Gassendi n'est pas française, et ne fait que passer; comment la France est prête à la révolution philosophique dont l'initiative lui appartient.

§ II. *Premières discussions cartésiennes. — Jésuites et oratoriens.* 482

1. Mission de Descartes. Originalité de sa doctrine. Publicité qu'il lui donne.
2. Rêve d'une langue philosophique universelle, et conditions générales de sa réalisation.
3. Nouvel aperçu de la philosophie de Descartes. Défi qu'il adresse aux savants ses contemporains.
4. Objections de Gassendi à Descartes. Des idées de l'esprit et de l'infini. Gassendi ne peut comprendre la doctrine des idées.
5. Objections d'Hobbes. Matérialisme, nominalisme, incertitude de la connaissance.
6. Jugement de Descartes sur Hobbes. Bienveillantes objections d'Arnauld; son adhésion à Descartes.
7. Objection du P. Mersenne contre la preuve de l'existence de Dieu, plus tard reproduite par Leibnitz.
8. Et contre la solution cartésienne des questions de la connaissance première, de l'âme des bêtes, des erreurs des sens, et de l'indifférence divine.
9. Objections du ministre Caterus. Différence entre la preuve cartésienne de l'existence de Dieu et celles de saint Anselme et de saint Thomas.
10. Attitude de Descartes à l'égard des jésuites. Ceux-ci restent d'abord neutres. L'Oratoire embrasse le cartésianisme.

§ III. *Rapports de la religion et de la philosophie. — Théologiens mystiques, politiques et sceptiques.* 497

1. Origine de la science théologique; sa définition; que la tendance pratique y domina la spéculative.

2. Le cartésianisme chez les grands théologiens du dix-septième siècle. Fénelon : sa doctrine de Dieu et des idées.
3. Bossuet : connaissance de Dieu et de soi-même ; trinité psychologique ; restrictions de Bossuet.
4. Huet : sa réfutation de Descartes. Son caractère propre et sa philosophie. Interprétation de son scepticisme.
5. Le père Daniel, philosophe et savant amateur ; voyage du monde de M. Descartes.
6. Le scepticisme en France et ses trois phases : Rabelais, Montaigne et Sanchez ; Huet et L. Levayer ; Bayle.
7. Pascal envisagé comme philosophe et comme théologien croyant ; nature de son esprit.

LIVRE IV. — *Mouvement direct de la Philosophie depuis Descartes jusqu'à Locke.*

§ 1. *Elèves immédiats de Descartes.* — *Introduction de sa doctrine en Hollande.* 219

1. Rôle du P. Mersenne parmi les savants du dix-septième siècle. Il ne peut être pris pour un cartésien. Carcavi.
2. Publication des œuvres posthumes de Descartes. Envahissement de l'esprit d'hypocrisie.
3. Caractère des élèves fidèles dans les doctrines publiques ; Clerselier, le premier et le plus simple des disciples de Descartes.
4. Delaforge. Comment il interprète l'union cartésienne de l'âme et du corps. Causes occasionnelles.
5. Persécution du cartésianisme. Descartes à l'index. Proscrit dans l'enseignement. Dénonciation devant les évêques.
6. Philosophie de Régis. Rigueur ; ordre factice ; démonstration chimérique de l'existence des corps.
7. De la notion de l'étendue selon Régis ; de l'union de l'âme et du corps ; du libre arbitre ; morale de Régis.
8. Physique de Régis ; multiplicité des hypothèses. Progrès de la physique en dehors du cartésianisme officiel.
9. Opposition des savants positifs aux cartésiens purs ; jugement d'Huyghens sur Descartes.
10. Hostilité de Leibnitz contre Descartes et les cartésiens purs ; ses causes.

b

11. Le cartésianisme dans les universités bataves. Gisbert Voët et Henri Leroy.
12. Balthazar Bekker. Occasionalisme de Geulyncx. Différence entre son système et celui de Spinosa.

§ II. *Spinosa.* 255

1. Formation de l'esprit de Spinosa. Son traité théologico-politique. Interprétation symbolique des Écritures.
2. Christianisme pratique de Spinosa ; sa vie réalise un type de perfection sainte.
3. Comment Spinosa, mystique, attribue l'étendue à Dieu, professe le fatalisme, nie que Dieu agisse pour une fin, et lui refuse les attributs transcendants, *bonté, justice, beauté*, etc.
4. Exception en faveur de l'attribut *vérité*. Connaissance adéquate. Spinosa adopte la méthode cartésienne.
5. Rapports des doctrines de Descartes et de Spinosa. 1° Le dualisme ramené à l'unité de la perfection première.
6. 2° L'action de l'âme niée et sur la matière et sur les modes de son mouvement ; source immédiate des modes en Dieu.
7. 3° Progrès à l'infini, et enchaînement nécessaire des idées et des volitions.
8. La différence fondamentale des deux doctrines réside dans l'acharnement de Spinosa à n'envisager le fini que dans l'infini.
9. Comment la négation de l'âme et du corps, en tant que distincts, et de Dieu en tant que doué d'intelligence et de volonté, résulte de cette doctrine.
10. Méthode mathématique de Spinosa, c'est-à-dire méthode de Descartes, fondée rigoureusement sur la considération subjective des vérités objectives. Leur doctrine commune des universaux. Grandeur du génie de Spinosa.
11. Comment Spinosa allie le criterium logique et le criterium ontologique et résout le cercle vicieux.
12. Ordre des déductions de Spinosa : il s'appuie sur le principe des indiscernables.
13. Des diverses réfutations du spinosisme : Bayle, Condillac, le P. Lamy, Fénelon. En quoi la doctrine de Fénelon porte contre le spinosisme ; en quoi elle ne peut se défendre de l'accepter.
14. Morale de Spinosa. Son caractère ascétique. Sa différence d'avec la morale de Descartes.

15. Nature des affections et des passions selon Spinosa. Il ne les rapporte qu'au corps humain.
16. Servitude de l'homme. De la perfection et du progrès. Leur essence.
17. Comment l'idée du progrès moral peut trouver place dans l'éthique de Spinosa.
18. Liberté de l'homme et fin dernière de l'éthique : Identification avec Dieu.
19. Politique de Spinosa : état naturel ; droit et devoir ; pacte social ; religion.
20. La meilleure république ; de la liberté des opinions et de leur expression spéculative.

§ III. *Malebranche.* 267

1. Malebranche adopte et expose la méthode mathématique de Descartes, et il interprète sa métaphysique.
2. Existence nécessaire des idées éternelles et immuables. Preuve de l'existence de Dieu.
3. Nous voyons les objets en Dieu et dans les idées qu'il en a ; idées infinies ; idées générales ; idée de notre âme et des autres âmes.
4. En quelle manière les idées sont en Dieu ; Dieu est représentatif des créatures et participable pour elles.
5. Définition de l'esprit ; nature de la matière ; elle n'existe pas nécessairement, quoique son idée soit infinie.
6. Malebranche s'accorde avec Spinosa à rapporter à Dieu le principe des modifications finies.
7. Malebranche, comme Spinosa, fait de l'infini le seul objet vrai de l'homme, et réduit le fini à une apparence.
8. Comment, après avoir admis les dogmes de la création, du libre arbitre et du péché originel, Malebranche en efface les conséquences par le développement qu'il donne aux dogmes opposés.
9. Prétendue réfutation de la doctrine de Spinosa par Malebranche, et sa discussion avec D. du Mairan.
10. Objections des cartésiens purs, Régis et Arnaud, à Malebranche.
11. Deux mots sur ce que devient la physique dans le système de Malebranche.
12. Principe de la morale de Malebranche ; ses rapports avec l'état habituel de son âme.

§ IV. *Leibnitz.* 278

1. Commencements de Leibnitz; il est d'abord atomiste, ensuite *mécaniste*, à la manière cartésienne, et spinosiste.
2. Il réforme la notion de l'étendue cartésienne. Problème de la composition de l'étendue; monades.
3. Deux doctrines de Leibnitz, une superficielle et pour le vulgaire, l'autre plus profonde.
4. Cette singularité expliquée par son caractère personnel et par ses tendances conciliatrices.
5. Notions de l'espace et du temps et leurs définitions, sui vant Leibnitz.
6. Système exotérique de *l'harmonie préétablie*. Comment et avec quelle différence il provient de celui de Spinosa.
7. Harmonie préétablie dans le monde réel. Tableau du véritable univers, selon le système ésotérique de Leibnitz.
8. Que la doctrine des monades suffit, sans la négation de l'étendue, pour éviter l'identification spinosiste de la créature avec Dieu.
9. Véritable cause de la négation de l'étendue par Leibnitz, c'est-à-dire dogme de la création du monde par Dieu dans le temps et dans l'espace.
10. Principe leibnitien de la *raison suffisante*. Nécessité de la nature divine. Déterminisme de la volonté humaine.
11. Solution du problème du mal. *Le meilleur des mondes possibles.* Défaut général de cet optimisme.
12. Marche de l'exposition de la doctrine de Leibnitz; plan de la *monadologie.*
13. De la méthode de Leibnitz; qu'elle est exactement la méthode cartésienne.
14. Critique des preuves cartésiennes de l'existence de Dieu par Leibnitz. Elle n'est pas fondée. En quoi consiste l'originalité et l'importance de la doctrine de Leibnitz.

§ V. *Développement de la philosophie mathématique.* 290

1. Méthodes géométriques des contemporains de Descartes : Cavalieri, Roberval, Fermat, Pascal.
2. Réunion de la méthode de Descartes et de celle de Cavalieri : Wallis.
3. Origine et nature du calcul des fluxions découvert par Newton. Ce dernier n'aperçoit pas d'abord toute la généralité mathématique de sa méthode.

4. Importance de la géométrie de Descartes pour la formation de la méthode infinitésimale générale de Leibnitz.
5. Doctrine rationnelle rigoureuse, sur laquelle Leibnitz appuie cette méthode.
6. Origine de cette méthode dans les idées de Leibnitz ; l'infiniment petit n'est pas la monade leibnitienne.
7. Que l'idée de l'étendue indéfiniment divisible de Descartes aurait pu conduire au calcul infinitésimal.
8. Comment la méthode infinitésimale ramène les questions jadis posées par les éléates. Diverses solutions données à ces questions.
9. Solution définitive que Descartes en aurait pu donner, et dont son *réalisme* nous indique la nature.

§ VI. *Développement de la philosophie physique.* 200

1. Qu'il peut exister deux méthodes en fait de physique pure : 1° Une science fragmentaire, fondée sur les propriétés naturelles qu'on attribue aux corps ; 2° un système mécanique général qui explique tous les phénomènes par les modifications de l'étendue.
2. La notion cartésienne de l'étendue peut servir de base à la physique mécanique.
3. Le mécanisme n'est qu'une des faces que présente l'univers, un *point de vue*, mais il convient éminemment à la physique générale.
4. Principe de l'inertie. Il résulte le premier du mécanisme, mais il faut ne l'attribuer aux corps qu'en tant que possifs.
5. Loi de la conservation de la quantité du mouvement. Elle n'est pas directement réfutable, mais très-improbable.
6. Diverses lois mécaniques qui la remplacent, découvertes par Newton, Huyghens, Leibnitz. — Principe des vitesses virtuelles ; son origine.
7. Malebranche, Huyghens et Leibnitz reforment la physique mécanique au sujet du principe de dureté et de solidité des corps. Tourbillons infiniment petits de Malebranche.
8. Nécessité d'un système des tourbillons dans la physique mécanique. Tentatives pour faire accorder le système des tourbillons de Descartes avec les lois de Képler.
9. Découverte de la loi de la gravitation par Newton. En quoi elle consiste. Du mot attraction, et opinion de Newton sur ce mot. Explication générale de la gravité

selon Newton ; cette explication est-elle ou non mécanique ?
10. Des travaux d'Huyghens et d'Euler pour l'explication mécanique de la gravité.
11. Découverte de la pesanteur de l'air et de la cause du vide barométrique. Descartes en est le premier auteur.
12. Pourquoi Descartes combattit la loi du mouvement des graves de Galilée.
13. Lois générales des machines simples d'après Descartes.
14. Vice général de la physique du monde de Descartes : Hypothèses arbitraires et variées.
15. Théorie de la lumière. Que l'origine de la doctrine des vibrations peut être rapportée à Descartes dans son principe, bien que dans sa forme elle appartienne à Huyghens.
16. Comment les diverses théories modernes, et les nouvelles découvertes en physique et en chimie, ou se prêtent à un système mécanique, ou en invoquent un.
17. Que le vide et les atomes peuvent être admis relativement en physique et sans qu'on suppose leur existence.

LIVRE V. — *Mouvement inverse de la Philosophie depuis Locke jusqu'à Kant.*

§ I. *Métaphysiciens anglais du dix-huitième siècle.* 513

1. Caractère général de la philosophie au dix-huitième siècle.
2. Philosophie anglaise entre Hobbes et Locke. Néoplatoniciens, Gale et Cudworth. Les formes plastiques.
3. H. Morus ; aperçu de son système original. Il le mêle au platonisme et à la cabale.
4. Théorie des idées de Locke ; elle est instinctive et confuse. A quelles sources remontent ses diverses opinions ?
5. Intention de Locke et sa manière de procéder. Défaut d'unité de son système.
6. Réfutation du principe de Locke, que tout ce qui est dans l'intelligence est venu par les sens.
7. Leibnitz réfute les essais de Locke. Comment il formule son invincible objection.
8. Comment, des principes empiriques de Locke, Berkeley déduit la non-existence de la matière.
9. Que pour compléter le sensualisme il faudrait que l'on pût prouver que la matière est le sujet de la pensée.
10. Restriction réelle et véritable portée des arguments de Berkeley.

11. Système de Dieu et de la providence de Berkeley ; monde des esprits ; lois de la nature.
12. Hume réduit la métaphysique de son école à un fantasmatisme absolu et appuie le scepticisme.
13. La théologie et le matérialisme en présence dans l'école anglaise.

§ II. *Métaphysiciens français du dix-huitième siècle.* 532

1. Décadence de la philosophie. Bayle : origine, cause et but de son scepticisme.
2. Bayle envisagé comme moraliste et comme théologien ou philosophe.
3. Comment le livre de Locke, attendu en France, y joua le rôle auquel ceux de Gassendi ne pouvaient plus convenir.
4. Métaphysique de Condillac. Brève réfutation.
5. Que cette métaphysique n'est pas essentielle au vrai caractère du dix-huitième siècle. Place qu'elle y tient.
6. Doctrine philosophique des encyclopédistes ; elle est purement négative.
7. Système de la nature ; morale de l'intérêt ; école historique athée.
8. De l'école physiologique, son origine et ses principes.

§ III. *De la philosophie naturelle au dix-huitième siècle.* 545

1. Newton regardé au dix-huitième siècle comme créateur de la véritable philosophie naturelle. Pourquoi ?
2. Théorie newtonienne de la lumière ; réfutation de ses principes généraux.
3. Suite logique donnée à la physique de Newton par ses successeurs. Partie inébranlable de ses travaux.
4. Philosophie naturelle expérimentale et mathématique depuis Newton jusqu'à Herschell.
5. Comme doctrine philosophique la physique de Newton doit devenir mécanique ou vitaliste. Origines du vitalisme : les anciens ; Bruno et Leibnitz.
6. Campanella, Glisson, Boscovich ; système général de Boscovich et ses défauts.
7. Du système des forces de Schelling. Identité absolue ; dualisme ; la substance finie est exilée de ce système.
8. École physiologique vitaliste. *Animisme* de Stahl. *Organisme* de Bichat.

XXVIII TABLE ANALYTIQUE

§ IV. *De l'origine et des éléments de la restauration philosophique au dix-neuvième siècle.* 553

1. Des travaux métaphysiques de l'école écossaise. Sa polémique contre Locke et ses élèves. Insuffisance de ses solutions et vices de sa méthode.
2. Kant. Définition des critiques de la raison pure, de la raison pratique et du jugement.
3. Que Kant ne peut renverser la métaphysique de la raison pure que par l'objection de la possibilité d'un idéalisme absolu. Il fixe définitivement la méthode.
4. Développement immédiat des principes du criticisme. Fichte.
5. Schelling. Non-différence des différents et développement de l'absolu.
6. Hegel. Développement logique de la doctrine de Schelling. Evolution de l'idée. Défaut radical de cette doctrine.
7. Ecole moderne d'histoire naturelle générale. Palingénésie de Bonnet.
8. Réaction des moralistes contre le principe de l'égoïsme et contre celui de l'église au dix-huitième siècle.
9. Ecole philosophique historique. Vico. Les nouveaux socialistes. Tendance des principes des sociétés modernes.

DEUXIÈME PARTIE. — DOCTRINE.

LIVRE VI. — *Détermination de la méthode et de son contenu immédiat.*

§ I. *Du fondement de la connaissance.* 509

1. Question fondamentale posée au philosophe.
2. Du premier fait et du premier savoir par rapport à l'homme.
3. Sujet, objet; première apparition de la multiplicité.
4. Idéalisme primitif.
5. Objet et sujet inséparables. Sujet objet pour lui-même. Universalité, nécessité et supériorité de ce dualisme sur tout autre.
6. Comment procéder en science. Intuition ou observation intérieure.
7. Idée de l'être.
8. La science arrêtée devant la possibilité d'un idéalisme absolu.

9. Premier appel à la croyance. L'objet en moi est sujet en lui.
10. Caractères propres au sujet et à l'objet. Temps, succession, durée; espace, position, étendue.
11. Les caractères généraux de l'objet le posent en le définissant hors du sujet qui l'a conçu primitivement.
12. Extension et réalisation nouvelle des idées de rapport. Création de la nature et de l'univers.
13. Ce qu'exige la première croyance : Vérité des êtres et de leurs attributs ; vérité des principes généraux idéaux qui règlent les rapports des êtres.
14. Résumé. La croyance ainsi posée ne diffère pas de la première intuition du sujet. Elle n'est en effet que l'intuition de l'objet non plus dans le sujet, mais sous l'idée générale de l'être. *Je vois* et je consens.
15. Point de départ de la science.

§ II. *Du principe de la contradiction.* 377

1. Avant toute revue des idées et toute entrée dans la science, éclaircir l'opposition des idées de vérité et d'erreur.
2. Le faux ne convient ni à l'être ni au non-être, à moins que le non-être ne soit ; ce qui est contradictoire.
3. L'idée de privation n'est pas une idée primitive. Elle implique celle du non-être.
4. La connaissance est essentiellement affirmative et synthétique dès l'abord. L'analyse qui amène les idées de rapport, de dépendance, de limite, quelque rapide qu'elle soit, suppose l'idée du non-être.
5. La faculté de nier sans laquelle l'esprit demeurerait incomplet arrive avec l'idée du non-être.
6. Notre pensée en est partout solidaire.
7. Ainsi le non-être est. Première contradiction. Résultats généraux de ce dualisme dans l'univers.
8. Le sujet est un et simple, multiple et composé ; il est même et autre que lui-même ; il est partie de lui-même.
9. Le sujet dans sa connaissance est infini et fini, dans sa durée éternel et passager.
10. Le sujet dans sa puissance et dans sa volonté est libre et nécessaire.
11. Le sujet dans son amour est absolu et relatif.
12. La science n'éviterait pas la contradiction en se tenant dans l'idéalisme absolu.
13. L'objet est intelligible et sensible. Il est donc simple, infini,

c

éternel, et il est composé, fini, passager. Il est nécessaire et contingent. Idée de grandeur et de figure. L'espace et le temps, infinis pour la pensée, deviennent finis pour les sens.
14. Le mouvement existe et n'existe pas. Le temps et l'espace, que le mouvement suppose finis, deviennent, grâce à lui, infinis pour l'intelligence.
15. La science n'éviterait pas la contradiction en se tenant dans la considération du monde sensible objectif et relatif.
16. La science n'éviterait pas la contradiction en se jetant dans la donnée d'un monde objectif, intelligible, absolu.
17. La science n'existerait pas si elle voulait éviter ces problèmes qu'implique l'établissement de tout principe ou méthode.
18. Reste à embrasser la docte ignorance ou à invoquer de nouveau la croyance.
19. Toutes les contradictions rentrent dans la première qui seule constitue l'éternel mystère et la clef de l'univers.
20. Principes fondamentaux de la foi.

LIVRE VII. — *Essai de reconstitution de la tradition philosophique en France.*

§ I. *Des principes premiers de la philosophie dans l'histoire.* 500

1. Morcellement de l'esprit humain dans l'histoire de la philosophie.
2. Différence fondamentale entre les modernes et les anciens. Œuvre philosophique des anciens.
3. Dans l'antiquité l'école mathématique de Pythagore et de Platon prépare la méthode, et l'école sceptique essaye l'analyse du contradictoire.
4. L'école éclectique et les premiers chrétiens ; conciliation des contraires mais sans méthode.
5. A la renaissance l'école mathématique concilie les contraires et arrive à une expression de la Trinité ontologique : Dieu absolu, Dieu nature et leur rapport.
6. Transformation des idées chrétiennes et leur influence sur la philosophie au dix-septième siècle.
7. Analyse de la réforme de Descartes et sens de ses principes fondamentaux.
8. Que Descartes admettait implicitement la foi au témoignage de la conscience comme principe premier, et s'appuyait sur elle pour prouver l'existence de Dieu.

9. Qu'en effet, il admit sur ce témoignage, et cela explicitement, des vérités contradictoires.
10. Opposition fondamentale du principe du panthéisme et de celui de l'idéalisme : cette opposition tend à se former, soit qu'on prenne le moi ou le non-moi pour point de départ.
11. Spinosa, Malebranche et Leibnitz développent la métaphysique cartésienne.
12. Locke, Berkeley, Hume prennent le contre-pied et analysent le moi en tant qu'il contient l'objet.
13. Kant ramène alors l'idéalisme et commence une nouvelle période. Il s'efforce inutilement d'étouffer la méthode mathématique des idées.
14. Fichte, Schelling, Hegel : développement nouveau et complet de l'idéalisme. Principe de la foi.
15. La foi pose les contraires dans le monde réel objectif.

§ II. *Aperçu de ce que pourrait être aujourd'hui une philosophie française.* 411

1. Idée de l'éclectisme comme philosophie de ce siècle. Objet de la synthèse qu'il doit accomplir.
2. Que faut-il entendre par la conciliation du panthéisme et de l'idéalisme.
3. Existence de l'absolu.
4. Manifestation ou opposition. Naissance de la seconde personne. Le Dieu nature.
5. Rapport du Dieu nature à l'absolu. Tendance à une fin par les lois de la nature. Verbe.
6. Pourquoi la trinité chrétienne et celle des platoniciens diffèrent de la précédente. L'une est purement psychologique, l'autre repose sur le dualisme antérieur de l'esprit et de la matière.
7. Dieu est dans le moi comme dans le non-moi.
8. Trinité du moi, du non-moi et de l'infini.
9. Que la monade satisfait seule à la notion de l'être telle que les recherches précédentes nous la font exiger.
10. Sous quel rapport la notion d'atome est naturelle et indestructible.
11. De l'infiniment petit concret, dans l'étendue par exemple, et raison de la *vérité objective* du calcul différentiel.
12. Conception définitive de l'être ou de la vraie monade avec tous ses attributs.

13. Qu'est-ce que l'étendue infinie, infiniment petite et sensible : l'une en Dieu, l'autre dans les monades, la troisième dans leurs rapports.
14. Vie et évolution des monades en Dieu ; dernier développement des principes du panthéisme.
15. Comment les monades sont en relation mutuelle par le mouvement, sans qu'il constitue le fond subjectif de ces relations.
16. Retour à l'idéalisme. Comment Dieu est peint dans son infinité, et en même temps dans son unité, dans la monade ; et identité du libre et du nécessaire.
17. Limites imposées à la liberté dans la monade ; nature de ces limites.
18. Explication des lois générales de la nature et de l'existence des exceptions qui les limitent.
19. Origine des facultés de l'homme : généralisation et abstraction. De la méthode scientifique.
20. Résumé et expression générale de la conciliation des points de vue opposés en philosophie.
21. Passage aux questions de détail : essence des démonstrations de l'existence de Dieu par la foi et par la raison pure.
22. Réfutation des objections de Kant aux preuves cartésiennes de l'existence de Dieu. Fondement de la théorie des idées.
23. Qu'est-ce que le dualisme de la pensée et de l'étendue dans le fond de l'être.
24. De l'immortalité de l'âme. Modifications à apporter aux preuves de Descartes.
25. Essence et vie des animaux. Providence et notions transcendantes.
26. Principes de la physiologie. Liberté et nécessité, appétit et mécanisme.
27. Principes de la physique. Inertie et circulation éternelle de la matière des mondes. Abstraction et lois générales.
28. Chimie. Terrain neutre et soumis à l'influence des deux principes. D'où une double tendance en chimie.
29. Principes généraux de la morale et de la politique. Application du système des monades.
30. Conclusion.

FIN DE LA TABLE DES MATIÈRES.

MANUEL
DE
PHILOSOPHIE MODERNE.

Première Partie.
HISTOIRE.

LIVRE PREMIER.
DE LA PHILOSOPHIE AVANT DESCARTES.

§ Ier.

INTRODUCTION.

1. La philosophie moderne dont nous nous proposons d'esquisser l'histoire à grands traits relève dans son ensemble de la doctrine originale enseignée, au dix-septième siècle, par un de ces hommes à qui la Providence a donné le génie pour embrasser à la fois dans une seule pensée, et les siècles écoulés et les siècles à venir : nous voulons parler de Descartes. Mais cette doctrine qui signala la venue d'un nouveau monde intellectuel fut aussi comme le couronnement et l'accomplissement imprévu d'une grande époque, où le moyen âge et l'antiquité, de nouveau remis en présence après leur plein développement, se combattirent, se mêlèrent, et, dans leur conflit, donnèrent naissance à l'ère moderne. Nous devons donc aborder cette époque, et,

avant elle encore, le moyen âge et l'antiquité ; nous le ferons en peu de mots.

2. La doctrine de la diversité des races universellement reçue dans l'antiquité, et l'institution de l'esclavage qui en découlait naturellement, au moins en principe, suffisent pour établir une grande différence entre la science des anciens et la nôtre. La culture scientifique, le mode et le but de sa propagation ont changé de caractère depuis l'avénement du christianisme.

Qu'on jette les yeux sur la société antique telle que ses monuments écrits nous la représentent, et l'on sera d'abord émerveillé de l'isolement du sage au sein des masses populaires ; déjà la religion qui parle à chaque homme pour le gouverner plus que pour l'instruire, qui lui remplit l'univers de divinités et met en contact avec quelqu'une d'elles à tout instant de sa vie, la religion ne le lie pas à ses semblables, mais elle le fortifie plutôt dans son égoïsme. C'est à peine si elle semble se proposer de donner à tous une même croyance, un même Dieu ; elle ne leur livre la divinité que morcelée : chaque cité, chaque maison, chaque individu a la sienne, et avec les dieux changent aussi le dogme et la morale, les lois et les usages. Une seule unité domine toutes ces disparités choquantes, et celle-là c'est l'intérêt sacré du dieu ou du prêtre, du noble ou du fils de dieu, du riche, de l'homme libre surtout ; c'est le mépris commun de toutes ces castes pour le vulgaire et pour l'esclave.

S'il est au-dessus de tous ces fragments de religion qui constituent le paganisme, une seule religion-mère que l'antiquité ait reconnue, c'est dans les mystères qu'elle se tenait cachée ; et mystère c'est tout dire, car le vulgaire en est éloigné, car le profane y est maudit, et quelques privilégiés seuls occupent le sanctuaire et l'exploitent. Comment la philosophie qui n'est d'abord que la protestation de l'individu contre la science religieuse commune, et, par conséquent, la recherche d'un nouveau savoir par des voies individuelles, comment livrerait-elle à tous les hommes Dieu et la vérité que la religion leur voile ou leur dérobe ?

3. Le philosophe ancien des premiers temps est l'homme qui, à l'époque où se perd le sens des plus antiques symboles, où la guerre commence à n'être plus tout, où les cités se donnent des lois, où les sociétés s'assoient sur l'esclavage, où les pas-

sions se polissent, c'est l'homme, disons-nous, qui, noble, riche, intelligent, interroge un sacrificateur incapable de lui répondre, et dès lors entreprend de se faire lui-même savant et raisonneur. Il regarde autour de lui et se trouve isolé dans le monde; dès lors il voyage pour retrouver les traditions perdues; il voit l'Égypte et quelquefois l'Inde; il revient érudit, mais discret, habitué à cacher ses connaissances sous des énigmes, ou à n'en répandre quelques-unes que d'après une juste mesure dans l'intérêt de sa sûreté, de sa réputation ou de l'organisation des villes nouvelles. Cet homme enfin a son système à lui, quelques disciples, une vie fort simple et souvent pacifique; il se fait petit centre au milieu des choses qui s'agitent autour de lui, tient toujours quelques maximes prêtes pour l'occasion, et professe d'ailleurs la plus grande estime pour le vieux culte et pour les dieux. Tel est à peu près le sage de la Grèce, une puissance tout individuelle dans l'État et dans la religion, et plus tard, quand les doctrines philosophiques se forment, se précisent et s'agrandissent en s'éloignant de leur confuse origine, on a des puissances dans la raison, des sectes parmi les heureux du monde; mais ce n'est pas là cette sagesse qui aime à se donner à tous, dût-elle, pour tous, se faire un peu petite, et qui ouvre son sein à cette pauvre humanité combattue dans le choc incessant des opinions et des principes; en un mot, la philosophie des anciens a ses profanes aussi, et, sous le nom de l'opinion, les sages livrent au mépris toute connaissance née des sens et de la croyance naturelle dans les âmes vulgaires, de même qu'ils rejettent sous le nom de passion tout ce qui tend à arracher l'homme à l'égoïsme.

Mais eux, parcimonieusement recrutés parmi les esprits les plus vigoureux et les plus indépendants, se transmettent les uns aux autres leur forte science; ils se plongent dans la solitude profonde de leur raison, ils s'élèvent jusqu'à la haute vérité qu'ils ont rêvée, et pleins de dédain pour cette pauvre humanité qui ne peut les suivre, condamnée qu'elle est à errer sans cesse en proie aux opinions et aux passions, ils s'éloignent du monde et ne vivent plus qu'avec leur divine chimère et face à face avec elle. Où ne trouve-t-on pas des traces de ce caractère antique, depuis les austérités monacales et le dogme secret des Pythagoriciens, les élucubrations des Éléates, la science supra-mondaine de Platon, les abstractions d'Aristote, et l'oubli complet de l'humanité sacrifiée par Epicure ou par Zénon, soit à la volupté, soit à l'immuable vertu de chaque égoïsme, jusqu'aux plus beaux vers des poëtes?

...Nil dulcius est bene quam omnia tenere
Edita doctrina sapientum templa serena.
Despicere, unde, queas alios, passimque videre
Errare, atque viam palantes quærere vitæ !

4. Certes ces immenses efforts de l'homme isolé ne furent pas perdus; mais il fallait que la société tout entière s'ébranlât pour suivre les progrès de l'homme; il fallait que les éléments antiques de religion et de philosophie fussent mêlés, refondus et ordonnés d'après un principe nouveau, de telle sorte que la religion devînt universelle, selon ce mot catholique qui n'est pas le moins beau de ceux que le christianisme a adoptés, et que la philosophie elle-même trouvât dans la religion successivement formée, interprétée, enseignée, à la fois, un point de départ, un appui et un but pour les efforts de la raison.

5. Ce principe fut celui de la fraternité; quand il s'annonça dans le monde, il put sembler que l'homme allait renaître tout entier devant le but moral nouveau qui lui était proposé : mais alors même tout rentra dans le chaos, un orage gronda pendant plusieurs siècles au sein duquel apparurent seulement, comme de prodigieux éclairs, la rénovation de la race humaine, la disparition de l'esclavage, et l'institution d'une classe cléricale savante, recrutée dans tous les rangs de la société, depuis les plus élevés jusqu'aux plus intimes. Un but apparut dans la reconstitution du monde social, un but pratique, un but de charité qui fut marqué à toutes les intelligences; et il est permis de croire qu'au milieu de ces grandes controverses philosophiques où furent condamnés sous tant de formes et Pélasge, et le fatalisme, et la doctrine des deux principes, il y eut quelque préoccupation du caractère pratique des dogmes repoussés ou consacrés.

6. Dans ce chaos des sentiments et des idées de tout le monde antérieur, chaos d'ailleurs plein de séve et de vie qui constitue le moyen âge, la science et la société durent nécessairement s'établir sur la loi de l'autorité, et sur les deux testaments comme bases. De là d'immenses et fructueux efforts à l'aide de l'inter-

prétation symbolique spiritualiste, pour élever un monument nouveau sur les vieux fondements judaïques.

7. Il fallait aussi que la science antique fût représentée dans ce congrès rénovateur, tout à la fois progressif et fidèle à la tradition qui se tint pendant plusieurs siècles en Europe. Aristote et Platon y parurent à ce titre : le dernier dans cette longue série des Pères de l'Église qui introduisirent sa gloire et sa philosophie dans les canons des conciles et dans la vaste encyclopédie de leurs écrits; le premier, d'abord obscur, debout au seuil de l'ancien monde et du nouveau dans quelques livres de Porphyre et de Boëce (1). Mais bientôt une brillante végétation poussa sur ce vieux tronc, et Aristote fut l'occasion des premiers efforts de la liberté humaine à son réveil. Abélard même et Pierre Lombard furent accusés par leur siècle de n'avoir fait que céder à l'esprit aristotélique, en faisant irruption sur l'immuable terrain de la vieille théologie (2). Ce fut bien autre chose encore quand les Arabes eurent jeté sur Aristote une plus vive lumière.

8. Alors, au treizième siècle, une première renaissance de la science antique eut lieu sur le sol de la France. L'antagonisme de la raison et de la foi, de la philosophie et de la théologie, d'Aristote et de l'Église, naquit et fit fortune dans le monde. Aristote seul représenta, dans ce dualisme, toute l'antiquité, le Pélasge renaissant, et la libre raison de l'homme. Il fut d'abord condamné, du moins pour tout ce qui n'était pas le pur instrument dialectique (3); mais enfin il fallut que l'Église composât avec ce violent mouvement des esprits, ou plutôt qu'elle s'en emparât pour le diriger. Albert le Grand parut, et saint Thomas; et il y eut un commentateur orthodoxe d'Aristote (4).

Dès ce moment, Aristote tint dans la science rationnelle la place que la Bible avait tenue et tenait encore dans la science révélée; il fut l'autorité dans la raison, comme les Écritures dans la foi. Ses ouvrages présentaient un canevas philosophique complet, une méthode, et des doctrines assez obscures, ainsi passées au crible de plusieurs langues (5), pour qu'il fût permis de

---

(1) Cousin, *Abel.*, introd., pag. 50.
(2) Launoy, *De var. Arist. fort.*, chap. 7.
(3) Id., chap. 4 et 6.
(4) Id., 7, pag. 60 ; et Campanella, *Prod. inst. scient.*
(5) M. Jourdain, *Recherches sur l'âge des trad. d'Aristote.*

les abandonner souvent en paraissant les professer. Ainsi, lorsqu'après les grandes hérésies vaincues, l'Église romaine constituée et les grandes nationalités formées, l'homme, promenant un long regard autour de lui, entreprit de refaire avec les débris du passé le monde de la raison, toute la science du moyen âge découla de trois sources : les Écritures, les Pères de l'Église, Aristote ; mais la lettre morte était sans cesse animée par l'esprit nouveau, et l'inerte matière du passé revêtait de nouvelles formes.

9. Il fallait aussi que l'antiquité qui avait assisté aux origines du moyen âge, et que le moyen âge avait souvent ignorée ou combattue en croyant la suivre, et suivie en croyant la fuir, ressuscitât, pour ainsi dire, tout entière, et vînt apposer le sceau à sa fin. Alors seulement, après cette nouvelle et immense fusion, les temps modernes devaient naître avec leur véritable caractère. Alors seulement on pouvait reconnaître tous les débris épars du passé, faire le départ du bon et du mauvais, étudier, comparer et choisir ; enfin déblayer largement le terrain et poser de nouveaux fondements.

L'antiquité ressuscita donc ; un instant le monde fut saisi de vertige. Lois, mœurs, institutions, religion même, tout fut oublié. On put croire que le moyen âge s'abîmerait et que Julien allait renaître. On écrivit des hymnes au soleil, on pronostiqua le retour du paganisme. La république de Platon entra dans les têtes savantes en même temps que la phrase cicéronienne, et y tint l'Évangile en échec ; pendant que la physique et la métaphysique d'Aristote, enfin mieux connues et expliquées, luttaient de leur côté, contre les dogmes des Pères et des conciles.

L'esprit chrétien était cependant assez ardent encore, la croyance assez vive et universelle, en Allemagne surtout, pour qu'un grand mouvement pût avoir lieu, dans ce temps si fécond en révolutions, au sein du christianisme lui-même. La réforme fit diversion à la renaissance, peu après les esprits se calmèrent, une véritable fusion s'opéra, et au bout de deux siècles l'ère moderne put s'ouvrir.

10. Pour la première fois, depuis la décomposition de l'empire romain, les hommes se prirent à avoir quelque opinion d'eux-mêmes et cessèrent de se croire condamnés à commenter l'éternelle supériorité de leurs devanciers. En un mot, Descartes

pouvait venir, quand déjà l'un de ceux qui terminent en quelque sorte la renaissance philosophique, un homme, sous quelques rapports nouveau, mais, à son insu, presque entièrement soumis encore à des traditions mal unies d'antiquité et de moyen âge, s'écrie dans la préface d'un de ses livres : « L'im« primerie n'a-t-elle pas été découverte dans les temps chré« tiens ! Colomb n'a-t-il pas trouvé un nouveau monde inconnu « ou nié des anciens !... Et les étoiles nouvelles de Galilée, et le « mouvement du soleil de Copernic et de Purbach, et le tour « du monde des Portugais, et la réforme du calendrier et de « l'astronomie, et le canon, et la boussole, et les moulins à vent, « et la broche à fumée et tant d'autres arts admirables !... Les « réformes déjà tentées dans la philosophie doivent faire pré« voir de même *son complet renouvellement* ; et quiconque nie « que le génie chrétien puisse surpasser le génie du paganisme « doit aussi nier le nouveau monde, et les étoiles et les planètes ; « les mers, les animaux, les colonies, et les sectes modernes et « la nouvelle cosmographie (1). »

Alors, en effet, le génie de l'homme prit un développement nouveau ; le christianisme commença une autre ère de ses conséquences et de ses applications, interprété à la vérité par l'esprit laïque. L'imprimerie fut inventée et fonda peu à peu sa prodigieuse puissance ; tout homme put prétendre à la communication des connaissances de ses semblables, et la vieille autorité fut secouée. La réforme mit la Bible entre toutes les mains, comme la renaissance y mettait Aristote et Platon. Bientôt aussi les modernes envahirent la presse : Luther pour prêcher à coups de pamphlets, Galilée pour populariser Copernic, Kepler pour annoncer les lois de l'univers, et Bruno, Bacon, Campanella pour tenter la philosophie avec l'esprit nouveau.

11. Cependant rien de ce dont le christianisme a doté le monde ne doit périr ; tout est remis en question, les pièces de l'éternel procès des intelligences sont sous tous les yeux, mais aucun des grands principes de la tradition évangélique n'est effacé des esprits. Une société chrétienne, une philosophie chrétienne devront donc prévaloir, mais quelque chose aussi sera désormais acquis, c'est le droit sacré de l'homme, la liberté de l'esprit, la chute définitive du principe de l'escla-

(1) Campanella, *Disputatio in prolegomena instaurata scientiarum.*

vage et des castes sous toutes ses formes, l'intervention de droit et de fait de tous les hommes dans ce qui est de l'intérêt suprême de tous : la religion, la philosophie, le gouvernement, la loi.

12. Nous devons résumer l'histoire de cette lutte et en montrer la fin, l'accomplissement le plus complet, dans la révolution philosophique qui marqua le commencement du dix-septième siècle en France; sans oublier cependant les travaux collatéraux qui préparèrent quelques éléments pour une époque postérieure.

Or, on peut répartir en trois séries assez distinctes la succession des intelligences actives dans cette période :

D'abord se présentent les auteurs passionnés de la renaissance, érudits, commentateurs, restaurateurs de philosophie antique, péripatéticiens purs, ou néoplatoniciens, tous ceux enfin qui ont puisé la science à une source traditionnelle;

Puis ceux qui, partis de la même origine, ont ensuite volé de leurs propres ailes, et, nés de Pythagore, de Platon, d'Aristote, ont dérivé leurs idées à de profonds systèmes purement individuels, souvent très-beaux, très-grands, très-vrais, mais où l'avenir de l'humanité ne pouvait se trouver encore, du moins entièrement;

Ceux enfin qui, doués d'un esprit plus critique, ont sapé les fondements d'une chose ancienne quelconque, d'une idée, d'une autorité, et tendu au scepticisme ou à l'indépendance personnelle; et à côté d'eux, ces autres hommes qui, doués, au contraire, de l'esprit qui invente et organise, ont sur le terrain des sciences, alors nouvelles, accumulé des découvertes et des faits, et préparé de la sorte une réorganisation scientifique sur de nouvelles bases.

§ II.

PHILOSOPHIE DE LA RENAISSANCE.

1. La première renaissance philosophique eut lieu en France par suite de l'introduction des travaux des Arabes dans l'université de Paris; mais elle y fut bientôt masquée par l'esprit théologique qui entreprit de la régler, et par le mouvement original de la science scolastique qui ne tarda pas à se poser

ses questions propres et à suivre une marche et des lois à elle. C'est en Italie que la seconde et la grande renaissance se produisit. L'Italie, plus qu'aucune autre nation, était en communication continuelle avec l'Orient, c'est-à-dire avec les Arabes qu'elle allait trouver chez eux et qui même abondaient sur son propre sol où leurs traces se voient encore, et avec les Grecs, par le commerce de Pise, de Gênes, de Venise. Dante est déjà, ou, pour mieux dire, encore, pénétré de science antique, car l'Italie n'a jamais pu l'oublier complétement. Quoi qu'il en soit, au treizième siècle, les sculpteurs pisans s'exerçaient d'après les bas-reliefs des sarcophages grecs, et successivement l'algèbre et plusieurs des grands arts modernes sortaient de quelque essai grec, arabe ou chinois, développé par le génie propre de la nation italienne (1).

Le point culminant de ce brillant mouvement des esprits doit naturellement coïncider avec une de ses principales causes, l'arrivée des Grecs de Constantinople en Italie. Les textes originaux d'Aristote et de Platon arrivèrent avec eux, et furent comme les lettres de recommandation dont ils se prévalurent pendant près d'un siècle; ils en tirèrent toute leur valeur et toute leur gloire, combattirent les uns contre les autres autour de ces deux belles proies, et se disputèrent, comme érudits, commentateurs et professeurs, le service des princes et l'institution classique de l'Italie.

2. Parmi tous ces Grecs, G.-G. Plethon semble un de ces hommes qui portent en eux quelques-uns des plus brillants caractères d'une époque. Il fut l'apôtre zélé de ce néoplatonisme alexandrin, qui s'était formé, mille ans auparavant, du mélange des mêmes éléments qui devaient constituer le catholicisme. Cette sorte de religion philosophique devait convenir admirablement à cette autre époque où le catholicisme se décomposait dans les esprits sous l'influence de la philosophie; aussi Plethon fut-il considéré comme un païen, et il pouvait bien l'être au même degré qu'Ammonius et que Porphyre et que Julien lui-même; car son manuel des dogmes de Zoroastre et des platoniciens n'est qu'un de ces systèmes généraux, génésiaques et théologiques, à l'aide desquels les derniers païens cherchaient à relever l'édifice croulant de l'antiquité, et à expli-

(1) Libri. *Hist. des scienc. math. en Italie.*

quer ses traditions. On y trouve même des traces de la doctrine orientale des deux principes. Plethon fut donc accusé d'avoir chanté le soleil et d'avoir promis l'avenir à une loi qui n'était ni celle de Mahomet ni celle du Christ ; et l'un des livres de l'ardent et poétique centenaire fut brûlé par un patriarche péripatéticien de Constantinople.

3. En effet, les péripatéticiens ne virent là qu'une occasion d'enterrer Platon à leur profit, et ils commencèrent à l'accabler de concert, avec ce torrent d'injures et de calomnies que nous réservons d'ordinaire à nos contemporains. Un autre Grec, qui parvint aux plus éminentes dignités de l'Église latine et fit une importante figure dans les conciles, lettré lui-même, et traducteur de la métaphysique d'Aristote, se jeta alors entre les combattants, et, sans sacrifier Aristote, vint en aide à Platon. C'était un esprit impartial et souple, peu passionné, sans doute, mais intelligent, éclairé, tourné au point de vue pratique et à la considération nette des choses de ce monde. Il releva soigneusement Platon de la mêlée et le représenta à peu près tel qu'il est, sans cependant abandonner Plethon qu'il admirait et qui avait été son maître ; il sut avec esprit et finesse montrer Platon plus orthodoxe qu'Aristote en bien des points, et d'ailleurs les rapprocher l'un de l'autre, les concilier, et essayer de construire un système fusionnaire. La querelle continua ainsi quelque temps ; et l'on traduisit Aristote ; et Platon lui-même, rendu à une célébrité en quelque sorte actuelle et vivante, devait avoir bientôt de nouveaux interprètes.

4. On comprend aisément la prééminence d'Aristote sur Platon pendant la seconde partie du moyen âge. Elle tient à la méthode, à l'art individuel de raisonner, dont son *organon* dotait les hommes. Avec cette méthode arrivait le libre examen, la raison entrait dans les choses de la foi, on éludait l'autorité si on ne la combattait (1). Aussi quelle tactique employa l'Église contre Aristote, à l'époque de sa première invasion ? Elle l'affubla lui-même de tout l'appareil de l'autorité, l'amenda au nom de la révélation, chose singulière, tout en le considérant comme infaillible ou à peu près, et par là elle lui retira mo-

(1) Raymond Lulle, *De lamentatione philosophiæ apud regem Franciæ* : Ce n'est pas moi, philosophe, c'est Aristote, c'est Averroës qui combattent la théologie.

mentanément quelque chose de sa puissance (1). Nous ne voulons pas dire que cette manœuvre ait été exactement calculée, et certes il doit entrer beaucoup de naïveté dans la manière de procéder de saint Thomas, qui, sur chaque question, appelle à son aide et pour ainsi dire *ex æquo*, le *philosophe* et la Bible. Mais c'est ainsi qu'à cet éloignement, les faits et les résultats nous apparaissent. Aussi, lorsque Aristote reparut, en quelque sorte, en personne, au quinzième siècle, en Italie, dépouillé des habits d'emprunt dont les Dominicains l'avaient couvert, il devint de nouveau le centre de toutes les opérations, et le chef de la guerre sourde contre la foi catholique.

5. On se pose, dans certaines histoires (2), et avec un grand appareil de conscience, la question de sincérité ou de mensonge des péripatéticiens tels que Pomponazzi, Cesalpini, etc. On se croit presque obligé, pour leur honneur, de prendre au sérieux ces humbles soumissions à l'Église qui terminent les tournois aristotéliciens, où la Providence et l'immortalité de l'âme sont attaquées. Il doit en être de cela comme de ces feintes soumissions à l'ordre et au pouvoir établi, qui arrivent toujours à propos dans les colonnes de certains journaux, pour faire passer des hardiesses. Mais alors il s'agissait du bûcher : pouvait-on faire consister l'honneur à être brûlé ? Sans doute il y a eu des martyrs et l'on peut nommer Bruno, mais ces ardentes convictions et ces pleins dévouements peuvent-ils être imposés à tous les combattants ? Quant à cette question même de la sincérité des philosophes de la renaissance, l'état bien connu de l'Italie au quinzième et au seizième siècle permet-il d'attribuer aux philosophes plus de foi qu'aux prêtres eux-mêmes ?

6. Platon ne pouvait pas, au même degré, servir de ralliement aux ennemis de l'Église, du moins Platon fidèlement interprété, sans écart et sans passion. D'ailleurs le cortége des théories néoplatoniciennes le suivait invariablement. Les imaginations les plus vives de l'Italie durent s'y jeter, pendant que les esprits sévères et durs, portés à l'analyse et aux méthodes positives, occupaient le terrain péripatéticien. Le néoplatonisme était un monde immense d'où les esprits, une fois lancés, ne pouvaient

---

(1) Campanella, *Di put. in prol. instaurat. scient. ad scolas christianos* : Albert et saint Thomas donnèrent la théologie à boire au monde dans cette coupe aristotélique qu'il aimait tant, etc.

(2) Buhle, *Hist. de la phil. mod.*, tom. 5, pag. 2.

plus descendre. Ces hommes pleins de force et d'ardeur, qui vivifiaient de leur jeune sève le vieil arbre d'Alexandrie, n'étaient pas tentés de porter ailleurs ce feu de l'âme qui s'alimentait assez des hautes conceptions platoniciennes et au milieu de cette multitude de créations si consolantes pour l'homme, qui font converger vers lui la nature tout entière, ou plutôt le mêlent à elle, et le délivrent d'un isolement odieux. Aussi, bientôt oubliaient-ils la terre, et, comme les vieux rêveurs de l'Inde ou les solitaires de la Thébaïde, ils perdaient de vue notre pauvre monde, pour s'élever à Dieu, aux anges et à l'harmonie des sphères.

7. Peut-être est-ce là l'une des grandes raisons pour lesquelles les princes politiques, notamment à Florence, protégèrent si efficacement le néoplatonisme renaissant (1). Ces Médicis qui favorisaient aussi le retour de l'art antique et les recherches de l'érudition, et tout ce qui peut distraire l'homme de la politique et de la religion; ces princes, rudes comme des hommes de guerre, épais comme des marchands enrichis, ambitieux, avant tout, de richesse et de pouvoir, qu'avaient-ils donc à faire de ces sculpteurs et de ces philosophes? Ils avaient leur politique à suivre; ils endormaient les esprits par l'art et par la science qui sont de si puissants enchanteurs. Ils éloignaient les âmes de l'ardent christianisme de Savonarole et de la froide recherche politique et métaphysique des péripatéticiens, pour les plonger dans les rêves innocents et dans l'oubli de la vie réelle.

8. Quoi qu'il en soit, une académie platonicienne était organisée à Florence, en 1460, sous le patronage des Médicis; et Marsile Ficin, qui en était l'âme, passait pour leur favori. Ficin entreprit une restitution complète de Platon; il le traduisit et le livra, pour la première fois, au monde latin; mais l'interprète et l'érudit le cédèrent bien au philosophe-poëte quand il fallut exposer, de toutes pièces, le système platonicien. Alors l'éternité de la matière disparut comme une concession faite au public païen dans des écrits exotériques, et Ficin entrevit un développement philosophique continu dans les prétendus systèmes acroatiques de Zoroastre, d'Hermès, d'Orphée, de Pythagore, de Platon et des académies. La cabale et la philo-

---

(1) Voyez *Hist. des scienc. mathém. en Italie*, tom. 2.

sophie chrétienne servirent à compléter les idées rarement explicites et souvent symboliques de Platon. Dieu apparut dans l'éternité, créant, ou plutôt émanant lumineusement, du centre à la circonférence, de l'être et du bien au néant et au mal. Nous, hommes, intelligences, lumières finies, dans le séjour du temps et du mouvement, nous aspirons vers l'immobile lumière dont nous sommes les mobiles émanations. La mort, en nous délivrant du corps, nous rapprochera d'elle et de ces autres lumières angéliques, purs esprits dont le repos fait la félicité. La mort est donc un plaisir, et c'est dans la mort que le philosophe se plonge chaque jour en laissant le corps pour voler sur les ailes de l'âme. On trouve dans cette philosophie les graves défauts des extases religieuses les plus mystiques. L'homme ne tient plus à la terre, et son esprit même, placé devant un but de contemplation et d'immobilité, perd toute force et tout ressort.

Dante aussi, dans son vol admirable, avait aperçu les intelligences célestes comme de vives lumières (1); mais Dante, dans le ciel, était homme encore, et voyait avec l'imagination plutôt qu'avec l'esprit pur; d'ailleurs le monde du quinzième siècle n'était déjà plus le monde de Dante, les esprits voulaient le réel, et commençaient à l'atteindre. Nous insistons sur ce vice commun à la plupart des philosophies du quinzième et du seizième siècle, parce que la plus grande gloire de Descartes, fondateur de la philosophie moderne, fut peut-être de l'éviter. Parti de la considération de l'homme, il posa l'âme comme la pensée même, et fit de l'activité sa première vertu (2).

9. Pic de la Mirandole fut Pascal dans son siècle. Ce que les mathématiques, dévorées de si bonne heure, furent pour Pascal, le néoplatonisme et la cabale le furent pour Pic. Instruit par Ficin, il crut que la philosophie de Platon était sortie de la Chaldée et de la Judée, et que celle d'Aristote était encore la même, dans le fond. A dix-neuf ans, il publiait les neuf cents thèses, puis il commentait cabalistiquement la Genèse, et, avant trente, entrevoyant la critique moderne, il contestait l'authenticité de plusieurs écrits de Zoroastre, de Platon, d'Aristote même; revenant enfin de la cabale au mysticisme pur, à la

---

(1) Dante, *Paradiso*, passim.
(2) Descartes, *Lettres*, tom. 2, let. 16, — *Obj.* 5, réponses 1, 1. — *Médit.* 2, art. 7.

morale et au christianisme pratique, il distribuait son bien aux pauvres avant de mourir.

10. Jean Reuchlin eut la mission d'introduire en Allemagne les études littéraires et le mouvement philosophique de l'Italie; il y porta la cabale qu'il tenait de Pic, et l'étude de l'hébreu qui livrait aux laïques l'original des Écritures. Rempli cependant de cet esprit critique qui éclatait alors dans son pays, il fut l'un de ceux à qui l'on attribua ces *epistolæ obscurorum virorum*, où sont flagellés les moines et la scolastique, et la manie des controverses.

11. Le néoplatonisme et la cabale se propagèrent ainsi pendant tout le seizième siècle et jusque dans le dix-septième, maintenant toujours leur école, et suscitant de temps à autre un homme éminent, Zorzi en Italie, Agrippa, Paracelse et Bœhm en Allemagne, Fludd et Pordage en Angleterre; car tous ces enthousiastes n'ont composé que des mélanges plus ou moins mystiques où les philosophies d'Adam et d'Abraham se rencontrent avec celles de Pythagore, de Platon, de Proclus et de Ficin; là s'épanchent d'abondantes veines de religion et de poésie.

12. Pendant ce même temps, on étudiait, on interprétait la doctrine d'Aristote. On l'opposait à la scolastique, ainsi privée de l'autorité, qui était son principal appui dans les esprits; on l'opposait même franchement à la foi catholique, sous prétexte de liberté philosophique, et sauf à opter en toute occasion pour la foi. Si Hermolaüs Barbarus, Ange Politien, Laurent Valla en Italie, Agricola et Sturm en Allemagne, Faber et Ramus en France, furent les antagonistes de la scolastique et préparèrent sa ruine complète, les uns en préconisant Aristote lui-même, les autres en exaltant les études classiques, Pomponazzi et son école, et ses ennemis même, et l'étonnant Cardan, furent, comme philosophes, les ennemis acharnés de l'Église, et douèrent la raison d'une complète liberté. Ainsi, au nom d'Aristote, Pomponazzi nia *proprement l'immortalité de l'âme* (1), c'est-à-dire l'immortalité avec conscience, établit que tout se fait en ce monde par voie de génération, suivant des lois nécessaires (2), et osa fonder la morale

---

(1) Pomponazzi. *De immortalitate animæ.*
(2) Id., *De fato et libero arbitrio.*

sur elle-même, sans intérêt, crainte ni espoir pour une autre vie. Il voulut même expliquer tout fait merveilleux, *naturellement*, c'est-à-dire par le gouvernement des sphères célestes, les unes par les autres, par l'action des astres, et par l'influence de l'homme sur l'homme à l'aide d'un fluide, esprit ou gaz, qui semble être, par sa nature et par ses effets, celui que les magnétiseurs ont cru inventer depuis (1).

Diverses écoles se chargèrent donc de restituer Aristote, suivant Averroës ou Alexandre d'Aphrodisée, ou leurs propres inspirations. En tant qu'ennemi de l'Église et dépourvu de toute foi, même philosophique, l'aristotélisme vint enfin aboutir à Jules-César Vanini, qui donna le plus triste exemple de légèreté et d'indécision. Avec une très-vaste érudition et une imagination de poëte, il exposait souvent un aristotélisme embelli par de brillantes idées pythagoriciennes (2), puis il plaisantait sur lui-même et sur tous ceux qui pouvaient se confier à de pareilles idées (3); railleur dans ses livres, il fut orthodoxe devant les juges, haineux et méchant au moment de la mort (4), et les admirables facultés de son esprit, perdues dans l'anarchie philosophique de ce temps, allèrent se heurter misérablement au bûcher du parlement de Toulouse, dix-huit ans avant le discours de la méthode.

(1) Pomponassi, *De incantationibus.*

(2) *Amphitheatrum*, chap. 1 et 2. — *Dialog.*, pag. 234.

(3) *Dialog.*, pag. 428. — Multa in eo libro (amphith., etc.) scripta sunt quibus a me nulla præstatur fides; cosi va il mondo. — Non miror nam questo mondo è una gabbia de matti : principes tamen excipio et pontifices.

(4) On sait que G. Bruno, dont nous parlerons bientôt, dit à ses juges cette admirable parole : « Vous êtes moins calmes que moi, vous qui me condamnez ; » mais Vanini disait, en insultant au Christ martyr comme lui : « Il sua de crainte et de faiblesse en allant à la mort, et moi je meurs intrépide. » L'Église se vengea cruellement. Citons ici, car il est quelquefois bon d'inspirer de l'horreur pour des choses qui se passaient encore il y a trois siècles, aux applaudissements universels; citons cet effroyable passage d'un historien : « Avant qu'on mît le feu au bûcher, on lui ordonna de présenter sa langue pour être coupée, il la refusa ; le bourreau ne put l'avoir qu'avec des tenailles dont il se servit pour a saisir et pour la couper : on n'a jamais entendu un cri plus horrible, vous l'auriez pris pour le rugissement d'un bœuf. Le reste de son corps fut consumé au feu, et ses cendres jetées au vent. Telle fut la fin de Lucilio Vanini. » Grammond, *Hist. Gall. ab excess. Henr. IV.*

§ III.

MOUVEMENT DES ESPRITS DANS LE SEIZIÈME SIÈCLE.

1. Nous laissons de côté la restitution du stoïcisme que J. Lipse voulut accomplir comme par un parti pris littéraire, et les travaux un peu tardifs du même genre, de Magnen, de Bérigard et de Gassendi, sur lesquels nous aurons à revenir, pour aborder enfin les grands systèmes philosophiques que le seizième siècle essaya de construire.

C'est encore à Platon, c'est à Aristote que nous devons rapporter, en tant que sources et causes premières, les plus beaux développements et les plus hautes conceptions de la pensée humaine après la renaissance ; et il fut donné au cardinal de Cusa, à Giordano Bruno, à Césalpin même, de nous montrer jusqu'où peut s'élever une grande érudition fécondée par l'enthousiasme et le génie. C'est là, quel que soit l'avenir de l'homme et celui de la philosophie, qu'il faudra chercher Dieu, l'infini, l'univers, pour les connaître et les embrasser, en quelque sorte, en eux-mêmes. Là résident les hauts mystères, les conceptions irréductibles, la seule et la vraie religion philosophique. Mais aussi, quel temps ! quelles circonstances et quels hommes ! Le christianisme et l'antiquité se rencontrèrent et s'unirent. La philosophie fut exaltée comme l'art par cette merveilleuse alliance ; elle dut avoir son Michel-Ange et son Raphaël (1).

2. Que put donc ajouter Descartes à l'immortelle doctrine de Dieu et du monde après cette grande époque, et lorsqu'il semblait que tout était accompli dans la philosophie ? Il eut la méthode à fonder et toute une création nouvelle à accomplir. Si l'on avait fait Dieu et anéanti l'homme devant lui, Descartes fit l'homme et mit Dieu dans son âme ; il rendit la terre à l'humanité ; il lui soumit la pensée et la lui donna à produire et à diriger ; il lui soumit l'étendue, et lui ouvrit ainsi

---

(1) On comprend, sans doute, que nous considérons ici les grands philosophes de la renaissance comme étant des poëtes aussi, car l'absence d'une méthode claire et assurée prive leurs ouvrages du véritable caractère scientifique que Descartes apporta dans la philosophie. Mais ces poëtes voyaient l'univers à travers les idées de Pythagore, de Platon, des Pères de l'Église, de Copernic et Kepler.

la voie d'une science complète à son usage, avec d'immenses applications. C'est là ce que nous aurons à développer bientôt, et l'exposition des idées du seizième siècle, qui nous arrête encore, n'est pas, comme on le voit, étrangère à notre but. Remontons donc à la première origine de ces idées dans Nicolas Chrypffs, cardinal de Cusa, au commencement du quinzième siècle.

3. Le titre du principal ouvrage du cardinal de Cusa a trompé quelques historiens et a fait attribuer des tendances sceptiques à l'un des plus dogmatiques philosophes qui aient existé. C'est dogmatiquement qu'il soutient *l'inabordabilité*, *l'incompréhensibilité* pour nous, êtres finis, et multiples de l'infini et de l'un; et il produit ses raisons : « L'infini, en tant « qu'infini, dit-il, est inconnu, car il échappe à toute propor-« tion (1); » et plus loin : « L'intelligence finie ne peut com-« prendre avec précision la vérité des choses par la ressem-« blance, car la vérité n'est ni plus ni moins, mais indivisible, et « ne peut être mesurée que par la vérité, comme le cercle par « le cercle. Ainsi la quiddité des choses, qui est la vérité des « choses, est inaccessible dans sa pureté; tous les philosophes « l'ont cherchée, aucun ne l'a trouvée telle qu'elle est, et plus « nous serons profondément savants en cette ignorance, plus « aussi nous approcherons de la vérité (2). » Est-ce là du scepticisme? mais c'est au contraire ce que tout philosophe avouera. Qui donc a prétendu avoir embrassé l'infini et connu Dieu en lui-même, et en tant qu'il est Dieu? En tout cas, ce n'est pas Descartes, lui cependant le moins sceptique des philosophes.

Quelle est donc la clef de cette ignorance, de cette incompréhensibilité en apparence si paradoxale? C'est que le sublime mystique prend son terrain trop haut et nous jette dans ces admirables ténèbres que les autres philosophies évitent ou n'abordent tout au plus qu'au point de départ ou à la conclusion dernière. Cette incompréhensibilité suprême, Cusa l'aborde et nous la fait comprendre et atteindre *incompréhensiblement*. « *Je rechercherai incompréhensiblement au-dessus de la raison humaine ce plus grand (maximum) qui, sans incertitude, et par la foi de toutes les nations, est regardé*

(1) Nicolas de Cusa, *De doct. ignor.*, I, 4.
(2) Id., I, 3.

comme Dieu (1). » *Ce plus grand, c'est aussi l'absolu, l'un le tout, ce qui est en tout et a tout en lui, le plus grand et le plus petit, car rien ne peut lui être opposé, bien plus, l'être et le non être.* « *Il est le principe de tout nombre, en qualité de plus petit, et la fin en qualité de plus grand.* » Et cependant il ne peut être multiplié et, par suite, « *il ne peut devenir nombre lui-même* (2). » C'est enfin l'acte pur, le vrai et l'absolue nécessité, en un mot, celui que nous atteignons incompréhensiblement au-dessus des sens et de la raison; puissance infinie en qui se confondent les contradictoires que ne peut combiner le principe de notre raison.

Ce plus grand qui existe dans l'absolu comme unité suprême et comme Dieu, existe aussi dans l'univers comme unité *contractée* en pluralité, et qui, sans cette pluralité, ne pourrait être; et enfin, dans ce même univers multiple, il existe comme sa fin et s'unit en tant que tel à l'absolu lui-même, car la fin doit être toute perfection et tout au-dessus de notre capacité. Telle est la trinité qui se retrouve dans tous les développements religieux que Cusa donne à son idée première, suivant les dogmes catholiques. Dieu père, Dieu fils, et fils d'une vierge, Dieu esprit enfin, et tous les mythes théologiques chrétiens se présentent parmi ces conséquences et donnent une fin religieuse et mystique à cet immense panthéisme.

La règle fondamentale de la logique, que deux siècles plus tard Descartes déduisait de la considération de la pensée humaine et de la conscience, Cusa la posait immédiatement comme un résultat de la foi (3).

« *Par l'effet d'un don divin*, disait-il, *chaque chose porte en elle un certain désir naturel d'arriver à l'état le meilleur que sa nature comporte, et d'agir, en mettant en œuvre les instruments qui conviennent à cette fin... Ainsi, par le poids de sa propre nature, elle atteint le repos dans le sein de l'objet aimé.... Toute intelligence saine et libre, remplie du désir de voir et de parcourir, embrassera donc amoureusement la vérité trouvée; car nous ne doutons pas qu'une chose ne soit parfaitement vraie lorsque aucun entendement sain ne peut s'empêcher de la reconnaître. Dans toute investigation, nous comparons ce qui est supposé certain avec ce qui est incertain, et,*

(1) *De doct. ignor.*, I, 2
(2) Id., I, 5.
(3) Id. I, 1, init.

par la proportion, nous jugeons du dernier. » Cusa n'eût donc pu être sceptique s'il eût bâti sa philosophie dans le fini et non dans l'infini ; mais dans l'infini même, il ne fut que ce que tout homme y peut être, ébloui et la raison soumise.

4. On voit que si Pythagore, ou Platon, ou les Alexandrins furent les premiers inspirateurs de cette philosophie, du moins leurs idées y disparurent sous le souffle créateur d'un homme nouveau, ainsi que les idées de Cusa lui-même se transformèrent plus tard dans les écrits de Giordano Bruno. Mais le cardinal était Allemand, et né à peine avec le quinzième siècle ; il dut y avoir dans ses écrits une foi religieuse et un caractère mystique qu'on ne saurait s'attendre à retrouver dans Bruno. En revanche, des idées déposées sous une forme abstraite et générale dans Cusa, avec les formes rationnelles et le latin encore un peu barbare d'un Allemand, prirent un grand et poétique développement, grâce à la verve toute inspirée du Napolitain. Bruno cite lui-même, avec de grands éloges et en plus d'un endroit, les travaux du cardinal de Cusa (1) ; et, en vérité, il fut comme le physicien qui crée un monde réel sur un monde mathématique déjà tracé.

Les découvertes scientifiques du seizième siècle eurent une grande importance dans l'éducation de G. Bruno ; elles l'aidèrent à franchir les barrières que la physique d'Aristote aurait opposées à son génie. Mais l'astronomie, surtout vivifiée par Copernic et par Kepler, et livrée comme une science nouvelle aux spéculations modernes, lui servit à créer enfin un monde infini digne du Dieu qui l'habite, qui est en lui, qui est lui.

> Causa principio ed uno sempiterno
> Onde l'esser la vita, il moto pende
> E à lungo à largo à profondo si stende
> Quanto si dice in ciel terr' e l'inferno ;
> Con senso con ragion con mente scerno
> Ch'atto misura o conto non comprende
> Quel vigor mole e numero che tende
> Oltr'ogni inferior mezzo o profondo (2).

5. Ce monde de l'infini, où le cardinal de Cusa avait lancé

---

(1) De l'infinito universo e mondi. Argom. dei dialog. — Causa principio e uno, dial. 5. sub fin.

(2) Causa, principio et uno. Somm. 10.

la métaphysique et les mathématiques, Bruno y porta, d'un bond, la physique entière; et la notion de l'infini, que les anciens avaient évitée avec tant de soin, présentée sous une face nouvelle par le christianisme, entra dans les sciences, où elle devait être si féconde. Il ne faudrait pas considérer cette grande circonstance de l'histoire des idées humaines comme indifférente au mouvement de la philosophie moderne. La physique de Descartes est en effet solidaire en presque toutes ses parties de la pensée de l'infini, qui n'y est que présentée sous un autre nom, comme des découvertes ou hypothèses de Kepler, de Bruno et de Galilée. Et ce ne sont pas là de vils plagiats, comme l'abbé Huet voulut le faire croire (1), mais seulement des idées désormais acquises à la science, et qui ne purent que se retrouver dans la création cartésienne.

Bruno fut donc physicien avant tout, et comme métaphysicien ou mathématicien, il ne fit guère que suivre le cardinal de Cusa, aux pensées duquel il donna seulement une forme à la fois moins religieuse et plus vive, et des développements plus concrets et infiniment plus à la portée de tous les esprits. Ainsi, dans un de ses dialogues (2), sommé par l'interlocuteur de dire en quoi le cardinal lui paraît errer, il répond que c'est en regardant le feu comme le produit d'un *air broyé par les mouvements célestes*, et non comme le résultat d'un *principe matériel chaud tel que le soleil*, ce qui est une affaire de physique. Le reproche le plus général qu'il ait à lui faire est donc d'avoir retenu l'un des préjugés des anciens (*un principio da lui non evacuato*), celui de la sphère du feu, tandis qu'il n'attaque nulle part sa métaphysique, et se sert très-souvent des idées mathématiques sur l'infini, qu'il trouve dans ses ouvrages. Parmi ces idées figure au premier rang celle de la concordance des contraires en un même sujet, soit dans l'infiniment grand, soit dans l'infiniment petit (3).

Partout, il est vrai, Bruno développe une haute métaphysique, à caractère mathématique, partout c'est de la cause et du principe suprême qu'on le voit se préoccuper, et certains beaux passages ont été rappelés à l'Allemagne moderne à propos de

(1) *Censura philos. cartesianæ*, pag. 215.
(2) De l'infinito universo e mondi. *Argom. dei dialog*.
(3) Qual differenza troverai tra il minimo arco e la minima corda... tra il circolo infinito et la linea retta? etc. *De la causa principio uno, dialog*. 5.

recherches et de discussions sur Spinosa, comme contenant de hautes et abstraites doctrines dont le fond et la portée seraient les mêmes que dans l'école spinosique. Mais il n'en est pas moins vrai que la science métaphysique de Bruno n'est nulle part appuyée sur des bases rationnelles, solides et constantes, qu'il est absolument impossible d'en former un corps lié consistant, et un, comme serait celui des philosophies de Spinosa, ou de Leibnitz, ou de Descartes. Ses tendances, ses opinions sont manifestes, mais ses preuves sont tirées de la considération des détails; tantôt procédant par voie critique, tantôt par voie syllogistique, et à l'aide de principes particuliers, il définit peu et donne, en général, la forme poétique à ses écrits. Tout cela prouve, à ce qu'il semble, que l'esprit de Bruno n'était nullement original et créateur, mais qu'il doit plutôt être assimilé à celui d'un poëte métaphysicien qu'une profonde érudition, une éducation physique, brillante et toute moderne, enfin l'influence des beaux rêves de Cusa et des découvertes astronomiques de son temps, avaient élevé jusqu'à l'apogée de la philosophie de Dieu et du monde.

6. L'univers apparut à Bruno comme une échelle infinie sur laquelle la nature descend à la production des choses, tandis que l'intelligence s'élève à leur compréhension, et qui va de l'unité cause à l'unité fin à travers la multitude des intermédiaires (1). Cette nature, c'est l'intelligence du monde, et non l'intelligence divine qui est l'unité et le tout. Elle n'est pas tout, mais *elle fait tout*; elle est cause, non-seulement extrinsèque (en tant qu'efficiente et hors de la matière et de ce qui est produit), mais encore intrinsèque (en tant qu'elle n'opère pas autour de la matière et hors d'elle) (2). Elle est enfin principe et élément de ce qui est, en même temps que cause, de même qu'un pilote peut être à la fois âme et partie dans le vaisseau qu'il conduit. Cette cause est formelle et finale aussi, et la fin consiste en ce que toutes les formes de l'univers aient une existence actuelle dans les diverses parties de la matière. On reconnait encore ici le système de Cusa; seulement, cette nature ou âme du monde, ou ce monde infini lui-même, voilà ce que Bruno voulut exposer, et ce qu'il exposa si bien qu'on le soup-

---

(1) *De la causa*, etc., dialog. 2, pag. 203.
(2) *Dialogo secondo*, passim.

çonna de n'énoncer que pour la forme l'intelligence divine pure, cause première et fin dernière sur laquelle le religieux Cusa avait au contraire tant insisté.

S'il fallait donner un nom, suivant les usages et les préjugés reçus en philosophie, au système de Bruno, ce serait celui de *panthéisme spiritualiste*, car l'âme du monde est tout et fait tout (au-dessous de l'âme divine), et la *matière* n'est guère énoncée que pour le langage par opposition à la *forme* des péripatéticiens, tandis que les objets des sens (ou *ce qui fait la multitude dans les choses*) ne sont ni l'être ni la cause, mais seulement ce qui apparaît et se présente au sens, à la surface de la chose (1). *La vérité*, dit-il ailleurs, *n'est dans l'objet sensible que comme en un miroir, c'est dans l'âme qu'elle est avec sa propre et vive forme* (2). Nous aurions assez de cette doctrine, sans parler de celle du but final du monde que Bruno avoue expressément, pour distinguer, d'une manière absolue, son système de celui que Spinosa produisit plus tard au sein du mouvement cartésien.

7. Bruno touche de bien près au siècle de Descartes, car c'est en 1600 seulement qu'il souffrit si courageusement le martyre dû à ses constantes et hardies doctrines qu'il avait prêchées dans l'Europe entière; aussi sa physique astronomique a-t-elle un caractère déjà bien moderne, surtout à côté de celle de Télésio et de Patrizzi, qui en est à peu près la contemporaine. Télésio se distingua à la vérité par sa vive polémique contre la physique péripatéticienne, et eut par là tant d'influence sur son siècle, qu'il remplaça lui-même Aristote aux yeux d'un grand nombre. D'abord Patrizzi le suivit lorsque, dans sa haine pour Aristote, il voulut à ses écrits substituer les écrits apocryphes d'Hermès et de Zoroastre dans les écoles, et s'essaya à construire un système où il combinait le néoplatonisme avec les nouvelles idées de Télésio sur la lumière. Puis Campanella imprima à sa *physiologie* les traces profondes de l'influence que ces mêmes idées avaient exercée sur lui. Enfin, le nom de Télésio devint comme le symbole d'un novateur en physique, et Bacon donna tout un de ses opuscules à la discussion de ses principes.

(1) *Cauta princ.*, etc. Quel che appare che si rapresenta al senso ed è nella superficie della cosa. *Dialog.* 2, pag. 209.

(2) De l'infinito, etc., *dialog.* 1, pag. 1. De umbris idearum, passim.

Il n'y a cependant rien de bien nouveau dans la physique de Télésio : non que cette physique ne soit qu'une pure restauration de celle de Parménide (la physique de Parménide est comme celle de tant d'autres anciens, si obscure pour nous, et sujette à tant d'interprétations!), ou une amplification du traité *de primo frigido* de Plutarque, comme le pensait Bacon ; mais elle a des caractères antiques, comme ces suppositions auxquelles elle a donné lieu le témoigneraient suffisamment à défaut d'autres signes. La matière est pour Télésio une pure abstraction comme pour Aristote lui-même, non pas une *possibilité* il est vrai, mais un sujet indifférent sans propriétés ni caractères, et qui n'est que le *substratum* de deux principes immatériels qui se disputent sa possession ; et ces principes sont, l'un, le principe chaud et lumineux que les astres nous manifestent dans la sphère du feu ; l'autre, le principe froid et ténébreux que nous montre la terre. La lutte de ces deux entités bizarres produit la multiplicité sous toutes les formes dans la nature entière. Cette physique ne contient ni n'explique les faits nouveaux qui se pressaient cependant alors autour du philosophe, elle leur est même antipathique et les repousse loin d'elle. C'est une singulière création, en vérité, que celle d'un principe *chaud, lumineux, rare* et *mobile*, et il n'est pas merveilleux que les phénomènes de *chaleur*, de *lumière*, de *dilatation* et de *mouvement* s'expliquent sans difficulté par l'action d'un être créé tout exprès pour les réunir. Télésio, comme le dit Bacon (1), a regardé en lui-même et non dans la nature. Il a bâti une hypothèse, puis il s'est proposé de grouper, bon gré mal gré, tous les faits autour d'elle. Il a fait dans tout cela ce qu'il a voulu ; mais enfin le seizième siècle ne s'est pas fermé sans qu'une physique nouvelle ait été opposée à l'autorité des anciens. Aristote s'est tu, et l'on a pu entendre la voix de Galilée, celle de Bacon, celle de Descartes, et le terrain des sciences naturelles a été définitivement fixé.

8. Si la physique était réduite encore à cette époque à grouper quelques misérables petits faits autour d'une conception à tournure plus ou moins antique, la chimie n'était pas plus avancée, car la réforme à laquelle Paracelse et Vanhelmont ont attaché leurs noms, consista moins à bâtir du nouveau qu'à

(1) Bac. de Verul, *Parmenidis et Telesii et Democriti philos*. Amst. 1085, pag. 109.

systématiser, d'une manière assez arbitraire, les faits et les traditions alchimiques à l'aide de la cabale ou des idées péripatéticiennes. La chimie cabalistique de Paracelse produisit des écrivains mystiques et des sociétés secrètes, parce qu'elle enfermait en elle tout un monde de mystères; la chimie péripatéticienne, plus sage et plus réglée, marcha lentement, donnant peu à peu entrée à l'expérience et aux faits nouveaux, mais toujours bien loin derrière les autres sciences, et occupée sans cesse à lutter contre les atomistes et les cartésiens : art plutôt que science; en un mot, toujours en disgrâce auprès des physiciens et des philosophes. Ce fut l'astronomie nouvelle qui donna le branle aux esprits dans le seizième siècle; c'est elle qui féconda l'érudition platonicienne et pythagoricienne de Bruno, lui permit de donner une forme plus saisissable à la philosophie de Cusa, et servit aux développements les plus beaux de ce système qui, précurseur de celui de Descartes, pourrait être appelé *physique de l'infini*.

9. Le platonisme, adoptant ouvertement, après dix-huit siècles, la doctrine du mouvement de la terre, attacha à Giordano Bruno ces ailes qui le portèrent si haut; mais un homme vint aussi qui éleva l'aristotélisme à une gloire rivale encore de celle de Platon. Cet homme est un autre Italien, Césalpin d'Arezzo (1). Ce système si abstrait d'Aristote, qui ne procède que par divisions et distinctions rationnelles, devint entre ses mains un panthéisme spiritualiste bien déterminé, comme le platonisme entre les mains de Bruno. Césalpin remarqua d'abord que la *matière* d'Aristote n'étant rien par elle-même, et devant tout à la *forme*, la forme seule est une substance. Cette substance peut être considérée comme éternelle, immuable et rationnelle : elle est alors le sujet de la métaphysique; ou éternelle, mobile et sensible (mathématique); ou enfin périssable, mobile et sensible (physique). La forme, qui est l'âme universelle, élevant dans tout l'univers la matière au rang de substance, se divise entre tous les êtres animés qui ont ainsi la divinité en eux, et par suite n'ont pas besoin d'être conservés extérieurement; ce qui fait que la forme, en tant qu'une, est

---

(1) Il appartenait à bon droit à un disciple d'Aristote de porter dans l'histoire naturelle l'esprit scientifique qui ordonne et régularise. Césalpin fut l'auteur de la première méthode, de la première classification botanique, et il la fonda sur des caractères toujours reconnus depuis lui, ceux de la graine et du fruit.

immobile, inactive et sans but; elle n'est ni finie ni infinie, l'idée de grandeur ne lui étant pas applicable; elle est le désirable, cause et fin de tous les êtres. En tant que mobile et multiple, elle est, dans l'espace, douée d'un but, et mue par le désir, depuis les corps les plus altérables, jusqu'aux sphères qui *ne changent pas de lieu en tournant sur elles-mêmes*, et imitent ainsi l'immobilité du premier moteur.

Voilà ce que devint la doctrine, quoi qu'on en puisse dire, sensualiste et logique d'Aristote, dans ce siècle où les philosophes, placés au point de vue exclusif de Dieu, oubliaient un monde qui devait bientôt les rappeler à lui par l'importance de plus en plus grande qu'y prenait l'homme, et par les découvertes qui l'illustraient. Déjà la philosophie de Bruno qui, dans sa partie métaphysique, a d'assez grands rapports avec celle de Césalpin, présentait cependant une autre face que celui-ci avait ignorée, celle du monde infini que Descartes transforma en indéfini, et qui forme une des bases essentielles de la philosophie du siècle suivant.

10. En effet, dans l'hypothèse des sphères célestes concentriques que toute l'antiquité a suivie au moins dans les doctrines communes et publiques, l'être fini s'anéantit complétement devant l'être immobile et parfait; mais il n'en est pas nécessairement ainsi dans cette hypothèse renouvelée par Copernic, et que l'humanité moderne a si complétement adoptée et faite sienne en quelque sorte. Cette hypothèse ouvre un univers infini à notre croyance et presque à nos investigations. Elle fait l'œuvre de Dieu plus grande et plus digne de lui, elle nous place dans un tout parfait constitué par des parties qui sont isolément imparfaites, et que Dieu a dû régler éternellement dans son ensemble; en un mot, elle change complétement la nature des relations du fini et de l'infini en créant une échelle indéfinie dans l'intervalle qui les sépare. C'est une opinion assez répandue parmi nous que le système astronomique des anciens donnait bien plus d'importance à l'homme qui se trouvait ainsi placé au centre de la création. Cela peut être vrai pour la religion judaïque, où tout d'ailleurs tendait au même résultat; mais, dans les systèmes philosophiques des Grecs, cet être si mobile, si altérable, placé au point le plus reculé (1) et

---

(1) D'après les idées communes à tous les philosophes anciens ou du moins à Pytha-

le moins divin du monde entier, n'était-il pas au contraire sacrifié à la beauté, à la pureté, à l'inaltérabilité des dernières sphères et des premiers moteurs? Mais si la terre se meut autour du soleil, si le soleil lui-même se meut autour de quelqu'une des étoiles, ce mouvement réglé qui embrasse l'indéfini ne devient-il pas préférable au repos lui-même? les petits mouvements, les altérations continuelles de la terre ne disparaissent-ils pas devant son mouvement total, comme les erreurs des hommes devant la vie providentielle de l'humanité? Tous ces mouvements, qui semblaient si confus, tendent vers un but, toutes ces inégalités restent enfermées dans des limites, et chaque être fini, variable, mortel, est ennobli par ce prodigieux ensemble de tous les êtres avec lesquels la vie le met en relation, depuis le moindre animal de la terre jusqu'aux derniers des astres des cieux qui gravitent avec lui dans l'infini.

11. C'est une des raisons pour lesquelles l'aristotélisme, qui est si fortement lié à la doctrine des sphères, dut tomber dans le plus grand discrédit aux yeux des savants de ce temps, de ceux du moins qui pressentaient l'avenir. D'autres lui restèrent fidèles, et sans doute en attendant mieux, comme Taurrell de Montbéliard, qui, assez froid d'ailleurs pour Aristote, attaqua Césalpin, et n'eut pas de peine à relever les limites du véritable aristotélisme, et à rebâtir la matière, la privation, et les attributs des substances qu'il avait renversés. Ce fut là le dernier éclair de la philosophie d'Aristote. Désormais, les temps étaient passés pour elle, il ne lui resta plus qu'à se fortifier dans les écoles, où l'on ne devait pas tarder beaucoup à l'assiéger.

gore, à Platon et aux Stoïciens, la terre, centre de l'univers, pouvait très-bien être regardée comme le point le plus reculé de l'univers dans la pensée de ceux qui prennent leur point de départ dans le divin et dans l'inaltérable; en elle est le royaume de la matière et de l'opinion; tout y est variable et mortel; l'homme y serait exilé et oublié par la Providence, n'était l'esprit qui l'élève au-dessus d'elle. La même remarque s'applique aux sectes néoplatoniques, néopythagoriques, et enfin au christianisme. Quant à la doctrine d'Aristote, c'est d'elle qu'on peut dire surtout · Elle fait de la terre un lieu d'exil et le dernier de l'univers. Enfin, il ne peut être ici question des Épicuriens qui livrent toutes ces choses au hasard. Mais comment se fait-il alors que ce point de vue historique ait échappé à tous nos écrivains, et qu'un préjugé tout contraire ait prévalu? C'est qu'on a pris pour la pensée de l'antiquité celle du vulgaire dans tous les temps. Le marquis de La Place n'a pas manqué de donner dans ce lieu commun. *Expos. du système du monde*, sixième édition, tom. 2, pag. 431.

12. L'entreprise de Campanella doit clore l'époque dont nous nous occupons. Il est impossible de considérer comme un réformateur en philosophie, ou comme un homme doué d'un esprit vraiment nouveau, à la façon d'un Bacon ou d'un Descartes, l'homme dont le plus grand mérite est d'avoir senti la nécessité d'une révolution philosophique et de l'avoir tentée. C'est beaucoup sans doute ; mais ses ouvrages, si l'on met à part le côté critique qui est très-remarquable, ne présentent qu'un tissu d'idées formé par l'imagination d'un érudit, mais où paraissent aussi l'exaltation d'esprit et l'ignorance du monde, d'un moine et d'un prisonnier. On y rencontre souvent des sentiments élevés, des vues fines et justes, mais l'ensemble de son œuvre forme un mélange mal lié de toutes sortes d'éléments.

Un point capital dans la philosophie de Campanella, c'est la critique acharnée d'Aristote, et, sous ce rapport, il peut être placé à côté de Ramus et de Gassendi. Il dévoile dans Aristote les dogmes de l'éternité du monde et de l'insouciance de Dieu à l'égard des hommes ; il cite les Pères de l'Église qui ont attaqué sa doctrine, et, d'après Launoy, son ami, les arrêts des papes qui l'ont proscrite. Il dénonce enfin les commentateurs fidèles d'Aristote, Pomponazzi, Crémonini, Simon Porta, Zabarella, etc., qui ont dépassé la digue pieuse élevée par Albert et saint Thomas ; tous ceux, en un mot, dont on peut dire avec Melchior Canus : *Habent Aristotelem pro Christo, Averroem pro Petro, Alexandrum pro Paulo.* Il rapporte à Aristote l'origine de toutes les hérésies, et finit par réclamer à grands cris une philosophie chrétienne (1).

Campanella prit son point de départ dans le doute comme Descartes, et étala même, avec de grands développements, les raisons des sceptiques anciens ; mais en prenant pour critérium de certitude l'observation des apparences sensibles et l'histoire du genre humain, il fit un bond trop rapide et sans pouvoir s'appuyer sur de bien bonnes raisons. C'est ainsi qu'il ramena tout d'un coup dans son esprit des milliers de préjugés philosophiques ou physiques, et, en outre, le principe de l'autorité, et il redevint le vieil homme tout comme s'il n'eût jamais douté.

---

(1) Campanella, *prodromus instauratarum scientiarum ad scolas christianas præcipue parisienses.*

Sa métaphysique ou philosophie première (préambule de la *physiologie*, science de la nature) est, dans sa partie positive, une série de principes que rien n'établit suffisamment et qui ont ordinairement leur source dans la doctrine chrétienne ; ainsi, la division des *primalitates entium* en *potentia essendi, sapientia essendi, amor essendi*, pouvoir, savoir, aimer d'être, n'est qu'une trinité philosophique. Prises absolument, ces primalités constituent la triple essence de Dieu ou de l'être, et de l'homme en tant qu'être (1). Mais en tant que finis, nous avons aussi pour essence l'impuissance, l'ignorance et le *non amour* (disamor). De là sortent trois facultés limitées : pouvoir, savoir et vouloir. La métaphysique traite de ces *primalités* et de *l'essentiation*; des *principes* (principium est unde aliquid est) et de la *principiation*, etc., etc. Le voilà lancé sans boussole dans l'océan métaphysique. Où est cette méthode forte et sévère avec laquelle Descartes régla les élans de son esprit ? Ici nous ne voyons pas une philosophie nouvelle, qui naît et grandit dans la tête d'un homme, mais un savoir formé de pièces et morceaux recueillis dans le passé.

En vient-il à la physique, il la remplit de qualités occultes ; il attribue la sympathie et la vie à la nature entière, et considère le monde comme un grand animal dans le ventre duquel nous vivons comme des vers (2). En regardant tous les phénomènes comme des actes vitaux, il donne entrée à toutes les explications tirées de la constitution vitale particulière ou de l'instinct de chaque chose. Ainsi, il combat Galilée qui, pour ne pas user d'une qualité occulte, refusait de rapporter à la lune la cause des marées, et il prétend que la lune croissante augmente toutes les humeurs, décroissante les fait baisser. Il regarde, suivant Télésio, le froid et le chaud comme deux êtres, deux substances positives, et arrive ainsi à nier le mouvement annuel de la terre, par la raison que le froid terrestre est immobile et passif, tandis que les globes célestes, qui sont des feux condensés, doivent, plus mobiles et plus légers, tourner autour de la masse inerte de la terre (3), et il s'appuie sur l'autorité de la Bible, qu'il fait ainsi intervenir dans la physique. La matière lui paraît n'être pas divisible à l'infini, et se

---

(1) Campanella, *Ad lectorem prælucidarium in disputat.*, lib. 4.
(2) Id., *De sensu rerum et magid.* C'est une idée sur laquelle il revient souvent.
(3) Id. *Philosophiæ realis pars physiologica*

composer de ces particules qu'on voit tourbillonner dans un rayon de soleil. Deux principes actifs, doués de *puissance*, *sentiment* et *amour*, et capables de communiquer leur vertu, se disputent la possession de la matière, qui devient ainsi plus pesante ou légère, selon les propensions et appétits de chaque chose.

Les *Soliens*, qui sont les citoyens de la république philosophique de Campanella (1), croient fermement à tous ces principes physiques, *au soleil notre père, à la terre notre mère* et au *monde animal*. Ils ne dépendent pas cependant de la *Providence du soleil et des astres*, mais de celle de Dieu qui les a créés *pour une grande fin*; et alors, faisant tout à coup volte-face, il leur fait reconnaître les deux principes métaphysiques (l'*ens qui Deus est summus* et le *nihilum quod est defectus entitatis et terminus quo aliquid fit physicè*), la trinité divine, (amour qui est à la fois puissance et sagesse), et le péché qui vient du défaut d'être dans le fini. Voilà déjà bien des éléments divers mêlés dans cette philosophie et perdant toute valeur par ce mélange même; mais ce n'est pas tout, nous y trouvons la république de Platon avec sa constitution guerrière et sa communauté des femmes, transportée de la manière la plus bizarre dans le dix-septième siècle, et unie à cet esprit monacal qui fixe et prévoit tout mouvement de l'individu et détruit ainsi toute liberté. Enfin, le tout est réglé par les prescriptions les plus étranges de cette astrologie qui sert à Campanella à expliquer la découverte du nouveau monde et de la poudre à canon, et à prédire, pour une future période, une grande révolution dans les États et dans les opinions religieuses.

On peut donc considérer la philosophie de Campanella comme un immense éclectisme, réalisé sans tact et sans méthode; Platon, le christianisme, la cabale, Télésio, l'astrologie, tout se retrouve dans ce mélange qui clôt une époque plutôt qu'il n'en commence une autre. La foi, l'enthousiasme, un fougueux appétit de l'avenir, pour ainsi dire, y sont partout, mais la vérité avenir elle-même ne s'y développe pas encore.

§ IV.

RÉFORME DES SCIENCES.

1. Cependant un grand nombre d'esprits, pendant le cours

(1) Campanella, *Civitas solis*.

du quinzième et du seizième siècle, restèrent étrangers au mouvement philosophique, d'autres lui furent hostiles ou montrèrent des tendances critiques avec un peu de scepticisme. Dans ce nombre figurent des littérateurs ou des érudits pour lesquels Virgile et Cicéron étaient plus intéressants qu'Aristote, des philosophes qui ne trouvaient à s'arrêter dans aucune doctrine, enfin des hommes engagés dans la politique ou dans la foi, et que les préoccupations religieuses absorbaient à peu près entièrement. Ainsi se montraient mille nuances diverses de caractère et d'esprit, mélangées souvent d'hésitation et de contradictions, comme il doit arriver dans une époque où tant d'éléments différents fermentent ensemble. Patrizzi, le terrible adversaire d'Aristote, celui qui amassa ces arguments sans cesse invoqués depuis contre l'authenticité de ses écrits, et appuya d'un si nombreux cortége de preuves la première attaque de Pic de la Mirandole, vint tomber ensuite, comme le plus crédule des hommes, dans la foi de Zoroastre et d'Hermès Trismégiste. Au contraire, Cornélius Agrippa, qui avait consacré sa vie à la philosophie occulte, finit par attaquer, avec le scepticisme le plus complet, toutes les branches des connaissances humaines. En Italie, L. Valla, en Allemagne, R. Agricola, doivent être comptés parmi ces esprits éminemment littéraires qui se servirent de la renaissance des études classiques, pour faire la guerre à la vieille science. L'Espagnol Vivès joua le même tour aux Pays-Bas, et le Picard Lefebvre en France, où la tenace scolastique fut par lui mise en présence d'un pur et sage commentaire d'Aristote.

2. Mais une tentative plus radicale eut bientôt lieu en France. Ramus raconte, dans la préface d'un de ses livres, qu'un nommé Sturm, élève de R. Agricola, fit un voyage à Paris, où il apporta la littérature antique et des opinions libérales qui ruinaient l'empire d'Aristote, et c'est en qualité d'élève de cet homme que Ramus s'écria à son tour (1) : « L'usage seul, l'usage de la logique introduit dans les écoles, en chassera tous les sophismes... que l'on propose à l'imitation des jeunes gens, et la grammaire, et la rhétorique, et la logique de Virgile, de Cicéron, d'Homère, de Démosthène... c'est cette philosophie de Virgile et de Tullius, d'Homère et de Démosthène, *celle des*

---

(1) P. Rami, *schola in Aristot. libri de dialectica phys. et met.*

mathématiciens, celle que tous les hommes emploient dans le conseil et dans le jugement, que je veux dans les écoles, et non pas une philosophie *rêvée par Aristote ou par Ramus!* La matière de la physique est pour les choses célestes, dans Ptolémée et Copernic, dans Aristote pour les météores. Consultons encore Aristote, Hippocrate, Théophraste, Platon, George Agricola et Mathéolus pour les animaux, les plantes et les minéraux : mais c'est *devant nos yeux surtout que nous trouverons une matière physique abondante et certaine....* » Arrêtons-nous ici, c'est l'esprit nouveau de la France qui s'est fait jour.

Nier l'autorité, ou tout au moins la subalterniser, chercher la science dans les livres, mais surtout dans nous-mêmes, et dans les faits, en appeler à la logique naturelle de l'esprit et à la méthode mathématique, enfin, poser la foi comme inébranlable et la nommer maîtresse absolue des dogmes, ainsi que Ramus le fait partout ; mais il y a déjà dans tout cela quelque chose de Bacon et de Descartes. Les imaginations françaises n'avaient pas suivi le vol néoplatonique de l'Italie ; la scolastique pâlissait devant Aristote mieux connu ; Aristote, à son tour, était attaqué et renversé ; que restait-il donc à faire à la France ? A se faire sceptique d'abord, puis à créer une philosophie nouvelle et à rasseoir les fondements de l'esprit humain.

5. Mais voyons d'abord comment des faits nouveaux s'amassaient sur le terrain de la science, et comment une méthode nouvelle d'exploration se faisait jour et s'appliquait peu à peu. L'algèbre des Grecs et des Arabes, fécondée par l'esprit abstrait dont l'ère chrétienne a doué les hommes, se développait en Italie, dans les travaux de Tartaglia et de Cardan, et trouvait en France, dans le génie de Viète, une constitution définitive de son symbole et de sa notation, c'est-à-dire qu'ainsi conçue et posée dans toute sa généralité, elle devenait cette science que nous avons aujourd'hui : science-mère de tout ce qui porte dans la nature et dans l'esprit un cachet de nombre, de mesure et de force, science parfaite, en un mot, invariable dans ses fondements, accomplie dans sa simple et forte logique qui est la raison de l'homme symbolisée par le signe, et pleinement incontestable dans ses conséquences. Aussi ce même Viète aperçut-il les premiers rapports de la géométrie avec l'algèbre ainsi comprise, et il put préparer la découverte de Descartes en en-

seignant la *construction des expressions du premier et du second degré;* c'était montrer en effet qu'une loi de nombres correspond à une loi de figures, et que les rapports abstraits des quantités peuvent s'exprimer sous ces deux formes.

4. Nous sommes déjà bien loin de l'antiquité, Galilée va nous en éloigner encore : il appartenait à la patrie du Dante et à celle de Michel-Ange de souffler, avant de s'éteindre, un puissant esprit dans un autre de ses enfants, et de poser au seuil des sciences nouvelles une de ces imposantes figures qui nous font à nous, hommes, admirer l'humanité. Partout où Galilée a posé le pied, le terrain s'est affermi. Galilée, grand géomètre, a bâti sur la géométrie ; philosophe, il a méprisé les vieilles formes du langage et du raisonnement, mais il a procédé avec les mathématiques et avec la logique naturelle de l'esprit dont parle Ramus ; physicien, il a aux yeux du monde exécuté une expérience régulière et complète, adressé la première question à la nature forcée de répondre et de révéler ses lois à l'esprit qui mesure et calcule (1), car en mesurant la vitesse des corps pesants, il a soumis la mécanique à des lois de nombre, à l'algèbre, et créé par là la mécanique rationnelle ; astronome enfin, il a eu le bonheur de dresser vers le ciel un télescope qu'il venait de construire, et de sceller définitivement avec sa foi et avec son sang la croyance au mouvement de la terre.

Galilée n'est pas l'auteur d'une philosophie générale, mais sa gloire est assez belle, puisque avant qu'aucune philosophie première vraiment moderne, et qu'aucune méthode nouvelle, explicite et complète, eût paru dans le monde, il marchait à la découverte de la vérité d'un pas ferme et suivant les inspirations de son génie, comme s'il se fût avancé sur un sentier tracé et battu par le vulgaire. Du reste, il est beau de voir, et ceci soit dit sans porter atteinte à la grandeur de Galilée, car la gloire peut se partager sans se perdre ; il est beau de voir le génie de l'homme s'avancer providentiellement dans ses voies, les pensées nouvelles se faire jour par mille ouvertures quand l'heure est arrivée, et les plus grandes découvertes, que quelques-uns se disputent, appartenir à tous, en quelque sorte. Ainsi, Galilée fut seulement le vulgarisateur du système de Copernic, le second inventeur du télescope, et le créateur de

---

(1) Kant, *préface de la crit. de la raison pure.*

la mécanique après Stévin qui lui avait appliqué déjà la géométrie ; son génie mathématique releva de celui de ses devanciers, et de son temps, enfin, l'observation et l'expérience entraient de tous côtés dans la physique; Gilbert écrivait le traité de l'aimant, Hervey celui du mouvement du cœur, et, comme Galilée lui-même, Scheiner, Gassendi et le grand Kepler observaient encore les astres après Copernic et Tycho-Brahé.

5. Nous avons montré toute l'importance de la révolution que fit Copernic dans la science du ciel. Kepler la continua avec tout autant de grandeur, lorsque trouvant détruites les lois que l'antiquité, dans son amour pour le cercle et pour la sphère, avait imposées au mouvement des astres, il les soumit à des lois nouvelles, lois de figures, lois de nombres, et retrouva ainsi dans d'admirables relations cette constance, cette uniformité que l'esprit humain poursuit incessamment dans la nature (1).

Ainsi, la méthode mathématique appliquée successivement à l'astronomie, à la mécanique, à la physique, se préparait à envahir la science entière, et ruinait plus fondamentalement l'autorité d'Aristote, que les critiques les plus acrimonieuses. Que manquait-il donc encore? une formule générale de cette méthode et une vérité universelle qui pût rallier tous les phénomènes physiques et moraux à la fois, en un mot, une *philosophie première*. Kepler se fût approché, non de la méthode, mais au moins de la vérité physique, si aux trois grandes lois du système astronomique, si à la connaissance de la véritable nature du soleil et des étoiles, si à son explication de la vision, il eût pu joindre une théorie mécanique des forces qui meuvent les astres ; car alors son idée de la matière eût été nécessairement peu différente de celle de Descartes. Mais il n'en est pas ainsi, et bien loin d'imaginer de véritables tourbillons matériels, comme l'abbé Huet (2) et même Leibnitz (3) ont voulu le faire croire, il suppose une force qui, analogue à celle de l'aimant, émanerait avec la lumière du corps du soleil. Mais cette force, quoique douée d'une action matérielle, existe dans un sujet immatériel comme la lumière elle-même (*distinguendum ratione inter speciem corporis solaris immateriatam affluentem.*

(1) Voyez à ce sujet un beau passage de M. Poinsot, *Mémoire sur l'Équateur céleste.*
(2) *Censura philos. cartesianæ*, pag. 216.
(3) Leibnitz, *Sur un principe unique d'optique act.* Lips. 1682.

usque ad planetas et ultra et inter vim seu energiam ejus quæ comminus prensat et movet planetam; ut illa sit hujus subjectum; licet non sit corpus sed immateriata corporis species (1), et : *Ex luce solis egreditur et ad nos delabitur species non corporea non materiata quam lumen vel radios solis dicimus)* (2). Ce n'est pas dans la lumière que la force réside, car elle ne peut se transmettre instantanément comme elle, mais c'est dans une *espèce immatérielle*, dont la lumière et la force sont des attributs (3). Cette vertu peut encore émaner des corps opaques, comme de la lune pour produire les marées. Il y a deux pôles dans le soleil, l'un à la surface, l'autre au centre; les pôles semblables de la planète sont, l'un sur un hémisphère, l'autre sur l'autre, de sorte que la planète est tantôt attirée, tantôt repoussée par le mouvement de rotation du soleil sur lui-même, et doit, par conséquent, tourner *(trahendo et repellendo retinet, retinendo circumducit)* (4), ce qui forme le prétendu tourbillon, et Kepler emploie ce mot en effet. C'est cette espèce immatérielle, attractive et répulsive, qui doit tourner en même temps que le soleil dans tout l'univers où elle s'étend. On voit que cette théorie rappelle moins celle de Descartes qu'une autre théorie rivale qui, à la mode pendant tout le seizième siècle, et développée non-seulement par Kepler, mais par Gilbert, par Fermat, par Bacon, finit par prendre place et se reposer dans la physique newtonienne.

C'est évidemment au néoplatonisme que les idées de Kepler doivent être rapportées; c'est là que son ardent génie allait s'inspirer, et, à défaut d'autres preuves, on pourrait citer son opinion sur la lumière (*ipsa per se lux cognatum quid est animæ*) (5), l'âme qu'il donnait au soleil pour le mouvoir, enfin ces espèces immatérielles sensibles, propres à agir sur la matière, parmi lesquelles se trouve précisément le sujet de la force attractive et répulsive du soleil pour les planètes.

(1) Kepler, Epitome astr. Copernici, lib. 4, part. 2, cap. 3, quest. 17.
(2) Id., q. 18.
(3) *Effluere speciem immateriatam corporis ipsius (solis) cui speciei et vis prensandi et lux*. Q. 19. L'espèce émise est immatérielle, mais l'action est matérielle. *Ipsa prensatio planetariorum corporum quos sol rotatus circum agit corporalis est virtus, non animalis, non mentalis*. Q. 4.
(4) Id., q. 2.
(5) Id., q. 3.

6. Il était réservé à Bacon, sinon d'accomplir définitivement la révolution philosophique, au moins d'exposer d'une manière brillante une des faces de la méthode nouvelle. Pendant toute la durée de l'antiquité et du moyen âge, la science avait été déduite par procédé syllogistique de principes souvent vagues et mal définis, quelquefois arbitraires et particuliers à tel ou tel savant, que l'autorité et les préjugés perpétuaient ensuite indéfiniment. C'est pour cette raison que Bacon attaqua le syllogisme (1) qui n'atteint pas les principes et les crée encore moins ; de là une énumération des *idoles*, de *tribu*, de *caverne*, de *théâtre* et de *forum* (2), c'est-à-dire une critique aussi spirituelle que neuve de tous les préjugés scientifiques. Entraîné par la réaction qui commençait de toutes parts contre la physique ancienne, il se fit l'organe et plus que l'organe des nouveaux physiciens qui, presque tous, conservaient à un degré ou à un autre quelque chose des vieilles habitudes. Il soumit entièrement l'intelligence aux faits et à l'expérience (3), et fut si loin dans cette direction, qu'il préluda à la *critique de la raison pure* par l'axiome : *mens humana luminis sicci non est*, et en affirmant que l'âme, comme un miroir courbe, déforme les images des objets ; entre autres tendances de l'esprit, il remarqua celle de supposer dans la nature plus d'ordre qu'il n'y en trouve (4) ; du reste, il ne fut pas plus indulgent pour les perceptions des sens, qu'il regarda, aussi bien que celles de l'âme, comme plus dépendantes de la nature de l'homme que de celle de l'univers (5) ; mais les perceptions des sens se peuvent corriger ; leurs erreurs dépendent de ce que l'observation est brève et fugitive, de ce que les moindres altérations des corps échappent à notre vue, aussi bien que les modifications de l'air et des substances encore plus ténues que lui. Aussi la science est peu de chose, et pour la fonder, il n'y a de ressource

---

(1) Logica quæ nunc habetur inutilis est ad *inventionem* scientiarum. *Nov. organ.*, lib. 1, aph. 2.

(2) Id., 41, 42, 43, 44.

(3) Mens humana non est mensura rerum. Id., 41.

(4) Id. 1, 41, 49. Intellectus ex proprietate sua majorem ordinem supponit in rebus quam invenit. Id., 45.

(5) Omnes perceptiones tam sensus quam mentis sunt ex analogia hominis non ex analogia universi. Id., 1, 41.

que dans une expérience préparée d'avance ; les sens ne jugent que de l'expérience, et l'expérience juge de la chose (1).

Telle est incontestablement, dans son principe, la physique moderne qui, avant Bacon, avait été appliquée par quelques hommes de génie, que Bacon lui-même a *souvent* mal suivie (2) quand il a voulu se mettre à l'œuvre, mais enfin à laquelle il a donné sa formule philosophique et des développements généraux éminemment clairs. Descartes lui-même reconnut qu'il n'y avait rien à dire sur l'expérience après Bacon, et remarqua seulement qu'on était exposé à faire beaucoup d'*expériences superflues* sur les choses particulières, et même de *fausses* si l'on ne connaissait la vérité avant de les faire (3). Ceci nous ramène à l'appréciation de la méthode baconienne et de la distance qui la sépare d'une méthode complète.

7. Bacon a donné plusieurs petits traités de physique, moins pour découvrir la vérité lui-même que pour indiquer, par des exemples, la marche de sa méthode. Il s'en trouve un entre autres qui est très-remarquable, et complet de toutes manières et que Huyghens a pu louer sans restriction pour la marche et pour la conclusion (4). Voici comment il procède : la science fondée sur des principes connus intuitivement ne pouvant appartenir qu'à Dieu ou aux anges, il faut, quand on veut pénétrer la *forme* (5) d'un phénomène, faire une énumération exacte et complète de toutes les circonstances dans lesquelles il se manifeste, puis éloigner toutes les *formes* qui ne conviennent pas, et alors la véritable *forme* reste et se fait reconnaître. Ainsi, Bacon propose l'analyse et la voie d'exclusion pour arriver à la vérité, puis la science s'achève par l'induction, qui s'élève des faits particuliers aux énoncés généraux qui les embrassent.

Or, il est constamment arrivé, depuis que la méthode de

---

(1) Contemplatio fere desinit cum aspectu... natura acris latet.... omnis verior interpretatio naturæ conficitur per instantias et experimenta idonea et apposita, ubi sensus de experimento tantum, experimentum de natura et re ipsa judicat. Lib. 1, 50.

(2) *Souvent*, mais non pas *toujours*, comme le croyait M. de Maistre. (*Critique de Bacon.*)

(3) Descartes, *Lettres*, t. II. l. 65 et 67, au P. Mersenne.

(4) Bacon, de Verulamio, *de forma calidi*. Note d'Huyghens dans les *fragm. philos.* de M. Cousin, troisième édition, tom. 2, pag. 160.

(5) *Forme ou cause formelle*. La *finale* est nuisible en physique ; la *matérielle* et *efficiente* ne touchent pas la science active et vraie. *Nov. org.*, lib. 2, 2.

Bacon règne dans la physique, que l'esprit humain, fidèle à son éternelle tendance, l'a tantôt employée à remonter à des lois générales et à des causes premières auxquelles il attribuait une étendue bien plus grande que celle qu'autorisait une induction *sage et limitée à l'expérience*, tantôt au contraire, soumise à des aperçus, à des lois, à un certain ordre de définitions et de distinctions qu'il ne trouve qu'en lui-même et qu'il est bien forcé, soit qu'il le sache ou l'ignore, de porter dans la nature extérieure. C'est ainsi, pour le premier cas, que la loi de la gravitation est naturellement regardée comme devant s'étendre aux étoiles, ou bien encore que l'impénétrabilité est attribuée à la nature du corps *en général*, et, pour le second, que l'on croit aujourd'hui, avec Descartes et Bacon, contrairement à l'opinion d'une grande partie de l'antiquité, et sans qu'aucune expérience rigoureuse soit possible à cet égard, que nos sensations suivent en nous de purs mouvements matériels, et que les phénomènes présentés par les corps tiennent à leur constitution physique et au mouvement de leurs molécules plutôt qu'à des forces vitales particulières qui leur seraient inhérentes. A la vérité, nous ne sommes pas forcés de le supposer, mais alors il faudra supposer autre chose sur la nature des phénomènes que présentent les corps et des sensations qu'ils nous font éprouver; et loin que l'expérience puisse nous éclairer dans le choix, nous ne pouvons, au contraire, entreprendre aucune expérience *sans avoir fait une hypothèse*. Nous devons croire en nous-mêmes, en nos idées, en nos méthodes, avant de songer à expérimenter, ce qui est proprement les appliquer, et non les créer.

8. Quand Bacon, fixant le terrain de la physique à l'entrée de la seconde partie de son organum, prescrit comme seule bonne et fructueuse la recherche des formes des phénomènes plutôt que de leurs *fins* ou de leurs *causes efficientes* (1), et que ces formes ou *natures naturantes* (2) (qui spécifient les choses, se trouvent en elles et les constituent, de telle sorte *qu'elles ne puissent être sans les choses ni les choses sans elles*) (3), quand

(1) Ex formarum inventione sequitur contemplatio vera. *Nov. org.*, II, 3.
(2) Formam sive differentiam veram, sive naturam naturantem sive fontem emanationis, II, 1. Leges et determinationes actus puri, II, 17.
(3) Forma naturæ alicujus talis est ut ea posita natura data infallibiliter sequatur... ut ea amota natura data infallibiliter fugiat. II, 4. Natura alia quæ sit cum natura data convertibilis. Id. Formas seu veras differentias. *De aug.*, liv. 3.

ces formes, disons-nous, lui paraissent pouvoir être connues par l'observation et par l'expérience, c'est-à-dire tomber sous les sens, il se laisse aller à une immense hypothèse. Entraîné par un violent préjugé, par une *idole de tribu*, il pose une méthode qui n'embrasse que l'une des faces de la science et la croit universelle. Mais Descartes va venir qui rétablira la raison dans ses droits, et convaincu comme Bacon lui-même, que *la sensation ne peut être dans l'objet ce qu'elle est dans le sujet* (1), et que *toute altération est un changement des parties* (2), il trouvera dans son esprit même ce que Bacon a cru voir dans la nature, et distribuera de plus haut les phénomènes et leurs causes.

On peut même voir, d'après les idées que Bacon manifeste dans son traité du mouvement et par la confusion dans laquelle il jette toute espèce de notions fort diverses, combien la définition de la matière de Descartes et la réduction de tous les mouvements au mouvement local ont dû servir à l'établissement de la physique moderne (3). Ce n'est jamais au point de vue des faits, mais à celui de l'esprit qui classe, divise et réunit, que l'on peut véritablement systématiser une science.

9. Bacon peut donc être regardé, en résumé, comme le dernier terme du mouvement des esprits au seizième siècle, c'est-à-dire comme le représentant le plus élevé de deux idées progressives : la critique de la philosophie antique et surtout aristotélicienne, la tendance à constituer une physique nouvelle à l'aide de l'observation et de l'expérience, et des travaux continuels des générations sans cesse rapprochés et réunis par chacune d'elles : *Multi pertransibunt et augebitur scientia* (4). C'est beaucoup pour sa gloire ; mais il y a plus encore : grâce à ses opinions empiriques et à son estime pour les systèmes atomistiques qu'il ne voulait cependant pas adopter sans les modifier, il fonda la physique sur la considération nue de la matière, et repoussa, du moins en théorie, les qualités occultes. Sur ce point, Descartes n'a certes pas innové sur lui (5).

(1) *De forma calidi.* In nov. org., II, 13 et 20.
(2) Alteratio revera minima latio est. 1, 50, org.
(3) Un petit traité *du mouvement local*, annexé à la première édition du *Monde* de Descartes, et dont toutes les notions sont aujourd'hui l'A B C des physiciens, montre combien les esprits étaient encore éloignés d'une science aussi simple.
(4) Bacon, *De augment. scientiarum.*
(5) Ici nous ne pourrons insister que sur la réforme baconienne, et il suffit que nous

10. Deux choses contribuèrent surtout à préparer en France une révolution plus décisive, et qui porta en même temps sur tous les points de la science. D'abord, l'aristotélisme qui, sous son propre nom ou sous celui de scolastique, était la seule philosophie française, ébranlé déjà par la violente attaque de Ramus, fut comme déraciné de l'opinion par les réfutations des astronomes et des nouveaux physiciens qui dominèrent leur ennemi du haut de toute la science positive acquise par deux grands siècles; ensuite, la France, qui avait évité tout changement politique ou religieux, et qui cependant avait reçu dans son sein et le levain protestant et l'élément antique de la renaissance; la France, dont l'esprit si mûr et si grave à cette époque, au lieu de se perdre dans l'école d'Alexandrie, ou de s'égarer dans les textes bibliques, s'était développé dans cette école si pratique, si humaine, et, il faut le dire, si large de Rabelais, de Montaigne, de la Boëtie, de Charron, la France, prête à tout et indifférente à tout, se trouvait dans cet état de l'âme où toute bonne semence philosophique qui tombe doit germer.

Aussi, l'école vraiment originale qui caractérise la France au seizième siècle, c'est l'école de Montaigne; où trouver ailleurs en Europe ce fond de scepticisme qui apprend à se méfier de toute doctrine vieillie, comme de toute élucubration nouvelle, ou plutôt cet éclectisme qui, opposant les uns aux autres les dogmes et les pratiques, demeure en suspens, et, descendant ensuite avec son *que sais-je?* de l'immobile fléau de la balance, entre libre de contrainte et de préjugés dans la vie sociale? Cette heureuse indifférence, cette absence complète d'enthousiasme protestant ou catholique, n'est-ce pas un terrain bien préparé pour la philosophie? La vérité qu'il y faut semer, ce n'est pas la vérité selon Platon ou Aristote, selon les Éléates ou les Ioniens; mais la vérité bonne, grande, utile pour l'humanité, pour la société d'alors; la vérité, chrétienne encore, libre cependant des préjugés et de l'autorité; la vérité fondée sur la liberté de l'homme et sur les lumières de l'expérience et de la méditation. Ce scepticisme français a un caractère éminemment humain et social; on y sent que le philosophe est en-

---

la présentions sous son vrai jour. Nous reviendrons sur la philosophie de Bacon en général. Liv. III, § 1.

tré dans les temps modernes. Il ne doute que pour se dégager du passé et pour embrasser plus librement l'avenir. Il doute, et il n'est ni huguenot ni ligueur, mais il est homme ; il douté, et il n'est ni pour Aristote ni pour Platon, mais pour le vrai. Il doute dans Montaigne, il doutera dans Descartes encore, mais un seul instant, et la science moderne naîtra de ce doute.

11. Si nous voulions résumer d'un point de vue critique les systèmes de philosophie que nous avons si rapidement parcourus, nous dirions que toute doctrine péripatéticienne ou néoplatonicienne avait nécessairement une couleur antique, et devait rester individuelle chez celui qui l'adoptait. Ceux qui se lancèrent dans les champs de l'infini, comme Cusa et Bruno, ceux qui suivirent des voies mystiques, ceux qui, sur les ailes du néoplatonisme ou du christianisme, voulurent s'élever au-dessus des conditions de la vie intellectuelle et physique de l'humanité, tous, et cela quelle que soit la grandeur des résultats obtenus, tous s'isolèrent dans le monde, et, à l'exemple des anciens, formèrent des philosophies à l'usage des gens érudits ou tout au moins très-cultivés, ne laissant au peuple que la peur de l'enfer et le confessionnal. Il n'y avait rien d'humain dans leur philosophie, aucune tendance pratique, aucune consolation pour l'homme attaché à la terre ; il fallait qu'une méthode à la portée de tous ordonnât la science et la vie, avant d'appeler de nouveau l'humanité sur ces sublimes hauteurs que dans tous les temps le génie a pu entrevoir. Quant à la philosophie du moyen âge, perpétuée par l'école, elle roulait sur la logique, et sur les solutions métaphysiques ou physiques qui lui étaient imposées par l'Église. C'est encore la logique que voulut réformer Ramus, et, pour le dogme, il s'en remettait aux Pères et à l'Église protestante. Enfin, toute philosophie fondée sur les sens et l'observation avait l'immense défaut ou de n'embrasser guère que les sciences naturelles, et de laisser, par conséquent, la métaphysique entre les mains de l'autorité. (Campanella, et Gassendi, comme nous le verrons plus tard, sont dans ce cas), ou de conclure au matérialisme et presque à l'athéisme. Bacon par son école en fournit la preuve.

12. Il fallait donc une philosophie fondée sur l'homme lui-même, et facile à saisir pour tout homme, qui n'exigeât ni science ni érudition, qui s'exprimât en langue vulgaire, qui fondât, d'une manière solide, les titres de l'ère moderne à

l'indépendance de l'ère antique, qui dominât de haut, en les acceptant, les classant, les expliquant, les découvertes de Copernic, de Galilée, de Gilbert, au lieu de se traîner à leur suite dans un système d'expérimentalisme ; en un mot, donnât, à l'aide d'une théorie qui pût représenter en entier l'esprit du temps, une immense impulsion à la science, et réglât le travail de plusieurs siècles.

Il fallait un homme nouveau que les tâtonnements, les commentaires, les interprétations, les gloses n'eussent pas fatigué ; une âme encore vierge de spéculations, à peine sortie de la vie active, pleine d'ardeur et de volonté, une intelligence vive, entière, indépendante, un tempérament fortement personnel ; quelque peu de mépris pour le fatras de la vieille science et pour la routine des contemporains, de l'audace, de la dignité, de la liberté. Alors seulement pouvait se réaliser le vœu de Montaigne : « Les sciences traitent les choses trop finement, « d'une mode artificielle et différente de la commune et natu- « relle... Mon page fait l'amour et l'entend; lisez-lui Léon, « l'hébreu et Ficin, on parle de lui, de ses pensées, de ses ac- « tions, et si n'y entend rien. Je ne reconnois chez Aristote « la plupart de mes mouvements ordinaires, on les a couverts « et revêtus d'une autre robe pour l'usage de l'école. Dieu « leur doint bien faire : si j'étais du métier, je naturaliserois l'art « autant comme ils artialisent la nature. »

LIVRE DEUXIÈME.

EXPOSITION DE LA SCIENCE HUMAINE AU POINT DE VUE DE DESCARTES.

§ Ier.

DESCARTES LUI-MÊME.

1. Dans l'une des dernières années du seizième siècle (1) naquit en Touraine, de parents bretons, un enfant faible et maladif qui se nommait Descartes Duperron. Peu de jours après sa naissance une maladie du poumon, causée par des chagrins, coûta la vie à sa mère. Lui-même garda, jusqu'à l'âge de vingt ans, une pâleur et une toux sèche qui faisaient craindre pour sa vie (2); mais enfin une admirable sérénité d'âme, une vie simple, libre et modérée, un penchant à des occupations actives, mais douces, et à des études vives et variées, en un mot, la plus heureuse philosophie pratique qu'il soit donné à l'homme de suivre l'emporta, et une si belle existence fut conquise sur le mal par la force de la pensée.

Bien jeune encore il dut se montrer comme un de ces esprits pénétrants et forts qui cherchent et s'approprient partout le vrai comme leur bien même, et savent, par quelques méditations fluctueuses, creuser la science de leurs maîtres, et s'en assimiler, en quelque sorte, la pure essence. Mais lorsqu'un pareil esprit se trouve en même temps doué d'une forte dose

---

(1) 1596.
(2) Descartes, *Lettres à la princesse Élisabeth*, 1, 23, édition de 1667.

d'indépendance et de liberté personnelle, ou, pour mieux dire, de déférence au sentiment de sa conscience intime, il fait paraître devant son tribunal intérieur les opinions, les jugements, toute la science de son siècle et du monde entier. Si alors il n'aperçoit de toutes parts que divergence et lutte, que pensera-t-il, quel parti devra-t-il prendre, lui qui veut savoir?

2. L'éducation de Descartes fut confiée aux jésuites. Ils existaient depuis cinquante années à peine, et déjà ils tenaient l'Europe catholique par le confessionnal et par l'éducation. De même que hardiment campés sur le terrain de la morale, ils appelaient à eux ce monde qui, au milieu du doute général des esprits, échappait déjà de toutes parts au christianisme, de même ils durent s'emparer de la science à sa source et la réglementer. Si en morale ils furent novateurs ou passèrent pour tels, en métaphysique, en physique ils s'emparèrent des faits accomplis, et cherchèrent d'abord à s'y tenir. En effet, bien qu'en France il y eût eu déjà quelques tentatives de révolution philosophique, aucune n'avait été assez universelle, assez populaire, pour que l'on pût avoir la ferme espérance d'arracher les écoles à l'empire d'Aristote. La secte de Ramus, d'ailleurs à peu près uniquement subversive, était entachée de protestantisme; les pétulants essais de réforme des Italiens devaient passer comme des feux follets devant la grave université de Paris; enfin, le pouvoir d'Aristote, conquis peu à peu sur la résistance ecclésiastique, s'était tellement accru sous l'écorce scolastique, dont on l'avait revêtu, qu'en 1624, c'est-à-dire treize ans avant le discours de la méthode, Jean Bitaud, et ses amis Antoine de Villon et Etienne de Claves, furent exilés par le parlement pour avoir affiché et s'être engagés à soutenir des thèses contre les principes des péripatéticiens (1).

3. Quelle était donc dans le fond cette science scolastique et aristotélicienne? c'était une philosophie de *statu quo*, sous la protection de la théologie, qui l'avait si laborieusement construite et dirigée avec tant de peine à l'édification, et du parlement qui venait saintement en aide à la faculté. On croyait sans doute que tout serait dit, *in his temporibus in quibus ad*

(1) Launoy, *De var., Arist. fort., septima fortuna.*

omne curiositatis et novarum rerum genus depravatis et liberioribus ingeniis impune patebat aditus, lorsqu'on aurait brûlé des thèses, exilé leurs promoteurs, et défendu de tenir ni enseigner aucunes maximes contre les *anciens auteurs et approuvés*, *ni faire aucunes disputes que celles qui sont approuvées par les docteurs de la faculté de théologie*. Cet arrêt du parlement doit nous apprendre ce qu'était devenue cette brillante scolastique, qui, d'origine arabe, et nourrie par des novateurs ou des hérétiques, avait elle-même encouru toutes ces interdictions à sa naissance. Elle avait sans doute bien changé lorsque, sous la protection du pouvoir politique, elle couvrait les écoles d'un réseau encyclopédique de questions mal liées, dont chacune avait sa source dans telle ou telle autorité, et son but dans la solution de quelque difficulté théologique.

Il faut avouer que la science toute abstraite, et les classifications immobiles d'Aristote se prêtaient d'elles-mêmes à une organisation fixe, éternelle en quelque sorte du savoir humain. Malheureusement pour le pouvoir sacerdotal et politique, qui voulait environner le monde de cette philosophie, il ne pouvait se faire un appui de ses principes fondamentaux et la faire sienne du faîte à la base. Loin de là, comme les grands esprits du temps, Ramus, Campanella, Gassendi le sentirent si bien, les dogmes péripatéticiens sur l'âme humaine et sur le gouvernement du monde par Dieu, étaient en contradiction flagrante avec la théologie. Et dès lors celle-ci, forcée de s'en tenir à une philosophie exclusivement dialectique et logique, ne pouvait se promettre l'avenir pour elle.

Ainsi, la philosophie des écoles, en tant qu'indépendante de la théologie, se réduisait à la logique et aux catégories. Les trois grands principes qui, et l'on ne peut s'empêcher de le reconnaître, tiennent plutôt à un point de vue abstrait de l'esprit qu'à une connaissance du monde lui-même, la *matière*, la *forme* et la *privation* constituaient le fond même de la science ; ce qui *peut être*, ce qui *est*, et, comme principe de changement, ce qui *prive*, voilà la nature entière. Si dans une chose, qui est en *acte* quelque chose, et en puissance quelque autre chose, vous ôtez une partie de ce qu'elle est en acte, pour faire passer à l'acte une partie de ce qui est en puissance, vous produisez un changement ; est-ce là autre chose qu'une classification logique? Sous cette distinction purement subjective qu'on portait dans la nature même de l'objet, venaient se ranger encore toutes les *qualités* et *propriétés* des êtres telles que l'esprit les attribue involontairement aux *formes* diverses; et les *espèces intentionnelles* qui étaient chargées d'apporter ces qualités même et ces formes jusqu'à notre connaissance. Rien ne manquait, comme on voit, à cette théorie si naïve et cependant si subtile du monde extérieur qu'avait créée aux jours de sa science la plus exercée le génie à la fois enfantin et raisonneur de la Grèce. Il fallait qu'une grande révolution se fît et mît enfin l'homme à sa place dans la nature en montrant que c'est en lui seul que se forment toutes ces entités métaphysiques qu'il personnifiait auparavant dans les choses. La révolution déjà préparée par les idéalistes italiens, puis par Telesio et Paracelse lui-même, mais surtout par Galilée, Kepler, Bacon, Descartes la consomma.

4. Il aperçut aisément et sans quitter les bancs de la Flèche l'anarchie immense qui régnait dans les esprits et même qu'il *n'est pas d'opinion si étrange que quelque philosophe ne l'ait soutenue* (1); il lut des livres de science de toute espèce et comprit que, quand des milliers de maîtres vivants ou morts se présentent (les uns dans les thèses ou dans les cours des écoles, les autres dans ces livres où nous allons converser avec eux pour entrer en communication *des meilleures de leurs pensées*), et qu'il est autant de doctrines que de maîtres, il faut laisser là les maîtres et n'apprendre que de soi (2). Enfin, il en vint à considérer la philosophie commune comme *le moyen de parler vraisemblablement de toutes choses et se faire admirer des moins savants* (3). La logique en particulier ne lui paraissait qu'une *dialectique qui enseigne les moyens de faire entendre à autrui ce qu'on sait, ou même aussi de dire sans jugement plusieurs paroles touchant ce qu'on ne sait pas* (4);

(1) *Discours de la méthode*, première édition, pag. 17.
(2) « Quoique mes maîtres ne m'aient rien enseigné de certain , je leur dois toutefois des actions de grâces pour avoir appris d'eux à le reconnaître, et je leur en dois de plus grandes parce que les choses qu'ils m'ont apprises sont douteuses ; que si..., » *Dialogue sur la recherche de la vérité*, pag. 356, édition Cous., t. XI.
(3) *Discours de la méthode*, pag. 7.
(4) *Règle pour la direction de l'esprit*, pag. 217, et 255. *Lettre à l'auteur de la version des principes*, et *discours de la méthode*, pag. 19.

et les plus grandes réputations s'abaissaient à tel point devant ce grand esprit indépendant et quelque peu dédaigneux, que Platon ne lui paraissait guère qu'un homme de sens, d'expérience et de beaucoup d'esprit qui, ayant appris de Socrate à douter, s'était borné à poser des *principes vraisemblables* et à déduire leurs conséquences. Quant à Aristote, il n'était qu'un ambitieux qui voulut changer la façon de débiter de son maître et feignit d'être bien convaincu de ce qu'il enseignait. Homme d'esprit, d'ailleurs, aussi bien que Platon, il usurpa comme lui, beaucoup d'autorité, de sorte que ses principes, quoique altérés par ses derniers disciples, prévalurent jusqu'à Descartes lui-même.

On aime cependant à rencontrer dans un grand homme et dans un hardi novateur ce ton superficiel et un peu cavalier qui déshonorerait tout autre ; c'est par ce dédain du passé qu'on s'élance librement dans l'avenir. C'est aux descendants de ces génies créateurs, à ceux qui ont le temps et n'ont rien de mieux à faire, qu'il appartient de peser judicieusement les mérites et de rendre justice à tous selon les siècles. On trouve donc, sans étonnement, cette connaissance superficielle de l'histoire de la philosophie chez un homme qui devait pour ainsi dire la créer une seconde fois. Platon, il ne le connaissait guère et savait en gros seulement que, selon lui, la connaissance est dans l'entendement ; encore même trouvait-il que ce point de vue n'avait pas été assez marqué (sans doute parce que l'école de Platon était une école de douteurs) (1), tandis qu'Epicure, qui mettait la certitude dans les sens, croyait que le soleil n'est pas plus grand qu'il ne paraît. Tel est le double développement qu'il entrevoyait dans l'histoire de la philosophie, et le double écueil où les philosophes lui semblaient s'être perdus.

Mais en revanche, il nous dit qu'il avait appris un peu de tout à l'école. C'était précisément ce qu'il fallait pour apprendre à douter de tout, à ne reconnaître ni autorité ni méthode, enfin à ne plus compter que sur la virtualité propre de son esprit (2). A cela se joignirent les voyages, l'expérience de

---

(1) *Lettre à l'auteur de la version*, etc.
(2) « Il faut chercher sur l'objet de notre étude non pas ce qu'en ont pensé les autres ni ce que nous soupçonnons nous-mêmes, mais ce que nous pouvons voir clairement et avec

la vie active, la conversation des hommes, l'observation des événements et des opinions, enfin, les réflexions solitaires. Le génie le plus vif, et sans doute le plus intelligent de l'Europe, se trouva ainsi par le fait le plus libre et le plus indépendant ; il en était venu au doute absolu sur tous les points. Alors il s'arrêta, et résolut de reconstruire le monde par la force de sa pensée.

5. Nous verrons quel fut ce monde abstrait, ce monde de la conscience que Descartes présenta d'abord comme une simple opinion, et qui ne voulait se substituer ni à l'état, ni à la science, ni à l'enseignement (1). Mais ici demandons-nous ce qui constituait, à cette époque de sa vie, le fond même de l'esprit de Descartes, car il n'y a guère d'apparence qu'il put être la *table rase* des philosophes. Or, à vingt-trois ans, Descartes avait appliqué l'algèbre à la géométrie (2), c'est-à-dire qu'il avait trouvé une méthode mathématique générale abstraite qui donne simultanément les lois du nombre et de la figure. Ses pensées étaient donc alors principalement dirigées vers les mathématiques, qui, dès le collége, l'avaient attiré par le caractère de certitude de leurs démonstrations, et lui avaient même donné à croire qu'on pourrait *bâtir quelque chose de plus relevé que les arts mécaniques sur des fondements si fermes et si solides* (3). Par conséquent, il avait dû lire aussi de préférence les écrits des mathématiciens modernes, des astronomes et des physiciens novateurs, et c'est dans cette science, aux contours nets et arrêtés, qu'il puisait une partie de ce mépris qu'il répandait largement sur les philosophes. A la même époque il avait établi déjà dans son esprit les règles fondamentales de sa logique, qu'il suivit imperturbablement depuis (4) ; et sans anticiper sur ce que nous devons dire de la méthode, on peut remarquer ici que l'habitude de la géométrie et de ses procédés constants dut imprimer un caractère synthétique au développement de ses pensées (5) ; tandis que

évidence ou déduire d'une manière certaine. » Règle 3, pour la direction de l'esprit. *Discours de la méthode*, p. 11.
(1) *Discours de la méthode*, pag. 15.
(2) Id., pag. 21, 23.
(3) Id., pag. 9.
(4) Id., pag. 19 et 20.
(5) Id , Troisième précepte logique.

l'étude de la physique et de la mécanique expérimentale, qui étaient nées déjà, lui fit sentir la nécessité de la division, de l'analyse des faits et des notions, ainsi que de ces revues et de ces dénombrements qui sont le fond même de la méthode baconienne (1). C'est à son caractère enfin, à sa position tout à fait indépendante et personnelle en philosophie, qu'il faut rapporter la grande règle de prendre pour certain tout fait de la conscience individuelle, et de douter de tout le reste (2).

C'est le génie mathématique, ainsi que nous le verrons plus tard, qui fit de Descartes le créateur d'une physique nouvelle, et sa philosophie entière est essentiellement liée à sa géométrie. La physique a d'ailleurs une grande importance pour le développement du corps scientifique tel qu'il le conçoit (3), la métaphysique n'étant qu'une philosophie générale qui constitue les racines de l'arbre plutôt que l'arbre lui-même. Mais en attendant que ceci puisse être expliqué plus au long, remarquons que Descartes ne cite ou n'accepte jamais d'autre autorité que celle des réformateurs physiciens. Ainsi la mission scientifique de Bacon est pleinement comprise et adoptée dans une lettre (4). Ailleurs (5) on lui cite Gilbert, Galilée, Kepler, Hervey comme les seuls entre les modernes qui aient pu atteindre quelques vérités isolées, de même que Thalès, Pythagore, Archimède, dans l'antiquité. Partout, enfin, les questions physiques se présentent comme exemples sous sa plume, tandis que les questions théologiques et métaphysiques sont évitées soigneusement toutes les fois qu'elles ne se présentent pas comme nécessaires pour fonder la physique.

6. C'est ainsi que nous apparaissent, à la distance où nous sommes, et le caractère et les tendances de Descartes. Du reste, sa vie fut le développement même de sa philosophie. Indépendant, convaincu de la force de son génie d'où la science sortait armée comme du cerveau de Jupiter; jaloux presque, et toujours disposé à prendre la vérité pour sienne partout où il la rencontrait, et à la refuser aux autres, il vécut dans la solitude, remuant la science avec ses livres et les hommes avec ses

(1) *Disc. de la méth.*, deuxième et quatrième préceptes.
(2) Id., premier précepte.
(3) *Lettre à l'auteur de la version des principes*.
(4) Descartes, *Lettres*. II, 66 et 67, édition de 1667.
(5) *Lettre second de préface au traité des passions*.

lettres. S'il se montra quelquefois au monde et aux savants, ce fut presque à regret (1), et fâché plutôt qu'étonné que ce monde ne sût l'employer à rien et se bornât à le colporter pour observer son visage, de sorte qu'on paraissait, disait-il, vouloir le garder en France, *non pour y être bon à quelque chose, mais comme un éléphant ou une panthère pour la rareté.* De retour dans la solitude d'où des affaires domestiques ou de fausses espérances de pension qui se réduisaient à l'achat de coûteux parchemins pouvaient à peine l'arracher, il se plongeait dans une de ces cités populeuses de la Hollande, où, seul peut-être, au milieu d'une foule occupée de commerce et d'intérêts (2), il poursuivait en lui-même les intérêts éternels de la pensée humaine, et marchait absolument libre dans cette multitude *vaste désert d'hommes*, comme on l'a dit si poétiquement de nos jours. Ou bien, campagnard amoureux de l'oisiveté, du repos et des pensées rares et fructueuses, suivant la voie ouverte à son génie, et désormais libre et facile pour lui, il ne donnait que *peu d'heures par jour aux pensées qui occupent l'imagination, et fort peu d'heures par an à celles qui occupent l'entendement seul*. Ainsi, dans le *relâche des sens et le repos de l'esprit* (3), il laissait là l'aride terrain métaphysique une fois exploré, et se récréait à bâtir son monde physique : où, comme il le dit plaisamment lui-même, il oubliait les études qui nous apprennent à connaître l'âme sans le corps ou le corps sans l'âme pour apprendre, en usant de la vie, à concevoir *l'union de l'âme avec le corps.*

Cependant le temps passait de méditer librement dans le poêle où naquit le discours de la méthode, de parcourir le monde en militaire amateur, la tête pleine de problèmes mathématiques, de bâtir avec plein désintéressement et presque sans vues pour l'avenir un nouveau système scientifique, et même de répandre des idées par un commerce de lettres au milieu duquel se trouve cette douce et paisible correspondance avec la princesse Élisabeth. Le monde s'était ému, il fallait attaquer et défendre. Il y avait les jésuites à attirer, l'école et Gassendi et Roberval à combattre, les morsures des théologiens

---

(1) *Lettres à l'ambassadeur de Suède.*
(2) *Lettre à Balzac.*
(3) *Lettres à la princesse Élisabeth.*

d'Utrecht à éviter. On avait beau mépriser les honneurs, les distinctions, les titres (1), il fallait se faire des protecteurs puissants pour pousser la nouvelle philosophie dans le monde. Une femme avait déjà aimé et compris le philosophe, une autre se présenta, une reine qui voulut s'instruire et fonder une académie. Descartes, appelé en Suède, hésita longtemps : mais enfin il accomplit le grand sacrifice, et succomba, au bout de quelques mois, à la fatigue, au froid et à la saignée. « Je soupire encore, écrivait l'ambassadeur de Suède au beau-frère de Pascal, je soupire en vous l'écrivant, car sa doctrine et son esprit étaient encore au-dessous de sa grandeur, de sa bonté, et de l'innocence de sa vie (2). » En 1667, les restes de Descartes furent transportés du cimetière des enfants de Stockholm à Sainte-Geneviève de Paris, mais Louis XIV défendit de prononcer publiquement l'éloge du plus grand homme que la France ait jamais produit.

§ II.

DÉFINITION ET DIVISION DE LA PHILOSOPHIE. — MÉTHODE.

1. Il est pour l'homme jeté sur la terre trois moyens généraux de connaître. D'abord l'intuition immédiate des vérités qui se présentent d'elles-mêmes et s'acquièrent sans méditation; puis l'usage et l'expérience des sens. Voilà pour les deux faces de nous-mêmes ; puis viennent en tant que nous sommes en société, la conversation et la lecture (3).

Ainsi nous parvenons à diverses connaissances ; mais la connaissance en elle-même ou la sagesse telle que de tout temps les philosophes l'ont poursuivie, consisterait en la possession des vrais principes et causes premières dont on pourrait déduire les raisons de tout ce qu'il est possible de savoir. C'est là le souverain bien de la raison humaine et l'objet de la philosophie.

(1) *Lettre sur son portrait.*
(2) *Lettre de Chanut à M. Perier*, œuvres de Pascal, tom. 4.
(3) *Préface des principes.* Cette préface peut remplacer, selon Descartes, le traité de l'*Erudition* qu'il avait un instant promis et laissé ensuite par la crainte de l'*École*. Voyez *Lettres à la princesse Elisabeth*. Aussi y trouve-t-on de précieuses généralités sur la science.—Ne faudrait-il pas voir ce traité dans le *Dialogue sur la recherche de la vérité*? Le rôle que le savant y joue dans la personne d'*Epistemon* pourrait le faire croire.

Philosopher, c'est donc étudier la sagesse, c'est rechercher les premières causes qui sont aussi les principes; et on doit les reconnaître à ce double caractère d'être si clairs et si évidents, que l'esprit humain ne puisse douter de leur vérité, et d'être tels qu'aucune chose ne soit requise pour leur connaissance tandis qu'ils soient requis pour la connaissance de toute chose (1).

Les principes connus, il faut en déduire avec évidence la connaissance des choses qui en dépendent et qui sont utiles à la conduite de la vie, à la conservation de la santé, à l'invention des arts (2).

La philosophie est donc la science même, la science universelle, la science des sciences, celle qui leur fixe à toutes leur terrain et leurs attributions; car la philosophie seule remonte aux causes, et suivant l'axiome reconnu par Descartes et énoncé formellement par Spinosa (3), *la connaissance d'un effet dépend de la connaissance de sa cause, et implique cette même cause.* De sorte qu'il n'y a pas d'autre principe de connaissance, toute chose à connaître étant inévitablement un effet.

2. Cela posé, le *corps philosophique* doit être précédé d'une philosophie générale qui remplit le but de la recherche des premiers principes, et détermine ainsi le champ des sciences partielles. C'est là ce que Descartes a appelé sa métaphysique. A la vérité, les notions de Dieu, de l'âme, de la vérité, de la matière y sont établies, mais les pures notions, et seulement en tant qu'elles paraissent nécessaires à l'exposition des autres parties de la philosophie. Du reste, ni le *rapport de l'âme à Dieu et des âmes entre elles*, ni le *rapport de l'esprit à la matière*, ni la question du *passé et de l'avenir des âmes*, ni celle du *gouvernement du monde par Dieu*, n'y sont abordées. En un mot, dans ses écrits Descartes ne traite ni de la théologie ni de la pneumatologie, si ce n'est à la dérobée, dans quelques lettres, ou en répondant à des objections et toujours à son grand regret (4).

---

(1) C'est là, *l'intuition ou conception claire et distincte d'un esprit attentif.* Règle 3, pour la direction de l'esprit.

(2) La déduction est comparée à une chaîne dont chaque anneau doit être connu intuitivement, et l'esprit qui les a tous parcourus sait qu'ils se suivent. Id.

(3) Spinosa, *Ethica*, liv. 1, ax. 4.

(4) On le voit cependant, dans un ouvrage posthume, promettre « d'essayer de rendre

Le corps de doctrine contenu dans les *méditations philosophiques*, et exposé en tête de toutes les déductions que Descartes en a tirées dans le *discours de la méthode* et dans *les principes*, nous paraît donc une philosophie générale plutôt qu'une métaphysique selon le sens plus étendu ou plus restreint qui a toujours été attribué à ce mot (1). Après le complet développement de cette philosophie mère, que restera-t-il donc à exploiter dans la science humaine? Deux mondes encore, deux mondes vierges. Celui de la pensée et celui de l'étendue. Le premier comprend Dieu, les âmes, le côté moral et qualitatif des choses, la cause et la fin des êtres. Le second embrasse l'univers, les corps, les quantités. Et encore faudrait-il exposer l'harmonie de ces deux mondes, les lois de leur union et leur fin commune.

Sans doute la philosophie de Descartes a remué tout cela, et Spinosa, et Malebranche, et Leibnitz, rentrent dans le cercle qu'elle a tracé, aussi est-ce en eux que nous devrons chercher le véritable développement métaphysique des idées de Descartes; en lui seul était le germe, car on doit trouver tout dans une philosophie fondamentale qui ouvre une époque, qui crée les principes de l'esprit humain renouvelé, qui, en un mot, porte dans son sein tout ce qui est possible, mais en eux est l'arbre immense né d'un germe faible et méconnu à son origine.

3. C'est donc dans le monde ouvert par la notion de l'étendue, que Descartes se jette et se meut avec tant de plaisir. Mais l'étendue peut être envisagée sous deux points de vue : *in abstracto*, elle mène à la considération du volume, de la surface, de la ligne, elle engendre alors la géométrie; et les lois des figures abstractivement envisagées elles-mêmes, c'est-à-dire en tant qu'elles donnent lieu à certaines proportions numériques, se ramènent en général aux mathématiques (2) ; de sorte que toutes les quantités sont réduites à une même science gé-

---

compte de la relation des choses sensibles aux intellectuelles, et des unes et des autres au Créateur, de l'immortalité des créatures et de leur état après la consommation des siècles. » *Recherches de la vérité*, pag. 334. Mais ce bel ouvrage est douloureusement interrompu après un exorde qui est tout au moins à la hauteur ordinaire de l'esprit de Descartes.

(1) *Lettres*, II, 45 et 47. Descartes y veut qu'on intitule ses méditations : *Meditationes de prima philosophia*.

(2) *Discours de la méthode*, pag. 21.

nérale et abstraite. *In concreto*, elle produit, réunie à tous ses modes, la physique entière qui, ainsi envisagée, se présente comme une déduction des mathématiques. C'est là, outre la méthode, la seule et immense découverte que Descartes s'attribue. Elle consiste, en deux mots, à ramener la géométrie à l'algèbre, la physique à la géométrie, et l'algèbre même à sa méthode. C'est là ce que nous aurons à exposer plus au long à propos de la physique et des mathématiques.

Ainsi Descartes est éminemment physicien et mathématicien, et il se distingue de Bacon en ce qu'il part d'une méthode universelle, qui lui permet de soustraire d'un seul coup la physique aux *qualités réelles* et aux *formes substantielles* pour la rattacher définitivement aux lois mathématiques du nombre, de la figure et du mouvement.

4. A ces parties de la philosophie il faut encore ajouter l'éthique et la politique, pour avoir ce que l'on appelait alors un cours complet de philosophie. Pour ce qui est de la politique, elle était bien loin d'être le sujet ordinaire des méditations de Descartes; trop convaincu de l'impuissance absolue d'un particulier à réformer l'État, ou même les opinions et les passions des hommes, jamais il ne porta ni dans cette sphère ni dans celle de la foi religieuse son mépris de l'autorité et sa doctrine de l'examen personnel. L'arche sainte était alors inviolable en France, et Dieu et le roi si hauts et si unis, qu'il semblait que les pensées philosophiques, même les plus hardies, ne dussent jamais les atteindre. Aussi Descartes se montra-t-il essentiellement homme du monde, de son siècle et de son pays avant tout, lorsqu'il s'agit d'une question d'intérêt actuel, en fait ou même en puissance (1).

Quant à l'éthique, elle ne peut être complétement développée qu'à l'aide d'un système théologique et métaphysique qui soit suffisamment explicite sur les questions du bien et du mal, de la Providence et de l'avenir de l'âme. Aussi Descartes traite-t-il la morale (il l'avoue lui-même) *plutôt en physicien qu'en philosophe moraliste ou en orateur*, dans le livre qu'il lui a consacré (2), et tout ce qui, dans ses *passions de l'âme*, ne se rapporte pas à la physique, est le produit immédiat de sa méthode

---

(1) *Lettre à la princesse Élisabeth sur le Livre du Prince de Machiavel.*
(2) *Passions de l'âme.*

et de sa philosophie générale, ou représente simplement les opinions d'un homme du monde philosophe. Il faut donc voir en Descartes, avant de scruter ses plus secrètes pensées, et d'entrer dans l'examen des profondes doctrines qui naquirent de la sienne, il faut voir le philosophe qui entreprend, après Bacon, la réforme complète des sciences, en ajoutant à l'expérience un principe pour la dominer ; il faut exposer sa méthode et sa philosophie première, et montrer comment tout le savoir humain s'y renferme et en découle :

5. Venons-en donc à la méthode. — Puisque le principe de l'autorité doit être repoussé en philosophie par le fait même du dissentiment des doctes, — et de la diversité des opinions et coutumes du genre humain, qui se laisse en général conduire par les préjugés ; — puisqu'il s'agit, d'ailleurs, de la science fondée sur les principes et non de celle qu'on acquiert par les quatre voies communes : la conscience, les sens, la conversation et les livres (1) ;

Il faut entreprendre d'en élever seul l'édifice tout entier. Tel est l'unique moyen d'obtenir, au lieu d'une de ces tours de Babel confuses, où l'on a travaillé sans se comprendre, au lieu d'une de ces villes où les maisons sont entassées sans ordre et sans raison selon les volontés variables des générations humaines (2), un monument complet et régulier aussi parfait dans son ensemble que dans ses détails.

Tel est l'esprit des premières pages de la méthode, et on voit clairement se dessiner la position intellectuelle de Descartes, dans son siècle et dans son pays. On se rappelle l'état de confusion de toutes les questions philosophiques dans l'*école*, et les immenses efforts des platoniciens, des sceptiques, des péripatéticiens purs et des nouveaux physiciens pour l'envahir. De là le doute vis-à-vis de l'autorité. L'antiquité d'abord exaltée, abandonnée ensuite et dépassée sur plus d'un point ; les modernes en désaccord, et la France se débattant entre l'école analytique de Montaigne (c'est-à-dire la critique libre de la religion, de l'école et du procédé d'enseignement in *baroco*), d'un côté, et une ferme volonté conservatrice et catholique de l'autre.

Descartes, qui était mathématicien, géomètre, physicien, au

(1) *Lettre au traducteur des principes.*
(2) *Discours de la méthode*, pag. 13.

courant des recherches et des découvertes nouvelles, s'aperçut qu'au milieu du chaos général, la méthode des géomètres fondait seule avec solidité (1) ; il rechercha alors quelle en était l'essence, et mettant à part la considération continuelle des figures qui, *en exerçant l'entendement, fatigue l'imagination dans l'analyse des anciens,* aussi bien que ces *règles* et ces *chiffres* qui jettent de la confusion dans *l'algèbre des modernes* (2), il produisit l'essence même de la méthode mathématique (3) car c'est elle qui est renfermée, et, pour la première fois, exposée au monde dans les quatre fameux préceptes :

— 1. *Ne recevoir jamais aucune chose pour vraie qu'on ne la connaisse évidemment être telle ; c'est-à-dire éviter soigneusement la précipitation et la prévention, et ne comprendre rien de plus en ses jugements que ce qui se présente si clairement et si distinctement à l'esprit, qu'on n'ait aucune occasion de le mettre en doute* (4).

— 2. *Diviser chacune des difficultés que l'on examine, en autant de parcelles qu'il se peut et qu'il est requis pour les mieux résoudre.*

— 3. *Conduire par ordre ses pensées, en commençant par les objets les plus simples et les plus aisés à connaître pour monter peu à peu comme par degrés, jusqu'à la connaissance des plus composés, et supposant même de l'ordre entre ceux qui ne se précèdent point naturellement les uns les autres.*

— 4. *Faire partout des dénombrements si entiers et des revues si générales que l'on soit assuré de ne rien omettre.*

Voilà la logique moderne qui seule a produit toute science depuis deux siècles, et telle que Descartes l'opposa à la logique de *l'école* (qui apprend à *enseigner ce qu'on sait*), comme étant *la méthode pour bien conduire sa raison et chercher la vérité dans les sciences*, c'est-à-dire, en un mot, la méthode d'invention (5).

Écoutons-le parler encore, pour être bien instruits de la

---

(1) « Que les seuls mathématiciens ont pu trouver quelques démonstrations. » *Disc. de la méthode*, pag. 21.

(2) *Discours de la méthode*, pag. 19.

(3) « Les mathématiques sont l'enveloppe de cette méthode. » *Recherche de la vérité*, pag. 210.

(4) *Discours de la méthode*, pages 20 et 21.

(5) Id., pag. 19.

voie qu'il suivit pour fonder la méthode (1) : *ces longues chaînes de raisons, toutes simples et faciles, dont les géomètres ont coutume de se servir pour parvenir à leurs plus difficiles démonstrations, m'avaient donné occasion de m'imaginer que toutes les choses qui peuvent tomber sous la connaissance des hommes s'entresuivent en même façon, et pourvu seulement qu'on s'abstienne d'en recevoir aucune pour vraie qui ne le soit, et qu'on garde toujours l'ordre qu'il faut pour les déduire les unes des autres, il n'y en peut avoir de si éloignées auxquelles enfin on ne parvienne, ni de si cachées qu'on ne découvre* (2). Et, immédiatement après, il nous expose, avec cette admirable netteté, comment, pour première application de sa méthode, il découvrit, à l'âge de vingt-trois ans, une nouvelle géométrie. C'est atteindre le sublime à force de simplicité.

6. Il faut se demander maintenant ce qui fait la fécondité de cette méthode, et si elle ne peut pas être exposée en d'autres termes et d'une manière moins claire peut-être, mais plus générale; et d'abord, le quatrième et le second précepte peuvent être évidemment considérés comme n'en formant qu'un seul, qui est de *diviser et de dénombrer*. C'est le précepte baconien que malheureusement Bacon ne sut féconder que par la *voie d'exclusion*; c'est, en un mot, la *méthode analytique*. Le troisième précepte, au contraire, constitue la *méthode synthétique*. Il consiste à supposer un ordre complet de déduction, partant des principes et des causes qui sont pour l'esprit *les objets les plus simples et les plus aisés à connaître*, et descendant jusqu'aux faits les plus *composés*. Cette interprétation est la seule possible, selon l'esprit de Descartes. Reconnaissons donc, dans ce précepte, la *méthode des géomètres anciens*, la méthode d'exposition et d'enseignement élevée à son plus haut degré de généralité.

La méthode cartésienne est donc vraiment complète, analytique et synthétique; nous verrons, en effet, qu'elle est constamment appliquée sous son double aspect dans la physique des *principes*, et du *monde* et de *l'homme*. L'idée, le plan, la

(1) *Discours de la méthode*, pag. 20.
(2) « Toutes les vérités se suivent l'une l'autre et sont unies par un lien commun; tout le secret consiste seulement à commencer par les premières et les plus simples et à s'élever peu à peu comme par degrés aux plus composées et aux plus éloignées. » *Recherche de la vérité par les lumières naturelles*, pag. 375.

base de l'édifice doivent être donnés; c'est là la synthèse et l'objet de la recherche des principes premiers. Mais les matériaux, c'est l'analyse qui les fournira (1). Nous trouverons une confirmation pleine et entière de cette interprétation d'une méthode qui met seule Descartes au rang des réformateurs. C'est que si dans la science universelle, dans la philosophie, un seul principe est requis qui serve de fondement à toutes les autres sciences, ces sciences partielles elles-mêmes réclament, par la même raison, un principe particulier qui se rattache au grand principe, et joue le même rôle à leur égard.

7. Ce sont ces principes particuliers qui reçoivent le nom d'*hypothèses*. Ils ne portent pas, comme le principe des principes, leur cause et leur preuve en eux-mêmes, s'il est permis de le dire ainsi. Mais ils ne permettent qu'une double vérification par le premier principe qui doit les admettre et les expliquer, et par les principes ou faits qui leur sont subordonnés, et doivent être, au contraire, expliqués par eux. C'est ce qu'exprime très-clairement Descartes, en disant qu'une hypothèse physique, ou astronomique, *explique* les faits, tandis qu'elle est, au contraire, *prouvée* par eux quand elle les explique tous (2) : et il n'y a là aucun cercle vicieux, mais, au contraire, une vue nette et juste de la science, qui manquait, à ce qu'il paraît (3), aux plus renommés des savants lorsque Descartes parut.

C'est donc la théorie de l'hypothèse que Descartes apporta le premier, dans la méthode des physiciens, que Bacon avait livrée à une analyse dissolvante, et c'est celle qui règne encore de nos jours dans la plus avancée des sciences, l'astronomie, et dans les plus belles parties de la physique mathématique.

8. Venons-en à ces choses *simples* qui doivent servir de premiers principes et se présenter à l'esprit avec une pleine évidence; et remarquons que la méthode est déjà posée et le champ de la science en quelque sorte mesuré avant que ces

(1) L'unité de la science ainsi conçue est dans l'intelligence « Les sciences toutes ensemble ne sont rien autre chose que l'intelligence humaine qui reste une, et toujours la même, quelle que soit la variété des objets auxquels elle s'applique sans que cette variété apporte à sa nature plus de changements que la diversité des objets n'en apporte au soleil qui les éclaire. » *Règles pour la direction de l'esprit*, pag. 202.

(2) *Discours de la méthode*, pag. 76.

(3) *Lettres à Morin en réponse à ses objections sur la méthode*, et Let. 118, T. I, à un jésuite de La Flèche.

choses nous aient été révélées, car le *discours de la méthode* ne s'est pas encore ici proposé de les rechercher, et Descartes en était déjà au point où nous venons de le suivre qu'il n'avait pas encore médité sur la métaphysique : par conséquent il faisait consister le *criterium de la certitude* dans la clarté et l'évidence des notions avant d'avoir établi son premier principe de la philosophie.

Il était cependant nécessaire que ce principe fût déterminé pour que la philosophie existât en germe et pût se développer. Or, certaines notions évidentes, communes, ou vérités claires d'elles-mêmes, qui forment le premier degré de l'instruction de l'homme, ne sont pas assez fécondes pour jouer ce rôle. Par exemple, le principe *qu'une même chose ne peut pas être, et ne pas être en même temps*, laisse la science où il la prend sans pouvoir la faire avancer d'un pas, et ainsi de beaucoup d'autres. Il faut d'ailleurs que le principe soit absolument indubitable, sans cela on marche à reculons dans les sciences; et celui qui demeure sans rien savoir a du moins cette consolation d'être plus avancé que les autres, et d'autant plus qu'il a moins dogmatisé qu'eux (1).

9. Or, en parcourant des yeux le terrain philosophique, nous sommes frappés du même spectacle qu'à la vue des philosophes eux-mêmes. Si nous voulons douter de toutes les notions où nous pouvons imaginer quelque doute, qui nous arrêtera? Les sens? Mais ils nous ont souvent trompés, et puis, ne dormons-nous pas, et n'avons-nous pas des rêves? Qui nous assure de la réalité de nos sensations présentes (2)? Seraient-ce alors les vérités mathématiques? Mais certains hommes font des paralogismes, et, nous le savons, pourquoi n'en ferions-nous pas sans le savoir? Ainsi, nous mettrons tout en doute tant que nous n'aurons pas trouvé cette certitude inébranlable sur laquelle nous fonderons la science et notre méthode elle-même.

Or, tandis qu'il nous plaît de douter de tout, et de notre corps et de l'univers, et de croire même à la fausseté de toutes choses, pouvons-nous douter que nous pensions, lorsque ce doute même est une pensée? Notre existence, en tant que nous pensons, est donc le principe que nous cherchions, et nous

---

(1) *Lettre au traducteur des principes et Disc. de la méth.*, p. 4.
(2) *Discours de la méthode*, pag. 33. *Recherche de la vérité*, pag. 680.

pouvons dire : *Je pense, donc je suis* (1). Mais qu'est-ce qui nous assure de la vérité de cette proposition, sinon que nous la concevons très-clairement? Nous pouvons donc poser pour règle générale que *les choses que nous concevons fort clairement et fort distinctement sont toutes vraies* (2).

Ainsi le champ de la certitude est agrandi, et la méthode appuyée à la fois, et fécondée. Ce n'est pas encore ici le lieu de faire le dénombrement des notions évidentes que Descartes a admises, soit explicitement, soit implicitement à la suite de la première ; remarquons seulement, parce que ceci tient au fond même et à la raison d'être de la méthode, que ce n'est pas la notion, *je pense*, qui constitue le *criterium de certitude* que nous aurons à appliquer à tout instant dans la philosophie. Réduit à cette seule vérité, il serait infécond, mais c'est le principe, *pour penser il faut être*: de sorte que toute vérité qui nous paraîtra aussi claire, c'est-à-dire parfaitement claire, car il ne peut y avoir de degrés ici, sera vraie comme notre existence elle-même (3).

10. Ainsi, le témoignage intime de la conscience est appelé pour remplacer l'autorité, comme la position personnelle de Descartes, son caractère et ses idées l'exigeaient. La science est livrée au sens commun de tous les hommes, et l'héritage ne sera pas perdu. Seulement une méthode universelle est donnée pour le cultiver (4), ainsi qu'une distribution générale du terrain scientifique, non pas une encyclopédie inféconde et vague, comme celles de Bacon ou des philosophes du dernier siècle, mais une encyclopédie dont l'origine est dans une méthode et dans une philosophie nouvelles et complètes : en effet, continuons à marcher dans la voie philosophique ouverte par

---

(1) Id., pag 354. *Discours de la méthode*, pag. 34.

(2) *Médit. métaph*, tom. III, 2.

(3) « Pour apprendre ce qu'est le doute, ce qu'est la pensée, il ne faut que penser et douter soi-même; il en est ainsi de l'existence. » pag. 372. *Recherche de la vérité.* Il n'y a rien en tout ceci qui m'assure que je dis la vérité, sinon que je vois très-clairement que pour penser il faut être. » *Disc. de la méthode*, pag. 34.

(4) « Je n'ai pour règle des miennes (vérités) que la lumière naturelle, ce qui convient bien en quelque chose (avec le principe du consentement universel), car tous les hommes ayant une même lumière naturelle, ils semblent devoir tous avoir les mêmes notions. Mais il est très-différent en ce qu'il n'y a presque personne qui se serve bien de cette lumière. » *Frag. manusc. de l'exempl. de la bibl. instit.*, éd. Cousin, VIII, 189. C'est la méthode qui dirige Descartes dans l'usage de son criterium; sans elle il est inutile.

le premier principe, et nous poserons Dieu, l'âme, l'étendue les bases de toutes les sciences partielles ; mais il ne s'agit ici que de la méthode.

Il est donc bien vrai, comme l'annonce le titre du *discours de la méthode*, que toutes les découvertes contenues dans ce beau livre ne sont que des conséquences de la méthode. Elle fonde d'abord la philosophie tout entière sur ces vérités *claires et distinctes* (qui sont des révélations faites à la pensée par la pensée même), à l'aide de la *revue* et du *dénombrement* des notions qui se présentent, et de *l'ordre* par lequel elles s'enchaînent depuis les plus *simples* jusqu'aux plus *composées*. Ensuite elle fonde la géométrie sur le concert du nombre, et la physique sur ceux de l'étendue et du mouvement. On comprend, après cela, qu'il ne restât plus rien à faire à Descartes dans la région de l'entendement pur ; il avait fondé son édifice, il ne fallait plus qu'assembler les matériaux et bâtir ; c'est une œuvre ravissante à accomplir pour l'inventeur, qui peut, dès lors, se vanter du repos et de la joie de son esprit.

Cependant il y avait beaucoup à faire encore : d'abord la haute métaphysique à pénétrer, mais il y répugnait ; il laissa franchement à d'autres cette œuvre dangereuse, pour laquelle on ne voulut pas toujours, comme lui, s'en remettre aux théologiens. Puis, tous ces matériaux à ramasser étaient si abondants en physique, quelquefois même si lourds à remuer ! Aussi parut-il sentir qu'il fallait des siècles pour que toutes les vérités sortissent de ses principes ; et cependant il ne songeait pas aux nouveaux faits, souvent si importants, qui surgissent de temps à autre aux yeux du philosophe. Ailleurs, il doute moins et croit la science finie ; il ne demande que de la liberté et les moyens d'expérimenter. La géométrie même lui paraît achevée, malgré l'état d'imperfection de l'algèbre, dont il ne s'occupe pas, se livrant tout entier à considérer la perfection de sa méthode. C'est qu'il avait posé les bases inébranlables, ne lui était-il pas permis de rêver quelquefois l'édifice entier ?

§ III.

PHILOSOPHIE GÉNÉRALE.

1. Nous l'avons vu, Descartes avait déjà réuni en une seule doctrine toutes les parties des mathématiques, il avait traité, d'une manière nouvelle, plus d'une question de physique, et cependant il n'avait pris *aucun parti touchant les difficultés qui ont coutume d'être disputées entre les doctes ni commencé à chercher les fondements d'aucune philosophie plus certaine que la vulgaire* (1). Cependant le bruit courait que cet homme qui avait fait, si jeune, de belles découvertes, qui ne cachait ni son mépris pour les idées communes en science, ni les preuves qu'il avait assemblées contre elles, qui enfin menait, dans le monde et dans les camps, la vie d'un sage, devait posséder une philosophie nouvelle; il la possédait en effet renfermée dans sa méthode, et il ne fallait plus qu'un effort du génie pour l'en faire sortir. Dans le fond, sa philosophie n'est d'abord qu'une déduction vaste de la méthode; mais une fois que ses lois principales sont posées, elle reconnaît un nouveau point de départ, qui est Dieu; et alors elle embrasse et justifie cette méthode, dont elle découle, par un admirable cercle vicieux qui est le fond même de la philosophie cartésienne et de notre esprit.

Mais venons au fait :

LOGIQUE.

2. Nous avons mis en doute toutes les connaissances que nous avions acquises jusqu'à ce jour. Les vieux raisonnements des sceptiques pourraient être ici rappelés, pour nous convaincre de la nécessité de rejeter toutes les notions, et de chercher un principe de certitude; mais, en un mot, repoussons toute science née des sens, par la considération de nos erreurs passées, des rêves et de la folie et jusqu'aux axiomes dont la plupart des hommes estiment la vérité certaine, par la raison que, bien qu'ils nous semblent évidents quand nous portons sur eux notre attention, nous ne savons pas encore si nous ne sommes

---

(1) *Discours de la méthode*, pag. 31.

pas *faits* ou *constitués*, de telle sorte que nous nous trompions constamment ou souvent (1).

Une certitude inébranlable m'est apparue cependant : *je pense, et il est impossible que je ne sois rien, tandis que je pense être quelque chose* (2) ; et je ne déduis pas ici mon existence de ma pensée *comme par la force de quelque syllogisme, mais comme une chose connue de soi ; je la vois par une simple inspection de l'esprit* (3).

D'où je conclus que *tout ce que je conçois clairement et distinctement est vrai* pendant que le conçois. Et, par *clair*, j'entends ce qui est présent et manifeste ; et par *distinct*, ce qui est précis et différent de toute autre chose (4). Ainsi, je me connais moi-même en tant que je pense ou *suis pensant*. C'est là, proprement, ce que j'entends par mon esprit ou mon entendement, ou ma pensée (5), de sorte que, portant toute mon attention sur mon être ainsi révélé, je puis dire que je suis esprit ou pensée (6).

3. Dès que nous ne sommes assurés de notre existence qu'en tant que nous pensons, nous devons faire la revue des notions ou idées (7) qui se trouvent en nous, c'est-à-dire des seules choses qui nous soient immédiatement présentes ; et de notre intérieur, s'il est possible, nous conclurons pour l'extérieur. Au nombre de ces idées nous trouvons d'abord celle de notre *pensée* ou d'une chose qui pense (8), puis celle de *l'étendue* à trois dimensions, longueur, largeur et profondeur, laquelle existe ou n'existe pas hors de nous, mais que nous concevons très-clairement et distinctement ; nous avons l'idée de *l'infini* (9), c'est-à-dire de ce qui ne peut être contenu dans au-

---

(1) *Médit. mét.*, I, et *principes* I, 5.
(2) *Médit. mét.* II, 4. *Recherche de la vérité*, pages 305-6.
(3) *Réponse aux deuxièmes objections.* Art. 3.
(4) *Principes*, I, 45.
(5) « La première chose à connaître, c'est l'intelligence, puisque c'est d'elle que dépend la connaissance de toutes les autres choses, et non réciproquement. » *Règles pour la direction de l'esprit*, pag. 243.
(6) *Recherche de la vérité*, pag. 360.
(7) « L'idée est cette forme de chacune de nos pensées par la perception immédiate de laquelle nous avons connaissance de ces mêmes pensées. » *Méditations disposées d'une façon géométrique*, déf. 2.
(8) Nous pensons que nous pensons, et une pensée peut être l'objet d'une autre pensée. *Rép. deuxième aux object. d'Hobbes sur les médit.*
(9) *Rép. aux obj. de Gassendi*, n° 14.

cunes limites, et cette conception est aussi très-claire et distincte; l'idée de l'être ou de la *substance* en général, c'est-à-dire de ce qui est par soi, ou de ce que nous pouvons concevoir distinctement sans l'idée d'aucune autre chose (1); enfin l'idée de *Dieu*, en comprenant par là un être éternel, infini, immuable et parfait, souverain et indépendant, tout connaissant, tout-puissant, créateur universel de toutes choses (2).

4. A l'idée de la *substance* se rattachent celles des *attributs* et des *modes* ou *accidents*. Car l'idée de la substance n'est pas en nous toute nue, et nous concevons la substance qui pense ou la substance qui est étendue. Cela posé, l'attribut c'est ce que nous remarquons dans la substance, ou ce que nous concevons lui appartenir. Parmi tous les attributs ou propriétés que nous pensons appartenir à une substance, nous en trouvons *un en chacune, qui constitue sa nature et son essence et de qui tous les autres dépendent*. Par exemple, tout ce que nous attribuons au corps, comme la figure, le mouvement, la divisibilité, ne peut être conçu qu'après l'étendue, tandis que l'étendue se conçoit sans figure ou sans mouvement. L'étendue est donc l'attribut fondamental de la substance dite corporelle. De même, ne pouvant rien concevoir de ce qui se passe en notre intérieur, notamment les phénomènes de volonté, ou d'imagination, ou de jugement, sans que cela implique la pensée, nous devons conclure que la pensée est l'attribut fondamental de l'esprit. C'est par cet attribut qu'il s'est révélé à lui-même, sans impliquer autre chose absolument; par conséquent, il peut lui servir de définition, comme l'étendue, à la substance figurée et mobile (3).

Il nous est impossible de connaître la substance autrement que par son attribut, puisque l'attribut est ce que nous concevons d'elle, et que nous ne pouvons l'aborder autrement. Nous n'avons donc aucun moyen non plus de reconnaître ses propriétés et qualités, que la considération de cet attribut tel qu'il est en nous; il nous apprend ce qu'est chaque chose, non en elle-même, sans doute, mais en nous *objectivement*, c'est-à-dire par représentation et à la manière dont les choses y sont.

(1) *Principes*, I, 51.
(2) *Méditations métaphysiques*, III, 20.
(3) *Principes*, I, 53.

L'attribut étant ce que nous concevons dans la substance et comme ne dépendant que d'elle seule, les *modes* ou *accidents* seront ce que nous trouvons en elle, en tant qu'elle est *autrement disposée ou diversifiée*; et un mode s'appelle qualité quand la substance peut, de lui, être appelée *telle* (1).

5. Ainsi toutes nos idées ne représentent pas des êtres ou des substances, puisque nous pouvons concevoir à part ou *abstraire* (abstrahere intellectu) des attributs et des modes. Mais nous concevons alors clairement et distinctement qu'ils ne peuvent exister indépendamment de ces substances, auxquelles ils se rapportent. Par exemple, la *durée* (2) n'est qu'un mode dont nous considérons une chose, en tant qu'elle continue d'être; et le *temps*, que nous mesurons par le mouvement, n'est lui-même qu'un mode de penser à cette durée, en tant que nous la comparons à certains mouvements. De même, *l'espace* n'est qu'un mode, dont nous considérons une chose, en tant qu'elle est étendue, et c'est à tort que l'on croirait qu'il peut exister, sans une substance étendue à laquelle il se rapporte, ainsi que la figure et le mouvement (3). Enfin, le *lieu* ne peut être que relatif ainsi que le temps.

6. Il en est de même du *nombre*, de la *vérité*, de la *perfection*, de l'*ordre* (4), qui ne peuvent être sans les choses nombrées, vraies, parfaites, ordonnées; et il serait difficile de faire l'énumération de toutes les notions pareilles, qu'on trouve comprises avec celles de la durée et de la substance, dans les idées des choses. En général, voici l'origine de ces termes qu'on nomme *universaux* (5). Nous remarquons que des idées que

---

(1) *Principes*, I, 56.
(2) C'est dans la pensée que la durée nous apparaît pour la première fois : « Le devant et l'après de toutes les durées me paraît par le devant et l'après de la durée successive que je découvre dans ma pensée avec laquelle toutes les autres durées sont coexistantes. » *Lettres*, II, 6, à *Arnauld*.
(3) *Princ.*, II, 9, 10—14.
(4) *Princ.*, I, 48. — *Médit.*, III, 22. — *Lettres à Clerselier*.
(5) Les universaux ne peuvent avoir de réalité, on le voit, qu'en tant que modes de penser d'abord, et ensuite, en tant qu'ils expriment à leur façon une réalité ou un être auquel ils se rapportent, c'est-à-dire dont ils nomment un attribut perçu par notre pensée. On peut dire, pour résumer la doctrine de Descartes sur les plus importants des termes universaux, que l'espace et la durée ne sont que des modes de penser à la substance, en tant qu'elle s'étend et qu'elle continue d'être; que le lieu est un mode de penser aux corps et à leur situation respective; enfin, le temps, un mode de penser au mouvement ou changement de lieu, en tant qu'il a de la durée. (*Princip.*, I, 57. et II, 13.)

nous avons en nous conviennent sous certains rapports, de sorte qu'*une même idée nous sert à penser à plusieurs choses particulières ;* le nom de cette idée s'applique alors à toutes ces choses ; ainsi, ayant l'idée de deux pierres, en tant qu'elles sont deux, et sans penser autrement à leur nature, nous formons l'idée générale du nombre *deux*, que nous voyons convenir tout aussi bien à deux arbres ou à deux oiseaux, considérés sous le même rapport (1).

L'idée d'une figure de trois côtés, en tant seulement qu'elle a trois côtés, c'est l'idée du *triangle* : si l'un des angles est conçu comme droit, c'est celle du *triangle rectangle* : si nous cherchons ce qui est contenu dans l'idée de ce triangle, nous trouvons que le carré du côté opposé à l'angle droit est égal à la somme des carrés des autres côtés ; enfin ce triangle, supposé qu'il existe, peut se mouvoir ou non. Voilà les idées *genre* (triangle), *espèce* (triangle rectangle), *différence* (angle droit), *propre* (la conséquence contenue dans le concept), et *accident* (le mouvement ou le repos).

7. Toutes ces idées étant en nous sans que nous nous connaissions autrement, qu'en tant que nous sommes une chose qui pense, et sans que nous considérions les choses extérieures, soit qu'elles existent, soit qu'elles n'existent pas en effet, autrement que comme idées qui nous représentent des choses, on voit que nous savons classer ces idées, et qu'elles nous représentent plus ou moins de perfection ou de réalité les unes que les autres. Mais il y a plus : ces idées se lient entre elles, ne dépendent pas de notre vouloir, et nous forcent à tirer des conséquences qu'embrasse la conception que nous en avons, et à énoncer des propositions dont nous ne pouvons douter. De même que nous avons vu *clairement* et *distinctement* que *pour penser il faut être*, nous voyons aussi que *ce qui est fait ne peut pas ne pas avoir été fait*, et qu'*une même chose ne peut pas simultanément être et n'être pas*, etc. Mais le premier de ces principes que *notre âme existe* comme étant le plus notoire, est le fondement de la philosophie, tandis que les autres ne peuvent servir qu'à confirmer des vérités déjà connues. Mais voyons comment nous pourrons transporter enfin le terrain de la logique hors de nous-mêmes.

(1) *Principes*, I, 59.

Or, aussitôt que nous pensons concevoir clairement quelque vérité, nous sommes naturellement portés à la croire, et si cette croyance est si ferme que nous ne puissions jamais avoir aucune raison de douter de ce que nous croyons de la sorte, il n'y a rien à rechercher davantage, nous avons toute la certitude qui se peut raisonnablement souhaiter (1). D'un autre côté, nous sommes assurés que nous ne pouvons avoir *aucune connaissance* de ce qui est hors de nous *que par l'entremise des idées* que nous avons en nous, de sorte que nous devons conclure que *tout ce qui se trouve en ces idées est nécessairement dans les choses* (2). Il faut seulement examiner si cette idée est complète, ou n'est pas rendue incomplète en étant tirée d'une idée plus complète, dont une partie serait plus présente à l'esprit, qui se détournerait de l'autre. Mais c'est ce qu'il est toujours facile de voir, et ce qui ne peut d'ailleurs arriver que pour l'idée d'un mode et non d'une substance (3).

Ainsi, nous devons ne juger des choses que par les idées que nous en avons, et penser que *tout ce qui répugne à ces idées* est absolument impossible et implique contradiction. Par exemple, nous n'avons aucune raison pour assurer qu'il n'y a point de montagne sans vallée, sinon que nous voyons que leurs idées ne sont pas complètes, quand nous les considérons l'une sans l'autre, et de même nous devons conclure la divisibilité à l'infini de la substance étendue, de ce que cette divisibilité est contenue dans l'idée que nous en avons (4).

C'est donc aussi dans notre seule pensée que nous pouvons et devons chercher si les choses existent ou n'existent pas. Or nous avons déjà reconnu que certaines idées se forment en nous par abstraction, et nous avons compris que ni les modes ni les universaux, en tant qu'universaux, ne peuvent exister hors de notre esprit, ni les attributs hors des substances. Mais les substances elles-mêmes existent-elles ? Comme ce qui n'est rien ou le pur néant ne peut avoir aucun attribut, nous penserons que ce dont nous concevons un attribut existe en effet (5).

8. Il reste seulement à examiner ce qu'est cet attribut, car

(1) *Rép. aux premières object. de Mersenne*, n° 6.
(2) *Lettres* I, 105.
(3) Idea non redditur inadequata per abstractionem intellectus, ut., id.
(4) *Lettres* I, 105, au père Gibieuf de l'Oratoire.
(5) *Princ.*, 1, 52.

il faut, ou qu'il appartienne à notre propre substance et nous représente nous-mêmes sous un certain rapport, ou que nous l'ayons forgé par réunion, en composant des idées de plusieurs autres choses réellement existantes, ou enfin, qu'il appartienne à une substance hors de nous (1). C'est pour cela qu'il faut toujours distinguer l'essence d'une chose ou sa nature telle que nous la concevons de l'existence de cette chose. Si elle existe en effet, son essence et son existence ne sont qu'un ; mais dans notre esprit ce sont deux choses (2). Il suffit que nous concevions l'essence d'une chose pour qu'elle puisse exister ; mais il se peut aussi qu'elle n'existe nulle part ailleurs que dans notre esprit ; mais en tout cas, nous devons toujours trouver la source de l'idée que nous en avons.

En effet, rien ne pouvant provenir de rien (comme il est manifeste pour la pensée), ou nous sommes nous-mêmes la cause des pensées qui sont en nous, ou ces pensées ont une cause extérieure capable de les produire en nous. En d'autres termes, *il ne peut se rencontrer en nous aucune idée dont il n'y ait pas en dedans ou en dehors de nous un archétype, dont cette idée est l'image.* Il y a plus : nos idées, qui sont égales entre elles, considérées simplement comme *modi cogitandi* (3) se divisent sous le rapport de la *réalité ou perfection* que nous trouvons contenues en elles ; et par une extension de ce même principe qui nous force à reconnaître une cause de tout ce qui est, il faut que cette réalité qui est *objectivement* dans l'idée, ou une réalité plus grande se rencontre *formellement* ou *éminemment* dans la *cause totale* de cette idée. En effet, ce qu'il y a de réalité dans un effet, doit se retrouver dans sa cause, et de même que la manière d'être *objective* convient à l'idée d'après sa nature, de même la manière d'être *formelle* convient aussi d'après sa nature à la cause originaire de cette idée. Ainsi, nous n'avons aucun motif de prétendre que la réalité ne soit qu'objectivement dans la cause de l'idée, comme dans l'idée même, et bien qu'une idée puisse être la cause d'une autre, il est impossible qu'il y ait ici un progrès à l'infini parce que nous avons conscience d'être finis, et que nous devons ar-

---

(1) *Médit. mét.,* III, 11.
(2) *Lettres,* I, 110, au père Vatier, et *rep. aux obj. premières,* 6.
(3) *Médit. mét.,* III, 16, 17, 18.

river à une première idée dont la cause est un archétype.

9. Dès qu'il existe des choses hors de nous (s'il en existe), comment les distinguons-nous les unes des autres? De trois manières différentes : réellement, formellement, modalement. La distinction modale est celle dont nous avons parlé, et qui se fait par la pensée entre une substance et ses modes. La distinction formelle a lieu entre les modes comme, par exemple, entre l'essence et l'existence d'une même chose, d'un triangle, ou bien encore entre un sujet conçu universellemen. et le même sujet conçu particulièrement, entre pierre et l'homme. Ces deux distinctions sont distinctions de pensée ou de raison, non qu'elles n'aient aucun fondement, mais ce fondement est en nous ; la distinction réelle, enfin, est celle que nous faisons entre deux substances.

Et il suffit que, concevant deux substances par leurs attributs, nous puissions clairement et distinctement avoir l'idée de l'une sans l'idée de l'autre ; ou que nous trouvions chacune d'elles ainsi conçue, complète et n'impliquant rien des attributs de l'autre, pour que nous jugions que ces deux substances sont réellement distinctes. Nous ne pourrions même le connaître en aucune autre manière, parce qu'il faut nécessairement prononcer d'après les idées qui sont en nous (1).

10. Tels sont les points principaux de cette théorie des idées qui nous expose le monde entier, siégeant dans l'intelligence de l'homme. Avant de la déployer, résumons en quelques mots les principes qui viennent d'être établis.

1. — Nous pensons, et, en tant que nous pensons, nous sommes ou existons.

2. — Tout ce que nous concevons clairement et distinctement est vrai.

3. — Notre pensée nous représente des formes variées que nous appelons idées et qui nous sont immédiatement présentes.

4. — Nous trouvons aux idées qui sont en nous des attributs, des modes, propriétés ou qualités diverses.

5. — Nous concevons des substances auxquelles ces attributs appartiennent, ou auxquelles nous les rapportons.

6. — Tout ce que nous trouvons contenu dans l'idée d'une

---

(1) *Principes*, I, 60, 61, 62 ; et *Lettres*, I, 116 au père Vatier, et *Rép. aux obj. deux.*, n° 1, sub fin.

chose, est vrai de cette chose si elle existe, et peut en être affirmé.

7. — Toute substance dont nous concevons un attribut existe en effet, car toute idée a sa cause intérieure ou extérieure.

8. — Il doit y avoir dans la cause originaire d'une idée au moins autant de réalité qu'il en paraît objectivement dans cette idée.

9. — Deux substances sont réellement distinctes quand leurs idées sont complètes et ne s'impliquent en rien l'une l'autre.

ONTOLOGIE.

11. Toutes ces choses nous paraissent claires et distinctes, et tant que notre pensée ne les perd pas de vue, nous ne pouvons douter de leur vérité. Cependant, dans l'ignorance où nous sommes de notre nature et de son origine, nous ne pouvons savoir si nous ne sommes pas trompés, de sorte qu'il nous resterait toujours, quand les conclusions de notre savoir nous reviendraient à la mémoire, une occasion de douter si nous ne la faisions disparaître le plus tôt possible. C'est ce que nous ferons en prouvant qu'il y a un Dieu et qu'il ne peut nous tromper (1).

12. Nous pouvons d'abord déduire son existence de cela seul que son idée est en nous. En effet, cette idée nous représente *une substance infinie, éternelle, immuable, indépendante, toute connaissante, toute-puissante, et par laquelle moi-même et toutes les autres choses qui sont (s'il est vrai qu'il y en ait qui existent) ont été créées et produites* (2). Or, la cause formelle de cette idée ne peut se trouver en moi qui suis fini, et qui ai conscience d'être bien éloigné de ces perfections dont l'idée me fait au contraire sentir toute mon infériorité. En outre, je ne la conçois pas à l'aide d'une simple négation du fini, car il y a plus de réalité dans la notion de l'infini que dans celle du fini, et, par conséquent, l'infini doit être conçu avant le fini et en est la cause (3). Enfin, je ne puis pas avoir composé cette idée de celles de plusieurs autres choses comme une chimère, un

---

(1) *Principes*, I, 13. — *Médit. mét.*, III, 4 et 5. — *Rép. aux obj.* Mersenne, 3 et 4.

(2) *Médit.*, III, 26.

(3) «De cela seul que je conçois *l'être* ou ce qui est sans penser s'il est fini ou infini, c'est l'être infini que je conçois...» *Lettre à Clerselier*, I, 119. Voyez aussi *Lettres* II, 16.

centaure, etc., car on pourrait toujours signaler en pareil cas ces choses qui entreraient dans la composition (1), et d'ailleurs il s'agit d'un être essentiellement un (2). Je dois donc conclure que la cause de cette idée est dans une substance qui a éminemment en elle toutes les perfections qui sont objectivement dans ma pensée, c'est-à-dire que Dieu existe.

13. Nous pouvons encore déduire l'existence de Dieu de sa seule essence ; car la conception de l'essence divine n'implique pas seulement, comme toutes les autres essences, une existence possible, mais encore une existence nécessaire, c'est-à-dire que nous ne pouvons concevoir Dieu que comme existant, puisque l'existence ne peut manquer d'appartenir à l'être qui renferme en lui toutes les réalités. En un mot :

Tout ce que nous concevons clairement et distinctement être renfermé dans l'idée d'une chose, est vrai de cette chose.

Or, nous concevons clairement et distinctement que l'existence de Dieu est contenue dans l'idée que nous en avons.

Donc Dieu existe (3).

De l'essence de Dieu on peut encore, par une autre voie, conclure son existence. En effet, Dieu peut exister, car l'existence possible doit lui appartenir comme à toutes les autres essences que nous concevons : or, il est infiniment puissant, et peut exister par sa propre force ; donc il existe (4).

Enfin, nous déduirons l'existence de Dieu de ce que nous, qui en avons l'idée, nous existons. En effet, je ne puis pas être moi-même l'auteur de mon être ; car alors, à plus forte raison me serais-je aussi donné les perfections qui me manquent pour être Dieu, étant assurément plus difficile de me tirer moi-même du néant que de me donner ces perfections dont j'ai l'idée : d'ailleurs, il ne suffit pas de s'être donné l'être, il faut encore le conserver, ce qui est une seule et même opération, puisque un instant de la durée n'étant en aucune façon lié à celui qui va suivre, il faut nécessairement que celui qui a créé conserve continuellement par une action qui ne diffère pas de la création. Or, j'ai la conscience claire et distincte de tout ce qui est

---

(1) *Rép. aux obj. de Caterus*, 0.
(2) *Médit.*, III, 10.
(3) *Médit.*, V, 0. — *Rép. aux obj. de Caterus*, 0. — *Rép. aux deuxièmes obj.*, 0. — *Médit. dispos. géométriquement*, prop., 1.
(4) *Rép. aux obj. de Caterus*, id.

en moi actuellement, en tant que je pense, et je n'y trouve pas cette action conservatrice. Donc enfin, je ne puis être l'auteur de moi-même. Quel que soit cet auteur, je ne puis suivre, pour le trouver, un progrès à l'infini, puisqu'il ne s'agit pas tant de ce qui m'a créé que de ce qui me conserve actuellement ; et, comme il doit avoir en lui l'idée de toutes les perfections dont j'ai l'idée moi-même, il s'ensuit qu'existant par lui-même, il doit avoir pu se donner ces perfections, et qu'il est Dieu (1).

Cette démonstration, comme la première, déduit l'existence de Dieu, d'un de ses effets, et elle rentre même dans l'autre parce qu'elle s'appuie principalement sur l'idée que nous avons de Dieu, en tant qu'elle est en nous ; et il n'y a, à proprement parler, que deux démonstrations possibles de Dieu, l'une qui est tirée de son essence, l'autre de ses effets (2).

14. Dès que la création et la conservation ne diffèrent qu'au regard de notre pensée et ne peuvent être qu'une seule et même chose pour Dieu, dont la puissance infinie est telle, que penser, vouloir et faire se confondent en lui, il s'en suit qu'il peut être dit existant *par soi*, et cela, non pas seulement d'une manière négative, en tant qu'il n'existe pas par autrui, mais d'une manière positive en quelque sorte comme se conservant éternellement lui-même par sa seule vertu. Il peut être considéré comme *causa sui*, cause efficiente de lui-même, non pas à la façon des causes extérieures, mais bien cause intérieure, non différente de lui-même, parce que son être *procède de la réelle et véritable immensité de sa puissance, et non du néant*.

En outre, l'idée de Dieu qui est en nous comprend une puissance si grande, que celui en qui elle réside doit être l'auteur de toutes les choses qui existent, et peut l'être de toutes celles que nous concevons comme possibles. C'est lui qui nous a produits et nous conserve, et c'est encore lui qui a mis en nous l'idée de ses perfections, comme un ouvrier met le cachet à son ouvrage, car nous la trouvons innée en nous-mêmes sans que nous puissions fixer le temps où nous ne l'avions pas encore, comme l'idée de notre propre existence (3).

A la vérité, nous ne connaissons pas Dieu en lui-même, car

---

(1) *Médit. mét.*, III, 34, 35, 39, et *Rép. aux obj. de Caterus*, 4.
(2) *Lettres*, I, 115 à un jésuite (le père Mesland).
(3) *Médit.*, III, et *médit. dispos. géométriquement*, pr. 3, coroll.

nous concevons au contraire que ses perfections sont telles que nous ne puissions les embrasser. Mais l'idée que nous avons de lui consiste principalement en ce qu'il n'a pas de bornes, et ne peut en avoir de même que celle de l'infini. Il est dans notre entendement ce qu'est devant nos yeux l'étendue de la mer, ou dans notre imagination l'idée d'un *chiliogone*. Nous en comprenons clairement et distinctement certains côtés, mais non l'essence tout entière (1). Cependant l'idée que nous en avons le représente tout entier, de même qu'un triangle est complétement défini une figure à trois lignes droites, même pour celui qui n'embrasse pas, par cette définition, toutes les propriétés du triangle (2). Notre âme étant finie ne peut comprendre Dieu, de même que nous pouvons bien toucher avec les mains une montagne, mais non l'embrasser. *Comprendre, c'est embrasser de la pensée, mais pour savoir une chose, il suffit de la toucher de la pensée* (3).

15. Maintenant que l'existence de Dieu nous est démontrée, nous devons reconnaître qu'il ne nous trompe pas, car ce serait en lui une imperfection qui n'y peut trouver place, et notre esprit, enfin soulagé de sa fatigue et de ses efforts, pourra désormais regarder comme vrai tout ce qu'il concevra clairement et distinctement. Car Dieu ne nous ayant pas donné d'autre criterium pour la connaissance de la vérité des choses, de leur distinction, et des relations qui sont entre elles, il est impossible que nos jugements bien dirigés nous trompent. Nous pourrons donc appliquer sans crainte le principe fondamental de l'évidence qui fait la base de notre pensée : nous l'avons vérifié par ses conséquences.

Quand nous jugeons sans sortir du champ de notre pensée, le principe que *tout ce que nous concevons clairement et distinctement est vrai* peut seul nous guider, puisqu'il est démontré que toute certitude est subordonnée à celle de nos idées par l'intermédiaire desquelles seules nous pouvons connaître. Il faut donc suivre cette voie, et il n'en est pas d'autre ouverte à la recherche de la vérité. Nous marchons alors avec confiance, toujours convaincus de ce que nous concevons pendant que nous le concevons, et nous arrivons ainsi à la connaissance de

---

1) *Rép. à Caterus*, n° 5.
2) *Rép. à Gassendi*, III, 11.
3) *Lettre à un ami de Mersenne*, I, 110, lat.

Dieu. Mais parvenus à ce point, nous trouvons enfin hors de nous un criterium de certitude tout nouveau, et dont l'autre dépend et doit être considéré comme une conséquence. Ainsi nous déduisons l'existence de Dieu du témoignage de notre conscience intime, et nous devons en même temps reconnaître que notre conscience vient de Dieu (1).

Il y a donc un cercle vicieux dans le fond de la méthode, mais il s'y trouve absolument et sans que l'homme puisse, en aucune manière, l'éviter. Si nous nous tenons au point de vue relatif à l'homme, à l'être fini, qui n'embrasse pas toutes choses, mais est au contraire embrassé par leur ensemble (et il faut bien s'y tenir si l'on n'est pas Dieu), il est de toute évidence que nous ne pouvons prendre notre point de départ qu'en nous-mêmes. En effet, toute notion dépend inévitablement de celle de notre existence, et doit, pour ainsi dire, *passer par elle* avant de nous arriver, soit que nous mettions notre confiance dans la pensée ou dans les sens. Ainsi nous partons de nous-mêmes et nous nous élevons à Dieu. Mais de là il faut redescendre, car nous dépendons de ce Dieu *que nous venons de faire*, et il ne pourrait y avoir chose vraie sans lui. Pour nous résumer, nous trouvons que, sous le point de vue de l'homme, du *petit monde*, le principe de l'évidence est le seul criterium de certitude qu'il soit possible d'employer ; mais, sous le point de vue du *grand monde*, Dieu nous apparaît au sommet de l'échelle, et il n'est rien sans lui de possible ni de certain (2).

10. Cette dépendance où nous sommes à l'égard de Dieu,

---

(1) Descartes nous mène tout naturellement au point de vue où nous nous plaçons ici, quoiqu'en voulant quelquefois dissimuler ce cercle vicieux qu'aucun système rationnel ne peut éviter. Voir *Discours de la méthode*, 39. *Princ.* I, 10. *Medit.*, III, 4. *Rép. à Arnauld*, 5. *Aux deuxièmes obj.*, 3, etc., etc.

(2) M. Damiron a indiqué ce point de vue par sa distinction entre le *criterium* quant à l'évidence, et le *criterium* quant à l'être. (*Acad. des sciences mor.*, 1840.) Descartes se montre quelquefois préoccupé du point de vue théologique sur cette question de la vérité, quand il dit par exemple (*discours de la méthode*, pag. 39) que nous ne pouvons être assurés que tout ce que nous concevons clairement et distinctement n'est vrai qu'en tant que Dieu existe. Mais ailleurs il dit que nous sommes obligés de prendre ce criterium de la clarté des idées, par la raison qu'il n'y en peut avoir d'autre, et que d'ailleurs il est convaincant de lui-même (*Rép. aux obj. d'Arnauld et de Mersenne*). Et le fragment (*édit. de M. Cousin*, 9, 108) tiré de la bibliothèque de l'Institut dit enfin : La notion de la vérité est si transcendantalement claire, que nous ne pouvons l'ignorer... Quelle raison aurions-nous de consentir à ce qui nous l'apprendrait, si nous ne savions qu'il fût vrai c'est-à-dire si nous ne connaissions la vérité.

nous, notre conscience et nos idées, est si grande, et il est si vrai que nous ne savons rien sans Dieu, que nous sommes obligés de le regarder comme l'auteur de ces axiomes ou principes qui nous subjuguent et que nous appelons des *vérités éternelles*. En effet, Dieu est l'auteur de *l'essence* des choses comme de leur existence, et *la vérité d'aucune chose ne peut précéder la connaissance que Dieu en a; car en Dieu, ce n'est qu'un de vouloir et de connaître. De cela seul qu'il veut quelque chose, il le connaît, et cela est vrai, et on ne peut dire que ces vérités seraient quand même Dieu ne serait pas, car Dieu est la première et la plus éternelle de toutes les vérités qui peuvent être, et la seule d'où procèdent toutes les autres* (1). Mais notre esprit est fini et créé de telle nature, qu'il peut concevoir comme possibles les choses que Dieu a voulu être véritablement possibles, *mais non pas de telle nature, qu'il puisse aussi concevoir comme possibles les choses que Dieu aurait pu rendre possibles, mais qu'il a toutefois voulu rendre impossibles*. Nous devons donc renoncer à comprendre des choses que nous sommes incapables de comprendre, au lieu de *mettre des bornes à la puissance de Dieu* en supposant qu'il puisse être *déterminé* à quelque chose (2).

17. Maintenant rentrons en nous-mêmes. Nous avons reconnu que rien ne pouvait nous être apporté du dehors que par l'intermédiaire de notre pensée. Mais notre pensée même est modifiée de bien des manières, et nos idées, qui sont ces modifications, peuvent se classer en divers genres, selon qu'elles se rapportent à ce qui est en nous entendement, ou à ce qui est volonté, ou affection, ou imagination, ou sentiment; car, soit qu'il y ait ou qu'il n'y ait pas hors de nous des choses que nous sentons ou imaginons, soit que nos affections et volontés se rapportent ou non à des choses extérieures, ces idées sont toujours quelque chose en nous, et prennent des formes particulières. En un mot, une couleur que nous voyons ou une douleur que nous éprouvons peuvent toujours être considérées comme des accidents de notre pensée, en tant que nous pensons voir une couleur ou éprouver une douleur. Nous avons donc la notion claire et distincte de notre âme ou de nous-mêmes, en tant que nous pensons, et dès que cette essence de

---

(1) *Lettres*, I, 110, au père Mersenne.
(2) *Lettres*, I, 115, au père Mesland, jésuite.

la pensée peut être ainsi conçue distinctement sans mélange d'aucune autre, nous devons déjà conclure que Dieu a pu créer cette âme séparée de toute autre substance, pourvu qu'il l'ait voulu.

18. Voyons maintenant quelle est la nature du corps et s'il existe, en suivant ce précepte, qu'il faut avant de rechercher *si une chose est*, se demander *ce qu'elle est*, ou comment notre entendement la conçoit. Or, nous imaginons distinctement la *quantité continue* ou extension de longueur, largeur et profondeur, et dans cette quantité, nous imaginons des parties auxquelles nous attribuons telle ou telle grandeur, figure, situation ou mouvement. Bien plus, nous pensons à une foule de particularités touchant toutes ces choses, et nous nous représentons des figures telles que le triangle, auxquelles une fois conçues, nous découvrons des propriétés nécessairement contenues dans leur nature, et que nous n'avions jamais connues auparavant, et dont il semble pourtant que nous ne fassions que nous ressouvenir. Comme rien n'est vrai du néant, nous devons conclure que ces figures existent en effet comme des natures immuables ou éternelles que nous n'avons pas inventées, et qui ne dépendent en aucune manière de notre volonté. Soit que ces figures aient ou n'aient pas une existence réelle dans le monde et tout près de nous, il faut en tout cas qu'elles soient comme essences dans notre esprit et dans l'entendement divin dont elles dépendent (1).

Il peut donc déjà y avoir des choses étendues, figurées, mobiles, en un mot, matérielles en tant qu'elles sont l'objet de la géométrie.

19. Mais n'avons-nous pas aussi notre faculté d'imaginer, par laquelle il nous semble que nous appliquons notre puissance de connaître à un corps qui nous est immédiatement présent? Et cette imagination est complètement différente de la conception qui a lieu par l'entendement pur; car autre chose est, par exemple, concevoir un chiliogone de manière à déduire de son essence toutes ses propriétés, ce qui est aussi facile que de concevoir un simple triangle; autre chose est l'imaginer avec ses mille côtés ce qui ne peut se faire que

---

(1) *Médit. mét.*, V, 2, 3, 4, 5. — *Rép. aux obj. de Gassendi*, V, 2, 3, et de *Hobbes*, obj. V, 1).

d'une manière confuse. Ainsi, l'essence de notre esprit peut être conçue sans ce mode particulier de penser, qui est l'imagination, tandis que l'imagination ne paraît pouvoir bien s'expliquer que par la pensée, et en même temps par la supposition d'une substance réellement étendue.

Nous avons aussi la faculté de sentir, faculté passive par laquelle il nous semble que nous recevons les idées de choses extérieures et indépendantes de notre pensée, sous la forme de couleurs, de sons, d'odeurs, etc. A la vérité, nous avons pu douter que la sensation prouvât l'existence de la matière, et supposer, au contraire, que nous possédons éminemment nous-mêmes la cause de nos sentiments et de nos imaginations; mais voici le moment d'analyser attentivement toutes les données qui se trouvent en nous, et de conclure d'après les règles de notre méthode.

Or, il est clair que de même que ces facultés de sentir et d'imaginer ne peuvent exister sans une substance intelligente dont elles soient des modes (quoique celle-ci puisse exister ou être conçue sans elles); de même d'autres facultés, que nous concevons clairement et distinctement, comme celles d'être figuré ou de se mouvoir, doivent être rapportées à une substance sans laquelle elles ne pourraient exister. Cette substance ne peut être l'entendement, car il n'y a rien de commun entre ces choses et lui; elle est la substance étendue.

20. D'ailleurs nous recevons passivement (et nous en avons conscience) les idées des choses sensibles; il faut donc qu'une faculté active forme en nous ces idées, et cette faculté doit contenir formellement ou éminemment tout ce qui est objectivement dans les idées. Cette faculté ne peut être en nous en tant que nous pensons, puisque nous sommes presque toujours involontairement affectés, elle ne peut être en Dieu ni en aucune autre substance que la corporelle, car alors Dieu nous abuserait en nous faisant prendre une cause pour une autre, ce qui est impossible, donc elle est dans la matière, et cela formellement (1).

21. Nous considérons donc notre âme comme une substance dont l'attribut est la pensée, base de toutes les idées en tant qu'elles sont idées, et le corps comme une substance dont

---

(1) *Médit. mét.*, VI, 18.

l'attribut est l'étendue, ayant la figure et le mouvement pour modes. Cela posé, ces deux substances sont évidemment distinctes, selon notre manière de concevoir, c'est-à-dire ne se supposent aucunement l'une l'autre dans leurs attributs ou modes; par conséquent elles sont réellement distinctes (1).

Il est encore une différence capitale entre l'âme et le corps, et qui suffirait seule pour les faire distinguer; c'est que nous concevons l'une comme absolument une et indivisible, l'autre, au contraire, comme essentiellement divisible. L'esprit s'emploie tout entier à penser, à vouloir, à sentir, et ses facultés ne sont pas des parties, mais des modes; au contraire, tout corps, de sa nature, et en particulier celui qui nous est uni, nous paraît composé de parties (2).

22. Quant à l'union de l'âme et du corps, nous ne pouvons en juger que par la force qu'a l'âme de mouvoir le corps, et le corps d'agir sur l'âme, en causant ses sentiments et ses passions. Cette union est telle, qu'en nous servant de nos sens seulement, nous concevons l'âme et le corps comme une seule et même chose, ce qui est proprement concevoir leur union (3). Pour les distinguer, il faut les considérer séparément par l'entendement, qui nous montre l'essence de l'âme et ses modes tout à fait différents de l'essence et des modes du corps. L'entendement seul nous fait connaître l'âme et ses modes; l'entendement seul, encore, ou mieux aidé de l'imagination, nous fait connaître le corps; car l'intellection pure, même des choses corporelles, se fait sans aucune image, et l'imagination a lieu comme par une application de l'esprit à ces choses mêmes (4); enfin, les sens nous familiarisent avec l'idée de l'union des deux substances. Il est donc difficile de concevoir cette union; seulement on pourrait trouver quelque comparaison : en effet, depuis que nous avons connu la pure essence des choses corporelles, nous devons juger tout à fait absurde de concevoir la pesanteur comme une *qualité* inhérente aux corps, et par laquelle ils *tendraient* au centre de la terre comme

---

(1) *Médit. mét.*, et *Médit. dispos. géométriq.*, prop., 4. Concevoir deux choses distinctes est le seul signe auquel nous puissions reconnaître qu'elles sont distinctes en effet. Voyez *Rép. aux deuxièmes obj.*, n° 1, *sub fin.*
(2) *Médit.*, VI, 38.
(3) *Rép. aux sixièmes obj.*, n° 12, et *Lettres*, 1, 29 et 30 à Élisabeth.
(4) *Rép. à Gassendi*, VI, 5.

7.

s'ils avaient désir et connaissance : que faisions-nous donc autrefois en suivant cette vieille opinion ? Nous donnions au corps des choses qui sont à l'esprit. Remarquons de plus que le poids agit tout entier en un point quelconque par lequel le corps est suspendu. Or, qu'est-ce que l'action de l'esprit sur le corps, sinon une force ou tendance au mouvement qui est tout entière dans chacune des parties du corps ? On conçoit ainsi l'âme comme matérielle, et il le faut bien, pour la concevoir unie au corps ; mais il n'en est pas moins vrai qu'on peut, après cela, la concevoir comme séparable. On peut même *attribuer de la matière et de l'extension à l'âme*, sauf à reconnaître après que *cette matière, attribuée à la pensée, n'est pas la pensée même, et que l'extension de cette matière est d'autre nature que l'extension de cette pensée, parce que la première est déterminée à certain lieu duquel elle exclut toute autre extension de corps, ce que ne fait pas la seconde.* Ainsi on revient aisément à la connaissance de la distinction de l'âme et du corps, nonobstant qu'on ait conçu leur union. Mais *l'esprit humain n'est pas capable de concevoir distinctement et en même temps leur distinction et leur union, à cause qu'il faut pour cela les concevoir comme une seule chose, et ensemble les concevoir comme deux, ce qui se contrarie* (1).

23. De cela seul que l'âme est essentiellement distincte du corps, il s'ensuit *qu'elle ne périt pas naturellement avec lui, et qu'ainsi elle est immortelle. Et nous ne pouvons concevoir autre chose de la plupart de ceux qui meurent, sinon qu'ils passent dans une vie plus douce et plus tranquille que la nôtre, et que nous irons les trouver quelque jour, même avec souvenance du passé,* car nous trouvons en nous une *mémoire intellectuelle qui est assurément indépendante du corps.* « Cependant, par la seule raison naturelle, nous pouvons faire beaucoup de conjectures à notre avantage et avoir de belles espérances, mais non aucune assurance ; et pour ce que la raison naturelle nous apprend aussi que nous avons toujours plus de biens que de maux en cette vie, et que nous ne devons point laisser le certain pour l'incertain, elle me semble nous enseigner que

---

(1) *Rép. aux obj. sixièmes*, nº 12, et *Lettres*, I, 20. C'est donc là que Descartes lie cette partie de la métaphysique.

nous ne devons pas véritablement craindre la mort, mais que nous ne devons aussi jamais la rechercher (1). »

Quant à la connaissance de Dieu dans cette vie future, que la foi nous enseigne, elle devra différer de celle que nous avons aujourd'hui en ce qu'elle sera *intuitive*, notre entendement n'y étant que passif et recevant les rayons de la Divinité, au lieu que nous ne connaissons Dieu, *sans miracle*, que *par le raisonnement et le progrès de notre discours* qui part *des principes de la foi qui est obscure*, ou *des idées et des notions naturelles qui sont en nous* (2)

24. Revenons maintenant à l'âme et à son état en cette vie, à la nature et à l'origine de ses facultés et de ses idées ; il suit de la manière dont nous comprenons la substance, les attributs et les modes, qu'il doit y avoir parité entre la relation de l'étendue à ses modes, et celle de la pensée aux siens ; on peut donc dire que les pensées sont des modes de l'âme, de même que toutes les figures que peut revêtir un morceau de cire flexible sont des modes de cette cire ; et s'il est vrai qu'il faut en nous autant de facultés que de diversités à connaître, c'est de même que la cire a autant de facultés qu'elle peut recevoir de figures (3). Quant à l'origine des idées, elle est triple, car elle est en Dieu d'abord, qui a mis en notre âme ses dispositions innées, ensuite en notre âme elle-même et dans la matière. Notre intelligence est passive en recevant les idées du dehors comme un morceau de cire est passif quand il reçoit diverses figures. Les idées qu'elle reçoit lui sont transmises par les objets qui touchent les sens, ou bien se rencontrent en elle comme des dispositions préalables ou comme des impressions déjà reçues, dont elle a mémoire, et pour celles qu'elle se donne elle-même, elles tiennent à sa partie active, qui est la volonté, dont les mouvements peuvent appeler ou éloigner les idées. C'est ainsi que les figures que reçoit la cire doivent être rapportées, partie aux autres corps qui la pressent, partie

(1) *Lettre à Mersenne*, II, 50, et à *M. de Zuythlichem*, III, 120. On trouve dans celle-ci le passage suivant : «Nonobstant que nous veuillons croire et même que nous pensions croire très-fermement tout ce qui nous est enseigné par la religion, nous n'avons pas néanmoins coutume d'être si touchés des choses que la seule foi nous enseigne et où notre raison ne peut atteindre, que de celles qui nous sont avec cela persuadées par des raisons naturelles fort évidentes. » *A la princesse Elisabeth*, I, 9.

(2) *Lettres*, III, 121.

(3) Fragm. de l'exemplaire de la bibliothèque de l'Institut, édit. Cousin, XI, 103.

aux figures ou autres qualités qui sont déjà en elle (pesanteur, mollesse, etc.), et partie aussi à son mouvement, lorsqu'*ayant été agitée* elle a en soi la force de continuer à se mouvoir (1).

Les idées qui ont leur cause formelle dans la matière sont celles des objets sensibles, telles qu'elles nous arrivent ou immédiatement par les sens ou par l'imagination. Celles qui nous sont innées sont les idées de l'entendement pur ; et, tandis que les premières ne peuvent être en nous qu'autant que nous avons un corps et une âme, les autres n'y sont qu'en tant que nous pensons. A la vérité, un état particulier de nos organes corporels peut influer sur elles, comme chez les enfants où elles paraissent *assoupies*, et chez les fous où elles sont *troublées* (2), mais il est impossible d'en conclure, avec la moindre raison, qu'elles soient le produit des modifications de ces organes. Dès que la pensée même est l'essence de l'esprit, il s'ensuit que l'esprit ne peut pas plus la perdre que la matière ne peut perdre son étendue. Elle cesserait d'être en cessant de penser : et ce qui peut nous tromper sur ce sujet, c'est que nous croyons qu'une pensée oubliée, du genre de ces mille et mille pensées que nous avons jour et nuit et pendant notre enfance, n'a jamais existé. A l'instant où nous pensons, nous avons toujours connaissance de notre pensée, mais nous pouvons l'oublier aussitôt (3).

25. Nous avons vu que l'intelligence étant passive par rapport aux idées qui lui viennent des sens ou qui existent en elle comme dispositions primitives, toute son activité consiste dans la volonté ; d'un côté, sentir, imaginer, concevoir même constituent la *perception de l'entendement* ; de l'autre, vouloir embrasser, désirer, avoir de l'aversion, assurer, nier, douter (4). C'est de l'action de l'âme que nous devons nous occuper maintenant, c'est-à-dire de la volonté et, par suite, du libre arbitre, car il n'est personne qui n'éprouve que tout ce qui est volontaire est libre. La volonté s'étend à tout (5) ; elle peut donner

---

(1) *Lettre au père Mesland*, I, 115.
(2) *Rép. aux obj. d'Arnauld sur l'âme*, n° 2.
(3) *A un père de l'Oratoire*, I, 105, et *à Arnauld*, II, O. 4.
(4) *Principes*, 1, 32.
(5) C'est à cause de cette volonté sans bornes que nos désirs s'étendent à l'infini et que chacun de nous veut avoir toutes les perfections qu'il peut concevoir. *Lettres*, II, 34, à *Mersenne*.

son consentement ou ne le pas donner, et elle a conscience, en le donnant, de n'y être forcée par aucune cause extérieure. Ce n'est pas qu'elle soit indifférente : *l'indifférence* est, au contraire, *le plus bas degré de la liberté* (1). Mais tout en cédant à la raison, qui nous montre le bien, ou aux dispositions que Dieu a mises dans l'intérieur de nos pensées, nous éprouvons notre liberté en cédant, et pouvons avec effort ne pas consentir ou ne pas faire, ne serait-ce que pour témoigner notre libre arbitre. Si nous apercevions toujours le bien et le vrai, nous ne serions jamais indifférents et nous serions toujours libres; nous agirions de plus en plus volontairement et facilement, et avec plus d'impétuosité, et, par conséquent, nous serions plus libres, car l'usage de la liberté est évidemment plus grand quand la raison nous montre distinctement le bien et le mal, que quand nous ne les apercevons que confusément et que nous délibérons pour agir. En un mot, avant de suivre une impulsion donnée à notre entendement, avant de consentir ou de vouloir, nous éprouvons incontestablement en nous-mêmes une puissance tout intérieure et qu'aucune force extérieure ne peut contraindre de croire ou de ne pas croire, de consentir ou de ne pas consentir, de faire ou de ne pas faire (2); c'est ce qui nous arrive quand, reconnaissant des raisons de douter, nous nous abstenons de croire les choses même les plus évidentes pour nos sens, et pouvons prendre la résolution de ne nous rendre qu'à la connaissance adéquate (3).

20. Nous parlons du bien et du vrai : mais qu'est-ce que le bien et le vrai, sinon ce que Dieu a pensé et voulu de toute éternité, et ce qui n'aurait pu être tel avant que sa nature eût été déterminée par la volonté divine? Dieu seul est donc parfaitement libre, parce qu'il est parfaitement indépendant : il a voulu, et ce qu'il a voulu a été bien, a été vrai. Seul il est indifférent dans toute la force du mot. L'homme est libre comme lui, et, sous ce rapport plus que sous tout autre, fait à

---

(1) *Médit. mét.*, IV, 14.
(2) *Fragment inclus dans la lettre au père Mersenne*, I, 112, et *Rép. à Gassendi*, IV, 6. Descartes résout la difficulté de l'accord de la prescience divine avec le libre arbitre de l'homme par cette considération que ces deux choses nous sont également claires et qu'il n'est pas nécessaire que nous concevions leur accord. Voyez *Principes*, I, 41, et *Lettres à Élisabeth*, I, 10.
(3) *Principes*, I, 39. — *Médit.*, IV, 19.

l'image de Dieu; mais pour indifférent, il ne peut l'être, trouvant un ordre établi dans le monde, et *la nature de la bonté et de la vérité* déterminée avant qu'il fût, et sa volonté étant telle qu'elle ne peut se porter *naturellement* que vers ce qui est bon. Il embrasse donc le vrai et le bon qu'il a connus, et n'est indifférent que quand il doute (1).

27. Maintenant la cause des erreurs des hommes est aisée à découvrir. En effet, si la volonté s'étend partout, de son essence, il n'en est pas de même de la connaissance, qui est en nous nécessairement bornée, puisque nous sommes finis. Si donc nous nous déterminons, par la volonté, à croire une chose que nous ne connaissons pas clairement et distinctement, ou à faire un acte dont la nature ou les conséquences n'ont pas été suffisamment examinées, nous choisissons comme au hasard, et pouvons nous tromper. L'amour même de la vérité contribue à nous jeter dans l'erreur, parce que nous sommes pressés de donner notre assentiment. Ainsi l'erreur n'est rien de positif en nous, ce qui supposerait que Dieu peut nous tromper; mais elle est à notre égard une *privation*, au sien une *négation*, selon les termes de l'école (2).

28. Nous sommes finis; nous procédons, par conséquent, de l'être et du non-être. Il peut donc y avoir en nous certaines idées en tant que nous procédons de l'être; certaines autres peuvent nous manquer en tant que nous procédons du non-être, qui est une pure négation (3); c'est à nous de maintenir notre volonté dans les limites de notre connaissance. Mais pourquoi cette connaissance est-elle ainsi bornée? Dieu n'eût-il pas fait mieux de créer l'homme tout connaissant, et de le préserver par là de toute erreur? Mais du point de vue où nous nous trouvons, comment juger l'œuvre de Dieu? Sa nature et ses vues doivent être incompréhensibles pour nous, et nous devons rejeter bien loin la recherche des causes finales qui sont éternellement cachées dans le sein du créateur. D'ailleurs, on ne juge de l'ordre et de la perfection des choses qu'en embrassant leur ensemble et non en fixant la vue sur un mince détail (4); et certes nous ne pouvons présumer

---

(1) *Rép. aux sixièmes obj.*, no 7.
(2) *Médit.*, IV, 16. — *Princ.*, I, 42. — *Médit.*, IV, 26.
(3) *Médit.*, IV, 5.
(4) *Médit.*, IV, 9 et 10. — *Rép. aux obj. de Gassendi*, IV, sur les causes finales.

que tout ait été fait pour nous, tandis que l'infinie puissance du Créateur doit nous faire penser au contraire que nous trouvons notre place dans la parfaite universalité des êtres (1).

2º. Ainsi Dieu ne nous a pas créés parfaits; dès lors, en tant que nous n'atteignons pas à la connaissance adéquate, nous pouvons nous tromper, mais il nous a donné la faculté de ne nous rendre qu'à une évidence complète, et cela suffit pour nous préserver de l'erreur, si nous usons bien de notre jugement. Il est aisé de ramener, dans tous les cas, nos erreurs à un pur défaut de connaissance sur quelque point particulier, et cela par des considérations, soit métaphysiques, soit physiques (2).

3º. Maintenant que la méthode et la philosophie première sont posées, nous pouvons revenir sur le doute d'où nous sommes partis et mesurer toute la distance parcourue. Pourrions-nous encore confondre les rêves avec les sensations de la veille, à présent que nous connaissons le criterium de la vérité? Si nous voyons clairement et distinctement une chose, que ce soit en dormant ou en veillant, cette chose est vraie, et la connaissance adéquate ne peut pas être inadéquate par cela seul que nous dormons; mais cette liaison et cette suite des idées qui sont nécessaires pour arriver à la connaissance adéquate, c'est pendant ce temps que nous appelons la veille, que nous l'éprouvons. Nos journées se suivent, nos idées et nos sensations s'y développent graduellement, au lieu que toutes nos perceptions sont confuses pendant le sommeil. Si elles étaient claires et distinctes, elles seraient vraies, parce que Dieu ne peut nous tromper.

§ IV.

PHILOSOPHIE MATHÉMATIQUE.

1. Lorsque Ramus voulut substituer la logique naturelle à celle d'Aristote, et simplifier ainsi la science, il vit et signala

---

(1) Dieu est la cause universelle efficiente et finale : *Omnia propter ipsum facta sunt*, et chaque animal pourrait juger comme nous que tout a été fait pour lui, car tout est relatif dans la création. *Lettre à Chanut*, II, 36.

(2) C'est ce que fait Descartes, *Médit.*, VI, *sub fin.* — *Princ.*, I, *sub fin.* — *Rép. aux obj. d'Arnauld*.

dans les mathématiques un exemple de la méthode universelle que l'esprit humain suit en toutes choses. Il semble que Descartes, plus mathématicien encore que Ramus, n'ait été en cela que son continuateur (1).

Descartes se vante en plus d'un endroit d'avoir indiqué par sa dioptrique et par ses météores, qu'il était en possession d'une nouvelle et grande méthode pour les sciences, mais de l'avoir démontré par sa géométrie. En effet, sa méthode géométrique est, en même temps, sa méthode générale. C'est là ce que nous devons prouver ici, et en effet nous le déduirons avec pleine évidence d'une analyse intime de la géométrie de Descartes.

2. Dès la plus haute antiquité, l'étude de l'étendue figurée, qui est l'objet de la géométrie, nous paraît soumise à une règle fixe : remplacer l'étendue réelle, ligne, point ou surface, par une conception de l'esprit, c'est-à-dire définir l'objet de la connaissance tel qu'on veut le considérer, et en abstrayant rigoureusement tout ce qu'on ne soumet pas à la recherche. Voilà l'origine et le fondement de la certitude géométrique; les conclusions tirées par le raisonnement de ces conceptions même et des lois auxquelles nous les croyons invinciblement soumises sont vraies de ces conceptions et ne se réalisent qu'approximativement dans les formes sensibles qui nous apparaissent. Si nous ne connaissions que le sensible, il n'y aurait pas de géométrie possible, de même qu'il n'y aurait pas d'arithmétique si nous ne savions distinguer le nombre des objets nombrés. Ainsi, l'antique géométrie consista en définitions, en axiomes et en déductions tirées de leur comparaison par l'esprit qui perçoit les rapports nécessaires que nos concepts ont entre eux.

(1) Platon et Aristote comme Hippocrate et Galien, et tous les artistes, ont une seule et même méthode.... L'usage seul, l'usage de la logique introduit dans les écoles en chassera tous les sophismes... C'est la philosophie de Virgile, de Tullius, d'Homère, de Démosthène, c'est celle des mathématiciens, celle que tous les hommes mettent en usage dans les conseils et dans les jugements, que je veux dans les écoles, et non la philosophie rêvée par Aristote ou par Ramus! *Petri Rami scholæ in Aristotel. Libri de dial. phys. et met. præfatio.*

Ces deux analyses (géométrie et algèbre) ne sont autre chose que les fruits spontanés de cette méthode naturelle que les esprits supérieurs de tous les temps ont dû entrevoir. Descartes, *Règles pour la direct. de l'esprit*, t. XI, page 218, édit. Cousin.

La déduction ne peut manquer d'être bien faite par l'homme même le moins habitué à raisonner. Id., pag. 212.

Telle est la méthode synthétique ; elle a été la première en géométrie et elle en est restée le fondement, car l'analyse la suppose toujours nécessairement, et il serait impossible de découvrir la moindre proposition ou de résoudre le moindre problème par voie analytique, sans présupposer des propriétés déjà démontrées d'après nos conceptions à priori. Quel est donc l'emploi, quelle est la sphère d'action de l'analyse géométrique ? Les voici : nous voulons trouver le moyen de construire une ligne qui ait telles ou telles relations de position ou de grandeur avec d'autres lignes données. Supposons que la ligne cherchée existe, voyons de quelle manière elle dépend des lignes connues, c'est-à-dire rattachons-la à celles-ci par une série d'inductions ; parvenus au dernier anneau de cette chaîne, s'il nous est connu, redescendons en passant par les mêmes degrés ; et au lieu que, dans la première opération, nous allions du composé au simple, de l'inconnu au connu, nous irons dans la seconde du simple au composé, du connu à l'inconnu qui se trouvera ainsi réalisé. La première partie de cette méthode est l'analyse ou le procédé d'invention, au sein d'une science déjà constituée (1). C'est ainsi que l'entendaient les anciens, et ils réservaient le nom de synthèse à la seconde partie ou démonstration, qui rattache le fait géométrique trouvé à l'ensemble de la science, qui n'a pas cessé de reposer synthétiquement sur ses principes invariables. Cela posé, c'est de cette méthode analytique ou voie scientifique inverse, dont on attribue l'invention à l'école platonicienne (2), que Descartes produisit une admirable généralisation.

3. Il remarqua, en effet, que les sciences mathématiques dont les objets sont cependant différents, s'accordent toutes en ce qu'elles ne considèrent dans ces objets que les rapports qui s'y

---

(1) « Regarder la chose cherchée comme si elle était donnée, et marcher de conséquence en conséquence jusqu'à ce qu'on reconnaisse la chose cherchée comme vraie : » c'est là la méthode que Platon a inventée et que Théon a nommée analyse. « Au contraire, la synthèse se définit, partir d'une chose donnée pour arriver de conséquence en conséquence à trouver une chose cherchée. » Chasles, *Aperçu hist. sur le développ. des méth. en géom.* Tiré de Viète, citant Théon.

(2) Puisque nous n'éprouvons plus aussi vivement que nos aïeux le besoin de fixer à chaque chose un commencement bien précis quand elle tient à l'essence même de notre esprit, nous pourrions nous borner à considérer Platon comme ayant eu à un très-haut degré l'intelligence de la méthode analytique et ayant contribué à la répandre.

trouvent ; de sorte qu'il suffit de considérer ces rapports eux-mêmes dans les nombres qui les représentent d'une manière abstraite et générale. Ainsi les mathématiques furent ramenées à l'unité, c'est-à-dire que l'algèbre, la géométrie, la mécanique, furent embrassées d'un seul point de vue, et tandis que les anciens répugnaient, en général, à élever leur esprit au-dessus des lignes qui, constamment présentes à leur imagination, suppléaient à l'idée générale des grandeurs, les modernes, tout en conservant l'utile souvenir de ces lignes, firent un pas définitif vers la constitution purement intellectuelle et symbolique de la science, et purent réaliser avec une sublime grandeur le vieux système des nombres de Pythagore (1).

Ainsi donc, on examine les rapports en général, en les imaginant, si l'on veut, dans les sujets qui en rendent la connaissance plus aisée, comme les lignes qui sont les plus simples de tous (2). Un problème quelconque à résoudre sur des grandeurs et sur les relations qu'elles ont entre elles, se pose ainsi comme un problème de géométrie, et se présente à l'imagination à l'aide des lignes qui représentent ces grandeurs. Ensuite il se résout par l'algèbre analytiquement, ainsi qu'il suit.

4. On nomme chacune des lignes connues ou inconnues qui entrent dans la question, par les lettres de l'alphabet ; ensuite on examine la liaison qui est entre ces lignes, c'est-à-dire les opérations géométriques qu'il faudrait faire pour les déduire les unes des autres ; et il y a toujours des opérations algébriques très-simples qui leur correspondent et peuvent être indiquées avec les lettres. Cela posé, si l'on peut exprimer une ligne de deux manières différentes par des opérations indiquées sur les autres, ces deux expressions égalées donnent une relation où l'inconnue est impliquée, de sorte qu'il n'y a plus qu'à la dégager selon les règles de l'algèbre (3). S'il y a plusieurs incon-

(1) Toutes les sciences qui ont pour but la recherche de l'ordre et de la mesure se reportent aux mathématiques ; il n'importe que ce soit dans les nombres, les figures, les astres, les sons ou tout autre objet, qu'on cherche cette mesure, il doit y avoir une science générale qui explique tout ce qu'on peut trouver sur l'ordre et la mesure.... Et cette science est appelée d'un nom propre.... les mathématiques, parce qu'elle contient tout ce par quoi les autres sciences sont dites faire partie des mathématiques. Descartes, *Recherche de la vérité*, édit. Cousin, tome XI, page 223.

(2) *Discours de la méthode*, page 21, première édition.

(3) Descartes, *Géométrie*, prem. édit., page 300. *Règles pour la direction de l'esprit*, 17, 18, 19, 20.

nues, on peut trouver autant de relations ou d'équations qu'il y a d'inconnues, à moins que le problème ne soit indéterminé, auquel cas, un certain nombre d'inconnues peut être assigné arbitrairement, jusqu'à ce qu'il n'y en ait pas plus que d'équations.

5. Maintenant lorsqu'un problème est indéterminé, de telle sorte qu'une seule équation existe entre deux inconnues, une infinité de valeurs lui satisfont, et cependant il existe entre ces inconnues une proportion constante qui est exprimée par l'équation. Alors si on fixe à volonté l'une d'elles, l'autre est par cela même déterminée, et si le problème consiste à trouver un point qui jouisse d'une certaine propriété, il y en a une infinité de tels qui se trouvent tous sur une même ligne (1). Ainsi, une équation entre deux inconnues représente algébriquement les *lieux géométriques* des anciens.

Mais il est une manière générale de considérer les courbes; c'est de *rapporter* tous leurs points à deux lignes droites, car alors il y a une proportion constante entre les deux distances d'un même point à ces deux droites, et elle peut être exprimée par une équation, de sorte qu'il sera facile de construire une courbe dont l'équation est donnée, ou de trouver l'équation d'une courbe donnée par rapport à deux lignes droites tracées dans le plan de cette courbe (2).

Viète avait montré la relation des opérations algébriques aux opérations géométriques, et découvert le moyen de passer des premières aux secondes (3). Descartes étendit ce point de vue à la géométrie entière, et appliquant aux lignes représentées par des signes généraux l'analyse des anciens, et à ces signes, l'algèbre des modernes (4), il fonda le premier une géométrie *générale* (5), soumise à des règles invariables.

6. C'est avec raison, sans doute, qu'on a nommé la géométrie

(1) *Géométrie*, page 313.
(2) Id., pages 320, 321, 322.
(3) Les géomètres du seizième siècle avaient résolu numériquement des problèmes de géométrie, mais sans construire les solutions que d'ailleurs ils n'obtenaient pas généralement sans le symbolisme des lettres, comme Viète. Voyez Montucla, *Hist. des math.*, t. 1, 492, première édition.
(4) « L'algèbre a pour but d'opérer sur les nombres ce que les anciens opéraient sur les figures. » Descartes, *Règles pour la direct. de l'esprit*.
(5) Cette dénomination de géométrie générale a été heureusement proposée par M. Auguste Comte. Voy. *Philosophie positive*, tome I.

de Descartes, analytique. Elle est analytique, en effet, quant au mode de résolution de ses problèmes intérieurs, s'il est permis de s'exprimer ainsi, et comparée à la géométrie purement synthétique, simple d'ailleurs et encore concentrée des anciens avant l'âge de Platon, mais non pas en tant qu'elle reçoit l'application de l'algèbre. L'algèbre n'est pas l'analyse, bien que ces deux mots soient quelquefois misérablement confondus (1). L'algèbre a ses règles propres dont la source se trouve aussi bien que celle de la plus ancienne géométrie dans des conceptions à priori. Ces conceptions, au lieu de porter sur la figure, portent sur le nombre, mais ni les unes ni les autres ne ressortissent d'une analyse de conscience, ni d'expérience, à plus forte raison. Elles tiennent à la constitution même de l'esprit humain et résultent de la nature des choses telle que nous la trouvons immédiatement en nous.

Il y a plus : si l'on fait dominer le côté algèbre dans la géométrie de Descartes (et c'est ce que l'on fait aujourd'hui presque partout, dans l'enseignement), si l'on considère les équations avant les courbes, traçant celles-ci d'après celles-là, déduisant leurs propriétés des harmonies numériques et ne les construisant qu'à l'aide des valeurs en nombre ou des instruments qui se déduisent de ces propriétés, ainsi qu'on peut le faire absolument, alors la géométrie devient éminemment synthétique, non plus comme celle des anciens, mais avec un degré d'abstraction de plus.

7. C'est précisément à ce degré d'abstraction et de synthèse que l'esprit de l'antiquité ne put s'élever ; on voit avec curiosité, du point où l'on est aujourd'hui parvenu, les anciens ne pouvoir se détacher des images sensibles que la géométrie permet d'employer, pour se représenter son objet ; tous les mots dont ils se servent en arithmétique se ressentent de cette préoccupation exclusivement géométrique, et leurs problèmes de nombres, même les plus simples, sont compliqués dans leur énoncé par cette volonté de suivre pas à pas la figure ; ils faisaient donc constamment l'inverse de ce que Descartes put faire quand l'algèbre pure eut été développée par ses devanciers (2).

(1) Cette vérité, sur laquelle on a depuis discuté sans s'entendre, a été reconnue et développée par Lagrange et Lacroix dans un rapport fait à l'Institut, 15 octobre 1810.
(2) Les origines de l'algèbre sont et resteront fort obscures tant qu'elles dépendront

D'un autre côté, Pythagore et Platon, dans leurs spéculations sur les nombres, les considéraient comme des essences, comme des types qui existeraient réellement hors de l'intelligence, et c'est à cette double école que se réduisirent à peu près toutes mathématiques dans la période connue de l'antiquité. Descartes, au contraire, ne regarda les nombres que comme de simples rapports sous lesquels se groupent, en général, nos idées de grandeur et de quantité; dès lors il put être conduit à les employer pour exprimer les proportions de figure, c'est-à-dire à les porter dans la géométrie. Une équation est essentiellement une création de l'esprit; c'est une façon d'apercevoir et de formuler les rapports des choses comme nous les pensons, et il ne semble pas que les anciens, sauf peut-être Aristote, dont le génie rationaliste n'eut pas, hors de son école ni dans son école elle-même, un grand développement, se soient beaucoup approchés de ce point de vue. Mais le génie de Descartes consiste avant tout à avoir été fortement rationaliste et réaliste à la fois. Le monde de la raison était immense pour lui, mais le monde réel s'en échappait pour le dominer à son tour.

d'une question d'érudition pure. Mais quand on aura bien déterminé philosophiquement la nature de l'algèbre, on verra aisément que, sous le double rapport d'une conception suffisamment exacte et large de son objet général, et d'un symbolisme de langage approprié à l'investigation de cet objet, la formation de cette science n'est accomplie que depuis peu d'années, on peut le dire; qu'elle a été lente et graduelle; que beaucoup y ont travaillé, et que le dix-septième siècle seul a pu se fermer sur elle et la contempler tout entière. Les points saillants de ce mouvement des esprits paraîtront toujours, quoi qu'on en puisse dire, et quelques manuscrits nouveaux qu'on puisse découvrir, Viète, Descartes, Newton et Leibnitz. Il est clair que l'algèbre n'est pas dans Diophante. M. Libri a réclamé contre ce vieux préjugé (*Histoire des math. en Italie*, tome 1, page 118); il est clair que les traités indiens nouvellement découverts appartiennent à l'ère moderne et n'ont eu d'ailleurs aucune influence sur le développement de l'esprit mathématique en Occident (les Indous ont pu savoir l'algèbre et ne pas nous l'apprendre); il est clair encore qu'on ne trouve dans les mathématiciens italiens du seizième et du quinzième siècle aucune *méthode générale* et aucune *notation symbolique constante*. A plus forte raison rien de pareil ne se rencontre dans le traité de Léonard de Pise, si longtemps désiré, et mis au jour par M. Libri. Il est vrai que les lettres de l'alphabet y sont prises comme signes généraux, ainsi qu'Aristote et Cicéron l'avaient su faire; mais de là à la *méthode générale* et à la *notation spéciale* que M. Libri veut trouver dans l'algèbre il y a bien loin encore. Aussi Viète nous paraît-il toujours le premier initiateur, initiateur après d'autres sans doute, car l'homme ne crée rien, mais il trouve la création toute faite dans l'esprit encore vivant de ses devanciers et dans le sien propre. Avant Viète, les fragments de l'algèbre sont partout et l'algèbre n'est nulle part. Après lui, la science déborde de plus en plus ses faibles origines, et le véritable créateur, c'est l'esprit moderne.

8. L'algèbre dut, par un retour nécessaire, participer aux progrès de la géométrie qui lui était ainsi liée ; et même certaines découvertes résultèrent nécessairement du mode plus concret d'envisager les solutions que produisait l'algèbre dans sa plus rigoureuse généralité. Ainsi, avant Descartes, les racines négatives des équations étaient regardées comme inutiles et *fausses* par suite de la préoccupation purement arithmétique des algébristes. Mais quand les racines eurent une signification géométrique, il devint plus facile de les interpréter dans tous les cas où elles sont réelles. Enfin, conduit à l'algèbre par la géométrie, Descartes en améliora la notation et en étendit le terrain, notamment par son théorème sur les signes extérieurs auxquels on peut, dans certains cas, reconnaître le nombre des racines positives ou négatives d'une équation proposée.

9. Remarquons maintenant que l'étendue étant l'essence de la matière, la mécanique et la physique, qui ont pour objet les mouvements et les propriétés des corps, doivent se réduire à la simple considération de l'étendue figurée et mobile. Ainsi, la mécanique présuppose la géométrie pour ce qui est des figures, et pour ce qui est des forces et des mouvements, elle se ramène à l'algèbre, aux rapports en général, aux lois des nombres. Ce progrès était accompli ou plutôt s'accomplissait pendant la vie de Descartes ; mais sa philosophie le comprit et contribua sans doute beaucoup à l'achever. Quant à la physique, elle devient mécanique, et par suite se soumet aussi à l'algèbre aussitôt que la matière n'est envisagée que comme le sujet d'un attribut, l'étendue douée de deux modes principaux : la figure, le mouvement. Descartes put donc se glorifier d'avoir ramené toute la philosophie naturelle aux mathématiques (1), ou plutôt à la

---

(1) Descartes eût fait peu de cas des mathématiques, si elles se fussent bornées dans son esprit à la solution de quelques problèmes sur les nombres ou sur les lignes. « Dans ce cas que ferais-je autre chose que de m'occuper de bagatelles avec plus de subtilité peut-être que d'autres ? Mais il n'en est pas ainsi ; je n'embrasse ici rien moins que les mathématiques ordinaires, mais j'expose une méthode dont elles sont plutôt l'enveloppe que le fond. En effet, elle doit contenir les premiers rudiments de la raison humaine et aider à faire sortir de tout sujet les vérités qu'il renferme ; et, pour parler librement, je suis persuadé qu'elle est supérieure à tout autre moyen humain de connaître, parce qu'elle est l'origine et la source de toutes les vérités. Or je dis que les mathématiques sont l'enveloppe de cette méthode, non que je veuille la cacher et l'envelopper pour en éloigner le vulgaire, au contraire, je veux la vêtir et l'orner de manière qu'elle soit plus à la portée de l'esprit. » (Descartes, *Règles pour la direction de l'esprit*, 218.)

science mathématique, puisque le premier il lui donna l'unité.

10. Disons enfin, pour en revenir au point de départ de cette analyse des mathématiques selon l'esprit de Descartes, que la philosophie naturelle ne fut pas seule à reconnaître la méthode mathématique, mais que cette méthode fut aussi regardée comme l'*enveloppe* de la méthode universelle. De nombreux passages des écrits de Descartes en font foi : les uns le montrent plongé dans le doute, au sortir des écoles, parce qu'il n'existe pas de méthode en philosophie (1), puis, renaissant à l'espoir par la considération de la *solidité* des mathématiques (2), affirmant enfin qu'il existe une méthode fondamentale dont ces mêmes mathématiques sont l'enveloppe (3). Les autres, et ce sont, on peut le dire, ses écrits tout entiers, nous le font voir à l'œuvre, prenant pour base de son immense construction la notion à priori, claire, immédiate, intuitive, comme celles qui soutiennent les mathématiques : *je pense et je suis*; ensuite, établissant pour matériaux les définitions, conceptions intellectuelles, idées claires et distinctes : *Dieu, l'être parfait; le triangle, figure à trois côtés reet lignes; la matière, substance conçue sous la notion d'étendue*, etc., etc. Enfin, se servant d'un levier, d'une machine unique qui est l'infaillible procédé de déduction, et n'obéissant qu'à ces préceptes invariables de la raison humaine que nul n'a mieux formulés que lui : ne rien recevoir pour vrai sans une connaissance évidente, diviser les difficultés, faire des dénombrements et des revues, et marcher du simple au composé, suivant l'ordre éternel que l'esprit suppose dans les choses (4). Oui, c'est bien là la méthode des *méditations*, et c'est celle des géomètres. Il ne sert de rien de dire, avec quelques passages de Descartes, que nous ne pouvons être certains de tout cela tant que nous ignorons si Dieu existe ou non, car, d'abord, ce doute enveloppe et les mathématiques, et la philosophie tout entière; et puis que fait cela à la méthode? La méthode doit être posée avant l'être, parce que nous ne pouvons partir logiquement que de notre pensée?

C'est ainsi que la méthode de Descartes est éclairée par sa

(1) *Discours de la méthode*, pages 6 et 7. *Recherche de la vérité*, édition Cousin, tome XI, page 336.
(2) *Discours de la méthode*, page 21
(3) *Règles pour la direct. de l'esprit*, loc. cit.
4) *Discours de la méthode*, pages 20 et 21.

géométrie; et sa géométrie n'est une géométrie générale que parce que sa méthode est universelle, et qu'en l'appliquant, il a pu la manier plus habilement que celui qui n'en possède pas l'ensemble; éviter de spécialiser les notions dès l'abord; en un mot, fonder sur elle plutôt les mathématiques mêmes qu'aucune de leurs branches.

11. Que manque-t-il donc à la géométrie de Descartes? Rien en apparence : elle donne un système complet des courbes, et un moyen général d'explorer leurs propriétés. Elle laisse une méthode des tangentes qui peut s'étendre aux maxima et aux minima, d'après la condition du parallélisme de la tangente à l'axe, et en général à la détermination des points singuliers des courbes. Et puis avec quelle étonnante facilité il résolvait les problèmes de défi de ses antagonistes ! Cependant, et quoique Descartes fût bien éloigné de penser qu'une nouvelle théorie mathématique à bases toutes différentes de la sienne fût possible, quoiqu'il se figurât n'avoir laissé de côté qu'une infinité de déductions faciles que ses descendants auraient le plaisir de faire, sa géométrie n'était encore que superficielle pour ainsi dire. Elle ne pénétrait pas dans l'essence de la quantité ou de la notion que nous avons des grandeurs et de leur génération. Elle ne se les représentait que comme finies, d'ailleurs indéfiniment *ajoutables* et *divisibles*. Enfin, un profond mystère couvrait encore des questions importantes sur la nature de la quantité et du plus grand nombre des opérations algébriques, des incommensurables, des séries, etc., etc. Jusqu'à quel point prépara-t-elle les découvertes postérieures, c'est ce qui nous restera à examiner plus tard.

§ V.

PHILOSOPHIE PHYSIQUE.

La matière.

1. Il existe une substance étendue, figurée mobile, qui est l'objet de la sensation et de l'imagination. Entre tous les corps auxquels nous rapportons les *qualités sensibles*, dureté, couleur, etc., etc., il en est un qui nous est particulièrement uni, et c'est en tant que cette union existe que nous recevons ou formons en nous-mêmes certains sentiments qui ne pourraient

nous appartenir, en tant seulement que nous pensons. C'est en partie aux modifications de notre corps et des corps extérieurs, en partie à notre pensée même, que se rapportent les désirs, les affections, les douleurs, la faim et la soif qui, de la sorte, résultent de notre état de *mélange*, et ne sont que des *façons confuses de penser*, desquelles nous ne pouvons véritablement conclure ce que sont en eux-mêmes les objets qui nous apparaissent par l'intermédiaire des sens.

La nature, c'est-à-dire Dieu considéré dans l'ordre qu'il a établi entre les choses, nous enseigne, à l'aide des qualités sensibles que nous percevons et des idées qui s'y joignent inévitablement, ce que nous devons fuir ou appéter; mais ce n'est point ainsi qu'elle nous fait connaître l'essence des choses, car nous avons pu remarquer que les jugements fondés sur la perception des sens sont quelquefois, et en certaines matières toujours, trompeurs. C'est donc à l'entendement seul, c'est aux conceptions claires et distinctes qui nous ont servi déjà à fonder la méthode et la philosophie première, que nous devons demander la vérité physique (1).

2. Cherchons d'abord ce qu'est le corps en lui-même; et puisque la sensation ne peut nous l'apprendre, et que nous ne pouvons conclure de ce que nous sentons à ce qui est dans la chose même; puisque l'imagination, en nous représentant un corps comme plus ou moins dur, ou odorant, ou froid, ou doué de telle ou telle figure, ou mu de certaine façon, ou enfin d'une certaine grandeur, ne nous donne rien que nous ne puissions supprimer ou changer en lui sans qu'il cesse pour cela d'être corps, nous devons encore une fois considérer le corps par l'entendement. Or, la couleur n'est pas de son essence, car il pourrait se trouver parfaitement transparent et invisible; la dureté ou la résistance non plus, car une pierre est un corps aussi bien quand elle est en poudre que quand ses parties sont bien liées; en un mot, aucune des qualités sensibles ne doit nous arrêter ici, car un corps peut être tout à fait insensible.

L'étendue est enfin le seul attribut sans lequel un corps ne peut être conçu; et, comme modes de cet attribut, il faut reconnaître la grandeur, la figure et le mouvement; car on ne peut les concevoir sans une étendue qui en soit le sujet, tan-

---

(1) *Médit. mét.*, VI, 26, 34. — *Principes*, II, 2 et 3.

dis que l'étendue peut être conçue sans figure, grandeur ou mouvement. C'est donc l'étendue qui est l'essence du corps en général ou de la matière (1).

3. L'objet de la physique est la connaissance du monde matériel, de ses lois et de ses modifications, soit qu'on l'envisage en lui-même ou dans ses rapports avec l'homme. Nous pouvons la diviser en trois parties : l'étendue en général et les principes du mouvement (ici se trouve compris tout ce qu'on a appelé depuis *mécanique* et *propriétés générales des corps*), puis le monde, enfin l'homme.

Les lois de la matière.

4. L'essence du corps étant l'étendue, il s'ensuit que, partout où il y a étendue, il y a corps, et que, par conséquent, ce qu'on appelle vide est une chimère. Le néant ne peut avoir d'attribut, et, par conséquent, ce qui a de l'extension est nécessairement une substance. Le préjugé du vide tire son origine de ce que nous concevons très-bien qu'un vase existe sans que tel ou tel corps occupe sa concavité, et aussi de ce que le corps qui l'occupe actuellement peut être insensible ou fort peu sensible pour nous. Mais, en réalité, la concavité d'un vase suppose l'extension, et l'extension ne peut pas plus être conçue sans quelque chose d'étendu qu'une montagne sans vallée. Si donc l'on demandait ce qui arriverait au cas où Dieu anéantirait tout le corps contenu dans un vase, il faudrait répondre que les parois s'entre-toucheraient, parce que la distance est une propriété de l'étendue qui ne peut exister sans quelque chose d'étendu (2).

5. Il suit de là que toutes les fois qu'un corps semble se ra-

---

(1) *Lettre à H. Morus*, 1, 67, 69. Nulla est (materia) quæ non sit plane insensibilis si, etc. *Médit. mét.*, II, 11, *Monde*, chap. 1, et *Principes*, I, 53, I, 68 et II. 4. L'étendue conçue absolument sans figure, grandeur ni mouvement, ne peut être que l'étendue infinie de Spinosa. Descartes entendait au fond *sans figure, grandeur, ni mouvement déterminés*, ou si l'on veut *sans telle ou telle figure*, etc. Cet *indéterminé* s'accorde très bien avec l'*indéfini* qu'il adoptait ailleurs. L'un et l'autre évitent ou cherchent à éviter la considération d'une matière infinie.

(2) *Principes*, II, 10, 18. *Lettres à Morus*, I, 67, art. 2. Ceux qui se représentent de l'étendue une idée réelle (cette idée impliquant la conception d'un corps), s'ils disent que l'étendue ainsi conçue n'est pas un corps, ils s'embarrassent sans le savoir dans cette proposition que la même chose est à la fois un corps et n'en est pas un. *Règles pour la direct. de l'esprit*, page 302.

relier ou se condenser, nous ne devons pas croire qu'un *même corps* occupe successivement un plus grand ou un moindre espace, mais bien que les parties qui constituent un corps sensible, pour nous, d'une certaine façon, se rapprochent ou s'éloignent, de sorte que leurs intervalles ou *pores* laissent plus ou moins d'accès à d'autres corps. En effet, l'étendue ne peut être augmentée ou diminuée que par l'étendue.

Nous avons sans doute une idée claire de l'espace et du lieu des corps, mais seulement en tant que ces mots expriment leur grandeur, leur figure, ou leur situation. L'espace que nous concevons demeurer invariablement là où plusieurs corps différents d'une même étendue peuvent se succéder, ne diffère de ces étendues que comme le genre de l'espèce. Nous formons ces concepts à l'aide de l'idée de l'étendue en général. Et pour le lieu, il exprime plus particulièrement la situation des corps, laquelle est purement relative, et ne se juge qu'en tant que nous les comparons les uns aux autres (1).

6. La propriété des corps qu'exprime ce vers de Lucrèce :

Tangere enim et tangi nisi corpus nulla potest res,

est très-réelle si elle est bien entendue ; car il suit de la nature de l'étendue que ses parties, considérées les unes par rapport aux autres, doivent se toucher. Mais si l'on entendait par ce contact celui qui a lieu vis-à-vis de nos sens, ce serait employer, pour caractériser le corps, quelque chose qui ne lui est pas intrinsèque.

L'impénétrabilité est encore une propriété de l'étendue, car on ne peut concevoir qu'une partie de l'étendue en pénètre une autre, à moins de la réduire au néant, ce qui n'est pas la pénétrer.

La divisibilité appartient absolument à la matière, car il nous est impossible de concevoir une de ces parties qui soit telle de sa nature qu'elle ne puisse se diviser en d'autres encore, et cela à l'infini. Et tout ce que nous pouvons concevoir comme divisé doit être réputé divisible, si nous voulons juger d'après la connaissance claire et distincte des choses ; par conséquent aussi, il ne peut pas exister d'atomes ou corps indivisibles. La division de la matière est indéfinie à notre sens,

(1) *Principes*, II, 6, 19.

c'est-à-dire que nous ne pouvons pas la terminer ; mais Dieu peut le faire, et *nous ne pouvons point affirmer qu'il ne le fait pas*, car il peut faire bien des choses que notre pensée ne peut embrasser. Bien plus, cette division indéfinie doit être regardée comme existant actuellement dans la matière, afin qu'on puisse expliquer les phénomènes de mouvement (1).

De même que nous concevons la matière comme indéfiniment divisible, de même aussi nous la concevons comme indéfiniment étendue. *Notre esprit ne peut concevoir que le monde ait des bornes, et, par cette raison, nous l'appelons indéfini ou indéterminé ; car nous n'avons pas d'autre règle que notre propre perception pour les choses que nous devons affirmer ou nier. Et si nous n'osons l'appeler infini, c'est que nous concevons Dieu plus grand sous le rapport de la perfection, sinon sous celui de l'étendue, puisqu'il n'y a pas en lui d'étendue proprement dite* (2).

De ce que le monde est indéfini dans son étendue, on ne doit pas conclure qu'il l'est aussi dans sa durée. Car l'existence actuelle du monde n'est pas nécessairement liée à l'existence possible qu'il avait avant d'être créé, de même que l'existence de l'étendue indéfinie autour d'un globe ou monde fini l'est à l'existence de ce globe. C'est ainsi que de la durée infinie que le monde doit avoir à l'avenir, les théologiens n'infèrent pas qu'il ait été de toute éternité dans le passé, parce que *tous les moments de la durée sont indépendants les uns des autres* (3).

Enfin, dès que nous ne concevons qu'une seule matière dont toutes les figures et tous les mouvements que nous perce-

---

(1) *Principes*, II, 20 et 34, et *Lettres*, I, 67 et 69, à *H. Morus*, et II, 43, à *Mersenne*. On lit dans cette dernière, dans l'exempl. de la Bibliothèque de l'Institut : « Un atome ne peut être conçu : ce mot implique contradiction. »

(2) *Lettre à Morus*, I, 69. Ce passage, qui est le plus clair et le plus franc de tous sur ce sujet, accorde l'infinité du monde quant à l'étendue. D'autres nombreux passages ne donnent qu'un peut-être.

(3) *Lettre à Chanut*, I, 36. On ne conçoit pas trop pourquoi les moments de la durée sont indépendants les uns des autres, plutôt que les points de l'étendue. Descartes eût été plus exact peut-être, quoique plus suspect dans sa foi chrétienne, s'il eût admis que Dieu a fait commencer le monde, bien que nous ne puissions le concevoir que sans commencement, de même (*même lettre à Chanut*) que Dieu a pu lui fixer des bornes quant à son étendue, quoique nous ne puissions comprendre qu'il en ait. Une fois que l'idée de l'être est conçue, il ne semble pas que l'idée de son étendue soit plus nécessaire que celle de sa permanence.

vons sont des modes, nous devons en conclure qu'il n'existe qu'un monde, et que toutes les propriétés que nous apercevons distinctement en la matière *se rapportent à ce qu'elle peut être divisée et mue selon ses parties, et qu'elle peut recevoir toutes les diverses dispositions que nous remarquons pouvoir arriver par le mouvement de ses parties.*

7. Nous entendons par mouvement *le transport d'une partie de la matière ou d'un corps du voisinage de ceux qui le touchent immédiatement, et que nous considérons comme en repos dans le voisinage de quelques autres* (1).

On appelle ordinairement mouvement l'action par laquelle un corps passe d'un lieu à un autre. Ce préjugé tient à ce que nous sommes obligés d'agir pour surmonter les forces, telles que la pesanteur, qui nous tiennent au repos, et nous sommes par là portés à croire qu'il faut plus d'action pour le mouvement que pour le repos. Quant au lieu, ce mot n'exprime rien d'absolu. Mais si nous observons les divers mouvements qui ont lieu sur le globe, nous reconnaîtrons aisément qu'un même corps peut être regardé comme se mouvant ou ne se mouvant pas, selon les corps auxquels nous rapporterons à chaque instant sa position; de sorte que le mouvement est quelque chose de tout relatif qui ne se juge que par comparaison. L'expérience, enfin, nous montre qu'il faut autant de force pour arrêter un corps en mouvement que pour imprimer le mouvement à un corps en repos, pourvu que nous tenions compte des causes naturelles qui se joignent à notre effort pour le favoriser dans le premier cas. Notre définition est donc bien justifiée si l'action n'est pas essentielle au mouvement, s'il n'y a de réel en lui que le transport, qui est la propriété du mobile comme la figure du repos, et si l'on ne peut juger de ce transport qu'en portant à la fois l'attention sur le corps qui se meut et sur d'autres qui sont supposés en repos.

Il suit de là que le mouvement est tout à fait réciproque, et, par exemple, qu'une partie de la terre ne peut se mouvoir sans que la terre entière ne se meuve en même temps. Mais, pour le langage, et afin d'éviter une complication trop grande, on peut se conformer à l'usage ordinaire.

8. Un même corps peut participer en même temps à une

(1) *Principes*, II, 25.

infinité de mouvements : par exemple, la montre d'un marinier, car les rouages de la montre se meuvent, et le marinier lui-même, et le vaisseau, et la terre, etc. Cependant, chaque point ne peut décrire qu'une ligne, et en général nous ne pouvons considérer qu'un seul mouvement, car nous ignorons même tous ceux qui peuvent être. Quelquefois nous considérons un mouvement à l'aide de deux autres, comme dans la roue, et la chose nous paraît ainsi plus claire. Mais, dans le fait, il n'y en peut avoir qu'un seul (1).

Le monde est plein ; donc il faut que le mouvement se fasse suivant des anneaux fermés, et que la vitesse des parties qui se meuvent varie selon la grandeur des espaces qu'elle doit successivement occuper, tandis que la matière se divise, pour cet effet, indéfiniment et selon toutes sortes de figures. Cette division est pour nous incompréhensible, et cependant doit se faire, car c'est ici la seule manière de comprendre le mouvement sans condensation et raréfaction. Il n'est cependant pas nécessaire que toutes les parties de la matière soient ainsi divisées, mais seulement quelques-unes, afin qu'elles puissent toujours remplir les intervalles laissés par les autres, si petits qu'ils puissent être (2).

9. Dieu a créé la matière avec le mouvement et le repos, et il la conserve sous l'empire des lois auxquelles il la soumit en la créant. Nous pouvons donc déduire de l'immutabilité divine la conservation de la quantité de mouvement dans le monde. Car le mouvement, quoique n'étant qu'un simple mode, est sujet à la quantité ; et cette quantité doit s'estimer à la fois par celle du transport et par celle de la matière transportée. La distribution seule du mouvement varie donc dans le monde ; de ce principe, nous pouvons déduire les conséquences qui suivent :

Chaque chose d'elle-même demeure en son état si rien ne le change. Un corps en repos ou en mouvement garde son repos ou son mouvement. C'est pour cette raison seule qu'un corps poussé se meut encore après que notre main l'a quitté, et il continuerait éternellement si une nouvelle cause ne venait modifier son état.

(1) *Principes.* II, 13, 25, 26, 27... 32.
(2) *Monde*, chap. 4 ; *Principes*, II, 33, 34, 35, et *Lettre a Morus*, 1, 67, 3

Chaque partie de la matière, une fois mue, tend à continuer son mouvement en ligne droite, les autres parties seules peuvent la détourner et la forcer à se mouvoir suivant un anneau. C'est là l'origine de la force centrifuge qu'on expérimente dans l'exemple de la fronde (1).

Voici maintenant suivant quelles lois le mouvement doit passer d'un corps à un autre, et circuler entre les parties de la matière. Remarquons d'abord qu'en tout cas le mouvement doit être conservé, mais non pas sa détermination à se mouvoir d'un côté ou d'un autre, laquelle persiste en l'absence de toute résistance, et peut être détruite par une résistance qui lui est *contraire*. Mais pour le mouvement, le repos seul ou un mouvement plus lent, en tant qu'il participe du repos, peuvent lui être *contraires*, et non pas un mouvement d'une détermination opposée. Enfin la force que possède un corps, soit pour mouvoir, soit pour résister au mouvement en vertu de son inertie, doit être calculée d'après sa grandeur et sa vitesse, ou d'après la surface de jonction, quand il s'agit d'unir ou de séparer deux corps auparavant séparés ou unis (2).

Cela posé, si un corps en mouvement en rencontre un autre, et s'il a moins de force pour continuer son mouvement en ligne droite que cet autre pour lui résister, il perd toute sa détermination et rien de son mouvement ; s'il a plus de force, il l'entraîne avec soi, et perd de son mouvement autant que l'autre doit en prendre pour se mouvoir comme lui.

De là se déduisent les lois du choc de deux corps supposés parfaitement durs et indépendants de tout autre corps. Certaines de ces lois ne se vérifient pas par expérience, ce qui tient à ce que les corps sont, en réalité, plongés dans des fluides qui modifient les résultats (3).

10. Les solides diffèrent des fluides en ce que les premiers sont durs, c'est-à-dire se composent de parties jointes qui ne peuvent se séparer sans une force qui rompe leur liaison. La cause de cette liaison est le simple repos de ces parties les unes

---

(1) *Monde*, chap. 7.
(2) *Principes*, II, 37, 38, 39 et 40. Descartes pose encore ce principe pour les règles du choc : « Lorsque deux corps se rencontrent qui ont en eux des modes incompatibles, il doit faire quelque changement en ces modes pour les rendre compatibles, mais ce changement est toujours le moindre qui puisse être. » *Lettre à Clerselier*, II, 47.... 52.
(3) Id.

à côté des autres, car le repos est ce qu'il y a de plus contraire au mouvement. Les fluides et les liquides, à l'inverse, se composent de parties qui cèdent aisément au moindre effort, parce qu'elles sont dans un mouvement continuel en tout sens. En effet, le mouvement n'est pas contraire au mouvement, mais seulement le repos. Donc, des parties de matière, déjà détachées et mues, sont bien plus disposées à recevoir un nouveau mouvement qu'à être mises au repos ; à la vérité, il y a des déterminations opposées, mais quand une détermination trouve résistance dans un côté, elle est favorisée d'un autre, et cela revient au même (1).

Par conséquent, il est facile d'expliquer comment la moindre force peut mouvoir un corps dur plongé dans un fluide, tandis qu'un corps ne pourrait être mû en plus grand, s'il était entouré de corps en repos, avec quelque vitesse qu'il le choquât. En effet, le corps plongé est poussé dans tous les sens par le fluide, et, s'il est en repos, c'est qu'une impulsion quelconque correspond toujours à une autre détermination opposée, dans ces mouvements nécessairement annulaires ; mais si la moindre force vient s'ajouter à celles qui agissent dans un certain sens, il commencera à se mouvoir. Cette force peut être extérieure, et pour que le mouvement continue, elle devra vaincre la résistance des parties du liquide qui ne se meuvent pas assez vite, ou bien encore elle peut être le mouvement de la masse liquide entière dans un certain sens.

C'est la matière dont nous venons d'exposer les propriétés générales, c'est-à-dire la *quantité des géomètres* divisée, figurée et mue, qui nous servira pour expliquer tous les phénomènes de la nature. Et outre les lois que nous avons exposées, nous n'en voulons pas supposer d'autres que *celles qui suivent infailliblement de ces vérités éternelles sur qui les mathématiciens ont coutume d'appuyer leurs plus certaines et plus évidentes démonstrations ; vérités suivant lesquelles Dieu lui-même nous a enseigné qu'il avait disposé toutes choses en nombre, en poids et en mesure* (2).

---

(1) *Monde*, chap. 3. La nature du solide y est déduite de ce qu'il faut une force, si petite qu'elle soit, pour détacher une particule d'une autre, et une force proportionnelle au nombre infini des particules pour diviser un corps suivant une certaine surface.

(2) *Monde*, chap. 7.

Le monde.

11. Dieu a créé la matière avec le repos et le mouvement, c'est-à-dire qu'il l'a d'abord divisée et mue de diverses manières. Ses parties ont, dès cet instant, exécuté des révolutions irrégulières comme leurs grosseurs et comme leurs mouvements, de sorte que toute variété est sortie des lois de l'inertie de la matière et de la conservation du mouvement établies et conservées suivant l'immuabilité divine (1).

C'est de ce chaos qu'est né de lui-même, en vertu des lois simples auxquelles Dieu assujettit toutes ses modifications, le monde où nous vivons (2) : certaines des parties les plus grosses et les plus fortes ont dû, soit à cause de leur configuration ou de leur mouvement, s'agglomérer en masses considérables; de là les terres. Les parties moyennes ont émoussé leurs angles par des chocs continuels, se sont arrondies, et ont formé un élément homogène, composé de petites boules, qui est la matière des cieux. Enfin, les raclures, et en général les plus petites parties de l'étendue, ont occupé tous les intervalles laissés libres par les deux précédents éléments; elles se sont mues avec une grande vitesse, parce qu'elles résistaient moins que d'autres aux chocs qui survenaient continuellement, et devaient toujours se précipiter partout où les mouvements des grosses masses les obligeaient de se porter. Elles se sont donc divisées, et se divisent sans cesse et indéfiniment, et se meuvent avec une grande rapidité. C'est là la matière subtile du premier élément, les boules forment le second, les masses terrestres le troisième.

Telle est l'hypothèse qui nous rendra compte de tous les phénomènes qui frappent nos sens, et sera ainsi justifiée par ses conséquences. Nous supposerons seulement qu'aucun miracle

---

(1) *Monde*, chap. 7, alin. 3.
(2) *Monde*, chap. 6, 8. Descartes se ravisa dans les *Principes*, et voulut considérer Dieu comme auteur de l'ordre et non du chaos. Il se borna alors à présenter le chaos primitif comme une hypothèse qui sert à expliquer la nature des choses et qui est même indispensable sous ce rapport. Il affirma aussi que quelle qu'eût été la disposition primitive de la matière, l'ordre actuel se serait toujours produit, bien qu'il puisse y avoir plus ou moins de difficulté à l'en déduire, à cause des états intermédiaires par lesquels il faut passer. Voyez *Principes*, III, 12, 13,..., 47.

9.

n'intervient, et qu'aucune action étrangère ne trouble le cours ordinaire de la nature (1).

12. Dès la première impulsion communiquée à la matière, l'action ou la force de se mouvoir et de se diviser, mise en quelques-unes de ses parties, s'est épandue et distribuée en toutes les autres au même instant, aussi également qu'il se pouvait, car tout est solidaire dans une étendue sans vide. Ces premiers mouvements étant inégaux, toute la matière n'a pas dû tourner autour d'un seul centre, mais autour de plusieurs centres irrégulièrement dispersés. Les parties les plus grossières, telles que celles du troisième élément, ont décrit des cercles plus grands ou plus rapprochés de la ligne droite. Les parties moyennes qui constituent le second élément ont eu moins de force, et, par conséquent, se sont tenues plus près des centres, tandis que tout le premier élément formé qui s'est trouvé en excès pour occuper les intervalles des deux autres, s'est porté en masse vers ces centres abandonnés. C'est donc là que se sont établies des masses excessivement fluides, dont toutes les parties ont été dans un mouvement continuel en même sens et très-rapide. C'est le soleil, ce sont les étoiles (2).

Autour de ces centres, les deux éléments tournent et forment des tourbillons de matière, dans lesquels chaque partie tend toujours vers la circonférence par l'effet de la force centrifuge, de sorte que l'espace laissé autour du centre est sphérique. Cette force est inversement proportionnelle à la superficie que présentent les parties des éléments, à cause des résistances qu'elles trouvent dans toutes les parties qui sont situées plus loin qu'elles du centre; il peut donc fort bien arriver que certaines des boules du second élément, qui, étant très-petites et rondes, ont fort peu de superficie, eu égard à leur masse, décrivent dans le tourbillon des cercles plus grands que les parties grossières et peu massives du troisième élément (3).

13. Voyons donc ce qui a pu arriver à ce troisième élément. Parmi ces parties, certaines se sont trouvées très-massives et douées de beaucoup de mouvement; elles ont eu

---

(1) *Monde*, chap. 7.
(2) *Principes*, III, 51 — *Monde*, chap. 8 et 9.
(3) *Monde*, X, 6, 7, 8.

beaucoup de force pour continuer ce mouvement en ligne droite, se sont portées aux régions les plus excentriques des tourbillons, et, n'ayant aucune force capable de les y retenir, elles sont entrées dans d'autres tourbillons, c'est-à-dire dans d'autres cieux, et ont continué à se mouvoir ainsi sans jamais se fixer ; ce sont les comètes (1).

D'autres parties moins massives et douées d'un mouvement médiocre ont dû se fixer parmi celles du second élément, qui avaient à peu près la même tendance qu'elles à s'éloigner du centre, et d'autant plus loin ou plus près de ce centre qu'elles se sont trouvées plus ou moins massives (2). Là, balancées au milieu d'elles, donnant également et recevant de l'agitation, elles ont pris leur cours avec elles autour du soleil ; ce sont les planètes, et la matière du second élément est l'air qui les entoure (3).

14. Ainsi les planètes tournent, portées par leur tourbillon, autour de leur soleil comme un bateau porté sur un fleuve ; elles suivent le mouvement du tourbillon, mais non pas toute sa vitesse ; car si le plus grand nombre des parties du second élément s'accorde à mouvoir une planète dans le même sens, et, par suite, y doit réussir, cependant il y a toujours tels autres mouvements qu'elles ne peuvent lui communiquer. Il suit de là que, heurtant continuellement la planète dans le même sens et sans pouvoir lui donner toute leur vitesse, elles doivent, pour la dépasser, tourner autour d'elle, et, par conséquent, la faire tourner sur son propre centre, en formant autour d'elle un ciel mû de la même façon, qui est de l'occident à l'orient. De là le double mouvement d'une planète, de la terre par exemple.

Enfin, s'il arrive qu'une autre planète (telle que la lune, ou tout autre satellite), portée dans la même région que la première, soit plus petite, et, par conséquent, disposée à se mouvoir plus vite à la suite de l'action du tourbillon, elle sera emportée par le mouvement du petit ciel, se rendra à sa superficie extérieure et tournera dans le même sens autour de la première que celle-ci autour du soleil, parce que telle est la

---

(1) *Monde*, IX, 6 ; X, 1.
(2) Id., X, 3, 5, 8.
(3) Id., X, 1.

direction qu'elle a dû suivre en arrivant pour s'éloigner le moins possible de la ligne droite, et pour rester en même temps dans les parties du ciel dont le mouvement lui convenait (1).

15. Ainsi le système de Copernic se trouve établi sans qu'il soit nécessaire d'attribuer aucun mouvement à la terre. Elle est entraînée à la vérité, par son tourbillon, mais elle ne se meut pas, puisqu'elle n'est pas transportée par rapport aux parties qui la touchent immédiatement. Or, c'est par ces parties et non par des corps éloignés, tels que les étoiles, dites fixes, qu'on doit juger du mouvement, puisque nous ne pouvons savoir si celles-ci ne se meuvent pas relativement à quelque autre point pour lequel la terre est en repos (2).

16. Les tourbillons doivent nécessairement être disposés de manière à se gêner mutuellement le moins possible; par conséquent, ils se rapprochent les uns des autres par leurs écliptiques et non par leurs pôles. S'il en était autrement, ou deux tourbillons voisins n'en formeraient qu'un seul tournant en un même sens, ou bien ils se contrarieraient en tournant en sens contraire l'un de l'autre. Cela posé, le premier élément, dont le mouvement est très-rapide, et diminue fort peu à cause de la facilité qu'il a à passer partout, est toujours porté par la force centrifuge vers les parties les plus éloignées de l'axe; là il rencontre d'autres tourbillons par les pôles, c'est-à-dire dans les parties où ils présentent le moins de résistance; il y pénètre donc, se porte jusqu'au centre, puis s'en échappe repoussé par les boules du second élément, qu'il presse aussi dans tous les sens, et pénètre par les pôles dans de nouveaux tourbillons, de sorte qu'il exécute ainsi une circulation sans fin, sans que pour cela il cesse de tourner autour de chaque centre qu'il occupe pour se conformer au mouvement général du tourbillon (3).

Les parties de ce premier élément, qui occupent les interstices du second, doivent être triangulaires, courbes et cannelées, pour la plupart, afin de remplir les intervalles laissés par les boules. Il doit donc arriver souvent qu'elles s'attachent les

---

(1) *Monde*, X, 9, 10, 11, 12, 13, et *Principes*, III, 149.
(2) *Principes*, III, 18, 19.
(3) Id., 67, 69, 70, 71, 72.

unes aux autres après qu'elles sont parvenues au centre dans la matière solaire; et rejetées alors à la surface, parce qu'elles ne peuvent participer à toute la subtilité du mouvement des autres parties, elles y forment des taches. Ces taches peuvent être formées ou détruites dans un temps plus ou moins long, de sorte que des astres peuvent entièrement s'encroûter et devenir comètes ou planètes lorsque toute leur matière, prenant la forme de celle du premier élément, quitte le centre et tend plus ou moins vers la circonférence; d'autres peuvent disparaître en tout ou en partie pendant quelque temps, ce qui explique la naissance et la mort bien constatée de certaines étoiles; car nous verrons que le mouvement de la matière qui les constitue, tant qu'elle n'est pas encroûtée, produit le phénomène de la lumière (1).

17. Telle a pu être, en effet, l'origine de toutes les comètes et planètes. Notre ciel formait à l'origine quatorze tourbillons ou même un plus grand nombre; les astres qui étaient à leurs centres se sont couverts de taches; les petits tourbillons n'ayant plus autant d'action pour s'étendre et s'opposer à l'envahissement des grands, ont été détruits par eux. Alors ces astres ont pris, dans le grand tourbillon qui a le soleil pour centre, les places que nous voyons occupées par les planètes, plus ou moins près du centre selon leur masse et la rapidité de leur mouvement; et les satellites, outre la raison que nous avons assignée à leur révolution particulière, ont pu tourner déjà autour de leurs planètes avant que celles-ci aient commencé à tourner autour du soleil. S'il y avait d'autres tourbillons encore, leurs astres ont pu devenir des comètes (2).

Enfin, les planètes les plus rapprochées du soleil font leur révolution en un temps moindre, parce que le mouvement de la matière solaire les accélère davantage (3); et ce qui fait que les taches même du soleil vont cependant moins vite, c'est qu'elles sont retardées par certaines parties très-irrégulières du second élément qui forment une atmosphère autour du soleil, depuis le soleil jusqu'à Mercure, ou même plus loin, et ne peuvent presque se mouvoir qu'en masse.

Les mouvements des planètes et la position de leurs axes

(1) *Principes*, III, 87, 88... 119.
(2) Id., III, 146 et 149.
(3) Id., 146.

sont sujets à des inégalités ; mais il faudrait s'étonner, d'après les lois que nous avons exposées, s'il ne s'en rencontrait aucune ; et, en général, le mouvement de la matière se communiquant dans toute l'étendue, il doit survenir continuellement de nouvelles modifications dans le monde.

La terre.

18. Suivant toujours les mêmes principes, nous pourrons reconnaître que la terre s'est divisée en trois régions principales, la plus intime formée du premier élément, qui a sans doute conservé sa première agitation, la seconde des parties du premier élément, liés et compactes, la plus extérieure enfin des petites parties du troisième élément, entre lesquelles peut circuler, en outre, parce qu'elles ne sont pas bien étroitement jointes, la matière du second (1).

Nous attribuerons la pesanteur à l'action de cette matière céleste du second élément, qui, tandis que la terre est immobile et portée par elle, se meut rapidement autour, en s'efforçant continuellement de s'en éloigner, de sorte que les corps grossiers, détachés du troisième élément, doivent toujours retomber pour remplacer les parties du second, qui s'échappent continuellement. Et c'est vers le centre de la terre que ces corps doivent se porter, parce que la matière céleste très-vivement mue et douée par suite d'une grande force centrifuge tend partout *également*, autour de la terre, à s'en éloigner. La même action arrondit les gouttelettes liquides, afin que la circulation du second élément ne soit gênée nulle part, soit à leur intérieur, soit à leur extérieur. De là se déduit aussi le principe des pressions hydrostatiques. Enfin, le flux et le reflux de la mer tient à ce que le tourbillon est plus resserré lorsque la lune est plus rapprochée de la terre, et, en général, du côté où elle se trouve que du côté opposé ; de sorte que, pressant plus fortement la terre et ne pouvant changer sa forme, il change du moins celle de la mer, qu'il fait passer du sphérique à l'ovale. La terre, qui tourne en vingt-quatre heures, parvient donc de six heures en six heures des positions où la mer est la plus haute à celles où elle est la plus basse,

---

(1) *Principes,* IV.

tandis que la révolution mensuelle de la lune retarde régulièrement les heures des marées (1).

Nous prendrons, pour le mouvement qui constitue la lumière, la pression transmise, en un instant, depuis le premier élément qui compose le soleil et les astres, jusqu'à nous, par la matière du second élément, ou tout mouvement semblable qui pourra être communiqué à ce dernier. Mais la lumière agissant inégalement sur les parties du troisième élément qui se trouvent placées ou mues de diverses façons, elle doit leur transmettre par là de nouveaux mouvements; et ceux-ci, soit qu'ils viennent réellement de cette cause ou de tout autre, seront des ébranlements calorifiques, c'est-à-dire capables de produire sur nos sens l'effet d'attouchement que nous appelons chaleur. Enfin le mouvement des parties cannelées de la matière nous expliquera *l'aimant* et ses propriétés (2).

10. Les divers corps terrestres peuvent résulter de même des dispositions et des mouvements de la matière; l'*air*, des parties du troisième élément, molles, flexibles, divisées, rares et mobiles; l'*eau*, des parties longues, unies, molles et pliantes, mêlées, dans la mer, avec les parties roides et inflexibles qui forment le sel; le *feu*, du mouvement rapide du premier élément, entretenu par les parties grossières qu'il trouve à décomposer, et ainsi de suite pour les autres corps plus particuliers : le mercure, le soufre, etc., etc. S'agit-il de leurs propriétés? Selon que la matière subtile du second élément agitera plus ou moins les eaux, elle les fera tourner en vapeurs semblables à l'air, ou les laissera redevenir eaux, ou même passer à l'état de glace; et, en général, en échauffant les corps, elle les fera mouvoir, et, par là, les dilatera, c'est-à-dire écartera leurs parties, sauf les cas particuliers où ces parties, étant mues, s'agencent mieux les unes avec les autres, comme la glace qui se fond. Veut-on savoir à quoi tient la transparence? A ce que le second élément se fraye passage en ligne droite, ou à peu près régulièrement, à travers certains corps, de façon que la lumière puisse s'y propager, tandis que l'opacité appartient aux corps formés par une force étrangère qui n'obéissait pas au mouvement de la matière céleste. Ce même élément

(1) *Monde*, chap. 11 et 12.
(2) *Principes*, IV.

clarifie les liqueurs en rangeant ou dissolvant les parties moins subtiles qui gênent son mouvement. En un mot, tous les phénomènes terrestres s'expliquent par des considérations analogues, et fondées sur les mêmes principes : les vents, les tremblements de terre, les volcans, les mines, les propriétés des sels, les nuages, la pluie, la grêle, la neige, etc., etc. (1).

20. Certains phénomènes, ceux que présente la lumière, par exemple, sont soumis à des lois constantes que l'on doit nécessairement rencontrer lorsque, partant du principe qui réduit la lumière au mouvement, et des lois mêmes du mouvement et du choc, on applique les mathématiques à la déduction des conséquences. La théorie est vérifiée par cela même qu'on est ainsi conduit à des résultats que l'expérience peut faire connaître directement. C'est ce qui a lieu pour la catoptrique et la dioptrique. L'expérience a depuis longtemps fait connaître la loi fondamentale de la catoptrique, l'égalité des angles d'incidence et de réflexion. Voici comment elle se déduit des principes : la lumière est *l'action ou inclination à se mouvoir* de la matière subtile, et comme cette action se propage sans obstacles en tout sens, on peut appeler rayons lumineux toutes les lignes droites tirées du point lumineux, et l'inclination à se mouvoir suivant ces lignes, doit suivre les mêmes lois que le mouvement lui-même. On peut donc assimiler le mouvement lumineux qui vient frapper une surface, à celui d'une balle. Or, il faut distinguer dans le mouvement de la balle, le mouvement lui-même de la détermination vers un certain côté ; celle-ci peut-être décomposée de mille manières, et, entre autres, en deux autres déterminations, l'une normale à la surface ou plan, l'autre parallèle qui se conserve sans altération, tandis que la première est détruite. De là se déduit évidemment le principe de la réflexion et l'égalité des angles (2).

Mais venons à la réfraction : bien que la pression lumineuse

---

(1) *Les Météores.* — *Principes,* IV.

(2) *Dioptrique,* pages 8 et 13. Ces deux lois sont très-mal exposées dans l'*Histoire des mathématiques de Montucla,* et sans aucune intelligence des principes de Descartes. Il y est question par exemple de *vitesse* de la propagation, etc. Elles sont très-intéressantes, et depuis Descartes, Hobbes et Fermat, jusqu'à Fresnel, notre contemporain, elles ont été controversées sans cesse par les Huyghens, les Newton et les Euler. Elles forment l'une des questions vitales de la physique. Voir dans notre partie V° l'histoire de ces grandes lois.

se communique instantanément, comme celle de la main passe d'une extrémité d'un bâton à l'autre extrémité appuyée contre la terre, cependant différents corps peuvent résister plus ou moins à la propagation de la lumière. Quant à la détermination dans un certain sens, elle ne peut varier dans l'intérieur d'un milieu liquide tel que l'air, qui livre passage indifféremment dans tous les sens. C'est donc à la surface même du milieu réfringent que la détermination doit varier. On peut donc comparer ici la lumière à une balle qui traverse une toile assez résistante pour diminuer sa vitesse, mais non pour l'arrêter entièrement. Supposons, par exemple, que la toile rende la vitesse deux fois moindre : alors si une ligne, rayon d'un certain cercle, a été parcourue dans un certain temps depuis la circonférence jusqu'au centre situé sur le plan de la toile, il en faudra deux fois autant pour que la balle parvienne à un nouveau point de la circonférence. Mais si l'on mène sur le plan de la toile le diamètre du cercle situé sur le plan des rayons incident et réfracté, la détermination dans le sens de ce diamètre n'aura pu varier ; donc, si l'on prend sur sa longueur, à partir du centre, une distance double de celle qui a été parcourue dans le même sens par le rayon incident, et si de ce point on élève une perpendiculaire au diamètre, le point auquel elle rencontrera la circonférence sera sur le rayon réfracté ; donc les résistances des milieux que les deux longueurs du diamètre peuvent représenter sont aussi, de même que ces longueurs, proportionnelles aux sinus des angles d'incidence et de réfraction.

Si maintenant on s'adresse à l'expérience, on trouve que la lumière, en passant d'un milieu moins dense à un plus dense, se rapproche de la perpendiculaire au lieu de s'en éloigner (1) ; d'où il faut conclure que les milieux les plus denses sont ceux qui résistent le plus à la transmission de la lumière. Et en effet, la lumière est propagée par le mouvement de la matière du second élément dans l'intérieur des corps ; mais plus les corps sont mous et mobiles, plus aussi cette matière leur communique de son mouvement ce qui diminue le sien propre. Plus, au

---

(1) Kepler a connu ce fait fondamental de la réfraction. Quant à la loi, trouvée par Snell avant Descartes, elle a été pour la première fois soumise par ce dernier à une explication mécanique.

contraire, ils sont fixes et durs, plus elle conserve sa force et sa vitesse. C'est ainsi qu'une boule se ralentit plus vite quand elle roule sur un tapis couvert d'aspérités que sur une table de marbre. Au reste, cette dureté ne doit pas se prendre par rapport à nos mains, mais par rapport au mouvement de la matière du second élément; car le verre, par exemple, n'est pas beaucoup plus réfringent que l'eau, quoiqu'il soit plus dur au contact (1).

Donc enfin, les sinus d'incidence et de réfraction sont en raison inverse des densités ou plutôt des *duretés* des milieux, et en raison directe de leurs résistances. En tout cas, le rapport demeure constant (2).

De ces lois se déduit l'explication de tous les autres phénomènes lumineux. L'arc-en-ciel se rapporte aux réfractions et réflexions de la lumière dans les gouttes d'eau suspendues dans l'atmosphère; les propriétés des miroirs et des lentilles s'expliquent et se développent; de nouveaux instruments se découvrent; enfin la composition de l'œil est connue et toute la nature de la vision humaine.

L'homme.

21. Nous avons décrit la *machine du monde* et rapporté tous les phénomènes sensibles à des modifications de figure et de mouvement survenues dans la matière, par suite des lois invariables auxquelles Dieu la soumit à l'origine. Avant de montrer comment ce monde peut être le monde réel offert à nos sens, nous devons décrire la *machine homme* ou animal, et expliquer comment elle prend place dans ce monde et comment elle y fonctionne.

Or, il y a au centre de cette machine une certaine cavité qu'on appelle cœur, dans laquelle est entretenu un feu sans lumière, tel que ceux que peut produire l'agitation des petites parties de la matière. Une liqueur très-complexe, qui est le sang, se dilate en y entrant, sort pour se porter au poumon, du poumon revient au cœur et du cœur est chassée dans les artères. De là elle passe dans les veines par les petits canaux qu'Hervey a découverts, et des veines revient au cœur, où elle

---

(1) *Dioptrique*, pag. 23. *Lettres*, III, 36 et 33.
(2) *Lettres*, III, 30.

recommence à circuler. C'est le sang qui, modifié par l'air dans le poumon, entretient la chaleur du cœur; dans les artères il pousse ses diverses parties vers les pores plus ou moins grands ou plus ou moins ouverts de tout le corps, et sert par là à la nutrition; dans les veines il se renouvelle par les sucs qui viennent de l'estomac et des boyaux; dans le foie il s'élabore, se subtilise, et prend sa couleur et sa forme. Enfin, ses diverses parties, à raison de leurs mouvements, de leur forme, et de la forme et de la grandeur des pores des différents organes, s'y sécrètent de plusieurs façons, en urine à travers les rognons, en sueur à travers la peau, etc.; et d'autres, par la rate, le fiel et les artères, reviennent à l'estomac, où elles aident à la digestion, par leur chaleur et leur agitation.

Tout le mouvement de la machine dépend donc de la chaleur du cœur; car le sang qui entre des veines dans sa cavité droite y est subitement enflé et raréfié, comme celui qui vient du poumon dans sa cavité gauche par la veine dite *artère veineuse*. Alors les portes des veines sont fermées par la pression, les portes des artères s'ouvrent au contraire, et le sang s'exhale d'un côté vers le poumon par l'artère dite *veine artérieuse*, de l'autre dans le premier tronc des artères. Mais après, le sang s'étant échappé ou condensé, le cœur et les artères se désenflent, les portes des artères se ferment et celles des veines se rouvrent, deux nouvelles gouttes de sang tombent dans le cœur, et ce double mouvement qui produit le battement du pouls recommence comme la première fois. Les vapeurs sanguines se refroidissent et s'épaississent au contact de l'air dans le poumon, et ainsi, en retombant dans le cœur à l'état de sang, elles peuvent servir à alimenter sa chaleur (1).

22. Les parties les plus vives, les plus fortes et les plus subtiles du sang tendent vigoureusement à continuer leur mouvement en ligne droite, de sorte qu'elles se portent surtout dans les artères qui aboutissent au cerveau. Celles de ces parties qui sont arrêtées se portent du côté où se fait la génération et constituent la semence qui devient ensuite capable d'engendrer une pareille machine, quand elle est mêlée avec une autre. En effet, les deux semences se servent de levain l'une

---

(1) *L'Homme*, 4, 5, 6, 7...11. — *Formation du fœtus*, 7, 14, 21. *Passions de l'homme*, 4...11. — *Méthode*, pag. 47.

à l'autre, se dilatent, se pressent, et acquièrent l'agitation du feu. Le centre de cette masse forme un commencement de cœur d'où les parties plus agitées s'échappent, et, ne pouvant revenir par les mêmes voies, établissent une circulation dans le cours de laquelle se forment successivement le cerveau, le poumon, les organes des sens, etc. ; les figures, les grandeurs et les mouvements des parties servant toujours de cause à la composition de la machine (1).

Mais revenons à ces parties fortes et agitées qui, chassées dans les artères, se portent au cerveau. Un certain nombre nourrit la substance du cerveau; les autres, après s'être divisées dans cette infinité de branches artérielles qui composent les tissus du fond des concavités du cerveau, parviennent autour d'une petite glande où les plus subtiles peuvent pénétrer. Là elles entrent et sortent par les plus petits pores de la glande et des concavités cérébrales, douées de cette grande agitation qu'elles ont portée du cœur, ou que les parties grossières leur ont communiquée aux dépens de la leur. Elles cessent alors d'avoir la force du sang et s'appellent *esprits animaux* (2).

Or, si ces esprits passent de la glande dans les nerfs, et suivent leur longueur en se faufilant dans les pores de la moelle, ils arriveront jusqu'aux muscles, et s'ils se jettent dans l'un d'eux avec plus de force que dans son opposé, de manière à ouvrir les entrées par où ils peuvent passer de celui-ci à celui-là, en fermant celles par où ils peuvent passer de celui-là à celui-ci, alors l'un de ces muscles doit se relâcher et l'autre se tendre, ce qui est la cause des mouvements des membres de la machine.

23. Voyons comment ces mouvements pourront être produits avec ordre. Nous savons que la lumière n'est autre chose dans le monde physique que le mouvement de la matière du

---

(1) *Formation du fœtus*, digression sur *la formation de l'animal*, part. 4. Les Premières pensées sur la génération des animaux sont fréquemment en contradiction avec le traité *De homine ut machina*, et notamment au sujet de la formation du fœtus. Cet opuscule, méritant d'ailleurs peu de confiance, ne doit donc être mis en avant que lorsqu'il est très-manifestement conforme aux idées de Descartes exprimées dans ses livres, ou tout au moins dans quelqu'une de ses lettres. M. Cousin a déjà remarqué combien cet opuscule est éloigné de la netteté ordinaire de Descartes.

(2) *Passions*, J. 10. *L'homme*, 14. Les esprits animaux, sont très-subtil ou plutôt flamme très-pure et très-vive. ♦ *Méthode*, pag. 55.

second élément à travers les corps transparents, et que ceux-ci ne sont tels qu'en ce qu'ils ne gênent pas son action. Ce mouvement vient frapper nos yeux, il se réfracte en traversant le cristallin et les humeurs, enfin une image des corps qui émettent ou réfléchissent la lumière, se peint sur la rétine qui n'est que l'épanouissement du nerf optique du cerveau. Le mouvement se communique à ce nerf et parvient jusqu'à la glande pinéale. Ainsi les nerfs et les endroits du cerveau d'où ils viennent, sont mus en autant de façons que nous voyons de diversités dans les objets. De même le son, qui n'est qu'une vibration d'un corps transmise par le battement de l'air, frappe les oreilles; et le goût, et l'odorat, et le tact sont d'autres mouvements qui sont de même portés jusqu'au cerveau par les nerfs, depuis les parties les plus extérieures du corps. Cela posé, tous ces divers mouvements qui se propagent depuis les objets jusqu'au cerveau, ouvrent tels ou tels pores ou en ferment d'autres, et par là déterminent le cours des esprits qui, suivant alors certains filets nerveux, parviennent à certains muscles et produisent des mouvements déterminés dans les membres de la machine.

Le mouvement des esprits animaux est ainsi déterminé par les mouvements qui ont lieu hors de la machine, et cela suivant des lois fixes, de telle sorte qu'à une certaine impression qui parvient au cerveau, corresponde naturellement un certain mouvement des muscles, et par suite à la *passion* de la machine une *action* qui lui est liée.

Les modifications qui surviennent, dans l'intérieur du corps, au sang et aux esprits animaux sont encore la source de certains mouvements musculaires; car selon que les esprits sont plus ou moins grossiers ou agités, ils se frayent facilement un passage ou un autre; et les diverses dispositions des organes intérieurs, du foie, du cœur, de la rate, etc., peuvent encore amener certaines inégalités; de là résultent l'ivresse causée par le vin et beaucoup d'indispositions ou de maladies. Si les esprits qui se portent à l'estomac pour dissoudre les aliments n'y trouvent pas assez à s'exercer, ils tournent leur force contre l'estomac même et agitant les petits filets nerveux plus fort que de coutume, font mouvoir les petits filets du cerveau d'où ils viennent. Si ceux qui se portent au gosier n'y viennent pas en assez grande abondance pour l'humecter et remplir ses pores en forme d'eau, ils y montent seulement en forme d'air ou de fumée, et communiquent ainsi un tout autre mouvement au cerveau ; de là la *faim* et la *soif*. Si les mouvements des esprits se font librement et facilement dans tout le corps, ou plutôt si le sang qui se porte au cœur est plus pur et s'embrase plus facilement, le petit nerf qui s'y trouve est affecté d'une manière particulière, d'où naît la *joie*, et, dans le cas contraire, la *tristesse* ; à la vérité ces sentiments *joie*, *tristesse*, *faim*, *soif*, ne peuvent exister en tant que tels que dans une âme ; mais dans la machine toute sensation interne ou externe est liée à tous les mouvements qui sont nécessaires à l'action qui doit suivre ; et bien qu'elle n'ait aucune notion du plaisir et de la douleur, elle fait à la suite de chaque sensation ce qu'elle a toujours fait dès la matrice où elle s'est formée.

24. Si les esprits animaux ne coulaient pas à chaque instant par les pores du cerveau dans mille directions différentes, ces pores et toutes les concavités en général, seraient étroites et presque toutes fermées. C'est ce qui a lieu pendant le sommeil de la machine, tandis que dans la veille ces concavités sont comme les voiles d'un navire enflées par le vent, et les filets nerveux comme les cordes tendues qui les attachent.

Lorsque les esprits ont, par suite d'une sensation quelconque, pris leur cours par certains pores, il arrive que ces pores acquièrent et conservent pendant un temps plus ou moins long *une plus grande facilité que les autres à être ouverts derechef en même façon, par les esprits qui viennent vers eux*. Aussi arrive-t-il que les esprits animaux, rencontrant ces pores dans leur cours fortuit, s'y jettent plutôt que dans les autres, ce qui produit dans la machine les phénomènes de *mémoire* (1) ; et si cela a lieu pendant le sommeil, la machine peut recevoir les mêmes sensations et faire, ou tenter de faire, les mêmes mouvements qui leur correspondaient pendant le jour, ce qui constitue les *songes*. On voit aisément, d'après les principes précédents, que si la machine est un chien, il pourra aboyer en dormant ou fuir devant le bâton dont on le menace. Il est facile de comprendre aussi comment la mémoire d'un objet

---

(1) L'imagination ne diffère pas de la mémoire dans la machine. Elle consiste toujours dans la figure, soit actuellement tracée, soit conservée au siège du sens commun ou dans les parties qui en dépendent. Voyez *Règles pour la direct. de l'esprit*, XII, 205.

peut être évoquée par celle d'un autre : car certains pores étant habituellement ouverts ensemble, chacun d'eux s'ouvrira aisément si ses voisins viennent à s'ouvrir, et ainsi la vue du feu rappellera la chaleur, et la vue d'une jambe l'homme tout entier.

C'est lorsque la substance du cerveau s'est desséchée pendant la veille, que ses pores sont élargis par l'action continuelle des esprits, et ces esprits eux-mêmes rendus plus grossiers par la nourriture, et par suite moins abondants, c'est alors que la machine doit s'endormir. Pendant le sommeil, au contraire, les pores deviennent plus étroits et les esprits les soutiennent avec moins de force, ceux-ci se rendent d'ailleurs plus forts et plus subtils en repassant plusieurs fois dans le cœur ; alors la machine doit se réveiller. Diverses causes peuvent, au reste, prolonger la veille ou le sommeil, le bruit ou le silence, la tristesse ou la joie, l'humidité ou la sécheresse, etc., etc.

Enfin, tant que les petits filets qui composent les parties solides en se pliant, s'étendant et s'entrelaçant à l'issue des artères, ne sont pas très-étroitement joints les uns aux autres, tant que les vaisseaux par où circulent entre eux les parties fluides sont assez larges, et que celles-ci peuvent les mouvoir comme elles-mêmes sont mues par la matière des deux premiers éléments, il arrive que ces solides ont un mouvement lent de décomposition à leurs extrémités et de composition à leurs racines, mais de telle sorte que celui-ci prévaut et qu'ils s'accroissent continuellement. Si les humeurs qui servent à cette irrigation sont abondantes, elles sont moins agitées et déposent alors toutes les parties branchues qui forment la graisse par juxtaposition ; et si elles sont, au contraire, moins abondantes et plus agitées, elles entraînent ces parties, et la machine maigrit ; mais lorsque les parties solides se sont entièrement attachées les unes aux autres, elles se serrent et se durcissent de plus en plus ; alors le corps cesse entièrement de croître et même bientôt de se nourrir, et la vieillesse ôte la vie.

Les passions.

25. Nous avons ainsi parcouru les phénomènes du monde matériel, et établi, comme un terme opposé en quelque sorte à ce monde, un *animal machine* où tous les mouvements physi-

ques, lumière, chaleur, etc., viennent aboutir, et, suivant toujours les mêmes lois, sont tantôt action à l'égard du monde et passion à l'égard de la machine, tantôt, au contraire, action pour la machine et passion pour le monde. A présent mettons une âme dans la machine, et, au lieu de ces sensations et mouvements purement mécaniques qui ne peuvent convenir qu'à un animal, ou à un homme en celles de ses facultés qui lui sont communes avec l'animal, nous verrons paraître des idées et puis des mouvement volontaires. Un nouveau monde se révélera à nous dans l'homme lui-même.

Nous savons que l'âme est intimement unie au corps de l'homme, et elle doit l'être en effet dans toutes ses parties; car, d'un côté, le corps est un, *et, en quelque façon, indivisible à raison de la disposition de ses organes qui se rapportent tellement l'un à l'autre, que, lorsque quelqu'un d'eux est ôté, cela rend tout le corps défectueux*; et, de l'autre, *l'âme est d'une nature qui n'a aucun rapport à l'étendue, ni aux dimensions, ou aux autres propriétés de la matière, mais seulement à tout l'assemblage de ses organes, et elle s'en sépare seulement lorsque cet assemblage est dissous.* Cependant, il y a une partie *du corps en laquelle elle exerce ses fonctions plus particulièrement qu'en toutes les autres.* En effet, toutes les parties du cerveau étant doubles comme les membres du corps, s'il s'en trouve une parmi elles qui soit unique, et tellement placée que tous les mouvements excités par la sensation y aboutissent en suivant les nerfs, et qui soit facilement mue en diverses façons par les esprits animaux, ce sera là le siège de l'âme. Or, telle est la position de la glande pinéale dans le cerveau. Il suffira donc que Dieu donne cette glande à l'âme pour siége principal, c'est-à-dire qu'il la fasse de telle nature, que, selon les divers mouvements des esprits dans les pores qui sont autour d'elle, elle éprouve certaines modifications et l'âme certains sentiments (1).

Alors l'âme éprouvera, comme il convient à sa nature, les sentiments de *joie*, de *tristesse*, de *faim*, de *soif*, et en aura

---

(1) *Passions de l'âme*, 30, 31. — *L'homme*, 28. C'est toujours une seule et même force qui, s'appliquant avec l'imagination au sens commun, est dite *voir*, *toucher*, etc., à l'imagination en tant qu'elle revêt des formes diverses, est dite *se souvenir*, à l'imagination qui crée des formes nouvelles, est dite *imaginer* ou *concevoir*; qui enfin, lorsqu'elle agit seule, est dite *comprendre*. *Règles, etc.*, pag. 267.

les idées suivant les diverses modifications du corps auquel elle est unie. Si les nerfs sont tirés et rompus, ou seulement ébranlés, elle sentira la *douleur* ou le *chatouillement*. Si les filets nerveux sont tirés également ou inégalement, elle aura la sensation du *poli* et du *rude*. Enfin, selon que ces filets seront mus plus ou moins vivement, et d'une manière ou d'une autre, elle percevra la *chaleur*, le *froid*, l'*humidité*, la *sécheresse*, la *pesanteur* et les autres qualités qui se rapportent à l'attouchement.

Les filets qui composent la moelle des nerfs de la langue sont plus déliés, et peuvent être mus par de moindres actions que ceux qui servent à l'attouchement en général. C'est par eux, et selon les figures des parties des corps qui les touchent, que l'âme perçoit les *saveurs*.

Les filets nerveux qui tendent vers le nez, sans cependant quitter la concavité du cerveau, sont encore plus déliés que ceux qui servent au goût; et quand ils sont mus par des parties matérielles très-fines, qui seules peuvent parvenir jusqu'à eux, ils font sentir des *odeurs* à l'âme.

Quant aux filets qui aboutissent aux concavités des oreilles, ils doivent être tellement disposés qu'ils puissent facilement être mus tous ensemble et de la même manière par les petites secousses que l'air extérieur imprime à une peau très-déliée, tendue à l'extrémité de ces concavités. Ces secousses parviennent au cerveau par l'entremise de ces nerfs, et donnent à l'âme l'occasion d'avoir les idées des *sons*. Et lorsque ces secousses se suivent comme les tremblements d'une corde ou d'une cloche, les sons paraissent plus aigus ou plus graves selon qu'elles se suivent plus ou moins rapidement, et plus rudes ou plus doux, selon qu'elles procèdent avec plus ou moins de régularité. Enfin, les rapports de ces nombres établissent d'autres rapports entre les sensations, et si plusieurs sons touchent l'âme en même temps, l'accord paraîtra accordant ou discordant, selon les rapports des intervalles des secousses qui les composent (1).

Mais venons à la vision, et supposons qu'un corps s'avance vers notre machine maintenant animée. L'image de ce corps, ou plutôt l'ensemble des mouvements de la lumière qu'il réfléchit,

(1) *L'homme*, 29..30.

parvient sur la rétine, et de là, par l'intermédiaire des nerfs optiques, sur la superficie intérieure du cerveau qui regarde ses concavités (1). Puis, par l'entremise des esprits dont ces cavités sont remplies, l'image rayonne vers la petite glande, et y devient une parce que le même point de la glande reçoit les deux mouvements qui, du même point du corps, se sont portés sur les deux yeux. C'est à l'occasion de cette image que l'âme perçoit la figure du corps. Cela posé, de même que la pression de la matière du second élément propagée en ligne droite correspond à l'idée de la lumière qui est dans l'âme, de même un mouvement de rotation de ces particules rondes sur leur propre centre correspond à l'idée de la couleur. En effet, certains corps réfléchissent peu ou point la lumière, et ceux-là paraissent noirs; d'autres la réfléchissent abondamment et sans modifier son mouvement, et ceux-là paraissent blancs; d'autres peuvent aussi imprimer aux particules du second élément, en réfléchissant leur mouvement, une rotation plus ou moins rapide; c'est le rapport de cette rotation et du mouvement direct qui constitue telle ou telle couleur. Nous voyons en effet mille couleurs quand nos yeux reçoivent un coup, et d'ailleurs la lumière ne peut être modifiée par la rencontre d'un corps qu'en ce que son mouvement est reçu par lui de telle ou telle façon. Quant à l'intensité de la lumière, c'est de la force du mouvement qu'elle dépend.

Nous avons l'idée de la *situation* relative des corps par les rapports des points de la glande, où les mouvements lumineux qu'ils nous transmettent viennent aboutir. Quant à la distance, nous pouvons la connaître de deux manières : 1° parce que la figure de notre œil est autre quand nous regardons un objet éloigné que quand nous en regardons un moins éloigné, et qu'à mesure que nous proportionnons ainsi, sans réflexion, notre œil à la distance, il peut se produire dans le cerveau un mouvement correspondant à la notion de la distance; 2° par les directions des axes de nos yeux, ou par celle d'un seul œil quand il change de place. Et la force ou la débilité de la lumière, ainsi que la distinction ou confusion de l'image, peuvent encore y servir. Enfin, la grandeur s'estime par celle de l'image et par

(1) *Passions de l'âme* 35. L'existence de l'image sur la rétine, et le rôle qu'elle joue dans la vision n'avaient été clairement exposés jusque-là que par Kepler dans l'*Astronomiæ pars optica*.

la connaissance de la distance combinées l'une avec l'autre; de sorte que nous nous trompons sur la grandeur en même temps que sur la distance, ce qui arrive souvent parce que nous ne pouvons juger de celle-ci que dans des limites très-rapprochées (1).

26. Ainsi, lorsque les mouvements qui correspondent aux sentiments, soit intérieurs, soit extérieurs, sont parvenus à la glande pinéale qui, par là, se trouve être le siége du *sens commun*, l'âme perçoit ces divers sentiments par des idées qui tiennent à la fois de sa nature et de celle du corps. Ces idées sont de deux espèces. Les unes se rapportent à des objets extérieurs, les autres au corps lui-même; et il en est une troisième espèce qui se rapporte à l'âme toute seule, et constitue ce que nous appelons proprement les *passions de l'âme*, c'est-à-dire *des perceptions, sentiments ou émotions de cette âme qui sont causés, entretenus et fortifiés par quelque mouvement des esprits* (2). Par exemple, un objet que nous avons éprouvé nous être nuisible paraît tout à coup devant nous; notre âme éprouve de la crainte, et, suivant le tempérament et les habitudes de notre corps, les esprits réfléchis de l'image formée sur la glande se rendront partie dans les nerfs qui servent à tourner le dos et à remuer les jambes, partie en ceux qui élargissent ou étrécissent les orifices du cœur, ou qui troublent tellement le sang dans les vaisseaux, qu'il envoie dans le cerveau des esprits propres à tenir ouverts les mêmes pores et à fortifier ainsi la peur; ou bien, au contraire, les esprits entreront d'abord dans les nerfs qui servent à remuer les mains pour se défendre, et dans ceux qui modifient le mouvement du sang de la façon requise pour continuer cette défense, et tout cela peut se faire sans intervention de la volonté aussi bien dans cette passion que dans les autres, et l'âme n'y jouant que le rôle de spectatrice de ses propres passions et de leurs résultats.

Toutes les passions de l'âme se ramènent à six principales qui sont : l'*admiration*, l'*amour*, la *haine*, le *désir*, la *joie* et la *tristesse*. Lorsqu'à la rencontre d'un objet nous jugeons qu'il est nouveau ou très-différent de ce que nous connaissions auparavant, les esprits se portent avec force vers l'endroit du

---

(1) *Dioptrique*, passim.
(2) *Passions de l'âme*, 27, 28, 29.

cerveau où l'impression est reçue, pour l'y fortifier, et dans les muscles qui servent à retenir nos organes dans la même situation. De là l'*admiration* et l'*estime* ou le *mépris* qui n'en sont que des espèces, et naissent de l'opinion que nous concevons de l'objet en même temps que nous le percevons ; de là aussi les habitudes de *générosité*, d'*orgueil*, d'*humilité*, de *bassesse* ; la *vénération* et le *dédain* quand l'idée que nous avons de la chose estimée ou méprisée se joint à ce que nous la considérons comme cause libre et capable de faire le bien ou le mal ; enfin l'*étonnement* lorsque la surprise est si grande, que tous les esprits se précipitent dans les mêmes pores.

L'amour est une émotion de l'âme causée par le mouvement des esprits, qui nous incite à nous considérer comme volontairement joints à ce que nous aimons, c'est-à-dire à imaginer un tout dont nous pensons être une partie tandis que la chose aimée en est une autre. Dans la haine, au contraire, nous nous considérons isolément et comme un tout séparé de la chose que nous haïssons. L'amour comprend *affection*, *amitié*, *dévotion*, et cette passion en général, ainsi que sa contraire, participe en quelque chose de l'imagination et de la volonté, c'est-à-dire de la partie active de l'âme. En outre, elles se rapportent à ce qui nous paraît bon ou beau, mauvais ou laid dans les choses. On pourrait les nommer *agrément* et *horreur* quand elles regardent le beau et le laid ; elles sont alors plus vives d'ordinaire parce qu'elles viennent plus exclusivement par les sens, et il faut aussi s'en méfier davantage.

Le désir est une *agitation de l'âme causée par les esprits qui la dispose à vouloir, pour l'avenir, les choses qu'elle se représente être convenables* ; et cette passion n'a pas de contraire, car on ne peut fuir quelque chose sans rechercher son contraire, et la privation du mal est un bien. Cependant, suivant que le désir consiste à tendre vers un bien ou à fuir un mal, il se lie à d'autres passions différentes, telles que l'amour, l'espérance, la joie, ou la haine, la crainte et la tristesse.

La *joie* est une *agréable émotion de l'âme en laquelle consiste la jouissance qu'elle a du bien que les impressions du cerveau lui représentent comme sien*. Et tant que l'âme est unie au corps, il est difficile que ce bien soit assez purement intellectuel pour que l'imagination ne s'y applique pas assez pour faire quelque impression dans le cerveau, et pour mouvoir ainsi les esprits qui excitent la passion de la joie. La *tristesse, au contraire, est une langueur désagréable en laquelle consiste l'incommodité que l'âme reçoit du mal ou du défaut que les impressions du cerveau lui représentent comme lui appartenant*. C'est par l'observation qu'on peut déterminer quels sont les mouvements des esprits qui correspondent à ces passions, et ils dépendent de tous les organes du corps qu'ils peuvent réciproquement modifier. De sorte qu'ils agissent aussi sur les parties extérieures des organes, et produisent des signes auxquels on peut reconnaître les passions (1).

Ces passions peuvent se combiner les unes avec les autres, et en produire ainsi un grand nombre de nouvelles qu'il serait difficile d'énumérer. Mais leur classification, leur nature et leurs causes physiques étant suffisamment indiquées, nous pouvons passer à la considération de l'âme, en tant qu'elle est active dans le corps.

L'action.

27. La glande qui est le siège du sens commun est tellement suspendue entre les cavités du cerveau qui contiennent les esprits qu'elle peut être mue par eux en autant de diverses façons qu'il y a de diversités sensibles dans les objets. Mais elle peut être aussi diversement mue par l'âme, et la machine du corps est tellement composée que, de cela seul, la glande pousse les esprits qui l'environnent vers les pores du cerveau qui les conduisent par les nerfs dans les muscles, et fait ensuite mouvoir les membres.

Ainsi, que la glande suspendue soit mue par les esprits, et l'âme percevra ; qu'elle soit mue par l'âme qui veut, et le corps agira d'une manière déterminée. Toute l'action de l'âme consiste dans le mouvement de la glande.

Si l'âme veut se souvenir, cette volonté fait que la glande se penche de divers côtés et pousse les esprits animaux dans divers pores jusqu'à ce qu'ils rencontrent ceux où l'objet dont elle veut se souvenir a laissé des traces. Les esprits entrent plus facilement dans ces pores, et excitent ainsi dans la glande un mouvement particulier qui ramène la sensation de cet objet.

(1) *Les passions de l'âme*, passim.

Veut-elle retenir son attention sur une chose, la glande, à cette volonté, reste penchée du même côté; veut-elle imaginer, la glande se meut de la façon requise pour pousser les esprits dans les pores par l'ouverture desquels la chose à imaginer peut être représentée (1); enfin, veut-elle que tel ou tel membre de son corps soit mû, la glande se penche, et les esprits se portent dans les filets nerveux qui aboutissent aux muscles qui doivent être tendus.

28. Cependant la plupart des actions corporelles se font mécaniquement et sans l'intervention de l'âme; c'est ainsi que nous fermons les yeux que menace, pour jouer, la main d'un ami; c'est ainsi que nous avons peur à l'abord de certains animaux malfaisants; c'est ainsi que nous sentons, que nous respirons, que nous mangeons, que nous marchons, en un mot, que nous faisons toutes les actions qui nous sont communes avec les animaux (2). Mais en tant que nous avons les idées de nos passions et de nos actions instinctives, en tant que nous imaginons et que nous voulons, nous avons une âme, et il sera toujours facile de distinguer par la pensée et par la parole, qui en est le signe, l'homme vrai de l'animal et de l'homme pure machine, s'il existait. Les animaux n'ont pas d'âme, car, pour l'âme raisonnable, quel animal a-t-on jamais vu qui sût arranger des paroles et les prononcer en temps et lieu, de manière à prouver qu'il les pense? Et pour l'âme végétative et sensitive, en est-il besoin quand une machine naturelle, construite par Dieu, à la manière des automates que construisent les hommes, peut accomplir toutes ces fonctions qu'on attribuait autrefois à ces âmes (3). Ce qui porte quelquefois à croire à l'âme des bêtes, c'est qu'il est naturel de penser qu'étant conformées comme nous, elles ont, comme nous aussi, l'idée en même temps que la sensation (4); mais d'abord la raison n'est pas probante, ensuite on peut concevoir tous leurs mou-

---

(1) L'imagination de l'homme qui rêve éveillé et compose des chimères dépend de la diverse rencontre des impressions tracées dans la mémoire; il n'y a aucune participation de la raison. *L'homme*, 82.

(2) *Passions*, 13, et *Règles pour la direct. de l'esprit*, page 266.

(3) *Discours de la méthode*, pages 56, 57, 58, 59. — *L'homme*, art. 106. — *Lettres*, 1, 51. C'est aussi pour cette raison précisément que les bêtes font bien tout ce qu'elles font là où l'homme usant de raison se trompe souvent. *Méth. Lettres*.

(4) *Lettres à H. Morus*, I, 67.

vements comme machinaux, ainsi que nous l'avons vu, et, certes, il n'est pas déraisonnable de croire que la nature peut produire des automates plus parfaits que l'art. D'ailleurs, nous ne privons pas de vie les animaux, car la vie dépend de la chaleur du cœur, ni de sens, car ils ont le sens en tant que corporel ; notre doctrine est donc plus consolante pour l'homme que cruelle envers les animaux.

Le mouvement de la machine étant indépendant de l'âme, il s'ensuit de là que la mort n'arrive pas parce que l'âme quitte le corps, mais que l'âme quitte le corps, au contraire, parce qu'il a cessé de vivre.

Conclusion.

20. Nous avons donné le nom de *philosophie physique* à ce chapitre ; il est clair, en effet, que personne ne peut, que Descartes même n'a pu regarder les grandes idées que nous venons d'exposer comme constituant une physique achevée. Il n'y a là qu'un admirable exemple, le premier et le plus complet, si ce n'est même le seul qui ait jamais été donné au monde d'une *systématisation* absolue des connaissances physiques. Il appartenait à l'expérience décrite et préconisée par Bacon, à l'expérience pleinement acceptée par Descartes, et dont Descartes aurait voulu donner l'exemple s'il en eût eu le temps et les moyens (1), de commencer et de continuer, de génération en génération, la seconde partie de l'œuvre, et de remplacer successivement les théories par des théories meilleures.

D'une physique achevée, Descartes attendait, outre l'amélioration des arts et de toutes les sciences d'application, un dernier résultat, le plus important de tous : un système médical solide, propre à donner le caractère scientifique à la partie la plus illusoire et la moins avancée des connaissances humaines. Ce fut la préoccupation constante de sa vie, et surtout de ses dernières années ; mais la médecine est difficile, disait-il, *il est malaisé de s'y satisfaire* (2). Aussi n'a-t-il laissé qu'un principe général, et ce principe attend encore aujourd'hui les faits et les expériences que les médecins, les moins rigoureux d'entre les savants, ne songent guère à grouper autour de lui.

(1) *Lettre servant de préface au traité des passions.*
(2) *Lettres à M. Chanut.*

30. Voici ce principe : la vie qui nous est commune avec les bêtes est dans le sang : *sanguis eorum vita est*, dit l'Écriture ; les variations qui surviennent dans le sang, dans ses mouvements, dans la figure de ses parties, et, par suite, dans les esprits animaux, sont donc l'origine des maladies (1).

L'explication de la nature de la fièvre peut se déduire immédiatement de ce principe et des notions de physique, mais non pas, malheureusement, sa guérison. S'il arrive, en effet, qu'une humeur corrompue s'amasse dans quelque organe où la circulation se fait mal, elle s'y mûrit, puis elle vient au cœur, et empêche d'abord le sang de s'échauffer et de se dilater ; mais au bout de quelque temps elle l'échauffe, au contraire, et l'agite, en fournissant matière à la combustion ; ainsi le malade a froid et chaud successivement. L'accès finit alors, et le sang, redevenu homogène, circule jusqu'à ce qu'une nouvelle masse d'humeurs se mûrisse et revienne au cœur pour produire un autre accès. Telle est la fièvre, et il est une infinité de moyens, mais plus ou moins incertains, d'empêcher la formation de cette humeur (2).

31. Plaçons ici certains préceptes médicaux, dont on pourra trouver que la vérité n'est pas moins sensible aujourd'hui qu'il y a trois siècles.

La saignée est souvent d'une grande efficacité, mais sa fréquence abrége la vie.

Les bains d'eaux minérales, mais surtout la distraction des voyages et la sérénité de l'âme sont de plus grands moyens préventifs et curatifs (3).

Il faut se méfier beaucoup des drogues, surtout de l'antimoine et du mercure (4).

Enfin, chaque homme, à l'âge de trente ans, a acquis assez d'expérience sur lui-même pour être son propre médecin (5).

32. Ce dernier précepte nous amène à l'une des plus importantes prescriptions hygiéniques, peut-être même au plus puissant remède que l'homme puisse s'appliquer à lui-même : nous voulons parler de l'influence de l'état de l'âme sur l'état

---

(1) *Lettres*, II, 8.
(2) Id., I, 52 et 88.
(3) Id., I, 17, et 21.
(4) Id., I, 22.
(5) Id., I, 53.

du corps et sur la santé. La joie et le contentement intérieur ont une grande puissance pour guérir, tandis que les passions tristes sont fatales. En général, toutes les fois qu'une certaine passion de l'âme a coïncidé avec un certain état du corps, le retour de cette passion amène, en vertu des lois physiques de l'organisation, le retour de cet état ; la tristesse, par exemple, qui diminue ordinairement l'appétit, peut, dans certains cas, l'augmenter ; et comme nous pouvons, en le voulant bien, lier nos passions à tels ou tels sentiments, qui ne leur correspondraient pas toujours naturellement, nous pouvons aussi étendre la volonté jusqu'à la santé, et guérir notre corps après avoir guéri notre âme (1). Cette observation nous présente une transition bien naturelle de la physique à la morale.

§ VI.

PHILOSOPHIE MORALE.

1. Puisque nous ne pouvons dessiner un corps complet d'éthique tiré de la philosophie de Descartes, il nous suffira d'exposer les deux grands principes d'où l'on peut tirer les règles générales de la conduite de l'homme vis-à-vis de lui-même et du monde extérieur. Là, comme partout, dans les principes, réside la science.

Or, nous avons acquis, et notre conscience nous la confirme à chaque instant, la certitude de notre libre arbitre ; d'autre part, cependant, nous savons que Dieu a soumis le monde à des lois immuables, et la physique nous a clairement enseigné notre dépendance, par rapport à l'ordre universel des choses matérielles, tandis que les notions de vérité empreintes en nous soumettent notre connaissance à la nécessité. Plaçons-nous donc successivement à chacun de ces points de vue (2).

2. Mais auparavant nous pouvons déduire, de cela seul que nous venons de dire, la connaissance du souverain bien de l'homme. Au premier aspect, il n'est pas simple et un : en

---

(1) *Lettres à la princesse Élisabeth.*
(2) La contradiction apparente reprochée à la morale de Descartes naît dans le dogme où elle est parfaitement inévitable. Nous y reviendrons, car là est le nœud de la philosophie.

effet, le libre arbitre est notre souverain bien, parce que c'est grâce à lui que l'homme ressemble le plus à Dieu (1); mais comme ce que Dieu a voulu doit être le but de nos désirs et de nos actions, et que, sous ce rapport, nous sommes d'autant plus libres que nous sommes moins indifférents, il en résulte que la connaissance claire et distincte est l'instrument nécessaire à l'usage de notre volonté, et qu'ainsi on peut la regarder elle-même comme le souverain bien de notre nature (2). Mais enfin et surtout, ici l'unité paraît, le souverain bien est le contentement intérieur qui résulte de l'exercice de la *vertu*, c'est-à-dire de la volonté constante de faire, dans tous les cas, ce que l'on juge être le mieux (3). Ce contentement intérieur, cet état secret de la conscience suffit quelquefois pour nous indiquer ce qu'il faut faire dans les choses douteuses, et tel était peut-être le démon de Socrate dont parle Platon (4).

3. Maintenant exposons brièvement le principe du libre arbitre et l'usage que nous en devons faire. Il y a dans notre âme, quel que soit le degré de sa connaissance, et soit qu'il y ait plus ou moins d'indifférence en elle, ou qu'il n'y en ait aucune, une *puissance réelle et positive de se déterminer*. C'est en cela que la liberté consiste et la volonté est son organe, de sorte que tout ce qui est *volontaire est libre*. Telle est la plus haute prérogative de notre nature, car les animaux sont privés de cette puissance réelle et positive, n'éprouvant que des passions qu'ils ne peuvent ni connaître ni modifier, et c'est chez eux une pure négation de n'être pas contraints. Mais nous, lorsqu'une grande clarté a lui dans notre intelligence, et qu'il en résulte une grande propension dans la volonté, lorsque nous voyons clairement qu'une chose nous est propre, et qu'il est *malaisé*, ou même *impossible* pendant que nous demeurons en cet état *d'arrêter le cours de notre désir*, alors même nous pouvons représenter à notre esprit de nouvelles raisons, *suspendre ainsi notre jugement*, et peut-être même en *former un contraire* (5).

Or, le libre arbitre étant dans notre âme en même temps que la connaissance alors que nous ne sommes pas indifférents,

---

(1) *Lettres*, I, 4.
(2) *Règles pour la direct. de l'esprit*, édition Cousin, XI, 203.
(3) *Passions*, 148.
(4) *Lettres*, I, 1b. Descartes avait composé un traité perdu de *Deo Socratis*.
(5) *Id.*, I, 115.

nous devons l'employer, autant qu'il est possible, à connaître le bien et à le faire ; mais les passions qui naissent le plus souvent en nous sans la participation de notre volonté, peuvent nous porter de même à des mouvements mauvais ; ce n'est pas que les passions soient mauvaises en elles-mêmes, car elles sont la source de tout bien comme de tout mal, et la vie ne serait pas à désirer sans elles (1) ; il en est même qui sont purement intellectuelles, comme un certain désir, un certain amour, une certaine joie, qui existeraient encore dans l'âme séparée du corps (2), et les autres sont toujours utiles en beaucoup de cas, comme la tristesse, par exemple, qui sert à nous faire éviter le mal ; mais enfin, pour les cas où une passion est nuisible, la sagesse consiste à la diriger. Nous pouvons, en effet, par suite de l'habitude d'user de notre volonté, faire correspondre à telles ou telles impressions d'autres mouvements de la glande pinéale que ceux qui les suivraient naturellement, et c'est en cela que consiste notre empire sur nous-mêmes (3) ; à la vérité, nos passions ne peuvent être directement détruites par notre volonté, mais elles peuvent l'être indirectement et d'une manière complète, même par les âmes les plus faibles. Enfin, nous devons marcher droit autant que possible dans la connaissance et dans l'action, et faire résolûment ce que nous avons une fois jugé bon (4).

Employons donc notre libre arbitre à rechercher la connaissance, la vertu et la joie intérieure : laissons approcher les passions, *apprivoisons-les*, car alors elles sont *quelquefois d'autant plus utiles qu'elles penchent plus vers l'excès* (5). Maîtres enfin dans notre for intérieur, sachons, quand il le faut, rentrer et nous tenir en nous-mêmes, car nous trouverons plus de biens que de maux dans la vie si nous faisons peu d'état des choses qui sont hors de nous et ne dépendent pas de notre libre arbitre en proportion de celles qui en dépendent, et nous pourrons empêcher, par leur moyen, que tous les maux qui viennent d'ailleurs, pour grands qu'ils puissent être, n'entrent plus avant dans notre âme que la tristesse qu'y excitent les comé-

(1) *Passions*, 212, et *Lettres à la princesse Élisabeth*.
(2) *Lettres*, I, 35.
(3) *Passions*, 45, 49 et 211.
(4) *Discours de la méth.*, page 26.
(5) *Lettres*, I, 6.

diens quand ils représentent devant nous quelques actions fort funestes (1).

4. Le mérite et le démérite dépendent, comme l'erreur, de l'application de la volonté à la connaissance. La volonté et le désir s'étendant à l'infini, le mérite consiste à suivre la lumière de l'entendement et à lui assujettir l'exercice de la volonté. Il est vrai que, si l'on voit clairement ce qu'il faut faire, on est absolument sans indifférence, et qu'il est impossible de ne pas le faire pendant qu'on est ainsi disposé ; mais la bonne action consiste précisément dans la parfaite attention, si difficile à porter continuellement aux choses que l'on doit faire. La nature du péché résulte évidemment de ce que nous venons de dire : en effet, le péché n'est jamais sans ignorance, puisqu'il est impossible de pécher pendant le temps que l'on voit clairement le bien qu'il faut faire. Le péché exclut donc la connaissance et suit toujours l'ignorance : *Omnis peccans est ignorans*. Il suffit donc pour pécher d'avoir un souvenir vague d'avoir jugé mauvaise autrefois la chose que l'on fait, ou de le voir confusément sans donner une attention précise aux raisons qui le prouvent. La grâce divine diminue l'indifférence, et nous fait ainsi pencher au bien sans détruire la liberté (2).

5. Abordons maintenant le bien en lui-même, et non plus seulement dans son rapport à notre libre arbitre, nous nous placerons ainsi au regard de Dieu et de l'ordre universel des choses, pour développer le second principe de la morale.

Le mal, absolument parlant, n'existe pas, puisque Dieu en serait l'auteur, ce qui est impossible. Le mal n'est qu'une privation, et cette privation existe, et doit exister pour nous, en tant que nous sommes finis ou que nous participons du non-être. Tout ce que nous appelons mal comme tout ce que nous appelons bien arrive inévitablement, parce que la Providence l'a ainsi établi ; nous ne devons donc ni nous étonner ni nous plaindre. Bien plus, ce que Dieu a voulu, c'est le vrai, c'est le bon ; les vérités éternelles qui sont en Dieu, en qui *videre et velle* sont une seule et même chose (*quia vides ea sunt*), il les a aussi mises en nous, de sorte qu'elles sont *mentibus nostris ingenitæ*, ainsi qu'un roi imprimerait ses lois dans le cœur de

---

(1) *Lettres*, I, 10. Mais j'avoue qu'il faut être fort philosophe.
(2) Id., I, 115, au P. Mesland.

ses sujets s'il en avait le pouvoir. Tous ceux à qui Dieu a donné la raison sont donc obligés de l'employer, principalement à le connaître et à se connaître eux-mêmes ; et alors même que la vérité serait à notre désavantage, comme le souverain bien consiste en la possession de toutes les perfections dont l'acquisition dépend de notre libre arbitre et la satisfaction d'esprit qui suit cette acquisition, et comme c'est une perfection plus grande de connaître la vérité, encore même qu'elle soit à notre désavantage, que de l'ignorer, il vaut mieux être moins gai et avoir plus de connaissance (1).

C'est donc par la connaissance nécessaire que Dieu a mise en nous que nos volontés et nos désirs sont dirigés : Dieu a su quelles seraient toutes les inclinations de notre volonté ; c'est lui-même qui les a mises en nous ; c'est lui qui a disposé toutes les autres choses qui sont hors de nous pour faire que tels et tels objets se présentent à tel ou tel temps, à l'occasion desquels il a su que notre libre arbitre nous déterminerait à telle ou telle chose, et il l'a ainsi voulu (2).

6. Ainsi se réalise le bien, le bien absolu ou la perfection, qui est comme la ligne droite entre les courbes, et il faut le distinguer des *biens*, qui sont ce qui est commode ou agréable pour nous ; ceux-ci nous sont donnés seuls à réaliser par le libre arbitre, de sorte que nous ne devons pas confondre les choses qui dépendent de notre volonté et celles qui n'en dépendent pas. La Providence divine ayant préordonné toutes les choses, nous devons éviter de porter nos désirs sur tout ce que notre puissance ne peut atteindre et combattre ainsi, par la fatalité, cette chimère de la fortune qui nous donne à espérer des choses qui n'arriveront pas peut-être, et qui partant sont impossibles (3). Nous porterons ainsi plus fructueusement nos désirs sur les choses qui dépendent de nous ; et quant à celles qui n'en dépendent qu'en partie, nous devons nous déterminer par la raison, et comme s'il n'y avait pas de Providence. Que si le mal arrive, il faut nous y soumettre et *changer plutôt nos désirs que l'ordre du monde* (4).

7. N'oublions jamais enfin que ce n'est pas à nous seuls que

(1) *Lettres*, I, 8, 115.
(2) Id., I, 10.
(3) *Passions*, 144, 145.
(4) Id., 146. — *Méthode*, page 27.

nous devons tout rapporter, ni d'après nous seuls que nous devons nous déterminer; il faut penser, au contraire, *qu'on ne saurait subsister seul* et se considérer comme une partie d'un tout, *la famille, la patrie, le genre humain.* Ainsi nous apprenons le devoir et le dévouement, dont la conscience nous indique les limites. Habitants de cette terre, citoyens de cet état, membres de cette famille, nous préférons, avec mesure et discrétion, les intérêts du tout, dont nous faisons partie, à nos intérêts propres; partie du public, et nous regardant comme tels, nous prenons plaisir à faire du bien à tout le monde, et même nous ne craignons pas d'exposer notre vie pour le service d'autrui lorsque l'occasion s'en présente, jusque-là que nous voudrions *aussi perdre notre âme, s'il se pouvait, pour sauver celle des autres*, en sorte que cette considération est la source et l'origine de toutes les plus héroïques actions que fassent les hommes. Enfin, si nous avons une idée assez vaste de l'étendue de cet univers, si nous ne croyons pas qu'au delà des cieux il n'y a que des espaces imaginaires, et que les cieux sont faits pour la terre et la terre pour l'homme, nous n'abaissons pas les autres créatures pour nous élever nous-mêmes, et, pénétrés de l'idée de la grandeur de l'univers, nous pouvons y penser souvent pour ne pas croire que cette terre est notre principale demeure et cette vie notre meilleure vie (1).

(1) *Lettres,* 1, 7.

LIVRE TROISIÈME.

HISTOIRE DE LA PHILOSOPHIE AU TEMPS DE DESCARTES.

§ Ier.

ORIGINE DU SENSUALISME. — BACON, HOBBES ET GASSENDI.

1. Lorsque le Discours de la méthode parut en 1637, Bruno et Vanini, les deux plus hauts représentants, l'un de la science religieuse et philosophique, l'autre de la critique acharnée des croyances au seizième siècle, venaient de fermer, par leur mort violente, le cercle où les esprits s'étaient mus jusqu'alors. Bacon avait quitté la terre en léguant au monde une vigoureuse branche de la méthode des sciences ; Galilée allait s'éteindre après avoir ouvert une voie nouvelle, déjà ferme et bien frayée, au génie de l'homme; enfin Campanella survivait trop longtemps à son siècle; Spinoza et Locke étaient nés; Malebranche, Bayle, Newton, Leibnitz devaient naître avant la mort de Descartes ; une ère se fermait, une autre ère était déjà ouverte.

Nous avons indiqué comment la France se trouvait mieux disposée qu'aucune autre nation à recevoir la semence d'une philosophie originale complète. En effet, et c'est avec une profonde raison qu'on l'a remarqué avant nous, les pays protestants ou ceux chez lesquels la réforme fut d'abord nécessaire et plus hâtive que partout ailleurs, se contentèrent d'une rénovation partielle des idées, des dogmes et des pratiques, et s'en contentent encore. L'ancien ordre de choses écrit fut soumis à la critique, une nouvelle interprétation fut donnée, l'ordre religieux et social s'inclina quelque peu, et tout fut fini; la nouvelle culture était mise en harmonie pour plusieurs siècles encore avec l'expression écrite de l'ancienne.

La réforme fournit dans tous les pays réformés un nouvel aliment aux préoccupations mystiques des esprits; ainsi les sectes protestantes anglaises, ainsi que les individualités mystiques allemandes, résultèrent du vieil esprit religieux tout autant que les systèmes cabalistiques de Pic de la Mirandole, de Reuchlin et de Cornélius Agrippa, que l'enthousiasme du Vénitien Zorzi, et que toute cette fantasmagorie néoplatonicienne évoquée par les Florentins. Si la réforme rendit une métaphysique nouvelle inutile ou moins désirée en Allemagne et en Angleterre, l'état violent et vivace de la religion catholique atteignit le même but en Espagne et en Italie. La France, au contraire, occupait alors une situation intermédiaire; préparée à la critique philosophique par Pierre de la Ramée, à la critique universelle par Montaigne, à l'indifférence et à la raison par l'heureuse conversion d'Henri IV qui mit fin aux guerres religieuses et cautérisa les dernières passions de ce siècle, elle songeait à devenir la plus grande des nations.

Nous devons entrer cependant dans de plus amples détails sur l'état scientifique de l'Europe au commencement du dix-septième siècle, pour mieux comprendre la valeur et la portée de la révolution cartésienne et pour connaître à fond les intelligences auxquelles elle dut s'adresser d'abord.

2. Il y a peu de chose à dire de l'Allemagne où tout semble engourdi sauf ce point vivace de la religion où Luther a porté le feu. Les plus ardents protestants durent en effet, comme Luther lui-même, mépriser la philosophie ou la condamner; le système éclectique réalisé par Mélanchton à l'aide de la foi, d'Aristote et de sa raison propre, introduit dans quelques écoles, ne parut pas beaucoup au dehors; et dans le giron de la philosophie pure, le centre du mouvement des esprits fut la querelle des Ramistes et des anti-Ramistes, c'est-à-dire la lutte des amants de l'antiquité, de la libre raison et de la logique naturelle contre les commentateurs passionnés de l'éternel Aristote.

3. L'Angleterre, un moment calmée pendant le règne d'Élisabeth et sous l'empire d'un protestantisme réglé, formulé,

cacheté par la tyrannie d'Henri VIII, produit Bacon et le suit dans l'exploration de la nature physique, tandis que la théologie reste aux théologiens. Avant de montrer comment parut avec Hobbes et comment se fixa le caractère de cette politique, de cette morale, de cette métaphysique sombre et méchante qui ne put pas prospérer même sur le sol de l'Angleterre, et qui exigea une réaction platonicienne dans la patrie des sens et de l'intérêt, nous devons exposer plus complétement que nous n'avons pu le faire jusqu'ici, la philosophie de Bacon, origine de toute philosophie anglaise.

4. Or, la valeur et même la nature de la réforme à laquelle Bacon a attaché son nom, après avoir été très-diversement appréciées, au dix-septième et au dix-huitième siècle en France, sont demeurées controversées jusqu'à nos jours, où, dans une invective passionnée, un homme de génie a tenté de saisir Bacon corps à corps et de le terrasser. Cependant il faut reconnaître dans Bacon, non certes l'inventeur de la méthode analytique expérimentale et inductive appliquée à l'étude de la nature, puisque Galilée et Gilbert l'ont précédé, et que le premier au moins a sur lui, comme savant positif, une incontestable supériorité; moins encore un philosophe qui ait doté l'esprit humain d'une faculté nouvelle, car l'induction, et de Maistre n'a pas eu de peine à le montrer, est aussi ancienne dans le monde que la raison dont elle est une des formes; mais bien un écrivain plein d'ardeur et d'éloquence, qui foudroie de vieilles idoles déjà tombées en discrédit, mais seulement dans les intelligences les plus fortes, place solennellement sur l'autel un morceau de la vérité qui commence à paraître, et l'adore à grand bruit. Nous croyons avoir caractérisé dans notre introduction la méthode physique dont Bacon est l'admirable promoteur, et nous le devions, puisque, envisagé sous ce point de vue, il peut réclamer à bon droit une puissante influence sur le siècle qui s'est ouvert après lui; cette influence serait d'ailleurs facile à constater par des citations. Mais allons plus loin maintenant, et posons devant nous Bacon comme philosophe, c'est-à-dire comme savant, appliqué à la recherche des vérités générales qui embrassent et règlent toutes les sciences.

5. Il y a dans l'âme rationnelle de l'homme, siége de la doctrine, trois facultés : la mémoire, l'imagination, la raison; ce

sera donc une vraie division de la doctrine humaine, que celle qui en fera trois parties relatives à chacune de ces facultés : histoire, poésie, philosophie.

L'histoire est des individus circonscrits dans le temps et dans le lieu ; la poésie est encore une histoire des individus, mais histoire feinte ou fable composée par l'imagination ; la philosophie laisse les individus même pour les embrasser dans des notions abstraites ; *elle compose et divise, d'après la loi de la nature et l'évidence des choses, ce qui est œuvre de raison.*

Et en effet, l'on voit aisément, si l'on recherche l'origine de ce qui est intellectuel, que les individus seuls frappent le sens, porte de l'intelligence ; ensuite leurs images et impressions se fixent dans la mémoire ; enfin l'âme humaine les recueille et les rumine (1).

L'histoire comprend l'histoire naturelle et l'histoire civile ; la poésie se divise en narrative, dramatique et symbolique ; la philosophie ou science en théologie et philosophie proprement dite. Venons-en vite à la science, car l'histoire ne sait que se traîner à terre, et la poésie, chose douce et variée, n'est que le songe de la doctrine, songe qui veut avoir du divin comme tous les songes (2).

Or, la science est comme les eaux qui ont deux sources, l'une dans la terre d'où elles sortent quelquefois, l'autre dans le ciel. Il est une science inspirée d'en haut, il en est une autre qui naît de la sensation ; la première est la théologie sacrée, bien distincte de la théologie naturelle dont nous allons parler.

La science a trois objets : Dieu, la nature et l'homme. La nature frappe notre intelligence d'un rayon direct, Dieu d'un rayon réfracté à travers le milieu inégal des créatures, l'homme d'un rayon réfléchi dans l'homme lui-même ; mais comme ces trois sciences ne convergent pas vers un même point, et for-

---

(1) Bacon, *de Augmentis scientiarum*, lib. II, cap. 1. Bacon a énoncé de tels principes généraux souvent et en divers termes, mais nulle part il n'a songé à en produire ce qui s'appelle une preuve ou même une justification. Il reconnaissait donc pour axiome le « nihil est in intellectu quod non prius fuerit in sensu ; » que faisait-il alors de la raison et de ses facultés ? Il en appelait à la foi pour les poser et devenait inconséquent comme philosophe.

(2) Id., lib. III, cap. 1. Il ne nous semble pas nécessaire de dessiner dans son entier l'arbre encyclopédique de Bacon, et nous avouons ne pas attacher à de pareilles entreprises plus d'importance que n'en a la philosophie générale sur laquelle elles s'appuient. Aussi nous ne relèverons que ce qui caractérise celle de Bacon.

ment plutôt les branches d'un arbre, attachées au même tronc, il faut qu'il existe une philosophie première, une science universelle, une sagesse ou *science des choses divines et humaines*, comme disaient les anciens. Cette doctrine générale est-elle réalisée déjà? Sans doute il faut la reconnaître dans cet amas de connaissances tirées de la théologie naturelle, de la logique et de certaines parties de la physique que l'on amoncelle fastueusement et sans ordre au sommet des sciences, mais nous voudrions la réduire au recueil de ces axiomes communs qui ne se rapportent à aucune branche particulière du savoir, et aux notions transcendantes de quantité, de similitude, de diversité, de possibilité d'être et de non-être, et autres semblables (1).

La théologie naturelle est cette science, ou plutôt cette étincelle de science de Dieu que l'on peut acquérir par la lumière de la nature et par la contemplation des choses créées; elle s'étend assez loin pour réfuter les athées, mais non pour fonder la religion. La vue du monde, en effet, suggère l'idée de la puissance et du génie de son auteur, mais elle n'en montre pas l'image. Il faut donc s'abstenir de mêler aux mystères de la religion les principes de la raison humaine et l'observation de la nature, et laisser à la foi ce qui appartient à la foi (2).

C'est qu'en effet entre la foi et la raison la différence est grande. Quand nous donnons notre consentement aux vérités de la raison, nous croyons aux choses mêmes et nous les accepterions d'un témoin suspect sans pour cela les mettre en doute; mais quand nous adoptons les vérités de la foi, c'est à leur auteur que nous croyons, et nous faisons taire la raison récalcitrante. La théologie vient du Verbe, et non de la raison; et il est plus noble de croire que de savoir, car notre âme dépend de la sensation pour la science et d'une autre âme, agent plus digne pour la croyance. Ce n'est pas que la raison n'ait aucune entrée dans la théologie et dans la religion; elle y a au contraire une double fonction à remplir : explication des mystères et conséquences à en déduire. Quant au premier point, Dieu *inocule en quelque sorte ses révélations* dans les notions et dans les conceptions de notre raison, et il *applique ses inspira-*

---

(1) Bacon, *de Augmentis scientiarum*, lib. III, cap. 1.
(2) Id., lib. III, cap. 2.

tions à l'ouverture de notre intelligence, comme on accommode la figure d'une clef à la figure d'une serrure, il faut donc venir en aide à Dieu qui se sert de notre propre raison pour nous illuminer ; mais l'esprit doit s'agrandir pour les mystères, et non les rapetisser pour lui. Quant au second point, il faut procéder avec prudence, et se rappeler toujours qu'en fait de choses naturelles, les principes même sont soumis à l'examen, sinon par syllogisme, au moins par induction, et que les propositions premières coulent d'une même source que les moyens, au lieu que les principes de la religion subsistent par eux-mêmes et ne sont pas soumis à la raison (1).

La théologie naturelle se réduit donc, ainsi que nous l'avons vu, à la connaissance de l'existence de Dieu par la contemplation de la nature ; mais celle de son essence est, à l'exception de quelques attributs, puissance, sagesse, justice, etc., et de quelques secrets relatifs au gouvernement de l'univers, inabordable pour la raison et par la science naturelle. Ajoutons cependant aux attributions de la théologie les recherches relatives aux bons et aux mauvais anges, en tant que nous pouvons nous élever à eux par l'échelle des créatures ou les connaître en observant notre âme (2).

Venons-en maintenant à la philosophie naturelle, qui se divise en deux parties : l'une spéculative, l'autre pratique, et attachons-nous à la première. Deux branches principales s'y rattachent qui sont la physique spéciale et la métaphysique. Nous prenons ainsi ce mot métaphysique dans un sens tout nouveau : au lieu de le confondre avec celui de philosophie première, qui exprime la collection des axiomes et des conditions relatives et accidentelles de l'être (traitées physiquement, et non logiquement), nous l'employons à désigner une partie, la plus noble, il est vrai, de la science de la nature. La physique traite de ce qui est mobile et plongé dans la matière, la métaphysique de ce qui est abstrait et constant ; l'une suppose seulement l'*existence et le mouvement*, l'autre de plus l'*intelligence et l'idée*. La philosophie naturelle spéculative n'est que

---

(1) Bacon, *de Augmentis scientiarum*, lib. IX, cap. 1.

(2) Id., lib. III, cap. 2. Bacon connaissait probablement le *Liber creaturarum* ou théologie naturelle de Raymond Sébon, écrit dans la première moitié du quinzième siècle. Ce beau livre est peu philosophique, mais la prétendue philosophie générale de Bacon ne l'est pas davantage.

la recherche des causes, et cela posé, la physique est des causes efficientes et matérielles, la métaphysique des causes formelles et finales. Ainsi la physique se rapporte surtout à l'observation, à la description, à la classification des phénomènes, et comme la nature peut s'envisager ou dans son ensemble (soit en tant que toutes choses dépendent de principes communs, soit en tant qu'elles sont organisées avec unité), ou bien dans ses détails, la physique se divise en trois parties, selon qu'elle a trait *aux principes des choses,* ou à la *fabrique de l'univers,* ou à la *nature multipliée et dispersée :* cette dernière partie en contient deux autres, qui sont l'une *la physique des concrets,* qui touche à l'histoire naturelle et traite des substances considérées avec toute la variété de leurs accidents, l'autre la *physique des abstraits,* qui se rapproche de la métaphysique et se divise elle-même en deux branches, la doctrine des *schématismes de la matière,* c'est-à-dire, du dense et du rare, du grave et du léger, du chaud et du froid, du tangible et du pneumatique, du volatil et du fixe, du déterminé et du fluide, de l'humide et du sec, de l'organique et de l'inorganique, de l'animé et de l'inanimé, et la doctrine des *appétits* et des *mouvements.* Enfin la métaphysique a deux attributions, la détermination des formes et celle des fins. La première doit commencer par les formes les plus simples, et n'aborder que plus tard les composées ; la seconde, soigneusement séparée de la physique, est le dernier terme de la science et ramène l'homme à Dieu et à la Providence, dernier asile des philosophes qui se sont adonnés à la recherche des causes physiques.

Ainsi, la philosophie naturelle peut être considérée comme une pyramide dont l'histoire et l'expérience forment la base ; la physique vient ensuite, et la métaphysique est la plus rapprochée du sommet. Et ces trois doctrines sont pour les hommes enflés de science ce que furent Ossa et Pélion pour les géants, tandis qu'elles amènent celui qui rapporte tout à la gloire de Dieu à la triple exclamation : *Saint ! Saint ! Saint !* dans la multitude de ses œuvres, et dans leur ordre et dans leur union (1).

Avant de passer à la science de l'homme, n'oublions pas de mentionner de la physique et de la métaphysique deux appen-

(1 Bacon, *de Augmentis scientiarum,* lib. III, cap. 3.

dices qui résultent de leur application : la mécanique et la magie naturelle, en regardant cette dernière comme ayant pour objet la production de choses étonnantes à l'aide de la connaissance des formes cachées (1). Quant à la science mathématique, elle sert d'appendice commun à toute la philosophie naturelle, fournit des troupes auxiliaires à la recherche, et loin qu'elle doive commander ainsi que le voudraient les hommes qui la regardent comme plus certaine que la physique, elle est au contraire, ainsi que la logique, au rang de ses servantes (2).

La doctrine de l'homme se divise en deux branches principales, celle qui regarde l'humanité même et celle qui regarde la société : la première se partage en doctrine du corps et doctrine de l'âme, et les principaux rameaux en sous-ordre sont d'une part la *médecine*, la *cosmétique*, l'*athlétique* et la *voluptaire* qui est le *luxe érudit* de Tacite; d'autre part, la science du *souffle* et celle de l'*âme sensible*. La doctrine de l'âme se divise encore en doctrine de la substance et des facultés de l'âme (dont les appendices sur la *divination naturelle* et la *fascination* sont à remarquer), et en doctrine de l'usage et des objets des facultés. Celle-ci comprend la logique, art d'inventer, de juger, de savoir et de transmettre, et l'éthique, science de l'*exemplaire* ou du bien, et science *géorgique* ou de la culture de l'âme. L'exemplaire embrasse le bien simple, individuel et général, et le bien comparé ; et la doctrine de la culture de l'âme embrasse celle des *caractères de l'esprit*, des *affections* et de leurs *remèdes*, et a pour appendice la science de la congruité du bien moral et du bien physique.

Enfin la doctrine civile se divise en trois parties : doctrine de la conversation, doctrine des affaires, et doctrine de l'empire ou de la république, dont il y a deux branches nouvelles à remarquer, l'une qui se rapporte aux sources du droit ou de la justice universelle, et se compose d'aphorismes sur les caractères du juste, l'autre qui traite de l'extension des frontières de l'empire (3).

Nous avons, en commençant, dit quelques mots de la théologie naturelle; mais quant à la théologie sacrée, nous devons

---

(1) Bacon, *de Augmentis scientiarum*, III, 5.
(2) Id., III, 6.
(3) Id., *Portiones scientiarum*, argum., et lib. IV, V, VI, VII et VIII.

nous abstenir d'en proposer une division; la philosophie de la nature n'a rien à faire là. Rappelons-nous que Dieu a dit : Le ciel et la terre passeront, mais le verbe ne passera pas. Ne cherchons donc pas les morts parmi les vivants.

6. Il nous suffira de cet exposé, cependant bien rapide, des vrais principes de la philosophie de Bacon extraits fidèlement, textuellement même, de celui de ses ouvrages qui renferme la conception la plus générale de sa doctrine, pour apercevoir cette doctrine sous un jour tout nouveau. En effet, contrairement à l'opinion commune, nous ne pouvons nous empêcher de considérer la philosophie de Bacon comme éminemment religieuse, et d'autant plus, qu'elle réduit strictement son objet et sa portée aux investigations purement naturelles. Des esprits savants, positifs, ont pu et bien voulu la prendre pour point de départ du matérialisme ainsi que ses promoteurs et ses interprètes, ceux-ci avec des intentions bien diverses, en ont donné l'exemple; mais dans la pensée de Bacon, du moins telle qu'elle est éloquemment exprimée, sans embarras, sans réticences, partout et toujours, la Bible et la révélation imposent leurs notions incontestables, mais surtout au commencement et à la fin de la science. Et cela est si vrai, que la division des connaissances humaines ne tire certaines de ses branches, théologie, doctrine de l'âme rationnelle, et d'autres plus spéciales que de l'intervention évidente et continuelle des connaissances dont l'origine est ailleurs que dans les sens; il suffirait même que les facultés de l'intelligence fussent considérées comme données à priori (et, en effet, Bacon n'a garde de les plonger dans la matière), pour qu'en oubliant toutes ces belles pensées sur la grandeur de la religion, sur la prééminence de l'esprit et sur l'inspiration divine qui fourmillent dans ses œuvres, on dût encore le regarder, sinon comme un philosophe métaphysicien, car nous l'avouons, cela serait absolument impossible, au moins comme un vrai croyant.

Il résulte de là que Bacon reconnaît et vénère la religion, disons même la métaphysique, en entendant par ce mot l'ensemble des connaissances de l'homme qui n'impliquent pas la matière, mais qu'il ne les considère pas comme pouvant devenir objets de la science. La science, en effet, ne s'applique selon lui qu'aux phénomènes sensibles, et il prend cette opinion pour axiome. Or, Bacon veut fonder la science, donc il fonde la physique et il la sépare autant que possible, pour la constituer en corps, de tout ce qui n'est pas exclusivement en elle et par elle. Mais Bacon croit à la religion et aux principes intelligibles qu'elle pose ; il lit dans sa pensée même des notions que le doigt de Dieu y a imprimées, et qui, pour n'être pas physiques, n'en sont pas moins incontestables, puisque sans l'âme rationnelle, par exemple, il est impossible d'abstraire et de faire de la science ; donc il avoue que la physique elle-même a son origine plus haut qu'elle, que ses principes et ses lois, quoique obtenus par induction et primitivement fondés sur l'expérience, supposent l'esprit qui abstrait et généralise, que sa conclusion, enfin, amène avec la considération des causes finales cette idée de Dieu qui a fondé la théologie naturelle à son commencement.

En résumé, Bacon prend l'homme tel qu'il se présente d'abord, miroir de la nature : *Deum fabricatum esse animum humanum instar speculi totius mundi capacem, ejusque non minus sitientem quam oculum luminis* (1) ; la sensation est le moyen de la connaissance, et l'homme est avide de connaissance. Alors il étudie la nature, il observe, il compare, il expérimente, et, grâce à l'induction, il acquiert le vrai savoir qui s'élève comme elle de degrés en degrés sans quitter la nature. Telle est la science qui, ainsi conçue, n'est qu'intermédiaire en quelque sorte, mais Dieu se montre dans l'homme ou plutôt dans son âme et dans ses facultés pendant que l'homme construit la science, et il se montre aussi dans la nature entière à première vue et dans la science après qu'elle est construite. C'est une intervention continuelle des principes supérieurs, mais ces principes même ne dépendent pas du savoir parce que le savoir est sensible. Ils lui sont supérieurs, et c'est tout dire. La foi nous les donne, la foi, c'est-à-dire l'action d'une âme sur une âme.

7. Ici deux questions se présentent : comment et pourquoi Bacon fait-il consister le criterium de la certitude dans le témoignage des sens ? comment, cela fait, procède-t-il à la fondation de la science ?

Sur le premier point Bacon nous paraît extrêmement naïf. Nous voyons en lui une ferme volonté de réduire toute phi-

---

(1) Bacon, *de Augmentis scientiarum*, lib. 1.

losophie à la philosophie naturelle, ou plutôt d'appeler le physicien philosophe, et le métaphysicien physicien, pour ne pas laisser perdre les mots. Dans sa division des sciences il place, étrange aberration, la logique et les mathématiques au-dessous de la physique, et celles-ci ne lui paraissent pas, quoiqu'en aient dit *des hommes insolents et fastueux*, plus certaines que l'autre. Dans l'impossibilité de trouver une raison de cette préférence et du choix que fait Bacon d'un criterium sensible, recueillons au moins comme renseignement celles de ses opinions qui se rapportent à ce choix. Or, il avoue en vérité que les sens peuvent nous tromper; mais nous les redressons, dit-il, à l'aide des instruments d'abord, puis et surtout par des expériences (1) propres à soumettre aux sens des objets trop subtils qui leur échappent. Ceux des anciens qui ont professé l'acatalepsie ont calomnié les sens et arraché toute science à la base; que ne s'en prenaient-ils plutôt à la précipitation de l'âme, aux mauvaises démonstrations et aux conclusions fausses mal déduites de la perception. Aussi faut-il à la science un certain *art d'indice et de direction* propre à découvrir les autres arts et leurs axiomes, en marquant les expériences nouvelles à faire à la suite des anciennes ou les axiomes à tirer des expériences, axiomes qui désignent eux-mêmes de nouvelles expériences. La première partie se peut appeler *expérience littéraire* ou *chasse de Pan*, elle est art plutôt que science, et dépend d'une sorte de sagacité; la seconde est *l'interprétation de la nature* ou *nouvel organe* (2). Du reste, que rechercher, qu'étudier, que connaître même sinon le monde et la matière? Nous ne pouvons connaître Dieu dont la puissance éclate partout et dont l'image n'est nulle part (3), ni l'âme puisqu'elle est divine, et que, loin d'être extraite de la masse commune du ciel et de la terre, dont les lois sont l'objet de la philosophie, elle est au contraire soufflée directement par Dieu; c'est donc à lui, c'est à son inspiration qu'il faut encore demander de la connaître (4). Enfin les facultés si connues de l'âme, intelligence, raison, imagination, mémoire, appétit, volonté, lui sont

---

(1) Bacon, *de Augmentis scientiarum*, lib. V, cap. 2.
(2) Id., id.
(3) Id., III, 2.
(4) Id. IV

innées, et quand la doctrine de l'âme traitera de leur origine, c'est physiquement qu'elle devra le faire et en les regardant comme *attachées* à l'âme à laquelle elles appartiennent (1). Reste donc la matière du monde présente à nos sens, qu'il ne faut pas composer d'idées comme Platon, ni de mots comme cet Aristote qui a voulu bâtir l'univers avec des catégories (car cette matière abstraite serait moins matière du monde que matière à discussions), mais qu'il faut regarder comme une masse jointe à une forme première et à un premier principe de mouvement. Celui qui ne veut pas déserter l'expérience doit ainsi suivre Empédocle, Anaxagore, Anaximène, Héraclite et Démocrite, qui posent une matière *active*, douée d'une certaine forme dont elle est *dispensatrice* et d'un principe intérieur du mouvement (2). En un mot, tous ceux qui ont éloigné Dieu et l'intelligence de la fabrique des choses, attribué la structure de l'univers à une infinité d'essais et de préludes de la nature (hasard ou fatalité comme ils l'appelaient), et rapporté les causes de tout ce qui est particulier à la nécessité de la matière, sans mélange de causes finales, ont, entre tous les anciens, fondé la philosophie la plus solide au moins quant aux causes physiques (3).

Tout ce qui précède peut montrer, ce nous semble, en Bacon un goût très-décidé pour la physique à laquelle il apportait certainement un principe de recherche inconnu jusque-là aux philosophes purs, et en même temps une grande répugnance pour la métaphysique et pour la philosophie générale. Mais les idées de son temps ne lui permettant pas de l'avouer ou même de se l'avouer à lui-même, il réduisit tout ce qu'il put de la philosophie à la physique, et laissa le reste à la religion, en déclarant qu'il ne pouvait être objet de science, mais seulement de foi. Et il reconnut, répétons-le, que la foi prime la science et que la science ne peut détruire la foi, mais au contraire, la suppose en plusieurs de ses parties, et, arrivée à sa fin, la fortifie.

Passons à la seconde question : nous avons vu que la méthode de Bacon est l'induction qui, basée sur la connaissance

---

(1) Bacon, *de Augmentis scientiarum*, IV, 3.
(2) Id., « de Principiis atque origin. secund. fab. cupidinis et cœli. »
(3) Id., Id.

des faits particuliers par observation et par expérience, s'élève graduellement à des faits généraux qui se nomment causes, principes et lois; mais l'induction est de deux sortes : Aristote, à qui il faut s'adresser d'abord en pareille matière comme ayant le premier à notre connaissance exposé les lois de la logique, regarde l'induction comme le simple procédé inverse de la déduction, et la fait ainsi rentrer dans le raisonnement, car il ne voit en elle, du moins dans le chapitre qu'il lui a consacré expressément (1), qu'un syllogisme retourné de manière à démontrer l'extrême majeur à l'aide du moyen. On est obligé de rechercher des passages isolés pour prouver qu'Aristote regardait l'induction comme pouvant établir les principes généraux. Or, comme il est clair, d'un côté, que l'induction peut les suggérer si elle ne les prouve, et que, de l'autre, Aristote regarde partout ces principes comme donnés et parfaitement indémontrables, nous concluons de là que, suivant lui, il n'est qu'un genre d'induction rigoureuse; l'autre, celui qui s'élève aux premiers principes, en est une extension naturelle, mais sans force probante par lui-même; il mène à la limite qu'il est incapable de dépasser, il indique ce que l'intelligence accepte non comme prouvé, mais comme évident de soi-même. Cela posé, comment Bacon entendait-il l'induction? Selon lui (2), il n'y a et ne peut y avoir que deux voies pour la recherche et pour la découverte de la vérité; l'une s'élève immédiatement des sens et des phénomènes particuliers aux axiomes les plus généraux, sauf à déterminer ensuite, à l'aide de ces principes et de leur immuable vérité, les axiomes moyens; l'autre s'élève des sens et des phénomènes particuliers aussi, mais graduellement, continuement à des axiomes qu'elle en suscite (*continenter et gradatim excitat*), et ne parvient qu'en dernier lieu aux axiomes les plus généraux. C'est là l'induction vraie opposée à la première qui est la fausse. Nous remarquerons d'abord que Bacon, dans son horreur pour le syllogisme et pour les procédés à priori, croit que les principes qui servent de point de départ aux philosophes raisonneurs, ne sont jamais obtenus que par une induction illégitime, ce qui n'est vrai que des physiciens tels que Telesio et la plupart des anciens, mais

(1) Aristote, *Anal. prior*, II, 23.
(2) Bacon, *Nov. org.*, I, 19.

ce qui ne peut s'appliquer à tous les philosophes qui partent de principes généraux, car l'intelligence suit ces principes et ne les invente pas plus par un procédé que par un autre, du moins quand ils sont suffisamment universels ; il lui est vraiment trop facile de réfuter toute science acquise avant lui en regardant l'induction fausse comme sa seule origine. Ensuite, pour en venir à l'induction vraie, nous demanderons si elle conserve toujours une rigueur parfaite dans ses allures, ou si, au contraire (et il semble qu'elle ne peut faire autrement pour arriver aux premiers principes *advolare ad maxime generalia*), elle s'élance à un moment donné, perd terre et vole dans l'hypothèse. Dans le premier cas, elle n'offrirait rien de nouveau comme méthode, et il resterait à Bacon d'avoir sollicité l'application de l'induction d'Aristote à la physique, ce qui ne l'élève guère au-dessus des faits. Dans le second cas, il peut encore arriver deux choses : ou bien elle s'en tient à des hypothèses physiques capables de grouper et d'expliquer nombre de faits, de suggérer de nouvelles expériences et de *rendre la science active* (les théories du magnétisme et de l'électricité dans la physique moderne, théories parfaitement hypothétiques dans leurs premiers principes tels que les exposent les savants même les plus attachés à l'expérience, en fournissent de très-bons exemples), et il n'est pas douteux que Bacon ait entendu sa méthode de la sorte, car les applications modèles qu'il en a données en font foi. Alors Bacon nous apparaît sous son vrai caractère, celui de propagateur de la méthode physique expérimentale et spéculative qui domine aujourd'hui dans l'enseignement ; mais aussi l'induction n'est plus rigoureuse, la science n'est plus immuable ; elle varie même d'un jour à l'autre comme tous les phénomènes sensibles, et, en revanche, l'idée du progrès se présente et Bacon peut le premier penser et écrire cette admirable phrase qui ne fût venue peut-être à nul autre avant lui : « Concludam animum doctrinam
« disponere et flectere ut nunquam protinus acquiescat et
« tanquam congeletur in defectibus suis quin incitet se semper
« progressumque spiret (1). » Ou bien enfin l'induction s'élève illégitimement, car cela ne peut arriver autrement, aux principes les plus abstraits et les plus généraux ; elle pose des lois

(1) Bacon, de *Augm. scient.*, lib. I

qu'elle appelle invariables et constantes, des relations immuables, des vérités éternelles telles que celles-ci : tout effet a une cause, ou toute qualité est dans une substance et elle croit à la fixité, au-dessus de tout phénomène, indépendamment de toute variation possible, des suprêmes axiomes qu'elle a fini par concevoir. Mais ce n'est pas là l'induction d'Aristote, ou du moins nous ne connaissons rien de lui qui nous prouve qu'il l'ait quelquefois comprise ainsi ; ce n'est pas non plus l'induction de Bacon, car les principes dont nous parlons ne sont pas physiques, et, selon lui, ne peuvent évidemment convenir qu'à ce qui est divin et du ressort de la foi. En un mot, ce n'est pas l'induction, puisqu'il ne s'agit que de principes dont l'application seule peut se faire dans la région des phénomènes, mais dont la vérité n'est dans l'âme qu'autant qu'elle embrasse absolument l'universel, et, par conséquent, échappe à ce qui est phénoménal. Nous voudrions donc, pour la plus grande clarté possible des notions philosophiques, que ce mot induction fût réservé à cette partie du raisonnement qui procède du particulier au général par voie syllogistique inverse. S'il arrive ensuite que, grâce à une idée à priori, la causalité, la constance des lois naturelles, la conservation des analogies, etc., on pose comme vrai un principe ou un fait général inobservable dans toute son extension, on s'avance en partie sous la responsabilité de l'idée en question, en partie sous celle des faits particuliers connus qui le justifient. C'est là l'hypothèse et ce n'est pas l'induction. Il n'y a dans la physique autre chose que des faits qui s'engrènent les uns dans les autres et qui dépendent les uns des autres dans un certain ordre ; on peut induire ou déduire, on ne perd de vue ni les faits ni la nature ; mais si l'on place à la tête d'un ensemble de faits une certaine loi et qu'on la proclame constante, ou un fait qui n'est pas observé en lui-même, mais supposé, on doit avouer qu'on bâtit ainsi la nature selon que l'esprit le dit et le veut, et que la méthode inductive toute seule n'est pas habile à fonder la science, mais seulement à régler une partie de son développement (1).

8. Nous ne connaîtrions pas complètement Bacon comme

(1) Voyez, sur l'induction, l'excellente leçon de clôture du cours de 1837-38 de M. Damiron. Les diverses parties de la signification confuse de ce mot y sont séparées et discutées. Nous avons voulu ici distinguer la véritable induction des physiciens et celle de Bacon, et les caractériser.

philosophe, dans sa grandeur et dans ses défauts, si nous ne nous arrêtions un instant sur les opinions qu'il adopta au sujet de plusieurs points particuliers, opinions qui sont bien loin d'être nécessairement impliquées dans sa méthode. Nous avons vu ce qu'il pensait de Dieu et de l'âme rationnelle ; ce sont là les deux sujets supérieurs à la philosophie, et dont l'essence est inabordable pour elle ; mais sous cette âme qui veut et qui pense et que la Bible appelle le souffle de Dieu, *spiravit in faciem spiraculum vitæ*, il est une autre âme subtile, mais matérielle, commune à l'homme et aux animaux, et c'est celle que Dieu créa par ces paroles : *Producat aqua, producat terra.* S'il appartient surtout à la religion d'envisager les propriétés de l'âme rationnelle et de rechercher si elle est native ou accidentelle, séparable ou inséparable, mortelle ou immortelle, et plus ou moins liée par ses lois à la matière, il appartient au contraire à la physique de laisser là les actes derniers, les formes du corps, les entéléchies et autres *bagatelles logiques*, pour étudier la véritable âme sensible, substance corporelle atténuée par la chaleur et rendue invisible, *souffle d'une nature d'air et de feu préparée par la mollesse de l'air à recevoir les impressions, et par la vigueur du feu à lancer l'action, nourrie de parties aqueuses et de parties huileuses, rassemblée surtout vers la tête et parcourant les nerfs des animaux, enfin entretenue et fortifiée par le sang spiritueux des artères* (1). Cette physique empruntée à Télésio, comme Bacon l'avoue lui-même, n'est pas bien claire ni bien positive surtout, mais elle a cela de bon aujourd'hui, qu'elle nous montre l'usage que Bacon faisait de l'induction pour poser des êtres et des faits hypothétiques ; cet esprit, moitié air moitié flamme, propre à mouvoir le corps et dont tous les accidents successifs possibles expliquent les phénomènes de la vie et de la mort (2), est une véritable idole qui, selon les idées dominantes au seizième siècle, expliquait tout aussi clairement les faits physiologiques que le double fluide électrique qui repousse ses propres parties et attire celles de son contraire, paraît expliquer aujourd'hui les faits d'électricité.

Nous devons encore signaler ici dans Bacon, puisqu'il s'agit

---

(1) Bacon, *de Aug. scient.*, IV, 3.
(2) Id., *hist. vit. et mort.*

de la physique, la tendance, si commune de son temps, à expliquer tous les phénomènes possibles par des appétits naturels dont les corps seraient doués, ou, ce qui revient au même, par des attractions telles que celle de l'aimant pour le fer. Selon lui, par exemple, le corps, échauffé par le mouvement, appelle et attire les aliments (1) ; les fonctions des organes sont excitées par l'esprit vital comme le fer est excité par l'aimant à attirer le fer (2) ; enfin le mouvement des graves tient à une cause générale semblable à celle de l'attraction magnétique ; c'est une émission d'esprit, une vertu immatérielle qui résulte dans le corps qui opère de l'universelle union et de la sympathie de l'univers, et qui dépend de la nature primitive de la matière et des semences génitales (3) ; les graves doivent tendre au centre de la terre d'après leur nature et par un schématisme qui leur est propre, ou bien être attirés, entraînés par la masse corporelle terrestre, et, de leur consentement, portés à s'unir avec elle. Dans ce cas, la force et l'élan du corps grave doivent augmenter ou diminuer selon sa distance à la terre, et l'expérience d'un pendule au sommet d'une montagne et au fond d'une mine, peut servir à résoudre définitivement la question (4). Toutes ces idées sans doute, et d'autres semblables des contemporains de Bacon, ont produit ou amené en partie la découverte de la loi de gravitation, mais il est bien difficile de les regarder comme suggérées par une induction vraie et rigoureuse, du moins en tant qu'elles supposent des vertus actives particulières dans les corps, et qu'elles leur attribuent les causes des phénomènes (5).

(1) Bacon, *hist. vit. et mort.*, VI, 1 et 2.
(2) Id., id., canon V.
(3) Id., *Sylva sylvarum*, cent. X, art. 907.
(4) Id., *nov. org.*, II, 36.
(5) A propos des qualités occultes dont il s'agit ici, nous voulons réclamer contre la réputation fâcheuse faite à Bacon comme partisan des sciences secrètes qui de son temps commençaient à être en discrédit auprès des savants. S'il ne parle pas toujours de l'astrologie et de l'alchimie avec le mépris ignorant qu'on en affiche aujourd'hui, il sait montrer du moins ce que ces sciences *pourraient* avoir de fondé, quoique sans doute illusoires dans l'état. Quant à la divination et à la fascination, ces deux mots lui servent à grouper (pourquoi nier en effet ce qu'on ne peut expliquer ?) tous les faits historiques ou individuels qu'on réunit aujourd'hui sous le nom de *magnétisme animal*. Ainsi l'extase et la prédiction quand le corps est affaibli par la maladie, certains songes, la possession sacrée, l'inspiration divine, le don de prophétie, l'action de l'homme sur lui-même par l'imagination et d'un homme sur un autre par contagion, effluve, irradiation, écoulement d'es-

Cette observation nous conduit à caractériser enfin la physique de Bacon dans son contenu, qui ne sert pas peu à éclairer la méthode, et qui, d'ailleurs, a bien son importance aussi. On ne peut contester que Bacon ne tende autant que possible, à réduire les *formes* des phénomènes à des mouvements déterminés, et cela doit être, puisque, selon lui, le mouvement est, parmi les qualités inhérentes à la matière, la première et la plus essentielle. Mais il est certain aussi que ces mouvements, au lieu de dépendre simplement les uns des autres dans un *progrès à l'infini* et de suivre des lois purement mathématiques, reconnaissent souvent pour causes des appétits ou dispositions, ou en général d'autres qualités qui sont difficiles à imaginer comme attributs d'une matière nue. Il suit de là que Bacon ne pose pas en effet la matière nue, et bien plus, il ne détermine même pas rigoureusement les propriétés premières qu'il lui octroie (1). C'est plutôt en poëte qu'en savant qu'il aime à parler de la matière; ainsi, dans son interprétation de l'antique symbole de Pan, l'un des plus beaux épisodes de son traité des sciences (2), il développe avec amour la triple conception qu'on en peut former : Pan, l'univers matériel, est fils de Mercure, c'est-à-dire du verbe divin; mais une autre tradition le fait naître de Pénélope et de tous les prétendants ensemble, c'est-à-dire des semences confuses des choses; de là la philosophie d'Anaxagore avec ses *homéoméries*, la philosophie atomistique plus saine et plus subtile qui dans les semences consubstantielles ne fait varier que la figure, les doctrines de Thalès, d'Anaximène et d'Héraclite qui dans leur principe unique en acte et varié en puissance confondent les semences diverses, et surtout celles d'Aristote et de Platon qui donnent la matière pour femme commune à toutes les formes prétendantes; enfin Pan, selon la troisième tradition, qui est de source hébraïque apparemment, est fils de Jupiter et de

prit, transport de vertu magnétique enfin, et tous les usages qu'on peut faire de ces facultés, rentrent pour lui dans ces deux mots *divination, fascination*, sans qu'il prétende en connaître exactement la nature (*de augm.*, IV, 3). Serait-ce Bacon qui aurait suggéré au docteur Alex. Bertrand sa théorie expérimentale de l'extase?

(1. Ce double point de vue qui se montre clairement dans la division de la physique, où les appétits sont classés à côté des mouvements et ceux-ci partagés en plusieurs classes, est la véritable raison qui a empêché Bacon, dont l'esprit était très-peu mathématique, de définir rigoureusement les mots de *matière* et de *forme*.

(2) *De augm.*, II, 13.

l'*affront*, c'est-à-dire de Dieu et du péché. Or, Bacon, physicien, partage évidemment ses sympathies entre deux de ces interprétations de la fable, celle des atomes et celle des formes, en considérant toutefois celles-ci non comme abstraites, mais comme des sortes de vitalités inhérentes à certaines parties de la matière. Il manifeste souvent son admiration et même sa préférence pour la philosophie de Démocrite, mais en fait, il emploie l'induction à dévoiler quelquefois des formes vivantes dans la matière morte. N'oublions jamais enfin, que si le savant exerce sur l'univers cet esprit d'investigation, de poursuite, de *chasse* (car Pan est le dieu des chasseurs, et tout mouvement, tout progrès n'est qu'une chasse), l'homme religieux ne disparaît jamais dans Bacon, car il sait que Pan est, après Mercure, le messager divin, sublime symbole qui rappelle le chant de la Bible : *Cœli enarrant gloriam Dei*.

Nous avons vu que Bacon ne peut être considéré comme philosophe ni comme métaphysicien, nous avons montré comment la science, exclusivement physique selon lui, n'atteint cependant ni ne menace le ciel, mais plutôt l'aperçoit de loin et le peint à sa manière ; nous avons discuté la méthode, exposé le point de vue général de la physique, il nous reste à étudier Bacon politique et moraliste. Mais, sous le premier aspect, il n'est ni bien intéressant ni bien original, et il nous paraît, sans doute à cause de ses préoccupations administratives et du règne si bien établi sous lequel il a passé ses meilleures années, bien plus occupé des affaires que des questions générales. Comme moraliste, on conçoit que, disposé à laisser le dogme à son église, il n'ait pu faire autrement que de lui abandonner aussi les canons de la pratique. Mais il reste un principe général qu'on ne peut trop louer, et que Descartes adopta plus tard aussi. Nous voulons parler du principe de la solidarité, présenté, il est vrai, sous une forme un peu trop physique suivant les habitudes de Bacon : chaque chose est, dit-il, douée d'appétit pour une double nature de bien ; l'une d'après laquelle elle forme un certain tout, l'autre plus digne et plus puissante, d'après laquelle elle fait partie d'un tout plus grand : le fer est porté vers l'aimant par une sympathie particulière, mais augmentons son poids, il se portera, bon citoyen et patriote, vers la terre, région de ses naturels. Allons plus loin maintenant : les corps graves pèsent vers la terre, mais plutôt que de souffrir une séparation violente, ou, comme on dit, un vide, ils s'élèveront et rendront ainsi leur devoir au monde et non plus à la terre. Ainsi il arrive presque toujours que la forme la plus générale est celle qui attire les moindres appétits; mais l'homme, quand il n'est pas dégénéré, est, par-dessus tous les êtres, marqué de cette prérogative du bien général, et la foi chrétienne, entre toutes les philosophies, sectes ou religions, est celle qui a le plus déprécié le bien individuel pour élever le bien de la communauté (1). Enfin (et Descartes encore ici suivit Bacon ou plutôt suivit une tendance de plus en plus dominante de ces siècles qui les premiers donnèrent à l'ère moderne le caractère pratique qui la distingue), Bacon donna la préférence à la vie active sur la vie contemplative *qui tout au plus appartient à Dieu et aux anges*, et condamna sous ce rapport la vieille réponse de Pythagore dans les jeux olympiques, et la plupart des philosophes anciens. Mais il fut bien absolu sous ce rapport quand il osa écrire : « Si quis « judicet doctrinam omnem referendam esse ad usum et actio- « nem recte sapit. » Dans ce mépris de Bacon pour la science pure, qui cependant élève l'intelligence de l'homme vers la divinité, on reconnaît la source de la grandeur industrielle et aussi celle du matérialisme et du désespoir moral en Angleterre. Nous avons pu voir combien en France et dans un siècle plus pratique déjà, Descartes sut être grand et garder une juste mesure !

9. La philosophie de Bacon n'étant qu'une grande ébauche remplie de contradictions et d'inconséquences que notre exposition aura suffisamment fait ressortir sans doute, on comprend sans peine qu'elle ne put être l'origine d'une école forte et sévère en Angleterre et moins encore en Europe. Cependant son importance n'en est pas pour cela moins grande, car ces amas de connaissances et d'idées, quand leur ensemble porte le cachet d'un homme de génie, représentent à un très-haut degré le sens de la tradition intellectuelle dans l'humanité, et, pour employer une expression mathématique, sont à la fois des fonctions du passé et de l'avenir. Chose étrange ! bien naturelle et bien vraie cependant, Bacon fut le grand ennemi de la mémoire d'Aristote, et il continua l'œuvre véritable de cet homme

(1) Bacon, *de Augm. scient.*, VII, 1.

interrompue pendant toute la durée du moyen âge. Reconnaître des principes indémontrables, souverains de la pensée, axiomes, règles et lois du mouvement de l'intelligence ; classer, diviser, prévoir, *encyclopédiser ;* ensuite fonder la connaissance sur les sens et appliquer une méthode rationnelle à la donnée sensualiste, c'est là une tendance commune d'Aristote et de Bacon, et ce dernier en produisit un nouveau développement, signe ou cause, peu importe ici, de la doctrine expérimentale qui est particulière à la philosophie naturelle des modernes. De même Descartes n'avait pour Platon qu'une fort médiocre estime ; c'est cependant de la théorie des idées qu'il amena une phase nouvelle fondée sur une doctrine plus une et plus rigoureuse, autre source de notre supériorité sur les anciens.

L'antiquité se ferma sur l'antagonisme d'Aristote et de Platon ; le moyen âge passa sans le résoudre ; la philosophie de Bacon, origine première de toute philosophie anglaise, prépara un antagonisme tout à fait analogue entre les doctrines qui naquirent d'elle, et celles qui naquirent de la philosophie de Descartes. Nous verrons plus tard quelle période et quel développement de la pensée put embrasser et régler le cartésianisme. Pour que le baconisme eût la même destinée, il fallait qu'un génie puissant et rigoureux le systématisât, lui donnât l'ordre et la précision. Un contemporain de Descartes remplit cette mission, et ce fut Hobbes.

Ce nouveau représentant d'Aristote eut d'abord l'unité de principe à établir, la théologie naturelle à délaisser. Moins religieux que Bacon et plus absolu dans sa raison, il dut commencer la science par la logique en fondant toutefois celle-ci sur le principe unique de tout savoir et de toute investigation ; enfin, après avoir établi dans leur rigueur les points fondamentaux du baconisme, il dut nécessairement en tirer les conséquences et par suite donner place au syllogisme qui construit la synthèse. A part ces changements, sans lesquels les idées de Bacon ne pouvaient revêtir un vrai caractère scientifique, nous verrons Hobbes développer les principes de celui que nous ne craignons pas d'appeler son maître, bien qu'il joue comme un enfant avec ces hochets de doctrine que son élève emploie à dresser un échafaud terrible. Ensuite, mais plus tard, nous verrons comment cet Hobbes, que l'on a dit n'avoir pas eu d'école, sut et dit à l'avance ce que vingt philosophes des plus célèbres ont cru trouver et n'ont compris qu'en partie. Mais venons à l'exposition.

10. Hobbes pénètre dans la philosophie en envisageant l'homme comme le faisait Bacon, c'est-à-dire ainsi qu'un miroir où se représentent des objets extérieurs que nous appelons des corps et auxquels nous reconnaissons certains accidents ou qualités. En effet, selon lui, il y a continuellement en nous *des images des choses qui sont hors de nous*, et *la représentation des qualités* de ces êtres *est ce que nous nommons concept, imagination, idée, connaissance*; la sensation est ainsi l'origine de toutes les pensées, et nous ne pensons que ce qui est corps ou composé de corps. En un mot, corps, substance, être, ne présentent à l'esprit qu'une seule et même idée réelle, et *parler d'une substance incorporelle est absolument le même que d'un corps incorporel*. Nous savons que nous existons parce que nous pensons et que *nous ne pouvons séparer la pensée d'une matière qui pense*; en effet, la matière est le support commun des sujets de tous les actes, et que ces actes changent ou non, elle est conçue toujours la même, *sujette à tous les changements* (1).

La philosophie est la connaissance acquise par droit raisonnement des effets ou phénomènes à l'aide de la conception de leurs causes ou générations, ou réciproquement des générations possib'es à l'aide des phénomènes connus.

Et son objet est le corps qui seul peut être connu, ou plutôt tout corps qu'on peut considérer, dont on peut concevoir une génération, qu'on peut composer ou diviser.

Et sa fin est l'application par l'industrie humaine, de certains corps à d'autres corps, pour produire des effets semblables à ceux que l'on a conçus, selon les usages de la vie et que la matière le souffre.

Les effets ou phénomènes dont il est question sont les facultés du corps ou les puissances par lesquelles nous les distinguons les uns des autres (2).

(1) *Hobbes, Léviathan*, chap. 2. — *De la nat. hum*, chap. 1. — *Obj. aux médit. de Descartes*, 1 et 2.
(2) L'idée de cause ne diffère pas de celle de génération naturelle ou de suite observée de deux phénomènes.

Le droit raisonnement consiste précisément à composer et à diviser comme nous venons de le dire, ou, si l'on veut, à ajouter et à retrancher, car ces opérations n'ont pas lieu seulement pour les nombres, mais pour tout corps que nous concevons. Quelque chose s'avance, nous le voyons, c'est un *corps* ; mais il marche, il est donc *animé* : il donne des signes de raison, c'est un homme : corps animal raisonnable, c'est une somme qui donne l'homme. Maintenant de cette somme, si le sujet qui la porte vient à s'éloigner, nous retrancherons successivement les parties, et quand nous aurons soustrait animé et raisonnable, il nous restera corps. Raisonner, considérer, c'est là tout ce que cela veut dire (1).

11. La logique n'est ainsi qu'une computation. Étudions le fondement de toute computation, les noms. La pensée de l'homme est *coulante* et *caduque* ; ce n'est pas que la sensation présente manque de clarté, mais la mémoire, qui ne présente, ainsi que l'imagination dont elle ne diffère pas au fond, que des fantômes faciles à se dissoudre et à s'évanouir, ne suffirait pas, sans les noms, pour fixer les objets sensibles et les soumettre à la considération. Les noms servent donc d'abord de *marque* aux choses auxquelles ils ont été une fois appliqués. En outre, ils servent de *signes*. Le signe est le conséquent d'un antécédent ou l'antécédent d'un conséquent, lorsque nous avons plusieurs fois éprouvé le même ordre de succession entre deux phénomènes : ainsi nuage épais est signe de pluie ; c'est là le signe naturel, puis vient le signe artificiel, et il en est de plusieurs genres, entre lesquels l'emploi d'une certaine connexion des sons de la voix humaine pour signifier les pensées et les mouvements de l'esprit. Sans la parole il n'y aurait pas plus de société entre les hommes qu'entre les ours, les lions et les loups ; avec elle ils ont pu convenir d'appliquer tel nom à telle chose particulière.

Il y a plusieurs catégories de noms : les noms propres qui s'appliquent aux individus isolés, les noms communs qui s'appliquent à plusieurs et sont dits généraux par rapport aux autres, enfin les noms de noms ou de discours. Les noms sont positifs ou négatifs. Un nom positif doit exister d'abord, après quoi l'on peut dire que ce nom ne convient pas à tel objet qui

(1) Hobbes, *Logica sive computatio*, cap. 1.

en porte un autre; ainsi tout être, s'il n'est pas homme est non homme, s'il n'est pas blanc est *non blanc*. *Injuste, infini* et d'autres de ce genre, sont des noms négatifs. Un nom peut enfin représenter plusieurs noms par circonlocution : *qui consulta patrum, qui leges juraque servat*, c'est le juste.

Les noms communs sont plus ou moins compréhensifs. Ainsi *corps* comprend *homme*, et le réciproque n'a pas lieu. Il en est qui ont la même compréhension : *homme, raisonnable*. Tel est le seul sens réel des mots universels, car il n'y a rien d'universel dans la nature que les mots. Mais il n'en est pas moins permis d'ordonner les mots selon l'ordre dans lequel ils s'embrassent, quoique un pareil tableau achevé suppose une philosophie parfaite et ne soit pas bien nécessaire en lui-même (1).

La *proposition* est un discours par lequel on affirme qu'un nom convient à un autre ou qu'un nom plus commun en contient un autre moins commun. Le mot *est* sert à la copulation. Tout verbe suppose ce mot, car marcher c'est être marchant, vivre, être vivant. Ce mot n'est du reste nullement nécessaire, car on peut assembler les autres sans lui, et si l'assemblage est exact, la proposition est vraie; *car la vérité est dans les mots et non pas dans la chose*, elle n'est pas un attribut de l'être mais de la proposition, et c'est se jouer que de dire avec les métaphysiciens que l'être, l'un et le vrai sont la même chose.

Le syllogisme est un discours composé de trois propositions, dont la troisième s'ensuit des deux premières. Il résulte de la réunion de trois mots, comme la proposition résulte de la réunion de deux. Il suffit, en effet, que l'imagination se représente successivement le fantôme de la chose nommée avec des accidents qui lui fassent appliquer trois noms différents, et qu'elle se rappelle que ces accidents appartiennent à une même chose à laquelle ces trois noms s'appliquent pour qu'elle ait conclu par la même. Ainsi dans le syllogisme, on peut dire que deux mots sont liés par un troisième intermédiaire, ou encore que deux mots reviennent à un plus commun, qui les comprend tous deux : homme, animal, corps ; tout homme est animal, mais tout animal est corps, donc tout homme est corps. Au surplus l'usage en apprend plus long sur le raisonnement que toutes

---

(1) Hobbes, *logica*, II. — *Léviathan*, IV.

les *figures* du monde ; il suffit de se garder des erreurs qui se rapportent communément à deux genres : employer les mots très-inconstants de leur nature sans les bien définir, ce qui expose à croire que l'on pense ce que l'on ne pense pas en effet, et parler métaphoriquement, c'est-à-dire employer les mots dans un autre sens que celui pour lequel ils furent institués (1).

C'est ainsi que le raisonnement consiste à composer et à diviser les mots, et que la science procède méthodiquement des noms aux propositions et des propositions aux syllogismes, jusqu'à ce qu'elle ait épuisé les conséquences de tous les noms qui la regardent. Le sens et la mémoire nous enseignent le fait, et la science ses conséquences, de telle sorte que nous puissions engendrer causes et effets selon l'ordre ordinaire, en tant que notre puissance les embrasse (2).

La méthode est à la fois résolutive ou analytique, et compositive ou synthétique ; la connaissance sensible est éminemment synthétique, mais il ne peut y avoir de science sans analyse. En effet, la science recherche les causes, elle ne demande pas seulement *qu'est-ce ?* mais encore *d'où est-ce ?* Or, la cause d'un tout ne peut être connue que par les causes des parties qui la composent, parties de nature et non de masse, c'est-à-dire que les noms universels sont les moins connus pour nous, de même que les totalités des choses, et doivent, au contraire, devenir les plus connus pour la science. Il faut donc connaître d'abord les causes des accidents universels ou qui sont communs à tous les corps, à toute matière ; mais avant de connaître les causes, il faut connaître ces universels eux-mêmes, et comme leur nature est contenue dans celle des singuliers, il faut l'en déduire par raison, c'est-à-dire par analyse. Ainsi, par exemple, le nom du carré se résout en ceux plus généraux de ligne, plan, limite, angle, droiture, égalité ; celui de l'or en solide, visible, grave, etc. Parvenu enfin aux *causes des plus universels*, on les trouve *évidentes par elles-mêmes*, et il n'est besoin de méthode pour les découvrir. En effet, elles se réduisent à une seule qui est le mouvement. Toute variété de figure dépend de la variété des mouvements qui la construisent,

---

(1) Hobbes, *logica*, III et IV. — *Léviathan*, IV.
(2) Id., *Leviathan*, V.

un mouvement n'a sa cause qu'en un mouvement, et toute la diversité des choses sensibles vient d'un mouvement en partie caché dans *l'objet actif*, en partie dans *l'objet qui sent*. Il est vrai qu'on ne peut, sans raisonner, déterminer quel est ce mouvement, mais il est évident que ce ne peut qu'en être un, car un changement d'état ne peut être autrement conçu, et la chose est parfaitement claire, bien qu'obscurcie par les préjugés.

Ici s'arrête la partie analytique de la science. Nous avons, en effet, les *définitions des causes premières*, autrement dit *les expositions de nos plus simples concepts*, lieu et mouvement, par exemple: lieu, *l'espace adéquatement occupé par le corps*; mouvement, *la perte d'un lieu et l'acquisition d'un autre*. Alors nous commençons à composer : qu'un corps se meuve, si nous ne considérons en lui que le mouvement même, nous avons la ligne, ou longueur; si nous considérons le mouvement et la longueur, nous avons la surface, etc. Enfin, par compositions et décompositions de ce genre, nous donnons naissance à cette partie de la philosophie, qui s'appelle géométrie. Ensuite, nous considérons l'action d'un corps sur un autre par le mouvement, puis nous étudions ce mouvement des parties, qui fait que les mêmes choses semblent changer pour les sens, et produisent les phénomènes de lumière, couleur, froideur, chaleur, etc., et cette recherche suppose auparavant l'étude de la sensation et la connaissance de sa cause. C'est là toute la physique, et il ne faut pas demander ailleurs ce qu'on peut savoir des mouvements et des vertus des astres.

Nous arrivons ensuite à la morale, qui suit la physique, parce que les mouvements des esprits qu'elle considère, appétit, aversion, amour, etc., ont leur cause dans les sens et dans l'imagination, qui dépendent à leur tour du mouvement. Enfin vient la philosophie civile, qui seule pourrait être exposée indépendamment de la philosophie naturelle, parce que les passions, toutes dépendantes qu'elles soient de la physique, peuvent être observées directement, et que dès lors, si l'on pose un principe pour définir le juste et la loi, on peut partir de là pour déterminer le juste et l'injuste dans tous les cas possibles (1).

(1 Hobbes, *logica*, VI.

12. Arrêtons-nous ici quelque temps, car nous avons établi les fondements de la doctrine d'Hobbes, et l'exposition en sera brève. Le principe de la connaissance par les sens a été posé d'abord, et à lui se rattachent les idées de matière première et de mouvement, origine de toute modification, qu'Hobbes ne discute pas, mais affirme simplement ; nous verrons mieux encore dans un instant comment paraît le monde dans sa pensée ; mais continuons. Le principe des noms vient ensuite, et il est posé encore affirmativement et sans preuve directe, mais plutôt comme une conséquence bien naturelle du premier : qui ne voit, en effet, que si toute connaissance est le fantôme présent, ou plus ou moins effacé d'une forme sensible, tout ce que la science peut faire, c'est de nommer ces fantômes, puis de grouper les noms selon qu'ils conviennent à certaines de ces apparences ou à plusieurs d'entre elles à la fois ? Un nom peut être arbitrairement appliqué à plusieurs spectres, quoi de plus simple ? Plusieurs objets ne peuvent-ils pas être présents à l'imagination sous une appellation commune, et ne peut-il pas même y avoir des noms de noms et des noms de discours ? Mais vouloir qu'un mot soit plus qu'un mot, qu'il y ait d'autres êtres que ceux qu'on imagine et qui sont toujours singuliers, et que cependant toute idée ait son origine dans les sens, c'est se contredire. De ces deux principes, posés dans toute leur rigueur, le premier, quant à son origine, appartient à Bacon et le second se déduit du premier. Il doit donc y avoir un grand rapport entre la méthode d'Hobbes et celle de Bacon. En effet, d'après le premier principe, toute notion étant sensible, l'analyse fera connaître ce qu'il y a de commun entre plusieurs objets, et cette analyse d'Hobbes est exactement l'induction de Bacon, puisqu'elle va du particulier au général. Mais Hobbes, dont le principe est plus sévèrement posé, peut à la fois, grâce au nominalisme, se préserver des illusions qui séduisirent quelquefois Bacon, et remonter réellement et non plus seulement en intention, comme son maître, aux faits ou plutôt aux noms les plus généraux. Une marche toute rationnelle le mène à l'idée première du mouvement, que Bacon voulait et ne pouvait atteindre, et alors, parvenu au sommet et au point du repos, après une analyse de mots bien plus facile que l'analyse des choses, il envisage l'autre branche de la méthode négligée par Bacon, la synthèse, et il fonde une vraie philosophie. Hob-

bes était, nous le dirons tout à l'heure, mauvais géomètre, mais enfin géomètre, et ce fut là, dans son esprit, la source de ce rationalisme inconnu à Bacon ; il regardait comme vaine en philosophie naturelle toute recherche qui n'a pas son principe dans la géométrie, et comme d'inutiles bavards tous ceux qui veulent enseigner l'une sans savoir l'autre (1) ; malheureusement, et nous le verrons bientôt, s'il savait la géométrie, c'était la sienne propre et non celle des autres ; il eût autant valu l'ignorer.

15. Passons maintenant à l'exposition des idées les plus communes, ou, pour mieux dire, à la définition des noms les plus généraux qui servent de base à la synthèse scientifique, c'est-à-dire, formons une philosophie première.

Pour y parvenir, supposons l'univers anéanti et rentrons en nous-mêmes ; nous pourrons alors regarder les idées survivantes, c'est-à-dire la mémoire et l'imagination des grandeurs, des mouvements, des sons, des couleurs, et de leur ordre et de leurs rapports, comme des fantômes, purs accidents en nous qui imaginons, ou bien encore comme des espèces de choses extérieures qui n'existent pas, mais qui paraissent exister. Envisageons-les sous ce dernier rapport. Nous souvenons-nous d'abord d'une certaine chose, non en tant que c'était cette chose, mais seulement en tant qu'elle était hors de nous, voilà l'espace : *fantôme d'une chose qui existe en tant qu'elle existe, pur fantôme, imaginaire par conséquent ; c'est ce qui paraît situé hors de l'organe, et n'être pas occupé, mais pouvoir l'être.* Quant au temps, c'est dans la pensée qu'il faut le chercher ; où seraient, en effet, le jour, le mois, l'année, sans les computations qui se font dans l'esprit ? Le temps n'est que le fantôme du mouvement, en tant que dans le mouvement nous imaginons l'avant et l'après. L'idée de partie, soit dans le temps, soit dans l'espace, dépend exclusivement des soustractions opérées par l'imagination. Celui qui divise obtient autant de parties qu'il en conçoit, et une de plus, celle du tout qu'il croit diviser. Comment pourrait-on, en effet, séparer réellement une heure d'une autre heure ou un hémisphère d'un autre hémisphère ? Le tout et la partie sont ainsi des considé-

---

(1) Hobbes, *logica*, VI, 6. On ne peut douter que l'exemple de Descartes n'ait en cela grandement influé sur Hobbes.

rations purement arbitraires; l'un n'est pas ce qui est indivis, car alors *le divisé* serait *plusieurs*, il serait *les divisés*, ce qui est absurde; mais l'un c'est l'espace ou le temps considéré entre autres temps ou espaces, de sorte qu'on puisse dire, *il est un de ceux-là*. Le nombre est *un et un ou un, un et un*, et selon que l'on ajoute; les mots *fini et infini* se disent enfin du temps et de l'espace, suivant qu'on peut ou qu'on ne peut pas assigner un nombre de temps ou d'espaces plus grand que celui qu'ils peuvent contenir. Le mot infini n'a donc aucun sens s'il s'applique à quelque chose d'imaginable, mais il exprime seulement la faculté de notre esprit d'ajouter sans fin (1).

Supposons maintenant que l'espace vienne à être occupé de nouveau, qu'une création ait lieu, il faut que le créé coïncide avec une partie de l'espace, qu'il ne dépende pas de notre imagination, existe hors de nous, et qu'enfin la raison seule, et non le sens, nous apprenne que quelque chose est là étendu sous l'espace imaginaire. Ainsi sont fondées les notions de *corps*, de *subsistant par soi*, d'*existant*, et de *sujet ou supposé*. Mais il y a divers modes de concevoir les corps; ce sont les *accidents*, sans lesquels les corps n'existeraient pas, car ils se réduisent tous (couleur, chaleur, odeur, vertu, vice), ainsi que l'établit la philosophie naturelle, à des états d'extension ou de grandeur, de mouvement, de repos et de figure, et sans extension ni figure il ne peut y avoir de corps. Quant à la matière commune de toutes les choses, ou matière première, c'est un pur nom, important néanmoins, parce qu'il désigne le corps *pris généralement* sans forme ni accident à l'exception de l'extension ou grandeur, et de l'aptitude à recevoir la forme et les accidents (2).

Un corps est dit agent ou patient, selon qu'il engendre ou détruit un accident dans un autre corps, ou, au contraire, qu'un accident est engendré ou détruit en lui par cet autre. Cela posé, la cause efficiente d'un effet, ou la puissance qui le produit et le fait passer à l'acte, est l'assemblage de tous les accidents requis pour la production de cet effet dans l'agent; et la cause matérielle est l'assemblage des accidents requis dans le patient. Il suit de là que tout effet est nécessaire quand les acci-

(1) Hobbes, *de corpore*, cap. 7.
(2) Id., id., cap. 8.

dents sont rassemblés pour le produire, et qu'un effet ne peut être dit contingent que relativement aux choses auxquelles il n'est pas lié (1). Pour ce qui est de ce qu'on appelle cause formelle ou essence, elle est réellement efficiente, c'est-à-dire que la connaissance de l'essence est cause de la connaissance de la chose, mais le mot *cause* est mal appliqué d'ailleurs, car l'*être raisonnable*, par exemple, n'est pas la cause de l'homme. Enfin la cause finale n'est encore que l'efficiente là où il y a sens et volonté dans l'agent (2). La connaissance des causes efficientes et matérielles s'applique à la conduite de la vie et à la production des effets qui nous sont utiles ; non que nous connaissons ce qui est avenir, mais *nous donnons au passé le nom de futur*, et plus nous avons d'expérience, plus aussi nous avons de chances de prévoir avec exactitude le retour de ce passé : il ne peut en effet y avoir là de certitude, *l'expérience ne fournissant pas de conclusion universelle* (3).

14. Nous venons d'exposer des définitions, mais à ces définitions se rattache le principe universel de la philosophie naturelle d'Hobbes, celui d'après lequel il donne une direction à ses recherches, dont le sujet seul, le corps, se trouve déterminé jusqu'ici. Ce principe, c'est celui du mouvement, et voici comment il le prouve et l'énonce : un corps dans l'espace ne peut passer du repos au mouvement ni du mouvement au repos sans qu'un autre corps existe et agisse sur lui, car il est impossible de trouver en lui seul aucune raison d'une détermination ou d'une autre (4) ; cela posé, la cause du mouvement d'un corps ne peut être que dans un corps contigu et mû ; car, sans la contiguïté et sans le mouvement, nous ne pouvons concevoir aucune réunion d'accidents, dans l'agent ni dans le patient, qui nous représente la cause du mouvement de ce dernier. Or, si un corps agit sur un autre, à des temps différents, mais dans des circonstances de mouvement et de repos absolument pareilles pour les deux corps et pour toutes leurs parties, l'effet sera, dans les deux temps, identiquement le même ; donc, enfin, aucun changement ne peut avoir lieu que par un mouvement des parties du corps qui change, car un changement

---

(1) Hobbes, *de corpore*, cap. 9.
(2) Id., id., cap. 10.
(3) Id., *nat. hum.*, page 217 de la trad. franc.
(4) Id., *de corpore*, cap. 8, art. 19.

suppose une certaine apparence pour nos sens, et puis une autre apparence, tandis que ces apparences seraient les mêmes si un mouvement nouveau n'était survenu ou dans le corps senti, ou dans les sens, ou dans tous les deux (1).

La géométrie est la première science qui résulte du principe ainsi posé par Hobbes, et il en fait une branche de la philosophie naturelle. Le point, selon lui, est le corps dans lequel on ne considère actuellement aucune partie, et le mouvement du corps engendre les lignes, les surfaces et les volumes. Les notions de toutes ces choses, présentées depuis Euclide jusqu'à Wallis, semblent ainsi erronées à Hobbes; mais les mathématiques sont une science rebelle au sensualisme, et, malgré les procédés rationalistes qu'à l'exemple d'Aristote il applique aux données des sens, il ne peut parvenir à faire entrer sa géométrie dans l'ordre, et se trouve condamné à découvrir la quadrature du cercle, la trisection de l'angle et tous les problèmes impossibles, à lutter contre les savants de son temps et à critiquer les découvertes d'Huyghens, par la raison que ce dernier a supposé faussement le point sans étendue (2).

C'est ici le cas de faire remarquer que tandis que la science mathématique a toujours servi d'aide et d'appui à la doctrine des idées, et cela particulièrement dans Platon et dans Descartes, elle ruine au contraire la doctrine des sens dont les premières et les plus naturelles conséquences lui sont hostiles. Elle demeure en effet inébranlable, quoi qu'on puisse dire, objection éternelle à tout système qui ose la combattre ou seulement ne pas marcher sur les traces de sa méthode.

La physique d'Hobbes ne fut pas, malgré l'unité et la force de son principe (le même en apparence que celui de la physique cartésienne), beaucoup plus solide que sa géométrie : des expériences imparfaites ou peu concluantes, des hypothèses mécaniques mal justifiées, enfin l'absence de lois et de conceptions générales propres à régler le mouvement accordé à la matière, voilà sans doute les causes principales de son infériorité relative, à l'époque où elle parut. Laissons donc là ces théories du monde et des mouvements terrestres dont le seul mérite est d'admettre les grandes vérités que tout au plus, de son

(1) Hobbes, de corpore, cap. 9, art. 7, 8 et 9.
(2) Id., Emendatio mathematicæ hodiernæ. — De principiis et ratiocinatione geometrarum.

temps, Bacon avait encore pu nier, et passons à la morale qui, pour Hobbes, est encore de la physique, et qui nous avancera bien mieux dans la connaissance de sa doctrine.

Un corps en mouvement agit, soit médiatement, soit immédiatement, sur un des organes de l'homme ; ce mouvement se propage jusqu'au cerveau et jusqu'au cœur; là naît une résistance, une réaction contre la pression, un effort vers le dehors ; de cet effort, enfin, résulte l'apparition de quelque chose d'extérieur, et cette apparition ou fantôme est ce que nous nommons *sensation*. Toutes les qualités sensibles sont en nous, et pendant la veille et pendant le sommeil, de purs fantômes ; mais un mouvement ne finit ni tout à coup ni sans une résistance prolongée; la mer agitée ondoie pendant longtemps ; aussi nous arrive-t-il d'imaginer et de songer ou encore de nous rappeler, ce qui est au fond la même chose. Une sensation qui s'affaiblit, un fantôme presque effacé, évanoui, telle est la cause de tous ces phénomènes. Le songe qui n'a lieu que dans un état de l'homme où les objets extérieurs le meuvent difficilement, doit être plus clair que l'imagination, et certaines remarques particulières tirées de l'expérience, peuvent seules nous le faire distinguer de la sensation présente ; enfin, le sommeil et les songes font quelquefois suite en nous, et sans que nous le sentions, à la veille et à l'imagination, et peuvent de même y revenir, ce qui fait que nous croyons quelquefois apercevoir des spectres réels, tandis que nous songeons sans le savoir (1).

L'intelligence est une imagination née du discours et des autres signes volontaires ; dans ce sens elle nous est commune avec les animaux ; mais elle est aussi la conception des pensées des autres hommes à l'aide de la *suite* et de la *connexion* des noms des choses en affirmations, négations et autres formules du langage ; celle-là est particulière à l'homme comme la parole dont elle dépend. L'ordre et le discours appliqués à la mémoire, à l'imagination et à la série des pensées éveillées les unes par les autres, poussent très-loin les facultés de l'homme et le distinguent ainsi des animaux, mais il n'est aucun acte naturel de l'esprit pour l'exercice duquel il soit plus requis que de naître homme et de jouir de ses cinq sens (2).

(1) Hobbes, *Léviathan*, cap. 1 et 2
(2) Id., Id., cap. 3. L'association des idées est une série d'images, régulière ou irré-

Il y a deux sortes de mouvement à distinguer dans les animaux : un mouvement vital organique comprenant la circulation, la nutrition, etc., et un mouvement volontaire, marche, discours, etc. Ce dernier provient d'une pensée qui est elle-même le résultat d'un mouvement, et il faut qu'il y ait dans le corps un petit mouvement source du grand ; c'est l'effort, c'est la réaction. Nous avons vu que la sensation avec effort extérieur constituait la perception ; cette même sensation avec effort intérieur vers le cœur, constitue le *plaisir* ou la *douleur*, selon que les mouvements qui sont produits favorisent ou contrarient le mouvement vital. Maintenant, selon que la réaction a lieu vers la cause de la sensation ou au contraire, il y a *appétit* ou *aversion*. L'objet de l'appétit c'est le *bien*, celui de l'aversion c'est le *mal*, et il ne peut exister de commune règle sur ce point dans la nature, mais seulement dans la cité, à la parole du juge et de l'arbitre. Le *beau* et le *laid* sont les signes apparents et probables du *bien* et du *mal*. Beauté, bonté, plaisir sont des espèces de bien, l'un en promesse, l'autre en fait, le dernier comme fin, et ce même bien qui est agréable à sa fin est utile à son milieu. Le mal se divise d'une manière analogue, et toutes les passions résultent de ces premiers éléments, combinés de diverses manières et marqués de divers noms.

Quand plusieurs passions d'appétit et de haine agissent simultanément dans l'homme, cet état tant qu'il dure, ou plutôt cette *agrégation totale* s'appelle *délibération*; les bêtes délibèrent comme nous. La délibération est finie au moment seul où ce dont on a délibéré est fait ou rendu impossible, et l'appétit dernier, quand la délibération se termine, est la *volonté* (1) ; les bêtes veulent aussi. Quant à la liberté, elle n'est que le pouvoir d'agir quand il existe ; elle est *l'absence des obstacles extérieurs au mouvement* (2).

---

gulière, selon qu'elle a lieu avec ou sans but. Elles se suivent comme les mouvements qui les produisent ; elles s'enchaînent et s'amènent l'une l'autre, et sont la cause de la réminiscence volontaire. — L'expérience n'est qu'une sorte de mémoire, la prudence n'est que l'expérience appliquée aux choses de la vie, et la science n'est que la prudence ordonnée, formée en théorie. — La raison enfin, comme faculté de l'esprit, c'est l'addition et la soustraction des noms généraux *signes* (d'un homme à l'autre) et *marques* (dans chacun de nous de nos pensées).

(1) Hobbes, *Léviathan*, cap. 6.
(2) Id., chap. 21. Voyez aussi la morale d'Hobbes dans le traité *de la nature humaine*.

15. Si cette morale, qui réduit toute passion à un mouvement qui commence ou qui finit, le bien à l'objet d'un brutal appétit, et la liberté à l'absence des chaînes, paraît logiquement déduite des premiers principes de la philosophie d'Hobbes, de même sa politique si connue résulte immédiatement de sa morale. En effet, dès que toute pensée résulte d'une sensation et d'un mouvement, tout acte d'un appétit, il faut renoncer à trouver dans l'homme naturel d'autres lois et d'autres règles que celles de la nature même auxquelles il est soumis. Il ne peut y avoir en lui aucun principe d'affection pour ses semblables, aucune idée de devoir, aucune tendance à l'association. L'abeille et le castor sont sociables, mais l'homme ne l'est pas, car tout homme est son ennemi naturel; tout homme a des besoins semblables aux siens, puise à la même source, et détruit ou amoindrit les conditions nécessaires à la conservation de sa vie. D'ailleurs chacun a le droit de pourvoir à sa subsistance au détriment des autres, et notamment de diminuer le nombre des bouches par tous les moyens possibles. En un mot, l'homme est un enfant dans cette doctrine, mais un enfant robuste et par conséquent, selon ce mot d'Hobbes, *malus puer robustus*, un méchant.

Ainsi les hommes sont en guerre. Mais les hommes sont égaux, égaux en force, puisque, tout compensé, on voit que tous peuvent atteindre au même résultat, à savoir : le plus faible tuer le plus fort, et que la femme même est, par cette raison, l'égale de l'homme, et égaux quant aux facultés de l'esprit, en ce qu'aucun n'en sait plus qu'un autre pour ce qui peut tendre à sa conservation. Il résulte de cette égalité, qu'après qu'on a bien pesé les avantages et les inconvénients de la guerre, on doit trouver qu'il y a plus de sûreté et moins de chances à courir en y renonçant. De là le contrat par lequel chacun renonce à ses droits vis-à-vis des droits de tous. Mais comment sera-t-il respecté, ce contrat qui viole les droits de la nature et ne peut engager par conséquent, ni les descendants des contractants ni les contractants eux-mêmes? A une seule condition, c'est que l'un des contractants sera immédiatement armé de la force, et de la plus grande force possible, à l'égard des autres. Quel gouvernement sera donc le meilleur? Le plus central, le plus absolu, le plus parfait en lui-même : la monarchie avec le despotisme.

Parvenu à ce point, le philosophe est soulagé : il a trouvé la loi et la vraie morale. C'est la volonté du plus fort, volonté que son propre intérêt limitera et dirigera, c'est elle qui enseignera le juste et l'injuste. La vertu dépendra de sa détermination, le bien et le mal de son caprice, et les hommes vivront en paix. Pour le penseur seul, une fois que la nécessité du contrat est admise, l'idée du devoir et de la vertu peut devenir quelque chose ; le vice est ce qui est opposé au contrat, et les prescriptions du philosophe s'accordent alors avec celles de la Bible ; mais tout cela est artificiel, car la cité est une machine, un monstre, un Leviathan.

Il est cependant une puissance au-dessus des puissances de la terre. L'homme attaché comme Prométhée sur le rocher et rongé d'inquiétudes sans nombre, pensées de mort, de misère et de malheur, qui ne lui laissent de relâche que pendant les nuits, tourmenté d'une crainte perpétuelle dans l'ignorance des causes comme dans les ténèbres, l'homme veut absolument accuser quelqu'un de sa torture. De là naît l'idée des puissances et des agents invisibles ; de là les dieux créés par la peur. Il faut un Dieu aussi, mais un Dieu unique à celui qui remonte de cause en cause, et, à l'exemple des plus raisonnables parmi les anciens philosophes, trouve un premier moteur, cause éternelle de toutes choses (1). La crainte des puissances invisibles

---

(1) La substance des puissances invisibles ne peut évidemment être que matérielle comme toute substance. Les anges dont parle la Bible, où du reste le mot *immatériel* ne se lit jamais, sont des fantômes. Quant à Dieu, il est grand, dit-on, il est donc corps. *En lui nous nous mouvons, nous vivons et nous sommes*, il est donc corps encore. Les noms que nous lui donnons, *bon*, *puissant*, etc..., n'expriment en aucune manière son essence, mais seulement notre volonté de lui appliquer les noms des choses les plus formidables et les meilleures que nous connaissons (*Léviathan*, append.— *De la nat. hum.*, page 258). Le culte des puissances invisibles est le même naturellement que le culte des grands de la terre: honneurs rendus, présents offerts, etc. (*Léviathan*, chap. II, page 57.) La loi prescrite par Moïse au nom du maître, *Dominus*, a constitué l'Église, le maître l'a agrandie et complétée en la personne de Jésus, sanctifiée enfin en celle de l'Esprit. (Id.) — Ce qui perce le plus en tout cela, c'est la volonté de fonder un gouvernement théocratique, fin singulière d'un sensualisme absolu ! Mais si l'on se demande enfin ce qu'Hobbes pouvait entendre dans le fait par le nom de Dieu, on reconnaît que le premier moteur, cause éternelle des choses (Id., chap. 12), est inintelligible selon ses idées ; que l'échelle des causes (*nat. hum.*, page 257) n'exprime rien, si ce n'est la faculté d'ajouter sans cesse et de supposer à un conséquent un antécédent. Le *moteur* et la *cause* première ne peuvent donc se comprendre qu'en un seul sens, à savoir quand on les envisage dans le même sujet primitif que le *mû* et que l'*effet*. Alors on prend pour Dieu la matière première douée d'une puissance de mouvement et d'accidents indéterminée, infinie. Ces accidents sont et

est la religion, soit que ces puissances soient feintes par celui qui craint, ou conçues d'après des fables publiquement reconnues. Si elles ne sont pas reconnues, c'est superstition; si les puissances existent réellement, c'est la vraie religion. Mais quoi qu'il en soit, le monarque peut seul déterminer les croyances religieuses et le culte public qui intéresse à un si haut degré la tranquillité et la sécurité sociale. L'Église est la réunion des chrétiens en une personne suprême dont l'ordre seul peut les rassembler ou les disperser, et, sur l'ordre du monarque légitime, le Christ même peut être renié par le fidèle (1).

16. Nous n'avons exposé dans ce qui précède que la doctrine publique et explicite d'Hobbes. Hobbes, homme pratique, avant tout, et fortement préoccupé de la question d'utilité physique et sociale pour les hommes, dut nécessairement vouloir fonder une doctrine humaine et applicable, mais en elle se tient cachée, comme au fond d'un sanctuaire, une doctrine plus profonde, seule définitive et complète. On l'entend parler quelquefois, mais elle ne se développe jamais tout entière et devant tous les yeux; la voici : l'homme a été considéré comme miroir du monde extérieur; ce monde en lui représenté a été réduit à de purs mouvements quant à tous ses phénomènes; l'homme qui en fait partie a dû être soumis au même mode d'explication de toutes ses modifications; enfin le fatalisme, l'indifférence morale universelle, la loi des appétits et le droit du plus fort ont complété la doctrine. Mais il y resterait un grand vice, et il y aurait une grande objection possible si l'on devait s'en tenir là. En effet, les facultés de l'esprit, l'acte d'imaginer et de compter en tant que l'on imagine et que l'on compte, tout cela n'est pas le corps extérieur, n'est pas le fantôme. L'homme demeure inexpliqué. Quelle est donc enfin la vérité? C'est que les choses en elles-mêmes sont absolument inabordables et inintelligibles. L'imagination et la mémoire sont pleines de fantômes, et ces fantômes ne sont pas en nous ce que sont en eux-mêmes les objets extérieurs. Nous ne savons pas ce que nous sommes, puisque nous ne connaissons rien que par l'exercice des facultés que nous voudrions connaître; nous ne connaissons

se succèdent suivant une série nécessaire, sans que nous puissions comprendre ni leur origine, ni le fin, ni le monde vague que seuls ils nous font connaître à nous dont la raison se réduit à compter des apparences.

(1) *Léviathan*, passim.

pas le monde, puisque d'une part des idées sensibles, pures illusions, nous le représentent, et que de l'autre les idées et les mots qui prétendent exprimer autre chose qu'un phénomène présent manquent de réalité et d'appui hors de nous. Nous devons donc reconnaître que nous sommes les misérables jouets d'un *phantasmatisme* perpétuel.

Mais il faut aller plus loin encore. Je ne connais, je ne perçois, pour mieux dire, rien que de matériel, c'est-à-dire sous la forme de fantôme ; Dieu est inintelligible ; l'idée que j'ai de la *cause* est purement relative à moi-même et à mon expérience sans me rendre certain d'aucune nécessité extérieure, car il n'y a de nécessité que dans les mots quand j'ai une fois établi leurs rapports et leurs définitions. Enfin une seule chose est certaine, à savoir ma propre existence révélée par le rêve qui me joue et par l'épouvante que jettent les spectres dans la nuit profonde où je suis plongé. Je suis dieu, la vie est mon malheur, et je crains le néant.

17. Il n'est pas jusqu'à cette essence intime en quelque sorte de la philosophie d'Hobbes, que Bacon n'ait préparée jusqu'à un certain point ; si, en effet, le principe sensualiste est pleinement conçu dans ses ouvrages, si celui du nominalisme est presque indiqué dans la critique des *idoles de forum* (1), on peut dire que celui de l'égoïsme métaphysique est en germe, d'abord dans cette distinction profonde entre la sensation et son objet, si dangereuse chez un philosophe qui regarde la sensation comme unique origine de nos connaissances, et de plus dans une foule d'aphorismes où il réduit à une bien faible valeur la certitude des vérités sensibles qui illuminent la *caverne* intérieure de l'homme (2). Ce que Bacon et Hobbes empruntent en commun à Aristote, c'est l'application d'un ratio-

---

(1) Bacon, nov. org., lib. I, aph. 43, 59 et 60.

(2) Falso asseritur sensum humanum esse mensuram rerum quin contra omnes perceptiones tam sensus quam mentis sunt ex analogia hominis non ex analogia universi. Estque intellectus humanus instar speculi inaequalis ad radios rerum, qui suam naturam naturæ rerum immiscet eamque distorquet et inficit. (Id., id., 4.) Habet unusquisque speculum sive cavernam individuam quæ lumen naturæ frangit et corrumpit... ut plano spiritus humanus, prout disponitur in singulis, sit res varia et omnino perturbata (d., id., 42.) Longo maximum impedimentum et aberratio intellectus provenit a stupo... t incompetentia et fallaciis sensuum. (Id., id., 50.) Intellectus humanus fertur ad abstracta propter naturam impropriam atque ea quæ fluxa sunt fingit esse constantia. (Id., id. 51.) On voit que la critique va bien plus loin que le remède unique proposé par Ba... *périence*.

nalisme absolu, surtout chez le second (1), aux données des sens. Mais ils rejettent tous deux les principes supérieurs de la raison, l'un pour les remettre à la garde de la foi, l'autre pour les annihiler en les soumettant à l'expérience. Telle est la grande différence entre le sensualisme moderne et le sensualisme ancien. Elle tient surtout à ce que le premier a une tendance idéaliste très-marquée et que nous verrons paraître sans cesse dans la suite de cette histoire. Une différence toute pareille existe entre la doctrine des idées de Platon et celle de Descartes. Suivant l'un, les idées sont dans le monde : elles sont des substances. Suivant l'autre, elles sont dans l'homme et en Dieu : ce sont des pensées. L'antagonisme existe toujours entre la doctrine des sens et celle des idées, mais à un degré différent, et la première est de plus en plus envahie.

18. Mais Aristote n'est ni le seul ni le plus absolu représentant du sensualisme de l'antiquité. L'école ionienne d'abord, ensuite celle des atomistes constituée par Épicure, représentent un autre état, à la vérité moins avancé, de la même doctrine. Tandis que des esprits originaux, nous venons de le voir, regénérèrent la pensée d'Aristote, celles des deux autres écoles n'obtinrent guère que la fortune d'une restauration. Mais grâce aux vérités qui, bien qu'incomplètes, se laissent apercevoir à ce point de vue de la philosophie, de même que d'autres vérités apparaissent à d'autres points de vue, cette restauration de l'atomisme fut suffisante pour exercer beaucoup d'influence sur toute une grande partie de la science et des savants, et pour exprimer à sa manière l'antagonisme qui s'élevait contre la doctrine des idées. C'est du midi de l'Europe et de l'Italie surtout, que les recherches d'érudition en philoso-

---

(1) On trouve un exemple frappant de ce rapport entre Aristote d'une part, Hobbes et Bacon de l'autre, dans la manière dont ils résolvent tous la question de l'infini, et par suite l'argument fameux de Zénon contre le mouvement. Aristote admet la divisibilité de la matière à l'infini, en puissance et non en fait ; Bacon parle de cette propriété qu'a l'esprit humain de *glisser sans cesse* et de *ne pouvoir se reposer*, ce qui fait qu'il se jette *par impuissance* dans cette subtilité des lignes divisibles à l'infini et des causes qui doivent être causées, comme s'il ne fallait pas s'arrêter quelque part. (*Nov. org.*, liv. 1, aph. 48.) Hobbes enfin ne craint pas de prendre pour partie, pour tout et pour unité, ce qui paraît aux sens unité, tout et partie, et de n'admettre de pluralité dans un corps qu'autant qu'il est ou paraît actuellement divisé pour les sens. Il cite au surplus et approuve fréquemment les décisions d'Aristote, et notamment sa définition de la matière première.

phie étaient originaires; elles en sortirent encore au dix-septième siècle, car si des Français, Bérigard de Moulins et Magnen de Bourges se signalèrent dans ces restaurations, c'est en Italie qu'ils vécurent et professèrent; Gassendi enfin était Provençal, il ne connut Paris qu'à l'époque où son esprit était formé déjà, et entretint pendant toute sa vie de nombreuses relations avec les Italiens et en particulier avec Galilée (1).

Ce fut là la dernière action philosophique de l'Italie. L'enthousiasme l'avait dès lors abandonnée; elle portait, elle porte encore le deuil de Bruno; Campanella était en exil, Vanini mourait à Toulouse; il ne restait à la malheureuse Italie, dans son impuissance à se faire moderne, qu'à suivre son passé dans l'une de ces trois voies qu'elle connaissait si bien. Elle pouvait, en effet, continuer le vieux péripatétisme dont le but était principalement critique des principes chrétiens, œuvre dangereuse et dont le temps était passé; ou revenir à son académie platonicienne, et se rejeter dans le mysticisme et dans le mépris de la vie; mais ceci, non plus, n'était pas de ce siècle; ou enfin, exploiter une philosophie qui ne fût que l'humble suivante des anciens, que la craintive compagne de la foi; elle dut prendre ce dernier parti en attendant qu'une révélation lui vînt d'ailleurs. Pour les esprits les plus actifs la science de Galilée fut un grand dédommagement. Atterrés par l'inquisition, par Sixte V, par le sort de Bruno, par le violent raffermissement de la religion menacée, ils laissèrent à la foi ce qui appartient à la foi, et dès que le mouvement de la terre eut été conquis sur l'ennemi, ils eurent dans la nouvelle science mathématique et physique une large voie ouverte à leurs investigations.

19. Des essais de restauration dont nous avons parlé, il en est deux qui ne peuvent nous arrêter longtemps. D'abord celui de la philosophie ionienne par Bérigard (2) présente deux caractères frappants, que les historiens de la philosophie ont reconnus. Le premier est d'avoir pour objet principal la critique du système d'Aristote, de rétablir l'ionisme contre les objections d'Aristote, de poser et de défendre les atomes, fond réel de la matière, à l'encontre des êtres abstraits et rationnels

---

(1) Cette nature un peu étrangère de la philosophie de Gassendi dut faire supposer qu'il avait visité l'Italie. Ce fait est cependant démenti par Sorbière, son ami. *Gassendi, Œuvres compl.*, t. I, préf.

(2) *Circulus pisanus seu de veterum et peripat. phil. dialogi.* 1643.

d'Aristote. Le second est de n'appeler la philosophie qu'en sous-ordre dans la pensée, de la subordonner complétement à la Genèse et à la révélation chrétienne, au point de professer un véritable scepticisme en fait de science générale, et de se borner à faire choix, parmi les idées des anciens, de celles qui répugnent le moins à la théologie. C'est à ce titre que les Ioniens, surtout Anaximandre et Anaxagore, ont toutes les sympathies de Bérigard. Que si l'on veut regarder comme feinte cette soumission absolue à la foi, et comme feint aussi le scepticisme philosophique qui vient à son appui (la question ne peut se résoudre faute de données suffisantes), alors Bérigard paraîtra simple médecin partisan du mécanisme de la matière, comme tant d'autres de son temps et du nôtre, et en doute, tout au moins, sur l'origine intelligente ou fortuite de l'harmonie actuelle des choses. Mais, quoi qu'il en soit, ce médecin, né à Moulins, élevé à Aix, Italien par choix, par principes et par domicile, mort à la fin du dix-septième siècle et étranger au grand mouvement philosophique de son siècle, ne peut se présenter à nous comme un philosophe sérieux. Il nous sert de signe seulement pour marquer l'état d'un grand nombre d'intelligences, surtout dans le midi de l'Europe.

Magnen fut aussi médecin et vécut à Pavie, vers le même temps. Moins philosophe encore que Bérigard, il s'en tint à reconstruire la physique de Démocrite et laissa dans l'ombre les questions de criterium et de méthode, et à plus forte raison celles de Dieu, de l'âme et de la morale, pour n'expliquer que la constitution de la matière et la production de quelques phénomènes. Tel qu'il est, ce système est intéressant, mais il ne met pas assez au jour cet élément de la doctrine des monades, que Leibnitz trouva dans *l'atome-idée* de Démocrite; en outre Magnen mêla maladroitement à son travail de mauvaises expériences et des idées étrangères, et ne voulut au surplus le présenter au public que comme une recherche d'érudition propre à exercer l'esprit et à fournir à une science incertaine, telle que la physique, des principes à peu près vraisemblables; enfin, quoique instruit en géométrie, il ne fut ni sur la voie ni au courant des découvertes mathématiques et physiques qui s'accomplissaient de son temps (1). Démocrite fut encore restitué

---

(1) *Chrys. Magneni, Democritus reviviscens sive de atomis.* 1615.

par un Allemand, Senner; mais celui-ci voulut qu'à côté du monde physique subsistât un monde indépendant composé des âmes créées, et l'attention de ses contemporains se porta principalement sur ce point.

Entre toutes ces tentatives de restauration, celle de l'épicurisme par Gassendi domina les autres, d'abord à raison de l'immense érudition de son auteur, ensuite grâce au centre qu'il adopta pour faire rayonner son enseignement. En lui, semblèrent se réunir et se résumer tous les efforts de ce second parti sensualiste dont nous avons parlé, ennemi d'Aristote aussi bien que du système des idées, et antagoniste, à sa manière, de la nouvelle philosophie française. Mais nous devons expliquer ici la position de Gassendi : cet homme, dont la vive et prompte intelligence s'était montrée de si bonne heure, et que la passion d'apprendre avait fait philosophe, astronome, anatomiste, mathématicien, historien, était digne assurément d'occuper une place vis-à-vis de Descartes; mais il était prêtre, et si l'esprit de son temps l'avait fait antiaristotélicien (1), l'Église et la foi chrétienne l'éloignèrent de la recherche d'une philosophie générale, une, compacte, indépendante, lui laissèrent la physique seule à explorer librement, et lui dictèrent une métaphysique trop évidemment composée en vertu des résultats à atteindre plutôt que d'une méthode à suivre ou que d'un principe à développer. Nous devons donc le rapprocher, d'un côté, des nouveaux savants italiens qui abandonnaient la doctrine générale à l'Église, et de l'autre, du philosophe anglais, son ami, qui voulait châtrer la science en supprimant l'esprit; il est comme intermédiaire entre eux, différent des uns en ce qu'il donne une petite place à la métaphysique dans ses ouvrages (2) pour ne pas laisser sans contre-poison, lui

(1) La formation de l'esprit de Gassendi est d'une étude facile : la lecture de Ramus, de Vivès et de Bacon, l'indisposent contre Aristote; l'astronomie, la mécanique, sa vive intelligence, ses rapports avec les savants positifs, le mettent au courant des faits et des nouvelles découvertes; ses études philosophiques le disposent à rechercher une physique générale. Ses travaux d'érudition lui suggèrent Epicure; son caractère de prêtre, enfin, lui ordonne de modifier ses idées d'après la règle infaillible de la révélation et de chercher les pièces et les morceaux de sa métaphysique dans le vieil arsenal des raisons banales.

(2) La métaphysique proprement dite n'occupe qu'une très-petite partie du *Syntagma philosophicum* de Gassendi, dont l'ensemble comprend 2 vol. in-fol., encore même ne se présente-t-elle qu'en sous-ordre après les principes de physique. Vide Atomes et Mouvement.

prêtre, le poison d'Épicure; et, de l'autre, en ce que la force, l'audace, et surtout la conviction d'un plein matérialisme lui manque. La destinée de sa philosophie peut servir à justifier cet aperçu, puisque, partie de la Provence, et, pour ainsi dire, de l'Italie, elle ne fit que passer en France, et alla se reposer en Angleterre après la mort d'Hobbes, dans les doctrines plus modérées et un peu cartésianisées aussi de Newton et de Locke. En somme, c'est avec les philosophes érudits français-italiens qu'il a le plus de rapports réels, et son plus grand défaut pour un novateur est de laisser, comme eux et comme Bacon, tout système métaphysique entier, absolu, et conséquent aux mains du pouvoir religieux, pour n'organiser que la physique à un point de vue particulier, ou de livrer avec Hobbes la science au matérialisme (1).

Ces assertions sont faciles à justifier par une exposition, même très-courte, des idées de Gassendi. Considérons-les d'abord dans leur rapport avec celles d'Épicure. On sait que la doctrine épicurienne eut, dans l'antiquité, la réputation bien établie d'ignorante doctrine. Il fut donc impossible à Gassendi d'accepter, dans toute son intégrité, un système que le premier venu des mathématiciens, des astronomes, des nouveaux physiciens eût, à plus forte raison, convaincu d'erreur. Aussi, après avoir commencé par réhabiliter de son mieux la vie et le caractère d'Épicure en interprétant sa morale (2), il publia

(1) Nous avons dit (liv. II, chap. II) de Descartes que son intention marquée fut de réduire à la philosophie naturelle le champ de ses recherches, et nous avons trouvé très-heureuse en lui cette tendance en partie due à ses goûts personnels, un peu aussi à la crainte des théologiens, et peut-être encore au désir de s'éloigner de la science morte selon Aristote ou selon Proclus. Ici nous blâmons Bacon, Hobbes et Gassendi, et il peut sembler d'abord que nous entrions en contradiction avec nous-même. Mais Descartes fonda une philosophie propre à embrasser toutes les sciences et toutes les recherches possibles, et s'il en réduisit l'application entière à la philosophie naturelle, il laissa ses disciples le remplacer comme métaphysiciens et théologiens. Au contraire, les trois hommes dont nous venons de citer les noms ne connurent que dans la religion la science suprasensible à laquelle leurs principes philosophiques ne se rapportaient pas. L'un la vit et la vénéra; l'autre en soumit la détermination à la force et non à la raison, à l'utilité et non à la foi, de sorte qu'en elle-même il dut la mépriser pleinement; le troisième enfin l'emprunta et la fit comparaître comme le *Deus ex machina* dans sa physique. Sans doute ils exposèrent, au moins les deux derniers, une philosophie générale, mais précisément dans le but de réduire la connaissance aux sens en théorie, et dans le fait toute science possible à la physique. Gassendi divise même formellement la philosophie en deux parties, la physique et l'éthique. (*Synt. philos.*, cap. I.)

(2) *De vitâ et moribus Epicuri*. Lyon, 1647.

des remarques critiques sur sa philosophie (1), puis une exposition nette de laquelle il renvoie le lecteur à ses précédentes remarques toutes les fois qu'un passage scabreux se présente (2), enfin un prolixe étalage de sa propre doctrine, où l'on trouve, à grand'peine, noyées et sans vigueur, ses idées, si toutefois il en a qui soient bien siennes, au milieu de citations infinies, et à la suite de recherches de pure érudition sur les philosophes antérieurs. Epicure, Lucrèce, Sénèque, Plutarque, Cicéron, font tous les frais de cette pâteuse logomachie où les notions étant mal définies et mal liées, et les preuves incomplètes par le défaut des premiers principes, il ne reste dans l'esprit du lecteur que des mots et des idoles (3).

Gassendi suit exactement Epicure sur la question de l'origine des connaissances et du criterium de la certitude. Les sens, suivant lui, ne trompent jamais, et l'erreur ne provient que du jugement et de l'esprit qui le prononce. Les sens nous enseignent l'existence des corps, et leur variation perpétuelle manifestée par les phénomènes de génération et de corruption ; or, rien ne pouvant provenir de rien, principe tiré de l'expérience et de l'ordre de la nature (4), il faut qu'il existe une matière première. Mais cette matière étant soumise à la génération et à la corruption, ne peut être une et simple ; elle est donc composée d'*uns* et de *simples*. Ce sont là les principes et les éléments des choses, les atomes. On peut appeler atome ce qui est impossible, assuré contre toute blessure, indivisible à raison de sa petitesse et de sa solidité (5). La solidité de l'atome et son insécabilité tiennent à ce qu'il est contigu, sans vide, inattaquable ; ses propriétés sont la figure qui est variable de l'un à l'autre, la grandeur qui est réelle et soumise à la quantité, quoiqu'il y ait des myriades, bien plus, d'innombrables myriades d'atomes dans le moindre corpuscule sen-

---

(1) *Animadversiones in X librum Diog. Laert., qui est de vita moribus placitisque Epicuri.* Lyon, 1649.

(2) *Syntagma philosophiæ Epicuri*, publié d'abord comme appendice à l'ouvrage précédent.

(3) *Syntagma philosophicum*, œuv. comp. (6 vol. fol., Lyon 1658), t. I et II. Si ce livre ne peut être pris sérieusement pour un traité de philosophie, il faut lui reconnaître de l'intérêt, de l'utilité, comme collection ou arsenal de raisons anciennes et modernes.

(4) *Animadv. in X lib., Diog. Laërt.,* pag. 101.

(5) *Synt. phil., Epic.,* pag. 122. *Quod plagæ securum est, quod nil pati potest,* etc.

sible (1), et le mouvement dont nous parlerons plus au long tout à l'heure. Cela posé, le corps, qui est sensible par sa masse, par sa figure et par sa résistance (solidité ou impénétrabilité), n'est pas le seul principe des choses, mais outre ce corps qui seul peut toucher et être touché, il existe quelque chose d'incorporel, d'impalpable, sans solidité, incapable d'action ou de passion : c'est le vide, lien des corps, espace qui les sépare et sans lequel il n'y aurait pas de mouvement possible. De ces deux principes on peut déduire une explication mécanique des phénomènes naturels. Ce système très-vague comprend à peu près tout ce qu'il y a de généralement commun entre Épicure et Gassendi, car nous allons voir paraître à présent les idées propres à ce dernier, ou du moins celles que son siècle et son état lui imposaient.

20. Gassendi commence par impliquer, dans sa définition de la philosophie, le principe sensualiste qu'il devrait d'abord chercher à établir. Il dit en effet que la philosophie est *l'amour, l'étude et l'exercice de la sagesse*, et par sagesse il entend une *disposition de l'esprit à bien sentir les choses et à bien agir dans la vie*, de telle sorte que, pour y parvenir, il faille rechercher la vérité des choses (d'où cette partie de la philosophie qui est la *physique*), et l'honnêteté dans la vie (d'où cette autre partie qui est l'*éthique*). De cette double sagesse résulte la vertu, perfection de l'esprit en ses deux facultés : l'intelligence ou entendement, la volonté ou appétit. L'un vise au vrai, l'autre à l'honnête ; et la félicité, le repos, la santé même en sont les conséquences (2).

Le même principe paraît au commencement de la logique où Gassendi définit les idées par les images (3), et divise l'art de bien penser, qui est la logique artificielle, en trois parties : *bien imaginer* (c'est-à-dire se représenter la véritable et légitime image de chaque chose), *bien proposer* (c'est-à-dire affirmer ou nier en rapportant à chaque chose ce qui lui convient), *bien conclure* (c'est-à-dire inférer d'une proposition sa légitime conséquence), enfin *bien ordonner* les propositions et leurs

---

(1) De atomo soleo dicere quod sit parvum quid, non omnem ea re sed proceram magnitudinem excludendo. (*Synt. phil. Epic.*) Est-ce là une définition ?

(2) *Syntagma philosophicum. De philosophia universe.*

(3) Notio, conceptio, cogitatio, apprehensio, intuitio et imaginatio idem sunt. Id., *Logica institutio.*

conséquences. Selon lui, toute idée vient directement ou indirectement des sens et est singulière, mais l'esprit généralise en abstrayant les différences ou imaginant dans plusieurs singuliers ce qu'ils ont de commun. On comprend comment il règle sans difficultés les formes de la proposition, du syllogisme et de la méthode double, synthétique et analytique, en s'appuyant sur ces bases (1) ; mais il faudrait expliquer ce qu'est la légitime image d'une chose, et comment chaque chose ayant son image, on peut en voir une qui convienne à plusieurs choses et ne représente pas leurs différences; car si une idée générale est une image, au lieu d'être un pur nom représentant arbitraire d'un vague fantôme, on est en droit de demander l'image de la substance, de l'accident, de la couleur en général, ou encore celle du monde, de l'imagination elle-même, et de l'esprit. A la vérité, Gassendi reconnaissait qu'une abstraction partielle (et ses principes lui défendaient d'en admettre d'autres) ne peut avoir lieu, comme la vue de soi et la pensée de la pensée, que dans un sujet incorporel ; mais alors on se demande quel moyen naturel nous avons de connaître toutes ces nouveautés, et l'on n'en trouve aucun. Nous sommes ainsi ramenés à la question du criterium de certitude, puisque Gassendi considère toute image en soi comme vraie et le jugement seul comme faillible, quand il fait une proposition sur le sujet de cette image, il devrait avouer de deux choses l'une, ou que nous n'avons aucun moyen certain de prononcer en connaissance de cause, étant bien constant que les images varient sans cesse, et d'après notre disposition et d'après celle des corps extérieurs, ou que tout est relatif, inconsistant et mobile, de sorte qu'il n'y ait ni vérité, ni fixité, ni existence quelconque autrement que dans l'instant même qui passe, qui est passé, et dans la sensation présente. Ces conséquences extrêmes, qui ne répugnent pas au fond à une doctrine qui livre, comme le fait celle d'Épicure, la production de tous les phénomènes tant objectifs que subjectifs du monde, au hasard de la rencontre des atomes, sont au contraire bien antipathiques aux idées de Gassendi, qui fait comparaître Dieu et l'âme au-dessus du mouvement atomal. Pourquoi donc appeler cette âme et ne pas s'en servir? Pourquoi reconnaître

---

(1) Gassendi, Synt. phil., logica institutio.

l'esprit qui abstrait et généralise pour le jeter ensuite comme un étranger au milieu des atomes? Pourquoi le détruire en lui refusant l'activité, et rendre son essence incompréhensible en soumettant toutes ses modifications à celles de l'être inerte, tandis qu'on a besoin de lui au contraire dans la divinité pour créer les atomes, pour agir sur eux, pour les mouvoir, et pour ordonner les lois de leurs révolutions? Nous trouvons ici la première différence entre Epicure et Gassendi, mais il en résulte une contradiction dans le système de ce dernier.

Lorsque Gassendi interprète et adopte l'axiome *nihil ex nihilo*, qui, d'après lui comme d'après Epicure et Lucrèce (1), résulte comme une conséquence forcée du mode et de l'ordre de production des phénomènes sensibles, et qu'il refuse l'application de cet axiome à Dieu et à l'action divine, il fait, hors de cet ordre, un bond tout à fait impossible à expliquer et à justifier, puisqu'une notion telle que peut être celle de la création de l'univers tiré du néant n'a pu entrer par aucune voie dans son esprit et que Dieu même, le Dieu des chrétiens, est tout à fait au-delà des êtres sensibles ou naturels, et de leurs analogies. Ici donc le système périt encore; il faut opter et se résoudre à être mauvais prêtre ou triste philosophe. Nous n'avons pas besoin de dire que les principes des épicuriens ne sont pas ceux qui aident Gassendi à prouver l'existence du Dieu pur esprit, omni-présent, de la Providence et des causes finales, et qu'il ne trouve pas dans les conséquences de sa théorie ce qu'il a si soigneusement écarté du commencement. Il n'y a donc aucune unité dans sa doctrine (2).

L'idée de matière, ou, disons mieux, de substance première, d'être un et simple, entrant dans la constitution des composés, a, par elle-même, une grande valeur en philosophie. Mais il faut expliquer ces êtres primitifs. Selon Démocrite, ils sont infiniment petits et portent en eux la pensée, et, malgré l'obscurité des traditions sur sa doctrine, on peut, d'après cet indice seulement, conjecturer qu'elle différait beaucoup de celle des autres atomistes et comprenait une forte métaphysique (3). Mais, suivant Épicure, les atomes n'ont de proprié-

(1) Liv. I, *passim*.
(2) Le liv. IV (sect. II) du *Syntagma philosophicum* est consacré à Dieu et à la Providence. Il est précédé du livre de la matière et suivi de celui du mouvement.
(3) Cicéron, Plutarque et saint Augustin complètent sur ce point le témoignage d'Ari

les, si l'on excepte la pesanteur, que la grandeur et la figure. Gassendi, qui le suit en ce point, et qui prouve qu'un atome ne peut penser, chose facile et qui ne dépend que de la définition arbitraire de l'atome, ne veut cependant pas composer l'âme humaine avec des atomes, et il est ainsi conduit à admettre deux âmes : l'une matérielle, ignée, pour suivre Épicure; l'autre rationnelle et immatérielle, pour suivre l'Église. Ce n'est pas qu'il ne donne d'excellentes raisons pour prouver que l'entendement ne peut siéger dans un composé d'atomes, mais elles viennent un peu tard, sont empruntées à des principes particuliers, et ne rentrent pas dans le corps de doctrine. En outre, il reste toujours (et précisément à cause de ce défaut d'unité) impossible de concevoir un rapport quelconque entre les atomes doués de figure et de mouvement, et cette âme dont l'action, quoique incorporelle, est entièrement réduite à s'exercer sur les images des corps dont l'âme sensitive est le miroir au point qu'elle ne peut rien et n'est vraiment rien sans elles. Gassendi crut diminuer la difficulté en faisant appel à Dieu pour lui faire donner à l'âme une grande tendance vers le corps par l'intermédiaire de l'âme animale; mais c'est là une hypothèse puérile et qui ne comble que par des mots la différence infinie qui sépare les deux âmes, c'est-à-dire l'âme rationnelle de tout ce qui est corps. Cependant il fut si satisfait de cette supposition facile qui consiste à faire descendre du ciel ce qu'on ne peut trouver sur la terre, qu'il détruisit encore plus définitivement l'unité de sa doctrine, et, non content de suivre l'esprit de l'antiquité sur cette question logomachique de la pluralité des âmes dans l'homme, il voulut aussi donner une âme au monde, c'est-à-dire un ministre ou un intendant à Dieu, et enfin une âme, une vie, un appétit particulier à chaque chose dans la nature. Ainsi il parvint à un principe qui rend l'atomisme inutile, réduit la physique générale à la simple distinction de la forme et de la matière, et livre l'entrée de la physique particulière à toutes les entités mystérieuses, à toutes les facultés vitales, telles que la chaleur ou l'attraction, dont la considération détruirait toute philosophie physique, si l'on ne recherchait en même temps les lois universelles qui régissent leurs manifestations.

tote, qui n'est heureusement pas la seule autorité pour ce qui concerne l'histoire de la philosophie ancienne.

Mais enfin que fit Gassendi de l'atome épicurien, et comment le comprit-il? Nous avons vu le vague de ses définitions. Si l'on ne comprend rien à la grandeur de l'atome, s'il est impossible de donner de la réalité à une grandeur qui n'est pas grande (non omnem sed proceram magnitudinem excludendo), et d'attribuer quelque chose d'absolu à des idées purement relatives, comprend-on mieux cette insécabilité qui résulte de l'absence du vide? Ce n'est là qu'une induction illégitime tirée des résistances que l'expérience nous fait connaître dans les corps, et qui ne sont jamais absolues, comme on sait; et l'on ne voit pas *à priori* pourquoi une pareille matière devrait nécessairement exister autrement que dans l'infini, qui seul est conçu comme indivisible par essence. L'existence du vide n'est enfin nullement nécessaire au mouvement quand on ne suppose pas, avec Épicure, les atomes doués d'une tendance indéfinie, et dans le même sens à un mouvement rectiligne, et de plus, d'une déclinaison latérale variable, car cette hypothèse est la seule qui, en donnant la ligne droite pour direction primitive à tout mouvement, soit contradictoire avec celle du plein.

Gassendi repousse le mouvement uniforme des atomes de haut en bas, ainsi que les oscillations autour des points de la ligne de direction primitive, oscillations sans lesquelles ils tomberaient tous éternellement, comme des gouttes de pluie, dans le vide profond :

<blockquote>Imbris uti guttæ caderent per inane profundum (1).</blockquote>

Il ne veut pas non plus accorder, avec Démocrite, une *impulsion interne*, une force à l'atome par laquelle il se rende actif et se porte au choc (2). Mais il suppose un mouvement primitivement donné aux atomes, et que le choc d'une part, de l'autre les vertus internes, telles que l'attraction et le poids vers des centres particuliers, ont fonction de transmettre et de communiquer (3). Il renonce ainsi à la simplicité de l'hypo-

---

(1) Lucrèce, liv. II. Le mouvement primitif est le *poids des atomes* d'Epicure. La *déclinaison*, les *oscillations* (*palpitationes*), sont la cause première de l'organisation des mondes.

(2) Interna impulsio qua atomus seipsam agit. Gassendi, *animadv. de physiol. Epic.*, page 215.

(3) Pondus nihil aliud est, puta gravitatem, quam naturalis internaque facultas seu

thèse d'Épicure, mais c'est pour préparer une sorte de fondement métaphysique à une hypothèse aussi simple et aussi absolue, celle de la gravitation universelle dont Newton découvrit la loi. Sous ce rapport, il faut regarder Gassendi comme le premier auteur de cette méthode atomistique vague qui règne encore aujourd'hui dans quelques parties de la science, d'après laquelle l'atome, tantôt regardé comme simplement massif et mécanique, est tantôt, au contraire, doué de qualités vitales internes. Nous verrons aussi plus tard comment les idées d'espace infini, de vide et de *propriétés de la matière* s'établirent dans la science à l'époque où commença la réaction philosophique contre le cartésianisme; mais remarquons aussi que ces propriétés, qui peuvent embrasser sans difficulté la pensée même (1), et qui au fond n'expliquent rien, de même que les facultés vitales dont le sujet n'est pas bien conçu et défini, n'ont aucune valeur philosophique, et servent tout au plus à coordonner un certain nombre de faits autour d'un autre (2).

En résumé, nous devons répéter notre assertion première : il est impossible de trouver une méthode et un dogme philosophique original et bien lié dans les longues dissertations de Gassendi. Quant à son système de morale, qui est celui d'Épicure interprété et réhabilité, quelle que puisse être la valeur de cette réhabilitation au point de vue de l'église, il reste que le principe est toujours le même; or, ce principe est, selon nous, l'égoïsme. Une morale qui donne le repos personnel et la jouissance intérieure (peu importe qu'il s'agisse de l'âme ou du corps) pour but à l'action, pour objet à la vie de l'homme, intronise l'égoïsme en principe, sauf à le condamner plus tard quand il voudra se déployer librement. Mais alors la faute est faite : il n'est plus temps. Vous aimez vos amis, parce que vous jouissez auprès d'eux; vos parents, parce qu'ils vous aiment et vous soignent; l'étude, parce qu'il est doux de savoir, et aussi

---

vis, qua se per seipsam ciere movereque potest atomus. Id., *Syntagma philosophicum*, pag. 279.

(1) Ainsi par exemple Locke demanda si Dieu ne pouvait avoir donné à la matière la propriété de penser.

(2) Ces propriétés et ces facultés existent dans notre physique expérimentale, où l'on se contente de régler d'un point à un autre et d'ordonner certaines séries de faits sans discuter à priori les hypothèses qui ouvrent ces séries.

de savoir plus que les autres ; l'honnêteté, parce qu'une mauvaise action trouble la tranquillité de l'âme ; le plaisir modéré, parce que l'excès est une maladie; la vie enfin, parce que vous vous sentez, vous vous connaissez, vous vous admirez voluptueusement ? Eh bien! vous êtes un égoïste à qui il ne manque qu'une passion, c'est-à-dire une maladie, pour fouler aux pieds tout ce qui ne vous touche pas directement, et qu'une autre passion, qui est le génie, le mépris des hommes, le courage, ou l'ignorance de l'enfer, pour calomnier, pour voler, pour tuer sans remords. Nous comprenons que le disciple ancien d'Épicure, qui s'efforce de dominer le monde du hasard pour ne rien craindre et ne rien espérer, nous comprenons que comme le sceptique il place la vertu dans l'indifférence et le repos, mais ce n'est pas là cette vertu qui apprend au chrétien à exposer son âme pour sauver celle du prochain.

Ainsi naquit, à côté du sensualisme rationnel par lequel Hobbes transforma, ou si l'on veut développa la doctrine d'Aristote, un autre sensualisme aveugle et naïf que l'on cherchait vainement à modifier par l'introduction de principes théologiques étrangers. Mais sa physique et sa morale devaient être exploitées plus tard dans toute leur pureté et jusqu'à leurs dernières conséquences. Son premier monument fut la réfutation de Descartes par Gassendi, dont nous parlerons bientôt ; mais ensuite il lui fallut passer la mer. Là se trouva Newton que l'on a nommé avec tant de raison (1) le continuateur de Gassendi. Simple et croyant comme lui en qualité de chrétien, savant attaché à l'expérience, philosophe aux idées de Lucrèce, il attribuait aussi bien que lui une grande valeur scientifique au vide et aux atomes, pour lesquels il avait un faible marqué comme Bacon ; tous deux attachaient enfin beaucoup d'importance à la preuve de l'existence de Dieu par l'ordre du monde, et à la considération des causes finales dans la science (2). L'un et l'autre s'élevèrent par là au-dessus des théories atomistiques, et détruisirent l'homogénéité de leur système ; mais l'un et l'autre eurent en Angleterre, et bientôt en France, des élèves

---

(1) *Encyclopédie méthodique*, art. Gassendi. Cet article est creux, au surplus comme presque tous les articles philosophiques de l'Encyclopédie.

(2) Gassendi, *obj. aux méd. de Descartes*, IV, 3, et Newton, *optique*, t. II, quest. dernière de la traduction de Coste.

plus rigoureux sinon mieux inspirés qu'eux, lorsque Locke eut prêté sa méthode, empruntée au cartésianisme, pour servir à développer et leur doctrine et celle d'Hobbes. Alors seulement on put prononcer sur l'antagonisme dont nous venons d'expliquer la formation ; et une nouvelle révolution eut lieu dans la philosophie.

Mais à l'époque où Gassendi exposa en France sa double doctrine, qui se fondait sur une contradiction entre le principe de la philosophie et celui de la théologie, nous avons vu comment une révolution plus décisive et plus générale avait été annoncée, et nous avons rendu compte des causes qui préparaient son succès ; résumons-les en deux mots, car il demeurera évident par là que le gassendisme ne pouvait satisfaire aux conditions alors requises d'une philosophie universelle.

C'est en France, en effet, que le mouvement de restauration politique et religieuse, alors commun à toutes les nations de l'Europe, après les secousses du seizième siècle, s'appliqua aux esprits le mieux préparés. L'élément antique que la renaissance avait apporté, l'élément protestant qui était entré avec le calvinisme, le doute sage et fort dont Montaigne avait été le représentant, et qu'il avait donné pour suite à l'admirable satire de Rabelais, en un mot le besoin d'innover et de régénérer se trouva mêlé dans tous les esprits à la tendance conservatrice. Peu à peu les hommes se transformèrent, et une philosophie dut naître qui, portant dans son sein ces vieux principes pour jamais unis sans doute aux conditions de stabilité et de bonheur des sociétés humaines, sut les appuyer cependant sur des raisons nouvelles, les ouvrir à l'esprit moderne et aux découvertes récentes ; enfin, les étendre, les rajeunir et les fortifier. Or il est bien évident qu'une doctrine sensualiste ne pouvait convenir à cet objet.

D'autre part, à cette époque où nous fixerions volontiers la domination définitive de l'esprit moderne, à cette époque où se formait la littérature française jusque-là si latine et romane, où la dignité laïque allait paraître avec éclat dans une génération originale d'hommes de lettres, dans Boileau, dans Racine, dans Molière, où des ministres du tiers état allaient gouverner despotiquement la France de Dunkerque aux Pyrénées, où la religion même allait réclamer son indépendance nationale, il convenait que la philosophie se fît française, laïque et populaire, et qu'elle échappât au doute et à l'impiété en même temps qu'à la foi et à la théologie ; à la langue latine en même temps qu'à toutes les formes vieillies de la pensée. Or ce n'est pas ce que Gassendi pouvait faire, mais bien celui qui parut non pour suivre, apprendre ou transmettre, mais pour fonder la philosophie comme si elle n'eût jamais existé.

Enfin, nous avons vu qu'un des grands caractères de cette ère sociale, qui dure encore après s'être annoncée sous les auspices de l'imprimerie découverte, de la boussole et du Nouveau-Monde, est de vouloir un sage équilibre entre le ciel et la terre. La société chrétienne cherche à s'accommoder à l'état nouveau des esprits, et les jésuites, admirable milice constituée pour ce temps, sortent du cloître et se répandent dans le monde, au lieu de chercher, dans leur puissance, à ramener le monde au cloître. De toutes parts on embellit, on charme la vie matérielle, et la tendance du siècle est à réagir contre toute puissance théocratique et contre toute soumission mystique. Le droit s'élève, l'autorité s'abaisse. Que peut Gassendi, ce prêtre d'un esprit humble et d'une vie tranquille, amoureux du repos, esclave d'Épicure et de l'antiquité, d'un côté ; du moyen âge et des solutions théologiques, de l'autre? Que peut-il, quand l'homme, soulagé du poids religieux dont le passé a fatigué ses membres, demande à respirer, à vivre, à penser pour lui-même? C'est Pélasge qui, vaincu au sortir de l'antiquité, veut renaître au début des temps modernes ; il veut renaître et il renaît en Descartes : nous avons assisté à sa fortune.

§ II.

PREMIÈRES DISCUSSIONS CARTÉSIENNES. — JÉSUITES ET ORATORIENS.

1. Lorsqu'au milieu d'une nation ainsi préparée, le fils des vieux Bretons secoua le joug de l'autorité avec une audace que partout ailleurs on eût punie du bûcher, trente ans auparavant, nous ne devons pas être étonnés si son effort fut suivi d'un immense mouvement. La religion même et l'autorité furent contraintes de suivre, car la doctrine nouvelle était providentielle.

et ses conséquences devaient s'étendre jusqu'à nos jours, et sans doute au delà.

Entrer dans les problèmes philosophiques posés par l'antiquité et par la renaissance, agiter les problèmes, opposer les solutions, c'eût été une œuvre morte ajoutée à tant d'autres. Eût-on même produit la vraie, la complète philosophie sous une forme abstruse et nuageuse, on eût parlé à quelques intelligences, mais le monde n'eût pas été ébranlé.

Au contraire, descendre des hauteurs de la métaphysique, oublier de se demander si les universaux sont des choses, des idées ou des mots, ou du moins ne traiter la question qu'en passant, vivement et à la hâte; refuser de suivre les platoniciens et les pythagoriciens jusqu'au point où l'humanité s'abîme devant Dieu, où l'homme disparaît, où une seule idée demeure dans notre néant, celle de l'immensité de l'être; et de descendre avec Aristote dans la subtile analyse de la forme de la science; mais, loin de là, poser dès l'abord l'homme et sa pensée au premier rang, trouver en lui la révélation, y distinguer, par leur clarté, les idées vraies des idées fausses, y lire enfin, profondément gravées, les lois premières de Dieu et du monde, c'était bâtir de toutes pièces la philosophie et l'univers.

Ce n'eût pas été tout non plus que de lever l'étendard, avec Bacon, au nom de l'observation, de l'expérience et de l'induction. Il fallait encore reconnaître les droits de l'esprit sur le monde matériel, le régler par la théorie et l'hypothèse, englober enfin la physique dans la métaphysique. C'est ce que fit Descartes; il ne se contenta pas de dire, comme Bacon, que l'expérience est notre guide, et *que nous élaborons, comme l'abeille les fleurs, les résultats de nos propres expériences pour en tirer le miel* (1) : mais il mit la main à l'œuvre, porta le monde entier dans son intelligence, et put y faire entrer ainsi ces lois que Bacon voulait atteindre par une induction illégitime; et tandis que, au hasard et sans ordre, Bacon recommande mille et mille expériences (2), Descartes ordonne et règle les recherches, donne, à l'aide d'une théorie, une immense impulsion à la science, et prépare le travail de plusieurs siècles; car telle est la vertu des théories.

(1) Bacon, *Nov. org.*, lw. 1, 95.
(2) Id., *Sylva sylvarum*.

Alors l'homme put revenir à lui-même, se trouver et s'admirer au point de départ d'une création tout entière, de celle qui se fait dans son esprit et y produit l'immensité. Ce fut là la nouvelle méthode; ce ne fut pas une logique, une dialectique, mais ce fut un principe, un principe d'où la philosophie et la science moderne tout entière sont sorties. Ainsi ramené à la terre et à lui-même, il apprit sa liberté et sa valeur. La personnalité humaine fut mieux établie en même temps que l'humanité fut élevée; l'égalité des esprits fut reconnue; l'autorité tomba, celle de l'Église avec celle des anciens; et la pensée, une et simple, celle de l'homme, celle de tout homme fut couronnée sur les ruines de la science du passé.

Sous ce point de vue, le dix-huitième siècle lui-même découla du Discours de la méthode; les libres penseurs se multiplièrent, et dès qu'un homme fut, par la culture intellectuelle, l'égal d'un noble ou d'un riche, il voulut l'être aussi par le rang et la considération. Sous ce point de vue encore, Locke et ses disciples français, jusqu'à Voltaire, furent les successeurs de Descartes, à aussi bon titre que Malebranche ou Spinosa purent l'être sous d'autres rapports.

Descartes s'adressa donc à tous les hommes, et écrivit en langue vulgaire ce *Discours de la méthode*, qu'il voulait d'abord intituler : *Projet d'une science universelle qui puisse élever notre nature à son plus haut degré de perfection*, plus *la dioptrique, les météores, la géométrie, où les plus curieuses matières... sont expliquées en telle sorte que ceux mêmes qui n'ont point étudié les puissent entendre* (1). Il évita cependant d'attaquer les savants en face, mais il leur laissa leur science morte, et entreprit d'en faire une autre. On le voit aussi, dans le livre de la *Recherche de la vérité par les lumières naturelles* qu'il ne destinait peut-être pas à ses contemporains, et qu'il ne finit jamais, opposer le bon sens ou l'esprit de tout homme sain, personnifié dans *Eudoxe*, à la doctrine compliquée du savant *Epistémon*, et la confondre devant *Polyandre*, qui suit, ordonne, comprend et applaudit les simples inspirations de sa conscience. Ici nous sommes bien loin de la philosophie de l'antiquité ! Un nouveau jour a lui. Reconnaissant envers cet esprit mathématique, où il avait trouvé sa méthode enve-

---

(1) Descartes, *Lettres*, II, 3.

loppée, Descartes pensait que Pappus et Diophante avaient connu cette mathématique universelle, et n'en avaient voulu livrer au monde que quelques subtiles applications (1); mais il faut bien plutôt croire que ces grands génies ne connurent, comme tant d'autres, les mathématiques que sous l'idée de nombre et de figure, et que la méthode de Descartes est véritablement la méthode des modernes.

Fidèle à son principe de franchise et de publicité, il donna un éclatant exemple aux savants qui cachaient encore leurs découvertes, et s'en faisaient matière à défis (2). Il triompha d'eux encore après la publication de sa méthode, et résolut, *currente calamo*, quelques-uns des problèmes qu'ils estimaient des plus difficiles (3). S'il crut qu'il *y a de la prudence à se taire en certaines occasions* (4), et sut, en effet, se taire et attendre, il n'enseigna du moins jamais rien de contraire à sa pensée. D'ailleurs sa méthode appartenait désormais au monde, et chacun pouvait l'appliquer. Après avoir ainsi ramené toutes les sciences à la *connaissance adéquate*, possible pour tous les esprits, et à des principes écrits dans toutes les consciences, il dut nécessairement concevoir le dernier terme de cette popularisation indéfinie du savoir humain, c'est-à-dire une langue philosophique universelle.

2. Il vit qu'on pouvait *établir un ordre entre toutes les pensées qui peuvent entrer en l'esprit humain, de même qu'il y en a un naturellement établi entre les nombres*, et qui permet *d'apprendre à les nombrer en un jour jusqu'à l'infini*; que l'invention de cette langue dépendait de la *vraie philosophie*; et que si quelqu'un avait *trouvé quelles sont les idées simples qui sont en l'imagination des hommes, desquelles se compose tout ce qu'ils pensent, et que cela fût reçu de tout le monde, on pourrait espérer ensuite une langue universelle fort aisée à apprendre et à écrire, et, ce qui est le principal, qui aiderait au jugement, lui représentant si distinctement toutes choses qu'il lui serait presque impossible de se tromper, au lieu que,*

---

(1) *Recherche de la vérité*, etc.
(2) *Lettres*, I, 10 : la maxime que j'ai le plus observée a été de suivre seulement le grand chemin et de croire que la principale finesse est de ne vouloir point du tout user de finesse.
(3) *Lettres*, III, 68.
(4) *Id.*, I, 98.

tout au rebours, les mots que nous avons n'ont quasi que des significations confuses. Or, je tiens, continue-t-il, *que cette langue est possible, et qu'on peut trouver la science de qui elle dépend, par le moyen de laquelle les paysans pourraient mieux juger de la vérité des choses que ne font maintenant les philosophes : mais n'espérez pas de la voir jamais en usage. Cela présuppose de grands changements en l'ordre des choses, et il faudrait que tout le monde ne fût qu'un paradis terrestre, ce qui n'est bon à proposer que dans le pays des romans* (1).

Ce fut peut-être la première fois qu'un si beau rêve fut conçu pour l'humanité. Il supposait, à la vérité, les sciences achevées ; mais s'il s'appuyait, d'un côté, sur l'unité absolue du savoir, il s'adressait, de l'autre, au progrès des hommes qui doit tendre à réaliser cette unité, et à la propagation de la science dans tous les membres du genre humain. La méthode de Raymond Lulle, qui eut, avant le dix-septième siècle, de nombreux partisans : Cornelius Agrippa en Allemagne, Raymond Sébon à Toulouse, Bouillau et Fabre d'Étaples dans l'Université de Paris (2), Bruno enfin, était bien loin d'atteindre à cette sublimité. Elle n'apprenait qu'à assembler des idées à l'aide de classifications et de définitions arbitraires, fondées sur une science purement logique, et non sur une philosophie symbolique universelle. C'est à Leibnitz qu'il devait être donné de continuer la pensée de Descartes et de prévoir sa réalisation pour un avenir moins éloigné.

3. Le Discours de la méthode présentait déjà aux penseurs le système entier de Descartes. Ce système dépend de trois points de vue principaux :

D'abord se présente la méthode : elle est mathématique ; les idées générales sont formées par définition sur le modèle des idées mathématiques qui se trouvent en nous, involontaires, nécessaires. Il suffit de les suivre avec ordre, et, par déduction, on parvient aux idées particulières.

Ensuite vient l'esprit ; nous nous considérons nous-même, abstraction faite de toute matière, nous avons des idées et des sentiments, et il n'y a rien de commun entre ces sentiments

---

(1) *Lettres*, I, III, au père Mersenne au sujet du projet de dictionnaire de Wilkins.

(2) Cornelius Agrippa, *In artem brevem Lullii commentaria*.

même, tels qu'ils sont en nous, et ce que nous regardons ordinairement comme la matière qui les produit. Tel est le monde moral, qui est absolument distinct du monde physique et pourrait exister sans lui.

Enfin paraît la matière, que nous concevons étendue, et l'étendue, qui est figurée et mobile comme l'esprit est déterminé à telle ou telle pensée, à telle ou telle volonté. Cette matière suit dans ses mouvements des lois éternellement fixes, et engendre un monde mécanique, vivant, où l'action et la passion se produisent tour à tour, et dont les modifications correspondent, sans aucun lien nécessaire, aux modifications de notre âme.

4. Il fallut développer la partie métaphysique de cette doctrine, et montrer comment nous trouvons dans notre pensée Dieu, la liberté, la matière. Ce fut l'objet des Méditations, qui parurent en latin d'abord, dédiées à la Sorbonne et adressées aux savants dans leur langue. Descartes voulut que ce livre servît comme de criterium pour essayer les doctrines des philosophes, et qu'ils épuisassent tous leurs efforts pour le détruire, s'il était possible. L'un des principaux adversaires qui furent ainsi suscités aux Méditations est Gassendi. Ses opinions, que nous avons étudiées, étaient fixées, quand le père Mersenne lui remit un exemplaire du livre de Descartes. Il croyait que toutes nos idées nous viennent par les sens, que nous ne jugeons que sur les données qu'ils nous fournissent, et qu'ils nous enseignent la vérité des choses, pourvu qu'ils soient corrigés quelquefois les uns par les autres. Du reste, il niait les *qualités* et les *formes* des péripatéticiens, et croyait avec Descartes, avec Bacon, avec tous les esprits avancés de son siècle, que la sensation est autre en nous que dans les objets qui la causent. Aussi fut-il vivement irrité de l'apparition de cette philosophie qui pouvait, une fois ce point accordé, le conduire jusqu'à l'idéalisme le plus absolu, et lui faire reconnaître que celui qui nie l'existence des choses matérielles peut expliquer l'absence des idées des couleurs dans un aveugle, par le défaut d'une faculté de l'esprit, aussi bien que celui qui l'accepte peut l'expliquer par le défaut des yeux (1). Cette réponse écrasante de Descartes à l'éternel argument des sen-

(1) *Obj. de Gassendi a la méd.* III, n° 1, et *rép.* Id. n° 12

sualistes présage déjà toutes les invincibles batteries de Berkeley.

Descartes ne se décida pas sans *dégoût à remâcher la viande commune du scepticisme* au début de ses méditations et de sa méthode (1) : il croyait les esprits aussi avancés sur ce point que le sien. Mais il se trompait bien, et les objections qui lui furent proposées, entre autres celles de Gassendi, en fournissent la preuve ; le puissant Hobbes put seul comprendre comment, dès l'abord, toutes choses peuvent être mises en doute, sauf l'axiome, *je pense* (2). Quant à Gassendi, il objecta en premier lieu que, sans se poser toutes ces difficultés sur les rêves et les erreurs des sens, on peut déduire l'*existence* d'une action corporelle quelconque aussi bien que de la pensée ; ensuite, il mit en avant l'axiome *nihil est in intellectu*, etc., sans comprendre la distinction entre les objets de l'imagination et ces mêmes objets, en tant qu'ils sont dans la pensée (3) ; il nia que l'idée générale de la *chose*, ou de la *vérité*, ou de l'*esprit* enfin, soit en nous avant les idées particulières, tandis que Descartes affirmait qu'une idée générale ne peut naître d'une idée particulière ; il prétendit que celui qui nomme une chose infinie *donne un nom qu'il n'entend pas à une chose qu'il n'entend pas davantage* (4) : tandis que Descartes croyait que le fini est la négation de l'infini, et non pas réciproquement, et que nous n'aurions pas la faculté de concevoir toujours quelque chose de plus grand si nous n'avions en nous l'idée du *plus grand*; il soutint enfin que l'erreur vient plutôt de ce que l'entendement a mal conçu et jugé que de ce que le libre arbitre a été plus loin que le jugement (5) ; et Descartes répondit que le faux n'est qu'une privation, et ne peut être l'objet de l'entendement. Quant aux objections que Gassendi fit aux démonstrations de l'existence de Dieu, elles prouvent seulement qu'il n'avait pas suffisamment approfondi les principes de la logique cartésienne, et qu'il s'était hâté de combattre avant de comprendre. Le fond même des idées de Des-

---

(1) *Rép. aux deuxièmes obj.*, I. Cependant, il considère évidemment les objections sceptiques comme le point de départ de sa doctrine.
(2) *Obj. troisièmes*, n° 1.
(3) *Obj. cinquièmes à la méd.* II, n° 10.
(4) *Obj. cinquièmes*, III, 8, et *rép.*
(5) Id., IV, 15 et *rép*

cartes lui échappa ; il voulut précipitamment répondre et réduire, par la plaisanterie, cet *esprit* insolent qui le traita de *chair* et le mordit jusqu'au sang.

Le volumineux recueil des *principales instances* qui suivit les premières objections de Gassendi prouva combien il est difficile (et Descartes en convient lui-même quelque part) de pénétrer les idées d'autrui. Telle est sans doute aussi la cause des grandes difficultés de la philosophie et de la persistance des mêmes questions. Gassendi continua à ignorer la nécessité du premier doute ; il ne put comprendre le *cogito, ergo sum* que comme une déduction du principe, *pour penser il faut être*; il ne saisit pas la distinction de l'objet et de l'idée ; et le fond même de la méthode, qui procède par définitions mathématiques fondées sur les idées générales de l'entendement pur, *l'être le plus parfait, la figure à trois côtés, ce qui n'est contenu dans aucunes limites,* lui échappa entièrement.

5. Un autre grand esprit, déjà formé comme celui de Gassendi, mais bien plus entier, plus ferme et plus absolu, rencontra aussi les Méditations sur son chemin. Il les lut et les réfuta brièvement sans daigner ou sans savoir descendre sur le terrain de son adversaire, qui lui-même, à son tour, ne le comprit pas davantage, et prit pour paralogisme l'expression rapide d'une opinion extraordinairement forte, indépendante, exclusive.

Hobbes, car c'est de lui qu'il s'agit ici, s'accordait avec Descartes sur ce point, que la sensation ne fait pas connaître l'objet comme il est en lui-même, et qu'elle se produit par le mouvement extérieur communiqué aux organes ; mais il affirmait, en outre, que la pensée ne pouvant exister sans un sujet appartient au corps (1), que le raisonnement n'est qu'un assemblage de noms par ce mot *est*, de sorte que nous ne pouvons rien conclure sur la nature des choses, mais seulement sur leurs appellations ; qu'enfin nous voyons seulement par la raison si nous assemblons bien ou mal les noms des choses selon les conventions que nous avons faites, à notre fantaisie, touchant leurs significations. Ainsi, disait-il, le raisonnement dépend des noms, les noms de l'imagination, et l'imagination

---

(1) *Obj. troisièmes,* n° 2.

du mouvement des organes corporels (1). On conçoit donc que toutes ses objections durent porter sur la nature des idées dont il ne voulut voir la source que dans l'imagination. Descartes, irrité de ce qu'on ne voulait faire aucun effort pour le comprendre, et de ce qu'on attachait aux mots un autre sens que celui qu'il y attachait lui-même, répondit cependant que les conceptions qui ont lieu dans l'esprit (sous forme de définition mathématique par exemple) sont tout à fait distinctes des idées corporelles (2), et que l'entendement, la pensée, l'esprit, conçus par Hobbes comme exprimant de simples actes, ainsi que cet autre mot général, *promenade*, doivent cependant s'entendre, et s'entendent en effet de la substance qui pense et dont la nature ne peut être connue que par cette pensée même (la substance n'étant pas abordable en soi) (3). Quant au nominalisme, il voulut que les mots répondissent à des conceptions communes à tous les hommes, et, partant, que le raisonnement, appliqué à des noms qui signifient des choses, fût probant pour ces choses mêmes (4). Pour en finir, Hobbes essaya de réduire Descartes au scepticisme qu'il lui avait pleinement accordé au début, sauf le reproche d'enseigner des choses si vieilles ; il lui demanda *si une personne, songeant qu'elle doute si elle songe ou non, ne peut songer que ce songe est lié avec les idées d'une longue suite de choses passées*, et pourquoi un athée ne pourrait pas reconnaître qu'il veille à cette liaison des idées aussi bien que celui qui croit à l'existence de Dieu. Descartes se contenta de nier que l'on puisse réellement *assembler, en songeant ses rêveries avec les idées des choses passées*, et le faire avec vérité, de telle sorte qu'on ne s'aperçoive pas de l'erreur étant éveillé, ce qui est en effet la seule réponse qu'on puisse faire à pareil argument, étant certain d'un côté qu'on peut se tromper en rêvant, et de l'autre, que l'expérience seule apprend à distinguer le songe de la veille. Quant au second point, il admit qu'un athée peut, au signe indiqué, reconnaître qu'il veille, mais que ce signe même n'est suffisant pour le rendre certain qu'il ne se trompe pas, et pour lui faire con-

---

(1) *Obj. troisièmes*, n° 3 et 14
(2) Id., n° 4, rép.
(3) Id., n° 2, rép.
(4) Id., n° 4, rép.

naître cette certitude, qu'autant qu'il sait qu'il a été créé de Dieu, et que Dieu ne peut être trompeur (1).

6. Les objections d'Hobbes ne durent pas avoir un grand retentissement, et sans doute peu d'hommes furent disposés à en admettre le principe ; Descartes put donc librement les traiter avec mépris, et on le voit encore quelques années après, à propos de l'apparition du livre *De cive*, témoigner combien la morale de l'auteur lui paraît plus forte que sa philosophie, bien qu'elle *suppose tous les hommes méchants ou leur donne sujet de l'être*, et qu'on puisse écrire plus *solidement* pour la monarchie *avec des maximes plus vertueuses* (2). Arnaud et le père Mersenne se placèrent davantage au point de vue de la France et de leur temps. Le premier, jeune encore, quoique déjà célèbre, libre d'ailleurs de préjugés et d'engagements pris, entra avec plaisir dans les idées de Descartes, les appuya de l'autorité de saint Augustin, et ne les examina qu'avec le désir de les accepter et de les maintenir. La principale de ses objections philosophiques, qui fut aussi produite par Mersenne, est celle du *cercle vicieux* à laquelle Descartes répondit par la distinction entre les choses que nous concevons actuellement, clairement et distinctement, et celles que nous nous rappelons avoir ainsi conçues (3). C'était convenir, l'aveu est même explicite en quelques passages, que la vérité des notions logiques est tout à fait nécessaire quand elle nous apparaît, et que nous ne pouvons trouver d'autre point de départ pour la connaissance. Mais une fois que nous avons connu Dieu, il est tout aussi nécessaire de le regarder comme source unique de vérité. Arnaud entra pleinement, du reste, dans l'esprit de la méthode de Descartes, et se borna à proposer quelques objections contre la continuité de la pensée et le mécanisme des bêtes, c'est-à-dire contre deux des opinions de Descartes qui ont, de tout temps, soulevé le plus de contradicteurs (4). Enfin, prenant, comme il le dit, *la robe de théologien*, il proposa certains *scrupules* auxquels Descartes fit droit en autorisant le père Mersenne à faire quelques corrections aux manuscrits

---

(1) *Obj. troisièmes*, n° 16 et rép.
(2) Descartes, *Lettres*, III, 17.
(3) *Obj. quatrièmes*, n° 5 et rép.
(4) Deux lettres d'Arnaud (Descartes, *Lettres*, II, 3, 4, 5, 6) et les réponses de Descartes servent de complément à cette controverse.

des Méditations, et, enchanté de cette conquête qui lui promettait un important disciple, il affirma qu'il faisait plus de *cas de l'opinion* d'Arnaud *que de celles de tous les autres docteurs de Sorbonne*. Arnaud, de son côté, fut satisfait des réponses de Descartes (1).

7. Le père Mersenne, ami et admirateur de Descartes, son correspondant intime, qui souffrait patiemment ses allures libres et les boutades de son génie, bien qu'il ne fût pas aussi cartésien qu'on l'imagine, ainsi que nous le dit Leibnitz, recueillit diverses objections, en ajouta quelques-unes de sa façon, rédigea le tout et l'envoya à Descartes (2). Parmi ces objections, quelques-unes se trouvent ailleurs; mais il en est une importante qui passa généralement dans les esprits, et fut reproduite par Leibnitz (3), c'est que la démonstration de l'existence de Dieu, déduite de son essence, n'est concluante que si l'on admet que Dieu *peut* exister. Mais il ressortissait si naturellement de la méthode de Descartes que rien n'est impossible que ce qui implique contradiction dans notre esprit, et il était si évident qu'il n'y a aucune contradiction dans le concept de l'être tout parfait, que Descartes n'eut aucune peine à repousser cette objection (4). Il trouva là aussi une occasion de formuler ses raisonnements synthétiquement, à la manière des géomètres, et de faire mieux connaître les fondements de sa doctrine.

8. On rencontre enfin, dans les sixièmes objections envoyées par Mersenne, quelques instances curieuses : il est demandé d'abord si nous ne devons pas, pour conclure notre existence de notre pensée, savoir premièrement ce que c'est qu'être et que penser, et avoir connaissance de cette connaissance, et ainsi de suite, jusqu'à l'infini (5) : à quoi Descartes répond qu'il est une connaissance intérieure, intuitive, qui précède toute connaissance acquise et nous convainc dès que notre attention s'y applique. La question de l'âme des bêtes est encore attaquée, et Descartes montre là comme ailleurs combien il est pleinement persuadé : s'il était prouvé, dit-il, que les bêtes,

(1) *Lettre de Mersenne à Voët.*
(2) *Ce sont les deuxièmes et sixièmes objections.*
(3) *Nouveaux essais sur l'entendement humain.* Leips. 1765, pag. 403.
(4) *Rép. aux obj. deuxièmes*, n° 8.
(5) *Sixièmes obj.*, n° 1, rép.

en agissant, savent qu'elles agissent, il faudrait leur attribuer une âme distincte du corps et partant immortelle, comme les pythagoriciens ; mais si cela n'est aucunement prouvé, et si l'on peut au contraire expliquer mécaniquement toutes leurs actions, ainsi que celles qui se font en nous sans conscience, il est raisonnable de le faire (1). Il s'explique aussi très-lumineusement sur les erreurs des sens, et fait remarquer que l'entendement seul, ou appliqué à leurs perceptions comparées, peut les corriger, mais qu'un sens ne peut en corriger un autre, puisqu'il faut une raison qui nous engage à nous fier au premier plutôt qu'au second. Le seul entendement juge de la vérité des choses ; la grandeur, la distance, la figure ne nous sont connues que par ses jugements ; s'il arrive que certaines vérités soient connues par tous les hommes comme infaillibles, les vérités mathématiques, par exemple, c'est qu'ils n'y pensent jamais qu'ils ne soient capables de les comprendre, au lieu que la distinction de l'âme et du corps, qui est cependant plus évidente, ne peut être connue que lorsque nous nous dégageons des sens, et que, renonçant à croire que deux choses n'en sont qu'une parce que nous les avons toujours connues réunies, nous recherchons les raisons de la distinction des choses. Et il raconte comment il se délivra de ses doutes qu'il compare à ceux d'un astronome qui ne peut se défendre de voir le soleil aussi petit que les autres hommes, quoiqu'il le sache bien plus grand. Les objections théologiques lui donnent lieu de revenir sur la liberté de Dieu et de l'homme, et l'on voit comment il était obligé, pour sauver l'indifférence divine aux yeux des théologiens, sans abandonner pour cela la non-indifférence de l'homme, de reconnaître que le vrai et le bon ne sont que la pure volonté de Dieu par l'effet de laquelle ils nous paraissent tels (2). Nous ne croyons pas cependant que ce soit là une concession faite à la nécessité des temps, ainsi qu'on l'a souvent dit. Que Descartes ait trouvé ce dogme utile pour expliquer, conformément à l'orthodoxie, la partie théologique de son système, c'est ce qui paraît évident ; mais il est clair aussi que Dieu ne pouvant être déterminé que par lui-même, aucune des idées que nous trouvons en nous ne peut être en lui de

---

(1) *Obj. sixièmes*, n° 3 et rép.
(2) *Obj. sixièmes*, rép. 7 et 9.

toute éternité, car toutes supposent quelque relation à ce qui est extérieur, et on ne peut pas supposer de toute éternité quelque chose d'extérieur à Dieu sans renoncer ou à sa toute-puissance, si cela ne dépend pas de lui, ou à sa pureté intensive absolue; et nous croyons que telle était la pensée de Descartes. Ce sont là les limites qui le séparent de ses hardis disciples (1).

9. Mais des objections intéressantes et solides, qui prouvent, aussi bien que celles d'Arnaud, combien certains esprits étaient disposés à la réforme cartésienne, ce sont celles d'un ministre réformé, Caterus. Aristote, saint Thomas, Suarez y sont produits et cités à l'appui de Descartes comme saint Augustin l'est par Arnaud, et l'interprétation donne à ces vieilles raisons sorties d'un arsenal, où on en trouve tant d'autres, une tournure toute jeune. Au surplus, ces arguments, qu'on a été chercher bien loin quand on a voulu reprocher des plagiats à Descartes, sont en général conçus dans un esprit différent du sien. Ainsi la preuve de l'existence de Dieu par ses effets, et en particulier par notre existence, est donnée par les anciens et par saint Thomas, mais fondée sur l'impossibilité du *progrès à l'infini* : et Descartes, qui ne le regardait pas comme absurde, mais seulement comme incompréhensible, transforma complétement cette démonstration en recherchant la cause qui nous conserve plutôt que celle qui nous a créés, et en considérant notre être exclusivement sous le rapport de la pensée (2). Quant à la preuve que nous avons tirée de l'idée de Dieu, elle tient surtout son originalité de la réalité donnée par Descartes aux choses qui sont objectivement en nous ou à nos idées, c'est-à-dire aux choses en tant et telles qu'elles sont en nous (3), ce qui est la source d'un idéalisme absolu, si nous rejetons la notion d'origine et de cause, et ce qui, à l'aide de cette notion, démontre l'existence de Dieu. Enfin la preuve déduite de l'*essence* dépend tout entière de ce que l'entendement est posé comme seul juge et juge suffisant de la possibilité des choses, et de ce que, s'il conçoit une nature *immuable et vraie*, il doit lui rapporter toute propriété qu'il y trouve

---

(1) Si on reconnaît les vérités éternelles en Dieu, on lui donne une nature nécessaire d'où il semble que tout doive découler aussi nécessairement. C'est ce que Descartes évitait et ce que Spinosa et Leibnitz reconnurent.

(2) *Obj. de Cat.* et rép. 3.

(3) Id., rép. 1.

nécessairement contenue (1). Toute cette doctrine est bien marquée au cachet de la logique de Descartes; c'est dans sa théorie des idées que les trois démonstrations de l'existence de Dieu trouvent leur unité, et si elles peuvent être combattues, ce n'est qu'à leur source.

Caterus admit d'ailleurs le criterium logique de Descartes, et, par conséquent, toute sa philosophie implicitement. Le seul point vraiment difficile auquel il toucha, et c'est aussi l'un des plus importants dans l'histoire de la métaphysique cartésienne, c'est la question de la *nature de l'existence* en Dieu. Arnaud la reprit après lui, et l'on peut dire qu'elle fut abandonnée avant d'être vraiment résolue. Si l'on remonte de cause en cause jusqu'à la première qui nous a créés et nous conserve, comment cette cause existe-t-elle elle-même? elle existe par soi ou *comme par soi*, ainsi que par une cause efficiente, dit Descartes, car sans cela on serait en droit de demander sa cause (2). Elle est par une surabondance de sa propre puissance et se donne toutes perfections. Cependant, objectait Caterus, on ne peut concevoir qu'un être soit cause de lui-même sans se précéder en quelque sorte, et se donne toutes les perfections sans les connaître auparavant (3); et Arnaud, de son côté, voulait que l'essence de Dieu n'étant pas distincte de l'existence, on ne se demandât pas plus la cause de l'une que de l'autre (4). Descartes tint fortement à son point de vue parce que le dogme de la *création* y est engagé, en même temps que la preuve de l'existence de Dieu par ses effets : si Dieu n'agit pas sur lui-même pour se conserver éternellement à la manière dont il produit son *fils*, selon le dogme de la *trinité*, c'est-à-dire en *se produisant* et n'étant *pas produit*, il semble que la nécessité, l'immutabilité absolue, et, pour ainsi dire, l'inaction et la mort siégent en lui. Peut-être Descartes voulut-il un Dieu doué de plus de conscience de lui-même et plus rapproché de notre nature par l'action et par la volonté. Plus prudent en cela que les théologiens de son temps, prévoyait-il le Dieu de Spinosa?

10. Nous trouverions là une preuve, au milieu de tant d'au-

---

(1) *Obj. de Cat.*, n° 7, et rép. n° 6.
(2) Id., rép. n° 3.
(3) Id., n° 5.
(4) *Obj. d'Arnaud*, n° 4.

tres, du soin que Descartes prenait de rendre sa philosophie possible et populaire, et de la fonder pour l'éducation des hommes; en effet, le père Mesland, jésuite, ne tarda pas à accommoder ses méditations au *style en usage pour l'enseignement*, et Descartes fit alors de grands efforts pour les introduire dans leurs colléges ; *j'évite les controverses*, écrivait-il à l'un d'eux ; *mes opinions n'ont rien qui les doive faire appréhender ou rejeter.... mais au contraire elles se trouveront fort utiles et fort commodes* (1). Dans une autre lettre, il veut que les jésuites aient l'honneur d'adopter les premiers sa philosophie, et il l'espère avec *orgueil* : *Je ne suis pas*, dit-il, *de ces insensibles qui ne se laissent point toucher par le succès* (2). Ailleurs, il leur prodigue des cajoleries, les appelle ses maîtres, et leur fait gloire de sa science. Quelquefois aussi il les menace de se saisir d'un de leurs cours de philosophie et de le réfuter publiquement. En effet, plusieurs jésuites furent de ses amis et même de ses partisans. Quelques autres, que l'ordre n'avoua pas, l'attaquèrent violemment, par exemple le père Bourdin qui critiqua d'abord sa dioptrique, et ensuite se jeta sur les Méditations grossièrement et sans intelligence (3). Mais l'ordre entier ne put jamais être ébranlé en aucun sens, du vivant de Descartes, et forma seulement après sa mort un camp ennemi de sa philosophie. Sans doute, la prudence le fit d'abord attendre, et lorsque les deux principaux élèves reconnus de Descartes furent : l'un le terrible Spinosa, l'autre le mystique Malebranche, qui ne leur convenait guère mieux, ils se déclarèrent entièrement, et se vouèrent partout à la conservation de leur commode aristotélisme.

En revanche la philosophie de Descartes se propagea rapidement dans l'Oratoire (4), devint presque l'alliée du jansénisme, et fut partout considérée par les théologiens comme contenant un peu de levain calviniste ; car, après la mort de Descartes, ses idées désormais publiques se répandirent, essayèrent de

---

(1) *Lettres*, III, 18.
(2) Id., III, 52, au père *Charlet*.
(3) *Septièmes objections aux méditations métaphysiques de Descartes*.
(4) Le principal monument du cartésianisme de Port-Royal est *La logique ou l'Art de penser*, attribué par Leibnitz à Arnaud, mais que l'on a cru aussi être une œuvre collective à laquelle Nicole entre autres aurait travaillé. La doctrine cartésienne des idées y est clairement exposée, quoique revêtue d'une forme légèrement scolastique.

tous les terrains, et prirent où elles purent. Les meilleurs esprits commençaient du reste à se faire insensiblement cartésiens, et sur le cartésianisme, toute nouvelle pensée devait se constituer à l'avenir. Mais le seul continent put y avoir part dès les premiers temps. Nous avons vu quelle philosophie enseigna Hobbes. Or, un excès en appelant un autre, quelques-uns de ses compatriotes s'adressèrent à la cabale et à Marsile Ficin ; il dut donc renoncer à fonder immédiatement une puissante école. Ainsi sa philosophie resta dans son intégrité, prête à réclamer, quand le temps serait venu, une grande part dans l'esprit métaphysique anglais, à l'époque où la réaction néoplatonicienne éteinte, il put se former suivant ses idées, quoique à l'aide d'une méthode différente, un mouvement contre Descartes. Enfin nous avons vu l'Italie, détournée de son cours, suivre la recherche des sciences exactes ou d'innocentes tentatives de restauration antique. Restent donc la France et les Pays-Bas, pour se vouer au développement de la nouvelle doctrine.

§ III.

RAPPORTS DE LA RELIGION ET DE LA PHILOSOPHIE. — THÉOLOGIENS MYSTIQUES, POLITIQUES ET SCEPTIQUES.

1. Nous laissons de côté l'histoire de la philosophie platonicienne anglaise dont le règne coïncide avec celui du cartésianisme à son commencement. Ce que nous en devons dire se placera naturellement dans l'aperçu que nous donnerons de la série de la pensée anglaise en traitant des précédents de Locke, et à propos de la révolution qu'il essaya d'accomplir. Maintenant nous devons nous tenir le plus près possible de la philosophie de Descartes, et continuer l'étude de l'état général des esprits au moment où elle fit son apparition (1). Il nous reste pour cela à jeter les yeux sur ceux des savants qui résistèrent à l'entraînement, et pour des raisons diverses, ou ne suivirent que jusqu'à un certain point la pensée de Descartes, ou s'y re-

---

(1) Bossuet, Fénelon, Huet, dont nous parlons dans ce chapitre, appartiennent à une époque postérieure à celle de Descartes ; mais nous les plaçons ici comme en dehors de la ligne de succession des idées philosophiques après lui. Nous les comparons à Descartes et non à ses élèves.

fusèrent entièrement. Ce sont d'un côté les théologiens préoccupés de religion et de pratique, de l'autre les sceptiques dont l'école ne fut jamais interrompue, et qui tantôt vinrent en aide aux théologiens, tantôt semblèrent les combattre jusqu'à l'époque où, dans la personne de Bayle, ils donnèrent enfin le signal de la guerre acharnée qui leur fut faite au dix-huitième siècle.

Avant d'étudier les relations des théologiens et des philosophes, relations si importantes pendant tout le moyen âge depuis l'origine de la scolastique jusqu'à l'époque de l'histoire où nous sommes parvenus, et si importantes encore de nos jours, il est à propos de bien distinguer les attributions et la portée des deux sciences que les mots en usage ne définissent en aucune manière dans l'état actuel de la nomenclature scientifique. Or, l'origine de la théologie se trouve évidemment dans l'Ancien Testament et dans les Évangiles, ou plutôt dans les immenses travaux qui durant douze siècles sans relâche et sans interruption, apportèrent la science religieuse sur ces deux livres à l'aide de l'*exégèse* et de l'interprétation de l'histoire sacrée qui s'y trouve contenue. D'après cela les questions fondamentales de la théologie se rapportèrent à la création du monde par Dieu, et à son action sur ce monde par la Providence générale, et subsidiairement par les miracles ; puis à l'origine de l'homme, au péché originel, à ses causes et à ses conséquences ; puis à la rédemption, à la mission de Jésus-Christ, à la nature de sa personne et au sens de ses prédications ; enfin à la transmission de l'esprit divin aux apôtres, à la descente du Saint-Esprit et à son rapport avec la Divinité qui l'envoie. Il fallut donc formuler ce qu'on appela dès lors le dogme religieux; autour de chaque question des hérésies se formèrent ; il fallut les chasser de la formule ou les y contenir, et jusqu'au seizième siècle, où, sur ces mêmes questions tant débattues, se produisit une scission définitive, le terrain de la théologie fut ainsi parfaitement déterminé. La philosophie, science des sciences, premier savoir de l'homme, recherche des principes et des causes, dut nécessairement avoir de tout temps une grande influence sur la théologie qui n'est, ainsi que nous venons de le voir, qu'une science partielle, à la vérité d'une extrême importance, puisqu'elle a pour objet l'application de l'esprit de l'homme à l'étude, à l'interprétation, à la théorie des traditions humaines, ensuite à leur développement, à leur accroissement et à la recherche de leurs conséquences. En effet, la philosophie contribua d'abord à la formation de la science théologique qui, une fois constituée et même dès le temps de sa composition, ignora que son point de départ, soit Dieu, soit la foi, soit la Bible elle-même, et les traditions, et toutes les connaissances venues par les sens, est nécessairement contenu dans les premiers principes de la vérité et dépend par conséquent de la philosophie. Mais les théologiens furent toujours, on le conçoit et c'est même la cause de leur grandeur et de leur succès à l'époque de la formation du catholicisme, préoccupés de la morale et de la politique avant tout. Et puis l'homme, quand il bâtit, veut bâtir l'Éternel, et comme il sait qu'il n'est pas Dieu pour ce faire, il bâtit au nom de Dieu dont la voix en effet se fait entendre en lui. Mais la révélation, mais l'éducation de l'homme par Dieu, mais les institutions divines sur la terre, sont accommodées à la nature de l'homme, nature finie, imparfaite, qui tend vers l'infini et vers le parfait; elles sont progressives (1). La théologie au contraire, oublieuse ou ignorante de son ancienne destinée, prenant sa vue de la vérité pour absolue et regardant l'hérésie comme le mal même, en vint à se constituer dans l'immobilité, à se barricader, à se défendre contre toute atteinte possible, en un mot elle se fit cette théologie catholique que nous avons aujourd'hui, étrangère au milieu d'un monde qui a cessé de la comprendre, parce qu'elle refuse obstinément de se laisser visiter par l'esprit et d'expliquer à un peuple avide de croyances ses vieux symboles dont elle laisse aux écoles protestantes l'interprétation graduelle et la vraie connaissance.

On doit parfaitement concevoir que, d'après cette disposition d'esprit, les théologiens du douzième siècle, qui croyaient à l'immobilité d'une science encore variable entre leurs mains, ainsi que la fondation du culte de la Vierge en fait foi, n'aient vu qu'avec peine la renaissance de la philosophie ancienne, c'est-à-dire la tendance de plus en plus marquée d'appliquer la raison humaine individuelle à la connaissance. Nous avons vu comment ils s'emparèrent alors d'Aristote et se l'approprièrent. Cette autorité, qu'ils tendirent à consacrer, à diviniser

(1) Lessing, Essai sur l'éducation du genre humain.

en quelque sorte, parce qu'elle était devenue la leur, ils la maintinrent en Allemagne, en Angleterre, en France, jusqu'au milieu du dix-septième siècle. Mais débordés sur tous les points par l'immense soulèvement d'idées de ce siècle et du précédent, ni leur foi, ni leur énergie, ni leur intérêt ne purent leur permettre de conserver partout leur prééminence exclusive, et ils purent prévoir, bien que pour un temps encore éloigné, la chute définitive de leur autorité.

Nous avons parlé plusieurs fois du mouvement marqué de restauration qui signala le siècle de Louis XIV. Les théologiens présidèrent à ce mouvement, et nous devons trouver dans les considérations qui précèdent, les raisons de l'attitude qu'ils eurent à l'égard de la philosophie. D'abord le criterium qui leur servit à juger de la valeur d'une doctrine peut se poser par cette interrogation : Que peut et que veut cette doctrine par rapport aux dogmes de l'Église et aux croyances qu'elle enseigne? De là la diversité des jugements qu'ils portèrent sur le cartésianisme, selon qu'ils l'envisagèrent comme un système sage qui appuie les choses de foi sur la raison, ou comme une méthode féconde dont les conséquences peuvent mener à des résultats imprévus les esprits qui s'en imprègnent. Ils étaient bien éloignés de taxer d'impiété avec Descartes, cette supposition que la raison et la foi puissent se contredire, car ils étaient habitués par leurs précédents à considérer les mystères comme opposés à la vérité de raison. Et cependant la force de la nouvelle méthode fut si grande, qu'elle pénétra jusque dans la pensée intime des deux plus grands théologiens du temps, et contribua sans aucun doute à conserver pendant quelque temps encore la croyance dans la société française en leur permettant de présenter sous un jour nouveau les vérités et les symboles.

2. Fénelon et Bossuet exposèrent l'un et l'autre la philosophie de Descartes, au moins en partie. Ils adoptèrent le criterium, la théorie des idées, les preuves de l'existence de Dieu, et le dernier même une partie de la physique et de la morale.

Ce n'est pas la preuve fameuse de l'existence de Dieu tirée de l'ordre du monde et des causes finales que nous voulons citer à l'appui du cartésianisme de Fénelon. Cette preuve qu'il a développée avec une si grande éloquence et qui, la plus faible de toutes en raison, est cependant la plus consolante et le plus à portée de tous, cette preuve qui a presque mérité grâce pour son innocence aux yeux de Kant (1), il la complète et s'élève par une théorie des idées, claire, nette, irréfutable, où partout il suit et interprète Descartes. D'abord il fonde le doute philosophique sur la considération du rêve et de la folie, puis il établit l'impossibilité de douter de ce doute, en tant qu'il est une pensée, et de notre existence en tant que nous pensons ; de sorte que cette première idée du néant qui n'est rien et ne peut rien opposé à l'être de la pensée, nous paraît évidente, irrésistible, au-dessus de toute atteinte du doute. Nous avons ainsi des idées claires, lumières intérieures, règles indépendantes de nous et qui s'imposent à nous invinciblement, enfin, appuis uniques de la raison (2). Il faut donc croire que nous pensons, que nous sommes un être pensant, qu'une même chose ne peut pas être et n'être pas (car alors nous pourrions penser et n'être pas), et que la raison consiste dans les idées claires et s'exprime par elles, tellement que nous pouvons affirmer d'une chose ce qui est compris dans son idée. Cela posé, que saurons-nous de plus ? existe-t-il d'autres êtres que nous? nous ne savons. Descendons encore en nous-même, c'est la solitude que nous trouverons. Nous sommes-nous faits nous-même? non, car le néant ne peut faire, et il aurait fallu pour cela que nous fussions et ne fussions pas. Avons-nous toujours été ? peut-être ; mais alors pourquoi

(1) Kant, *Critique de la raison pure*, trad. T. II, pag. 227.
(2) Fénelon pose ici très-longuement et avec un embarras visible la question du *trompeur* de Descartes, mais c'est pour arriver à un résultat très-remarquable : il prouve d'abord que si la raison de l'homme a été créée à *contre-raison*, pour ainsi dire, et de nature à voir, à embrasser le *faux*, il faut supposer à ce créateur une puissance infinie encore plus incompréhensible pour nous que la puissance que nous accordons d'ordinaire à Dieu ; qu'en outre l'être et le vrai étant pour la raison une seule et même chose, il semble que le trompeur n'ait pu nous donner quelque degré d'être intelligent sans nous donner aussi quelque intelligence du vrai ; qu'enfin la puissance infinie accordée par la raison au trompeur, entraîne la perfection, la vérité et la véridicité. La raison se représentant tout cela sur elle-même, Fénelon conclut, non certes que l'hypothèse d'où il part est fausse, ce qui serait un cercle vicieux, mais seulement qu'elle oblige à douter de l'*être de ce qui pense* et du principe de contradiction d'après lequel nous pensons même qu'une chose ne peut pas être et n'être pas. Mais l'*abîme où nous tombons* ainsi *nous repousse*, car nous ne sommes pas certains d'éviter l'erreur en doutant ; il faut donc céder à l'évidence qui nous entraîne, et le seul parti à prendre ici est de nous *résoudre à croire*. Fénelon appelle donc la croyance pour servir de base à la philosophie, et réalise, grâce au sentiment intime du vrai qui le domine et à cette âme aimante qui le dirige, un progrès que nous obtenons à peine aujourd'hui d'une manière définitive, préoccupés, comme nous le sommes toujours, des formes plutôt que du fond même de la science.

cette absence de mémoire? Posons donc ainsi la question: Sommes-nous par nous-même ou par autrui? Dans le premier cas nous serions parfait, vrai et bon, car tout cela n'est que l'être même. Mais nous ne sommes pas cet être immuable et éternel, car nous savons les imperfections de notre connaissance et de notre volonté; nous sommes donc par autrui, et celui par qui nous sommes est par soi, il est capable de faire l'être du néant, il est infini et parfait, et c'est celui qu'on appelle Dieu.

En outre, l'idée de l'infini est en nous, et cette idée n'est pas négative, car la négation absolue de toute négation est l'affirmation la plus positive qu'on puisse concevoir. Il faut donc penser nécessairement que l'être infini est présent à notre pensée et nous fait connaître son existence. Enfin, l'idée de l'être nécessaire impliquant l'existence, nous devons, en vertu d'une règle de métaphysique, *consulter nos idées claires et immuables*, et d'une règle de pure dialectique, *affirmer d'une chose ce que son idée claire embrasse*, reconnaître encore une fois qu'il y a un Dieu (1).

Fénelon fait consister, comme Descartes, le mal dans la simple privation du bien, et l'erreur dans la précipitation de la volonté qui s'applique au jugement ou à l'action avant que la connaissance soit complète et certaine. Comme lui, il prouve le libre arbitre par la conscience qui témoigne de sa réalité à chaque instant de notre vie, et l'immortalité de l'âme par cette différence décisive entre la nature de l'être qui pense et la nature du corps qui fait que la dissolution et la recomposition des parties de la matière est absolument sans influence sur la persistance de l'âme (2).

Si nous avançons plus loin maintenant dans la pensée de Fénelon, nous trouverons un degré supérieur de la théorie des idées. En effet, il y a en Dieu, selon lui, dans l'unité de Dieu, une infinie multiplicité d'idées ou d'archétypes présents à son intelligence infinie, qui représentent tous les degrés possibles de l'être; ces degrés ne sont pas réellement distingués en Dieu qui est un et immuable, ils ne forment pas une multitude, mais une infinie continuité dans une nature purement intensive. Créer, c'est réaliser ces essences, c'est leur donner une exis-

---

(1) Fénelon, *Traité de la démonstration de l'existence de Dieu*, part II, chap. 1.
(2) Id., *Lettres*.

tence propre et les faire passer du néant à l'être. Dieu est fécond ; il produit hors de lui, manifestation suprême de sa toute-puissance. Après la création accomplie, nous, êtres finis, doués d'une connaissance limitée, d'une part nous voyons quelques-uns de ces degrés d'être en Dieu, dans leur nature immuable et avec leurs rapports nécessaires ; de l'autre, nous mêlons les idées que cette vue nous donne à celles des bornes imposées aux créatures par l'acte de la création. Ainsi dans l'infini nous voyons le fini, car tout ce qui est intelligible ou intelligent est par Dieu, bien qu'il existe en soi et ait un être distinct, sans lequel la création ne serait pas réelle. Or, de la connaissance que nous avons ainsi de certaines idées universelles, nécessaires, immuables, éternelles, que nous voyons en Dieu, *qui sont Dieu même en nous*, résulte, pour nous, la possibilité d'abstraire et la notion des genres. Enfin, l'intelligibilité communiquée par Dieu à la créature, sans que nous puissions savoir comment et par quels moyens, est le principe de la connaissance que nous pouvons avoir des individus. De sorte que toutes les conceptions d'universaux, de genres, de propriétés, de différences et d'accidents, résultent de cette double nature composée d'être et de néant, qui fait que *nos idées sont un mélange perpétuel de l'être infini de Dieu qui est notre objet, et des bornes qu'il donne toujours essentiellement à chacune de ses créatures, quoique sa fécondité puisse produire des créatures à l'infini* (1).

On voit qu'il y a deux choses dans tout être particulier, son existence actuelle qui est contingente et variable, et sa correspondance à un degré d'être divin dont il est lui-même une communication. L'existence actuelle dont la notion ne peut être éclaircie ni autrement énoncée, est, d'après notre conscience indubitable, le principe qui sert à distinguer une chose d'une autre et qui constitue les différences individuelles et l'indépendance réciproque des êtres. Dieu, qui ne nous donne qu'une connaissance limitée, doit nous modifier pour rapporter notre intelligence à tels ou tels objets qu'il fait intelligibles, de sorte que nous ne voyons qu'à sa lumière ce qui peut être vu, les idées en lui, les individus en eux-mêmes.

Dieu, l'être infini par *intension* ou plutôt l'*être*, car ce mot apporte avec lui toute idée qu'on pourrait ajouter, a pu créer

(1) Fénelon, *Traité de la dém.*, II, chap. 2.

une infinité d'êtres finis ; mais il ne nous a donné la connaissance que de deux genres, la *pensée* et l'*étendue*, soit que ce dernier existe ou n'existe pas actuellement. Mais Dieu, d'après sa définition, doit renfermer tout ce qu'il y a de parfait, de réel et de vrai, il doit être *éminemment* tout ce qu'il y a de positif dans les créatures ; le nom d'esprit ou d'intelligence ne peut donc lui convenir, parce qu'il exprime une manière d'être bornée, et que Dieu, si ce nom exprimait son essence, *n'aurait aucune puissance sur la matière corporelle, ni aucun rapport à tout ce qu'elle contient ; il ne pourrait ni la conserver ni la mouvoir.* Mais quand nous le concevons *dans ce genre que l'école appelle transcendantal, que nulle différence ne peut jamais faire déchoir de sa simplicité universelle,* nous concevons qu'il *peut également tirer de son être simple et infini, les esprits, les corps et toutes les autres essences possibles, qui correspondent à ses degrés infinis d'être.* Dieu est *un*, indivisible, sans composition ni parties, en un mot suprême unité, car tout ce qui est composé et soumis à la loi du nombre est borné par là même. Dieu est *simple*, quoique nous ne puissions atteindre à la connaissance de ses perfections qu'en les divisant, et que nous ne puissions qu'apercevoir en lui, sans jamais la saisir, cette unité qui nous fuit partout où nous la cherchons, dans le nombre et dans la quantité ; il est le seul simple et la seule unité réelle, tout le reste est pure illusion, multitude de plus en plus grande là où nous poursuivons l'unité, néant là où nous poursuivons l'être. Dieu est *immuable*, parce que toute modification suppose des restrictions et des bornes. Dieu est *éternel*, c'est-à-dire il est, il est permanent, tandis que nous sommes soumis au temps qui est le changement de l'être créé, le passage d'un état à un autre, mutation qui embrasse succession, en un mot non-permanence et pure négation de l'éternité ; le présent, le passé, le futur sont hors de lui et en nous seulement, et il les embrasse également dans son infini indivisible, car les rapports sont dans son ouvrage, et ne vont pas jusqu'à lui. Dieu est *immense*, c'est-à-dire *qu'il a en lui le positif et le parfait de l'étendue*, l'étendue sans borne, sans figure, ni divisibilité, ni impénétrabilité, ni mouvement, sans rapport au lieu ni au temps. Enfin, la science ou l'intelligence complètent sa nature, car une de ses perfections essentielles est de se connaître infiniment et éternellement lui-même, et de connaître tels qu'ils sont, de voir, d'embrasser dans le point où son unité les rassemble, les êtres finis, qui ne sont pas par eux-mêmes et n'agissent pas sur lui, mais qui ne sont ce qu'ils sont que par sa puissance et par sa volonté (1).

Nous venons de suivre Fénelon dans sa doctrine des idées et dans la détermination de la nature des êtres finis et de la nature de Dieu qui en est la conséquence. Or, il résulte comme principe moral de cette doctrine (comme au surplus de toute théorie religieuse construite philosophiquement, et fondée sur l'idée de Dieu), que nous devons autant que possible tâcher à voir les choses sous leur point de vue divin d'universalité, nous plonger dans la connaissance extatique de l'un, du simple et de l'éternel; en venir, en un mot, à la contemplation et au culte de Dieu par l'amour. Nous trouvons ainsi le rapport de la philosophie de Descartes envisagée dans sa sommité métaphysique, avec le *quiétisme* de madame Guyon, que Fénelon enseigna. Dans cette doctrine, l'homme réduit à lui-même parmi les créatures dont il peut même, à la rigueur, ignorer l'existence, et mis face à face avec Dieu, ne peut manquer de suivre par amour les préceptes de celui qui, n'ayant créé que pour soi, veut être recherché, aimé, adoré pendant l'éternité. Le point important est d'apprendre à l'homme à ne plus se considérer lui-même; *il faut renverser l'idole, il faut rabaisser le moi pour le réduire à sa petite place.* « Otez l'homme de la place qu'il a usurpée sur Dieu, disait-il, et laissez au moi cette petite place où l'on avait rabaissé et rétréci Dieu; faites que les hommes pensent ainsi, et tous les doutes, toutes les révoltes du cœur humain seront apaisées... Je ne raisonne point, je ne demande rien à l'homme, je l'abandonne à son amour. Qu'il aime de tout son cœur ce qui est infiniment aimable, et qu'il fasse ce qu'il lui plaira; ce qui lui plaira ne pourra être que la plus pure religion. Voilà le culte parfait, *non colitur nisi amando*; il ne fera qu'aimer et obéir; *la nature des justes*, dit l'Écriture, *n'est qu'obéissance et amour.* » En effet, le monde alors devient un cloître où l'on s'aime en Dieu, où l'on obéit à la règle et au supérieur, où l'on ignore autant qu'il se peut s'il existe ou s'il n'existe pas des corps; les passions sont éteintes, à peine peut-on dire si l'on vit, mais qu'importe la vie quand

---

(1) Fénelon, *Traité de la dém.*, II, chap. 2.

Dieu, notre modèle, est immuable, et qu'on ne peut dire sans blasphème que la pensée appartienne à sa nature (1) !

Ainsi, la tendance humaine et positive de la philosophie de Descartes se trouve détruite par la réduction de la nature de l'homme à la simplicité intellectuelle, par l'oubli volontaire de ce monde matériel sans lequel on ne conçoit ni relations réciproques pour les créatures, ni langage ni pensée pour l'homme, car toutes ces choses supposent le changement et tout changement est invariablement accompagné, dans la nature, d'une modification corporelle sensible ou imaginable. Il ne faut pas s'étonner, d'après cela, si Fénelon rejette la notion du monde indéfini (2) à laquelle Descartes tenait tant, pour éviter l'écueil mystique de certains principes considérés d'une manière absolue. Descartes nous plaçait sur l'échelle indéfinie du monde, Fénelon nous élève par la pensée de Dieu au-dessus de toutes les natures imaginables, et nous représente ainsi l'une des tendances naturelles aux théologiens qui se livrent à la philosophie, la tendance mystique. Ses idées sont donc très-liées à celles des élèves mystiques de Descartes, dont nous aurons à parler plus tard, peut-être même en sont-elles inspirées ; mais nous les avons placées ici comme pouvant résulter de l'application des principes de Descartes, sinon à la théologie proprement dite, au moins à sa partie la plus haute et à la contemplation religieuse de Dieu. Du reste, la trace de la théologie y est fortement imprimée ; il était nécessaire, en effet, pour le maintien des récits de la Genèse, pour la croyance à la révélation, à la Providence et à l'action continuelle de Dieu sur l'Église, que Dieu fût conçu comme éminemment supérieur à toute manifestation sensible, à toutes lois de temps et d'espace, comme renfermé dans un point qui est tout, et comme voyant infiniment, agissant éternellement, sans se mêler aux créatures qui ne sont en rapport qu'avec sa volonté, par laquelle elles sont hors de lui. Ce n'est pas ici le lieu de discuter cette doctrine, mais seulement de faire remarquer les immenses efforts que fit Fénelon pour échapper à la vue du fini ou du mode en Dieu, et pour sauver le principe chrétien dans toute sa pureté.

3. A côté du mysticisme, nous allons trouver maintenant la

---

(1) Id., *Lettres, œuvres philos.*, t. II.
(2) Id. Id. La physique cartésienne en général semble rejetée par Fénelon.

préoccupation politique dans la théologie. Bossuet était comme Fénelon, entraîné par les idées de Descartes. Un autre évêque, Huet, qui d'abord les avait suivies aussi et que l'étude de l'antiquité en avait détaché, sans doute en le rendant comme étranger à son siècle, lui envoya sa réfutation du cartésianisme en s'excusant sur ce qu'il attaquait des principes qui passaient pour lui être chers. Bossuet répondit alors et s'offensa de ce que Huet pouvait penser que des idées qu'il regardait, lui, comme contraires à la foi, étaient cependant bien assez bonnes pour l'orthodoxie de Bossuet (1). Ailleurs on voit le haut prélat, avec cet égoïsme qui ne considère que le temps et les circonstances présentes, condamner à l'obscurité deux lettres qui ne nous sont pas parvenues, et qui, selon lui, auraient *donné atteinte à la réputation* de Descartes. « M. Descartes qui ne voulait point être censuré, a bien senti qu'il fallait les supprimer et ne les a pas publiées... Pour moi, je tiens pour suspect tout ce qu'il n'a pas donné lui-même, et dans ce qu'il a imprimé, je voudrais qu'il eût retranché quelques points, pour être entièrement irrépréhensible par rapport à la foi. Car pour le pur philosophique, j'en fais bon marché (2). » Voilà donc au fond le cartésianisme de Bossuet et la politique de l'Église; on veut bien d'une philosophie commode, non pour elle-même, car on en ferait bon marché, mais pour appuyer l'esclavage de la foi sur l'immobile esclavage de la raison.

Cependant Bossuet exposa très-fidèlement les premiers principes de Descartes pour servir d'introduction à la philosophie, et adopta même les bases de la physique et de la morale, mais en ayant soin de n'en développer que les parties qui pouvaient servir à la fin religieuse qu'il se proposait d'atteindre. La sagesse consistant, selon lui, à se connaître soi-même et à connaître Dieu, et la première de ces connaissances servant à nous élever à la seconde, il se proposa d'analyser la nature humaine. Il distingua d'abord en elle et définit la sensation, l'imagination, la passion, facultés intellectuelles qui ne peuvent exister sans la pensée, mais qui lui supposent un objet extérieur ; il ramena à *l'amour*, qui est la passion de s'unir à quelque chose et de

---

(1) Brucker, *Hist. crit. phil.*, V, 280.
(2) Cousin, *Fragm. phil.*, t. II, page 337; correspondance de Leibnitz et de l'abbé Nicaise.

l'avoir en sa puissance, toutes les autres passions : le *désir* (amour qui tend au bien qu'il n'a pas), la *joie* (amour qui s'attache au bien qu'il possède), l'*audace* (amour qui entreprend pour posséder), l'*espoir* (amour qui se flatte d'atteindre), la *colère* (amour qui s'irrite de ce qu'on veut lui ravir son bien); de même il réduisit à la haine les passions négatives et suivit exactement Descartes, sinon dans l'ordre et dans l'explication, au moins dans le principe de la nature physique et morale de la passion. Ensuite il passa aux opérations intellectuelles supérieures aux sens, et fixa trois causes à cette supériorité : la nature passive des sens qui les force à se tromper quelquefois, ou, pour mieux dire, à tromper l'entendement qui prononce plus tard contre leur témoignage ; la faiblesse des sens qui est telle que *le sensible le plus fort les offusque*, tandis que le *parfait intelligible récréé l'entendement*, comme le dit Aristote; enfin leur variation opposée à la constance des idées de raison. Il définit ces idées comme Descartes, en distinguant entre l'imagination d'un certain triangle, par exemple, et la conception de la nature même de ce triangle, et regarda le libre arbitre comme la puissance que nous concevons en nous, de vouloir ou de ne pas vouloir, de sorte que la vertu ne soit que l'habitude de faire un bon usage de cette liberté (1). Après cette première analyse, Bossuet exposa les idées de Descartes sur les corps (2), puis sur l'union de l'âme et du corps humain, union naturelle, accidentelle pourtant et non nécessaire, et il développa la nature et les raisons de l'empire de la volonté sur le mouvement et sur les passions qui y sont liées (3). Cela posé, il prouva par les causes finales, puis par les vérités éternelles, l'existence de Dieu en qui elles sont toujours subsistantes et toujours entendues, de Dieu qui est la vérité même et l'intelligence même, et en qui l'intelligence et son objet ne peuvent différer comme en nous, parce que tout ce qui est, et n'est pas lui, est cependant en lui comme en sa cause (4). La différence entre l'homme et les animaux, différence absolue, telle qu'elle

---

(1) *Introduction à la philosophie, ou de la connaissance de Dieu et de soi-même*, chap. 1.
(2) Id., chap. 2.
(3) Id., chap. 3.
(4) Id., chap. 4.

doit exister entre l'être qui pense et cette simple matière incapable de sentiment et constituée seulement de manière à sembler agir d'elle-même, en vertu des impressions durables que les objets font sur elle, termina cette exposition philosophique dont la conclusion morale fut ce qu'elle devait être chez un théologien, opposée aux intentions de Descartes. En effet, l'union de l'âme et du corps étant regardée comme accidentelle et non comme une conséquence des lois universelles des êtres, et l'âme humaine étant, ici selon Descartes lui-même, placée dans un isolement absolu en face du Dieu qui l'a créée et qui bientôt la rappellera à lui, Bossuet put finir son livre par ce précepte qu'on rencontrerait sans étonnement chez un philosophe hindou : *ne regardons pas ce qui se voit, mais ce qui ne se voit pas, parce que, comme dit l'apôtre, ce qui se voit est passager, et ce qui ne se voit pas dure toujours* (1).

Mais dans un livre d'une bien plus haute importance (2), Bossuet partit de la doctrine de Descartes pour fixer et pour interpréter le premier des symboles chrétiens. Après avoir établi que le parfait précède l'imparfait selon la pensée, et que le néant ne peut être conçu avant l'être; après avoir ainsi prouvé avec une admirable éloquence l'être de l'être ou l'être de Dieu, il enseigna la fécondité de Dieu et l'éternelle naissance du Dieu de Dieu, de l'intelligence coéternelle à l'être, du Verbe unique conçu avant le commencement, dans le sein maternel du Père : *ex utero ante luciferum genui te*. Ensuite, dans l'amour du Père et du Fils, amour substantiel, identique à l'une et à l'autre substance, il fit voir le Saint-Esprit qui procède du Père et du Fils, et des deux règnes fait un seul règne éternel. Or, nous disons que le cartésianisme fit comprendre l'essence et la nécessité du mystère de la Trinité, parce que la notion première et irréductible de l'être une fois conçue et rapportée à la pensée que la pensée seule peut définir, une fois la méthode rigoureusement posée et la science débarrassée des idées vagues de matière, de sujet, de support, pour être réduite à la considération des attributs qui peuvent seuls nous enseigner la substance, on dut évidemment comprendre ce qui jusque-là n'avait frappé que certains esprits isolés ;

(1) *Introd. à la philos., ou de la connaissance de Dieu et de soi-même*, chap. 5.
(2) *Élévations à Dieu sur les mystères de la religion chrétienne*. Ouvrage posthume de Bossuet.

bien mieux, on put l'expliquer et le prouver. En effet, le mystère alors apparut dans la pensée, et non-seulement dans l'intelligence divine, mais dans celle de l'homme, qui est son image ou son expression, avec certaines limites. Ainsi, Bossuet put exposer une trinité psychologique incompréhensible comme la Trinité de Dieu, mais au moins irréductible, nécessaire et vraie de toute vérité. *Être, entendre, aimer, sont choses distinctes, mais tellement inséparables, qu'il n'y a point de connaissance sans quelque volonté... La connaissance n'est autre chose que la substance de l'âme affectée de certaine façon, et la volonté n'est autre chose que la substance de l'âme affectée d'une autre manière... et la substance est toujours la même dans son fonds, quoiqu'elle entre tout entière dans ces manières d'être si différentes.* C'est encore ainsi que ce principe intérieur, qui est l'art dans la pensée de l'artiste, enfante une œuvre au dedans de lui, il aime cette œuvre, et tout cela c'est l'esprit même et la même substance. L'art produit l'idée et l'amour, et on suppose qu'il existe quand il les produit ; *l'art, qui est comme le Père, n'est pas plus beau que l'idée qui est le Fils de l'Esprit ; et l'amour qui nous fait aimer cette belle production, est aussi beau qu'elle, par leur relation mutuelle chacune à la beauté des trois... et quand il faudra produire cette œuvre au dehors, l'art, l'idée et l'amour y concourront également et en unité parfaite, en sorte que l'œuvre se ressentira également de l'art, de l'idée et de l'amour* (1).

4. Nous avons à déchoir maintenant, pour étudier les dispositions philosophiques des théologiens subalternes au dix-septième siècle. Si nous venons de trouver, ainsi que cela devait être, deux des plus grands esprits de ce siècle, pénétrés de la science nouvelle, et, quelques restrictions qu'ils voulussent y mettre, la faisant servir de base à leurs croyances intimes et même à leur enseignement, nous allons maintenant, dans la sphère des esprits subalternes, rencontrer une hostilité plus ou moins étroite ou aveugle contre les idées modernes.

Huet, dont nous avons déjà cité l'ouvrage contre le cartésianisme, s'était plongé de bonne heure dans l'érudition ; cartésien dans sa jeunesse, parce que tout jeune homme adopte

---

(1) L'amour et la volonté sont confondus dans la trinité psychologique. C'est qu'en effet il n'y a pas de volonté sans un rapport, sans un objet, une tendance, un but, ni par suite, sans l'amour.

facilement un système, même imparfaitement compris, il ne tarda pas, à la suite de ses études, à confondre toutes les idées et tous les temps, et à devenir indifférent à tout, sauf à la signification d'un vers de Virgile et à la conservation de la puissance du catholicisme, dont une partie résidait en lui. C'était un de ces hommes que domine un immense amour-propre, et qui, voyant leur science et leur importance se grandir de toute la substance de l'antiquité qu'ils croient s'être assimilée, trouvant en eux et dans le tourbillon d'idées et de théories qu'ils sont impuissants à classer et à éclaircir une obscurité croissante, convaincus enfin, de l'inutile mobilité et des vains efforts de l'esprit par opposition à l'absolue stabilité du système religieux et social dans lequel ils occupent une grande place due à leur génie et à leur piété, en viennent à regarder de très-haut les agitateurs, à préférer le passé à l'avenir, et les institutions aux hommes, et à tout, l'heureux présent qui les porte. Huet appuya donc de son érudition la doctrine catholique, et proposa à des hommes nouveaux une démonstration latine à formes antiques (1). C'est encore avec son érudition qu'il voulut écraser Descartes, et il ne crut pas sans doute bien nécessaire de le comprendre avant de le réfuter; son livre ne fut, en effet, qu'une lourde diatribe, pédantesquement conçue et assaisonnée de grossières accusations de plagiat. Par exemple, Descartes s'est contredit, selon lui, en prescrivant de douter de toutes choses, et même de les regarder comme fausses, *car celui qui croit une chose fausse ne doute pas!* Le cogito, ergo sum revient à ce syllogisme : *si sum, sum; sum autem, sum igitur*, et un pareil reproche a été si bien répandu dans le public, que de nos jours on a été obligé de rechercher et de publier les passages de Descartes où le vrai sens de son principe est éclairci (2). Il prétendit enfin reconnaître toute la physique cartésienne répandue par fragments, dans une foule de livres anciens et modernes : les tourbillons, dans Bruno et dans Képler; la formation des astres, dans ce que l'on rapporte des poëmes d'Empédocle; la théorie de l'aimant, chez les platoniciens; la cause du battement du cœur, dans Aristote, et celle de la lumière, dans Épicure; enfin, les marées et les météores, dans le Seleucus et

---

(1) Huet, *Demonstratio evangelica*.
(2) Cousin, *Frag. phil.*, t. I. *Du vrai sens du cogito, ergo sum*.

dans l'Anaxagore du traité des opinions des philosophes attribué à Plutarque. S'il y a quelque chose de vrai dans tout cela, car les véritables emprunts de Descartes échappèrent malheureusement à sa perspicacité, c'est que l'opinion de l'infinité des univers et des mondes avait été conçue avant Descartes ; encore même ne la professa-t-il pas littéralement, mais il ne fit que la comprendre dans un système où certes il embrassa bien d'autres choses encore (1).

Enfin, l'érudition latine et grecque d'Huet obscurcit, dans son esprit, les idées les plus claires au point qu'il reproduisit dans un ouvrage trouvé après sa mort, et à la composition duquel il avait donné beaucoup de temps et de soins, les arguments *acataleptiques* de Sextus Empiricus (2). Il faut avouer cependant qu'il affaiblit beaucoup la valeur des objections sceptiques, non certes avec intention, car il voulait conclure à un scepticisme absolu, mais quelquefois par défaut d'intelligence de leur nature et de leur véritable portée, et le plus souvent en admettant, pour réfuter les dogmatiques, des notions vagues ou des définitions incompréhensibles qu'il faisait cependant servir de base à ses raisonnements. Ainsi, il ne put s'abstenir d'être dogmatique en réfutant, et d'établir, contre certains philosophes, des vérités négatives. Il admit des degrés de probabilité pour les sens et pour la raison, et ruina par là son système, puisqu'il s'obligea implicitement à fournir des motifs de cette probabilité plus ou moins grande. Enfin, après avoir regardé toute vérité comme incertaine, il fut obligé d'en appeler à la foi et de demander que cette foi indiquât, posât séparément chacun de ses objets, puisque les rapports que la raison aperçoit entre eux peuvent ne pas être. On est en droit de se demander, quand on est conduit par un évêque à un pareil résultat, si, naïf et ignorant comme un enfant, il put croire qu'une opération divine expresse enseigne à certains hommes, et cela seulement dans certains lieux, temps ou circonstances, une infinité de propositions éparses telles que celles-ci : Dieu est trin, le Verbe s'est fait homme, Dieu n'est pas quatrin, Dieu n'est pas quint, etc., le Verbe ne s'est pas fait cheval, etc., etc. ; s'il put croire que la foi ne s'est pas transmise par l'autorité et par

(1) *Censura philosophiæ cartesianæ*.
(2) *Traité philosophique de la faiblesse de l'esprit humain*.

l'enseignement, mais par un miracle continuel, que la foi, qui ne parle qu'à quelques-uns et ne convainc que quelques-uns, n'en est pas moins suprême, infaillible et incomparable avec la raison qui parle à tous ; ou s'il fut, au fond de sa conscience, parfaitement sceptique sur tous les points, mais porté par des raisons politiques à la conservation de l'ordre établi. Dans le premier cas, la doctrine d'Huet est, sans contredit, la plus mystique et la plus incompréhensible qui ait jamais été exposée. Nous penchons donc vers la seconde opinion. Que conclure, au surplus, d'un livre écrit sans méthode et sans clarté ? Huet qui, dans la question de comparaison des anciens et des modernes, accordait aux anciens plus de génie, aux modernes plus de méthode (1), aurait dû porter son attention sur la sienne. Mais apparemment il la faisait consister dans l'ordre et dans la disposition des matières, puisque son esprit ne lui fournissait aucune idée propre à s'imposer d'abord et à gouverner les autres.

5. Huet fut sans doute principalement déterminé par ses relations intimes avec les jésuites à attaquer le cartésianisme, et ses tendances sceptiques lui furent communes aussi avec un très-grand nombre de membres du clergé. L'aristotélisme s'était conservé dans les écoles ecclésiastiques, mais comme il était difficile, surtout dans l'état où le catholicisme d'un côté, les connaissances modernes de l'autre l'avaient réduit, de lui prêter une foi bien étendue, il arriva que les théologiens prirent l'habitude de considérer indifféremment toutes les doctrines possibles comme plus ou moins contraires à la foi, de douter de toutes, et de faire de la science ou de la philosophie par passe-temps, sans autre intention que de mettre les adversaires aux prises et de se frotter les mains en les voyant combattre. Aussi y avait-il alors dans le clergé un grand nombre d'hommes instruits, polis, aimables, qui se trouvaient au courant de toutes choses, jugeaient et prononçaient en toute circonstance, et appliquaient partout ailleurs que dans la foi, dès qu'une question était soulevée, leur doute critique accompagné de ce sourire supérieur qui se tient entre la bienveillance et la raillerie. L'un des symptômes de cet état des esprits, est le livre gai et modéré et d'une plaisanterie assez fine, du père Daniel ; c'est une sorte de roman satirique où l'on trouve beaucoup plus d'intel-

(1) *Huetiana*, XI et XII.

ligence du cartésianisme que dans les ouvrages d'Huet, et des fictions amusantes qui se déduisent très-naturellement de la doctrine de l'âme et du corps de Descartes (1). L'auteur semble parler au nom des aristotéliciens; il les abandonne cependant de temps à autre, et se fait plutôt l'interprète de l'opinion vulgaire. Il insiste beaucoup sur l'impossibilité du mécanisme des bêtes, sur l'inexactitude de la loi de conservation de la quantité du mouvement qui était alors généralement reconnue, et sur le grand cercle vicieux de la méthode, qu'il cherche à mettre en évidence par le rapprochement futile d'un passage des Méditations avec le passage prétendu falsifié de la version. Enfin, et surtout, il prétend détruire de fond en comble le système cartésien, en le mettant en guerre avec lui-même, et il est facile, en effet, d'opposer quelques-unes des suppositions arbitraires de la physique de Descartes à des conséquences qui se déduisent plus ou moins évidemment de ses principes. Mais ce n'est pas ainsi qu'on détruit un grand système de philosophie; et puis le père Daniel ne pouvait s'élever si haut; l'arme banale du ridicule était plus à sa portée, et il sut s'en servir avec esprit et mesure.

6. La recherche des rapports de la philosophie, au dix-septième siècle, avec les institutions religieuses et avec les hommes commis à leur défense, nous amène à donner une histoire abrégée du scepticisme qui s'y trouve intimement liée. Nous avons déjà parlé précédemment du rôle que joua le scepticisme en France, avant Descartes, rôle exclusivement critique, mais très-propre à préparer l'avènement d'une philosophie nouvelle. Rabelais, cet homme prodigieux qui a fait la moitié du génie de Molière, de l'esprit de Sterne et des boutades de Diderot, Rabelais encore plus fort, plus imprévu, plus étourdissant qu'eux dans la satire, et dont le rire, si grossier quelquefois, ne couvre cependant pas entièrement une vive sympathie pour l'humanité, fut le premier et le plus éloquent interprète du doute religieux, philosophique, politique. A en juger par quelques-uns de ses chapitres, la philosophie pyrrhonienne était commune de son temps (2), et dans le fait, ses ouvrages, considérés dans leur ensemble, peignent bien plutôt, selon nous,

(1) *Voyage du Monde de M. Descartes*, suivi d'une lettre d'un péripatéticien à l'auteur, etc.

(2) Rabelais, *Pantagruel*, liv. III, chap. 33 et 34.

le scepticisme dans la société que dans l'auteur (1). Montaigne, homme d'un grand esprit, mais éminemment sérieux et important à ses propres yeux, consulta sa pensée, la trouva sceptique et s'en confessa naïvement. Charron voulut systématiser Montaigne et lui retira beaucoup de sa grâce, sans lui ajouter rien de nouveau, si ce n'est, peut-être, une analyse comparative des religions et de leurs preuves aussi hardie que celle qu'on a pu faire longtemps après lui. Telle fut la première phase du scepticisme, et pour que rien n'y manquât, un Portugais, Sanchez, élevé à Bordeaux, docteur à Montpellier, professeur de philosophie à Toulouse, se chargea de lui donner une forme rigoureusement scientifique, et parvint, en effet, à le présenter systématiquement, avec une verve et une force de raisonnement très-remarquables (2). A la même époque, le scepticisme eut, dans quelques esprits, une tendance tout opposée qui devint dominante au dix-septième siècle, et constitua ce que nous appelons sa seconde phase; il attaqua la science au profit de la religion. Cette intention pieuse, que nous avons trouvée dans Huet, auparavant déjà avait servi à couvrir le scepticisme tout aussi absolu de Lamothe le Vayer qui, après avoir divinisé Sextus Empiricus, opposé les axiomes aux axiomes et les religions aux religions, avait osé conclure que la foi seule doit être écoutée par chacun au fond de sa conscience, sans qu'il y ait d'ailleurs aucune raison possible pour choisir et se déterminer (3). Les sceptiques mitigés qui dominaient parmi les théologiens parurent s'accommoder de cette étrange doctrine plutôt que d'un dogmatisme scientifique quelconque; mais cette réaction de la foi religieuse pure contre les hardiesses du seizième siècle ne put durer très-longtemps, et Bayle donna naissance à une troisième phase du scepticisme, dont le carac-

(1) Panurge est l'homme éminemment sceptique; il cherche, il questionne et ne peut se déterminer. Il voudrait, mais il ne peut pas croire. Il sait toutes les langues, mais il ne sait pas ce qu'il lui convient de faire. Les anciens et les modernes, Virgile, la philosophie, la Bible, la médecine, les oracles et les dés l'attirent tour à tour et ne peuvent le satisfaire. Tous ces caractères conviennent au seizième siècle et beaucoup d'autres encore; au contraire il se peut que la sagesse de Rabelais parle en Pantagruel quand celui-ci dit à Panurge : Que cherchez-vous et pourquoi tant de peine? Sachez bien ce que vous voulez faire et faites. Rondibilis le médecin émet la même opinion. L'indépendance de l'homme et le mépris de la nécessité se font jour dans cette solution.

(2) Sanchez, *De multum nobili et prima universali scientia quod nihil scitur.*

(3) *Cinq dialogues faits à l'imitation des anciens par Oratius Tubero.*

tère fut décidément révolutionnaire, opposé à la théologie comme à la philosophie, et aboutissant à la tolérance comme conclusion morale. Mais ceci regarde déjà le dix-huitième siècle.

7. Quel que fût l'accord supposé du scepticisme philosophique et de la foi religieuse, ou plutôt quel que fut l'intérêt de la puissance ecclésiastique à favoriser cette chimère, il n'en existe pas moins une lutte flagrante entre les deux principes, et de cette lutte dans une grande âme naquit le génie de Pascal. Ce n'est pas que Pascal fût un sceptique; profond mathématicien au contraire et pénétré de l'esprit de la méthode, il envisagea comme Descartes les premiers principes de la raison, en distinguant rigoureusement et absolument l'esprit de la matière et les notions qui se rapportent à l'un des notions qui se rapportent à l'autre (1). Mais pour lui, les mathématiques, la physique, n'étaient que des exercices récréatifs qui ne touchent en rien aux vérités qu'il nous importerait de savoir. Passionné pour la recherche de ces vérités, et placé au point de vue du monde de Descartes, il aperçut, ici, l'homme composé incompréhensible de deux substances elles-mêmes incompréhensibles, l'esprit et le corps (2) ; là, le monde infini, rigoureusement infini, car un esprit comme le sien ne pouvait s'arrêter à l'indéfini de Descartes, le monde, sphère infinie dont le centre est partout et la circonférence nulle part (3), le monde, dont le principe est inabordable comme la fin, et dont les deux extrémités insaisissables, le néant et le tout, s'éloignent sans fin et ne se retrouvent qu'en Dieu (4), le monde, en un mot, où tout se cause, et s'aide, et se lie si bien qu'il est impossible de connaître les parties sans le tout et le tout sans les parties (5). Ébloui à cette vue, Pascal commença à mépriser l'application de la raison et de la science aux choses de détail comme trop facile et peu importante en soi, et il en vint à ne s'en permettre la recherche que rarement et comme soulagement à ses souffrances. Mais il se livra tout entier à la contemplation de Dieu et de l'homme, principes suprêmes de la philosophie et qui seuls dans la philosophie pouvaient l'intéresser. Enfin, dans son igno-

(1) Pascal. Pensées, XXXI, 27.
(2) Id., id.
(3) Id., XXII.
(4) Id., XXXI, 27.
(5) Id., I, XXV, 4 et 5, XXVI, XXXI, 30, etc., etc.

rance de leur nature et sentant avec angoisse les atteintes de la maladie sur sa vie et sur sa pensée, qui d'un moment à l'autre avançaient vers l'anéantissement, il se demanda, qui suis-je? où vais-je ainsi? que sera-t-il de moi? et il se voua tout entier à l'étude de la question religieuse et du problème des traditions humaines. C'est ici que Pascal nous paraît pouvoir être appelé sceptique, car il sentit sans aucun doute que les principes les plus certains de la raison ne peuvent arriver à fonder une croyance positive et déterminée à un certain avenir de l'homme après la vie. La douleur empreinte dans certaines de ses pensées, l'amertume de certaines de ses réflexions sur l'ordre du monde, sur l'aveuglement des hommes, sur l'injustice des institutions et de la propriété même, et sur la variabilité des notions de morale et de religion (1), mettent pleinement en évidence le doute qui le dévorait sur la question d'une Providence spéciale et d'une révélation directe et absolue. Il s'exerçait alors à se convaincre lui-même, il s'efforçait d'établir à tout prix le dogme consolateur sur une base pratique, matérielle, infaillible; et l'ombre du doute venait à chaque instant se projeter sur cette lumière qu'il avait tant de peine à produire. Sans doute il était facile à Pascal de considérer l'homme comme déchu, puisque, sous un certain point de vue, Dieu décheoit quand il crée et que son image ainsi n'est qu'un Dieu déchu, mais la source de son éloquence était tarie dès le moment où, cessant de parler de l'infinie misère et de l'infinie grandeur de l'homme, il essayait d'enseigner la croyance historique à la mission du peuple juif, à sa rédemption, aux prophéties et aux miracles, et s'attachait à la lettre de l'Ecriture comme le plus simple des croyants.

On a traité Pascal d'esprit peureux et crédule, mais nous serions bien heureux si le courage et l'incrédulité pouvaient délivrer l'humanité de cette maladie morale qui le rongeait sans relâche. Comme certains enfants qui commencent à savoir ce qu'est la mort, et devant la souveraine pensée de l'anéantissement une fois comprise s'arrêtent et pâlissent; comme toutes les âmes puissantes qui, jetées en des corps maladifs, luttent avec désespoir contre le dépérissement et l'extinction; comme les esprits inquiets, qui, dans l'incertitude de l'avenir, s'attachent obstinément au présent de la pensée et s'y veulent

(1) Pascal. *Pensées*, I, XXV, 4 et 5; XXVI, XXXI, 30, etc., etc.

éterniser, diviniser ; enfin, comme les corps robustes qui, dans la force de la vie et de la pensée, voient le couteau fatal levé sur leur tête, leur âme soumise à la brutalité et leur amour près d'expirer sous le coup de la haine et qui s'écrient, avec le poëte : *Je ne veux pas mourir encore !* Comme eux tous Pascal avait peur de la mort : parcelle admirable de la divinité, étincelle de la pensée immuable, il ne voulait pas s'éteindre sans avoir compris son immortalité. De là ses doutes, ses inquiétudes, son mépris souverain pour les hommes qui oublient eur prérogative d'homme et qui jouent à la charade en attendant le dernier moment. Enfin de là son éloquence sublime. Quand la douleur le forçait de renoncer à sa pensée plus triste que la mort, il résolvait les problèmes les plus difficiles de la géométrie, et de nouveau maître de lui-même, il revenait à la religion. On comprend que le mysticisme et la superstition aient pu seuls apporter quelque consolation dans les derniers moments d'un pareil homme.

En résumé, nous dirons que Pascal ne fut pas un philosophe. Trop préoccupé de ce *moi* pour lequel il avait cependant tant de haine quand il le voyait paraître en autrui (1), il n'atteignit pas à cette sérénité de l'âme qui se repose dans la contemplation de la vérité acquise. Comme un Descartes ou comme un Leibnitz, il n'eut pas la force d'esprit de s'en tenir à la vue du certain, de déterminer les limites de l'avenir et du possible, et de s'en remettre pour le reste à l'espoir, à la croyance et à la grâce de Dieu. Si Pascal eût vécu de nos jours, la grande idée du progrès des êtres dans la création et du progrès des hommes sur la terre, cette idée qui vient s'ajouter à celle de l'ordre universel des choses dans l'espace, pour nous donner une confiance souveraine dans l'avenir, dans les lois d'évolution de la vie et dans la satisfaction due à tous les désirs, cette idée l'aurait frappé sans aucun doute et guéri, lui qui a dit le premier que l'humanité, dans toute la série des temps, peut être considérée *comme un seul homme qui vit continuellement et qui apprend toujours.*

Nous avons étudié, dans le cours de ce livre, l'état philosophique et théologique des esprits au dix-septième siècle dans son rapport avec la philosophie cartésienne. Nous devons assister maintenant au développement de la doctrine.

---

(1) Pascal *Pensées*, XXIX 27.

LIVRE QUATRIÈME.

MOUVEMENT DIRECT DE LA PHILOSOPHIE FRANÇAISE DEPUIS DESCARTES JUSQU'A LOCKE.

§ Ier.

ÉLÈVES IMMÉDIATS DE DESCARTES. — INTRODUCTION DE SA DOCTRINE EN HOLLANDE.

1. Descartes étant mort en 1650, et avant lui le père Mersenne, Clerselier, l'un de ceux qui avaient consulté le maître avec le plus de fruit, et celui qui l'avait le plus ouvertement reconnu pour tel, resta le principal représentant du cartésianisme en France. Au surplus, le père Mersenne, homme droit et simple et bon esprit, mais quelque peu bizarre, attaché à l'étude de questions toutes particulières en théologie et en physique, cerveau très-éclectique, passionné pour les discussions et même pour les querelles qu'il excitait entre les plus fortes pensées de son temps et au milieu desquelles il cherchait à apercevoir cette étincelle de vérité qui résulte du choc, n'était peut-être pas plus dévoué à Descartes qu'à Roberval, qu'à Fermat, qu'à Gassendi, qu'à Hobbes; mais le premier, d'un génie plus indépendant et plus dominateur que tous les autres, exigeait de sa part des condescendances qui ne devaient rien coûter à sa sincère admiration. Le père Mersenne était donc pour Descartes comme un ami, un parent, une personne qui vous a toujours vue, qui vous a senti grandir, et vous aime,

et désire vos succès. Ce n'était pas, ce ne pouvait pas être un élève ni une bannière pour quelque parti que ce fût (1).

Après la mort de Mersenne, Carcavi voulut lui succéder et tenir l'office d'intermédiaire entre Descartes et les divers savants de son temps; mais il se montra si aveuglément attaché à Roberval, dont il reproduisait avec force les accusations, et qu'il prétendait ne s'être brouillé avec Descartes que par la faute du *peu intelligent* père Mersenne (2), qu'il alla jusqu'à répéter à son correspondant le reproche absurde d'avoir pillé l'algèbre d'Harriot. Descartes prévint Clerselier qu'il ne répondrait pas. Il était alors en Suède, et mourut bientôt après.

2. Clerselier, et bientôt Rohault avec lui, restèrent en quelque sorte les lieutenants de Descartes. Le premier était le beau-frère de Chanût, ambassadeur en Suède, qui avait attiré Descartes auprès de Christine et qui resta maître de ses papiers. Aussi put-il publier bientôt les deux ouvrages posthumes dont Descartes avait souvent parlé lui-même (3), et des recueils de lettres, qui par malheur sont quelquefois élaguées et ordinairement modifiées dans l'expression. L'esprit de tenue sévère et presque d'hypocrisie qui faisait alors des progrès tous les jours exigeait ces sacrifices; le hasard seul livra plus tard à l'impression un admirable ouvrage sur la méthode, et le commencement d'un ouvrage polémique, qui, publié plus tôt, eût vivement agité le corps enseignant (4). D'autres papiers se perdirent (5), et enfin nous avons vu le cas que Bossuet, et, à plus forte raison, des théologiens moins attachés que lui au cartésianisme, faisaient alors de la libre pensée et de la sincère philosophie. On croyait fonder un royaume éternel en ce

---

(1) *Lettre de Carcavi à Descartes et rép.*, III, 16, e'c. — *Voyage du monde du père Daniel.*—Leibnitz, *Lettres à M. Rémond, rec. de Desmaizeaux.* C'est à peu près ainsi que le père Daniel a voulu représenter Mersenne dans son *Voyage du monde de Descartes.* Mais son plan exigeait qu'il le donnât comme un peu plus imbu qu'il ne l'était peut-être des idées cartésiennes, et au surplus il le représente moins attaché par conviction que singulièrement affectionné à ces idées.

(2) *Lettres de Carcavi*, édit. de M. Cousin, t. X.

(3) *Le Monde*, qu'il avait renoncé à publier, effrayé par le procès de Galilée, et remplacé ensuite par les *Principes*, qui parurent en 1647. Cet ouvrage posthume parut cependant avant que Clerselier eût songé à le donner, et Delaforge aussi publia le traité *de l'Homme* avant lui.

(4) *Les règles pour la direction de l'esprit.* — *La recherche de la vérité par les lumières naturelles.*

(5) Le traité *De Deo Socratis.*

monde, et Bossuet était presque le pair de Louis XIV dans cette splendide organisation des dogmes, des pouvoirs et des cultes. Mais ce royaume n'était pas celui de Jésus-Christ, et nous savons combien il pouvait durer. Le cartésianisme, qu'on trouvait trop hardi, devait périr lui-même ou disparaître pour longtemps dans son ensemble, et cela précisément pour avoir demandé l'alliance de l'Eglise et pour avoir ménagé les puissants. Nous ne savons, hélas! êtres finis, imparfaits que nous sommes, nous ne savons marcher que par sauts et par bonds; nous dépassons la vérité quand nous voulons l'atteindre, et ce n'est qu'après avoir agi, réagi et tâtonné bien longtemps que nous la saisissons enfin. Mais alors même une autre vérité plus haute apparaît quelquefois devant nous, et nous sommes condamnés à mépriser ce que nous avons aimé. Ainsi la religion dut s'affoiblir jusqu'à l'agonie, dont elle ne s'est pas encore relevée au temps où nous sommes, parce qu'elle avait voulu s'appuyer sur l'empire et s'arrêter avant d'avoir atteint les dernières conséquences de son principe; et la philosophie dut aussi descendre confondue dans la haine que s'attira la théologie, ou s'avilir elle-même en reniant son passé, et en accomplissant vis-à-vis de ses propres pensées, de celles même qui atteignent l'éternité dans leur essor, une œuvre purement critique et désorganisatrice. Ce fut donc une grande faute, on peut le dire aujourd'hui, que d'avoir voulu fortifier à l'infini les pouvoirs sans les améliorer. Aussi qu'arriva-t-il? Descartes, vivant encore, ouvrant carrière à une nouvelle science, put craindre d'être écrasé par une violente intervention de la foi; il le dut même, et c'est à son esprit de conduite que les premiers progrès de sa philosophie furent dus (1). Mais quand une fois ses idées appartinrent au monde, quand tous les esprits furent envahis par elles, et qu'elles prirent, pour avancer, une infinité de formes, quelle puissance put avoir alors la censure ecclésiastique? quelle persécution même? Une persécution tardive fortifie les croyances, et toute idée qui a régné une fois laisse des traces immortelles.

3. Or, tous les esprits étaient réellement envahis. La preuve de cette puissance si bien fondée, ce n'est pas dans les ouvrages de quelques systématiques élèves qu'on peut la trouver; c'est plutôt dans les productions des génies originaux. Partout

(1) Cousin, *Fragm. phil.*, troisième édit. t. II, page 175.

où il y a création, il y a des archétypes présents à l'esprit créateur, et ces archétypes sont puisés dans les créations précédentes. C'est ainsi que la philosophie de Descartes mit au monde certaines idées que nous trouverons désormais partout, et les élèves trop fidèles furent plus nuisibles qu'utiles à la vraie propagation de ces idées ; les véritables élèves sont toujours ceux qui suivent en innovant, car la science n'est pas plus immobile que l'esprit de l'homme.

Ces élèves dévoués, Clerselier, Rohault, Delaforge, Régis même, doivent être regardés comme les premiers membres du corps enseignant qui se forme pour la popularisation de toute doctrine naissante. Ils ne sont pas les causes, mais plutôt les signes de son progrès. Ils ne l'introduisent pas dans les grands esprits, l'œuvre est déjà faite ; mais ils la proportionnent aux faibles. Ils la tournent, ils la retournent, ils l'habillent, ils lui ôtent même quelque chose de ses allures libres et de sa grâce native ; il lui donnent l'air froid et pédant ; ainsi arrangée, ils l'amènent et la font trôner dans les colléges, mais le temps s'écoule, et une autre doctrine, ou la même quelquefois dans le fond, mais autrement parée, nouvelle et méconnaissable dans la forme, arrive et lui dispute et lui arrache le pouvoir.

Cependant Clerselier, comme le plus voisin de Descartes, le plus fidèle de ses interprètes, qui n'écrivit rien et se borna à représenter la personne du maître, dut être utile dans les premières années qui suivirent 1650. Il était en quelque sorte Descartes lui-même ; il écrivait en son nom, et pour répondre à Roberval, une lettre qu'il faisait lire dans une de ces académies privées où les savants aimaient alors à se réunir (1) ; il continuait avec Fermat une discussion relative à la dioptrique ; il publiait enfin, pour servir de préface aux lettres, d'intéressantes notices, et défendait chaleureusement Descartes.

4. Delaforge et Rohault s'attachèrent les premiers à la physique cartésienne ; mais tandis que Rohault s'en tint à peu près uniquement à la physique, considérée cependant comme déduite des principes généraux de la philosophie, Delaforge tenta une interprétation des livres de Descartes au

---

(1) Chez M. de Montmort ; édit. de M. Cousin, *Lettres*, t. X. Ce M. de Montmort était cartésien. Brucker, *Hist. crit. phil.*, V, 280.

sujet de l'union de l'âme et du corps (1). Tandis qu'il reconnaissait en physique l'âme comme présente à la glande pinéale dans ce sens qu'elle est le centre de réunion de son action et de ses passions, il admettait aussi, en raison de l'inétendue de l'âme, que cette présence n'est pas réelle, mais seulement apparente dans les phénomènes; l'âme n'est pas plutôt dans une partie du corps que dans une autre ou dans le corps même que hors de lui. L'âme veut, le corps agit; le corps pâtit et elle sent. Or, c'est Dieu qui est la cause générale de la correspondance de certains mouvements dans le corps et de certaines pensées dans l'âme. Il faut donc qu'il soit aussi déterminé par tel ou tel état du corps à associer telle ou telle idée à cet état, de sorte que les mouvements ne soient que les phénomènes, à l'occasion desquels Dieu nous suggère les idées. Tel est le système des *causes occasionnelles* qui représente exactement la *lettre* du *Traité des Passions*, mais qui, en affirmant aussi que Dieu est à chaque instant déterminé par les modifications de la matière à agir sur notre âme, et à nous faire penser par un continuel concours de sa volonté, obligea les philosophes, pour sortir de ce mauvais pas, de pénétrer plus avant dans la métaphysique et de présenter des interprétations nouvelles. C'est ici tout ce que nous avons à dire de Delaforge, puisque ses travaux, comme ceux de Rohault, se rapportent plus spécialement à la physique qu'à la philosophie générale.

5. Cependant il fallait que le pouvoir prît une attitude vis-à-vis du cartésianisme. On commençait à s'émouvoir de tous côtés; les uns l'introduisaient hardiment dans l'enseignement, les autres pressentaient ou connaissaient déjà les redoutables issues qu'on pouvait trouver à certaines difficultés, et attribuaient à la nouvelle philosophie un danger qui s'est toujours rencontré dans les dogmes fondamentaux de toutes les philosophies et de toutes les religions. Ensuite les jansénistes, et un grand nombre de protestants que les habitudes de l'enseignement devaient moins attacher que les catholiques à l'aristotélisme, avaient embrassé les nouvelles idées. Alors les jésuites se déterminèrent, et le bruit déjà très-ancien de l'opposition entre le dogme de l'eucharistie et la définition cartésienne de la matière

---

(1) L. Delaforge, *Traité de l'esprit de l'homme* 1664, et *Tractatus de mente humana*, etc., *secundum principia Renati Descartes*, 1669.

fut plus que jamais répandu. En 1662, les ouvrages de Descartes furent mis à l'index de Rome, *donec corrigerentur*, et la même année ils furent défendus à l'université de Louvain. En 1667, les cendres de Descartes, transférées de Suède à Paris, étaient déposées solennellement à Sainte-Geneviève-du-Mont, lorsqu'un ordre de la cour défendit que son éloge fût prononcé publiquement. Enfin le parlement alla jusqu'à préparer un arrêt pour prohiber sa philosophie, comme le prouvent l'*Arrêt burlesque* de Boileau et une *Défense anonyme* (composée par un magistrat, sans doute), dont la principale partie est une analyse du livre de l'abbé de Launoy destinée à montrer l'inconstance du pouvoir en face de la philosophie (1). Cependant l'influence, ou janséniste, ou hautement impartiale de certains magistrats, dut changer l'opinion du parlement ; car en 1675, lorsque le roi eut défendu l'enseignement de la philosophie nouvelle dans les collèges oratoriens, et particulièrement à Angers, le parlement fit droit à la réclamation de Coquery, supérieur du collège d'Anjou, et il fallut que le roi cassât violemment cet arrêt et condamnât le parlement au silence.

Il était impossible de résister, et Bernard Lamy, qui enseignait à Angers le cartésianisme mêlé d'opinions jansénistes et même de quelques hardiesses politiques, fut relégué à Grenoble par l'Oratoire, qui craignit sans doute pour lui-même ; puis une lettre fut envoyée au roi (2), par laquelle on s'engageait à enseigner les *formes substantielles* et les *accidents réels*, que *l'étendue n'est pas la pure essence du corps* et que *la pensée n'est pas essentielle à l'âme*, que *le vide est réel* et *qu'il peut y avoir plusieurs mondes*, etc., etc.

Les jésuites voulurent enfin porter le dernier coup, et le père Valois, sous le nom de Delaville, dénonça le cartésianisme à l'assemblée des évêques et archevêques, comme opposé à la doctrine de l'Église et conforme aux *erreurs de Calvin* sur la question de *l'essence et des propriétés du corps*. Le même homme voulut poursuivre Descartes dans ses disciples, et attaqua avec violence et grossièreté, en le traitant d'hérétique, Malebranche qui, vivement blessé, répondit avec dignité cependant, et montra sans peine que les opinions de ses adversaires pou-

(1) Cousin, *Frag. philosophiques*, troisième édit., t. II.
(2) Bayle, *Recueil de pièces curieuses concernant la philosophie de Descartes*.

vaient, autant et plus que les siennes, conduire à l'athéisme et au matérialisme. Il fit remarquer que la croyance à l'âme des bêtes, aux formes substantielles et à l'efficace des causes secondes, renferme de terribles conséquences, tandis que ceux qui admettent que l'étendue est l'essence du corps doivent aussi reconnaître que *l'étendue, de quelque façon qu'on la taille, ne peut penser* (1).

6. C'est cependant à cette époque où le cartésianisme semble éteint, mais par le fait demeure vivant dans tous les esprits, et règne partout, excepté sur les bancs, que paraît un système complet de la philosophie de Descartes. Régis viola la défense (2), protégé par l'archevêque de Paris, et bientôt fit oublier Rohault et Clerselier, et sembla *Descartes lui-même revenu sur la terre* (3). Mais si tel est le jugement des contemporains, il ne peut être le nôtre. C'est le propre des esprits secondaires de systématiser à l'excès toutes choses; ils bâtissent de toutes pièces de petites théories avec les matériaux recueillis par les autres, ils inventent la rigueur, l'ordre factice, et compassent avec une inébranlable raison ce que le génie a jeté suivant l'inspiration. Régis rendit ainsi le système de Descartes plus logique, et évita le grand cercle vicieux, en posant, d'une manière absolue, les règles de la méthode, laissant de côté la crainte du *grand trompeur*, et démontrant l'existence des corps avant celle de Dieu. Mais si le cartésianisme put ainsi gagner quelque chose en netteté, il perdit, certes, beaucoup en profondeur. La démonstration de l'existence des corps est tout à fait chimérique et ne prouve pas que la cause de la notion que nous en avons ne réside pas dans un esprit qui nous la communique (4). En effet, Régis dit que s'il en était ainsi, *l'idée de l'étendue ne serait pas une représentation de l'étendue, mais une représentation du néant, ce qui est impossible*: comme si un être infini et tout-puissant ne pouvait pas avoir une idée pure et nous la communiquer comme représentative! Cependant il triomphe là-dessus et trouve cette manière de démontrer *si simple*, qu'il ne peut pas concevoir comment il a été *si longtemps à la comprendre et à croire que*

---

(1) Malebranche, *Défense de l'auteur de la Recherche de la vérité contre les attaques de L. Delaville.*
(2) *Système de philosophie, par Régis.* Paris, 1690.
(3) Daniel, *Voyage du monde de M. Descartes.*
(4) *Système de Régis*, l. I, part. 1, chap. 2.

l'étendue ne nous est assurée que par la foi, ce qui est contradictoire (1). Régis ne sentit donc pas qu'un système purement logique, subjectif, et fondé sur ces deux règles absolues, *le néant n'a pas de propriétés*, et *tout ce que nous concevons clairement et distinctement de la nature d'une chose est vrai de cette chose*, n'exprime rien de plus qu'une forte volonté dans celui qui le pose d'être *réaliste*, et dans le fond ne prouve rien, mais tend, au contraire, invinciblement vers *l'idéalisme absolu*. Descartes ne suivait qu'au début le critérium logique, et cela parce qu'il est indispensable, et que nous ne pouvons partir que de nous-même ; mais aussitôt que possible, il le fondait sur la conception plus haute de l'être et de sa *véridicité*.

7. Mais voyons comment Régis continue à procéder sur cette question de l'étendue et de la nature de l'idée que nous en avons. Après avoir essayé de réfuter Malebranche, il conclut *que nous voyons les corps par les idées qui sont en nous et qui dépendent des corps qu'elles représentent comme de leurs causes exemplaires, de l'âme qui les reçoit comme de leur cause matérielle, de Dieu qui les produit comme de leur cause efficiente première, et de l'action des corps particuliers sur les organes des sens comme de leur cause efficiente seconde* (2). L'âme connaît donc l'étendue *par soi-même et par sa propre nature* (3), et elle croit qu'elle existe en effet, comme nous avons vu ci-dessus, parce qu'elle ne conçoit pas que le néant ait une propriété, ou, ce qui serait plus exact, qu'une chose nous paraisse avoir une autre nature que celle qu'elle a en effet. Voilà un idéalisme bien confiant en lui-même et qui franchit, en jouant et sans l'apercevoir, l'abîme du doute invincible et complet. Mais ce qui est remarquable, c'est la preuve forte et nette que Régis avance de l'impossibilité pour l'âme de connaître l'étendue par conception, par imagination ou par sentiment (4). En effet, la *conception n'est que la puissance de connaître tout ce qui est esprit : Dieu, l'âme, ses opérations et celles des autres âmes ; l'imagination ou puissance de connaître les corps et les rapports d'égalité ou d'inégalité qu'ils ont*

---

(1) *Système de Régis*, t. I, part. 1. chap. 2.
(2) Id., t. II, part. 1, chap. 14.
(3) Id., chap 3.
(4) Id. id.

entre eux ne s'applique qu'aux *corps particuliers;* enfin le sentiment ou *la puissance de l'âme de connaître les rapports divers que les corps extérieurs ont avec elle selon les différentes impressions qu'ils font sur son corps* (1), ne peut non plus nous fournir l'idée générale de l'étendue, car tout au plus la sensation du tact donnerait-elle l'*idée de la superficie.* Il fallait donc penser que l'étendue, pure conception, n'existe pas dans le monde extérieur, et croire, avec Malebranche, que nous la voyons en Dieu, ou bien faire dépendre son idée de notre nature même; mais alors, par quelle voie l'en extraire et la porter au dehors? Régis en vint ainsi à créer un monde purement idéal, auquel il faisait tout à fait bénévolement correspondre un monde réel qu'il ne pouvait prouver.

Encore si l'étendue appartenait à Dieu, nous pourrions la connaître, comme nous connaissons Dieu lui-même. Mais Régis admit que l'étendue ne peut être en Dieu, par la raison qu'étant divisible et mobile, elle dépend de qui la divise et la meut, tandis que la pensée absolue et sans restriction est indépendante de toute cause étrangère (2). Cet argument eût été bien aisément levé par Spinosa, à l'aide de la considération du dualisme *esprit et matière* envisagé à la fois dans le fini et dans l'infini, dans le dépendant et dans l'indépendant. Cette lutte ouverte ou cachée de Régis contre Malebranche et Spinosa nous montre combien il était difficile de s'arrêter dans la voie où Descartes avait introduit la philosophie : une forte pensée éveille un monde de conséquences, et il faut des siècles pour les déduire. Mais toute médiocrité veut que la science s'arrête aux bornes de son esprit, et que la fin de l'univers soit là où il cesse d'apercevoir quelque chose.

Régis n'alla pas plus loin que Descartes sur la question de l'union de l'âme avec le corps. L'expérience nous enseigne cette union, et seule elle peut l'enseigner, car elle est un *accident du corps et de l'esprit* (3). Quant à sa cause, elle ne peut être ni

---

(1) *Système de Régis*, t. II, p. 1, chap. 2. Cette division des facultés de l'âme est conforme à celle de Descartes : *intelligence*, qui seule connaît le vrai, *imagination et sens*. Régis ajoute aussi la *mémoire* et les *passions*. (Descartes, *Règles pour la direct. de l'esprit*, édit. Cousin. t. XI, page 243.) Seulement l'intelligence est assez arbitrairement bornée par Régis à la conception des esprits.

(2) Id., t. I, p. 1, chap. 7. L'étendue ne peut appartenir à Dieu, bien qu'il semble que ce soit une perfection de plus, etc.

(3) Id., t. I, p. II, chap. 3

dans l'esprit ni dans le corps, mais en Dieu, qui l'a ainsi voulu. Pourquoi sentons-nous la chaleur en approchant du feu? Parce que Dieu veut que nous la sentions à propos du mouvement du feu. Le cartésianisme ne pouvait en rester là, et cette brève solution ne contient qu'implicitement les raisons plus profondes qu'on peut apporter.

Tout en exposant d'une manière, en apparence, assez logique, la doctrine de la liberté de Descartes, on ne peut nier cependant que Régis n'ait fait ressortir plus vivement le côté du vrai que Spinosa adopta pleinement, et n'ait peut-être réduit la liberté plus que Descartes n'eût voulu le faire; il soumit, en effet, le consentement et les déterminations volontaires aux perceptions de l'entendement, et définit la liberté, *la puissance d'affirmer ou de nier, d'aimer ou de haïr les choses*, selon que l'entendement les *représente au jugement ou au libre arbitre, avec des rapports d'égalité ou d'inégalité, de convenance ou de disconvenance, contingents et non nécessaires* (1). La liberté des actions consiste en ce que l'âme, quand elle affirme ou nie, aime ou hait, n'est forcée par aucune cause extérieure, et retient la puissance de changer quand l'entendement lui représentera les choses autrement. Le premier point est commun à l'intelligence et à la volonté; l'autre appartient en propre à la liberté. Du reste, l'âme ne se détermine pas par sa propre vertu, ce qui n'appartient qu'à Dieu seul : rien n'existe dans le monde, et il n'y a ordre de bonté et de vérité qui ne dépende de Dieu comme cause médiate ou immédiate. Ainsi les actions du jugement et du libre arbitre, sous ce rapport, ne sont pas libres (2).

Dieu seul est libre dans ce sens qu'il ne se détermine que par lui-même, en même temps qu'il n'est contraint par aucune force extérieure; et cependant il *agit nécessairement selon sa nature*, car *il répugne qu'il y ait en lui rien de contingent*. Encore ici, Régis abandonne Descartes sans apercevoir à quelles doctrines il va toucher lui-même.

La morale de Régis, en partie politique, est peu cartésienne et assez commune. Il suppose un pacte social et une morale naturelle qu'il mêle à la morale religieuse. Le tout est entre-

---

(1) *Système de Régis*, t. II, p. II, chap. 8.
(2) Id , chap. 9.

mêlé de quelques principes assez choquants, et en arrière des idées chrétiennes, sur le devoir des *femmes et des valets*, et se termine enfin par une analyse de la lettre *du souverain bien* de Descartes, qui montre comment les dogmes d'Épicure, de Zénon et d'Aristote peuvent être conciliés.

8. Mais si Régis fit preuve en tout cela d'un esprit étroit et superficiel, plus occupé de faire cadrer les mots que de comprendre les choses, c'est surtout en matière de physique qu'il se montra stationnaire. Comme les autres élèves de Descartes, au surplus, il s'en tint à cette multitude de petites hypothèses arbitraires et très-commodes, à l'aide desquelles on peut toujours trouver de petits mouvements et de petites figures, pour expliquer tout phénomène qui se présente. Que Descartes ait cru fonder ainsi une physique solide dans toutes ses parties et dans ses moindres détails, lui qui, justement préoccupé du point de vue de la physique générale, croyait avoir fait beaucoup en montrant comment toutes choses s'expliquent par les premiers principes, on le conçoit. Mais que des disciples, à une époque où les fondements de cette physique étaient admis par tous les grands esprits, aient voulu prendre le change sur la guerre qu'on leur faisait, et se croire attaqués à la base de leur doctrine plutôt que dans cette foule de déductions incertaines qu'ils se permettaient, c'est ce qu'on s'expliquerait difficilement si l'on ne connaissait le faible des hommes pour les sciences achevées ou prétendues telles (1).

Cependant la science ne devait pas en demeurer là. Sténon avait détruit l'anatomie de Descartes, et la glande pinéale n'était plus qu'une glande comme une autre, peu mobile, et entourée de veines et non d'artères. Huyghens arrivait, et, s'emparant des idées mères de la physique de Descartes et des découvertes de Galilée, créait de belles théories partielles qui se rattachaient au cartésianisme, tout en niant quelques-unes des idoles qui n'avaient eu qu'une valeur et n'avaient mérité qu'une foi de circonstance, et qu'à tort des élèves voulaient consacrer à tout jamais. Les lois de Képler, observées et recon-

---

(1) Régis fut très-utile à la propagation du cartésianisme en France. Il le fit connaître et l'enseigna, pour ainsi dire, à Toulouse, où, entre autres partisans, il lui gagna beaucoup de femmes, puis à Montpellier et à Aix. Il fit ces voyages à une époque fort antérieure à celle de la publication de son livre. (Brucker, *Hist. crit. phil.* V, 282.)

nues définitivement, entraient dans la science, et les découvertes expérimentales de Galilée étaient désormais incontestables.

9. Déjà tous les savants étaient au courant de cette situation des choses, et les cartésiens seuls paraissaient l'ignorer. C'est là ce qui nous explique le déchaînement des plus grands penseurs contre le cartésianisme à la fin du dix-septième siècle, tandis que ses principes généraux et ses hypothèses fondamentales avaient pris rang parmi les choses dont il n'était plus permis de douter. Ainsi, par la faute des élèves exclusifs de Descartes, le livre si peu philosophique de Huet fut applaudi par ceux-là mêmes qui avaient recueilli et qui augmentaient chaque jour la meilleure partie de l'héritage de leur maître, par Leibnitz et par Huyghens. La réaction qu'ils étaient obligés de faire contre certaines idées de détail, qui voulaient s'imposer et dominer, s'étendit naturellement jusqu'à celui qui, le premier, les avait mises au jour. En outre, la bonhomie d'Huyghens devait se révolter contre l'esprit exclusif, jaloux, ombrageux de Descartes, et contre ce qu'il appelait son orgueil (1). Aussi le voit-on, dans les notes qui nous sont parvenues de lui, rendre justice à la mathématique cartésienne ; mais cette méthode, qui a créé la mathématique elle-même, il ne peut la saisir ; il avoue que les notions généralement adoptées avant Descartes, étaient embrouillées ou ineptes, et, en cela même, il va trop loin, suivant l'esprit qui commençait alors à devenir celui des physiciens, et il ne s'aperçoit pas que quand il croit innover et abandonner Descartes, il ne fait encore que le suivre, car les prinpes restent là où l'application n'en est pas reconnue. Il trouve cependant Descartes *un grand esprit*. Il avoue que *Telésio, Campanella, Gilbert, retenaient, de même que les aristotéliciens, plusieurs qualités occultes, et n'avaient pas assez d'invention et de mathématiques pour faire un système entier ; Gassendi non plus ;... que Vérulamius n'entendait point les mathématiques et manquait de pénétration pour les choses de physique.* Galilée est son homme, *il a fait de belles découvertes touchant la nature du mouvement ;... il était modeste et aimait la vérité.* Descartes était *fort jaloux de la renommée de Galilée :* et il le blâme d'avoir voulu *passer pour auteur d'une nouvelle philosophie, ce qui paraît par ses effets et ses espérances de la faire*

---

(1) Notes d'Huyghens sur la vie de Descartes par Baillet, Cousin. *Fragm. phil.*, t. II.

enseigner ;... d'avoir proposé son système de physique autrement que comme un essai, etc., etc. Voilà des reproches bien durs adressés à un homme qui a fait un si grand bien et de petits maux si réparables. Mais *ses partisans croient tout savoir.* Voilà le mot de l'énigme ; Descartes a eu le tort de ne pas croire aux nouveautés qu'Huyghens et tant d'autres pouvaient découvrir, mais son opinion a-t-elle empêché ces nouveautés de passer ? On voit combien Huyghens rapportait tout à son point de vue. Il voulait naïvement ôter la philosophie à Descartes, et le ramener aux proportions de son propre esprit et de l'esprit de Galilée. Mais alors craignez pour cette science positive dont vous êtes si fiers, et qui a ses racines dans la nouvelle métaphysique que vous rejetez.

10. Leibnitz est moins excusable d'être entré dans cette ligue formée par le livre de l'évêque Huet, de lui avoir écrit, comme Huyghens, pour le féliciter, et de lui avoir offert, à plusieurs reprises, un nouveau recueil des plagiats de Descartes (1). Il devait savoir combien ce genre d'accusation est facile et quelle est sa valeur contre un homme qui a créé un système entier où tant d'éléments divers ont naturellement leur place marquée ; il devait mieux comprendre cette métaphysique dont il adoptait lui-même les véritables fondements, et se montrer moins prompt à lui reprocher *de grands paralogismes et des endroits bien faibles ;* de même, il aurait pu traiter avec plus d'indulgence, dans les élèves, une physique qu'il trouvait dans le maître *un admirable échantillon de ce qu'on pourrait et devrait bâtir sur les nouvelles expériences* (2), et qu'on n'a cependant pas encore remplacée dans son ensemble. Mais surtout il eût été plus juste, lui dont la philosophie pouvait donner prise, au fond, à des accusations d'impiété terribles alors, s'il eût épargné à Descartes le reproche de rejeter les causes finales et d'admettre une *série indéfinie de transformations par le mouvement dans la matière,* ce qui mène à la doctrine d'*Hobbes ou de Spinosa*, et le vœu de voir sa philosophie *châtiée par le retranchement des erreurs qui sont mêlées avec la vérité* (3).

Nous reconnaissons ici l'esprit exotérique, si l'on peut parler

---

(1) *Extraits de la correspondance de l'abbé Nicaise. Fragm. phil.*, t. II, page 207.
(2) *Lettre* I, de Leibnitz à Nicaise.
(3) Id., lettre XI.

ainsi, de cet homme qui voulut et sut être toujours bien avec les puissances, qui *dirigea à l'édification* le principal de ses ouvrages philosophiques, et fit douter après sa mort si le système de l'harmonie préétablie n'avait pas été un pur jeu de son esprit.

Cependant les reproches que Leibnitz adressait aux élèves de Descartes n'en étaient pas moins fondés, et ils nous font voir le monde scientifique d'alors comme divisé en deux camps, celui des cartésiens purs, qui n'ajoutaient rien à Descartes, s'attachaient à un *babil inutile des petits corps* et *négligeaient ou méprisaient l'astronomie, la géographie, l'histoire, les langues, la critique* (1), et celui des vrais cartésiens qui, ayant recueilli la semence dans leurs esprits, la cultivaient à leur manière et obtenaient de nouveaux fruits. Avant d'en venir à ceux-ci, jetons les yeux sur une branche du cartésianisme déjà plus forte et plus féconde que celle de France.

11. L'activité scientifique des Pays-Bas à cette époque était immense ; et, bien que les théologiens protestants eussent voulu fonder et soutenir une rigoureuse orthodoxie, et que, de leur côté, les aristotéliciens fussent puissants dans les écoles philosophiques, il fut impossible d'arrêter le mouvement de la pensée. Le cartésianisme fut d'abord introduit à Utrecht par Renerius, et suivi par une femme savante (Schurmannia) qui lisait la Genèse en hébreu (2), enfin, professé avec scandale par un médecin ambitieux, Henri Leroy, qui, d'abord, se contenta de toucher à quelques points de métaphysique, à propos de la physiologie. Les aristotéliciens s'émurent, et Gisbert Voët, prédicateur, leur chef, entreprit de ruiner Descartes par la calomnie et par des interprétations inintelligentes et ridicules. Descartes répondit, et, du haut de sa candeur, fit toucher au doigt la fange où s'agitaient ses adversaires (3). Mais tout ne se borna pas à des persécutions et à des jugements ; bientôt Leroy com-

---

(1) *Lettre 1 de Leibnitz à l'abbé Nicaise.* Fragm. phil., t. II.

(2) Brucker raconte que Descartes étant entré un jour chez son élève Schurmannia pendant qu'elle lisait la Bible, elle lui dit avoir appris l'hébreu pour pouvoir juger en connaissance de cause les récits de la Genèse et pour les interpréter. Descartes lui avoua s'en être aussi occupé pendant un temps et y avoir renoncé, après s'être convaincu de l'impossibilité de tirer quelque chose de clair de cette étude. Schurmannia s'indigna fortement. Le temps n'était pas venu pour cette œuvre immense que commença Spinosa.

(3) *Lettre à Voët.*, édit. Cousin, t. XI. — Id., *au père Dinet*, *Médit. métaph.*, obj. 7.

promit Descartes par des déductions fausses de sa doctrine et par des idées qui lui étaient particulières : il voulut regarder l'âme comme un mode du corps, et soutint sérieusement, dans une lettre à Descartes, qu'il n'avait pu avoir lui-même d'autre intention, et que tout le monde lui supposait cette arrière-pensée. Ainsi, Leroy fut le premier des matérialistes modernes, c'est-à-dire le premier qui déduisit sa doctrine de celle de Descartes, et nous verrons qu'il ne demeura pas sans école. Descartes fut donc obligé de désavouer celui qu'il avait jusque-là regardé comme son meilleur élève et comme son ami (1). Mais, ainsi qu'il arrive toujours en pareil cas, le tumulte, le scandale et la persécution firent avancer les idées nouvelles plus que la tolérance n'eût pu faire. Voët finit par tomber dans le mépris de tous, et les universités bataves eurent désormais à adopter le cartésianisme ou à le souffrir. Les étudiants le répandirent ensuite en Hongrie, en Suisse, en Pologne et en Transylvanie.

12. Parmi les cartésiens des Pays-Bas, un grand nombre s'attacha à exposer ou à propager la doctrine, et à la comparer à la philosophie ancienne ou scolastique (2) ; d'autres l'appliquèrent à la théologie (3), et, parmi ceux-ci, celui qui fit le plus de bruit fut Balthazar Becker, qui déduisit du système des causes occasionnelles et de l'impossibilité de l'action de l'âme sur le corps, une négation des apparitions d'esprits, et de la réalité de la sorcellerie (4). Il est vrai qu'un autre cartésien, Poiret, qui s'en tenait à la lettre de Descartes, lui répondit que l'âme, faite à l'image de Dieu, peut avoir reçu la puissance d'agir comme lui sur les corps (5). Cette question ne pouvait être résolue que par une étude plus approfondie des principes du cartésianisme; elle fut, en effet, le point de départ des écoles progressives qui ne tardèrent pas à se montrer. Enfin, les discussions théologiques ou morales suscitèrent les premiers interprètes de la métaphysique de Descartes. Les deux plus célè-

---

(1) *Lettres à Régius*, I, 66 et seq.
(2) Antoine Legrand de Douai, Heereboord, J. de Raey, etc.
(3) Coccéius, Witich, Gérard de Uries, etc.
(4) Balthazar Becker *le Monde enchanté*, 1694. — *De philosophia Cartesii admonitio candida et sincera*, 1668.
(5) P. Poiret, *Economie divine*, 1647. — *Cogitationes de Deo, de anima et malo*, 1677.

bres parmi ceux qui n'en altérèrent pas les principes fondamentaux, sont Geulyncx et Clauberg. Le premier (1) enseigna les causes occasionnelles dans toute leur rigueur, et nia que l'homme puisse exercer en réalité la moindre action extérieure. L'homme veut, Dieu agit ; l'âme humaine est placée dans ce monde pour assister à un spectacle, et pour être responsable des jugements qu'elle prononce et de ses volontés intimes auxquelles Dieu, d'après les lois générales qu'il a établies, fait correspondre des modifications suivies et liées dans le monde extérieur. Le premier principe qui se déduit de cette doctrine, est la condamnation du suicide, puisque l'homme contrarie évidemment l'action de Dieu, quand il l'oblige à le retirer de ce monde ; et, en général, le principe du devoir en résulte dans toute sa force. C'est à l'obéissance, et non au bonheur, que nous devons rapporter les modifications de notre âme ; c'est à combattre l'amour-propre, à soutenir et à refréner l'esprit, à suivre enfin la ligne inflexible du bien, que nous devons employer toute notre activité. Cette morale déjà si ascétique diffère de celle de Spinosa, qu'elle prépare en partie cependant, comme le système de l'occasionnalisme, dans lequel l'âme conserve sa liberté et sa spontanéité, diffère du système bien plus rigoureux où, la série des pensées et des volontés dans l'âme étant regardée comme analogue à la série des figures et des mouvements dans le monde, sans que cependant il existe entre ces deux séries aucune relation de cause et d'effet, d'action et de passion, on établit dans les deux ordres de phénomènes un progrès à l'infini, dont la cause, la substance et la fin résident en Dieu seul. Geulyncx conserva le principe cartésien de la liberté humaine, et Spinosa, comme nous le verrons bientôt, le nia expressément. En outre, Geulyncx distingua Dieu du principe matériel dont il ne vit en lui que la cause efficiente, tandis que Spinosa, renonçant à l'idée de cause et à celle de distinction si bien écrites en nous, et que Descartes admettait pleinement, professa l'unité de substance.

Les tendances de Clauberg (2) furent analogues à celles de Geulyncx, en ce qu'il exagéra le principe de distinction de l'âme

---

(1) On a de lui plusieurs ouvrages, dont le plus important est le *Gnôthi seauton seu Ethica* (1646, deuxième édit. Brucker, V, page 704).

(2) *Novæ rationalis philosophiæ institutiones seu logica vetus et nova*, 1685 — *Ontosophia*. 1636. Clauberg professait la théologie à Duisburg en 1665.

et du corps, et crut à la possibilité d'une séparation des deux substances même pendant la vie. Il eut des extases et prétendit connaître et pouvoir enseigner la nature intime de l'âme (1). C'est une grande scission déjà d'avec les premières idées de Descartes, mais ce n'est certes ni cette interprétation nouvelle et complète ni ce développement systématique de sa doctrine, que nous allons trouver dans Spinosa.

§ II.

SPINOSA.

1. Le premier génie que Descartes suscita dans l'ordre des temps, est celui de Spinosa (1). Spinosa enseignait encore la philosophie cartésienne en Hollande, qu'il était déjà l'auteur d'un livre où de nouvelles opinions religieuses étaient professées, où de nouvelles opinions philosophiques se faisaient jour. Ce livre, qui eut un immense retentissement et causa de grands scandales, en exposant pour la première fois les écritures telles qu'elles sont à la face des juifs et des chrétiens, et en produisant de la bible une interprétation digne de l'esprit moderne, c'est le *Traité théologico-politique*.

Considéré en lui-même et dans les développements que quelques admirables lettres lui donnèrent, ce livre nous paraît avoir prélude aux travaux de l'école allemande moderne qui, par l'étude des mythes et des symboles, prépare une nouvelle ère à la croyance chrétienne. Nous ne craignons pas d'affirmer que Spi-

---

(1) Leibnitz disait, à ce l'on rapporte, que Clauberg prétendait *se nosso naturam mentis sed noluisse indicare*. (Brucker, t. V.) Le père Daniel fait allusion à ses extases. (*Voyage du monde de Descartes*, première partie.)

(2) Baruch Spinosa naquit à Amsterdam, en 1632, d'une famille de juifs portugais. Excommunié par la synagogue pour avoir soutenu que la Bible n'enseigne ni la spiritualité de Dieu, ni l'immortalité de l'âme, ni la substance réelle des anges, chassé de sa ville natale par une tentative d'assassinat et par un exil temporaire, il entra en relation avec les chrétiens, apprit le latin et changea son nom en celui de Benoît Spinosa. Malheureux en amour, il renonça à toutes les joies de ce monde, et mena une vie d'anachorète ; pauvre, désintéressé, sans ambition ni esprit de gloire, il vécut plusieurs années à La Haye gagnant sa vie à polir des verres pour les instruments d'optique. Il refusa l'héritage de son ami Simon de Uries et la chaire de philosophie d'Heidelberg. Il s'éteignit tout d'un coup, en 1677, après avoir dépéri de longues années sans se plaindre et sans en rien témoigner. Ses papiers furent envoyés sur son ordre à un libraire d'Amsterdam — Colerus, *Vie de Benoît de Spinosa*, augmentée dans l'édition de Boulainvilliers.

nosa s'est montré hautement et noblement chrétien dans ces lettres. Après avoir infirmé, dans le traité (1), la valeur dogmatique de la Bible, et remplacé le sens métaphysique par le sens moral, le seul auquel les anciens juifs, très-préoccupés de la terre et des institutions, attachassent de l'importance; après avoir nié l'antiquité et l'accord des traditions sur les points de dogme et d'histoire, et considéré les écrivains sacrés, les prophètes en particulier, comme de grands esprits que l'exaltation faisait parler dans le sens de leurs propres opinions ou préjugés, il éleva la révélation morale autant qu'il abaissait celle du dogme. Et c'est là surtout ce qui fut hardiment développé dans les lettres à Oldenbourg (2).

« S'il n'est pas nécessaire au salut de connaître le Christ se-
« lon la chair, il en est bien autrement de cet éternel fils de
« Dieu, c'est-à-dire de la sagesse divine qui s'est manifestée en
« toutes choses, et surtout dans l'âme humaine, et, entre toutes
« les âmes, principalement en Jésus-Christ. Personne, sans cette
« sagesse, ne peut parvenir à l'état de béatitude. C'est elle qui
« enseigne le vrai et le faux, le bien et le mal; et comme elle a
« été surtout manifestée par Jésus-Christ, ses disciples en tant
« qu'elle leur fut par lui révélée, la prêchèrent et purent mon-
« trer qu'ils se glorifiaient avec raison, plus que tous les autres,
« de cet esprit du Christ. Quant à ce qui a été ajouté par quel-
« ques églises, à savoir que Dieu a revêtu la nature humaine...
« il ne me paraît pas plus absurde qu'un cercle puisse revêtir
« la nature d'un carré. » Il regarda la passion du Christ comme réelle ou vraie *à la lettre*, et sa résurrection ainsi que son ascension, comme *spirituelles et révélées aux fidèles selon leur entendement* (3). *Le Christ reçut l'éternité et ressuscita d'entre les morts en donnant l'exemple d'une vie et d'une mort d'une singulière sainteté, et il ressuscita aussi ses disciples d'entre les morts, en tant qu'ils suivent l'exemple de sa vie et de sa mort. J'entends ici ce mot dans le sens où le prend ce passage:* LAISSEZ LES MORTS ENSEVELIR LEURS MORTS. Il ne serait pas

---

(1) *Tractatus theologico-politicus.* Hambourg, 1678, avec cette épigraphe : Per hoc cognoscimus quod in Deo manemus et Deus manet in nobis, quod de spiritu suo dedit nobis; et en français, *Réflexions curieuses sur les matières les plus importantes du salut tant public que particulier.* Cologne, 1678.

(2) B. D. S. *Opera posthuma*, épist. 21.

(3) Id., epist. 25.

difficile d'interpréter dans ce sens *toute la doctrine évangélique et les arguments de saint Paul* (1). Si toutes ces choses ont été prises à la lettre, même par des apôtres, c'est de même qu'Abraham crut à une apparition de Dieu quand il vit trois hommes, et les convia à dîner. *Toutes ces apparitions ou révélations ont été accommodées à l'intelligence et aux opinions des hommes auxquels Dieu voulut révéler son âme.* Mais pour nous, n'invoquons pas les miracles. *Que savons-nous de ce qui convient à la puissance de la nature ou de ce qui la surpasse?* Ne faisons pas d'appel à l'ignorance, mais appuyons la *religion sur la sagesse et la doctrine.*

2. Voilà des passages qui élèvent Spinosa bien au-dessus de la sphère où se mouvait le matérialisme d'Hobbes. Nous ne refuserons donc pas de croire le fait de sa profession de foi chrétienne, enregistré par Bayle (2). Un tel homme était bien au-dessus des préjugés de toutes les sectes, mais son esprit d'humilité et de renoncement à toute gloire, son parfait détachement des choses terrestres, sa mort pour le monde et sa vie en Dieu, sa croyance à l'immortalité de l'âme lorsque l'âme ne s'attache qu'aux idées des choses impérissables, à sa perdition quand elle demeure plongée dans la nuit de l'imagination et des passions; mais qu'est-ce autre chose que le christianisme pratique le plus accompli? n'est-ce pas, en effet, de la *sainteté*, comme on l'a dit (3)? Enfin, peut-on définir autrement l'imitation de Jésus-Christ (4), au sens même du sublime auteur qui l'a enseignée aux chrétiens? Nous l'avons vu, Spinosa ne se proposait pour modèle que la sagesse éternelle et l'éternel fils de Dieu.

3. Pourquoi les chrétiens refuseraient-ils de le reconnaître pour leur frère? Serait-ce parce qu'il a attribué à Dieu l'étendue infinie? Mais Fénelon a dit aussi: *Dieu est éminemment, et d'une manière infiniment parfaite, tout ce qu'il y a de réel et de positif dans les êtres qui existent, tout ce qu'il y a de positif dans les essences de toutes les créatures possibles; il est tellement tout être qu'il a l'être de chacune de ses créatures, mais en retranchant la borne et les imperfections qui les restreignent.*

(1) B. D. S., *Opera posthuma*, epist. 23.
(2) Bayle, *Dict. phil.*, art. Spinosa.
(3) Sabatier de Castres, *Apol. de Spinosa*. Paris, 1810.
(4) Voyez l'éloquent *Fragm.* de *M. Cousin sur Spinosa*.

Et en outre : *s'il était esprit, selon notre manière bornée de concevoir ce qu'on appelle esprit, c'est-à-dire déterminé au genre particulier d'être, il n'aurait aucune puissance sur la nature corporelle, ni aucun rapport à tout ce qu'elle contient ; il ne pourrait ni la produire, ni la conserver, ni la mouvoir* (1). Or, d'un côté, la distinction entre les manières d'être éminente et formelle est-elle bien claire dans un être que l'on avoue créer continuellement toutes les modifications formelles des choses? et pour un esprit étranger aux subtilités théologiques y a-t-il grande différence entre l'étendue intelligible que Malebranche plaçait en Dieu, et l'étendue formelle dont nous ne connaissons en aucune manière la nature intime, mais seulement un simple attribut? D'un autre côté, Spinosa ne plaçait pas plus en Dieu l'étendue sensible que l'esprit tel que nous le concevons, et, sous ce rapport, il eût pleinement approuvé Malebranche et Fénelon, car il professait qu'il ne peut y avoir en Dieu ni division ni figure comme dans les corps, ni modes particuliers de penser comme dans l'âme humaine. A la vérité, selon lui, tous ces modes qui ne conviennent pas à Dieu se trouvent en lui cependant en tant que sa puissance est manifestée par nous, qu'il pense en nous, et agit par nous. Mais c'est là ce que, sous une forme ou sous une autre, et avec des distinctions plus ou moins subtiles, tout philosophe est obligé d'admettre si Dieu, pour lui, n'est pas un pur nom.

Serait-ce alors parce qu'il a cru à une absolue fatalité? Mais qui ne sait qu'entre cette fatalité et la prédestination à laquelle une pente irrésistible a conduit plus d'un ardent chrétien, il n'y a de différence que dans les expressions plus ou moins mystiques que l'on peut employer? Et lorsque Spinosa s'écrie avec saint Paul : *Les hommes sont inexcusables devant Dieu, parce qu'ils sont en sa puissance comme l'argile entre les mains du potier qui, de la même masse, tire un vase pour la gloire, un autre pour la honte* (2), ces paroles singulières et

---

(1) Fénelon, *Démonst. de l'exist. de Dieu*, part. II, chap. 2.
(2) B. D. S. *Opera posthuma*, épist., 23, ad Oldenbourg. Personne ne peut accuser Dieu de ce qu'il lui a donné un corps infirme ou un esprit impuissant ; un cercle se plaindrait vainement d'être un cercle, et non pas un carré... Mais on dit que l'homme est alors excusable ; veut-on dire que Dieu ne peut s'irriter contre lui ? Sans doute Dieu ne s'irrite pas, et tout se fait par sa volonté ; ou que l'homme n'est jamais indigne de la béatitude, c'est-à-dire de la connaissance et de l'amour de Dieu? Mais cela n'est pas ; celui qui ne peut

profondes, qu'Oldenbourg ne peut comprendre, respirent cette résignation religieuse qui apprend à l'homme à courber la tête et à glorifier Dieu de son malheur que Dieu seul a fait.

Ou, enfin, parce qu'il a nié que Dieu puisse agir en vertu d'un but, et que les notions du beau, du bon, du juste se rencontrent en lui? Mais ce que fait Malebranche en prononçant que Dieu n'a pu avoir en vue que lui seul quand il a créé (1), ce que fait Descartes en affirmant que le vrai, le beau et le bon ne sont que les pures volontés divines que rien ne peut fixer à priori, ce que les chrétiens doivent faire en regardant tout but temporel de nos actions, toute préoccupation de ce qui nous paraît vérité, bonté ou beauté dans les choses de ce monde et ailleurs que dans la contemplation de l'infini, comme condamnables et mauvais, c'est aussi ce que Spinosa veut faire. Il est tellement ébloui par la vue de Dieu, il rejette, il nie tellement la créature, qu'il anéantit avec elle toutes les notions qui se lient à sa vie dans le temps : il est certain, personne ne le contestera, que les idées du bon et du beau sont, dans tous les cas où nous les appliquons, relatives au fini, que l'homme ne peut les rapporter à l'être infini considéré seul en lui-même; elles impliquent quelque chose de relatif. Spinosa voyait les hommes nommer ainsi les choses qui sont, sous certains rapports, convenables à leur nature ; il ne pouvait donc attribuer à Dieu des idées qui supposent un besoin, une dépendance, des relations. Il voyait tous les êtres finis agir en vertu d'un certain but ; il ne pouvait croire que l'infini, à qui rien ne manque parce qu'il est toute plénitude et tout être, pût avoir aussi des motifs. En un mot, il ne voyait en Dieu que Dieu ; et s'il oubliait la partie humaine des religions, celle qui nous fait envisager dans ses rapports avec l'homme un Dieu quelque peu anthropomorphisé, c'est qu'il n'avait que trop le sentiment de leur partie divine au sein de laquelle ont vécu les dévots, les pénitents, les solitaires et les mystiques de tous les âges. Ce

---

régir ses désirs, bien qu'excusable à raison de sa faiblesse, ne peut jouir de l'acquiescence d'esprit, de la connaissance et de l'amour de Dieu; il périt nécessairement Un cheval est excusable d'être cheval et de n'être pas homme ; il est cheval cependant et n'est pas homme ; et celui à qui la morsure d'un chien a donné la rage est excusable, et cependant on l'étouffe à bon droit. (*Lettre* 25.) — S. Paul, *Epist. ad Rom.*, cap 9. v. 18 et seq.

(1) Malebranche, *Traité de la nature et de la grâce*, art. 1.

n'est donc pas au christianisme, dont le dogme, en partie constitué par les éléments des vieilles religions orientales, a presque toujours soumis le principe humain et libéral au principe divin et théocratique, et par là donné naissance à tous les excès du mysticisme; ce n'est pas à lui qu'il appartient de repousser ceux de ses enfants qui sont restés le plus fidèles à son antique enseignement (1) pendant que son clergé se préparait à l'abaisser au niveau d'une institution humaine craintive et réservée, traînée à la remorque de toutes les autres.

4. Une seule notion transcendante restait donc parmi les attributs de Dieu parce qu'elle est la réalité même ou la perfection, c'est le *vrai*. Or, l'âme humaine peut parvenir à la vérité, et c'est là ce qui l'unit à Dieu au sein duquel elle se plonge de plus en plus à mesure qu'elle le connaît mieux et tel qu'il est en lui-même. Le critérium de la vérité, c'est la notion claire et distincte, capable de recevoir la forme mathématique, et que Spinosa appela la *connaissance adéquate*. C'est ainsi qu'il se trouva disposé à l'adoption du cartésianisme au moins jusqu'à un certain point. Cette doctrine, qui partait de la connaissance telle qu'elle est intimement révélée à notre conscience, pour s'élancer tout d'un coup dans l'infini duquel tout dépend, et notre conscience elle-même, fut son procédé philosophique constant. Nous croyons cependant que ses opinions étaient entièrement arrêtées indépendamment du cartésianisme; ses premières préoccupations furent religieuses, théologiques; il étudia les Écritures, il étudia les anciens juifs, il se brouilla avec la synagogue qui l'excommunia, et certainement il ne savait pas encore le latin, que déjà son interprétation de la Bible était fondée, et par suite ses principaux dogmes métaphysiques fixés; enfin Spinosa nous apprend lui-même que ses opinions sont les mêmes que celles

---

(1) Nous savons que le catholicisme a tenté une conciliation des principes contradictoires, par exemple de la liberté et de la fatalité par la doctrine de la grâce (et cette question est la plus importante de toutes pour l'homme et pour la société); mais les malheurs du monde, au déclin de l'antiquité et durant le moyen âge, firent nécessairement prédominer le point de vue théocratique, les tendances mystiques et les préceptes de renoncement à la terre, de soumission et d'obéissance. Plus tard les réformes théologiques d'Abeilard furent écartées. La philosophie seule se chargea enfin de ramener le principe du libre arbitre et de l'indépendance, et celui de l'amour du prochain qui, sous le nom de philanthropie, règne parmi nous depuis un siècle. Mais le clergé catholique, au contraire, affecta dès lors une immobilité absolue de doctrine et d'enseignement au milieu des hommes et des siècles qui varient progressivement.

des anciens chrétiens et des anciens philosophes, et probablement *des anciens juifs, autant qu'il est permis d'en juger sur des traditions si altérées* : il les avait donc curieusement recherchées et interprétées (1).

Quand il connut la méthode cartésienne, il en adopta le principe, et naturellement il dut chercher à y faire rentrer ses opinions en la réformant toutefois sur des points très-importants. Il l'enseigna à ceux qu'il ne voulut pas initier à ses propres pensées, et même il rédigea le livre des principes sous une forme mathématique, en ayant soin d'avertir qu'il n'en admettait pas tout le contenu (2). Les cartésiens craignirent cependant qu'on ne regardât les opinions de Spinosa comme des conséquences des leurs, et contribuèrent par leurs cris à mettre obstacle à l'apparition de l'éthique (3). Quels étaient donc les véritables rapports des deux doctrines ?

5. 1° D'abord Spinosa, partant du même point que Descartes, établissait dans toute sa rigueur le principe du dualisme, pensée, étendue ; mais, dépassant les limites que Descartes avait fixées au vol de son esprit, il proclamait l'étendue infinie. Dès lors elle apparaissait avec un caractère de nécessité, d'existence par soi, d'indépendance, par conséquent de divinité. Il est certain que les écoles qui ont cru à l'existence d'un espace infini n'ont pu le considérer comme créé. Or, ici l'espace c'est la matière. L'indivisibilité lui convient comme à un être infini existant par soi, et la perfection, parce qu'elle a tout ce que nous concevons comme convenable à sa nature. Elle est une manière d'être infinie, par conséquent parfaite dans son genre, et il n'y a plus aucune raison pour refuser de la considérer comme un attribut de Dieu (4).

Alors Spinoza dogmatisait ainsi : l'être qui se suffit à lui-même ou qui ne peut être conçu que comme existant nécessairement en vertu de sa seule puissance, est *un*, car il faut à un être une cause interne ou externe de son existence ; et quand cette cause n'implique pas l'existence de plusieurs individus de ce genre, il n'en n'existe qu'un. Il est *éternel* et *infini*, car

---

(1) *Op. posth.*, epist. 21 et Id. *Ethica*, p. II, sch., prop. 7.
(2) *Op. posth.*, epist. 9.
(3) Id., epist. 19.
(4) Id., *Ethica*, p. 1, prop. 12 et 13, et id., epist. 41.

le considérer autrement serait le concevoir comme n'impliquant pas, hors de certaines limites, une existence nécessaire. Il est *simple*, car les parties sont par nature et par connaissance antérieures au tout, et *indivisible*, car si les parties étaient de la nature du tout, il ne serait pas un, et dans le cas contraire il pourrait périr. Il est *parfait*, c'est-à-dire que rien ne manque à son être, ou que rien n'en peut être nié de ce qui convient à sa nature. Si donc on pose un être qui existe par sa nature, et qui cependant n'embrasse pas toutes les perfections, à plus forte raison celui qui les embrasse toutes a aussi celle d'exister actuellement que le premier avait déjà. L'être tout parfait, ou Dieu, existe donc; tout ce qui exprime perfection lui convient, et rien ne lui convient de ce qui exprime imperfection. Tout est en lui; rien n'est hors de lui (1).

La démonstration de l'existence d'un être nécessaire est donc la même que celle que Descartes déduisait de l'essence de cet être. Elle est appliquée aux deux attributs primitifs de l'être que nous ne pouvons concevoir que comme nécessaires, et étendue à l'être parfait qui les embrasse tous deux. Du reste, Spinosa ne niait pas que d'autres attributs et même une infinité d'autres n'appartinssent à Dieu, mais il pensait que l'âme humaine ne peut en comprendre d'autres parce que son idée, soit en tant qu'elle est *mode de penser*, soit en tant qu'elle se rapporte au *corps actuellement existant*, n'implique que ces deux attributs (2).

Ainsi le dualisme auquel Descartes s'était arrêté fut accepté et ramené à l'unité. Mais rien n'est plus absurde, on le voit, que de considérer Spinosa comme ayant rapporté *la pensée à l'étendue*, et lui-même se croyait bien mal compris de ceux qui lui reprochaient d'avoir fait un Dieu de la *nature* en entendant par ce mot la *masse corporelle* (3) : personne, sans doute, n'a élevé Dieu plus que Spinosa, et ne l'a plus éloigné de tout ce qui est sensible ou imaginable, on pourrait presque dire de ce qui est intelligible pour l'homme.

6. II° Descartes, en posant la loi de la conservation du mouvement, refusa à l'âme la faculté de l'augmenter ou de le dimi-

---

(1) *Opera posth.*, epist., 39, 40 et 41.
(2) Id., epist. 66; et *Ethica*, p. II. sch. prop. 7
(3) Id., epist. 21.

nuer dans sa quantité, et ne lui laissa que le pouvoir d'en changer la *détermination*, ou, comme on dirait aujourd'hui, la *direction*. Mais bientôt les progrès de la mécanique firent considérer cette direction même comme invariable, du moins quand on l'estime, ainsi que la quantité, par rapport au centre de gravité du système des corps liés qui agissent les uns sur les autres, ou se meuvent solidairement. C'est ce qui fit répéter souvent à Leibnitz que si Descartes eût connu cette loi, il en serait venu au système de l'harmonie préétablie (1). Il était, en tout cas, très-naturel de considérer comme inséparables le pouvoir de changer la vitesse et le pouvoir de changer la direction des corps en mouvement; et l'on a souvent remarqué en général l'impossibilité, dans la doctrine cartésienne, et, par suite, dans toute méthode rigoureuse de philosopher, de comprendre l'action de l'âme sur le corps et du corps sur l'âme (2). Spinosa résolut la difficulté en considérant Dieu comme cause de toute modification, soit matérielle, soit intellectuelle, dans le monde, ou plutôt en regardant chaque être fini comme Dieu lui-même, en tant qu'il est modifié d'une certaine façon. Mais, selon nous, l'expression seule est choquante ici. En effet, de deux choses l'une, ou les êtres finis existent réellement et ne sont pas une illusion; mais alors, comme ils ne sont pas en Dieu en tant qu'il est Dieu, ils y sont en tant qu'il se manifeste par le fini : ils sont par lui, puisqu'il est seul puissant dans son essence; pour lui, puisqu'il ne peut avoir en vue rien qui ne soit lui; en lui enfin, puisque rien d'existant ne peut être conçu hors de lui; que sont-ils donc? Ils sont réellement ses modes quand on se place, avec Spinosa, au point de vue exclusif de Dieu; ou bien les êtres finis n'existent pas, et Dieu seul est dans son indissoluble unité, et c'est aller bien plus loin assurément dans la même voie. Quelques solitaires de l'Inde ont pu le penser, Spinosa ne l'a jamais écrit; il accordait donc encore quelque valeur au témoignage de la conscience, et cela seul suffit pour qu'il appartienne encore à l'école de Descartes, quoique placé à l'une de ses dernières extrémités (3).

(1) Leibnitz, *Nouveaux essais, Monadologie, Théodicée, Lettres*, etc.
(2) Spinosa prouva aussi cette impossibilité et celle du séjour de l'âme dans la glande pinéale. *Ethica*, p. V, præfatio.
(3) Là sont les limites de sa doctrine, limites mal tracées, car sans doute il luttait en lui-même. Il n'a jamais éclairci l'idée du mouvement selon son système, ni tenté d'accorder l'immutabilité divine avec l'existence des modes.

7. III° Descartes niait l'indifférence du libre arbitre, appelait *libre ce qui est volontaire*, ou, si l'on veut, faisait consister la liberté dans le pouvoir de se déterminer selon les idées présentes à l'entendement; Spinosa poursuivit la recherche des causes, considéra toutes nos pensées et toutes nos volitions particulières comme déterminées, ainsi que nos mouvements, et comme étant *nécessairement telles que leur cause les détermine* (1). Les volitions déterminées par des causes extérieures ne sont donc pas libres suivant lui, et, par suite, les erreurs dépendent bien de l'entendement, et non pas de la pure volonté. Ici, les différences entre les deux doctrines deviennent plus claires. Descartes, qui accorde beaucoup au monde extérieur et à la puissance divine, sait aussi rentrer en lui-même ; mais Spinosa, uniquement préoccupé des causes et de leur enchaînement, ne revient plus à la conscience une fois qu'il l'a quittée. Il n'envisage l'homme que sous le rapport de sa dépendance, ne place la liberté qu'en Dieu qui a la source de ses déterminations en lui-même et n'est assujetti à aucune force extérieure (2), et, décidé à n'admettre qu'une origine de tout être, de toute pensée, de tout mouvement, il refuse à l'âme une véritable activité. Dans tout cela, certes, il diffère essentiellement de Descartes, mais il en diffère plutôt en ce qu'il ne veut pas croire avec lui qu'en ce qu'il croit lui-même ; ainsi il refuse à l'âme la volonté, mais il lui accorde la connaissance, ce qui est la même chose pour lui ; ou plutôt, ne la considérant pas comme une substance, et toujours préoccupé de Dieu, de Dieu seul, il ne lui accorde ni volonté ni connaissance considérées comme ses attributs, mais seulement des idées ou conceptions (3), qui, en tant qu'elles consistent en une affirmation ou une négation, sont des volitions (4). Alors cette activité qu'il ne reconnaît pas à l'âme, substance indépendante, il la lui reconnaît en tant qu'elle connaît et qu'elle aime Dieu, qu'elle a des idées adéquates, qu'elle comprend toutes choses comme nécessaires (5), en un mot, en tant qu'elle est une partie de la connaissance que Dieu a de lui-même, de l'amour qu'il a pour lui-même (6).

(1) *Op. posth.*, epist. 2.
(2) Id., epist. 62.
(3) Id., *Ethica*, p. II, def. 3.
(4) Id., id. prop. 48 et sch, et prop. 49.
(5) Id., p. V, prop. 6 et sch., prop. 20.
(6) Id., id., prop. 35 et 36.

Or Descartes, étudié d'une certaine manière, se prête assez à favoriser cette doctrine ; sa conception de Dieu et de notre dépendance, et le fond même de sa morale le prouvent bien. Ainsi l'idée qu'il avait de la nature d'une substance finie à laquelle la durée échapperait sans cesse, si Dieu, par une nouvelle création, ne lui donnait à chaque instant le pouvoir d'en saisir un autre (1), allait presque à la négation de la substance finie ; et la pente de son système à poser l'âme qui pense toujours, et n'est cependant assurée de son existence qu'à chacune de ses pensées, comme n'étant que cette pensée actuelle, était si marquée que Hobbes crut voir là le fond de son opinion (2), et que Gassendi ne put comprendre qu'on définît une chose ou un sujet qui pense, sans déterminer quelle est la nature de ce sujet (3). Ainsi Descartes, aussi bien que Spinosa, regardait l'homme comme libre quand il croit ce que les lois éternelles lui prescrivent de croire comme vrai, quand il fait ce qu'elles lui prescrivent de faire comme bien (4) ; et chez tous deux, cette doctrine se présentait invinciblement à ce même point de vue de Dieu qui nous crée et du monde extérieur qui nous enveloppe, auquel se présentait aussi cette autre conséquence que Dieu seul est, et que nos pensées et nos mouvements ne sont que des modes de son existence.

8. Mais cette existence mystérieuse du fini dans l'infini ne doit pas être expliquée, ce nous semble, par l'entier anéantissement de l'un des termes devant l'autre. Là résident les grandes difficultés de la philosophie, parce que toute logique échoue à la conciliation des contradictoires. Nous oserons donc affirmer que les principes de Spinosa sont vrais, que les conséquences en sont bien déduites, et que cependant son système est faux ; nous avouerons que la philosophie de Descartes contient des contradictions, et cependant elle est vraie. Il y a plus, nous aimons ces puissants systèmes qui ont été fondés sur un côté de la vérité, et nous les adoptons, pourvu que les systèmes oppo-

---

(1) Descartes, *Médit.* III, 37. Bossuet a dit aussi : « Il n'y a jamais qu'un moment qui nous distingue du néant ; maintenant nous en tenons un, maintenant il périt, et avec lui nous péririons tous, si, promptement et sans perdre de temps, nous n'en saisissions un semblable. » (*Sermons.*)

(2) *Obj. 3 aux médit.*, n° 2.

(3) *Obj. 5 à la médit.*, II, n° 16.

(4) Descartes, *Médit. mét.* IV, 11. — Spinosa, *Op. posth.* epist. 66, alin. 2, et *Ethica*, p. 1, def. 7.

sés puissent exister en même temps. Descartes a fondé le panthéisme moderne, mais il a fondé aussi l'idéalisme ; ce sont les deux extrêmes qui se touchent. La puissance absolue de se déterminer, que Spinosa lui reproche d'avoir accordée à la volonté (1), il ne la lui a pas, dans le fond, plus accordée que Spinosa lui-même, puisqu'il a reconnu que la volonté ne se détermine que selon la connaissance, et que l'ordre de vérité et de bonté, qui est le fondement de la connaissance, ne dépend que de Dieu seul. Mais, ce que Spinosa ni Leibnitz même n'ont compris, il a reconnu que dans notre conscience, par nos pensées, par nos paroles, par nos actes, nous sommes et nous nous montrons convaincus d'avoir la puissance de nous déterminer (2). Il a préféré à la logique la vérité et la profondeur.

9. Cette différence entre les deux doctrines est fondamentale, et toutes les autres en dépendent : nous voulons parler des différences réelles et importances, car pour celle de l'infini et de l'indéfini dans l'étendue, ou de l'existence formelle et de l'existence éminente des causes en Dieu, elles nous paraissent reposer sur des distinctions subtiles, qu'une métaphysique large, profonde, et sans crainte ni préoccupations extérieures peut éviter. Mais de cela seul que le fini n'était envisagé par Spinosa que dans l'infini, et non en lui-même, les relations entre ces deux ordres d'êtres disparaissaient avec l'existence propre de l'un d'eux. Non-seulement le rapport des créatures au créateur, mais toute idée d'un but ou d'une fin du créateur, par rapport aux créatures, était absolument détruite (3). Il en résultait aussi qu'aucune pensée de la créature exprimant autre chose que l'éternité, l'infinité, la toute-puissance de Dieu et la nécessité de toutes choses ; qu'aucune notion impliquant un rapport variable et contingent, ou une détermination libre, la notion de beauté et de bonté, par exemple, ou celle de mé-

---

(1) Spinosa, *Ethica*, p. V, præf.
(2) Descartes, *Rép. aux obj.* 5, IV, 6.
(3) Il est évidemment impossible, à ce point de vue, de rapporter à Dieu rien qui ressemble à ce que nous nommons intelligence et volonté. Spinosa s'en explique formellement (lettre 58). Avec l'existence propre de l'un des termes du rapport entre le fini et l'infini, à savoir du fini, tout ce qui dans le terme persistant, l'infini, exprime ce rapport, doit disparaître. Au surplus, cette conséquence est commune à tous les systèmes fondés sur la considération exclusive de la nature divine, quels que soient les mots par lesquels on cherche à la voiler.

rité et de vertu ; qu'enfin aucune vérité relative et finie ne peut exister dans la nature des choses. Et c'est là la raison pour laquelle Spinosa rapportait toutes ces idées à l'imagination (1), c'est-à-dire à la faculté de se former des images, de voir partiellement des choses que l'on sait cependant d'une manière adéquate ne pouvoir exister, qu'en tant que liées à d'autres choses, en un mot à un pur défaut de connaissance, plutôt qu'à une aperception du vrai. Il s'ensuivait encore de là que les corps n'existent pas, à proprement parler, car nous ne concevons les corps qu'en les séparant de la substance corporelle infinie qui les englobe, en les divisant, en leur attribuant quelque mesure et quelque temps de durée ; mais ce ne sont là que des *modes d'imaginer*; l'étendue n'est pas divisible, et *il faut plaisanter ou délirer pour la regarder comme formée de corps réellement distincts les uns des autres* (2). De la même manière, c'est diviser violemment les idées que de les soustraire à la chaîne indéfinie selon laquelle elles se causent et se suivent les unes les autres. Il n'existe pas plus des âmes, ou substances pensantes, qu'il n'existe des corps ; mais il n'y a que des modes qui se rapportent à certains attributs de la substance universelle. *Le mode de l'étendue et l'idée de ce mode sont une seule et même chose expliquée par divers attributs* (3). L'existence formelle (4) et l'existence objective complètent la véritable existence, et se déroulent en une infinité de modifications dont l'ordre et la connexion sont les mêmes (5); ainsi l'idée d'une chose existante de fait a Dieu pour cause, en tant qu'il est considéré comme affecté de l'idée d'une autre chose singulière existante de fait, de laquelle Dieu est la cause en tant qu'il est affecté d'une troisième, et ainsi de suite, jusqu'à l'infini (6); et de même les essences formelles des choses singulières ou des modes sont contenues dans les attributs de Dieu, et suivent le même ordre de développement que les idées. On peut dire, en résumé, que les idées des corps sont des modes divins,

(1) Spinosa, *Ethica*. p. I, appendix.
(2) Id., Epist. 29, 50, 69 et 72, et *Ethica*, p. I, sch. prop. 15.
(3) Id., *Ethica*, . II, sch. prop. 7.
(4) Aujourd'hui, dans le langage philosophique, on dit *subjectif* et *objectif* là où l'on disait autrefois *objectif* et *formel*.
(5) P. II, prop. 7.
(6) Id., prop. 9.

conçus sous l'attribut de la pensée, et que les corps des idées sont des modes divins conçus sous l'attribut de l'étendue, ou encore que les corps sont les objets des idées, comme les idées sont les représentations des corps (1). Mais les idées sont aussi des objets pour elles-mêmes, comme les corps le sont pour les idées, et ce sont encore là des modes qui existent en Dieu dans un progrès à l'infini et qui se confondent avec les simples modes de penser; car l'âme, et l'idée de l'âme, et l'idée de cette idée ne sont jamais que des modes de penser conçus simplement et sans relation aucune à l'objet (2). Enfin, de cette doctrine de l'âme et du corps, qui revient toujours, ainsi que nous l'avons dit d'abord, à n'envisager l'être que dans son rapport à l'absolu qui le détruit en l'embrassant, on peut conclure évidemment que toutes les facultés de l'âme sont brisées, pour ainsi dire, en une infinité de parties, et périssent en même temps que l'individualité de la substance destinée à leur servir de support. La volonté, par exemple, n'existe plus, et à sa place il ne reste qu'une infinité de volitions particulières qui ne sont que des affirmations ou des négations impliquées par les idées, et qui sont déterminées par des causes, elles-mêmes déterminées par d'autres, etc., etc. Les facultés de comprendre, de désirer, d'aimer, suivent la volonté dans cette sorte de dispersion infinie (3), et rien n'apparaît plus que dans un flux continuel, excepté l'idée de Dieu et des choses nécessaires. Ainsi le monde se présente à Spinosa comme à Hobbes, mais avec cette immense différence que Dieu seul reste dans la pensée du premier, tandis qu'il est anéanti dans la pensée du second.

10. Il serait presque superflu de s'arrêter à l'ordre un peu factice auquel Spinosa réduisit l'exposition de sa métaphysique, si ce n'était pour y trouver de nouveaux rapports avec le cartésianisme, de nouvelles et fortes traces de la méthode mathématique. Descartes avait dit (4) : *Celui qui cherche le chemin de la vérité ne doit point s'occuper d'un objet dont il ne puisse avoir une connaissance égale à la certitude des connaissances arithmétiques et géométriques.* Spinosa réduisit la métaphysique, et même la morale à la forme synthétique de la géométrie des

---

(1) *Ethica*, p. II, prop. 11 et 13.
(2) Id., prop. 20, 21 et sch. prop. 21.
(3) Id., prop. 48 et 49, et appendice.
4. Descartes, *Règles pour la direct. de l'esprit*, édit. Cousin, t. II, page 209.

anciens. Et ce que Descartes avait tenté pour les propositions principales contenues dans ses méditations (1), Spinosa l'appliqua à la philosophie tout entière, et produisit une théorie véritablement irréfutable pour tout homme qui en admet les principes. On conteste que la forme mathématique puisse être appliquée avec succès aux notions métaphysiques et morales, et l'on a raison, si l'on admet en même temps que ces notions sont vagues de leur nature, incapables de précision et de limites bien déterminées; mais on refuse alors à la philosophie le droit et la possibilité d'être une science. Pour nous, au contraire, qui avons trouvé la méthode des mathématiciens dans la doctrine de Descartes, et qui avons montré son point de départ dans des principes qui ne sont que des définitions appuyées sur une connaissance intuitive, comment refuserions-nous d'appliquer la méthode à la déduction des conséquences là où elle s'applique déjà à la formation des prémisses?

Spinosa réduisit donc le cartésianisme en un système rigoureux. Il partit de l'idéalisme; mais une fois qu'il eut établit certaines idées, définitions ou axiomes, comme sources du savoir (et il dut naturellement choisir, parmi les principes universellement admis, ceux qui conduisaient directement à la doctrine vers laquelle il était porté), il négligea de revenir à son point de départ; et, convaincu que dans la vraie science il ne pouvait se rencontrer de contradiction, il refusa opiniâtrément de recevoir de nouveaux principes de conscience opposés, soit aux conséquences, soit aux principes même de son système. Sur son terrain propre il demeura irréfutable, mais il n'embrassa pas, avec la vue de l'esprit, la vérité tout entière; il plaça dans le subjectif l'origine de la science; mais, oubliant la conscience et la liberté qui l'illuminent, ou refusant de les voir, il ne considéra dans le subjectif que la connaissance de Dieu qui l'éblouit, et l'apparition objective du monde et de la nature qui tendent à l'enchaîner et à le détruire.

Si la méthode de Spinosa n'est que celle de Descartes, il faut que la question philosophique, qui est entre toutes la plus liée à la méthode, leur soit aussi commune. En effet, la théorie des universaux, professée par l'un, est au fond celle de l'autre. Suivant Descartes, les idées générales, formées par l'application

(1) Descartes, *Médit. méth., dém. math.*

d'une même idée à plusieurs choses, n'ont aucune réalité hors de l'esprit (1); Spinosa va plus loin, il est vrai, et explique la nature de ces idées, quand elles embrassent des natures particulières, sensibles, par une imagination confuse qui varie selon les individus (2), de sorte qu'il les fait correspondre à des images mutilées et confuses de choses singulières formées à la suite d'une *conscience vague*, ou bien à des idées sensibles rappelées à l'esprit par des signes et par des mots (3). Mais quand il s'agit des véritables notions générales ou idées adéquates des propriétés des choses, il les conçoit comme des modes de penser qui ne correspondent à aucune chose singulière, mais à des choses communes à plusieurs, et que nous concevons clairement et distinctement (4). Il n'y a donc, sous ce rapport, aucune différence entre les deux doctrines, et l'on pourrait même dire que s'il en existe une, elle tient à une tendance plus *réaliste* de Spinosa. C'est à Dieu, l'être réel ou le seul être, que remontent et les notions générales et toute connaissance adéquate, de telle sorte que là où Descartes, qui n'efface pas la personnalité humaine, doit attribuer une grande valeur aux idées de l'âme et aux mots qui les expriment, Spinosa pose un troisième genre de connaissance, supérieur au premier qui est l'opinion, supérieur au second qui est l'idée adéquate, en un mot la connaissance intuitive qui n'est pas ce que nous avons appelé jusqu'ici l'intuition, mais bien *un genre de connaissance qui procède de l'idée adéquate de l'essence formelle de certains attributs de Dieu à la connaissance adéquate de l'essence des choses* (5). Ainsi, et l'on devait s'y attendre, Dieu, l'être unique qui pense quand nous croyons penser, Dieu connaît son essence et il en déduit mathématiquement l'essence des choses. Il n'y a rien de plus dans le monde, et ce réalisme divin, absolu, absorbe toutes les idées générales dans une synthèse universelle comme tous les corps dans une infinie étendue.

Cette synthèse est le beau idéal que poursuit l'éthique de Spinosa, et ainsi un livre mystique au suprême degré, un livre

---

(1) Descartes, *Principes*, 1, 59.
(2) Spinoza, *Ethica*, p. II, sch. 1, prop. 40.
(3) Id., id., sch. 2.
(4) Id., prop. 37, 38 et coroll.
(5) Id., sch. 2, prop. 40.

qui aboutit au sacrifice de soi-même, à l'amour exclusif de Dieu, à l'identification avec Dieu, à la béatitude et au salut dans l'oubli des choses corporelles et de cette pensée même, de cette conscience d'où l'homme a dû s'élever d'abord avant de se faire Dieu, un tel livre fut chargé de formules et de termes abstraits. Mais cette extase, aussi, c'est celle d'un savant en face de l'objet de la science; ce Dieu, c'est dans ses propriétés nécessaires qu'on le contemple; cet amour, c'est la joie de connaître qui l'engendre. Un tel Dieu a les mathématiques à la place du cœur, et l'homme heureux est celui qui se formera à son image. Que de grandeur et de force d'âme cependant, que de divinité, disons-le, dans le génie de cet homme ! Mais combien il dut souffrir pour créer une aussi impitoyable fatalité, pour la sentir, la connaître et l'aimer, pour trouver le repos de l'âme dans la pensée de ce Dieu sans amour, au sein duquel nous sommes tous perdus ! Et combien il était digne de croire à la Providence, à la valeur de la vie humaine, et à son avenir !

14. Ainsi Spinosa, appliquant dans toute sa rigueur la méthode mathématique aux notions rationnelles les plus générales; refusant de croire à la personnalité sur le témoignage de la conscience; n'accordant aucune valeur aux sens et à l'imagination qui nous apprennent l'existence des corps, mais qui n'expriment en nous que des choses passagères et variables; réduisant enfin toute connaissance vraie à la connaissance adéquate déduite autant qu'il se peut de l'intuitive qui nous fait voir tout ce qui est dans sa cause et dans son principe avec un caractère de nécessité; Spinosa en vint à regarder toute distinction naturelle des choses comme illusoire, toute valeur accordée aux modes de l'être comme un résultat d'une vue imparfaite de la nature, c'est-à-dire d'une privation, et à n'admettre qu'un Dieu, étendue immobile qui se pense éternellement et infiniment, suivant une infinité d'attributs et de modes. Or, la pensée de l'homme pouvant et devant tendre à s'identifier avec Dieu en tant qu'il se connaît lui-même par cette pensée, on voit que l'idéalisme absolu se rencontre avec le panthéisme objectif dans cette sommité de la doctrine, ou du moins tend à se confondre avec lui. De là vient que Spinosa résolut aisément le problème du criterium de certitude, et ramena à l'unité la double solution de Descartes. Dès qu'il n'y a qu'un être, il est naturel que

la vérité soit à elle-même son criterium. *L'idée vraie diffère de l'idée fausse comme l'être diffère du non-être, et comme notre âme, en tant qu'elle perçoit vraiment les choses, est une portion de l'intelligence infinie de Dieu, il est aussi nécessaire que les idées de l'âme soient claires et distinctes que les idées de Dieu* (1). Spinosa put donc réduire sans difficulté le criterium de certitude au criterium logique, et c'est ce qu'il fit en affirmant que l'on ne peut connaître la certitude avant d'être certain, en définissant sans crainte *l'idée vraie* comme *celle qui est conforme à son objet* (2), en admettant enfin que *toute définition ou idée claire et distincte est vraie* (3), et que *si quelqu'un disait avoir une idée claire et distincte, c'est-à-dire vraie, d'une substance, et cependant douter si cette substance existe, c'est absolument comme s'il disait avoir une idée vraie et douter cependant si elle n'est pas fausse* (4). La réponse que fit Spinosa au reproche de cercle vicieux adressé à Descartes porte encore l'empreinte de cet esprit, et revient dans le fond à celle que faisait Descartes lui-même en assurant qu'à l'instant même où nous avons l'idée claire et distincte, nous ne pouvons être trompés : à la vérité, nous ne pouvons être certains d'aucune chose avant d'avoir eu une idée claire et distincte de Dieu, mais nous pouvons avoir cette idée claire et distincte sans savoir si l'auteur de notre nature nous trompe ou non ; et ainsi, une fois que nous avons eu cette idée de Dieu, nous ne pouvons plus douter de notre existence et de la vérité de notre notion claire et distincte (5).

12. Spinosa put donc, en s'appuyant sur le criterium logique qu'il présentait avec tant de force, il put, disons-nous, sans redouter l'idéalisme absolu qu'il admettait au contraire, et qu'il embrassait dans sa doctrine, en fonder l'exposition sur la méthode des géomètres. C'est assez dire que les propositions de sa métaphysique durent être contenues dans les prémisses, et c'est un singulier reproche à lui faire (6) que d'avoir renfermé, dans la définition de Dieu les conséquences qu'il voulait en tirer,

---

(1) Id., p. II, sch. prop. 43.
(2) Id., p. I, pax. 6.
(3) *Epist.* 4.
(4) *Ethica*, p. I, sch. 2, prop. 8
(5) Spinosa, *Principia Cartesii more geometrico demonstrata*. Prolegomena.
(6) Voyez, par exemple, Condillac, *Traité des systèmes*.

comme s'il en pouvait être autrement dans un exposé synthétique : on peut se demander une seule chose, ces axiomes sont-ils conformes aux notions communes ? Là-dessus, dit Spinosa, je ne dispute pas, mais sont-ils vrais ? que l'on se porte aux définitions, et on en sera convaincu (1). Quant aux définitions, elles sont toujours les définitions même de l'école ou celles des cartésiens. Celle de Dieu, par exemple, est incontestable pourvu qu'on la rapproche de celle de l'attribut de la substance. De ces définitions et de ces axiomes, il déduisit facilement qu'*il ne peut y avoir deux substances dans la nature des choses, à moins qu'elles ne diffèrent en toute leur essence ; qu'une substance ne peut être produite, mais qu'il est de son essence d'exister ; que toute substance doit être infinie ou souverainement parfaite en son genre ;* enfin, qu'*il n'existe qu'une seule substance*, et qu'elle existe nécessairement. Un principe était encore invoqué tacitement, principe que Leibnitz invoqua souvent aussi, c'est celui des *indiscernables* (2). Spinosa supposait en effet que toute différence entre les choses se fonde ou sur la diversité des attributs des substances ou sur celle de leurs affections. C'est par là que le père Lamy entreprit de réfuter son système en soutenant par une simple affirmation, contraire, à ce qu'il nous semble, aux principes cartésiens, que deux choses peuvent être distinctes sans différer (3).

13. Nous ne nous arrêterons pas sur les diverses réfutations vulgaires du spinosisme. Il serait trop facile d'en montrer la profonde insignifiance. Les unes s'attaquent aux conséquences (4), et cependant l'école éléatique, en réduisant à l'absurde les notions communes et naturelles du mouvement, a bien prouvé dans l'antiquité que les systèmes qui se croient le plus à l'abri de ce genre de réfutation y sont exposés tout autant que les systèmes en apparence les plus paradoxaux. Les autres établissent leur terrain hors du cartésianisme, et fuient le monstre spinosistique en réhabilitant les hypothèses philosophiques les plus grossières (5), ou bien en renversant toute métaphysique,

---

(1) Spinosa, *Op. posth.* ep. 4.
(2) *Ethica*, p. 1, prop. 4.
(3) Lamy, *Athéisme renversé*, prop. 3.
(4) Par exemple Bayle, *Dictionnaire*, art. Spinosa.
(5) Noël Aubert de Versé, *l'impie convaincu*. Certaines réfutations couvrent des expositions et des apologies, par exemple la réfutation de Boulainvilliers (Bruxelles, 1731).

refusant les définitions, niant les axiomes, posant les modes avant les substances et le fini avant l'infini (1). Les réfutations entreprises du point de vue cartésien sont seules intéressantes. Parmi celles-ci, la longue dissertation, flanquée de géométrie, du père Lamy, échoue dans son premier point en voulant distinguer les choses indistinctes (2), et dans son second, en ne comprenant pas les définitions de la substance et de l'attribut, conformes cependant à l'idée de Descartes, ni la différence de l'attribut et du mode (3). Une seule réclamation est à remarquer : c'est celle qui a pour but de faire rentrer, parmi les attributs de l'être, les *perfections transcendantes* que Spinosa avait rapportées à un pur effet de l'imagination de l'homme ; encore ne sont-elles pas définies, et l'on est fondé à croire que, dans la doctrine même du père Lamy, comme dans celle de Fénelon et dans celle de Malebranche, ces perfections ne diffèrent pas de *la vérité* quant à leur *essence ;* seulement elles expriment une relation du créateur à la créature quant à leur *fin*, et supposent au-dessus de l'univers un Dieu qui le produit et qui le dirige. Ainsi l'objection, si elle existe, revient à nier l'absolue unité de l'être et à mettre à la place du Dieu de Spinosa un Dieu qui, bien qu'infini, éternel et immuable, ne laisse pas que d'agir sur le monde contingent en vertu d'un principe et d'un but contenus dans son sein. Nous sommes amenés par là à la réfutation du spinosisme par Fénelon. Elle consiste dans la distinction de l'infini intensif qui est un, simple et indivisible, qui, en créant et multipliant les êtres, n'ajoute rien à son propre être, qui ne peut créer l'infini parce qu'il est déjà, et qui peut et doit créer le fini puisque c'est une action infinie que de donner l'être au néant ; et de l'infini extensif développé et modifié comme être suivant une infinité de degrés, fini par conséquent imparfait, *bien* parce que être, mais *bien* imparfait parce que être borné. L'être intensif infini ne pourrait être modifié sans cesser d'être infini ; à la vérité, l'être extensif dépend de lui, mais seulement comme un effet de sa cause ; du reste, il est substance aussi, c'est-à-dire ce qui n'est pas une circonstance changeante de l'être, mais l'être même, soit qu'il ait été

---

(1) Condillac, *Traité des systèmes*.
(2) *Athéisme renversé*, prem. sect.
(3) Descartes, *Lettres*, I, 99, et Spinosa, *Ethica*, p. I, déf. 4, et prop. 10.

produit par un autre ou qu'il soit, par sa propre nature, nécessaire et immuable : *l'être qui n'est pas conçu sous l'idée claire de l'être immodifiable et sans ombre de restriction, est nécessairement un être qui n'est point par soi un être défectueux, un être distingué réellement de celui qui est essentiellement immodifié et immodifiable en tout sens* (1).

Ici le spinosisme serait atteint dans ses fondements s'il était combattu en lui-même, et non par une doctrine contradictoire, et si son principe propre n'apparaissait inévitablement comme une des faces de cette doctrine. Il y paraît en effet et s'y impose par l'existence nécessaire de l'extensif infini dans sa cause intensive, par la dépendance absolue de l'un et par l'unité de l'autre, unité qui, rigoureusement, semble exclure tout rapport. Mais il y disparaît dans le sentiment profond de la distance de cette cause à ses effets, et de la différence d'un être immuable à un être modifié (2). Les modes ne peuvent être conçus en Dieu. Il faut donc, ou les nier absolument : c'était l'écueil où tendait Spinosa, et alors il y a contradiction, puisqu'on a commencé par les admettre, que l'on n'est soi-même qu'un mode et que l'on est parti de soi, de sorte qu'il faut reconnaître que l'on est néant ou que l'on est Dieu. Ou bien il faut admettre que le fini existe et qu'il existe hors de Dieu sous un certain aspect, quoiqu'il soit en lui sous un autre; il faut admettre que l'on peut *penser à une fourmi sans penser à Dieu*, il faut rendre aux êtres et l'espoir et la vie, renoncer à enfermer le monde dans un cercle mathématique, et se prosterner devant l'éternel mystère.

14. La morale de Spinosa n'a jamais été calomniée, sa vie

(1) Fénelon, *Lettre au père Lamy dans l'Athéisme renversé*, page 623.
(2) Ainsi, le spinosisme demeure dans le fond de cette doctrine et y représente un côté de la vérité, puisqu'il est impossible de concevoir hors de Dieu le monde infini que Dieu a créé, ou plutôt que Dieu crée et dont il est toute l'origine, toute l'essence véritable et toute la fin. Mais il ne s'y trouve pas en ce qu'il a d'exclusif, puisqu'il est impossible aussi, comme le montre Fénelon, de concevoir Dieu lui-même comme modifié et les êtres finis comme n'étant pas des substances. Nous voulons conclure de là que la vraie doctrine, celle qui est au-dessus du contradictoire et qui embrasse et justifie tous les faits de raison et de conscience, est celle qui envisage trois personnes divines : Dieu immuable et absolu (c'est l'être que la raison pose sans relations ni modes), le Dieu modifié de Spinosa ou la nature de G. Bruno et de tous les panthéistes, enfin leur incompréhensible rapport que les théologiens tiennent surtout à conserver, que la conscience humaine proclame quoi qu'on fasse, et sans lequel on ne peut expliquer l'évolution indéfinie des êtres depuis le principe origine jusqu'au principe fin. — Nous reviendrons sur cette question. Voyez p. II, chap. 4.

en est la parfaite application. Elle est chrétienne, elle est ascétique. On a douté qu'elle pût être déduite de ses dogmes ; elle l'est rigoureusement, et comment nous en étonnerions-nous ? Pourrions-nous croire que la morale individuelle est détruite par le dogme de la nécessité absolue de toutes choses ? il n'en résulte cependant que la résignation et la mort pour ce monde. Mais le solitaire qui s'élève à la pensée de l'être nécessaire, qui s'identifie avec lui, qui trouve la joie dans ce muet embrassement, et qui place la vertu dans la soumission aux éternels décrets, comment se rendrait-il coupable ? Il ne fait pas le bien par crainte, mais par amour de Dieu et de l'ordre des choses nécessaires, et qu'il y ait ou non nécessité, le bien n'en est pas moins le bien, le mal n'en est pas moins le mal, de sorte que l'un n'en est pas moins à rechercher, l'autre n'en est pas moins à fuir (1) ; quant à la récompense, l'homme vertueux la trouve en lui, car la béatitude n'est pas le prix de la vertu, mais la vertu même. Quelle différence, en effet, entre le sage et l'ignorant ! L'ignorant vit sans conscience *de lui-même et des choses et de Dieu, il ne jouit pas de l'acquiescence de l'esprit, et il cesse d'être en cessant de souffrir ; le sage, dans la conscience de lui-même, de Dieu et de la nécessité des choses, ne cesse jamais d'être et d'être heureux* (2).

Cette morale est déduite de quelques-uns des principes de la morale de Descartes, mais isolés et portés à l'absolu ; aussi va-t-elle bien plus loin dans la direction ascétique. Il est vrai qu'elle reconnaît comme elle un pouvoir sur les passions, mais au lieu d'attribuer ce pouvoir à la volonté considérée comme un attribut de l'âme, elle ne le rapporte à cette âme qu'en tant qu'elle exprime une connaissance de la nécessité et de l'éternité des choses en Dieu ; en effet, toute action appartient réellement à Dieu, et nullement à l'âme qui n'est pas une substance distincte ; cette action est libre ainsi, mais elle est en même temps nécessaire comme toutes les autres affections divines. La morale de Descartes approuve, loue, appelle même les passions qui attachent l'homme à la vie de ce monde. Celle de Spinosa les rejette et réduit la vie du sage à la contemplation vis-à-vis de l'Éternel, à la résignation vis-à-vis des choses périssables. Ainsi, là comme ailleurs, Descartes conserve le fini dans l'in-

---

(1) Spinosa, *Op. posth.*, epist. 23.
(2) Id., *Ethica*, prop. 42 et sch.

fini, Spinosa l'anéantit ; il est vrai que la morale de Descartes peut sembler plus développée sous le rapport de la résignation qui doit résulter de la notion des choses, en tant que nécessaires, et du souvenir de la prescience divine, que sous celui de l'activité naturelle à un être limité, mais libre, qui peut et qui doit surtout agir par sa volonté sur ses semblables ; mais, outre que le principe de la *solidarité*, clairement exprimé dans ses lettres, est un principe vraiment social et qui dépend de la considération des choses finies et relatives, un principe de droit et de devoir humains, il suffirait que cette face de la morale fût indiquée par lui en termes généraux, dans un temps où, à l'exemple des anciens, les moralistes n'envisageaient que l'homme isolé, et ne recherchaient que sa perfection individuelle, sans songer aux liens sympathiques qui l'unissent à ses semblables, et constituent ainsi la plus grande somme de son bonheur.

15. Mais nous devons caractériser plus exactement cette éthique de Spinosa, dont les deux livres célèbres *de Deo* et *de Mente* ne forment qu'une simple introduction. A cette introduction, qui contient, à la vérité, les prémisses de la science universelle, voici comment la morale, proprement dite, se rattache : les affections et tous les vices dérivant de la même puissance de la nature que toutes les autres modifications des substances, il est clair qu'on peut les connaître dans leurs principes ou dans leurs causes, et les en dérouler mathématiquement (1). Cela posé, on définit l'affection *l'idée confuse par laquelle l'âme affirme une puissance d'être de son corps plus ou moins grande qu'elle n'était auparavant, et en vertu de laquelle elle est portée à penser une chose ou une autre de préférence*. S'il arrive que l'homme soit cause adéquate de la modification par laquelle augmente ou diminue la puissance d'agir de son corps, c'est-à-dire qu'il puisse la comprendre clairement et distinctement comme un résultat de sa nature propre et de nulle autre, alors l'affection est une action ; dans le cas contraire, elle est une passion. Ainsi l'âme est active lorsqu'elle a des idées adéquates, car ces idées sont en Dieu en tant seulement qu'il constitue l'essence de l'âme, et, comme d'une cause donnée un effet doit suivre, il s'ensuit que Dieu et l'âme aussi,

---

(1) Spinosa, *Ethica*, p. III, de *Affectibus*. pr.ef.

par conséquent, est cause adéquate de cet effet, c'est-à-dire active. Au contraire, l'âme est passive quand elle a des idées inadéquates, car alors ces idées sont adéquates en Dieu, mais en tant qu'il contient les idées de plusieurs choses, de sorte que l'âme n'est que cause partielle de l'effet qui doit suivre, et, par conséquent, de toute nécessité passive (1).

Chaque chose persévère dans son être autant qu'il est en elle, car la définition posant l'essence de la chose et ne la niant pas, il ne peut y avoir dans la chose rien qui exclue son existence, mais seulement au dehors ; cet effort, pour persévérer, est évidemment l'essence même de la chose, et il implique un temps indéfini. Ainsi l'âme, en tant qu'elle a des idées, soit obscures, soit claires et distinctes, persévère dans son être et a conscience de son effort. Or, cet effort, rapporté à l'âme seule, c'est la *volonté*; à l'âme et au corps, c'est l'*appétit*; enfin l'appétit avec conscience de lui-même, c'est le *désir* (2) ; et nous appelons une chose bonne quand nous la voulons, l'appétons ou la désirons.

L'âme étant l'idée du corps actuellement existant, et la connexion des idées et celle des corps étant la même, si l'on remarque de plus que l'âme est apte à percevoir d'autant plus de choses que le corps est apte à être disposé en plus de modes (3), il s'ensuit que tout ce qui augmente ou diminue, favorise ou paralyse, la puissance d'agir du corps, fait de même de la puissance de penser de l'âme, par l'idée qu'elle en a. Cela posé, la *joie* est cette passion qu'éprouve l'âme quand elle passe d'une moindre à une plus grande perfection, réalité ou puissance, et la *tristesse* est au contraire le passage d'une

---

(1) Spinosa, *Eth.*, do *affectibus*, def. et prop. 1.

(2) Id., Id., prop. 6, 6, 7, 8, 9, et sch., prop. 9. De même que Spinosa a été accusé d'avoir réduit toute substance à l'étendue, de même aussi on a souvent dit qu'il définissait la volonté par le désir. Nous trouvons cependant ici une définition bien plus générale et très-conforme à l'idée de Descartes, à savoir l'effort de l'âme et de l'âme seule pour penser et pour affirmer, c'est-à-dire pour agir à sa manière. Cette volonté, qui est l'essence même de l'âme, ne devient appétit et désir que lorsqu'elle a le corps pour objet. Ce qui est vrai, c'est que Spinosa a soumis à la nécessité et lié à une chaîne infinie de causes et d'effets toute volonté, tout désir et tout appétit en général ; mais il est vrai aussi qu'il y a une exception, comme nous le verrons bientôt, pour le cas où l'âme pense adéquatement, car alors elle obéit sans doute à sa nature, mais elle ne dépend que d'elle-même : elle est Dieu.

(3) Id., p. II, prop. 14.

moindre à une plus grande perfection. L'*amour* est une joie à laquelle se joint l'idée d'une cause étrangère, et la *haine* une tristesse conçue dans cette même condition. De ces principes se déduisent les définitions de toutes les passions.

Le grand défaut de cette théorie est de ne considérer que les affections purement corporelles et de nier les mouvements intellectuels rapportés aux créatures, ce qui, selon nous, est contraire au témoignage de la conscience, car nous éprouvons incontestablement de la joie et de la tristesse, de l'amour et de la haine, dans nos rapports avec les autres êtres, et cela souvent, indépendamment des mouvements du corps. Cependant, ne nous trompons pas en interprétant Spinosa, et sachons bien que cette joie, que cet amour qu'il repousse ici, il les rappellera tout à l'heure quand il ne s'agira plus des créatures, mais de Dieu même. Il ne tronquera pas misérablement le principe de la trinité chrétienne; et à la première personne, à l'être (sujet, puissance, matière); à la seconde ou au verbe (idée qu'a l'être de lui-même), il ajoutera l'esprit saint, *amour intellectuel*, rapport éternel, inévitable, de l'être à sa pensée (1). Mais refusant la substance et la vie éternelle aux créatures, il est tout simple qu'il ne puisse croire à l'action de l'Esprit saint sur elles, pour les unir et les inspirer en leur communiquant l'amour.

10. Mais une fois que la donnée première de la théorie des passions est admise, on ne peut voir sans admiration Spinosa

---

(1) Dieu, manifesté par l'âme humaine, pense à Dieu aux attributs éternels et infinis ; mais « l'âme, en tant qu'elle comprend, est un mode éternel de pensée qui est déterminé par un autre mode éternel de pensée, lequel est déterminé par un autre, et ainsi de suite jusqu'à l'infini, de sorte que tous ensemble constituent l'intelligence éternelle et infinie de Dieu. »(Spin., *Eth*. p. V, sch. prop. 40.) Voilà le Verbe suivant Spinosa. Ensuite chacune de ces pensées est une joie accompagnée de l'idée de Dieu comme cause, c'est-à-dire un amour ; et cet amour intellectuel de l'âme, c'est encore celui par lequel Dieu s'aime (V. plus bas). Voilà l'Esprit saint. Entre la trinité chrétienne et celle-ci la différence essentielle consiste en ce que la créature, son essence, son verbe et son amour, sont ici conçus en Dieu, et comme simple partie de Dieu, mais cela même n'est que le principe chrétien de la *dévotion* et du néant de la créature séparée de Dieu, porté à ses dernières limites. Que l'étendue pure soit en outre comptée parmi les attributs infinis de Dieu quand elle n'est pas modifiée, cela nous paraît de peu de conséquence ; qu'enfin toutes les modifications des êtres soient ramenées à Dieu et comprises en lui seul, qu'est-ce autre chose qu'un aveu de l'inanité propre des créatures ? Il est vrai que la doctrine chrétienne renferme aussi le principe tout opposé du libre arbitre; mais, outre qu'il ne s'applique qu'à l'homme entre tous les êtres, il faut bien convenir que les écrivains religieux ont en général une grande tendance à subalterniser ce principe. Ainsi donc, et toute intention paradoxale mise à part, on voit dans quels rangs se place le philosophe prétendu athée Spinosa.

analyser, décrire, expliquer avec une étonnante profondeur les misérables passions humaines et les mobiles de toutes les actions vulgaires. Jamais recherche plus originale ne fut entreprise, jamais étude rationnelle ne fut poussée si loin au milieu de la multitude si variable et si incohérente en apparence des idées, des sentiments et des instincts moraux que le désir et la volonté produisent incessamment; mais aussi jamais l'esclavage de la volonté ne fut mieux formulé, ni la nécessité de la nature plus agrandie, ni l'homme plus abaissé, plus ravalé, plus méprisé, pauvre machine qui se plaint d'elle-même et des autres, sans savoir qu'en cela même elle est comme la serinette dont la manivelle est tournée par une main étrangère. *De la Servitude humaine*, tel est le titre que Spinosa donne au livre qui contient cette effroyable analyse morale; mais la *liberté humaine* va paraître quand l'homme se connaîtra lui-même, c'est-à-dire quand il connaîtra Dieu.

En effet, dès le commencement de ce même livre *de la Servitude humaine*, après avoir déclaré que les mots *perfection*, *imperfection*, quand on les applique aux choses naturelles, n'ont qu'un sens relatif aux dispositions de celui qui parle, et à sa connaissance imparfaite de l'ordre de la nature; après avoir cité pour exemple la musique qui est bonne pour le melancolique, mauvaise pour celui qui pleure, indifférente au sourd, Spinosa ne laisse pas d'admettre l'existence d'un type de perfection de la nature humaine (1). Il peut dès lors appeler bon ce qui tend à approcher, mauvais ce qui tend à éloigner l'homme de ce type; la plus grande perfection est d'ailleurs celle où la puissance d'agir augmente le plus. Ensuite, tous les efforts et désirs peuvent être compris, ou par la seule nécessité de notre nature comme cause prochaine, ou bien, seulement, en tant que nous sommes une partie qui ne peut être comprise seule. Or, les désirs du premier genre, dépendant de notre puissance et de notre raison, sont toujours bons, les autres peuvent être mauvais; il est donc utile de perfectionner l'intelligence, et de là résulte la béatitude ou acquiescence de l'âme, qui naît de la connaissance intuitive de Dieu. Ainsi la fin dernière de l'homme, que la raison pose, c'est-à-dire le suprême désir par lequel il s'étudie à modérer tous les autres, est celui qui le

---

(1) Spinosa, *Eth.*, p. 124, pref.

porte à concevoir adéquatement et soi-même, et tout ce qui peut tomber sous son intelligence (1). Nous verrons bientôt comment la liberté résulte de cet état de l'âme.

17. Mais nous devons d'abord nous demander ici comment ces idées de perfection, et de perfection plus ou moins grande, c'est-à-dire de progrès, peuvent se concilier avec la doctrine de la nécessité. Sans doute la raison peut définir la perfection et en fixer le type humain, mais si elle détermine en même temps les motifs d'un certain choix entre tel ou tel état moral de l'âme, si par conséquent elle accepte une notion de supériorité de cet état sur tout autre, ne semble-t-il pas que la nature des choses, ou plutôt que Dieu lui-même, manifesté par l'essence de l'âme, tend à une certaine fin? Cette conséquence est trop bien liée aux principes pour être contestée, mais elle n'a rien qui répugne à la nécessité, car cette fin même doit être regardée comme nécessaire dans les âmes qui se la proposent et par elles en Dieu; elle est nécessaire comme la raison et comme le choix auxquels elle se rattache. Spinosa devait écrire l'*éthique*, c'est-à-dire qu'il l'a écrite; il devait tendre à la fin que nous venons de signaler et l'atteindre, c'est-à-dire qu'il l'a poursuivie et obtenue; mais le plus grand nombre des hommes devait l'ignorer et l'ignore en effet. En un mot, il n'y a là qu'un rapport nécessaire entre Dieu et une âme, et il n'en résulte nullement que Dieu se propose vis-à-vis de l'ensemble des êtres

---

(1) Spin., *Eth.*, p. IV, append. n° 4. « Il n'est pas de vie raisonnable sans intelligence, et les choses ne sont bonnes qu'autant qu'elles aident l'homme à jouir de la vie qui se définit par l'intelligence, c'est-à-dire de la vie de l'âme (n° 5). » De cette fin qu'il propose à l'homme, Spinosa déduit, pour règle sa conduite et ses rapports avec les autres, de très-belles conséquences, « ahler sa puissance d'agir par la fréquentation de ses semblables, vaincre la haine et l'envie par l'amour et par la générosité, etc. » Mais bientôt l'idée de la faiblesse humaine et de la nécessité vient élever la résignation au rang de première vertu de l'âme : « La puissance de l'homme est infiniment surpassée par celle des choses extérieures, mais nous supporterons tout avec égalité si nous avons la conscience d'avoir rempli notre devoir. D'ailleurs nous sommes partie de la nature et devons en suivre l'ordre. Si nous comprenons clairement et distinctement, cette partie de nous-mêmes qui se définit intelligence, et qui est la meilleure, trouvera son repos dans cette conception et s'efforcera de persévérer dans cette acquiescence. En effet, en tant que nous comprenons, nous ne pouvons rien désirer que ce qui est vrai, et, en tant que nous comprenons ainsi, l'effort de cette meilleure partie de nous-mêmes est en harmonie avec l'ordre de toute la nature (n° 32). » Plus tard enfin il va plus loin, et, toute idée d'action sociale et de devoir disparaissant pour lui, nous verrons comment il soustrait l'homme à la terre pour le jeter dans la pensée de l'absolu.

une fin qui ne soit pas confondue avec son essence actuelle, une, éternelle, infinie. Nous croyons voir là le fondement du mysticisme de Spinosa; nous croyons voir s'évanouir toutes les modifications de la substance, et, par suite, toute idée d'origine et de fin, au moment où l'âme qui pense, pense qu'elle est la pensée par laquelle Dieu se pense lui-même. Il faut donc avouer qu'il y a, selon Spinosa, une idée du bon et même du beau, indépendamment des affections corporelles; mais cette idée se confond avec celle du vrai, et n'est relative qu'à la pensée de Dieu. Hors de là, sa doctrine est celle que nous avons exposée.

18. Revenons maintenant au passage de la servitude humaine à la liberté. Dès que nous comprenons clairement et distinctement nos affections, nous les faisons reposer sur des idées adéquates, et nous les rendons ainsi actives. Elles changent alors de nature, puisqu'elles sont séparées de leur sujet et ne dépendent plus que de la nécessité de notre nature. Nous devenons libres ainsi comme Dieu lui-même est libre; nous employons à guérir nos passions cinq grands remèdes : leur connaissance, car nous pouvons avoir des idées claires et distinctes de toutes; leur distinction d'avec la cause externe qui les produit; le temps qui donne aux affections que nous produisons et ordonnons le dessus sur les autres ; la multitude des choses propres à fomenter les affections qui se rapportent à ce qui est général et à Dieu; enfin l'ordre par lequel nous les distribuons. Nous nous habituons, de la sorte, à considérer tout ce qui est comme nécessaire, et à rapporter à Dieu les affections du corps et les images des choses ; ainsi appliqués à la connaissance intuitive, nous désirons d'avancer de plus en plus dans cette connaissance; nous avons conscience de l'immortalité de notre âme, en ce sens qu'elle se représente sous l'espèce de l'éternité l'essence du corps et toutes les choses nécessaires, mais nous savons qu'elle ne peut avoir de mémoire, car le temps n'a pas de relation avec l'éternité; or cette connaissance en laquelle notre béatitude consiste, se présente à nous avec l'idée de Dieu comme cause, nous avons donc enfin pour Dieu un amour intellectuel *qui est l'amour même par lequel Dieu s'aime, c'est-à-dire une partie de son amour intellectuel infini*, de sorte que Dieu, *en tant qu'il s'aime, aime les hommes, et que l'amour de Dieu pour les hommes est une seule et même chose que l'amour*

intellectuel de l'âme pour Dieu. Voilà le *salut*, la *béatitude* et la *liberté*; c'est l'*acquiescence*, c'est la *gloire* dont parlent les livres saints; c'est *une joie accompagnée* de l'idée de Dieu ou de *l'idée de soi*, qui sont alors une seule et même idée, et qui constituent l'essence de l'âme (1).

19. Nous ne ferons aucune observation sur l'égoïsme divin qui se présente ainsi comme la conclusion dernière de la doctrine de Spinosa; seulement nous verrons bientôt la doctrine, en apparence si différente, de Malebranche, arriver à cette même conclusion que nous avons déjà signalée dans les idées religieuses et philosophiques de Fénelon et de Bossuet, et nous comprendrons l'identité fondamentale de tous les systèmes construits au point de vue exclusif de Dieu et de l'unité. Il nous reste ici à exposer brièvement l'importante doctrine politique de Spinosa. Elle diffère de celle d'Hobbes, et cela, suivant Spinosa lui-même, en ce qu'elle conserve le droit naturel comme un édifice toujours debout (*tectum semper sartum*), et en ce qu'elle n'attribue pas au magistrat suprême dans une cité un droit plus étendu (*plus juris*) sur ses sujets que la puissance même par laquelle il les surpasse (2). Cette différence est très-grande et donne lieu à la possibilité de plusieurs genres de gouvernement et de l'existence de garanties légales que n'admettait pas le système d'Hobbes. C'est ce que l'exposition va nous montrer plus clairement.

Nous commençons par la guerre naturelle, qui est une conséquence du droit naturel. En effet, le droit naturel consiste dans les règles de la nature de chaque individu, suivant lesquelles il est déterminé à être et à agir d'une certaine manière; par exemple, les poissons sont déterminés à nager, et parmi eux les grands à manger les petits. Le droit s'étend aussi loin que les forces, car la puissance de la nature est la puissance même de Dieu dont le droit n'est point limité. C'est dans ce sens que saint Paul pouvait dire : *Avant la loi*, c'est-à-dire sous la nature, *les hommes ne sauraient pécher*. Et en effet, si la nature nous refuse l'usage actuel de la raison, nous ne sommes pas plus obligés de vivre en hommes raisonnables qu'un

---

(1) Spinosa, *Ethica*, p. V. *De libertate humana seu de potentia intellectus*. Nous n'avons créé ni exagéré aucun terme.
(2) Id., epist. 50.

chat ne l'est de vivre en lion. Il résulte de là que l'ordre naturel n'interdit ni les haines ni les discordes ; et tout ce qui paraît absurde, ridicule ou mauvais à notre raison, ne l'est nullement au regard de la nature entière et des liaisons des choses. Mais il suffit que le mal résulte du droit naturel, pour que tous les hommes conspirent à s'en défaire au profit d'une communauté et à le soumettre à sa puissance et à ses édits pour ne plus le posséder qu'en commun (1). D'un autre côté, nul ne peut promettre *sans fraude*, pour ainsi dire de renoncer à son droit, car la seule règle nécessaire à laquelle l'individu soit soumis, c'est de préférer, dans tous les cas, parmi les biens le plus grand, parmi les maux le moindre. Donc enfin, la grande règle à suivre pour celui qui veut fonder une république, est de faire en sorte qu'il résulte, dans tous les cas aussi, plus de mal pour l'individu de la violation du contrat que de son observation. Il est vrai que si les hommes suivaient la raison, ils sauraient diriger leur conduite vers le vrai bien et la véritable utilité de tous ; mais il n'en est pas ainsi. Les plus libres sont ceux qui suivent la raison, parce qu'ils ne peuvent être trompés, et n'agissent qu'en vertu de leur nature ; les autres sont esclaves de plusieurs façons et par le corps et par l'âme, ils sont retenus par la crainte ou par l'espérance, et ne sont pas maîtres de leur droit (2).

Dès que l'on a conçu un droit commun, il est facile de comprendre ce qu'est la *liberté civile ou particulière*, ce qui constitue l'*injure* et ce qui détermine le *juste* ou l'*injuste* ; tout cela n'est en effet que ce que le souverain détermine comme tel, de sorte que le *mérite*, c'est l'obéissance, et le *démérite*, la désobéissance. Il est vrai que la religion détermine aussi ces sortes de notions ; mais la religion est, comme le pacte social, postérieure à l'état naturel, et, par elle, les hommes ont renoncé, et remis leur pouvoir à Dieu. Quant à l'opposition possible de la religion et du souverain, il est évident que ce dernier ne peut dépendre. Sans doute il est, comme l'homme naturel, soumis au

---

(1) Le droit naturel peut à peine être conçu sans le droit commun, tant les hommes ont besoin les uns des autres. On peut donc appeler l'homme, avec les scolastiques, un *animal social*, par la raison que, dans l'état naturel, les hommes sont à peine maîtres de leur droit. (Spinosa, *Tractatus politici* ch. 2, art. 15.)

(2) Id., *Tractatus politici*, ch. 2. — *Tractatus theolog.-politicus*, ch. 16. — *Ethica*, p. IV, sch., prop. 37.

droit révélé, en tant que cela l'accommode et le mène au salut, mais il peut s'en affranchir, et les sujets doivent encore obéir dans ce cas, car s'ils n'obéissaient pas, ils iraient contre la loi et violeraient le contrat sans autre autorité que cette autorité personnelle par laquelle alors ils décideraient de la foi (1).

20. *Le gouvernement* n'est que *le droit qui se définit par la puissance de la multitude*, et il peut y en avoir trois sortes avec une infinité de modifications. La *monarchie* est la forme la moins parfaite, parce qu'elle est la plus éloignée de l'état naturel et la plus difficile à maintenir; elle revient d'ailleurs ordinairement à *l'aristocratie* par le fait, de sorte que celle-ci est meilleure quand elle n'est pas ainsi déguisée, mais ouvertement constituée (2). Mais la meilleure forme de gouvernement et la plus rapprochée de l'état naturel est la *démocratie*, parce que, pour la fonder, chacun ne se démet de son droit naturel qu'à la condition de conserver celui de délibérer en commun. Le gouvernement démocratique est donc le gouvernement *absolu*, et il peut se définir celui où tout pouvoir patricien dépend de l'élection, et où aucune charge publique n'est héréditaire; la meilleure démocratie est naturellement celle où tous les citoyens honnêtes et maîtres d'eux-mêmes ont droit de suffrage dans l'assemblée suprême (3). Il n'y a d'exception que pour ceux qui sont soumis à des lois étrangères, pour ceux qui sont flétris par un jugement, pour ceux enfin que leur faiblesse et leur infériorité privent de puissance sur eux-mêmes, femmes, enfants, esclaves. L'expérience et l'histoire enseignent en effet que *la femme n'est pas l'égale de l'homme* (4).

Quelle que soit, au surplus, la forme de gouvernement à laquelle on s'arrête, il ne peut y avoir de transport complet des droits au souverain. Sans doute, la puissance, et par suite le droit du souverain, s'étend de mille manières jusqu'aux désirs, aux volontés et aux croyances des sujets, mais jamais absolument; et jamais aussi souverain ne ... tout-puissant dans le fait (5). Il est impossible de gouverner entièrement les esprits,

(1) Spinosa, *Tract. theol. polit.*, cap .
(2) Id., *Tract. polit.*, cap. 6.
(3) Id., cap. 11. Ce traité demeure interrompu au commencement de l'exposition de la meilleure constitution démocratique.
(4) Id., id.
(5) *Tract. theol. polit.*, cap. 17.

sans cela il n'y aurait jamais de tyrannie ; donc il reste toujours, entre autres facultés de l'homme, une liberté de penser dont il ne peut se démettre. Mais s'il est impossible de détruire la pensée, il est de même impossible d'en détruire une manifestation qui est involontaire, inévitable, et cela précisément dans les circonstances les plus importantes ; d'ailleurs la fin de la république, d'après les principes dont elle tire son origine, n'est pas la domination, mais la paix, la concorde, la suppression des haines et des fraudes; en un mot la liberté. Il est donc enfin convenable que le souverain laisse à ses sujets la liberté de juger, de raisonner et d'enseigner, pourvu que cette liberté s'exerce sans fraude, colère, ni haine, et sans tentative de faire passer une opinion personnelle pour un arrêt; que chacun dise, conseille et propose, et laisse à qui de droit à décider : tel est en cela le double rôle du souverain et du sujet. Mais martyriser les opinions, c'est glorifier ce que l'on veut détruire ; et de même aussi, exciter le peuple contre un écrivain, c'est être séditieux, parce que l'écrivain ne parle pas au peuple, mais aux doctes seulement (1).

Il y a, dans ce système politique, plusieurs éléments mêlés, que notre plan ne nous permet pas d'analyser, et bien moins encore de discuter. Remarquons seulement que le droit individuel y occupe une grande place, et que, si l'on excepte cette opinion si dure et si injuste de Spinosa sur les femmes et cette institution de l'esclavage que, du reste, il laisse indéterminée, on peut encore aujourd'hui y trouver beaucoup à réfléchir; la patrie de Spinosa est sans doute pour beaucoup dans ce résultat, car si le mépris pour les hommes domine dans sa doctrine, si les masses populaires y sont condamnées à l'ignorance, aux passions et à la servilité, si l'amour et la sympathie mutuelle n'ont place, ni dans l'origine de la société, ni dans sa fin, on peut encore s'étonner cependant que les habitudes de sa pensée ne l'aient pas conduit à un plan de gouvernement plutôt théocratique que populaire.

(1) Spinosa, Tract. theol. polit., cap. 20.

§ III.

MALEBRANCHE.

1. Voici un second exemple d'une interprétation de la doctrine cartésienne, au point de vue exclusif de Dieu; et si Malebranche parut d'abord moins fidèle à l'esprit du dualisme de Descartes, pensée, étendue, ou plutôt plus préoccupé de celui de ces deux attributs qui nous les révèle tous deux, nous verrons cette différence s'effacer dans les sommités de la doctrine, ainsi que cela paraît *a priori* devoir résulter de la conception du Dieu incompréhensible, absolu, dans le sein duquel nous tendons à perdre et nos corps et nos pensées (1).

La méthode de Descartes fut encore exactement représentée par Malebranche. Il considéra l'*algèbre* comme la *science universelle et la clef de toutes les autres sciences*, et en général la *méthode des géomètres comme augmentant les forces de l'esprit pur et dégagé des sens* (2); il accusa les philosophes de *dissiper l'esprit en l'appliquant à des sujets qui renferment trop de rapports, et qui dépendent de trop de choses, sans garder aucun ordre dans leurs études*, et il cita, pour exemple, la logique d'Aristote. C'est ainsi que Descartes avait montré que les définitions de l'école, telles que celle-ci : *l'homme est un animal raisonnable*, en entraînent une multitude d'autres, font remonter un arbre généalogique inextricable, et soulèvent une foule de belles questions qui n'aboutissent qu'à une *pure battologie* (3). Malebranche poussa même plus loin que Descartes le mépris de la science acquise, de l'enseignement et de l'érudition, et il établit les idées claires pour base de la connaissance, après avoir éloigné toutes les notions acquises par les sens et l'imagination,

---

(1) La vie de Malebranche est fort simple. Il naquit en 1638, et depuis le jour où le traité *de l'Homme* de Descartes, tombé par hasard entre ses mains, lui révéla sa vocation, il ne fit que méditer, écrire et répondre à ses adversaires. La *Recherche de la vérité*, son premier ouvrage et celui qui contient le germe de tous les autres, parut en 1674. Il mourut en 1715, âgé de soixante-dix-sept ans.

(2) Malebranche, *Recherche de la vérité*, l. II, ch. 2.

(3) Id. l. III, p. I, ch. 3, et Descartes, *Recherche de la vérité par les lumières naturelles*, t. VI, page 354, édition Cousin.

et s'être livré à une très-intéressante analyse de l'incertitude ou des erreurs qui les accompagnent. L'axiome fondamental de la logique cartésienne lui parut donc indubitable, et il remarqua qu'aucun autre ne pouvait être admis, par exemple, *le tout est plus grand que sa partie*, s'il n'était reconnu d'abord que toutes les idées claires et distinctes sont vraies, et qu'on peut affirmer d'une chose ce qui est contenu dans l'idée qui la représente.

2. Mais en même temps Malebranche remarqua que cet axiome lui-même n'est vrai qu'en supposant que *le néant n'est point intelligible ou visible*, que *ne rien voir, c'est ne point voir, ne rien penser, c'est ne point penser*, et que par conséquent il faut admettre que *les idées sont immuables, nécessaires et divines*. En effet, de ce que le néant n'est pas visible, il s'ensuit que *tout ce qu'on voit clairement, directement, immédiatement, existe nécessairement* (1).

Il est de toute évidence que de cet axiome ainsi posé on déduit l'existence de Dieu, son *existence nécessaire*, aussi rigoureusement que *l'existence possible d'une montagne ou impossible d'une montagne sans vallée*. On ne peut pas voir Dieu comme simplement possible; rien ne le comprend, rien ne peut le représenter; si donc on y pense, il faut qu'il soit (2).

Il est donc aussi évident qu'il y a un Dieu, qu'il l'est à moi que je suis. Je crois que je suis parce que je me sens et que le néant ne peut être senti; et de même je crois que Dieu est, que l'être infiniment parfait existe, parce que je l'aperçois et que le néant ne peut être aperçu, ni par conséquent *le fini dans l'infini*.

3. Cela posé, comment connaissons-nous les objets? Nos sensations ne sont pas en eux; ils ne sont pas non plus les véritables causes de nos sensations; nous ne les connaissons pas par des idées créées avec nous ou innées, car il en faudrait des infinités d'infinités; Dieu ne les produit pas en nous à mesure que nous en avons besoin; enfin, notre âme ne peut les produire, car le monde intelligible est plus noble que le sensible, et ne

---

(1) Malebranche, *Recherche de la vérité* et *Conversations chrétiennes*, entretien 3. Il est impossible de croire à rien de certain sans admettre des idées immuables, éternelles, efficaces, divines, en un mot communes à tous les esprits et à Dieu même qui les trouve dans sa substance... Car, quoique la nature de l'âme soit d'apercevoir, elle ne peut directement apercevoir que ce qui la touche immédiatement, et telle est sa grandeur que rien ne la peut immédiatement toucher que la substance efficace de la divinité. »

(2) Id., *Recherche de la vérité*, éclairc. au ch. 2, liv. IV.

peut être créé par nous. Il faut donc conclure que nous voyons toutes choses en Dieu. Dieu a en lui les idées de toutes les choses créées ; *il est très-étroitement uni à nos âmes, en sorte qu'on peut dire qu'il est le lieu des esprits, de même que l'espace est, en un sens, le lieu des corps :* l'esprit, uni à Dieu, peut donc voir en lui le monde intelligible. Il connaît d'abord Dieu en lui-même, et, quoique fini, il a de l'infini une véritable compréhension, seulement elle est *infiniment petite* par rapport à une *compréhension parfaite* (1). Nous avons toujours, même quand nous croyons ne pas penser, l'idée générale de l'être *grande, vaste, réelle et positive.* Nous la croyons un assemblage des idées de tous les êtres particuliers, tandis que nous ne formons celle-ci que par elle ; et c'est de l'abus de cette idée abstraite et vague que naissent toutes les entités péripatéticiennes et *la philosophie chimérique qui explique les effets naturels par les termes généraux de puissance, d'acte, de formes substantielles et de qualités occultes.* Tout cela, c'est l'idée générale de l'être appliquée à quelque effet particulier. En Dieu nous connaissons, par les idées qu'il en a, toutes les choses particulières, et *nous ne saurions désirer de voir un objet que nous ne le voyons déjà,* parce qu'ils sont tous présents à notre esprit avec celui qui les *renferme dans la simplicité de son être.* Nous avons des idées générales parce que nous voyons *tous les êtres en un,* et, dans l'idée d'une chose, nous avons celle de ses propriétés et modes en même temps. Quant à notre âme, enfin, nous ne la connaissons que *par conscience,* c'est-à-dire *très-peu et confusément,* et celles des autres hommes nous les connaissons par *conjecture* et ne sommes convaincus de leur existence qu'à cause de la *stabilité et de l'uniformité du plan providentiel* (2).

4. Maintenant, comment ces idées sont-elles en Dieu ? comment notre esprit les y voit-il ? Ce n'est pas *l'essence divine prise absolument* qu'il aperçoit, mais seulement *en tant que relative aux créatures ou participable par elles.* Ce qu'il voit en Dieu est très-imparfait, et Dieu est parfait ; il voit de la

---

(1) Par exemple l'étendue intelligible ou idée de l'espace infini, qui ne peut être une modification d'un esprit fini, est nécessairement une idée infinie que nous voyons en Dieu, mais dont nous n'avons qu'une *perception finie.* (*Conversations chrétiennes.*)

(2) Malebranche, *Recherche de la vérité,* l. III et IV.

matière divisible, figurée, et en Dieu il n'y a rien qui soit divisible ou figuré, car Dieu est tout être parce qu'il est infini et qu'il comprend tout, mais il n'est aucun être en particulier. Et cependant nous ne comprenons pas cette suprême simplicité, et nous ne voyons que les idées des choses particulières, ou plutôt, *on peut le dire*, les choses mêmes que ces idées représentent (1). C'est qu'à la vérité Dieu seul agit en notre âme et la modifie de diverses perceptions par sa propre substance, mais en tant qu'elle est *la lumière ou la raison universelle des esprits*, en tant qu'elle est *représentative des créatures ou participable par elles*, enfin en tant qu'elle contient *l'étendue intelligible, l'archétype de la matière* (2).

5. Les idées des objets sont préalables aux perceptions que nous en avons. Elles ne sont point de simples modifications de l'esprit, mais les causes véritables de ces modifications, et au lieu de définir les esprits substances qui pensent, il serait peut-être plus exact de dire *substances qui aperçoivent ce qui les touche ou les modifie*.

C'est d'après les idées que nous avons des choses que nous devons juger de leur nature. Ainsi, nous pouvons, de l'idée de l'étendue, tirer les propriétés des corps, parce que cette idée est l'archétype sur lequel Dieu les a créés, et ceux qui veulent quelque autre chose dans la matière que l'étendue s'expliquent de manière à montrer qu'ils n'entendent par là que l'idée de la substance en général. On ne peut pas concevoir un *corps infiniment parfait* et prouver son existence comme on prouve l'existence de Dieu, car *un être particulier et fini comme le corps ne peut être conçu universel et infini*, et, bien que *l'idée de l'étendue* que nous voyons en Dieu *soit infinie*, nous ne pouvons pas en conclure que le monde matériel est sans bornes aussi, car nous n'en pouvons pas même conclure que *Dieu ait créé un seul pied d'étendue*. La création de la matière étant arbitraire et dépendante de la volonté du Créateur, puisque

---

(1) Quoique les idées ne soient que la substance efficace de la divinité, cependant comme elles ne sont point la substance de Dieu prise absolument telle qu'elle est, mais seulement prise en tant que très-imparfaitement imitable par les créatures, en voyant directement et immédiatement les idées, nous ne voyons point véritablement Dieu l'être infiniment parfait mais l'essence des créatures. (*Conversations chrétiennes*, entretien 3.)

(2) Malebranche, *Réponse à Régis*, à la suite de la *Recherche de la vérité*.

l'idée qui la représente est infinie, nécessaire, éternelle, il est évident qu'on pourrait absolument avoir la perception de cette idée sans qu'il y eût de monde créé. Si nos idées sont *représentatives*, c'est parce qu'il a plu à Dieu de créer des êtres qui leur correspondissent, et, quoique Dieu n'eût pas créé de corps, les esprits seraient capables d'en avoir les idées (1).

6. Nous devons donc, pour suivre Malebranche, laisser là le monde matériel dont la foi seule nous assure l'existence. La philosophie ne pose que le monde intelligible : il est plus noble, il est plus digne de Dieu, et il suffit à tout. Mais que résulte-t-il de ce point de vue? c'est que nous voyons Dieu sous deux attributs en quelque sorte : celui de la pensée, parce que Dieu est la cause et le sujet de nos pensées, et que nous le concevons comme une intelligence infinie, parfaite; et celui de l'étendue parce que Dieu est aussi la cause et le sujet de toutes les idées que nous avons des corps, et que nous concevons en lui une étendue intelligible, infinie. Jusqu'ici nous ne voyons aucune différence entre cette doctrine et celle de Spinosa, car Spinosa place, à la vérité, l'étendue en Dieu comme une réalité vivante, mais il l'y place indivisible, infigurée, sans modifications, telle, en un mot, que nous la concevons, de sorte qu'elle ne diffère pas de l'étendue intelligible de Malebranche. La différence con-

(1) Id., Id., Malebranche se montra dans tous ses ouvrages très-embarrassé et même très-chancelant sur la question de l'existence de la matière. Après qu'il eut fondé sa théorie des idées sur la combinaison des passages mystiques des livres de saint Augustin, où ce Père déclare que nous pensons en Dieu ou que Dieu pense en nous, avec la méthode de Descartes qui établit une distinction absolue entre les sensations et les objets en eux-mêmes (*Entretiens métaphysiques*, préface.), il reconnut l'inutilité de la matière. En effet, son idée existant en Dieu et nous étant communiquée sans que nous ayons aucune connaissance directe de son existence, cette existence n'étant pas d'ailleurs essentielle à Dieu, elle se présente, si elle est réelle, comme une véritable superfétation : aussi, sans la foi, dit-il quelque part, il faudrait penser que Dieu est le seul être extérieur à nous. (*Nouvelles médit. métaphysiques*, publiées par M. Feuillet de Conches, deuxième cahier. *Médit.* 7.) Mais comment la foi prouve-t-elle l'existence de la matière? Ici Malebranche distingue deux révélations, l'une naturelle qui rend l'existence des corps probable en nous faisant rapporter à eux nos sentiments et une foule d'idées suivies, mais qui est loin de l'établir démonstrativement; l'autre surnaturelle, qui est la foi. En effet, nous lisons *l'histoire divine dans l'apparence du nouveau Testament*, nous y apprenons les miracles d'un homme-Dieu, etc., et nous croyons à la vérité de la religion chrétienne. Nous trouvons ensuite, dans l'ancien Testament, que Dieu a créé le ciel et la terre et mille et mille créatures semblables à nous. Tout cela n'est encore qu'apparence, mais si nous réfléchissons qu'en tout cas nos idées nous viennent de Dieu qui ne peut nous tromper, notre foi à la divinité de la Bible achèvera de nous convaincre. (*Entretiens métaphysiques*, entr. 6.)

sisterait-elle dans l'existence des modes particuliers et finis, soit de pensée, soit d'étendue, dans l'essence divine? Mais Malebranche les place aussi en Dieu en tant qu'il en a les idées, qu'il *représente les créatures*, qu'il est *participable par elles*. Ils n'en sont pas les *parties intégrantes*, car alors Dieu ne serait plus *simple*; mais Spinosa regarde aussi Dieu en lui-même comme parfaitement simple et immodifié. De même que Malebranche appelle Dieu le *lien des esprits*, et de même qu'il écrit : *c'est de sa puissance qu'ils reçoivent toutes leurs modifications; C'est dans sa sagesse qu'ils trouvent toutes leurs idées, et c'est par son amour qu'ils sont agités de tous leurs mouvements réglés, et, parce que sa puissance et son amour ne sont que lui, croyons avec saint Paul qu'il n'est plus loin de chacun de nous et que c'est en lui que nous avons la vie, le mouvement et l'être* (1). De même aussi, Spinosa, en termes un peu plus hardis, mais qui ne reviennent pas dans le fond à autre chose, considère ces modifications, ces mouvements, ces idées comme ceux de Dieu lui-même en tant qu'il est manifesté par l'être fini. Il suffit que de part et d'autre on s'accorde à regarder l'être fini comme n'étant rien par lui-même, Dieu comme étant le principe unique de toutes les modifications de ces substances dont l'essence est déjà incompréhensible sans lui, Dieu, enfin, sous un autre aspect, comme supérieur à tout et ne pouvant recevoir aucun des noms qui conviennent à notre être, pas même celui d'esprit (2).

7. Malebranche semble au premier abord accorder à l'être fini une existence indépendante que Spinosa lui refuse. Il est vrai qu'il pose en effet la liberté comme un fait de conscience, mais cette différence est purement nominale et s'efface après que l'être a été placé dans l'isolement vis-à-vis de Dieu.

L'infini est, selon Malebranche, le seul but de l'existence du fini; le principe des relations sensibles des créatures est placé hors d'elles, et leurs relations intellectuelles, qui ont lieu en Dieu seul, ne doivent jamais avoir que Dieu pour objet, et sont ainsi sacrifiées à l'amour et à la contemplation de l'être immua-

---

(1) *Recherche de la vérité*, l. III, p. II, ch. 6. Malebranche admet que nous ne voyons en Dieu ni notre âme ni celle des autres hommes. (*L*. III, p. II, ch. 7.) Les idées de ces âmes y doivent être cependant. Il faut donc conclure de là que ces idées sont les âmes elles-mêmes, ce qui revient à les regarder comme des modes en Dieu.

(2) Id., l. III, part. II, ch. 9, et Spinosa, epist. 60.

ble (1); d'ailleurs, *il est plus de la nature de l'âme d'être unie à Dieu par la connaissance de la vérité et l'amour du bien que d'être unie à un corps, puisque Dieu a fait les esprits pour le connaître et pour l'aimer plutôt que pour informer des corps;* et si nous ajoutons à cela que les passions sont considérées comme mauvaises en ce qu'elles nous éloignent du but éternel; que l'imperfection de l'esprit est attribuée à sa dépendance du corps, à cause du désordre des sens et des passions; en un mot, que tout ce qui se rapporte comme cause ou comme effet aux relations des êtres finis entre eux et au monde qui les entoure est formellement condamné, il nous faudra reconnaître que les conséquences de cette doctrine sont absolument les mêmes que celles de la doctrine de Spinosa. Quelle distance en effet pourra-t-il exister encore entre la créature qui a perdu de vue ses semblables, et son Dieu, unique auteur de son être, de son essence et de ses idées, son Dieu qui est en elle et en qui elle est, son Dieu qui l'attire, et en qui elle ne demande qu'à se perdre?

8. Une interprétation plus littérale des Écritures, telle est la seule cause de la différence apparente de ces deux systèmes de philosophie. Malebranche croyait à la création du monde par Dieu, selon la lettre de la Genèse, et, pour l'expliquer, il était obligé de supposer une sorte de contingence dans les idées di-

---

(1) Comme nous reconnaissons en Dieu *l'essence même des créatures, comme c'est proprement elles que nous voyons, c'est elles aussi que nous aimons ; or, nulle créature, quoique bonne en elle-même, n'est bonne par rapport à nous... Dieu veut qu'on aime ce qui est en lui... Mais il ne veut pas qu'on y arrête le mouvement de son amour et qu'on le rapporte aux créatures.* (*Conversations chrétiennes,* entr. 3.) Il n'y a d'amitié vraie et digne que « l'amitié chrétienne, par laquelle on aime Dieu en son ami ou son ami par rapport à Dieu. (Id., entr. 9.) Pensez-vous voir votre ami quand vous voyez un certain arrangement de matière qu'on appelle un visage? (Id.) L'on n'enseigne pas, l'auteur parle ; nous écoutons, et Dieu juge en nous il faut rentrer en soi-même et écouter le souverain maître dans le silence des sens et des passions. (Id., *Entretien* 1 et *Recherche de la vérité,* préface.) L'homme est un pur néant par lui-même... Il ne peut sans Dieu ni penser ni se mouvoir... En lui nous voyons toutes choses... Il est l'auteur de nos pensées, de nos plaisirs, de nos douleurs... (*Médit. chrét.* 1, 2, 3, 4.) Dieu a fait les esprits pour lui seul... C'est l'amour que Dieu se porte à lui-même qui produit en lui notre amour... (*Conver. chrét.*) O mon Dieu ! faites-moi connaître que les créatures ne me peuvent faire ni bien ni mal... que je ne dois ni les craindre ni les aimer ; jusqu'à ce qu'étant plein de vous et vide de moi-même et de toute autre chose, je rentre et je me perde en vous, ô mon tout, comme dans la source de tous les êtres ; et que cette parole de votre apôtre *Deus est omnia in omnibus,* s'accomplissant entièrement en moi, je me trouve moi et toutes choses en vous. (*Médit. chrét.,* sub fin. *Elev. à Dieu.*)

vines, au lieu que Spinosa pensait que toutes choses sortent éternellement de la nature divine par la même nécessité en vertu de laquelle elle doit exister et se comprendre elle-même. Cette différence serait grande si le monde, selon Malebranche, n'avait pas dû finir de même qu'il a commencé. Ensuite Malebranche croyait au péché originel, et faisait remonter à lui la *dépendance de l'âme par rapport au corps, et pour ainsi dire l'existence de celui-ci : c'est le péché qui nous a éloignés de Dieu et livrés à nos sens; c'est par lui, peut-être, que le plaisir a été attaché au mal, tandis qu'il était uni au devoir et la douleur à la faute; mais à présent, par le libertinage, nous forçons Dieu à nous donner du plaisir en vertu des lois de l'union de l'âme et du corps* (1). Tout ce qui paraît tenir à une imperfection, en général tout ce qui est en nous, en tant que nous perdons de vue l'infini et l'immuable, lui paraissait donc dépendre du péché, et il se rendait compte ainsi de l'existence des *modes en Dieu*, selon le langage de Spinosa. Mais la mort change tout cela : la mort qui vient dégager notre esprit de tout lien, change ses idées et ses modifications; elle nous livre à une éternelle contemplation des perfections divines, et même, si nous devons croire que l'âme est immortelle, c'est parce que Dieu nous a créés pour le connaître, et qu'il faut à un esprit fini un temps infini pour voir un être infini (2) : c'est ainsi que la mort pour ce monde, dans les doctrines de Spinosa, donne à l'âme l'immortalité dans la contemplation des propriétés divines. Enfin la foi chrétienne fit admettre aussi à Malebranche une certaine *force de déterminer nos volontés ou de pouvoir porter l'entendement vers les objets qui lui plaisent et diriger ainsi l'impulsion ou mouvement naturel qui nous porte vers le bien indéterminé en général* (3), mais combien cette liberté n'est-elle pas inutile et même dérisoire, quand la sainteté consiste à la perdre et à l'oublier pour retourner à Dieu! Ainsi Malebranche parvenait si bien à masquer par les dogmes contraires ceux des dogmes chrétiens qui tendent à maintenir le

---

(1) Mal., *Recherche de la vérité*, l. V, ch. 4. Dieu gouverne les déterminations des esprits comme les mouvements des corps par des lois générales; le monde ne pouvait être plus parfait sans être moins simple ; les divers mouvements de l'âme de Jésus-Christ, en tant qu'homme, sont les causes occasionnelles de la grâce. (Id. *Traité de la nature et de la grâce.*)

(2) Id. *Lettre à M. de Torsac, fragm. phil.*, t. II, page 170.

(3) Id. *Recherche de la vérité*, l. I, ch. 1.

principe de l'individualité des êtres et de leur indépendance, que, si l'on veut oublier l'origine contingente du monde et le premier péché pour ne songer qu'à la fin immédiate de l'homme et à son retour à Dieu, si l'on veut se représenter l'esprit en état de grâce et éternellement soumis aux mouvements intellectuels du verbe fait homme, sans autre volonté que la sienne, sans autre pensée que la pensée de Dieu, on aura fondé un panthéisme éternel à côté du monde périssable. Telle est la doctrine de Malebranche.

9. Parvenus à ce point, il doit nous sembler intéressant de connaître le jugement que Malebranche porta sur Spinosa. Ce jugement fut injuste, ou, pour mieux dire, aveugle. Malebranche, esprit peu rigoureux quoique mathématicien, ne connut jamais la véritable portée de sa propre doctrine, et, sans paradoxe, on pourrait presque affirmer qu'il ne la comprit pas. Ce qui est certain du moins, c'est que jamais il ne sut en exposer clairement et sans figure les parties originales. Homme de foi, de solitude et de prière, il sentit et s'exalta sur les choses divines plus qu'il ne raisonna. Soumis d'ailleurs à l'Église, il ne put penser sans horreur à cet homme qui niait, dans leur sens propre, la création, le péché et la rédemption, et qui, conduit par la philosophie à voir en Dieu toutes les idées, ne craignait pas d'y voir en même temps leurs objets corrélatifs.

Cependant, quand les propositions de Spinosa se furent répandues et qu'elles eurent trouvé d'intelligents défenseurs, Malebranche se vit obligé, par des sollicitations particulières (1), et bien qu'après une longue résistance, à étudier et à comprendre le livre *de Deo*, à en essayer une réfutation rigoureuse, et, par suite, à déterminer son propre système avec plus de précision qu'il ne l'avait fait jusque-là. Mais la correspondance hardie où Malebranche et son antagoniste traitèrent cette dangereuse question demeura ignorée des contemporains. Seule, cependant, elle pouvait donner le dernier mot de la doctrine que nous venons d'analyser. Après avoir, dans plusieurs lettres, accusé Spinosa d'avoir confondu l'étendue avec l'idée que nous en avons, d'avoir rapporté à l'une ce qui ne convient qu'à l'autre,

(1) *Correspondance du père Malebranche avec Dortous du Mairan*, publiée par M. Feuillet de Conches. Paris, 1841. Cette correspondance est de 1713 et 1714, c'est-à-dire, de bien peu antérieure à la mort de Malebranche. Mairan y éclaircit et y soutient avec un très-rare talent la doctrine de Spinosa.

et en général d'avoir mêlé le sensible à l'intelligible, après avoir taxé de fausseté ses démonstrations, mais sans en indiquer précisément le vice, Malebranche arriva enfin à formuler sa pensée (1). Il refusa d'admettre qu'il n'existe qu'une seule substance du même attribut (2) et voulut regarder comme autant de substances les diverses parties de la matière disposées et limitées arbitrairement, par la raison qu'elles peuvent être conçues à la fois comme finies et comme distinctes ; mais pour faire accorder cette opinion avec la méthode de Descartes, il dut en même temps nier l'infinité de l'étendue, et, comme celle de son idée ne peut être contestée, il se rejeta sur ce que l'idée peut exister sans *idéat* ou différente de son *idéat*. Ainsi, Malebranche renonça à l'axiome cartésien : *Il faut affirmer d'une chose ce que l'on conçoit être renfermé dans son idée* et le remplaça par celui-ci : *Tout ce que l'esprit aperçoit immédiatement est nécessairement*, c'est-à-dire qu'il fonda une doctrine absolument idéaliste, et mit la philosophie en contradiction avec la révélation naturelle ou surnaturelle, ce qui revenait pour lui à jeter la philosophie de côté, et à ne plus s'adresser qu'à la foi pour connaître la vérité des choses. En effet, il termina sa dernière lettre en réduisant toute science démonstrative aux mathématiques, en invoquant la foi et priant Dieu de communiquer à son adversaire les lumières qui mènent à la possession des *vrais biens*.

10. On comprend aisément, par tout ce qui précède, que les contemporains de Malebranche n'aient vu dans son idéalisme que le système de Spinosa arrêté sur son penchant par la foi chrétienne ; aussi les cartésiens purs, qui, en France comme en Hollande, se montraient fort hostiles aux déductions hardies tirées de la doctrine de leur maître, firent beaucoup de bruit à son occasion. Mais ils se bornèrent à des réclamations violentes, et aucune véritable réfutation ne fut produite. Régis affirma que l'idée de l'étendue est une modification de notre âme sans pouvoir expliquer d'ailleurs comment une substance finie est capable d'une modification infinie. Arnaud (3) soutint

---

(1) *Corresp. du père Mallebranche avec Dortous du Mairan*, lettre 6 et dernière.
(2) Spinosa, *Ethica*, part. I, prop. 5 ; en même temps que cette proposition, Malebranche rejette les définitions 4 et 5 du mode et de l'attribut.
(3) Arnaud, *Des vraies et des fausses idées, lettres à Malebranche*, etc., etc. Nous

que l'on ne peut attribuer à Dieu l'étendue intelligible sans lui attribuer l'étendue formelle en même temps ; que la démonstration de l'existence des corps donnée par Descartes est valable, parce que nous avons une telle tendance à croire à cette existence que nous ne pouvons lui refuser notre assentiment ; que les *idées*, êtres représentatifs de certains objets qui n'existent pas *peut-être*, sont de vraies chimères ; enfin que l'âme n'est pas passive dans ses perceptions, mais qu'elle a reçu de Dieu la faculté de s'en former. Tout cela revenait à affirmer sans expliquer. La difficulté consistait à déclarer ce qu'est en lui le fini, hors de l'infini, et à définir son essence individuelle et le principe de sa distinction sans cependant nier sa dépendance nécessaire. C'est à Leibnitz qu'il était réservé d'accomplir ce progrès et de prononcer le dernier mot de la philosophie au dix-septième siècle.

11. Nous aurons occasion de revenir à Malebranche à propos de la physique ; qu'il nous suffise de dire ici que cette science ne peut en aucune manière être détruite par l'idéalisme, quand bien même on irait jusqu'à nier l'existence de la matière ; seulement il faut alors la fonder sur les propriétés de l'étendue intelligible. Et en effet Malebranche admit et développa la physique générale de Descartes et conduisit l'étude des sensations jusqu'à la partie centrale du cerveau où les filets des nerfs viennent aboutir; ensuite il déduisit de l'admirable correspondance des sensations du corps et des passions de l'âme une preuve de l'existence de la Providence. Il combattit aussi fortement l'opinion de l'intelligence des bêtes, par cette raison, entre autres, que n'ayant pas péché, du moins on le suppose, elles ne doivent pas souffrir (1).

12. Quant à la morale de Malebranche, on peut en deviner la tendance d'après ce que nous avons dit de sa doctrine religieuse et métaphysique. L'une des questions qui furent le plus débattues entre Arnaud et lui, est celle de savoir si la volupté est un bien. Malebranche soutenait l'affirmative, mais il gémissait de ce que le bien, par l'effet du péché, se trouve attaché au mal moral, et demandait à Dieu la grâce de lui rendre les plaisirs moins vifs (2).

omettons comme de peu de valeur les diatribes du père Valois (Louis Delavillo) contre Malebranche.
(1) Malebranche *Recherche de la vérité*, l. IV, ch. 2.
(2) Id. *Médit. chrét. et élev. à Dieu.*

La pensée des joies mondaines martyrisait cet homme qu'un défaut de grâces corporelles et de vivacité d'esprit avait fait amant de la solitude; le monde, il le méprisait, mais il le trouvait heureux, et son exaltation religieuse et l'ascétisme de son âme s'en élevaient encore. Plus son amour se divinisait sous l'influence de l'Esprit Saint qui le faisait entrer en communion avec *l'Homme-Dieu;* plus aussi il devenait dur, impitoyable même pour la créature. La raison suprême, l'ordre universel, tel était pour lui le principe unique de la morale. Qu'un homme fût charitable par vanité, ou qu'il le fût dans l'intérêt futur de son âme, ou bien encore qu'il le fût par amour et par commisération, tout cela ne lui paraissait que passion et que *machine*, parce que toute vertu est dans l'amour de l'ordre éternel que la raison nous fait connaître et dans la soumission de toute puissance à la puissance unique, et de toute gloire à la gloire de Dieu; la puissance de la terre devait être employée, selon lui, à fortifier par la crainte l'obéissance à la raison, et à détruire ce préjugé de l'homme qui croit que la raison n'est pas la force. Ainsi, le devoir des grands comme celui des petits ne lui semblait être que la soumission à un ordre immuable, parce que la créature n'existe que pour Dieu, et que tout le temps qu'elle n'emploie pas pour lui n'est qu'un *vol* et qu'un *sacrilége* (1).

§ IV.

LEIBNITZ.

1. Leibnitz n'était encore qu'un enfant, et déjà, comme un grand esprit qui se connaît et qui, dans sa force, a pris la résolution de laisser la science humaine plus avancée qu'il ne la trouve, il avait parcouru tous les degrés de la philosophie antérieure à son temps, et s'était ainsi rendu compte de l'état de la pensée dans le genre humain. Il avait étudié la scolastique, puis les anciens, Aristote, Platon, Plotin; il s'était fixé quelque temps dans *l'atomisme*, qui lui souriait d'abord comme propre à rendre aisément raison des phénomènes physiques. Enfin il délibérait à quinze ans dans le bois de Rosendal, s'il

(1) Malebranche, *Traité de morale*, passim.

garderait les formes substantielles (1); ce fut le *mécanisme* qui l'emporta, et il commença à étudier les mathématiques dont Huyghens lui ouvrit les profondeurs (2).

Il dut nécessairement à cette époque se pénétrer de la physique et de la métaphysique de Descartes, et un instant même, sondant avec Spinoza la nature des idées et des corps, et de leurs rapports avec Dieu, il se laissa aller, nous dit-il, à l'étrange profondeur de cette doctrine qui perd le monde dans une aveugle divinité. Mais à partir de cette époque, il devint *lui* et crut pouvoir réunir toutes les philosophies en une seule, car il y avait dans ses idées quelque chose de Platon et de Démocrite, d'Aristote et de Descartes, des scolastiques et des modernes (3).

2. Le premier grand progrès de son esprit, aidé peut-être aussi par les reproches que Spinoza adressait à la notion de l'étendue cartésienne (4), consista à reconnaître que les dernières raisons des lois générales du mouvement, par lesquelles le mécanisme de l'univers est régi, ne peuvent se trouver dans les mathématiques; dès lors il revint aux formes, aux entéléchies, et rendit la vie à la matière (5). Mais une grande difficulté se présenta. D'une part, le *continuum* que l'étendue nous soumet est divisible à l'infini, et il est impossible d'avancer aucune raison pour laquelle on parviendrait à des atomes ou *insécables*, soit par nature, soit en fait; d'un autre côté, supposer *tous les points possibles comme existant actuellement dans le tout*, c'est se *jeter dans un labyrinthe inextricable*, et cependant il faut admettre de *véritables unités substantielles*, sans quoi il *n'y aurait rien de substantiel ni de réel dans la collection*. Ainsi l'on est amené à croire qu'il existe des êtres simples et primitifs, des *monades*, des *points métaphysiques* qui ont *quelque chose de vital et une sorte de perception*, enfin, si l'on veut, des *atomes*, non de matière, mais de *substance*. Ces monades sont des *forces primitives*, originales, inextinguibles, sans les-

---

(1) *Recueil de diverses pièces relatives à la philosophie de Newton Clarke et Leibnitz*, par Desmaizeaux, t. II, page 134.

(2) Id., id., page 134.

(3) Leibnitz, *Nouveaux essais sur l'entendement humain*, pages 27, 29.

(4) Spinoza, epist. 72.

(5) *Recueil de Desmaizeaux*, loc. cit.

quelles on ne pourrait expliquer le monde réel qui ne peut résulter de la simple supposition d'une *masse étendue* (1).

3. On voit donc que ce continuum de l'étendue n'est qu'une pure apparence; les substances corporelles sont simples, sans parties, indivisibles dans la réalité. Quand elles sont *resserrées, leurs organes ensemble ne font qu'un point physique à notre égard*; et pour ce qui est des *points mathématiques*, ils sont le *point de vue* sous lequel nous voyons les points métaphysiques *pour exprimer l'univers*. Tout en proposant cette nouvelle doctrine, Leibnitz conserva le nom de l'étendue dans sa philosophie, de même que les astronomes parlent du mouvement annuel du soleil; mais il fit plus, il se posa souvent des questions qui n'ont réellement pas de sens selon son système : par exemple, y a-t-il dans la matière outre l'étendue un principe de résistance ou d'impénétrabilité (2)? et sa solution ne put être très-claire, comme on le pense bien ; ou encore il loua la définition du mouvement d'Aristote qui se rapporte à des notions que cependant il rejetait (3). De là une grande différence entre ses écrits, dont les uns sont *exotériques*, les autres *acroatiques*. Les uns s'adressent, pour ainsi dire, au vulgaire des philosophes et traitent les questions selon les notions communes; les autres parlent aux esprits plus élevés et pénètrent jusqu'à l'essence même des choses. De là aussi, la manière dont il exprimait ordinairement le système de l'harmonie préétablie entre l'âme et le corps (4); il appelait corps, en effet, quelque chose de figuré et de mobile, dont les modifications correspondent à celles de l'âme, bien que dans le fond il donnât au corps un tout autre sens, et à l'harmonie préétablie une généralité bien plus grande. Cette précaution a certainement beaucoup nui à la popularisation des idées de Leibnitz, quoiqu'elle eût pour but de l'aider; elle a empêché la discussion de se porter sur les points vraiment essentiels de sa doctrine, et y a même jeté pour longtemps une sorte d'obscurité. Sa position n'a pas été assez nettement dessinée par rapport à Descartes, ni par rap-

---

(1) *Recueil de Desmaizeaux*, loc. cit., et *Essais de Théodicée*, art 70 et 95.— *Nouveau système de la communication des substances*.
(2) *Nouveaux essais sur l'entendement humain*, page 129.
(3) Id., page 250.
(4) Notamment dans les *Essais de Théodicée*.

port à Locke, et la réfutation des systèmes contemporains a beaucoup perdu en clarté.

4. Ce caractère de la philosophie de Leibnitz tient à celui de l'homme. Bienveillant envers tous les penseurs qu'il voulait concilier, il aimait mieux signaler les rapports que les différences; il se plaçait autant que possible sur le terrain des autres, et par là effaçait quelque chose des contours du sien. Homme du monde essentiellement poli et retenu, il écrivait comme on converse, en évitant de choquer les opinions généralement reçues, ou de heurter de front une forte conviction. Telle est aussi la raison pour laquelle il n'a laissé aucun ouvrage systématique complet; mais au point où en est la philosophie aujourd'hui, il est facile de reconstruire toute sa doctrine, de sorte que nous ne devons pas nous plaindre d'un défaut qui tenait à la plus grande qualité de son esprit : une large intelligence qui embrasse tout et n'exclut rien.

5. Mais revenons à la filiation de ses idées. S'il abandonna Descartes sur la nature de l'étendue, il échappa en même temps à Spinosa, qui avait fait de cette étendue un attribut de Dieu et l'avait regardée aussi comme une des deux conditions de l'existence d'un être fini, car, lorsqu'il nie qu'il puisse y avoir des âmes tout à fait *séparées* (1), il n'entend pas séparées du corps conçu à la manière ordinaire, mais dépourvues des perceptions matérielles qui résultent de leurs relations avec les autres. Que devinrent alors les notions de l'espace et du temps que Descartes et Spinosa avaient confondues avec celles de l'être en tant qu'il a de l'étendue ou de la durée : il les traita aussi comme des *idola tribus*. N'admettant pas de substance étendue, il considéra l'espace comme un *ordo coexistendi*, et le temps comme un *ordo existendi sed non simul* (2). D'après cela l'espace et le temps étant des notions relatives au seul ordre des êtres finis, ils ne pouvaient évidemment être attribués à Dieu, et Leibnitz fit ressortir avec beaucoup de force cette conséquence orthodoxe de sa doctrine en l'opposant aux notions de l'espace et du temps que proposait l'école anglaise.

6. La nature des substances était ainsi éclaircie, et l'essence

---

(1) *Thèses métaph. in grat. principii Eugenii*, n° 14.
(2) Recueil de Desm., écrits de Leibnitz contre Clarke et Id. t. II, page 141. *Lettre de Leibnitz à M. Rémond.*

de l'être ramenée à une simple faculté de percevoir et à une simple force ou détermination intérieure. La monade était l'une quelconque de ces essences diversifiées de toutes les autres. L'être fini était enfin compris en lui-même et par lui-même. Mais comment la communication des substances était-elle entendue ?

Descartes avait laissé la question de l'union de l'âme et du corps à peu près indécise. Sans doute il en avait appelé à la puissance de Dieu, et tous les philosophes durent le suivre en cela ; mais il fallait aussi déterminer le rapport établi par Dieu entre les deux substances, ou, en quelque sorte, le mode de gouvernement qu'il emploie vis-à-vis d'elles. Le système des causes occasionnelles, celui de Regis, n'expliquaient rien et demandaient plutôt eux-mêmes une explication métaphysique. Spinosa, le premier, posa, dans toute sa rigueur, le dualisme que contenait la méthode cartésienne, et l'expliqua par l'unité d'une substance manifestée par deux attributs : *il y a dans la nature une puissance infinie de penser, qui, en tant qu'infinie, contient en elle toute la nature objectivement, et dont les pensées procèdent de la même manière que la nature qui est son idéal ; l'âme humaine a cette même puissance, non en tant qu'infinie et percevant la nature entière, mais en tant que finie, c'est-à-dire en tant seulement qu'elle perçoit le corps humain* (1). Ajoutons que cette idée du corps humain embrasse celle de ses modifications ou affections, et même les suppose, non jusqu'à l'infini, mais dans certaines limites, car un grand nombre de nos affections ne répond qu'à des idées très-peu claires et distinctes ; ces perceptions confuses expliquent la formation de plusieurs des idées humaines (2). Leibnitz se plaça au point de vue d'un Dieu qui crée et ordonne, et c'est en cela que son *harmonie préétablie* diffère de celle de Spinosa. Il voulut que Dieu eût créé les corps et les eût soumis à des lois générales, exécutables sans l'intervention d'aucun esprit ; que, d'un autre côté, les modifications des esprits, suivant leurs lois propres, eussent été ordonnées pour l'éternité, et cela de manière à ce qu'il y eût une concordance parfaite entre les perceptions et volontés d'une part, et les mouvements de l'autre.

---

(1) Spinosa, épist. 25.
(2) Id., *Ethica*, part. II. sch. prop. 40.

7. Mais ce n'est là qu'une exposition populaire et adoptée aux idées des cartésiens vulgaires. En effet, Leibnitz, n'admettant pas l'existence de la substance étendue proprement dite, il fallait que le système de l'harmonie préétablie eût un sens plus général. Or Dieu, en créant les monades, les a tellement constituées, que *tout leur naisse de leur propre fonds par une parfaite spontanéité à l'égard d'elles-mêmes, et pourtant avec une parfaite conformité aux choses du dehors*. Chacune de ces substances représente exactement tout l'univers à sa manière et sous un certain point de vue; les perceptions lui arrivent à point nommé, en vertu de ses propres lois, *comme s'il n'existait qu'elle et Dieu*; et, toutes ensemble, elles sont dans le même accord que si elles communiquaient par une transmission des espèces ou des qualités, comme le vulgaire l'imagine : c'est dans la *masse organisée*, prête à agir d'elle-même suivant les lois de la *machine corporelle*, dans le moment que l'âme le veut, qu'est le *point de vue de l'âme* (1).

La physique devient ainsi idéale comme les mathématiques. Le monde matériel et ses lois ne sont qu'un *point de vue* de l'âme, de même que l'infiniment petit est un point de vue pour l'expression de la quantité, une monade prise pour quantité aussi petite que l'on voudra, et, partant, négligeable en elle-même. Non-seulement l'idée de l'étendue telle qu'elle est en nous est absolument inexplicable dans ce système (2), mais le mouvement qui ne peut être compris que dans l'étendue devient chimérique aussi, et ne peut être attribué réellement à des substances simples. Enfin les notions d'ordre dans l'espace qui impliquent l'idée de la grandeur et de la distance deviennent tout à fait illusoires, et l'espace même, selon la définition de Leibnitz, n'est qu'un produit de notre imagination, qui voit, on ne sait comment, les choses réelles sous un si singulier point de vue. L'univers se réduit à un point métaphysique dans lequel une infinité d'autres points, dont chacun ne voit que lui-même et croit n'être modifié que par lui-même, sont éternellement séduits par la représentation d'un monde apparent. On

---

(1) Leibnitz, *Nouveau système de la communication des substances*.
(2) Que l'idée de l'étendue puisse résulter de la perception confuse des inétendus c'est ce qui paroît bien vague. Le rapport des mouvements aux sensations expliqué aussi par les parties insensibles des perceptions sensibles n'est pas moins incompréhensible. (*Nouveaux essais* page 10.)

ne comprend pas le but de cette forme mensongère des choses, et on ne voit pas l'impossibilité de la communication des êtres, si cette illusion était supprimée. Au contraire, en regardant l'être comme toujours et nécessairement manifesté par les deux attributs, l'harmonie préétablie n'est que la conception de l'unité dans la dualité.

8. Il ne nous paraît pas non plus que le résultat de cet idéalisme soit d'éviter le mauvais principe du spinosisme. En effet, ce principe, nous l'avons vu, n'est ni dans le point de départ, ni dans les conséquences métaphysiques ou morales de la doctrine de Spinosa, il est tout entier dans le parti pris de n'envisager et de ne comprendre le fini que dans l'infini. Alors le fini disparaît nécessairement, et avec lui s'éteint la vie; car la vie, pour nous, c'est le fini, et le souverain être est aussi le souverain néant. Mais quand le fini, la monade, par exemple, est posée en elle et par elle en quelque sorte; quand elle est, autant que possible, détachée de l'infini, ou plutôt quand elle le porte dans son sein en vertu de la solidarité de toutes les parties de l'univers; quand elle est aussi nécessaire au tout que le tout lui est nécessaire, pourquoi craindre de la faire étendue? Ce n'est pas parce que son étendue serait *infiniment petite*, car l'infiniment petit résulte, dans notre esprit, aussi bien que l'infini lui-même, de la nécessité d'une des lois qui lui sont imprimées. Ce n'est pas non plus parce que l'univers et Dieu apparaîtraient étendus en même temps, car cette étendue infinie n'implique pas plus la division que le changement d'ordre de quelques particules de mon corps n'implique division de mon être essentiel; et l'on peut très-bien concevoir un Dieu parfaitement simple, intensif, monade centrale de toutes les monades, et qui, cependant, *dans l'espace infini, comme si c'était son sensorium, voit les choses en elles-mêmes, les aperçoit, les comprend intimement et à fond parce qu'elles lui sont immédiatement présentes* (1). Et cette relation n'implique pas dépendance pour cet être

---

(1) Newton, *Traité d'optique*, t. III, ch. 28. Il faut pour accorder avec le système de Leibnitz cette pensée de Newton et avec l'idée de la monade l'idée de l'espace infini contre laquelle Leibnitz brisa toutes ses armes; malgré la supériorité de son argumentation sur celle de Clarke, il faut admettre, disons-nous, l'unité et l'ubiquité de Dieu, sa simplicité et son infinité, en un mot la rencontre et l'identité en lui des deux infinis, l'infiniment grand et l'infiniment petit. Ce mystère se présente, au surplus, dans toutes les théologies. (Voyez l. VI, ch. 4 de ce Manuel.)

comme mes perceptions l'impliquent pour moi, car la monade centrale qui constitue mon âme n'a qu'un pouvoir limité sur les autres qui constituent mon corps, à cause de la liaison de ce corps avec le reste de la nature où ma volonté ne peut s'étendre, tandis que la monade centrale, universelle, régit et dispose l'univers tout entier, sans que rien puisse avoir lieu autrement que par elle.

9. Un système des monades ainsi entendu eût donc fait rentrer, comme celui de Leibnitz, la providence et les causes finales dans le spinosisme, et il eût aussi donné à l'être fini une existence propre, en déterminant en quoi consiste la substance vue en elle-même, et non plus uniquement rapportée à la substance universelle (1). Mais une seule raison, bien moins valable aujourd'hui, eût suffi pour empêcher Leibnitz de l'adopter jamais, du moins publiquement. La création des êtres finis par l'infini y demeurait incompréhensible comme dans le spinosisme même. Or, on aimait mieux alors s'exposer aux objections irréfutables qui se déduisent de la considération de l'immutabilité divine ; on aimait mieux courir le risque de voir éclore continuellement des systèmes religieux mystiques qui, grâce à ce point de vue de la dépendance absolue de l'homme, de son être communiqué, et de son néant propre, aboutissent aux mêmes conséquences que le spinosisme ; on aimait mieux mentir pieusement, il faut le dire, que d'arracher enfin le bandeau à la vérité, pour éprouver si elle peut jamais être nuisible. Nous sommes convaincus, quant à nous, que l'idée de la création est parfaitement suppléée, dans ses conséquences philosophiques et morales, par l'idée tout à fait équivalente et plus vraie, sans doute, de la solidarité de toutes les créatures, de leur dépendance réciproque variable, et de leur dépendance éternelle par rapport à l'Être suprême, qui les crée, non dans le temps, mais dans l'éternité.

Sans doute la création est déjà difficile à admettre dans le

---

(1) La beauté du système des monades consiste dans le magnifique espoir qu'il donne aux créatures en établissant leur permanence et leurs diverses transformations, en expliquant la mort et définissant la vie à venir par la possibilité de retrouver le souvenir dans les développements périodiques qui pourront arriver un jour ; enfin en établissant toutes les monades jusqu'à l'infini en relation les unes avec les autres. C'est par là que la créature échappe au Dieu de Spinosa. C'est aussi en étendant au passé des êtres ce qui est ainsi révélé de leur avenir que l'on peut s'expliquer l'univers. *Nouveaux essais*, pages 9, 10, 13.

système de Leibnitz, tel qu'il le proposa, car l'harmonie préétablie dut toujours paraître, surtout à ceux qui connaissaient la source où elle avait été puisée, plutôt une loi de la nature que l'effet d'une volonté une fois conçue et exécutée au commencement des temps. Mais l'embarras de Leibnitz eût encore été bien plus grand s'il eût conservé l'existence réelle de l'étendue, car alors il eût dû suivre Spinosa pour la définition de la nature divine, et les monades, étendues comme Dieu, se seraient présentées comme des parties de son essence infinie. Au contraire, en niant la matière, il pouvait admettre le commencement de son apparence dans les esprits, à l'époque où Dieu les tira du néant pour leur donner un être indépendant du sien.

10. Leibnitz, en supposant le monde créé par un être *parfait*, était obligé d'expliquer l'existence du mal, et de concilier la toute-puissance divine avec l'imperfection, au moins apparente, des créatures. Tous les philosophes qui ont admis la *liberté d'indifférence* dans l'homme, ont résolu facilement ce problème en faisant remarquer que la liberté est l'origine du mal, et qu'une créature privée de liberté serait *moins parfaite*. Mais cette solution se trouvant ruinée à sa base par la théorie de Descartes et par celle de Spinosa sur la liberté, Leibnitz admit qu'aucun être ne peut se déterminer sans une *raison suffisante*, et ce principe, qui se vérifie partout, amena une théorie de la liberté qui n'est que celle de Spinosa sous des formes moins dures. Il nia, en effet, la conscience intérieure de la liberté que Descartes avait reconnue, et ainsi n'eut aucune peine à concilier la prescience avec la liberté, puisqu'un des côtés du mystérieux rapport était détruit. En tout cela, Leibnitz aurait donc été parfaitement spinosiste sans sa croyance à la volonté de la nature divine qu'il concevait comme analogue à celle de l'homme, et capable de se déterminer par le principe de la raison suffisante. Cette dernière loi lui fit regarder l'indifférence en Dieu comme une chimère aussi bien que l'indifférence dans l'homme ; or cette indifférence ne consistait aux yeux de Descartes, ainsi que nous le pensons, que dans la conscience que Dieu doit avoir, ainsi que l'homme, de pouvoir se déterminer autrement qu'il ne le fait actuellement, conscience qui s'étend à tout pour Dieu, et qui, pour l'homme, souffre l'exception des vérités nécessaires ; et nous ne comprenons pas comment Leibnitz put nier cette conscience sans tomber dans la

divinité aveugle de Spinosa, dont toutes les déterminations et tous les actes sont pleinement nécessaires et entraînent la nécessité des nôtres (1).

11. Mais, pour en revenir à l'existence du mal, Leibnitz, remarquant que la raison suffisante de l'être parfait doit être *le meilleur*, en conclut que notre monde est le meilleur des mondes possibles, et donna ainsi une valeur absolue à la solution indiquée par Descartes (2), employée aussi par Malebranche, et que dans tous les temps on paraît avoir entrevue, à savoir qu'en s'élevant de la considération des détails à celle de l'ensemble du monde on peut trouver un ordre admirable dans ce qui ne paraît que désordre à celui qui ne regarde que d'en bas. Cependant ce n'est là qu'une possibilité qui ne détruit en aucune façon le mal qu'éprouvent les créatures à leur point de vue propre. Il faut donc recourir au mystère du fini dans l'infini. Le fini ne peut être qu'à la condition d'une imperfection ou d'une négation par rapport au bien même, c'est-à-dire qu'à la condition d'une nature mêlée de bien et de mal. De là ressortit toute sa vie, son développement, son progrès. Vouloir comprendre comment l'infini, qui est tout bien et toute puissance, ne fait pas le fini semblable à lui, c'est vouloir comprendre comment il n'existe pas seul, et, en effet, cela est pleinement impossible à qui le contemple, mais l'infini est de même incompréhensible pour qui contemple le fini : car quel être peut exister sans relations, quelles relations peuvent être sans modification, quelles modifications sans changement et sans passage du néant à l'être ou de l'être au néant (3) ? Du reste, il n'est pas étonnant que l'esprit, procédant du fini à l'infini, considérant des ensembles de plus en plus grands et complets, voie l'ordre augmenter et les imperfections s'effacer; mais cela n'arrive précisément que parce qu'il s'éloigne du fini jusqu'à le perdre enfin de vue. C'est là le côté vrai de l'optimisme leibnitzien.

C'est toujours la même difficulté, celle de la création, qui

---

(1) *Théodicée*. La nature de l'entendement divin fait la réalité des vérités éternelles (art. 184.) Il remarque (Id. 186) que Descartes appelait actes de volonté les déterminations intérieures, ce qui explique son opinion sur les vérités éternelles et sur la cause des erreurs. Mais pour lui il nie qu'il puisse y avoir de choix pour un être parfait.

(2) Descartes, *Médit. mét.*, IV, 10. Malebranche, — *Traité de la nature et de la grâce*.

(3) Hegel, *Logique*, art. 88.

portait Leibnitz à rechercher la solution de ces problèmes insolubles, tandis qu'il aurait pu les considérer comme d'éternels mystères. Pourquoi ne pas contempler avec soumission le mal dans le bien, l'erreur dans la vérité, le libre dans le nécessaire, et pourquoi ne pas comprendre l'existence naturelle du fini dans l'infini, ou de l'infiniment petit dans le fini, lorsque l'on reconnaît comprendre un autre mystère absolument de même ordre, la *multiplicité dans l'unité, dans la monade?*

12. Telles sont les idées de Leibnitz dans leur filiation; quant au procédé propre à son exposition, il suppose la méthode cartésienne en fondant la connaissance du monde sur les idées de l'esprit pur. Il s'élève du composé au simple, pose la monade, déduit ses propriétés, explique ses relations et l'harmonie préétablie, distingue l'âme humaine des autres entéléchies, tire de sa contemplation le principe de la raison suffisante et celui de la contradiction; enfin, prouve l'existence de Dieu par l'harmonie, par la contingence des choses, et par la notion de la nécessité (1).

13. L'analyse d'un opuscule (2) de Leibnitz sur la logique est surtout propre à faire connaître sa position par rapport à Descartes; or, on le voit d'abord, dans cet opuscule, admettre toute la théorie des idées en un seul mot quand il reconnaît comme possible tout ce dont la conception, bien analysée dans ses éléments, ne présente aucune contradiction : Descartes ne l'entendait pas autrement; ensuite il définit avec soin les notions *obscures* et *claires*, *confuses* et *distinctes*, sans s'éloigner en rien des explications très-nettes de Descartes. Enfin, quand il établit ce qu'il appelle la notion *adéquate* et *inadéquate*, il ne fait que systématiser et nommer la méthode mathématique, ainsi que Spinosa l'avait fait avant lui. Il n'ajoute qu'une seule notion aux précédentes; c'est la notion *symbolique* qui n'est due exactement qu'à une définition renfermant des notions déjà conçues, dans le cas où elles ne peuvent être présentées simultanément à la conception et à l'imagination. La notion du *chiliogone* est dans ce cas, mais il est facile de voir que cette notion, quand elle est obtenue dans un bon *ordo philosophandi*, rentre dans les précédentes, et, pour le reste, n'est qu'une affaire de mémoire.

(1) Leibnitz, *Theses metaphysicæ in grat. seren. princip. Eugen.*
(2) Id., *Meditatio de cognitione veritate et ideis*, Act. erud. Lips. 1684.

Cependant Leibnitz, souvent injuste envers Descartes, prend pied de cette théorie pour critiquer les idées cartésiennes. Il veut que l'idée soit exactement analysée pour qu'il devienne évident si elle implique ou non contradiction, et qu'ainsi sa possibilité soit mise au jour ; mais nous avons vu que Descartes faisait servir le même criterium à réfuter les idées que ses adversaires voulaient comparer à l'idée de Dieu, pour la traiter comme elle, et qu'il ne démasquait une idée fausse qu'en montrant par l'analyse de quels éléments notre esprit la compose (1). Leibnitz veut aussi qu'on s'adresse à la logique ordinaire. C'est encore ce que Descartes ne refusait pas ; seulement il n'avait que du mépris pour l'échafaudage inutile, selon lui, dont on l'avait chargée. Leibnitz, arrivant plus tard, pouvait, sans danger, se permettre une réhabilitation ; mais, dans le fond, sa méthode était la méthode mathématique comme celle de Descartes.

Dans cet opuscule, Leibnitz n'aborde le fond de la question philosophique qu'en se demandant, ainsi qu'on doit le faire à l'issue de toute recherche logique, si l'esprit humain est capable de remonter aux notions irréductibles, aux purs attributs de Dieu, et d'atteindre les premiers possibles. Il n'ose répondre encore, dit-il, mais sa philosophie, aussi hardie sous ce rapport que celle de Descartes, répond suffisamment.

14. Il ne pouvait donc rester, dans la philosophie générale, que de pures questions de détail à vider entre Descartes et Leibnitz, pour ce qui regarde l'existence de Dieu et ses preuves. Aussi les objections, ou plutôt les corrections (2) de Leibnitz aux démonstrations de Descartes, sont-elles d'une grande faiblesse. Il n'a rien introduit dans ces démonstrations qu'on n'eût pu y introduire aussi bien en partant des doctrines connues de Descartes. Lorsqu'il reproche à la *preuve ontologique* de supposer sans le prouver que l'existence de Dieu, ou plutôt l'idée que nous en avons, n'implique pas contradiction, et qu'il cite pour exemples l'idée du *mouvement perpétuel* ou celle de la *vitesse maximum d'une roue*, il est aisé de le réfuter. En effet, pour l'idée du mouvement perpétuel, elle peut être absurde comme idée d'une machine, mais alors cette idée n'est nullement simple, et on peut aisément reconnaître comment notre esprit la compose, et, au contraire, en lui-même le mouvement perpé-

---

(1) Descartes, *Rép. aux obj. de Caterus*, n. 6.
(2) Leibnitz, *Nouv. essais* p. 403 ; et *Médit. de ver. cogn. et ideis.*

tuel n'est nullement impossible, mais plutôt éminemment probable. Quant au mouvement maximum d'une roue, c'est encore une idée composée qui ne soutient pas un instant l'analyse, ainsi que Leibnitz le montre lui-même. On trouve, dans les *Réponses à Catérus*, les éléments de ces deux réfutations.

Il nous semble donc que les deux preuves principales de l'existence de Dieu données par Leibnitz, l'une par la *réalité des vérités éternelles*, l'autre par la possibilité de Dieu et par sa nécessité, *s'il est possible*, résultent de l'esprit et de la lettre de la méthode de Descartes, et rentrent toujours dans le fond de la doctrine des idées. Enfin, la preuve *a contingentia mundi* n'est que celle de l'existence de Dieu *tirée de ses effets en général*. Elle est même bien moins convaincante que celle de Descartes appliquée à une existence particulière telle que la nôtre. Cette preuve, qui est d'ailleurs d'une grande antiquité, suppose l'absurdité très-contestable du *progrès à l'infini*, tandis qu'elle ne la suppose pas comme Descartes la présente.

Ce n'est donc pas là, ce n'est pas dans ces pauvres querelles et dans ces misérables dissidences qu'il faut chercher le génie original de Leibnitz; mais le système des monades représente la création philosophique de ce grand homme, et la véritable extension donnée aux idées métaphysiques de ses devanciers. Nous en avons dit toute l'importance.

§ V.

DÉVELOPPEMENT DE LA PHILOSOPHIE MATHÉMATIQUE DE DESCARTES.

1. La géométrie de Descartes apporta, comme nous l'avons vu, un principe qui servit à systématiser le corps entier des mathématiques en soumettant toutes les quantités au nombre, mais elle n'enseigna rien touchant la nature même de la quantité en général, les lois de sa formation, et les mystères attachés à la continuité des grandeurs. C'est de là qu'une nouvelle lumière devait jaillir.

Archimède était en possession d'une méthode qui enseignait à déduire les propriétés des figures courbes de celles de certaines autres figures, qui, par des modifications réglées de leurs éléments rectilignes, tendent indéfiniment vers les premières. C'était là la méthode d'*exhaustion* que les anciens n'employaient que pour l'invention, et qu'ils remplaçaient dans la démonstration par ces doubles réductions à l'absurde qui se sont conservées jusqu'à nos jours dans l'enseignement de la géométrie. Lorsque, après le moyen âge et la renaissance, la considération de l'infini devint moins effrayante pour les esprits modernes qu'elle ne l'avait été pour ceux des Grecs, Cavalieri tenta d'appliquer systématiquement cette méthode à la géométrie.

C'est en 1635 que parut la *géométrie des indivisibles* (1), c'est-à-dire qu'elle fut à peu près contemporaine de celle de Descartes. Les lignes y étaient considérées comme composées de points, les surfaces de lignes, et les volumes de surfaces en nombre infini. Les problèmes étaient alors résolus par la recherche des rapports suivant lesquels ces éléments intégrants se succèdent en croissant ou en décroissant pour engendrer les figures. Il y avait un immense défaut dans cette méthode : c'est que le point, dans la géométrie, étant considéré comme un *zéro d'étendue*, et les éléments géométriques, ligne et surface, étant posés par la négation des dimensions qui n'entrent pas dans la définition : la ligne sans largeur, la surface sans profondeur, il était absurde de composer ce qui est de ce qui n'est pas. La méthode réussissait cependant.

Tous les géomètres de ce temps partaient naturellement du point auquel les théories des anciens en étaient demeurées, de sorte qu'ils devaient employer des méthodes analogues à celle de Cavalieri. Ainsi Roberval considérait les courbes comme engendrées par un mouvement continu, et, à l'aide de la décomposition de ce mouvement en deux autres plus simples, il trouvait la direction de chaque élément de la courbe et par suite la tangente; et Fermat, par sa méthode *de maximis et minimis*, touchait au même ordre de considérations. Certainement ces grands géomètres pressentaient les progrès de la géométrie dans cette voie; et, comme on l'a remarqué, contents d'arriver avec les procédés des anciens aux mêmes résultats que Descartes, ils étaient indifférents à sa méthode, ce qui

---

(1) Cavalieri, *Geometria indivisibilibus continuorum nova quadam ratione promota*. Kepler avait déjà introduit la notion de l'infini dans sa *Stereometria doliorum* et fait usage d'une méthode d'indivisibles.

explique l'éloignement que Pascal et Roberval eurent toujours pour elle (1).

En effet, le génie de Descartes et une grande habitude de l'analyse pouvaient lui faire croire sa méthode suffisante à l'exclusion de tout autre, et cependant il lui arrivait non-seulement de ne pas reconnaître, mais même de nier d'abord certaines propriétés à l'infini des courbes qu'il avait lui-même découvertes. C'est encore ainsi qu'il fut injuste envers la méthode de Fermat et qu'il voulut croire que lui seul avait pu la corriger, et qu'elle n'ajoutait absolument rien à sa géométrie (2). On voit cependant, par l'analyse de la solution que donna Fermat, du problème de la réfraction lumineuse, que son procédé revient exactement dans le fond à celui du calcul différentiel : faire subir un accroissement indéterminé à l'un des nombres de la question, et, par suite, à la quantité dont on veut exprimer la condition du maximum, égaler la quantité même à la quantité accrue, opérer les réductions, diviser tous les termes par l'accroissement simple indéterminé, supprimer ceux qui le contiennent encore en facteur, enfin égaler ce qui reste à zéro. Il est vrai que la méthode n'était pas si clairement exposée dans les exemples qui furent envoyés à Descartes, et que nulle part Fermat n'a indiqué sur quelles considérations se fondait l'esprit de sa règle (3).

2. Quoi qu'il en soit, cet aperçu ne pouvait s'étendre bien loin dans les premiers temps, et il fallait que la géométrie de Descartes, en se répandant, familiarisât d'abord tout à fait les esprits avec l'application du calcul numérique aux problèmes d'étendue et de figure. Cette œuvre de popularisation ne fut pas due aux géomètres de premier ordre, qui tous, ainsi que nous venons de le voir, étaient attachés à leurs propres vues et s'inquiétaient plutôt des questions résolues que des méthodes suivies par les autres. Schooten, dans les Pays-Bas, de Beaune, en France, furent les premiers qui s'y attachèrent et en publièrent des expositions et des commentaires : de Beaune même résolut, par son application, des problèmes très-difficiles sur la

---

(1) A. Comte, *Philosophie positive*, t. I.
(2) Descartes, *Lettres*, III, 51.
(3) Ce procédé n'est pas tout à fait exactement exposé dans l'histoire dans de Montucla. Suivant lui, Fermat, avant de diviser par l'accroissement, supprimerait tous les termes qui contiennent ses puissances supérieures, et cela sous motif apparent.

détermination des courbes, par les propriétés de leurs tangentes (1).

Ce fut Wallis qui opéra la réunion de la géométrie de Descartes et de la tendance des géomètres à s'occuper des grandeurs sous le point de vue de leur génération. Il appliqua le calcul à la géométrie des indivisibles, et par là rectifia des courbes et exprima des quantités incommensurables par des séries indéfinies.

3. Enfin la considération du mouvement continu, que Roberval avait employée pour la génération des courbes, et celle de la vitesse de ce mouvement à chaque instant estimée dans deux directions différentes, conduisit Newton au calcul des fluxions, qui, ainsi sorti de la mécanique, acquit cependant une pleine généralité dans les mathématiques par la considération des seconds termes des développements des fonctions en série. Mais cette méthode peu métaphysique ne portait pas sur l'essence de la grandeur en général, et il est si vrai que Newton était peu éclairé lui-même sur le fond de son procédé qu'il se trompa d'abord sur la partie de la série qui devait être prise pour la fluxion de la quantité développée. Au contraire, Leibnitz, qui découvrit le calcul infinitésimal un peu plus tard, et le publia plus tôt, fondait du premier coup une méthode nette, rapide, dont la suprême simplicité portait le caractère du vrai.

4. Leibnitz tient à Descartes de tant de façons, qu'il suffit de se demander s'il ne se rattache pas encore à lui comme inventeur du calcul infinitésimal pour trouver immédiatement la réponse à faire.

Avant Descartes, on connaissait la méthode d'exhaustion des anciens, puis la méthode des indivisibles de Cavalieri; en un mot, dans une partie des mathématiques, dans la géométrie pure, des lois et des considérations infinitésimales. Que fit Descartes? il ramena la géométrie à l'algèbre, tellement, qu'une équation représenta familièrement une courbe dans l'esprit des géomètres; il était dès lors naturel de considérer une série de valeurs infiniment petites dans les coordonnées de l'équation, en même temps qu'une infinité de points dans sa courbe.

5. Quant à la raison de la méthode, et nous retrouvons ici

---

(1) Descartes, *Lettres*, III, 71.

Leibnitz lui-même avec le caractère particulier de son esprit si porté à l'idéalisme, elle consiste en ce qu'il ne peut y avoir erreur à négliger un point mathématique qui n'est qu'une création de l'esprit, une forme donnée comme appui aux raisonnements qui engendrent le composé par le simple : *Ego philosophice loquendo non magis statuo magnitudines infinite magnas quam infinité parvas seu non magis infinitesimas quàm infinituosas; utrasque per modum loquendi compendiosum pro mentis fictionibus habeo ad calculum aptas.* Et pour prouver la vérité de la méthode *à posteriori*, on défie le critique d'assigner un nombre qui ne soit pas moindre que l'erreur que l'on a commise en négligeant l'infiniment petit. Toute erreur assignée serait trop grande, donc l'erreur est nulle : *In errorem inducere non posse cum pro infinite parvo substituere sufficiat tam parvum quàm quis velit ut error sit minor data unde consequitur errorem dari non posse* (1). Nous ne voulons pas dire que tel fut le raisonnement de l'inventeur, les méthodes d'invention s'analysent bien difficilement, mais du moins c'est celui de l'esprit qui règle et ordonne. Cette théorie si rigoureuse, dont la compréhension aurait épargné de malheureux efforts à de très-grands géomètres, a été tellement méconnue, que, de nos jours encore, on intente presque partout à Leibnitz l'accusation d'avoir comparé les infiniment petits aux grains de sable de la mer (2), malheureuse idée qu'il a pu exprimer avec certaines réserves en la subordonnant à une plus exacte (3), et que Wolf a peut-être trop développée (4).

6. Mais si la doctrine que nous venons d'exposer, doctrine que la *critique* de Kant a tant généralisée dans la science, et qu'en effet M. Wronski (5) a systématisée avec beaucoup de force, n'a pas été celle de l'inventeur, en tant qu'inventeur, est-ce dans les monades que nous devons chercher la source

---

(1) Leibnitz, *Ad praesid. Desbrosses epistola*. — *Théodicée*, Disc. prél, 70, — *Mémoires de Trévoux*, janvier et février 1702. — Recueil de Desmaizeaux, II, 452, 449.

(2) Notamment dans la *philosophie positive* de M. Aug. Comte, t. I, page 242.

(3) Leibnitz et Wolf ont même donné un sens très-rationnel à cette fâcheuse comparaison en disant que l'infiniment petit est dans les mathématiques (en égard à leur nature) ce que sont les quantités négligeables dans les mesures terrestres.

(4) Wolf, *Principia matheseos universæ*, t. I, page 418. Encore n'est-ce que dans une scholio toujours sous l'autorité des notions exactes données en définition.

(5) H. Wronski, *Philosophie de l'infini*.

du calcul infinitésimal? Sans doute le système des monades témoigne de la tendance générale de Leibnitz à remonter au simple pour la connaissance du composé; mais si nous nous rappelons que la monade n'est pas étendue, ou que l'étendue n'est pas formellement composée de monades, nous reconnaîtrons qu'on ne peut assimiler les infiniment petits aux monades, à moins de considérer celles-ci comme de pures créations de l'esprit et des êtres de raison aussi bien que les premiers. En effet, si l'infiniment petit d'une longueur, par exemple, n'était pas une vraie longueur et pouvait être représenté par 0 ou $(a-a)$, il faudrait en conclure qu'aucune longueur ne peut-être, parce que $(a-a) \infty = a \infty - a \infty = 0$. Dans le vrai système de Leibnitz, l'étendue finie n'existe pas plus que l'infiniment petite, et la monade n'est pas plus l'une que l'autre en elle-même. Il est donc impossible que la monade ait rigoureusement suggéré l'idée de l'infiniment petit (1); et il faut plutôt voir dans l'invention du calcul infinitésimal l'application du rationalisme de Leibnitz en général (2) aux vues de ses devanciers en mathématiques: *Subsidia attulere triumviri illustres, Cartesius, ostensâ ratione lineas geometriæ communis exprimendi per æquationes, Fermatius, ac Gregorius a S. Vincentio* (3).

7. Il nous semble aussi que l'idée de l'étendue cartésienne, cette étendue *indéfiniment divisible*, et que plus tard on distribua en tourbillons indéfiniment plus petits les uns que les autres, a pu mener tout aussi facilement que le système des monades au calcul infinitésimal (4). Car l'infiniment petit, à notre point de vue fini, ne peut être que l'indéfiniment petit. Qui sait même si l'hypothèse des monades, elle aussi, n'est pas résultée d'une modification introduite dans l'étendue de Descartes? En effet, Leibnitz, suivant l'opinion commune des savants, les cartésiens seuls exceptés, et suivant celle de Spinosa, répugnait à l'étendue morte de Descartes; voulant la douer de vie

---

(1) M. Barchou de Penhoën a émis cette idée qui semble si spécieuse au premier abord et qui cependant n'est pas admissible après examen. (*Histoire de la philosophie allem.*, t. I.)

(2) « Les points mathématiques sont leur point de vue (des monades) pour exprimer l'univers. (*Nouveau syst. de la commun. des substances.*)

(3) Leibnitz, *Act. erud. Lips.*, 1695.

(4) Aussi Malebranche fut-il un des premiers partisans de ce calcul en France.

et cependant continuant à la regarder comme indéfiniment divisible et divisée, il a pu être conduit à la composer de monades; mais comme il ne pouvait comprendre que la division s'arrêtât avant de parvenir au simple, il a posé les monades simples et inétendues, et par là est arrivé à considérer tous les êtres comme immatériels, et l'étendue comme une apparence. Que s'il eût conservé l'étendue cartésienne telle qu'elle est révélée à notre conscience, sachant le monde infini d'une part, et non pas seulement indéfini, il eût peut-être admis d'autre part l'infiniment petit, et serait arrivé d'une autre manière au calcul différentiel (1). On voit que, dans toutes les suppositions, la grandeur abstraite, sans qualités ni propriétés essentielles, mais capable d'être multipliée ou divisée à l'infini, telle que *** *tes *** *lissait dans son monde, était éminemment propre à favoriser l'invention d'un calcul de l'infini abstrait et général, à une époque où la notion de l'infini, un instant écartée, rentrait dans la science. C'est ce que nous voulions indiquer ici.

8. Cette question de l'essence de la grandeur en général est la base naturelle des mathématiques, et les diverses solutions qui en ont été données suffisent aussi pour caractériser les divers systèmes de philosophie. Depuis qu'elle a été posée d'une manière sophistique en apparence, mais bien profonde dans les arguments de Zénon, toute philosophie a dû nécessairement la résoudre. Or, la réponse qui se fait communément à l'*Achille aux pieds légers*, à savoir que Zénon, qui porte son attention sur la divisibilité indéfinie de l'espace, devrait aussi la porter sur la divisibilité indéfinie du temps pour comprendre le mouvement, est tout à fait superficielle; car Zénon, qui posait l'objection sur l'espace comme exemple, aurait pu la poser de même sur le temps; et ce qu'il ne peut comprendre, c'était, en général, comment une grandeur pouvait se constituer avec des modes finis en passant par une infinité de modes intermédiaires, c'est-à-dire être à la fois finie et infinie. Les éléates répondaient à l'argument comme le fit plus tard Spinosa, c'est-à-dire en reconnaissant l'unité du tout et regardant tout le reste comme pure apparence. La réponse si célèbre

(1) C'est ainsi que le marquis de l'Hôpital l'a entendu. (*Analyse des infiniment petits, pour l'intelligence des lignes courbes.*)

d'Aristote est la même que celle d'Hobbes, et revient à supposer que le fini seul est, et que rien n'est divisé que ce qui l'est actuellement, de sorte que l'infini ne soit pas *en acte* ou actuellement dans la grandeur, mais seulement *en puissance*, ce qui est bien différent. Les atomistes tranchèrent la difficulté avec leurs atomes. Enfin les idéalistes modernes, Malebranche, Leibnitz, Berkeley l'évitèrent entièrement en niant la grandeur sensible. Mais que répondit Descartes?

Là, comme partout, il répondit par l'indéfini, et refusa d'entrer en considération de l'infini (1) : il en appela à la somme finie du nombre infini des termes d'une progression telle que

$$A \left(1 + \frac{1}{a} + \frac{1}{a^2} + \frac{1}{a^3} + \frac{1}{a^4} \ldots \right)$$

qui exprime la série des avances de la tortue qu'Achille doit successivement parcourir, A étant l'avance première, et a le rapport de la vitesse d'Achille à celle de la tortue. Cependant la somme des termes s'exprime par la formule (2)

$$\frac{A - \left(\frac{1}{a} \right)^\infty}{1 - \frac{1}{a}}$$

et n'est finie que si on néglige ce dernier terme feint $\left(\frac{1}{a}\right)^\infty$. Ainsi Descartes néglige ici dans le fond un infiniment petit; il est au sein du calcul infinitésimal, et en approfondissant sa propre solution, il eût aisément reconnu que la tendance indéfinie de la somme vers un certain nombre ne prouve rien, et qu'il est impossible de se refuser à considérer l'infini pour que la réfutation de l'*Achille* devienne valable.

9. Rapprochons cette solution de celle que Descartes donnait du problème de la liberté humaine en opposition avec la prescience divine. Là il voyait deux faits inconciliables par la raison, il les admettait tous deux cependant, et posait un mystère irréductible; ici il reconnaît que notre imagination divise l'étendue en une infinité de parties, il en appelle au fait cependant, pour la regarder comme finie et non comme infinie. Il ne réfléchit pas au mystère renfermé dans cette question, comme

(1) Descartes, *Lettres* I, 118.
(2) La démonstration, ordinairement avancée dans les éléments de géométrie, suppose et même suppose très-clairement ce que nous exprimons ici avec ce mot *infini* et avec ce signe ∞.

dans la première. Or, si Descartes eût admis rigoureusement l'infini dans le grand et dans le petit, au lieu de poser un indéfini qu'il se refusait à sonder, il eût préparé, ce nous semble, en acceptant ce mystère de l'accord du fini et de l'infini, la seule explication du calcul différentiel que l'on puisse trouver dans la nature des choses, et lui-même eût été plus attentif à la grande idée renfermée dans les méthodes de Cavalieri et de Fermat.

Nous développerons plus au long, dans notre conclusion, cette théorie du calcul infinitésimal, qui nous semble résulter de la méthode de Descartes, lorsque l'infini prend la place de l'indéfini dans sa physique. Leibnitz qui critiqua, et, suivant nous, comprit mal la doctrine de la liberté de Descartes, qui voulut rendre compte de l'impénétrable mystère, et expliquer l'inexplicable, n'eut garde, dans l'autre question, d'admettre un infini, dont il ne pouvait se rendre compte à son gré, et il tomba dans l'idéalisme absolu en ne voyant, dans ce qui fait la base des notions de continuité dans la substance matérielle, que des fictions ou des lois de l'esprit, bien plus inexplicables que ces faits que l'on rejette sous prétexte de ne les pas comprendre (1).

Il a été rigoureusement établi de nos jours (2) que l'idée de l'indéfini de Descartes, car c'est elle qui a été mise en œuvre dans les essais de systématisation du calcul différentiel par celui des quantités finies et de leurs développements en séries indéfinies (3), est aussi impuissante que cette singulière théorie des petites erreurs successivement introduites et corrigées (4) à rendre un compte philosophique du calcul infinitésimal. Et, bien que ce travail ait été fait dans l'intérêt d'une doctrine purement rationaliste, il peut nous enseigner à accepter franchement, et non sous les dénominations d'*évanouissants* ou de *fluxions*, ou sous le masque de *limites* et de *dérivées*, l'infini-

---

(1) Quelle que soit au fond la solution métaphysique de ces questions, il nous paraît naturel et convenable d'employer dans l'enseignement des mathématiques la méthode rationnelle de calcul infinitésimal proposée par Leibnitz. En effet, l'on ne fait ainsi qu'ajouter aux données purement rationnelles qui servent de base à la géométrie ordinaire une donnée du même ordre, pour comprendre la constitution de la quantité. Mais ici il s'agit de philosophie, et il nous semble que l'on ne peut, ontologiquement parlant se contenter de cette méthode rigoureuse pour unique explication des infiniment petits.

(2) H. Wronski, *Phil. de l'inf. et Réfut. de Lagrange.* Paris, 1812.
(3) Lagrange, *Théorie des fonct. analyt.* An V.
(4) Carnot, *Réflexions sur la métaphysique du calcul infinitésimal.* An V.

tésimal que le réalisme cartésien nous fait conclure de la division indéfinie de la matière, de même qu'il nous conduit à déduire l'infinité du monde de la multiplication indéfinie de son étendue.

§ VI.

DÉVELOPPEMENT DE LA PHILOSOPHIE PHYSIQUE DE DESCARTES.

1. La physique générale peut être envisagée sous deux points de vue. En effet, l'on peut prendre d'abord pour son objet une matière, non-seulement capable de figure et de mouvement, mais encore à laquelle conviennent certaines propriétés générales que suggère l'expérience des phénomènes naturels. Si l'on multiplie ces qualités inhérentes aux corps, on s'expose à créer, comme les anciens, une physique toute fragmentaire, qui n'est soumise à aucune loi, et selon laquelle chaque phénomène semble le produit d'une force ou d'une vitalité toute particulière. C'est là un véritable polythéisme physique ; mais l'application des mathématiques, ou mieux de ce procédé rationnel de l'esprit qui réduit et rassemble les faits sous les lois, et les lois particulières sous de plus générales, a tout à fait transformé ce système chez les modernes. En astronomie, les lois de Képler réunies par l'hypothèse que Newton leur a appliquée ; dans la physique spéciale, l'optique expliquée par la supposition d'un fluide émané du soleil, et l'électricité par celle de deux fluides qui s'attirent mutuellement et repoussent leurs propres parties, sont des exemples du point de vue que nous indiquons. Dans l'autre point de vue, on pose un seul corps indéfini, l'étendue, et l'on considère toutes ses modifications comme se réduisant essentiellement à celles des rapports de figure et de mouvement de ses diverses parties. Il faut alors que toute propriété inhérente aux choses s'explique par ces modifications et par les lois générales auxquelles elles sont soumises. C'est là proprement la physique mécanique.

2. La philosophie de Descartes pose sévèrement le dualisme de l'esprit et de la matière, substances absolument distinctes, c'est-à-dire entre lesquelles nous ne pouvons rien concevoir de

commun. Sans doute on peut nier que cette distinction soit réelle à tout autre égard qu'à celui de notre esprit, on peut en considérer les termes comme deux faces d'un même être, ainsi que l'a fait Spinosa, ou prendre même l'un d'eux pour un simple phénomène, comme Leibnitz; mais il est impossible de se refuser à reconnaître la nécessité de cette abstraction, si c'en est une, ou en tout cas de rejeter ce dualisme comme un point de vue purement rationnel : et cela est si vrai que Leibnitz lui-même n'a eu garde de condamner la physique, ou même de vouloir changer la notion de son objet. Il a conservé les expressions et les idées ordinaires, et ainsi reconnu la vérité du dualisme cartésien, au moins comme indispensable à l'homme tel qu'il est placé dans la création. Cela posé, nous ne pouvons comprendre que ce même Leibnitz ait voulu, sans doute pour s'accommoder au parti anglais, ajouter toujours quelque chose à la notion de l'étendue cartésienne; les explications de Descartes à ce sujet sont si nettes, et les siennes si vagues, qu'il est aisé de voir que celles-ci ne partent que de cette conviction, à savoir que dans la matière il y a véritablement l'*être* et non pas une pure abstraction comme l'étendue. Mais alors on en vient aux monades, et la physique disparaît devant la métaphysique. La notion de l'étendue (à laquelle l'impénétrabilité convient, ainsi que Descartes l'a montré), et dans laquelle la divisibilité, la figure et le mouvement sont conçus, nous paraît donc éminemment propre à servir de base à la physique mécanique, et la notion de *résistance* ou la *faculté d'agir sur nos sens* ne sont évidemment pas indispensables à sa conception.

5. Ainsi Descartes nous semble avoir bien établi le point de départ de sa physique. Si l'on objecte que ce n'est apercevoir qu'un côté des choses, nous l'accordons. Sous ce point de vue, il ne reste rien de vivant, d'animé ou même de concret et de réel dans la nature; non-seulement les corps terrestres et les astres et le ciel, mais aussi les animaux et l'homme n'apparaissent que comme des machines construites par notre esprit. C'est le côté extérieur et apparent des choses, mais c'est celui qu'envisage la physique, et c'est pour cette raison que la physique mécanique de Descartes nous paraît la seule complète, vraiment rationnelle et philosophiquement établie. La physique des propriétés générales n'est qu'une physique secondaire, car les propriétés qu'elle pose, et dont elle part, doivent être nécessai-

rement ou comprises dans la métaphysique qui ne peut rendre compte directement d'un fait tel que celui de l'élasticité ou, de telle ou telle attraction ou répulsion dans la matière; ou, à défaut, expliquées par la physique mécanique à l'aide des lois générales du mouvement dans l'étendue. Nous ne voulons pas affirmer cependant que les phénomènes présentés par les corps ne dépendent que des modifications de la pure étendue, car nous pensons qu'ils naissent aussi des facultés internes de l'être ou des êtres enveloppés dans l'étendue, mais de telle sorte que ces facultés ne soient que correspondantes aux mouvements, et que ces mouvements aient lieu ou se suivent les uns les autres, comme si ces facultés n'y étaient pour rien. C'est une harmonie préétablie entre deux règnes dont un seul est l'objet de la physique (1).

4. Le premier principe qui suit nécessairement une pareille définition de la physique, c'est celui de l'inertie des corps. En effet, la matière étant conçue sans aucune espèce de force ou de vertu, il faut admettre qu'elle persévère dans son état de repos ou de mouvement, tant qu'aucune cause ne vient la modifier. Aussi Descartes est-il reconnu pour l'auteur du principe de l'inertie (2), et on peut dire qu'il a, en quelque sorte, fondé par là la *mécanique rationnelle*, qui ne pourrait exister sans ce principe, ainsi qu'il serait aisé de le prouver. Mais il considéra cette inertie comme une force et non comme un simple principe négatif, et par suite, il regarda le repos comme accompagné d'un certain effort, aussi bien que le mouvement, pour persévérer dans les corps. Cependant, ainsi que le remarqua Malebranche (3), le repos n'est qu'une simple privation, et, partant, ne peut être accompagné d'aucune force. Il en faut nécessairement une pour que le corps perde son indifférence ; mais quelque petite qu'elle soit, elle produira un effet qui lui sera proportionné. C'est aussi ce qui est universellement admis aujourd'hui (4).

(1) Nous verrons plus bas (liv. V, chap. 3) comment la *physique des propriétés générales* peut, à l'aide d'un système ou d'une haute généralisation, acquérir une grande valeur métaphysique, et, même sans cela, quand ces propriétés sont regardées comme *vitales*, servir à systématiser les parties de la science de la nature où le règne de la brutalité s'efface.

(2) Lagrange, *Mécanique analytique*, part. II, ch. 1.

(3) *Recherche de la vérité*, t. VI, ch. dernier.

(4) Voyez, par exemple, Poisson, *Traité de mécanique*.

Il est vrai que, même en reconnaissant cette vérité, le principe de Descartes, qu'il faut, pour imprimer un certain mouvement à un corps en repos, une force proportionnelle à sa masse, tout comme pour arrêter un corps en mouvement (1), paraît, encore aisé à soutenir. Mais, si ce corps en repos n'est déjà sous l'empire d'aucune force, s'il est absolument libre, tout en supposant qu'il faut pour le mouvoir une force proportionnelle à sa masse, il est permis de la supposer infiniment petite dans tous les cas. C'est, au surplus, ce qui ne peut se rencontrer dans la sphère de l'expérience.

5. Il fallait ensuite une loi qui réglât la distribution du mouvement dans les corps. Cette loi fut la conservation du mouvement établie sur le principe de l'immutabilité divine; et ici, Descartes est encore dans une grande voie de progrès, puisqu'il propose une loi qui, si elle ne s'est pas maintenue à la lettre, a du moins été le premier essai, dans une carrière où l'on ne tarda pas à s'avancer bien loin. Cette loi nous paraît, quoiqu'on en ait dit (2), irréfutable par l'expérience, car il sera toujours impossible de savoir combien de corps invisibles ont participé à un mouvement communiqué par un corps visible à un autre, et, par conséquent, s'il y a plus ou moins de mouvement dans le système, après qu'avant le choc. C'est aussi ce que soutint Malebranche, dans la première édition de la *Recherche de la vérité*. Plus tard, il remarqua que si la loi de Descartes n'est pas impossible, elle n'est nullement nécessaire, et que toute autre loi convient aussi bien à l'immutabilité divine (3). S'il avoua aussi que l'expérience lui est contraire, ce n'est sans doute pas qu'elle puisse la réfuter directement, mais que, comme elle la contrarie d'une foule de manières différentes, il est plus simple de l'en croire, que de chercher dans chaque cas particulier une explication par les corps invisibles. La conservation de la quantité de mouvement fut donc délaissée par les disciples de Descartes et par Régis même, qui évita de s'en servir.

6. Mais aucun d'eux n'entreprit de suppléer à la loi abandonnée par certaines autres lois générales du mouvement nouvellement découvertes, de sorte qu'elles demeurèrent comme

---

(1) Descartes, *Principes*, part. II, 37.
(2) Daniel, *Voyage du monde de Descartes*.
(3) Malebranche, *Recherche de la vérité*, IV, 11. *Lois générales de la communication des mouvements.*

des armes entre les mains de leurs ennemis, quoiqu'elles fussent certainement conformes aussi bien que la première à la méthode de Descartes. Ainsi Newton trouva le principe de la conservation du mouvement du centre de gravité; Huyghens généralisa, et fit servir à la recherche des centres d'oscillation ce principe de Galilée que le centre de gravité ne peut remonter plus haut que le point d'où il est descendu; enfin, Leibnitz découvrit que, dans le choc des corps élastiques, la somme des produits des masses par les carrés des vitesses demeure constante avant et après le choc; et considérant ce produit ou *force vive* comme la force même dont un corps en mouvement est doué, il nomma ce principe *conservation des forces vives*, et ainsi remplaça véritablement la *conservation du mouvement* de Descartes. Plus tard, en effet, cette loi fut étendue jusqu'aux forces centrales. Le *principe général des aires* termine cette série des lois générales de la mécanique qui peuvent toutes aujourd'hui se déduire du principe unique des *vitesses virtuelles*.

Ce nouveau principe, dans lequel Lagrange croit que tous ceux que l'on pourra découvrir en mécanique rentreront nécessairement, remonte encore à Descartes et à Galilée, qui l'énoncèrent sous des formes différentes. J. Bernouilli le généralisa, et Lagrange en a déduit sa mécanique dite *analytique*, qui est peut-être le plus beau modèle qui ait jamais été donné d'une synthèse scientifique.

7. Mais continuons l'histoire de la physique mécanique. Descartes avait employé la *force du repos* à expliquer la dureté et la solidité de certains corps ainsi que leur résistance à la scission, estimé la force nécessaire à la séparation par l'étendue de la surface de jonction, et enfin déduit de là que les petits corps, plus facilement mus, sont doués de plus de mouvement que les grands, principe indispensable dans son système du monde. Malebranche, qui fut certainement le plus progressif de tous les élèves de Descartes en physique, montra qu'il suffisait de remarquer que les petits corps sont continuellement mus par les grands, tandis qu'ils ne meuvent ceux-ci que quand ils s'accordent entre eux en un même mouvement, pour expliquer comment le premier élément a plus de mouvement que le second et celui-ci que le troisième, et il réfuta l'explication singulière que Descartes avait donnée de la facilité

de mouvoir les corps solides plongés dans un milieu fluide, en faisant voir que cet état équivaut à celui du repos dans le vide, sauf que le fluide résiste au mouvement une fois imprimé (1).

Quant aux lois du choc, c'est principalement de la conservation du mouvement que Descartes les déduisait, en supposant en outre les corps parfaitement inflexibles, circonstance qu'il avouait lui-même ne se rencontrer jamais dans la nature, mais ne convenir qu'à l'étendue première, et cela dès avant la publication des principes. Aussi Régis crut-il pouvoir conserver ces lois comme vraies pour les corps *sans qualités*, sauf à établir ensuite d'autres lois pour les corps élastiques d'après les expériences de Mariotte (2). De toutes parts, les lois du choc furent soumises à de nouvelles investigations, et, sur une question proposée par la Société royale de Londres, Huyghens et Wren d'un côté, Wallis de l'autre, résolurent le problème, les uns en s'appuyant sur la force même du ressort, l'autre sur le principe de l'égalité de l'action et de la réaction, d'après lequel, dans tout choc possible, un corps est modifié comme il modifie lui-même, et perd de sa vitesse en raison de ce qu'il en communique.

Mais la principale objection qui fut portée contre les lois du choc de Descartes est celle de Leibnitz qui fit remarquer qu'elles ne satisfont pas à la loi de continuité; et, enfin, Malebranche, donnant en cela la plus grande mesure de ce que peut devenir physique mécanique, regarda la matière comme éminemment fluide et sans dureté, et expliqua l'élasticité par les forces centrifuges d'une infinité de petits tourbillons tournant sur leurs centres, et la dureté par la compression que ces tourbillons produisent dans certaines parties de l'étendue. Leibnitz paraît avoir tendu à peu près au même résultat, en n'admettant dans sa matière également fluide, et divisible et divisée, au suprême degré, que des mouvements *plus ou moins conspirants*, qui produisent différents degrés de *fluidité* ou de *roideur*, *sans rien d'infini* ni dans l'un ni dans l'autre (3).

8. Venons enfin aux tourbillons. On a dit que ce système

---

(1) Malebranche, *Recherche de la vérité*, l. VI, ch. 9.
(2) *Système de Régis*, phys. 1, 2, 19.
(3) Leibnitz, *Nouveaux essais*, page 14.

avait été inventé par Descartes afin de déguiser le mouvement de la terre à une époque où il était *copernicien à outrance*. Cependant il nous semble impossible de comprendre, dans la physique mécanique, comment un grand corps tel qu'une planète peut circuler dans un orbite immense autour du soleil, si elle n'est poussée ou plutôt portée par les mouvements concordants de la matière qui est autour d'elle, et, encore aujourd'hui, nous ne voyons pas comment on pourrait le comprendre autrement : car, en supposant une compression vers le soleil combinée avec une impulsion rectiligne initiale, ou tout autre mécanisme, il semble bien difficile de soustraire à la même action toute la matière qui entoure la planète, à moins que celle-ci ne se meuve dans le vide, ce que Newton lui-même n'a pas admis rigoureusement. En un mot, le mouvement d'un corps détaché, isolé, est incompréhensible. Il faut des flux généraux de matière à qui n'admet pas les actions à distance. C'est dans ce sens général que le système des tourbillons nous semble encore nécessaire aujourd'hui. Son plus grand défaut a été de laisser trop de jeu à la matière et de permettre des inégalités plus grandes que celles qui conviennent aux lois de Kepler, et même des variations importantes en des temps assez courts dans le système du monde ; mais il ne paraît pas absolument impossible de le soustraire à cet inconvénient.

La loi générale des mouvements des astres que produisit Newton, en réduisant les trois lois de Kepler à une seule, fit ressortir en un instant tous les défauts du système des tourbillons et presque oublier sa nécessité. Cependant on le conserva longtemps encore sur le continent. J. Bernouilli (1) releva une erreur dans le calcul par lequel Newton voulait prouver que la troisième loi de Kepler ne pouvait être observée dans le mouvement d'un tourbillon. Leibnitz (2) essaya aussi de faire concorder les tourbillons avec ces lois de Kepler trop négligées par Descartes. Enfin une foule de savants français l'entreprirent après lui, jusqu'à ce que le sensualisme anglais, s'introduisant en France, eût fait oublier la physique mécanique et considérer comme bien préférable un système qui

---

(1) Bernouilli, *Nouvelles pensées sur le système de Descartes.*
(2) Leibnitz, *Tentamen de motuum cœlest. cousis*, act. lips.

conduit à supposer une propriété vitale inhérente à toute matière.

9. Cependant Newton lui-même, sans doute sous l'influence que le cartésianisme devait nécessairement exercer sur un esprit supérieur, ne proposait l'*attraction* que comme un mot destiné à exprimer, et non à expliquer, une loi générale à laquelle tous les mouvements des corps célestes sont soumis. Il répudiait ainsi l'héritage de cette idée que Copernic, Kepler, Galilée, Bacon, Gilbert, Gassendi, Fermat, Roberval, avaient soutenue expressément, et il écrivait : *La supposition d'une gravité innée, inhérente et essentielle à la matière, tellement qu'un corps puisse agir sur un autre à distance, est pour moi une si grande absurdité, que je ne crois pas qu'un homme qui jouit d'une faculté ordinaire de méditer sur les objets physiques puisse jamais l'admettre* (1). Mais la tendance générale des esprits fut plus forte que sa volonté, et cette attraction qu'il reniait, qu'il n'avait pas découverte, mais bien ramassée parmi les idées courantes et les plus vulgaires de la science, lui fut universellement attribuée, et Locke, qui avait écrit ne pas comprendre comment un corps pourrait agir là où il n'est pas, se rétracta et le comprit désormais parfaitement.

Et en vérité la gloire de Newton consiste à avoir appliqué le calcul au mouvement de la lune pour comparer la loi de ce mouvement à celle que suivent les mouvements des corps pesants, à avoir exécuté, avec les moyens que la mécanique et la géométrie lui offraient, ce dont Kepler, qui soupçonnait le même fait, n'avait pu concevoir l'idée précise, et fait ainsi rentrer les trois grandes lois de Kepler dans l'unique loi de Galilée. Mais s'il n'admettait pas l'attraction comme une cause, comment l'expliquait-il? Ici Newton se rapproche tellement des suppositions de ses adversaires que l'on ne comprend pas qu'il les ait combattus sur d'autres points avec tant de force. Il place toutes les planètes dans un éther, milieu très-rare, qui va se condensant depuis le soleil jusqu'à Saturne, et dont les vibrations élastiques chassent les corps solides des parties denses aux parties rares (2) ; il suppose même que ces vibrations

---

(1) Newton, *Troisième lettre au docteur Bentley*, bibliothèque Britannique, février 1707.

(2) Id., *Traité d'optique*, sub fin, Quest, 17..., 24.

dans le cerveau de l'homme produisent la vision, les sons, et vont jusqu'à remplir le rôle des esprits animaux de Descartes pour la communication de la volonté aux organes. Ailleurs, il veut qu'outre l'*inertie* et les *lois passives du mouvement* dans les *particules solides, massives, dures, impénétrables, mobiles...*, *qui ne s'usent ni ne se rongent jamais*, il y ait certains *principes actifs tels qu'est celui de la gravité et celui qui produit la fermentation et la cohésion des corps*. Ce n'est pas là, dit-il, une *qualité*, mais *une cause occulte* (1). La physique mécanique et celle des qualités luttaient dans son esprit.

Mais s'il faut prendre au sérieux l'hypothèse d'un fluide élastique pour expliquer la gravitation, remarquons avec l'un des derniers et des plus habiles représentants du cartésianisme en France (2), que l'intention de Newton ne peut avoir été de remplacer une gravité innée par une élasticité innée qui ne serait pas moins occulte, et que par conséquent il supposait une explication mécanique de l'élasticité telle, par exemple, que celle qu'a donnée Malebranche au moyen des petits tourbillons, et rentrait ainsi dans la physique cartésienne.

40. Enfin Huyghens et plus tard Euler développèrent, en l'amendant, le principe de l'explication de la pesanteur de Descartes, c'est-à-dire qu'ils continuèrent à attribuer ce phénomène à la circulation d'un fluide. Ils cherchèrent seulement à disposer son mouvement de manière à ce que sa force centrifuge dût appuyer les corps vers le centre de la terre, et non vers ceux des divers parallèles, ainsi que cela résulterait de la supposition de Descartes. Ils étendirent l'action de la pesanteur aux autres astres, et expliquèrent comment elle n'est pas proportionnelle au volume, mais à la quantité de la matière pesante, par l'extrême fluidité du moteur qui pénètre dans tous les pores des particules pondérables dont les densités sont inégales (3). Rohault adopta à peu près la théorie d'Huyghens (4). Régis montra peu de tact en physique en voulant que la pesanteur fût *peut-être* dirigée vers les centres des paral-

---

(1) Newton, *Traité d'optique*, Quest. 31.

(2) Mairan, *Dissertation sur la glace*, préf., page 86.

(3) Huyghens, *Discours sur les causes de la pesanteur*, à la suite de son *traité de la lumière*, et Euler, *Opusc. var. argum.*, discours sur la composition intime des corps.

(4) Rohault, *Traité de physique*.

lèles terrestres et non vers le centre commun de la terre (1). Enfin une question proposée par l'Académie donna lieu sur ce sujet à différents mémoires et à quelques solutions fausses. Mais il ne paraît pas que cette recherche soit terminée ou épuisée, malgré les jugements un peu trop newtoniens de Montucla (2).

11. A la question de la pesanteur se rattache celle du vide barométrique que Descartes expliqua le premier par la pesanteur de l'air ; non que l'expérience du baromètre ait eu lieu auparavant, mais il la prévit en l'attribuant à sa véritable cause. Ainsi, en 1638, il repoussa l'hypothèse de l'horreur du vide que Galilée avait reproduite dans ses dialogues, et expliqua par la pression de l'air comment l'eau ne monte au delà de trente-deux pieds dans les pompes (3). Dans la même lettre il expliqua par la même raison l'adhérence des disques polis, et dans une autre la suspension du mercure dans un tube fermé par en haut (4). Ce n'est cependant qu'en 1644, que Toricelli, opérant le vide barométrique, put comparer les vingt-huit pouces de hauteur du mercure aux trente-deux pieds d'eau, et l'expérience de Périer du puits de Dôme est encore postérieure. Il ne faut donc pas s'étonner de voir Descartes, en 1649, demander des nouvelles de cette expérience (5), et réclamer la priorité pour cette idée, qui est une des plus hardies que les savants modernes aient eu et l'une de celles qui ont porté le plus de lumières dans la science. S'il résulte d'un nouveau document publié par M. Libri (6) que Pascal n'était pas contraire à l'opinion de la pesanteur de l'air, ainsi que Descartes l'écrivit à M. de Carcavi, il en résulte aussi qu'ils ne s'étaient entendus ni l'un ni l'autre, et que Pascal croyait Descartes d'un autre sentiment, tandis que Descartes en croyait tout autant de Pascal. Roberval seul était opposé à l'un et à l'autre. Mais comme l'entrevue que raconte cette lettre est de 1647, c'est-à-dire postérieure de neuf ans à un usage important du prin-

---

(1) Régis, *Système de phil.*, II, 11. 18.
(2) *Histoire des math.*
(3) Descartes, *Lettres*, II, 91.
(4) Id., id., III, 3.
(5) Id., id., III, 15.
(6) Lettre de mademoiselle Périer à sa sœur, *Journal des Savants*, septembre, 1839.

cipe en question fait par Descartes, il est en tout cas impossible de lui contester la priorité.

12. Descartes soutint aussi contre Galilée d'autres principes attachés à sa physique mécanique, par exemple l'explication de la *raréfaction* par un changement de disposition et de figure des parties visibles des corps, tandis que Galilée, qui ne tenait à aucune théorie générale, était encore pénétré sur quelques points de la science des anciens qu'il combattait si vivement sur d'autres. Mais, de son côté, Descartes, entraîné par ses idées théoriques, refusa toujours de prêter une attention suffisante à la loi de la chute des graves découverte par Galilée. Il croyait que la pesanteur est produite par les mouvements de la matière subtile, mouvements très-variables, et par conséquent il ne pouvait espérer de les soumettre à des lois fixes (1). Alors, convaincu de la fausseté de la loi de Galilée, il la combattait par la considération de la résistance de l'air dont Galilée faisait abstraction, ou en niant que le mouvement des graves passe par tous les degrés depuis le plus lent (2); quelquefois il paraissait s'en rapprocher davantage (3). En un mot, il hésitait et ne voulait pas approfondir le problème ni se résoudre à expérimenter. Etait-il question de la variation de la pesanteur suivant la distance du corps pesant au centre de la terre, il exposait les diverses opinions de son temps, celle des attractionistes, la pesanteur et la légèreté spécifique, la pesanteur unique et proportionnelle à la masse, et, arrivé à la solution, il la produisait compliquée et bien éloignée de la vérité (4). Mais si nous trouvons nuisible ici l'influence de l'esprit systématique, combien de fois ne l'avons-nous pas trouvée favorable, par exemple au sujet de la pesanteur de l'air : car l'air étant un corps déjà très-grossier dans le système du monde de Descartes, il devait naturellement être regardé comme pesant aussi bien que la terre ou l'eau.

13. Pour en venir à la mécanique spéciale qui regarde les

---

(1) Descartes, *Lettres*, II, 25.
(2) Id., id., II, 23 et 91.
(3) Id., id., I, 111.
(4) Id., id., I, 75. Huyghens adopta avec tous ses contemporains la loi de Galilée, et l'expliqua par la circulation de son fluide dont le nombre des impulsions est proportionnel au temps. (*Discours sur la cause de la pesanteur.*) Il rendit compte aussi des variations du pendule, de l'aplatissement de la terre, etc., etc.

machines, Descartes posa le principe des vitesses virtuelles sous une de ses formes particulières, et en déduisit très-simplement les lois des machines simples (1). Nous avons vu comment les lois générales du mouvement furent successivement découvertes par les hommes de génie qui suivirent la voie ouverte par le créateur de la physique mécanique, ce sont les seules qui puissent nous occuper ici; passons maintenant à la physique spéciale.

14. La physique des corps terrestres de Descartes ne peut être considérée que comme un essai d'explication des phénomènes par des principes constants, mais à l'aide d'hypothèses arbitraires et variées, qu'il forgeait tout exprès dans chaque cas particulier. De médiocres disciples y apprirent aisément à rendre compte de tous les phénomènes sans les lier entre eux autrement que par l'unité de leurs causes les plus générales. Nous ne leur reprocherons pas de s'être complus dans un *babil inutile des petits corps dont la texture est le plus souvent un mystère pour nous* (2), car où trouver ailleurs des causes et des lois, mais plutôt d'avoir négligé beaucoup l'expérience que Descartes recommandait et qu'il aurait voulu pouvoir consulter plus souvent (3), et de s'être abandonnés au plaisir de créer un mécanisme particulier pour chaque phénomène, comme si l'auteur des choses les avait chargés d'y pourvoir selon les besoins. Aussi, les hypothèses particulières de Descartes se trouvèrent-elles toujours infécondes. Son système général d'explications demeura seul, et produisit, selon les temps, de nouvelles hypothèses partielles qui, liées graduellement entre elles et aux plus générales, embrassèrent tous les phénomènes dans un réseau mathématique.

Nous n'insisterons donc pas sur le défaut des explications données par Descartes ou par ses élèves de la génération du feu, de la chaleur, du magnétisme, etc., car tous les reproches qu'on peut leur adresser sont compris dans notre jugement général; et au fond nous considérons les explications nouvelles qui ont été produites depuis un siècle, comme essentiellement comprises dans le cercle véritable de la physique

---

(1) Descartes, *Traité posth. de mécan.*
(2) Leibnitz, *Lettres à l'abbé Nicaise*, *frag. phil.* de M. Cousin, t. II.
(3) Descartes, *Lettres servant de préface aux Passions.*

de Descartes, quelquefois modifiée par l'esprit de l'école newtonienne ; de même que les principes généraux de la physique mécanique, bien qu'aucun d'eux n'ait été conservé comme Descartes l'avait posé, nous paraissent cependant des conséquences de la direction qu'il imprima aux esprits.

15. Une courte histoire des principales branches de la physique dans leur rapport avec la philosophie de Descartes ira donc à notre but. La théorie de la lumière doit précéder toutes les autres comme celle qui, de nos jours, semble la moins éloignée du terme de son accomplissement définitif. Descartes en posa le premier principe en considérant la lumière comme le résultat d'une action matérielle, transmise depuis les corps lumineux jusqu'à nos yeux, par l'intermédiaire d'une matière subtile qui occupe les espaces célestes et pénètre dans les interstices d'un grand nombre de corps. L'observation des éclipses lunaires prouvait que la lumière ne met aucun temps appréciable à parcourir les soixante rayons terrestres qui nous séparent de la lune. Descartes se crut donc obligé(1), pour suivre l'expérience, de supposer que le mouvement lumineux se transmet en un instant, par pression, dans tous les globules ronds parfaitement solidaires et en contact les uns avec les autres de la matière subtile. Il n'est pas douteux que l'expérience des éclipses des satellites de Jupiter, si Descartes l'eût connue, n'eût en cela modifié sa théorie, qui probablement alors serait devenue analogue à celle d'Huyghens. Il aurait supposé un mouvement successif de propagation, et peut-être même doué son éther d'élasticité, en réformant ainsi ses lois du choc, sinon pour la théorie, du moins pour la pratique, où rien n'oblige à supposer que les parties de l'étendue sont dépourvues de qualités, parce que des actions étrangères à celles que l'on considère (quoique toujours réductibles à des mouvements) peuvent les en douer. Son explication des couleurs eût été changée par là même, car il était bien plus naturel de les rapporter aux diversités du mouvement vibratoire qu'à un nouveau mouvement dont aucune raison ne prouve suffisamment la nécessité.

Nous croyons donc que l'on doit regarder la théorie créée par Huyghens et perfectionnée par Euler comme conforme dans le fond aux idées de Descartes, à qui, du reste, on a cou-

---

(1) Descartes, *Lettres*, II, 17.

tume de l'attribuer. L'élasticité de l'éther fut même expliquée par Huyghens à peu près comme l'élasticité en général l'avait été par Descartes; car il supposa une matière très-subtile qui pénètre dans les pores d'un autre plus grossière et contraint son tissu à donner un large passage (1). Quant aux explications des lois de réflexion et de réfraction, elles furent établies comme le changement introduit dans l'hypothèse l'exigeait, c'est-à-dire que la première fut déduite du ressort et que le *rapport constant* de la seconde fut assimilé à celui des vitesses de la lumière dans deux milieux inégalement résistants. Cette seconde loi devint ainsi beaucoup plus claire, et le rapport aperçu par Descartes entre les résistances et les angles fut exactement conservé, sauf que ces résistances purent être bien mieux déterminées dans leur nature. Huyghens enfin déduisit de cette proportion une propriété de minimum que Fermat avait cru *à priori* devoir s'appliquer aux réfractions, et qu'à son grand étonnement il avait trouvée conforme à la loi de Descartes après avoir longtemps contesté la vérité de cette loi à Descartes et à ses élèves (2).

16. De nos jours et depuis les découvertes d'Young et de Fresnel, depuis la décadence de la théorie newtonienne, dont nous parlerons plus tard, la théorie mécanique de la lumière a acquis un grand développement par suite de l'application des mathématiques aux lois du mouvement de l'éther, et nous devons la considérer comme un admirable modèle en physique mécanique. Quant aux autres branches de la physique spéciale, si nous voulons les considérer de haut, car une étude plus détaillée ne conviendrait pas à notre plan, elles nous paraissent tendre à unir leur destinée, soit à la théorie de l'optique, dont nous venons de parler, soit à celle de l'électricité à laquelle elles sont intimement unies par les phénomènes. Or, l'*électricité dynamique* a, dans la théorie de l'électricité, acquis une importance à peu près exclusive, et elle est fondée tout entière sur des mouvements de matière. Enfin, la chimie se rattache d'un côté et de plus en plus irrévocablement aux lois de la lumière et de l'électricité; de l'autre, elle amène néces-

(1) Huyghens, *Traité de la lumière.*
(2) *Lettres de Fermat à Descartes et à Clerselier*, t. III, 56, 57 des lettres de Descartes.

sairement la considération des formes et des grandeurs relatives de certains ordres de particules, pour expliquer dans l'étendue la loi numérique des *proportions multiples*; et encombrée tous les jours de nouveaux faits mystérieux pour la science commune : *isomérie, actions de présence*, etc. Elle se développe, au milieu d'un vrai chaos dans lequel une grande hypothèse mécanique serait seule capable d'apporter la lumière.

17. Notre intention n'est, du reste, que d'indiquer ici, sans exclure la vérité des systèmes de *physique vitaliste* dont nous parlerons plus tard, tout ce que la science moderne renferme de la *physique mécanique* créée par Descartes, et tout ce qu'elle en peut attendre encore. Pour avoir fini sur ce sujet, il nous reste une question à débattre entre le cartésianisme et les savants modernes; mais quoique la question soit importante, sa difficulté ne nous paraît pas bien grande au point de vue physique. En effet, les savants sont très-attachés au vide et aux atomes que le cartésianisme proscrit ; mais un vide relatif et des atomes relatifs suffisent pour la construction des théories scientifiques, et la question absolue doit être laissée aux métaphysiciens seuls juges compétents : dans la physique cartésienne elle-même il faut nécessairement supposer un vide, c'est-à-dire un milieu conçu comme parfaitement indifférent aux mouvements de matière qui produisent les phénomènes que l'on envisage (1) ; c'est ainsi que les espaces célestes peuvent passer pour vides eu égard aux mouvements planétaires malgré la présence de l'éther. Quant aux atomes, la chimie moderne ne peut en aucune manière prouver leur existence ; elle n'établit sous ce nom que des nombres qui expriment les *rapports de quantité* dans les particules *infiniment petites* des corps qui entrent en combinaison, desorte que le mystère n'est pas autre que celui de la divisibilité à l'infini, et ne prouve pas plus que celui-ci qu'il existe des atomes. Mais, dans un certain sens, la physique cartésienne admet les atomes, car rien n'empêche de supposer des molécules de cer-

---

(1) Dortous du Mairan, *Dissert. sur la glace*, préf. On trouve dans ce livre une très-ingénieuse théorie des faits de la cristallisation de l'eau. Les liquides y sont considérés comme composés de particules qui nagent dans un éther extrêmement agité. Si cet éther est expulsé d'une manière quelconque, la cristallisation a lieu, le liquide devient solide, il n'existe plus que sous l'action des pressions extérieures, et sans mouvement intérieur de ses particules. Tout cela est mêlé d'observations très-exactes et très-curieuses.

taines formes que certains phénomènes actuels ne divisent pas, mais que d'autres phénomènes pourraient diviser, et c'est aussi ce que l'on a fait (1) ; rien n'empêche de les concevoir dans le vide et à telle distance qu'on voudra les unes des autres ; ce vide ne sera qu'un milieu *très-peu* résistant par rapport à leurs mouvements et aux forces dont elles sont douées.

Les physiciens éviteraient ainsi de poser une contradiction au début de leurs traités, en donnant à la matière deux propriétés générales, la *divisibilité*, l'*impénétrabilité*, qui ne peuvent évidemment aller de front, si l'une est vraie, l'autre fausse pour la matière telle qu'elle se présente à nous, et, au contraire, l'une fausse et l'autre vraie pour la matière réelle, c'est-à-dire pour les atomes.

(1) Dumas, *Traité de chimie appliquée aux arts.*

LIVRE CINQUIÈME.

MOUVEMENT INVERSE DE LA PHILOSOPHIE DEPUIS DESCARTES JUSQU'A KANT.

§ Ier.

MÉTAPHYSICIENS ANGLAIS DU DIX-HUITIÈME SIÈCLE.

1. Après Leibnitz, à l'époque où nous sommes parvenus dans notre analyse historique, le développement de la philosophie pure chez les modernes est terminé. Plus tard, on pourra modifier l'expression de la méthode, on pourra placer sous un jour plus ou moins éclatant certaines parties de la vérité, mais le fond de la doctrine mathématique des idées, ou, si l'on veut, de la philosophie de la raison pure, est invariablement fixé ; et il est facile de prouver l'impossibilité d'une logique rigoureuse et d'une ontologie solide dont les éléments ne se rencontreraient pas dans cette philosophie du dix-septième siècle qui représente l'esprit moderne tout entier.

Nous démontrerons cette vérité dans notre conclusion en établissant dogmatiquement l'essence de la méthode, de la méthode unique des sciences ; et alors nous analyserons de nouveau les systèmes pour trouver dans l'histoire la justification de nos vues, en recherchant toutefois la forme neuve, l'expression exacte, disons même la vérité cachée des anciennes doctrines, afin de donner pleine satisfaction à la critique qui, depuis un siècle, s'est attachée à elles. Nous n'admettons pas, en effet, que de grands philosophes, tels que Kant, aient critiqué en vain, ni que de grands penseurs, tels que les élèves de Kant, aient embrassé le monde dans une vue nouvelle sans nous apprendre à nous aussi à voir et à penser.

Mais ici nous pouvons commencer à mettre en évidence l'inanité philosophique des écoles du dix-huitième siècle, car une exposition très-courte de leurs prétentions et de leur destinée va nous montrer d'abord qu'elles sont dépourvues de méthode et ne vivent que sur les débris méprisés du siècle précédent; ensuite qu'elles sont exclusivement réactionnaires, et que la philosophie est pour elles un prétexte plutôt qu'un but. Le véritable but qu'elles veulent atteindre et qu'elles ont atteint, nous l'indiquerons en peu de mots, et nous nous trouverons ainsi portés jusqu'à notre époque, où la vue s'étend sur trop de choses et sur trop de personnes, pour qu'on puisse attendre de nous une analyse, même rapide, de la pensée au dix-neuvième siècle. Il nous suffira d'avoir entrevu, avant de conclure, ce que les siècles précédents ont jeté parmi nous de grand et de vrai, et distingué, enfin, ce qui fait le caractère de la grandeur et de la vérité qui nous sont propres.

Nous appelons *inverse*, le mouvement philosophique dominant du dix-huitième siècle, parce que ceux qui l'ont commencé ont pris en toute question le contre-pied de Descartes, en profitant cependant du premier principe de sa méthode. Ils ont cherché dans la conscience les idées contingentes au lieu des nécessaires, les images au lieu des conceptions, et les faits particuliers au lieu des définitions générales; ils ont prétendu créer la *psychologie*, et ils n'ont fait que la livrer à une analyse dissolvante; ils ont cru découvrir l'origine des connaissances, tandis que, préoccupés uniquement de leur forme sensible, ils ont éloigné d'eux cette origine, et l'ont disséminée sur la nature entière, là où il aurait fallu la concentrer pour l'apercevoir et pour la nommer.

2. Locke fut le promoteur de cette négation de la philosophie, négation qui s'ignore, il est vrai, ou plutôt qui se prend pour une affirmation sage, prudente, retenue, de ce que l'on sait et de ce que l'on ne peut savoir. Mais quelle valeur un homme peut-il donner à ses conclusions, soit qu'il affirme ou qu'il nie, quand il ne fait que marcher à tâtons au travers des idées, sous prétexte d'analyse, qu'il n'emploie que les notions banales et qu'il ignore profondément le caractère de la démonstration et celui de la vérité? Nous avouons ne comprendre en aucune manière l'importance de cette école sensualiste que l'on dit encore aujourd'hui avoir exploré et maintenu un côté

du vrai, tandis qu'à sa naissance même, elle s'avançait sans preuves, et qu'en continuant à marcher, elle en est venue à se nier elle-même. C'est à ce curieux spectacle que nous allons assister ; en effet, la grandeur et l'activité de la raison n'ont manqué ni à l'Angleterre ni même à l'école dont nous parlons. Seulement quand la raison a pris pied chez des hommes suffisamment forts, elle a dévoré le système qu'elle croyait soutenir. Nous voulons parler de Berkeley et de Hume. Mais n'anticipons pas.

Nous avons expliqué l'origine du sensualisme, et nous l'avons montré dans toute sa puissance en expliquant la doctrine d'Hobbes. Plus cette doctrine se montra brutale et méchante, plus aussi certains esprits durent se révolter contre elle et reculer pour la fuir. En effet, ils reculèrent si bien, qu'en plein dix-septième siècle, les plus illustres professeurs d'Oxford et Cambridge se jetèrent dans la cabale, que la critique historique rétrograda de deux siècles, et que l'Angleterre, en croyant écouter Descartes et le juger, n'entendit et ne répéta de lui que des sons creux.

D'abord, Hobbes et les péripatéticiens empêchèrent le cartésianisme d'être goûté ; ensuite Hobbes et Descartes furent tous deux repoussés par les théologiens : Cudworth regarda ce dernier comme un athée qui se déguise, et Parker l'accusa d'éloigner Dieu du monde en créant une philosophie mathématique et physique. De là une polémique avec le continent. En Angleterre, H. Morus prit seul la défense de Descartes en concédant néanmoins à ses adversaires que le mécanisme des bêtes, et l'inutilité des causes finales, n'avaient pu être soutenus par lui que sans conviction et par un simple parti-pris d'hypothèse. Dans cette haine pour la physique de la raison pure, ou plutôt par suite d'une préoccupation exclusive des intérêts théologiques, Théophile Gale et Cudworth s'attachèrent les premiers à restaurer l'éclectisme alexandrin (1), qu'ils regardèrent comme le système philosophique éminemment favorable à la foi. D'après Gale, la philosophie a été révélée comme la religion, et la philosophie ancienne, surtout dans Platon, porte les traces de cette révélation qu'il s'agit dès lors

(1) T. Gale, *Philosophia universalis*, Londres, 1676. — R. Cudworth, *The true intellectual system of the universe*, id., 1678.

27.

de reconstruire, absolument comme on fait pour la théologie qu'on étudie chez les écrivains inspirés. On conçoit que, se mettant à l'œuvre, il dut produire une doctrine analogue à celle des néoplatoniciens italiens qui partaient des mêmes principes. Cudworth porta, lui aussi, un esprit faux dans l'histoire et ne vit dans chaque système que ce qu'il voulut bien y voir, mais au moins construisit-il une philosophie plus large et mieux liée qui n'eut que le grand défaut d'être étrangère à la méthode moderne; cette philosophie est celle de Platon dans ses deux grands principes, les idées et l'âme du monde. Mais s'il était peu permis, à cette époque, de voir dans les idées des essences réelles et distinctes de l'esprit qui pense, s'il était peu rationnel aussi de détruire la mécanique et la physique et de confondre toutes les notions en attribuant à chaque chose une nature instinctive capable de produire cette chose avec sa forme et avec ses qualités, Cudworth commit ces deux erreurs qui, selon nous, le séparent entièrement de tous les savants modernes. Il lui suffisait de n'être ni pour Hobbes ni pour Descartes, il atteignit ce but et fut content. Les idées sont, selon lui, présentes à l'entendement de l'homme, et, en s'appliquant à leur contemplation, l'homme les connait et les compare aux images que tracent en lui les impressions sensibles. Après cela, s'il est une action corporelle qu'on ne puisse attribuer à un esprit (la formation et le développement des animaux et des plantes, les mouvements involontaires de l'homme, en un mot, l'évolution réglée de la nature et de la vie), il en cherche la source dans une sorte de substance intermédiaire, *forme plastique*, loi dont la nature est imprégnée, raison plongée dans la matière, *art*, qui est en elle, et qui s'ignore et *qui la porte*, cependant, *à la fin qui lui est marquée*. Tout cela revient à attribuer à des êtres inconnus des qualités plus inconnues encore; ce sont pures paroles qui ne révèlent à l'esprit aucune idée claire.

5. Henri Morus fut sans contredit le philosophe le plus *chercheur* et le plus ardent de cette école (1). Après avoir étudié les docteurs scolastiques avec passion, après avoir approfondi les principes de Descartes et adopté sa méthode, il fonda

---

(1) H. Mori, *Enchiridion metaphysicum*, Londres, 1674.—*Lettres de Descartes et de Morus*, t. I, let. 66, 67; 68, 69, 70, 71, 72.

un système plus rigoureux que les précédents et dont les idées principales, qui ont en elles-mêmes une grande valeur, ont de tout temps tenu place dans la philosophie anglaise. La conscience établit d'abord l'existence d'un espace infini, indivisible, éternel, divin, dans lequel notre pensée place nécessairement toutes les choses auxquelles elle reconnaît l'être, c'est-à-dire les esprits et les corps. Si l'on conçoit sous cet attribut de l'étendue une substance qui pense, qui sent, qui imagine, qui veut, c'est un esprit, c'est une âme; si l'on conçoit sous le même attribut quelque chose d'impénétrable, qui résiste, c'est un corps, et, comme les corps sont composés, il faut qu'ils soient réductibles à des atomes homogènes et distincts dont l'impénétrabilité est le principe qui les fait corps. Tout corps est de lui-même en repos, et l'esprit est la cause unique du mouvement; enfin, comme les esprits et les corps sont dans le temps, et que tout effet matériel passé a été présent, de telle sorte qu'on puisse concevoir une époque où tous ces effets étaient futurs, il s'ensuit qu'on ne peut trouver que dans un esprit éternel la cause et le principe de l'existence du monde. Sans cela, il faudrait admettre qu'une série déterminée est en même temps infinie, ce qui est contradictoire. Nous ne tenons aucun compte ici de l'alliance qu'Henri Morus voulut établir entre la philosophie de Descartes et la philosophie révélée qu'il trouvait dans Pythagore, dans Platon et chez les cabalistes. Il ne faisait que suivre en cela les idées de ses collègues du *collége du Christ* et leurs tendances mystiques, sans vouloir abandonner Descartes, parce que seul entre tous il l'avait compris; et quand il admettait trois sources de la philosophie : Platon, les Écritures, la libre raison, cette dernière n'était en lui que l'esprit de Descartes.

4. Puisqu'il ne faut chercher, au milieu du tissu lâche des écrits de Locke, ni une proposition régulière, ni une doctrine qui se comprend et qui s'avoue, nous devons nous borner à remonter à la source de ses préjugés et à la cause de ses tendances les plus marquées. D'abord, Locke semble religieux comme Bacon; comme lui il croit à une raison humaine douée d'en haut d'un principe de réflexion qui lui permet de concentrer en elle et de dominer la nature entière, et d'une connaissance révélée qui doit régler sa vie et sa croyance; mais comme lui aussi, et même avec plus de régularité et d'esprit de système, il

ne veut reconnaître dans l'esprit divin de l'homme que des images, que des traces de sensations, que des faits d'expérience confiés à la mémoire, et il aimerait à prouver que la pensée n'a pas d'autres données sur lesquelles elle puisse s'exercer. Ici la doctrine d'Hobbes est debout devant lui ; elle l'influence, elle le captive ; mais Hobbes a admis sans preuve que tout sujet est matière, que toute idée est image, que toute connaissance est mouvement, et Hobbes a, sans aucun doute, profité en cela de la physique de Descartes, où toutes les sensations sont expliquées dans la matière et tous les actes de l'esprit juxtaposés à des figures et à des mouvements. Mais Descartes appuyait sa physique sur l'analyse intime des conceptions, et ne cherchait que là son principe. Alors que fait Locke? Il veut prouver le principe d'Hobbes au moyen du principe de Descartes ; il analyse la pensée pour y trouver la sensation et pour n'y trouver qu'elle ; et, afin d'arriver plus vite à son but, il se pose la question d'origine des connaissances et cherche à la réduire aux sens. Ensuite Hobbes admet des fantômes matériels, c'est-à-dire des idées à formes sensibles ; Descartes admet des idées, modes de la substance pensante ; les néoplatoniciens encore des idées, mais réelles et distinctes ; Locke aussi doit admettre des idées, et les siennes participent un peu de tous les systèmes, tant elles sont indéterminées dans leur essence. L'esprit en est plein, on ne sait comment ; les unes lui sont envoyées par les objets extérieurs et sont de *leur espèce*, les autres sont formées sur les premières *par l'esprit lui-même*, elles sont *morales* ou *abstraites*, elles n'ont *pas de conformité avec les choses sensibles*, et cependant *il ne faut admettre que celles qui ont une existence réelle partout où on la suppose;* il faut faire un choix parmi elles, de peur que les plus inutiles ne se *logent* dans l'esprit et ne laissent plus de *place pour en recevoir* d'autres (1). On ne sait donc pas bien au juste quel rapport il existe entre ces idées, *espèces vives et permanentes des objets*, et ces autres idées qui n'ont *aucune conformité* avec ces mêmes objets ; et quel autre rapport entre chacune de ces idées et l'esprit dans lequel elle se loge. Si les unes naissent de la *sensation*, les autres de la *réflexion*, on se

---

(1) J. Locke, Œuvres diverses. *De la conduite de l'esprit dans la recherche de la vérité.*

demande quelle est cette réflexion qui, sans rien introduire de nouveau dans l'idée sensible, puisque toute origine de l'idée est dans les sens, arrive cependant à lui ôter toute conformité avec son objet. L'opinion de Locke n'est donc, sur cette question fondamentale, qu'un mélange confus de trois systèmes à peu près incompatibles dans leurs principes premiers. Quant aux opinions de Locke, qui ne tiennent pas directement à sa méthode, puisqu'elle est si peu formulée, mais qui se rattachent aux habitudes ordinaires de son esprit, nous devons signaler d'abord le nominalisme dont nous avons montré les rapports étroits avec le sensualisme ; et la source où Locke emprunte cette doctrine est facile à trouver en Angleterre, car le scolastique Occam l'a enseignée, Bacon l'a laissée approcher, Hobbes l'a fortement systématisée. A Hobbes encore Locke doit sans doute ce qu'il expose du dogme de la nécessité, et sa tendance à confondre la liberté avec la puissance. Ensuite les idées de l'espace infini et réel, du vide et des atomes sont des opinions nationales que H. Morus a depuis peu fortifiées, comme nous l'avons vu. Enfin, pour son incertitude sur la nature de l'esprit et de la matière, incertitude basée sur un défaut de définition de l'une ou de l'autre de ces deux choses, et pour sa tendance à identifier l'idée de sujet en général avec celle de matière, nous trouvons tout cela dans Hobbes, et, avant lui, dans Duns-Scott et dans Occam (1), qui ont demandé si la matière ne pourrait pas penser, en se rapportant, comme le fit Locke à son tour, à la puissance de Dieu, pour obtenir par miracle ce qu'ils auraient bien voulu, mais ce qu'ils ne pouvaient atteindre autrement.

5. La prétendue philosophie de Locke manque, on le voit, de méthode, de principe et d'unité ; elle est constituée avec des éléments ramassés çà et là. Locke était un homme du monde que fatiguaient le dogmatisme et les querelles continuelles des philosophes. Il crut la philosophie facile pour une personne de bon sens, et qu'il suffisait, pour éviter les préjugés, de raisonner sans système arrêté, de chercher avec soin les occasions physiques dans lesquelles nos idées se réveillent, et de prendre ces occasions pour des causes, et pour des faits naturels les comparaisons et les rapports que nous établissons entre les idées, sans se demander si ces rapports n'impliquent pas des idées anté-

---

(1) Cousin, *Hist. de la phil. au dix-huitième siècle*, I, 9.

rieures aux premières. Mais comme il ne manquait pas de sagesse et de raison, il admit sous le nom de réflexion une faculté créée tout exprès pour apercevoir ces rapports entre les idées. En cela il imita Bacon et Gassendi, et s'il ne produisit pas plus qu'eux une vraie doctrine, au moins il put avoir des élèves qui se débarrassèrent de sa modestie sceptique et prirent son livre pour leur point de départ, en le regardant comme une sorte d'intention ou comme l'essai encore incomplet d'une méthode analytique nouvelle. Cette intention et cette méthode consistent, l'une à se proposer de constater l'origine sensible des idées, l'autre à étudier ces idées en les classant arbitrairement, en les comparant à leurs causes présumées, et en montrant comment elles sont en ces causes, qu'elles y sont entières et qu'elles ne pourraient être sans elles. Nous considérons donc l'œuvre de Locke comme ayant eu pour objet et pour résultat de reprendre en sous-œuvre le principe de Bacon, d'Hobbes et de Gassendi, et d'en essayer une démonstration fondée sur la méthode psychologique de Descartes. Nous allons voir que la démonstration eut le vice radical du principe lui-même, ou plutôt ne fit que supposer ce principe; et quant au succès prodigieux du livre de Locke, succès qui ne s'est jamais reproduit peut-être en philosophie ni avant ni après lui, et qui dut fort l'étonner, nous en trouverons la cause plus tard dans le mouvement social et politique du dix-huitième siècle.

6. Venons-en donc à cette démonstration du principe sensualiste que Locke se proposa de développer, et mettons en évidence la contradiction qu'elle implique. Quand on cherche dans les sens, ou plutôt dans l'expérience des phénomènes sensibles l'origine des idées, il semble qu'on devrait faire voir comment l'idée de cause naît de la perception de deux phénomènes successifs et de la mémoire de ces phénomènes; comment l'idée de l'infini naît de celle de la possibilité d'ajouter à une quantité une autre quantité, de manière à la rendre plus grande, possibilité que les sens nous font seuls connaître d'après l'hypothèse; l'idée de l'éternité, de l'idée d'une durée et de celle d'une autre durée; l'idée du parfait de celle d'une perfection relative, et celle-ci d'une qualité sensible et d'une autre qualité sensible; l'idée de l'espace, de celles de certaines étendues figurées, etc., etc. Or, cette manière d'énoncer la vérité selon les sensualistes, et

c'est la seule rigoureuse, est pleinement absurde, puisque chacun voit clairement qu'un phénomène, à l'occasion duquel une idée se révèle, s'il pouvait être la cause ou l'essence de cette idée, ne pourrait cependant jamais être tel qu'en tant qu'il comprendrait l'idée, tandis qu'au contraire, c'est toujours l'idée qui comprend et représente le phénomène. En effet, si l'idée embrasse une série entière de faits que l'expérience ne peut atteindre, si elle consiste à prévoir un événement, à poser un être insensible, en un mot, si elle régit les phénomènes de telle sorte qu'ils ne puissent être conçus sans elle que complétement isolés, sans rapport les uns avec les autres, sans nécessité, sans suite, sans ordre et sans ensemble, au lieu qu'au contraire elle peut toujours être elle-même sans tel ou tel phénomène particulier, n'est-il pas incontestable que l'idée dont nous parlons n'a rien de commun avec les faits sensibles que la puissance de les dominer, de les embrasser, de les ordonner, et, absolument parlant, de les faire connaître? Nous le demandons encore, peut-on se figurer que l'on est homme ou même animal, et qu'on a pour unique propriété vitale celle de percevoir une série indéfinie d'images, de sons, d'odeurs ou de résistances, de savoir qu'ils se suivent, et de les garder quelque temps en sa présence avant qu'ils disparaissent. Tel serait l'homme réduit à un simple état de *perceptivité* sensible. Dès qu'il veut abstraire, généraliser et comparer, induire et déduire, prévoir et faire, il cesse de soumettre les facultés de son âme à cette nature extérieure qui, dit-on, les produit, mais, au contraire, il rend la nature intelligible pour lui, en introduisant nécessairement les faits qu'elle lui présente dans le moule de ses idées. Et les faits s'y prêtent, parce que la nature est dans l'homme, comme l'homme est dans la nature, harmonie universelle qui est la seule raison de l'ordre des connaissances et des réalités.

Ainsi le grand ouvrage de Locke n'ayant d'autre objet que de montrer, sur une multitude d'exemples, comment nous apprenons par les sens certaines choses particulières, et comment ces choses sont nécessaires pour que nous formions par induction les idées générales qui les embrassent, nous sommes en droit de demander qu'on nous montre aussi comment cette induction peut se faire sans impliquer autre chose que la connaissance particulière; et si l'on n'y parvient pas, nous sommes en droit de signaler une contradiction dans la méthode, puisque, après s'être proposé de faire voir que les idées générales sont dans les idées particulières, on est au contraire obligé de grouper celles-ci sous celles-là, de telle sorte que le moins produise et embrasse le plus ; ou bien encore une contradiction, si, après avoir réduit l'origine des idées à être exclusivement sensible, on nous apporte vis-à-vis la sensation une faculté qui la travaille et qui la modifie avec des instruments qu'elle ne tient pas d'elle ; ou enfin une pétition de principe, si l'on demande d'accorder que là où les sens sont nécessaires à la manifestation de l'intelligence qui s'applique à leurs données, les sens sont tout par cela même. On trouve, au milieu des embarras de la pensée de Locke, et les contradictions et la pétition de principe (1).

7. La réponse ordinaire de Descartes aux objections de Gassendi, car c'est elle que nous venons de développer, aurait donc pu être opposée aux prétentions de l'école de Locke, si celle-ci eût été disposée à écouter la critique. Leibnitz, qui, d'abord, réfuta Locke en quelques lignes bienveillantes, comme on en donne à un essai qu'on ne croit pas destiné à une grande fortune (2), employa plus tard toute sa logique et toute la largeur de son génie à un examen plus étendu dans lequel, après avoir admis que les idées des choses particulières réveillent les idées générales quoiqu'elles ne puissent les donner, après avoir montré que les principes universels sont nécessaires dans notre esprit *comme les muscles et les tendons dans le corps*, que l'induction ne peut nous assurer par elle-même de la vérité, et prouve, au contraire, l'antériorité des idées, pour les vérités nécessaires, par exemple, il résuma les principes qui devaient ressortir de sa minutieuse critique, en accordant que l'expérience contient et donne tout, sauf cependant ce qu'elle ne peut ni contenir ni donner, c'est-à-dire l'intelligence même, et, avec elle, les notions d'être, de substance, d'un, de même, de cause, et la perception et le raisonnement, etc., etc., et le plaisir et la douleur (3). Cet ouvrage de Leibnitz fut publié longtemps après

(1) J. Locke, *Essai philosophique concernant l'entendement humain, où l'on démontre quelle est l'étendue de nos connaissances certaines et la manière dont nous y parvenons.*

(2) Leibnitz, *Réflexions sur l'Essai de l'entendement humain de M. Locke*, dans le recueil de Desmaizeaux, t. II.

(3) Id., *Nouveaux essais sur l'entendement humain*, Leipsick, 1765. Nihil est in intellecto quod non fuerit in sensu, excipe : nisi ipso intellectus (page 67).

sa mort et lorsque l'Allemagne tout entière suivait les leçons de Wolf, son élève; mais eût-il paru plus tôt qu'il n'eût pas prévenu le rapide engouement de l'Angleterre et de la France pour ce pauvre essai dont les quatre livres peuvent se réfuter en quatre lignes; alors même il ne put prévenir une chute passagère de l'Allemagne philosophique qui, entraînée par le goût général, et amoureuse de l'esprit superficiel et léger qu'on admirait alors dans la France, se soumit à ses goûts pour lui plaire et se fit l'élève des élèves de Locke. Tout cela devait être sans doute, mais tout cela ne devait pas durer.

8. Pour que la philosophie de Hobbes, de Bacon, de Gassendi et de Locke demeurât solidement constituée, il faudrait prouver que les opérations intimes de la pensée sont de purs mouvements, et c'est là ce qui est à tout jamais impossible, puisqu'on ne peut énoncer une proposition pareille sans confondre l'une avec l'autre deux choses que le plus simple et le plus savant des hommes savent aussi bien l'un que l'autre être fort différentes. Cependant cette chose impossible fut tentée, et Locke, entre autres, s'essaya à confondre ce qui est distinct, et à détruire ainsi toute méthode. Il crut à cette *vertu attractive* de la matière que Newton même, nous le savons, ne voulait pas accepter, et put penser dès lors que si Dieu a donné aux astres la faculté de s'attirer mutuellement, il peut bien avoir donné aux hommes, qui sont constitués comme les astres par certains amas de matière, la faculté de penser (1). Locke en appela donc à la puissance de Dieu pour prouver la simple possibilité de ce fait, et proposa ainsi une *hypothèse fainéante* en philosophie, comme dit Leibnitz (2). En effet, cette hypothèse brouille toutes notions, anéantit toute science, et l'on ne voit pas pourquoi, hypothèse pour hypothèse, on ne préférerait pas à celle-ci l'hypothèse contraire qui attribue aux esprits la faculté de se représenter des corps qui n'existent pas réellement ; et, quant à ceux dont nous parlerons bientôt, qui tentèrent de prouver que l'esprit n'est en effet que matière, ils ne firent en cela que montrer qu'ils n'attachaient aucun sens au mot matière, mais qu'il leur plaisait seulement d'appeler matière et

---

(1) Correspondance de Locke et de l'évêque de Worcester. Leibnitz, *Nouveaux essais*, avant-propos, page 15.

(2) Leibnitz, *Nouveaux essais*, page 21.

mouvement ce que tout le monde nomme ainsi, et puis encore matière et mouvement, l'esprit et l'intelligence.

9. Que résulta-t-il, en effet, de ce mélange d'idées hétérogènes ? C'est que la notion de matière, devenue vague et confuse, perdit tout caractère de nécessité philosophique ; et comme, d'ailleurs, l'analyse de Locke n'établissait que l'existence des idées sensibles, sans fournir une conception claire, soit de la substance qui les reçoit, soit de celle qui les envoie et qui les transmet, un esprit rigoureux put en conclure que l'unique réalité est en ce monde le sujet, quel qu'il soit, des perceptions sensibles, et, qu'en conséquence il n'existe que des esprits, selon le sens le plus ordinairement attribué à ce mot. C'est la physique de Descartes, dans celle de ses parties que la philosophie de Locke avait reçues, qui s'imposa plus ouvertement à elle, et la conduisit ainsi à la plus étrange des contradictions.

En effet, Locke, en étudiant les qualités sensibles, avait considéré la plupart des sensations, celles de la chaleur et du son, par exemple, et tout ce qu'il appelait *qualités secondes*, comme n'étant dans le monde extérieur que de purs mouvements, autres par conséquent dans l'objet qui les produit que dans le sujet qui les connaît sous cette forme d'odeur ou de son, de chaleur ou de couleur. Il avait fallu suivre en cela les progrès de la physique moderne, mais il n'en avait paru que plus nécessaire alors de distinguer de ces qualités étrangères aux corps d'autres qualités qu'on appelle *premières* et que l'on croit généralement convenir à la matière, se trouver en elle et la caractériser. Mais si l'on parvenait à montrer que ces qualités elles-mêmes ne peuvent se comprendre que dans un esprit, ni exister ailleurs en aucune façon, la matière devenait inutile, et on pouvait penser qu'elle n'existe pas, parce qu'elle est incompréhensible en elle-même et superflue pour la production des phénomènes. Or, les qualités premières étant, selon l'école de Locke, *l'étendue, la figure, la solidité, la pesanteur, le mouvement et le repos*, on comprend aisément que toutes ces idées n'étant suggérées à l'homme, selon cette même école, que sous une forme sensible et particulière, et aucune d'elles n'ayant un caractère de nécessité ni une origine autre que la sensation, il est aisé de leur enlever une réalité qu'on n'a niée des qualités secondes que pour des motifs qui conviennent également aux deux genres.

C'est ainsi que procéda Berkeley : toutes les qualités sensibles, quelles qu'elles soient, varient, en général, avec les sujets qui les perçoivent, et leur sont tout à fait relatives ; par exemple, telle étendue paraît plus ou moins grande, plus ou moins unie ou raboteuse, de telle ou telle forme ou figure, absolument de même qu'elle paraît de telle ou telle couleur et à telle ou telle température, selon qu'elle est perçue dans telles ou telles circonstances et par tel ou tel animal, selon la disposition de ses organes, selon les instruments qu'il emploie, selon la distance à laquelle il se place, selon les objets divers auxquels il la compare ; ensuite le mouvement est plus ou moins rapide au même instant et dans le même mobile, suivant la succession des idées dans l'âme de l'observateur, succession par laquelle seule nous pouvons connaître le temps. Comment donc ces qualités pourraient-elles exister dans les corps ? D'ailleurs elles se réduisent toutes à l'étendue, sans laquelle elles ne peuvent être comprises ; et comme l'étendue ne peut être rendue sensible que par une qualité seconde, chaleur, couleur, etc., ou par une résistance qui n'a rien d'absolu, et qui, en tant que résistance, ne peut être conçue dans l'étendue comme lui appartenant, il s'ensuit qu'on ne peut comprendre aucune sensation hors de l'esprit dans lequel elle est, ou qui la perçoit immédiatement. Demanderait-on un substratum pour la qualité sensible, et voudrait-on le placer dans le monde extérieur et le nommer *matière*? Mais ce mot *substratum*, ou suppose l'étendue dont l'existence objective est déjà réfutée, ou bien quelque chose d'invisible et d'impalpable qui ne peut être l'objet réel d'une idée sensible (1). Berkeley, qui était pleinement sensualiste et regardait toutes les idées comme originaires des sens, était ainsi mené par les arguments ordinaires des sceptiques, dirigés contre la variabilité et l'inconsistance des notions sensibles, à n'accorder de réalité qu'à ces notions elles-mêmes qui, étant *objets immédiats de l'esprit*, ne peuvent être niées, et à rejeter comme une chimère monstrueuse la matière des philosophes.

10. Et qu'on ne croie pas pouvoir rejeter tous ces arguments, sous prétexte de sophisme et de subtilité. Sans doute ils sont dépourvus de valeur contre des doctrines telles que celles de

---

(1) Berkeley, *Dialogues contre les sceptiques et les athées*, dial. 1.

Descartes, ou de Spinosa, ou de Leibnitz, mais ils sont au contraire parfaitement rigoureux et démonstratifs, quand ils ont leur point de départ dans le sensualisme, et leur portée contre lui. En effet, un sensualiste conséquent ne peut sortir de ce monde infiniment variable et contingent des idées sensibles, dans lequel il s'est involontairement jeté, ni fonder sur quelque raison que ce soit la croyance à une nature permanente et régulière, à un être en soi, à une substance. Berkeley fut donc très-faible quand il voulut prouver que nous n'avons aucune idée de l'étendue ou de la figure, autrement que par les sens, mais il fut invincible quand il prouva aux partisans de Locke que la matière n'existe pas. Et, selon nous, il y a là un des faits les plus importants de l'histoire de la philosophie, et une démonstration irréfutable du vide profond de ce système qu'ont embrassé les plus pauvres raisonneurs d'entre les philosophes, depuis Épicure jusqu'à Condillac.

11. Mais si Berkeley fut si puissant dans la critique, et s'il réduisit au scepticisme le sensualiste vulgaire, en le forçant à douter de l'existence de son idole, il fut bien faible à son tour quand il songea à relever la croyance. En effet, cet homme qui n'avait admis jusque-là que des idées sensibles, des idées sans règle et sans loi, des idées en poussière, pour ainsi dire, conserva sans raison le principe de la causalité et celui de l'induction, pour reconstruire ce monde qu'il venait de briser. C'est au sens des philosophes qu'il faut nier l'existence de la matière, dit-il alors, et non à celui du vulgaire ; les objets existent puisque nous les apercevons ; bien plus, ils existent tels que nous les apercevons, et leur existence consiste précisément dans la qualité d'être aperçus. Mais comme notre esprit est passif dans la perception, ainsi que nous ne pouvons en douter, et que les objets doivent nécessairement avoir une cause, il faut qu'il existe *un esprit présent partout et éternel, qui connaît et comprend toutes choses, et qui nous les représente selon les règles qu'il s'est prescrites à lui-même, et que nous appelons lois de la nature* (1). Ce système diffère de celui de la vi-

---

(1) Berkeley, dial. II. Nous avons des idées que notre esprit ne crée pas, mais qu'il reçoit ; ces idées sont nécessairement dans un autre esprit qui nous les communique par sa volonté, et la manière dont nous en sommes affectés prouve que cet esprit qui en est l'auteur, est sage, puissant et bon au delà de tout ce qu'on peut comprendre ; il faut donc dire que « les choses sensibles existent réellement, que si elles existent réellement, elles

sion en *Dieu*, en ce qu'il n'admet aucune matière à moins qu'on n'entende par ce mot *ce qui est sensible et dont l'existence consiste à être aperçu* (1). Les illusions des sens s'expliquent aisément par cette seule considération que nous n'errons jamais, à moins que nous ne dépassions, par le raisonnement, nos perceptions pures : celles-ci sont toujours vraies. Enfin, mille et mille difficultés de la métaphysique et de la physique disparaissent devant cette croyance si simple, sans que cependant la physique elle-même soit détruite, car son but est d'étudier l'ordre et la constante succession des phénomènes, quelle que soit leur nature.

12. Nous ne pouvons nous arrêter sur cette doctrine qui révèle cependant jusque dans ses moindres parties un admirable génie, il nous faut continuer l'histoire du sensualisme. Nous venons déjà de retrouver les fantômes d'Hobbes, ainsi que nous l'avions annoncé en exposant sa philosophie, mais nous avons encore un Dieu qui les gouverne et qui nous les envoie. Maintenant nous allons faire un pas de plus ; en effet, nous admettions tout à l'heure que les idées sont des sensations, mais alors il faut reconnaître aussi que toutes les notions s'acquièrent par l'expérience. Berkeley était évêque et croyant, la foi chez lui suppléait à la raison, mais ici nous ne pouvons que raisonner ; dès lors, quel est le principe ou de sensation ou d'expérience, qui nous assure la légitimité d'une induction générale ? Qui nous a appris que le feu est *cause* de la chaleur, ou que notre volonté est *cause* du mouvement de notre bras. Nous savons, il est vrai, que chaque fois que le feu a été apppproché de notre main, nous avons éprouvé certaine sensation que nous nommons chaleur, que chaque fois qu'une certaine modification, dite volonté, a eu lieu en nous, un certain mouvement musculaire s'est produit dans notre corps. Et tout ceci est d'une

sont nécessairement aperçues par un esprit infini, et qu'ainsi il existe un esprit infini ou un Dieu. » Les attributs moraux de Dieu, et particulièrement la Providence, se déduisent avec la plus grande facilité de cette considération.

(1) Le système de Malebranche diffère de celui de Berkeley en ce qu'il est un idéalisme intelligible, et celui-ci un idéalisme sensible. Il y a donc autant de distance entre eux qu'il pouvait y en avoir entre Hobbes et Descartes ; mais Berkeley est un chrétien, et Hobbes n'était certainement qu'un impie. On lit quelque part que les derniers jours de la vie de Malebranche furent troublés par une violente discussion avec Berkeley qui se trouvait alors à Paris.

28.

entière évidence, car nous sommes certains, d'un côté, de notre pensée, de l'autre, de ce qui s'est passé ensuite, et que la sensation nous manifeste; mais après cela, que savons-nous? L'expérience ne peut nous permettre d'aller plus loin. Tels furent les célèbres raisonnements de Hume (1), et nous n'avons qu'un mot à ajouter pour faire connaître sa position parmi les philosophes, c'est qu'il admit le principe sensualiste, ou, si l'on veut, empirique, dans toute sa rigueur, et qu'il eut l'esprit éminemment logique. Ainsi donc, à prendre au sérieux les propositions de Hume, on arriverait au *fantasmatisme* le plus absolu que Hobbes ait jamais pu rêver; mais, à le considérer dans sa personne, on trouve un sceptique. Il va sans dire que ce scepticisme ne s'applique qu'à la science et nullement à la vie. Après avoir nié les idées de la cause, de l'infini, de l'éternel, qui sont des étrangères pour l'expérience, quand il arrive à se représenter consciencieusement la force invincible de cette idée de cause qui naît cependant, suivant lui, d'une simple habitude, il est obligé d'accorder une disposition naturelle, un *instinct* à nous donné selon l'ordre des choses, et l'on voit ainsi qu'il sait suppléer, dans l'occasion, aux idées innées qu'il repousse et qu'il dit ne pas comprendre. Qu'est-ce donc que Hume enfin? Un homme qui part des données de son temps et les admet sincèrement, mais qui, métaphysicien par nature plus que Locke et plus que Condillac, arrivé aux bornes de la philosophie à la mode, ne peut s'empêcher de douter. Mais ce doute se rapporte aux systèmes, aux raisonnements, aux preuves rationnelles des idées fondamentales de l'homme, jamais à la vérité de ces idées ou de leurs objets. C'est, du reste, un esprit élégant, naturel, droit et simple, profond même. Né à une époque où la science se faisait petite pour combattre le Goliath de la théologie, il combattit à côté de ses amis les nouveaux philosophes français; mais philosophe en dépit de tout, il rompit les barrières et sauta de l'empirisme vulgaire dans un scepticisme qu'il savait bien ne concerner que les systèmes humains et pour lequel l'homme et la vie, les affections et les instincts moraux demeuraient inattaquables.

15. Nous venons d'indiquer la marche logique des idées dans l'école anglaise. Il nous reste à signaler, d'une part, quel-

---

(1) D. Hume, *Essais philosophiques, politiques et moraux*.

ques philosophes qui essayèrent de garder une place au milieu du mouvement principal, ou plutôt qui, moins préoccupés de philosophie pure que de théologie ou de physique, se tinrent à côté de l'école; d'autre part, ceux qui, sur divers points, étudièrent, propagèrent l'opinion régnante et donnèrent lieu à de vives querelles. Les premiers sont Clarke et Newton. Nous reparlerons de Newton, mais disons ici que tous deux tinrent entre Descartes ou l'école mathématique et rationnelle, et l'école empirique de Bacon, de Gassendi et de Locke, un rang analogue à celui qu'avait occupé H. Morus, sauf ses opinions cabalistiques. Profondément religieux tous deux, ils attribuèrent cependant à Dieu l'espace infini comme organe, et conçurent la matière sous la raison atomique. Clarke s'efforça particulièrement d'établir les preuves de l'immortalité de l'âme et de l'existence de Dieu (1); mais l'école de Locke ne put être maintenue dans les bornes théologiques. Collins démontra que toutes les actions de l'homme sont déterminées, ainsi que ses volontés et ses actes, par leurs causes, de sorte que la liberté est impossible (2). Dodwell, Coward, Hartley, ensuite Priestley (3), voulurent prouver la matérialité de l'âme; enfin Mandeville, partant de la définition du *bien* par l'*utile*, doua le sensualisme d'un nouveau système de morale, et entreprit l'apologie des vices par la considération de leur indispensable utilité dans la société actuelle (4). En un mot, ce fut dans ce siècle un déchaînement universel contre la théologie; les médecins y prirent une grande part, et il n'y eut là ni unité ni vraie doctrine. Une infinité de débats commencèrent et se continuèrent sans méthode, c'est-à-dire au hasard, et il serait inutile de rechercher ici quelle veine heureuse ou malheureuse de raisonnements put trouver chacun de ces enfants perdus de la philosophie. Nous essayerons, dans

---

(1) Clarke, *Traité de l'existence et des attributs de Dieu.*—*Débats de Clarke et de Leibnitz sur l'espace et le temps.* (T. 1, rec. de Desm.)

(2) Collins, *Recherches sur la liberté*, et réponse de Clarke dans le même recueil.

(3) Priestley fut le plus original et le plus profond de ceux qui s'attachèrent à démontrer le *déterminisme* et la matérialité de l'âme. Ses ouvrages sont très-remarquables sous le rapport de l'analyse des motifs de nos actions et de la concordance intime des lois de la pensée avec celles du corps. Il fut engagé dans un grand nombre de discussions. Grand chimiste d'ailleurs, il créa à peu près la chimie des gaz.

(4) Mandeville, *Fable of the bees or private vices made public benefits.* Lond., 1714. —Berkeley, *Alciphron, ou le petit philosophe*, contenant une apologie de la religion chrétienne contre les esprits forts.

notre conclusion, de porter la lumière au milieu de cet éternel combat des esprits dans lequel il n'y a pas de vaincus.

§ II.

MÉTAPHYSICIENS FRANÇAIS DU DIX-HUITIÈME SIÈCLE.

1. Le cartésianisme dominait enfin dans les écoles, et déjà son règne passait dans l'opinion. Les sciences commençaient à se séparer du tronc principal ; il y avait des mathématiciens, il y avait des physiciens, il y avait des chimistes, et la métaphysique tombait en discrédit auprès des diverses classes de savants. D'un autre côté, la critique des institutions civiles et religieuses allait croissant et devenait de plus en plus libre. Enfin, au milieu d'une préoccupation exclusive des choses de la terre, la philosophie s'éloignait, repoussée par la réaction générale qui avait lieu contre tout ce qui tendait à n'occuper l'homme que de Dieu et de son plus lointain avenir.

Arnaud et Malebranche furent les derniers philosophes du dix-septième siècle en France, et l'année même où ce dernier mourait, naissaient Helvétius et Condillac, tant ce déclin de la philosophie fut rapide. Il est vrai qu'un homme d'une immense célébrité, et dont l'influence dut être bien grande, avait employé toute son activité à diriger, pour la détruire, la philosophie contre elle-même. Cet homme est Bayle, et par lui le scepticisme prépara l'invasion de la philosophie anglaise parmi nous. C'est du cartésianisme que sortit l'esprit de Bayle. En effet, attaché d'abord aux idées de Descartes au point de les défendre publiquement, le milieu théologique dans lequel il vécut, ses changements de religion, son vif sentiment des dissidences de la raison et du fléau de l'intolérance, ne tardèrent pas à lui faire rejeter tout dogmatisme. Sans doute, s'il eût été chrétien ardent et enthousiaste comme Malebranche, ou profond, et, en quelque sorte, fanatique penseur comme Spinosa, ou haut et diplomatique génie, éclectique et conciliateur comme Leibnitz, il eût pu s'arranger du cartésianisme en le modifiant comme eux. Mais le doute en religion l'entraîna au doute en philosophie ; persécuté d'ailleurs par les religions, il voulut leur arracher leur prétendue certitude, et, par là, les croyances et l'empire, et le pouvoir de faire le mal. Il voulut que la nécessité d'en appeler à la foi rendît les théologiens plus modestes, et il mit en problème toutes les questions dogmatiques. Pour amener le retour de la charité, il essaya d'abattre la suffisance scientifique et fut poli dans les disputes. Esprit clair et méthodique, mais obstrué de détails, porté naturellement au bien et à la critique du mal et du faux, il se laissa trop aller cependant à confondre ce qui est arrêté avec ce qui est exclusif, et proscrivit le tout ensemble. En résumé, il faut considérer Bayle comme le premier anneau de la chaîne des philanthropes français. Exilé par les institutions d'intolérance de son pays, il jeta à ses concitoyens, afin de les aider à les abattre, un protestantisme plus radical que celui de Luther et de Calvin ; car il ne leur conseilla pas de lire la Bible et de l'interpréter, ni d'accepter l'interprétation des ministres, mais bien de laisser là la science et l'interprétation, de peur de se tromper, et de s'aimer les uns les autres. Mais comme la métaphysique régnait encore, il accepta la métaphysique comme instrument, et parcourut la philosophie et la religion, voyageur critique, pour les opposer à elles-mêmes. Ainsi fut-il le dernier des métaphysiciens et le premier des philosophes, à prendre ce mot dans le sens qu'on lui donnait il y a soixante ans.

2. Il résulte de là qu'on peut remarquer deux parties dans l'œuvre de Bayle. L'une consiste dans certaines opinions très-systématiques, et qui, bien que considérées jusqu'à nos jours comme d'indignes paradoxes, n'en sont pas moins très-faciles à justifier par l'expérience et par la raison. Bayle prit à tâche de combattre et de ruiner, à propos de l'apparition d'une comète en 1648, tout ce qui pouvait rester de préjugés et d'idolâtrie parmi les populations chrétiennes de son temps, et le cours de son argumentation le conduisit à soutenir que les opinions religieuses sur Dieu et sur la Providence ne sont pas l'unique fondement de la moralité chez l'homme. En effet, c'est à cela que reviennent ces deux thèses, qu'*un athée peut être honnête homme* et qu'*une société d'athées pourrait exister*, et cette autre dont le but est d'appuyer les premières, que l'âme déchoit moins par l'athéisme que par l'idolâtrie (1). Nous ne voulons pas prouver ici que les notions du juste et de l'hon-

---

(1) P. Bayle, *Pensées diverses sur les comètes*, et *Continuation des Pensées diverses*, etc.

nête reposent sur de tout autres fondements que les opinions dogmatiques, bien qu'il pût suffire en vérité, pour en convaincre tout homme de bonne foi, de comparer l'état moral des classes élevées de la société, en général irréligieuses aujourd'hui, avec celui des classes inférieures dans les pays où la superstition domine ; nous ne voulons que l'admettre et prendre pied de là pour voir dans la personne de Bayle le premier et le plus actif peut-être de ces philosophes qui reconnurent dans l'homme, sous le nom d'amour, ou de sympathie, ou de sentiment, ou d'instinct, etc., etc., une personne morale indépendante de la personne qui raisonne et de celle qui agit. Nous savons que Bayle ne s'est pas servi des mots que nous aimons à employer aujourd'hui, mais il n'en est pas moins vrai que la prédication simultanée du principe de tolérance, de l'indifférence religieuse et des notions innées de vertu, revient pour qui sait lire à placer dans le cœur de l'homme *la personne divine* de l'amour et à la prendre pour guide dans les relations sociales.

La seconde partie de l'œuvre de Bayle est sa critique des dogmes et des systèmes. Cette critique est très-faible sous le point de vue historique, et d'autant plus faible que le souvenir de la philosophie de Descartes y perce davantage. Bayle est trop loin de l'esprit des méthodes anciennes, et il est trop près de l'origine de la méthode moderne pour pouvoir apprécier sainement les diverses doctrines ; ainsi il voit le système de Spinosa dans Césalpin et dans Aristote, celui de Malebranche dans Démocrite, etc., etc. Mais la critique historique ne faisait que de naître, et du temps même de Bayle, Huet et Cudworth, un peu plus tard Berkeley (1), ne surent découvrir que leurs propres idées chez les philosophes de tous les temps. Leibnitz fut incontestablement le plus savant et le plus pénétrant des critiques à cette époque, et il dut à la largeur et à l'intelligence merveilleuse dont il fit preuve la supériorité de son propre système. Grâce à lui, Brucker put produire la première histoire de la philosophie, histoire encore si utile aujourd'hui et dont on se sert tant, sans vouloir ordinairement la citer que pour en médire. Pour en revenir à Bayle, parmi les réfutations qu'il entreprit, celles de Spinosa et de Leibnitz tiennent le premier rang, à notre point de vue. Quant à la première, d'u-

---

(1) Berkeley, *Traité des vertus de l'eau de goudron.*

niverselles réclamations lui apprirent, à son apparition, qu'il n'avait pas saisi l'esprit de cette doctrine si abstruse, et en général il chercha moins à la combattre en elle-même que dans ses conséquences. Quant à la seconde, il reprocha à *l'harmonie préétablie* de ressembler trop à une hypothèse et de ne pas convaincre l'esprit, ce qui était vrai surtout de la forme exotérique sous laquelle son auteur la présentait ; elle lui parut aussi supposer en Dieu une puissance trop inintelligible pour nous. Enfin l'optimisme leibnitien fut surtout en butte à ses attaques ; et, malgré les réponses de plus en plus ingénieuses de Leibnitz (1), il reste qu'il est bien difficile de comprendre comment un Dieu tout-puissant ne peut cependant pas créer un monde qui soit en même temps parfait sous le point de vue de l'ensemble et sous celui des détails (2).

Cette question du bien et du mal fut celle qui préoccupa le plus constamment l'esprit de Bayle et qui le porta à ressusciter le manichéisme pour l'opposer aux théologiens de toutes les opinions.

3. Mais ce n'était pas tout que d'opposer secte à secte, et système à système ; restaurer le manichéisme ou le pyrrhonisme semblait un jeu d'érudition ; il fallait pousser la hardiesse plus loin, se placer sur le terrain de la philosophie et s'y fortifier dans un système positif dont les conséquences fussent sûrement ruineuses pour les théologiens et pour les philosophes du siècle précédent qui leur avaient prêté leur appui. A une doctrine on avait besoin d'opposer, non pas une hypothèse, mais une autre doctrine à formes consciencieuses et sévères au moins en apparence. Ainsi s'explique le succès du livre de Locke qui, comme attendu en France, y fut reçu avec acclamation. Locke était contemporain de Bayle, et Bayle le cite avec grande estime. Comme lui il avait combattu pour la tolérance (3), et comme lui souffert pour la cause de la liberté. Ainsi de l'Angleterre et des Pays-Bas vinrent tomber sur la France de Louis XIV des ennemis plus dangereux que Marlborough et le prince Eugène.

Si Gassendi eût écrit en français, si la forme de sa philoso-

---

(1) Leibnitz, *Essais de Théodicée.*
(2) Bayle. *Diction. historique et critique,* art. Spinosa, Rorarius, etc., etc.
(3) Locke, *Lettre sur la tolérance.*

phie eût été moins antique et son caractère religieux moins prononcé, sans aucun doute il eût dirigé ce mouvement des esprits et remporté sur Descartes une victoire posthume. Mais nous croyons que l'influence de ses in-folio latins dut être à peu près nulle dans un temps où les études devenaient de plus en plus superficielles. Ainsi Locke et Newton passèrent la mer, et l'engouement de la France pour l'Angleterre commença. Mais la métaphysique sensualiste devait s'allier en France avec une naïveté dans la déduction, avec une intrépidité dans l'absurde qu'elle n'avait jamais rencontrées jusque-là. La dégradation des institutions religieuses et politiques, et la tendance des populations qui en fut la conséquence, peuvent seules nous rendre compte de cette singulière déviation.

4. L'unique métaphysicien de ce temps, encore représenta-t-il faiblement plutôt qu'il ne dirigea l'opinion de ses contemporains, est Condillac. Il faut convenir cependant que les principales qualités qu'on demandait alors au philosophe se trouvèrent en lui; d'abord il vénéra Locke et le dépassa en donnant un nouveau développement aux preuves de l'origine sensible des connaissances, en accordant plus d'importance aux signes et moins aux pensées que les signes représentent, et en s'efforçant de montrer que non-seulement l'âme, mais les sens, non-seulement l'art de faire des idées avec des sensations, mais même celui de sentir comme il faut n'est qu'une affaire d'expérience et d'habitude (1). Ensuite il fut dur et méprisant pour la métaphysique du dix-septième siècle, prétendit que les Français s'en étaient dégoûtés avec raison, comme d'un produit de l'imagination toute pure ou des préjugés, et publia, pour le prouver, une analyse et une réfutation des systèmes de Descartes, de Malebranche, de Spinosa et de Leibnitz. Or, tout cet examen dans lequel, et nous devons le dire pour être rigoureusement juste, l'impertinence lutte avec la légèreté, n'est dans le fond qu'une continuelle pétition de principe. En effet, on y peut voir ce grand raisonneur, cet homme qui, du haut d'une raison nouvellement mise au monde en Angleterre, juge pour le condamner un siècle entier de penseurs, supposer, pour la ruine de ses adversaires, des principes que ses adversaires n'admettent pas, et ne pas chercher à les prouver par des

---

(1) Condillac, *Essai sur l'origine des connaissances humaines*, 1740.

raisons communes entre eux et lui (1). Enfin Condillac, pressé d'être lui-même un grand philosophe à la place de tous ceux qu'il avait renversés, sentit la nécessité d'avoir un système; et comme il ramenait la pensée à la sensation, et qu'il était obligé par conséquent de définir celle-là par celle-ci, il nomma la pensée une *sensation transformée*. Ainsi son analyse consista à suivre la sensation depuis le degré le plus bas jusqu'au plus élevé, et à étudier ses transformations successives depuis la représentation simple des qualités sensibles extérieures, jusqu'à la mémoire et à la comparaison de ces qualités, de manière à montrer que toutes les facultés de l'esprit sont contenues dans la sensation primitive et ne font que se déployer (2). Mais comme il est toujours bon, quand on adopte un pareil système, de réduire à leur moindre portée les facultés que l'on veut expliquer, Condillac jugea à propos de faire reposer la notion de la vérité sur la perception de l'identité de deux termes dont la sensation a, bien entendu, fourni le contenu. Ensuite la science se forme par voie déductive. Ainsi, toute vérité est dans son principe une équation identique; dernière aberration d'esprit de cet homme qui ignora assez l'intelligence pour en placer l'origine et la cause dans la non-intelligence, et connut si peu la nature, qu'il crut que les animaux naissent sans instinct et ont besoin d'une éducation pour voir et pour manger.

Serait-il besoin de montrer la faiblesse de toutes ces prétentions? Bornons-nous à remarquer que l'analyse de Condillac, afin d'arriver à nous montrer comment toute pensée est renfermée dans la sensation, ajoute à chaque pas à cette sensation, et sous le prétexte inintelligible d'une transformation, quelque nouvel élément qu'elle ne renferme pas et ne peut pas renfermer. Demandons-nous comment une sensation, transformée ou non, peut exister sans la pensée qui l'encadre pour ainsi dire et lui donne sa forme, et pourquoi un philosophe qui prétend observer et n'énoncer que ce qu'il voit, ose donner le nom de sensation à une généralité ou à une abstraction. Enfin s'il plaît à l'un d'appeler la pensée transformation de la sensation, alors que la sensation est déjà la transformation du mouvement,

---

(1) Condillac, *Traité des systèmes*, 1749.
(2) Id., *Traité des sensations*, 1754.

pourquoi ne plairait-il pas à un autre d'appeler la sensation une pensée transformée, et le mouvement une sensation transformée? Ainsi naîtrait, et par une méthode bien plus rigoureuse au début, l'idéalisme subjectif absolu.

5. La philosophie de Condillac a cependant dominé dans l'enseignement jusqu'à des temps bien voisins de nous. C'est qu'à côté de l'état général des esprits il faut un système à formes plus ou moins rigoureuses qui le représente *didactiquement*. L'encyclopédie a été la plus grande œuvre du dix-huitième siècle : on trouve là les arts et les sciences exaltés, la métaphysique déprimée, l'histoire et les hommes jugés avec une partialité quelquefois volontaire, et le passé tout entier sacrifié à l'esprit nouveau; on y devine la haine de la religion et l'ardent amour de la liberté; on y lit enfin une préoccupation constante de la vie, de la réalité, de la nature et de ses lois, de l'homme et de la société. Et qu'importe la doctrine, on ne pense qu'aux conséquences qu'elle peut avoir; et qu'importent même ces conséquences dans un avenir éloigné, pourvu qu'elles abattent dans le présent les obstacles au progrès des esprits, à la destruction des préjugés, à l'abaissement des pouvoirs retardataires, enfin à l'élévation de la pensée libre de l'homme, de la morale naturelle, et de la simple et utile étude des formes et des êtres, au-dessus d'un dogme symbolique avili, d'une morale égoïste ou dévote et d'une science immobile dont les axiomes sont des chaînes? Aussi Condillac occupe-t-il une bien petite place dans ce siècle prodigieux qu'on ne peut juger sainement qu'en se rappelant que beaucoup de mal est quelquefois attaché à beaucoup de bien dans le monde imparfait où nous vivons. Nous avons dit qu'il fallait à ce siècle des principes bons ou mauvais, mais enfin des principes, et que la critique indépendante et isolée eût été nécessairement insuffisante et peut-être impossible. La science générale fut donc systématisée. Elle le fut aveuglément, mais, encore une fois, les grands esprits du temps ne s'en occupaient guère et peut-être pourrions-nous montrer qu'ils la méprisaient. En tout cas les variations métaphysiques de Voltaire, les opinions indépendantes de d'Alembert sur des points qui semblent au premier abord avoir dû être des points de foi pour les *philosophes* (1), et surtout l'antipathie de Rousseau pour le sensualisme dont il comprit très-

(1) N'y ayant aucun rapport entre chaque sensation et l'objet qui l'occasionne, ou du

bien le faible (1), suffisent pour nous prouver que les idées de Condillac et de ses élèves furent des auxiliaires pour les véritables et sérieux lutteurs du dix-huitième siècle, plutôt qu'elles ne furent le sujet même du combat. De là vient que nous reconnaissons devoir tant à ce siècle et à ces lutteurs dont nous parlons, et que cependant notre philosophie est en pleine réaction contre leur doctrine avouée. C'est en tant qu'aveugle machine de guerre que nous considérons le sensualisme condillacien comme ayant fort utilement manœuvré; et si les théologiens n'ont pas eu la vertu de le ruiner, nous en concluons qu'ils étaient alors sans force et sans intelligence de leurs propres principes, ou même entraînés à leur insu dans la sphère générale du mouvement, et qu'ainsi la machine était infailliblement utile et devait réussir.

6. Nous n'avons pas entrepris ici une histoire de la société française, de sorte qu'il nous est impossible d'insister plus longtemps sur le vrai caractère du progrès au dix-huitième siècle. Mais nous pouvons déduire de ce qui vient d'être dit, que la métaphysique proprement dite y a peu d'importance, et nous expliquer par là sa faiblesse radicale. Voltaire, Diderot, Rousseau, d'Alembert ne sont pas des métaphysiciens; la science générale ne les a nullement préoccupés, et une classification purement secondaire et pour ainsi dire laïque des branches de la connaissance humaine est le travail le plus philosophique de celui d'entre eux qui eût été le plus capable de produire une doctrine (2). Or, ce travail a précisément pour objet de nier la possibilité d'un système absolu, et, par suite, de ramener la philosophie à l'étude des faits en tant

moins auquel nous la rapportons, il ne paraît pas qu'on puisse trouver par le raisonnement le passage de l'un à l'autre. Il n'y a qu'une espèce d'instinct, plus sûr que la raison même, qui puisse nous faire franchir un si grand intervalle. L'âme n'est rien de matériel et ne peut être resserrée dans aucune limite ni placée dans aucun lieu de l'espace ; on ne doit point considérer le corps comme la contenant, mais seulement comme limitant l'étendue de matière dans laquelle il lui est donné de sentir. — Celui qui conçoit les choses ainsi et ne se représente pas l'âme enchaînée dans le corps comme un prisonnier dans son cachot, comprendra facilement comment elle peut embrasser toute la nature dans ses perceptions, et ne s'étonnera plus que des limites soient imposées à ses connaissances. (D'Alembert, *Encyclopédie*, art. Corps.)

(1) *Notes en réfutation du livre de l'Esprit d'Helvétius*, dans les œuvres diverses de Rousseau.

(2) D'Alembert, *Discours préliminaire de l'Encyclopédie* et *Éléments de philosophie*.

que tels et de leurs rapports, sans s'élever aux causes fondamentales ni aux questions d'essence et d'origine première. Ainsi, d'Alembert fut un grand mathématicien, c'est-à-dire, selon lui-même, un grand philosophe, dont les découvertes n'ont du moins pas été exposées à être niées par ses successeurs. Voltaire et Diderot furent, grâce à leur génie si actif et si hardi, les plus redoutables adversaires du passé, et il importe peu de savoir si l'un fut sceptique ou déiste, l'autre déiste ou athée, si Newton eut sur l'un une influence plus ou moins durable, Hobbes, une grande autorité aux yeux de l'autre ; il suffit de savoir que tous deux enseignèrent Dieu et la morale, et que tous deux vouèrent une haine mortelle au christianisme abâtardi qu'ils ne pouvaient comprendre. Et quant au génie du grand Rousseau, qui peut savoir combien chacun de nous lui doit de vertu et d'inspiration, de grandeur et de noblesse d'âme, d'amour pour l'humanité et d'admiration pour la nature ? Ne tenons-nous pas de lui un côté du sens religieux que Fénelon ignorait, et le vicaire savoyard, qui détruit à jamais *la lettre* de la religion vulgaire, n'élève-t-il pas l'amour et la connaissance de Dieu dans l'homme, sans pour cela le perdre dans l'infini ? Or, Rousseau n'a pas de système ; Rousseau se contredit quelquefois, parce qu'il parle selon qu'il sent et qu'il aime ; et cependant Rousseau est le plus grand philosophe du dix-huitième siècle ; Rousseau a fondé dans nos cœurs, tandis que Voltaire, dont l'histoire et les tragédies pâlissent déjà, n'a laissé à notre plus haute admiration que cette satire âcre et brûlante dont les ravages ont fait place à la liberté sociale que son siècle a eu pour mission d'ajouter à la liberté philosophique de Descartes.

7. Que dire maintenant de Condillac, qui, étranger au plus sérieux mouvement de son siècle, se borna à créer pour le servir quelques balivernes métaphysiques, et qui, mêlant à son impiété réelle un peu d'hypocrisie ecclésiastique, parvint à faire accepter de la plupart des esprits le système à la mode ? Quelle importance peuvent avoir pour nous les élèves d'un maître si futile ? Quand le jour de la réaction arriva, le système avant de disparaître reprit la forme où son auteur l'avait trouvé dans Locke. L'*attention* vint s'ajouter à la *sensation* pour remplacer la *réflexion* que la *sensation* avait chassée, et cette heureuse modification donna quelques années

de plus de vie au condillacisme (1). Ensuite l'introduction des travaux des philosophes écossais, plus tard et petit à petit l'influence de l'Allemagne, et l'étude de Leibnitz et de Descartes ont régénéré la philosophie.

Cependant nous devons suivre rapidement le développement du sensualisme et son application à la morale et à la politique. Dès que l'étude de l'homme a donné l'empire à la sensation, on comprend que l'homme lui-même s'efface devant la nature. Le matérialisme et le fatalisme se présentent invinciblement : plus de Dieu, mais un être matériel, multiple, doué de propriétés diverses, indéfiniment modifié par le mouvement et dont tous les changements sont liés par des lois que l'observation nous fait connaître ; des animaux, produits de la matière et de ses lois, organisés pour certains mouvements, doués de la sensation et de tout ce qui s'ensuit, portés à se conserver eux-mêmes, et en général fatalement entraînés à tel ou tel changement selon les modifications de la matière environnante ; une morale qui est l'intérêt personnel bien entendu, c'est-à-dire analysé et comparé à l'intérêt général ; le *mérite*, qui se réduit à l'*utile* en même temps que la récompense ou la peine à une loi brutale ; la société qui devient une réunion d'animaux forcés, il est vrai, de s'unir par le besoin et de s'aimer par l'intérêt ; enfin l'autorité, monstrueuse, sans doute, mais utile institution, dont l'intérêt de chacun peut surveiller et contrôler les actes ; et en toutes choses la raison et la volonté dispersées, détruites, sans unité ni principe, sans vraie connaissance et surtout sans amour ; voilà ce qu'on appelle un *système de la nature*, et parmi les livres celui qui en est l'exposition par excellence est demeuré sans nom certain d'auteur, comme pour mieux nous apprendre combien d'esprits cette horrible maladie avait envahis à l'époque où il parut (2).

Helvétius (3) avait particulièrement contribué à préparer la morale du *système de la nature*, et il n'avait fait en cela que doter le sensualisme d'une de ses conséquences naturelles. En effet, chercher la cause de la supériorité de l'homme sur les animaux dans l'organisation physique dont il est doué,

---

(1) Laromiguière, *Leçons de philosophie.*
(2) *Syst. de la nat.*, par *M. Mirabaud.* Lond., 1770.
(3) Helvétius, *de l'Esprit*, 1758. — *De l'Homme*, œuvre posth., 1770.

confondre les progrès de la raison avec ceux de l'industrie, attribuer aux passions matérielles et à l'amour-propre en particulier toute l'éducation de l'esprit humain, soutenir enfin l'égalité naturelle des intelligences et placer toute notion morale dans l'égoïsme, n'est-ce pas obéir d'une certaine manière à la loi qu'impose le principe de l'origine exclusivement sensible des connaissances et des facultés de l'homme? Il faut toujours, à ce qu'il semble, que la confusion du corps avec l'esprit, et de plus celle de l'amour de soi avec l'amour d'autrui, servent de base à un certain nombre de systèmes, parmi ceux qui naissent de ce principe.

Cette école eut aussi ses historiens. L'un, très-érudit assurément, ne vit dans le christianisme que le côté matériel, le culte, la forme, et il prit pied de là pour confondre sa religion avec le paganisme sans tenir aucun compte de l'esprit nouveau attaché aux plus anciens symboles (1); l'autre, grand critique et vrai penseur, regarda misérablement les prêtres de tous les temps comme des imposteurs, et la religion comme une institution politique (2), et tout cela est venu jusqu'à nos jours.

8. A côté de l'école matérialiste dont nous venons de parler, et qui a son origine dans le sensualisme, il en est une autre, qui n'a jamais cessé d'exister depuis Descartes, et qui nous paraît tenir de lui tout ce que les principes qu'elle emploie ont de spécieux sous un certain rapport. C'est l'école mécanique. Qu'on étudie en effet la physique de Descartes, qu'on oublie la méthode et qu'on se laisse fasciner par la puissance créatrice dont Descartes lui-même douait la matière, qu'on regarde enfin cette matière comme l'unique substance et la cause universelle, on fondera une doctrine propre à représenter, pour ainsi dire, la moitié de la philosophie cartésienne. En effet, le système des idées purement intelligibles en est l'autre moitié; et ceux-là seuls qui conservent le dualisme, soit en le scellant dans l'unité comme Spinosa, soit en l'expliquant par une harmonie préétablie comme Leibnitz, représentent dans son intégrité l'esprit du philosophe.

Or, l'école mécanique dut principalement ses progrès aux médecins, aux physiologistes, aux physiciens, qui, recevant tous

---

(1) Dupuis, *Origine de tous les cultes ou religion universelle*, l'an III.
(2) Volney, *les Ruines*, etc.

les jours, par suite de l'esprit anti-métaphysique du dix-huitième siècle, une instruction moins profonde et moins générale, se laissèrent aller plus facilement aux préoccupations matérialistes. Le médecin Leroy, dont l'éducation philosophique avait dû être fort imparfaite, à en juger par les fautes que les aristotéliciens d'Utrecht lui reprochèrent, et par les représentations amicales de Descartes, nous a donné le premier exemple d'une chute de ce genre. Séduit, sans doute, par la facilité avec laquelle son maître expliquait les opérations de la vie organique dans un traité des animaux dont il s'était procuré copie, et qu'il avait refondu dans un de ses ouvrages, il étendit ce mécanisme jusqu'aux idées, et crut que l'on pouvait regarder l'*âme* comme un *mode du corps*. Il alla même jusqu'à penser que Descartes avait déguisé sa véritable conviction, et s'attira, de la part de ce dernier, une vive et noble réponse. Enfin, lorsqu'il eut fait imprimer, après sa rupture avec lui, une thèse dans laquelle il prétendait expliquer comment nous pouvons *penser et douter de l'existence du corps* par cette raison *qu'il en résulte seulement que nous ne pouvons pas dire alors que l'âme en soit un mode*, Descartes répondit que le mode ne peut être conçu séparément, mais seulement dans la substance. Alors les physiologistes n'affectaient aucun dédain pour la métaphysique; ils l'attaquaient même sur son terrain et se faisaient battre (1).

L'ignorance a toujours suscité le matérialisme dans les temps modernes. C'est aussi dans ce sens qu'il est sorti de la doctrine de Descartes; car tout ce qu'il y a d'ingénieux dans le système de Lamettrie (2), coryphée des matérialistes, est dû à l'invention de Descartes qui, par son explication des fonctions naturelles des animaux et de l'homme, a tracé un plan complet de physiologie. Mais il importerait de se rappeler que ce n'est là qu'un côté de l'univers, celui de l'esprit tourné vers la matière pour explorer ses mouvements et ses lois; car sans l'esprit lui-même tout retombe dans le gouffre de la mort; l'étendue n'est que de l'étendue; elle peut être mue, mais elle ne spécule pas.

Le *Système de la nature* a, comme les théories de Lamettrie,

(1) Descartes, *Lettres*, I, 96, 98, 99. — H. Regius, *Fundamenta physicæ*.
(2) Lamettrie, *OEuvres philosophiques* : Traité de l'âme, l'Homme machine, l'Art de jouir, etc. 1740-1750.

beaucoup emprunté à la physique de Descartes, mais les recherches des sensualistes sont certainement pour quelque chose dans tous ces ouvrages. Au contraire, il semble qu'à mesure que l'école mécanique s'est fortifiée, elle s'est rapprochée de sa première origine. Ainsi le traité de Cabanis, qui nous présente à son apogée, et avec toute la rigueur qu'une physiologie très-avancée peut lui donner, la doctrine mécanique pure, rappelle à chaque instant les théories du monde et de l'homme de Descartes. Les *esprits animaux* ne font que changer de nom : ils deviennent la *sensibilité*, dont le siége est dans les nerfs et dans le cerveau (1). Cette sensibilité se jette-t-elle abondamment dans certains canaux, elle diminue dans les autres, et ainsi la douleur peut quelquefois n'être pas sentie. *L'organe sensitif a la faculté d'entrer en action par lui-même et de recevoir les impressions dont les causes agissent immédiatement dans son sein* (2) ; la matière est *susceptible d'acquérir* un grand nombre de *propriétés entièrement nouvelles* par l'effet des *combinaisons que le mouvement doit toujours amener* (3). Tout cela c'est de la physiologie cartésienne pure, sauf que l'on ne part pas de notions claires et distinctes et que l'on attribue à la matière des propriétés qu'on ne conçoit pas bien. Alors on doit supposer qu'elle a originairement *plusieurs de ces propriétés*, sans quoi il ne s'établirait entre ses diverses parties que des *rapports mécaniques*, ce qui fait qu'elle n'est plus la matière, et qu'il faudrait la nommer autrement, ou bien on doit se résigner à comprendre comment une élasticité, une attraction qu'on lui attribue déjà très-gratuitement peuvent à la longue se changer en sensibilité, puis en facultés d'abstraire et de généraliser. Mais une fois qu'on a pris son parti, on comprend parfaitement que le *système sensitif* réagisse *sur lui-même pour produire le sentiment, et sur les autres parties pour produire le mouvement* ; ou que le cerveau *digère les impressions et fasse la sécrétion de la pensée* (4). Cabanis sentit cependant qu'il fallait aborder nécessairement la métaphysique, et que son système ne pouvait être justifié que par un panthéisme à l'égard duquel il ne jouerait qu'un rôle accessoire et sous un certain

---

(1) Cabanis, *Rapports du physique et du moral de l'homme*, t. I, page 143.
(2) Id., id., page 142.
(3) Id., t. II, page 554.
(4) Id., t. I, page 145-152.

point de vue des choses (1). Rendons grâce avec tous les philosophes de nos jours à Maine-Biran, qui rendit la vieille philosophie à la France (2), et à tous ceux qui depuis lui ont mis obstacle par leurs publications, par leurs recherches et par leur enseignement, à ce que l'on pût encore une fois dans l'avenir s'emparer de la moitié des idées d'un grand homme et triompher de l'ignorance de l'autre moitié.

§ III.

DE LA PHILOSOPHIE NATURELLE AU DIX-HUITIÈME SIÈCLE.

1. Nous avons exposé le système de philosophie naturelle qui se déduit de la philosophie générale de Descartes, et nous avons suivi ses développements historiques ; mais de même que le principe de l'origine sensible des connaissances humaines remplaça au dix-huitième siècle le principe de la méthode cartésienne et la doctrine des idées, de même aussi se dévoila dans la physique une nouvelle tendance en accord avec le principe sensualiste. En effet, quand le point de départ de la science est, dans les idées de l'esprit pur, une physique purement mécanique, fondée sur les définitions de la matière inerte et du mouvement, peut prévaloir ; mais quand ce point de départ est dans les données des sens, il est de toute nécessité que la notion de matière soit accompagnée de certaines propriétés sensibles, et de là vient que la physique des *propriétés*, et, comme tendance, la *physique vitaliste* que nous avons opposée à la physique mécanique, se présentèrent naturellement, pour être exploitées, aux savants du dix-huitième siècle.

Le génie mathématique de Newton et cette volonté ferme de mêler à la recherche des faits par l'expérience la recherche des lois de nombre et de figure qui régissent les faits, volonté par laquelle il unit en lui l'esprit de Galilée à l'esprit de Bacon, lui donnèrent la fortune de découvrir la loi générale du système du monde. Aux rapports géométriques que Képler avait décelés dans les mouvements des grands corps de l'univers, Newton en ajouta un autre qui les embrasse et avec eux tous les mouvements terrestres de la pesanteur. Nous savons ce

---

(1) Cabanis, *Lettres posthumes à M. F......*
(2) Cousin, *Notice sur Maine-Biran*, Frag. phil., t. II.

que fut le mot *attraction* dans cette découverte et ce que Newton pensa de sa signification et de sa valeur ; mais nous savons aussi que Locke fut amené par ce mot à demander si la matière ne penserait pas, Dieu le voulant ; et ce seul fait doit nous faire deviner l'importance que les savants hostiles à Descartes attachèrent à l'attraction comme exprimant un rapport sympathique naturel entre toutes les parties des corps, et l'utilité qu'ils en tirèrent.

Ainsi Newton, qui n'avait prétendu découvrir qu'un fait ou plutôt qu'une loi mathématique à laquelle obéissent une infinité de faits particuliers, fut au contraire proclamé créateur d'un nouveau système de physique, et par cette raison devint bientôt populaire en France où il chassa Descartes, d'abord de l'opinion des nouveaux philosophes, ensuite de l'opinion de l'Académie, enfin de l'enseignement (1).

2. La découverte du principe de la gravitation ne fut pas le seul titre de Newton à la domination scientifique du dix-huitième siècle : il faut y joindre sa théorie de la lumière qu'il appuya sur des faits nouveaux d'une extrême importance. Chancelant en physique sur les questions de principe, ainsi que nous l'avons montré précédemment (2), il ne se contenta pas de chercher les lois de ces faits et leurs causes prochaines, il n'expliqua pas non plus uniquement leurs causes générales par certains mouvements de matière, mais il fit appel aux qualités mystérieuses, *occultes*, comme on disait alors, des particules matérielles. En un mot, il prononça une seconde fois le mot attraction, et par là fit un pas de plus dans la physique vitaliste.

Newton, dans son *Optique*, commence par exposer méthodiquement des expériences ; il prouve l'inégale réfrangibilité des rayons solaires, et déduit tous les faits qui s'y rattachent ; il demande ensuite si les *rayons de lumière* ne seraient pas de *fort petits corpuscules élancés ou poussés hors des corps lumineux* (3), et il explique en général par des *attractions* à de très-petites distances ou par des *répulsions* (qui sont des attractions négatives) les divers phénomènes auxquels la lu-

(1) Voltaire, *Éléments de la philosophie de Newton mise à la portée de tout le monde*. Il parut une infinité d'ouvrages polémiques en général peu profondes sur la physique de Descartes et sur celle de Newton à l'époque de l'introduction en France de cette dernière.

(2) L. IV, chap. 6, art. 9.

(3) Newton, *Optique*, l. III, quest. 20.

mière donne lieu dans les corps (1). Si cette théorie s'est soutenue jusqu'à nos jours, c'est grâce à plusieurs petites hypothèses que ses partisans créaient tout exprès pour rendre compte de chaque nouveau phénomène qui venait à se présenter, tandis que la théorie mécanique a fini par prévaloir, ainsi que nous l'avons montré en son lieu. D'ailleurs de puissantes objections ont été faites à la théorie de Newton dès son origine (2). Qu'est-ce en effet que ce corps qui s'élance éternellement du corps du soleil sans l'épuiser ? que sont ces particules qu'il faut supposer sans densité, puisque Newton veut que les espaces célestes soient vides (3) ? qu'est-ce que cette substance douée de qualités occultes pour attirer ou repousser les corps, se changer en eux ou les changer en elle (4), et qui cependant ne sait agir en nous que par des vibrations à la manière des particules de Descartes ? enfin que signifient toutes ces idées qui expriment des facultés de l'esprit, choix, préférence, antipathie, quand on convient que l'attraction peut être produite par impulsion (5) ou par d'autres moyens inconnus, et que l'on professe ne pas vouloir d'hypothèses, mais des *raisonnements fondés par induction sur des expériences et des observations* ? Qui justifiera cette induction de poser des principes incompréhensibles, et n'y a-t-il pas là une contradiction évidente ? Enfin l'inégale réfrangibilité de la lumière devait, à ce qu'il semble, s'opposer à ce que la cause générale de ce phénomène fût considérée comme un corps *sui generis*, puisqu'il faut alors admettre autant de fluides qu'il y a de nuances dans le *spectre solaire* (le nombre des couleurs n'étant que très-arbitrairement réduit à sept), et, par conséquent, une infinité de fluides. Au contraire, les modifications survenues dans un même mouvement rendent facilement compte de la multitude des couleurs, comme dans l'acoustique de la multitude des sons (6).

(1) Newton, *Philosophiæ naturalis principia mathematica.*
(2) Euler, *Opuscula varii argumenti*, et Huyghens, *Traité de la lumière.*
(3) Newton, *Optique*, l. III, quest. 28.
(4) Id., quest. 30.
(5) Id., ib.
(6) Les sept couleurs du spectre ont été assimilées aux sept notes musicales par le père Castel (*Optique des couleurs*, 1740), qui a très-ingénieusement développé sa comparaison et entrepris de curieuses recherches sur les couleurs artificielles. Il y a encore beaucoup à faire sur ce sujet; mais quoi qu'on puisse découvrir par la suite, il est clair que les

3. Après que Newton eut ainsi donné cours par son optique à un fluide impondérable doué de propriétés particulières, d'autres fluides, dont il n'avait fait qu'indiquer l'existence, servirent à grouper les nouveaux faits acquis à la physique. Le fluide électrique, le fluide magnétique, le fluide calorifique accrurent peu à peu leurs domaines, et l'on expliqua autant que possible les phénomènes par des actions attractives ou répulsives que l'on supposa elles-mêmes suffisamment expliquées ou claires de leur nature. L'attraction fut aussi introduite par Newton dans la chimie, mais elle n'eut pas la vertu de rendre plus aisée l'investigation des mouvements qui se produisent pendant les combinaisons, et leur réduction à des lois fixes. L'affinité élective n'a conduit les chimistes qu'à des classifications de substance qui sont d'ailleurs suffisamment indiquées par les faits seuls. C'est la balance de Lavoisier qui a créé cette science en soumettant son objet au poids, au nombre et à la mesure

Cependant nous ne critiquons ici la physique de Newton que sous le rapport philosophique, et nous reconnaissons qu'elle a d'ailleurs puissamment servi aux progrès de la science. En effet, ce fut beaucoup que de ramener tant de faits à quelques faits primitifs, même hypothétiques, et d'appliquer l'algèbre et la géométrie à régler et à prévoir les phénomènes complexes de la physique terrestre. Or Newton est certainement le seul auteur de tout ce qui a été fait dans cette voie depuis la publication de ses *principes* jusqu'au jour où nous sommes. Les théories de Laplace et de Poisson, tout comme les recherches les plus nouvelles, soit empiriques, soit mathématiques, ne sont que des conséquences très-naturelles de ces idées. Continuateur de Bacon et de Gassendi, Newton se plaisait à distribuer la matière en atomes, mais il ne donnait leur existence que comme une hypothèse ; il regardait les propriétés qu'il accordait à ces atomes comme d'autres hypothèses que l'induction indique et qu'elle ne peut démontrer ; mais, sans scruter les causes, ce que d'autres que lui pouvaient faire, il croyait avancer la science en liant mathématiquement une infinité de phénomènes *à deux ou trois principes de mouvement* (1).

4. Ainsi, en dégageant les découvertes de Newton de l'esprit

couleurs et les notes peuvent se grouper sous ce nombre sept par rapport à la nature de nos sensations, et sans qu'il faille pour cela les transformer en entités physiques.

(1) Newton, *Optique*, t. III, quest. 31.

d'interprétation qui leur était appliqué au siècle dernier, on trouve en lui le créateur de la physique expérimentale et mathématique. La science constituée de la sorte passe par les termes suivants : observation, expérience, induction illégitime par laquelle on pose sous un nom quelconque un principe de mouvement, établissement des lois de ce mouvement, enfin déduction des faits compris dans le fait primitif supposé : ce dernier terme s'appelle explication. Il est clair maintenant que la partie de cette méthode la moins importante est celle qui est purement nominale, c'est-à-dire le nom donné ou la cause hypothétique assignée au principe du mouvement. Si l'on veut réduire toute l'essence du principe à la *loi* sans s'inquiéter de la *cause*, et réduire ainsi l'explication à celle d'un nombre par un nombre et d'un fait par une formule qui le contient, on fondera la physique purement mathématique à laquelle est arrivé l'esprit rigoureux qui a dernièrement essayé de systématiser cette science (1) Mais si l'on se met au point de vue de la philosophie générale, on demandera, ou que la physique mécanique vienne se placer sur ce canevas où il n'y a encore que des nombres, et donne à des mouvements des mouvements pour causes au sein de la matière divisible et mobile qui est le sujet de tous les phénomènes naturels, ou bien que le savant se rapporte à un système de physique vitaliste, c'est-à-dire qu'il définisse le nombre, les propriétés et le mode d'action des essences physiques, de manière à substituer aux qualités arbitraires dont on douait auparavant la matière, un certain sujet déterminé, vivant, substratum et cause de toutes les forces de la nature.

Il va sans dire que ce dernier parti n'a été pris ni par les savants français newtoniens dont nous parlions tout à l'heure, ni par les Anglais qui ont suivi le maître de plus près encore et n'ont absolument rien ajouté à la philosophie naturelle dont lui-même n'a voulu établir que les *principes mathématiques*. Cependant la notion générale de matière donnée par Newton ne peut être philosophiquement remplacée par celle-ci : *ce je ne sais quoi qui nous rend les corps sensibles*(2) ; on ne peut pas démontrer plus que Newton ne l'a fait en son temps que Dieu ait doué la matière de *propriétés immuables* (3) qui n'ont rien de nécessaire.

(1) A. Comte, *Philosophie positive*, t. II.
(2) Herschell, *Philosophie naturelle*, art. 234.
(3) Id., art. 27.

Si l'on en vient aux atomes, on ne peut soutenir que la chimie, ni aucune autre science, aient contribué à établir leur *vérité* (1), puisque cette vérité ne peut résulter rigoureusement de l'expérience ni de la spéculation ; enfin l'*activité* (2) des corps qui communiquent et reçoivent le mouvement, reste inconciliable avec leur *inertie*, c'est-à-dire la physique avec la mécanique. Et si la Société royale de Londres et notre Académie sont de fidèles dépositaires de la méthode de Newton et de Bacon et des découvertes qu'elle a produites en physique, ils ne possèdent pas plus qu'eux la philosophie naturelle complète, parce que les principes métaphysiques leur manquent.

5. Nous avons vu que deux systèmes sont possibles en philosophie naturelle, et que Newton, dont l'œuvre a été d'appliquer les mathématiques à la méthode de Bacon et d'apprendre aux physiciens comment se font les expériences, ne peut être regardé comme créateur d'un de ces systèmes. Il faut donc que sa physique se soumette au mécanisme, ou que, selon l'interprétation du dix-huitième siècle, elle tende au vitalisme. Maintenant nous devons nous demander si cette dernière doctrine a jamais été réalisée, et dans tous les cas quels sont les hommes qui ont été sur la voie et jusqu'à quel point ils l'ont été. Or, elle existe au moins en éléments, car dans l'antiquité elle remonte jusqu'à Thalès, qui regardait l'ambre et l'aimant et le monde entier comme animés ; mais ce n'est pas là un système que nous puissions reconstruire ; c'est plutôt une simple tendance qui est celle aussi de l'ancienne mythologie et de tout fétichisme. La philosophie mécanique ne tarda pas à se produire pour s'opposer au vitalisme dont le caractère dans ces premiers temps est beaucoup moins philosophique et plus traditionnel. Ensuite parut la distinction de l'esprit et de la matière, qui caractérisa les doctrines les plus avancées de l'antiquité ; mais la physique n'arriva jamais à une méthode et à une constitution solide que chez les mécanistes atomistes (3). Ainsi la physique vitaliste pure ne fut pas méthodiquement établie quoiqu'elle demeurât impérissable. Chez les modernes, lorsque le dogme de l'âme du monde de Platon fut uni par Bruno au système des

---

(1) Herschell, *Phil. nat.*
(2) Id., art. 234.
(3) Nous ne parlons pas d'Aristote, dont la physique a un caractère original que nous ne pouvons développer ici.

nombres de Pythagore, l'univers fut conçu comme le composé infini d'une infinité de *monades;* mais à côté de la monade ou *atome, non de masse, mais de nature* (non molis sed naturæ), à côté de ce *plus petit* dont il est dit :

« minimum substantia rerum est,
Atque id idem tandem opperies super omnia magnum.
Hinc monas, hinc atomus, totusque hinc undique fusus
Spiritus, in nulla consistens mole, suisque
Omnia constituens signis, essentia tota,
Si res inspicias, hoc tandem est materiesque ;
Quandoquidem minimum sic integrat omnia, ut ipsum
Ni substernatur, reliquorum non fiet hilum. »

à côté de ces essences *éternelles, d'une nature intrinsèque, immortelles, incomponibles, indissolubles, âmes, divinités et Dieu,* Bruno place des atomes physiques, longs, larges et profonds (minimum, longum, largum atque profundum), qui lui servent à préparer une physique atomistique. Nous devons conclure de là, si les idées de Bruno ont été jusqu'ici bien interprétées, que dans une doctrine éminemment idéaliste, il faisait entrer une conception mécanique de la matière, à peu près comme Leibnitz le fit plus tard, quand, réduisant en réalité l'essence de l'être à la monade ou à l'entéléchie, point immatériel et métaphysique, il conserva cependant le point mathématique comme un aperçu pour la conception de la quantité, et la notion vulgaire de l'étendue impénétrable et solide comme un autre aperçu pour la constitution de la physique. Il y aurait ainsi de grands rapports entre la monadologie de Leibnitz et celle de Bruno, et la différence la plus importante consisterait en ce que ce dernier, qui combattait la divisibilité à l'infini de la matière, prenait par là même l'atomisme beaucoup plus au sérieux. La méthode sévère de Leibnitz lui permit de donner une forme bien plus rigoureuse à la doctrine des monades et surtout plus d'unité. Mais la physique vitaliste ne se trouve ni dans l'un ni dans l'autre, puisque les rapports des monades ne sont expliqués que métaphysiquement par la volonté de Dieu, ou physiquement par le mécanisme des atomes..

6. Campanella donna beaucoup plus d'importance à la doctrine de la vie de la nature qu'aucun autre des philosophes de son temps ; nous avons vu aussi combien Gassendi y fut porté ; Bacon appliqua l'induction à douer les corps de qualités vitales,

et Newton suivit en cela Bacon et Gassendi. Un médecin, François Glisson, que l'on cite (1) comme ayant pu contribuer à la formation du système des monades de Leibnitz, donna comme Campanella la vie à la nature, et composa un livre consacré à l'analyse de ses facultés pour la perception, pour l'appétit et pour le mouvement (2). Nous trouvons donc ici le premier vitalisme complet et raisonné. Il est l'ouvrage d'un médecin, le point de vue physiologique y domine naturellement. C'est au contraire le point de vue mathématique qui l'emporte dans le système dont nous allons maintenant parler. Ce système est un produit du dix-huitième siècle et résulte du mélange des qualités vitales newtoniennes avec les essences monadiques sans étendue qui composent l'univers selon Leibnitz. La matière, d'après Boscovich (3), se compose de points simples indivisibles et sans étendue, placés à certaines distances les uns des autres. Ces points ont une force d'inertie et, en outre, une force active mutuelle qui dépend de la distance, de telle sorte que la grandeur et la direction de cette force soit donnée en même temps que la distance, et se trouve répulsive d'abord, et cela de plus en plus jusqu'à l'infini pour les moindres distances, ensuite attractive quand la distance augmente, et puis de nouveau répulsive, et ainsi de suite plusieurs fois jusqu'aux grandes distances pour lesquelles elle varie en raison inverse de leurs carrés. A l'aide de cette seule hypothèse, qui convient avec la doctrine leibnitienne en ce que la notion de force est substituée à celle de matière et d'étendue réelle, et avec la physique de Newton en ce qu'un certain principe de mouvement est posé qui comprend les *deux ou trois principes* que s'accordait Newton, Boscovich explique tous les phénomènes naturels en y comprenant l'impénétrabilité et l'étendue physique. L'espace et le temps sont regardés par lui comme imaginaires en tant qu'on en voudrait faire des êtres, mais comme des conceptions nécessaires pour comprendre l'existence d'un point en un certain lieu et à une certaine époque (4) ; enfin la nature des esprits est entièrement distin-

(1) *Manuel de philosophie de Tennemann*, traduit par V. Cousin, t. II, page 151.
(2) *Tractatus de natura substantiæ energetica, seu de vita naturæ ejusque tribus facultatibus, perceptiva, adpetitiva et motiva*. Lond., 1672.
(3) *Philosophiæ naturalis theoria redacta ad unicam legem virium in natura existentium*. Viennæ (Austriæ), 1759.
(4) Ib., *De spatio et tempore, supplementum*, page 308.

guée de celle des corps en ce que ceux-ci ne sont compris que par l'espace et le mouvement, au lieu que les premiers ont des facultés toutes spéciales qui sont la connaissance des êtres extérieurs par la sensation, et la conscience de la volonté libre et de l'action (1) ; à plus forte raison Dieu est-il placé dans ce système au-dessus du monde que Boscovich prouve ne pouvoir résulter ni du hasard ni de la nécessité, et il réfute l'optimisme leibnitien par la raison que n'y ayant pas un monde supérieur à tous les autres parmi les mondes possibles, Dieu n'a pas été obligé de le choisir en vertu de sa bonté. La métaphysique de Boscovich nous semble, en général, empruntée à Newton, sauf les modifications que son premier principe le force d'introduire dans l'idée de l'espace, et ces modifications la rapprocheraient singulièrement de celle de Kant, n'était que la notion inévitable de points situés en dehors les uns des autres dans un espace vide et dans un *temps vide* lui paraît prouver suffisamment l'existence objective de ce qu'il y a de positif dans cette notion. Quant à la philosophie naturelle, il suffit, pour que nous la regardions comme vitaliste, que la matière inerte et brute y disparaisse pour faire place à une force, à une nature de vie clairement définie. Peu importe que la matière puisse être anéantie en principe, si l'on trouve une force de compression suffisante pour vaincre la répulsion des points aux plus petites distances ; il suffit qu'il existe un substratum intelligible à cette activité qui produit les phénomènes. Mais ce système a des défauts énormes : il n'établit aucune liaison entre les monades matérielles et les autres, bien qu'il y ait dans la nature une incontestable continuité, il nie l'étendue que nous ne pouvons nous empêcher d'attribuer à l'être comme une qualité nécessaire, et réduit la notion de continuité à une abstraction mathématique. Enfin, le degré de vitalité qu'il accorde à la matière est trop bas ; car s'il lui donne plus de vie qu'un *mécaniste* n'en peut accepter, il ne lui en donne pas assez pour laisser quelque jeu à la liberté des appétits, et en soumettant la monade à une nécessité mathématique, il se condamne à n'expliquer jamais les faits compliqués de la chimie et de la physiologie.

7. Cependant l'hypothèse de Boscovich est parfaitement bien

---

(1) Boscovich, Appendix ad metaphysicam pertinens, *de Deo et anima*, page 280.

choisie pour l'expression de tous les faits inorganiques, et si pour une hypothèse vitaliste elle reste trop près du mécanisme, on peut dire au contraire que la doctrine physique la plus générale qui ait été proposée depuis demeure dans un vague métaphysique insaisissable. Nous voulons parler de la philosophie de la nature de Shelling. Lorsque Shelling pose l'absolu à l'origine de l'être et de la connaissance, et qu'il fait émaner de sa primitive identité la diversité de l'idéal et du réel, du subjectif et de l'objectif, diversité qui, à travers l'intermédiaire de la manifestation, retourne à l'identité, il livre la formation du réel qui est sous nos yeux à deux forces opposées qui se combattent et se mettent en équilibre. Dans l'éther infini, première manifestation de la force expansive qui produit l'espace et dans l'espace la lumière, une force coactive vient agir à son tour, et le système du monde résulte des mouvements en lignes courbes que produit le balancement de ces deux forces, l'impulsion et l'attraction ; la lumière, l'électricité, le magnétisme, les phénomènes chimiques, enfin la vie même, par l'assimilation et la respiration, se rangent sous une loi de dualisme et de polarité. Tout ce qui est, selon Shelling, est un produit de la vie, bien loin que la vie soit le produit de ce qui est inorganique ; et dans cette domination de la vie sur l'univers entier, nous ne trouvons pour la représenter que des forces plus ou moins générales, et la substance n'est nulle part. Expliquons-nous : Shelling, en partant de l'identité comme cause et comme fin d'un monde dont l'identité diversifiée est encore l'essence, et en insistant sur le principe de la *non différence des différents*, nous semble avoir mis la créature en oubli, à l'exemple de Spinosa. L'être fini n'a pas un être propre et déterminé, il n'est pas posé en lui-même dans la réalité, il n'est pas distingué dans la pensée par un véritable principe d'individuation ; il ne peut être qu'une apparence, même alors qu'il se pense lui-même, dans le flux incessant des forces créatrices et des formes qu'elles produisent. Shelling a donc oublié la monade. Nous verrons bientôt les raisons d'existence de sa doctrine et la valeur qu'on peut lui accorder ; qu'il nous suffise de constater ici que dans le naufrage de la substance finie, ou plutôt dans l'absorption des phénomènes matériels par deux forces primitives, de ces deux forces par la vie universelle, et de cette vie par l'identité absolue, il ne reste pas place à la physique. Le dualisme des forces que Shelling a développé dans sa doctrine a beaucoup de valeur ; mais il ne peut exclure ni des considérations d'un ordre plus concret, soit mécaniques, soit vitalistes, ni des propriétés rapportées à des êtres réels, à des monades qui s'influencent mutuellement ou par le mouvement ou par les appétits vitaux (1).

8. Maintenant laissons la philosophie naturelle en général, pour dire quelques mots de celle de ces parties qui, prenant son objet à la limite même du corps et de la pensée, se propose de découvrir les lois de la vie chez les animaux. Dès la fin du dix-septième siècle, après la réforme cartésienne, les physiologistes se partagèrent en partisans du mécanisme et du vitalisme, en prenant ce mot dans le sens général où nous l'avons entendu jusqu'ici. L'école chimique était en décadence, et les *formes* d'Aristote allaient disparaître définitivement avec l'*archée* de Paracelse et de Vanhelmont. Stahl, en créant l'*animisme*, supposa à l'âme une faculté d'étendue et de mouvement, et lui donna la direction matérielle du corps ; et dans le cours du dix-huitième siècle on remplaça l'action générale de l'âme par des propriétés vitales attachées aux diverses parties du corps. Enfin Bichat doua les tissus d'une *sensibilité* et d'une *contractilité* organiques qui président à la nutrition, expliqua la circulation par l'excitation de la sensibilité nerveuse due à l'affluence du sang, et, en général, distribua le corps en une multitude d'organes vivants qui, soumis à des lois générales, exécutent cependant leurs fonctions avec une sorte de discernement, choisissent et rejettent, attirent, transmettent, s'assimilent, sécrètent, vies partielles, en un mot, harmonisées en une vie générale (2). Mais la physiologie mécanique existe toujours et se développe comme la contre-partie de cette belle doctrine (3).

§ IV.

DE L'ORIGINE ET DES ÉLÉMENTS DE LA RESTAURATION PHILOSOPHIQUE AU DIX-NEUVIÈME SIÈCLE.

1. Nous nous plaçons ici au point de vue de la France.

---

(1) *V. Manuel de Tennemann*, t. II, philosophie de Shelling et Barchou de Penhoën ; *Histoire de la philosophie allemande depuis Leibnitz jusqu'à Hegel*, t. II, Shelling.

(2) X. Bichat, *Recherches sur la vie et la mort*, 1800. *Anatomie générale appliquée à la physiologie et à la médecine*, 1801.

(3) Voy. livre VI, ch. 4 de ce manuel.

Nous pourrons donc nous dispenser de donner à l'admirable développement philosophique de l'Allemagne au commencement de ce siècle une exposition étendue à laquelle nous ne suffirions pas ; mais nous en dirons assez pour qu'on puisse apprécier l'influence de ce mouvement sur nos idées et sur l'intelligence de notre vieille philosophie. Un peuple ne s'impose pas à un autre, que cet autre ne soit mort comme nation et comme organisme, pour ainsi dire ; mais, ce qui vaut mieux, les progrès d'un grand peuple dans le sens de son caractère et de sa tradition dépendent toujours des progrès d'un autre grand peuple ; les idées se transmettent, se transforment ; elles s'assimilent, dans l'infinie variété de la nature et de l'homme, aux divers organes intellectuels qui représentent ensemble la pensée de l'humanité.

Or, la France a si bien travaillé et souffert depuis cinquante ans, en politique, en guerre, en organisation sociale, qu'elle commence à peine à jeter les yeux autour d'elle, pour s'enquérir des éléments épars du progrès de l'humanité et pour les rassembler. En 1815, convalescente à peine, elle essaya de réagir et contre la brutalité des idées impériales, et contre l'étroite domination de Condillac ; peu à peu la métaphysique de l'école écossaise cessa d'être pour elle une nourriture trop forte, et elle renoua, quoique faiblement d'abord, la chaîne de l'histoire en philosophie.

Voici ce qu'étaient les Ecossais. Nous avons vu la philosophie de Locke périr entre les mains de Berkeley et Hume. Les Écossais cherchèrent à retirer du naufrage tout ce qu'ils purent de débris. Ils eurent à combattre pour cela contre Hume lui-même et contre l'ombre de Berkeley, et à continuer la lutte commencée avant eux contre les conséquences morales et politiques du sensualisme. Les Écossais en appelèrent au sens commun, contre les doctrines idéalistes ; mais le moindre tort de ce mot est d'être très-vague, et le plus grand est d'appeler à prononcer sur les questions spéculatives l'esprit ignorant qui ne sait même pas comment ces questions sont posées. Ou bien le sens commun prononcera contre la raison, auquel cas il faudra remonter au point de départ de celle-ci, et soumettre à l'examen les principes, puis les conséquences ; ou bien il prononcera en faveur de la raison, et alors il ne sera que la raison même si son jugement peut être motivé. Les

Écossais rejetèrent les idées pour échapper au système de Berkeley, et ils eurent raison s'ils ne voulurent que nier, comme entité distincte, l'idée intermédiaire entre ce qui sent et ce qui est senti. Mais les idées existent comme modes de l'esprit, car il faut reconnaître nécessairement la multiplicité de la pensée, et cette multiplicité à son tour ne peut être comprise que par la distinction métaphysique entre deux personnes, dont l'une, immuable, aperçoit, et dont l'autre est cette personne même modifiée et apercevable en tant que modifiée. Cette seconde personne est intermédiaire entre la première et l'objet de sa pensée. Que si l'on objecte la nécessité d'un intermédiaire entre le premier intermédiaire et l'esprit, nous ne voyons pas que cette nécessité puisse être établie par la même raison. Or aucun idéaliste moderne n'a entendu autrement la doctrine des idées. Berkeley avait encore appuyé son système sur l'impossibilité d'établir une distinction raisonnable entre les qualités *premières* et *secondes* de la matière; les Écossais revinrent sur cette distinction, et formèrent de nouvelles listes de qualités premières. Mais ces listes sont variables et arbitraires; elles ne reposent sur aucune conception véritable, sur aucune définition. Ainsi parmi les qualités de Reid (1), étendue, divisibilité, mouvement, dureté, mollesse, fluidité, comme parmi celles de Locke, solidité, étendue, figure, mouvement, nombre, deux seulement peuvent être sérieusement proposées comme des caractères nécessaires de la matière à savoir, l'étendue d'abord, puis la dureté et la solidité sous un même nom. Or, Boscovich ayant prouvé que l'on peut concevoir les corps, le monde et la sensation, sans qu'il y ait aucune qualité réelle de résistance, ou de dureté, ou de solidité (car tout cela revient au même), et la doctrine de Leibnitz en général conduisant au même résultat, il faut convenir que l'étendue seule nous reste dont l'idée ne semble pas d'origine sensible. On objecte à cela que l'esprit peut concevoir l'atome indivisible et étendu, et par conséquent impénétrable et figuré; mais s'il y a figure, il y a division en puissance et par conséquent divisibilité. Quant à la prétention de Dugald Stewart (2) à réduire toutes les qualités premières à la solidité, qui seule est sensible dans les

---

(1) T. Reid, *Œuvres*, traduites par M. Jouffroy.
(2) D. Stewart, *Essais philosophiques*.

corps et à faire de la figure et de l'étendue des propriétés que nous concevons dans la solidité, elle revient, selon nous, à donner à la matière le nom de sensation.

Il est évident aussi que pour répondre aux arguments de Berkeley, les Écossais durent se trouver obligés de modifier le principe de l'origine exclusivement sensible des connaissances. A la sensation ils ajoutèrent la perception, faculté mystérieuse, incompréhensible, par laquelle nous trouvons dans les corps autre chose que le contenu de la sensation. Ils firent dominer la sensation sur les qualités secondes, et la perception sur les qualités premières. Alors commença cette analyse dissolvante des facultés humaines, cette classification arbitraire des moyens de la connaissance, qui, sous le nom de psychologie et en s'appuyant sur le principe de l'observation et de l'expérience, ne donna à la philosophie qu'une sorte de polythéisme idolâtrique, et réduisit la science en poussière. S'abstenir d'hypothèses, observer, diviser et nommer, voilà la méthode. L'induction baconnienne, comme l'observation proprement dite et l'expérience, ne peut se déployer que dans le champ de la physique ; encore faut-il que l'induction soit illégitime et dépasse le raisonnement pour fonder quelque chose. Mais en philosophie, dans la science des sciences, se réduire à juxtaposer des faits c'est renoncer à les unir jamais, c'est se condamner à faire un casier de la pensée et de la science un dictionnaire.

L'Angleterre, qui, pour la philosophie naturelle, en est demeurée à l'innocent système de Dieu et de la création, de la Providence et de l'espace, du vide et des atomes, des qualités premières, de l'observation, de l'expérience et de l'induction, sans jamais caractériser ni la méthode ni son objet, l'Angleterre en est tout au plus venue maintenant aux doctrines des Écossais pour la philosophie pure, et, sans doute, dans son égoïsme national, elle suivra Locke longtemps encore, tandis que la France s'allie à l'Allemagne et retrouve par elle l'héritage de son ancien génie et de la grande révolution scientifique que Descartes a accomplie en Europe.

2. En effet, pendant que la philosophie cherchait à se relever, comme nous venons de le dire, par une nouvelle analyse psychologique et à introduire sous une forme ou une autre quelques-uns des principes de Descartes, encore mal compris et mal interprétés dans le sensualisme, la doctrine philosophique in-

verse trouvait définitivement son terme dans la philosophie de Kant qui, appliquant à l'histoire entière de l'esprit moderne le scepticisme de Hume, essayait d'établir sur les ruines de la spéculation et de ses systèmes, la vérité philosophique dans sa véritable étendue et avec ses limites infranchissables. Il est vrai que Kant semble avoir toujours conservé une sorte de préférence pour l'école dont le dernier représentant lui avait suggéré ses premières pensées; mais il n'en a pas moins détruit radicalement jusqu'à la possibilité de l'empirisme, et continué, quoique d'une manière admirablement originale, la réforme de Descartes, en prouvant rigoureusement que l'espace et le temps ne sont que des catégories de l'esprit, des formes inévitables de notre connaissance, qui en elles-mêmes ne préjugent rien sur l'existence objective des choses dont elles nous servent à former des idées. Il distingua d'abord, et définit les jugements synthétiques et analytiques, dont les uns unissent deux termes qui ne sont pas tels que le second soit contenu logiquement dans le premier, et les autres au contraire ; ensuite il fonda la psychologie sur ce principe que les connaissances synthétiques à priori empruntent leur forme aux lois de la pensée humaine, et que cette forme s'impose en nous à toutes les notions et à tous les jugements, sans que nous puissions conclure par la raison si elle convient ou ne convient pas à l'objet en soi de notre connaissance. De là, une critique de toute philosophie réaliste et de toute ontologie, c'est-à-dire en grande partie des spéculations de la raison pure (1). Mais l'homme réduit ainsi à lui-même est encore un être actif, et l'idée rationnelle de la liberté accompagne chacun de ses actes; de là une deuxième partie de la philosophie, dont le but est de régler l'emploi pratique de la raison en tant qu'il suppose la liberté (2). De ce point de vue ressort une morale fondée sur les lois de la raison, dont le premier principe est que l'être libre doit agir de telle sorte, que la maxime de sa volonté, puisse passer en même temps pour un principe de législation générale. Enfin, entre l'homme libre et la nature, entre la connaissance pratique et la connaissance théorétique, il est un rapport mystérieux qui suppose une notion toute subjective, celle de *finalité*, et sert de fondement

---

(1) Kant, *Critique de la raison pure*, 1781, trad. par M. Tissot, 1836.
(2) Id., *Critique de la raison pratique*, 1788.

à nos jugements (1). La science des causes finales, et celle du beau, l'esthétique, naissent et se développent à ce nouveau point de vue. L'exercice de la raison pure, basé sur la connaissance à priori, ne peut être irréprochable, selon Kant, que lorsqu'il s'applique aux sciences dont les données sont subjectives : les mathématiques sont dans ce cas, et, en général, toute science de la nature qui reçoit l'application des mathématiques et dont les notions fondamentales, force, mouvement, et matière (*mobile dans l'espace*), sont des idées fondées sur les catégories de l'esprit humain (2).

5. Pour nous attacher ici à la partie purement métaphysique de la doctrine de Kant, nous voyons que l'*idéalisme subjectif* y paraît pour la première fois. En effet, en montrant que les idées que nous avons des choses peuvent ne nous rien apprendre de leur nature propre; que les notions générales, nécessaires, que nous trouvons en nous, peuvent être des résultats de notre être particulier, et que les lois auxquelles la nature nous semble assujettie ne sont peut-être que transportées de nous à elle, Kant ne fait qu'opposer à la métaphysique la possibilité d'un idéalisme absolu; il la force par là à invoquer désormais *la foi* (3), qui seule peut suppléer à une expérience radicalement impossible. Sa fameuse réfutation des preuves ontologique et cosmologique de l'existence de Dieu (4) n'atteint les arguments sur lesquels ces preuves sont fondées qu'autant qu'elle renverse les principes qui leur servent de base, ce qui est impossible si ces principes (5) supposent précisément *la foi*, la foi dans les idées de la raison pure, la croyance à leur vérité, à leur conformité par rapport à l'objet. Il est vrai que Kant ne regarde pas ces axiomes comme impliquant quelque chose hors de nous qui leur soit conforme, mais il ne prouve pas non plus que ce quelque chose n'est pas; sa réfutation de l'*idéalisme*, soit *problématique*, soit *dogmatique* (6), n'établit d'ailleurs, quoi qu'il puisse

---

(1) Kant, *Critique du jugement*, 1790.
(2) Id., *Éléments métaphysiques de la science de la nature*, 1786.
(3) Id., *Critique de la raison pure*, préface.
(4) Id., l. II, ch. II, sect. 4.
(5) Voy. l. VI, ch. III de ce manuel.
(6) Kant, *Critique de la raison pure*, l. II, ch. I, sect. III, 4.

dire, que la nécessité d'un objet extérieur dans l'espace, *ou de son apparence en nous*, pour que notre pensée soit possible dans le temps; d'où il résulte que Kant ne peut renverser la métaphysique qu'en lui opposant la possibilité d'un idéalisme absolu, et que, malgré son faible pour l'école sensualiste, il ne peut la préserver de la chute des autres philosophies.

Mais en établissant dogmatiquement le premier que l'indépendance, l'infinité, la nécessité, que toutes les lois de l'univers pourraient trouver leur origine dans l'homme, et que les conceptions de l'espace et du temps, qui sont le fondement de toutes ses connaissances, pourraient n'être que des formes de son esprit, suivant qu'il se livre à *l'intuition d'un état externe ou interne*, Kant nous paraît avoir développé l'idée de la personnalité humaine déjà si élevée et agrandie par Descartes, et avoir ainsi forcé les philosophes, qui depuis Descartes s'étaient trop placés au point de vue exclusif de Dieu, à adopter enfin, quoique toujours sous une contemplation plus ou moins objective ou subjective des choses, la seule philosophie capable de concilier ces deux états opposés de la science, *l'idéalisme subjectif* et le *panthéisme objectif*. En un mot, Kant a laissé la méthode invariablement fixée, l'empirisme et le sensualisme écrasés, l'idéalisme agrandi.

4. Trois ordres d'idées différents trouvèrent leur origine dans la doctrine *critique* de Kant. Nous nommerons en première ligne le scepticisme qui pouvait en être regardé comme une conséquence naturelle et que Schülze développa ; ensuite la doctrine de la foi ou du sentiment de Jacobi qui, au lieu d'appuyer la raison sur la foi, eut une tendance mystique et ne parut être qu'une réclamation contre le rationalisme sévère de Kant en métaphysique et en morale ; enfin l'idéalisme subjectif qui fut la philosophie même de Kant ramenée à un dogmatisme absolu par la négation de tout ce que la science ne peut démontrer. Aussi cette théorie fut-elle d'abord proposée comme propre à donner la signification la plus exacte et la plus profonde du criticisme et elle fut appelée doctrine de la science. Fichte, qui en fut le créateur, réduisit en effet à l'idéalisme toute science rigoureuse. D'après lui, le *moi* est l'origine et le fondement de toute réalité et le *moi* ne peut supposer un objet ou un *non-moi* hors de lui, sans détruire une partie de son *moi* divisible pour le placer dans un *non-moi*. Il n'est

en effet de réalité hors de lui que celle qu'il accorde(et il ne peut en accorder aucune sans la retrancher de lui-même. *Je suis moi*, est le premier jugement incontestable ; *le moi n'est pas non-moi*, principe de contradiction, est le second ; le troisième est l'*opposition d'un non moi divisible au moi divisible*. C'est l'idée de borne ou de limite, en un mot de négation qui suggère celle du *moi* comme divisible, et il en résulte trois personnes nécessaires à toute manifestation, le *moi absolu* ou être sans distinction, le *moi divisible*, et le *moi fixé comme non-moi* ou comme objet sans lequel il n'y aurait pas de conscience. L'origine de ce phénomène et le commencement de la vie est la tendance infinie du *moi absolu* à agir, à être cause ; car cette tendance s'exerçant d'abord dans le *vide*, le *moi* doit revenir en lui-même et s'y créer une réaction à son action. De là naît le *non-moi* qui, devenant cause à son tour, limite et détermine le *moi* et lui procure ainsi la sensation. Si le *moi* se conçoit dépendant, il est intelligence ; s'il se conçoit libre, il agit. Enfin le *moi* a la conscience involontaire du devoir ou de l'obligation, d'où ressort l'idée de Dieu conçu comme un ordre moral vers lequel le *moi* tend à s'élever ; et quant à ses relations avec les autres *moi* dont les phénomènes lui font admettre l'existence, elles sont réglées par le devoir, tel que la conscience le pose rigoureusement, et par le droit qui résulte, dans une communauté, de la limitation de la liberté du *moi* par celle des autres.

5. Quelque étroit que soit le lien de la philosophie de Kant et de celle de Fichte, il est cependant certain que ce dernier, en fondant exclusivement la science sur l'idée de l'être révélé dans le *moi*, dépassa brusquement les limites du criticisme. Bientôt même l'impossibilité d'arriver par l'idéalisme absolu à la notion d'un être divin, cause et fin de l'ordre moral et essence de tout ce qui est, obligea Fichte, qui voulait enfin voir dans cet être, objet de la croyance humaine, autre chose que l'ordre moral lui-même, à changer le point de départ de la science et à le placer en Dieu, dont le *moi* est l'image. Schelling fut encore plus hardi, mais aussi moins méthodique, quand, pour éviter toute difficulté sur l'origine et sur la légitimité de la connaissance, il posa son principe dans l'*absolu* auquel il attribua la nécessité de produire la vie et le monde en se résolvant en un dualisme, *le réel* et *l'idéal*, dont toutes les manifestations multiples

et diverses forment un grand tout, qui retourne en se développant à l'unité première. L'histoire universelle est alors une révélation de Dieu, qui prend conscience de lui-même sous une infinité de formes liées, et la science, qui en étudie le développement, a pour but de le ramener à l'identité d'où il sort ou de le comprendre en elle. La nature est donc vivante, elle est Dieu manifesté; rien n'existe en elle de pleinement indépendant; car le fini, résultat plus ou moins réel ou idéal d'une opposition, d'une *polarité* qui se développe dans l'absolu, n'étant que le développement de l'identité, doit retourner à elle, et le même qui se différentie doit s'identifier, de telle sorte que la trinité reste essentiellement confondue dans l'unité. On conçoit donc que l'être fini pèche quand il se considère comme absolument libre; la moralité consiste au contraire à s'unir à Dieu, et en général le type divin représenté dans la pensée humaine constitue le bien, le beau et le principe de l'art, et l'*état* n'est que la vie commune quand elle est réglée par ce type dans toutes les parties du développement humain.

6. Le plus grand défaut que nous ayons à reprocher à la philosophie de Shelling c'est d'être exclusive comme celle de Fichte, quoique dans un sens tout inverse, et d'être en même temps bien moins logique ou plus éloignée de la méthode scientifique telle que Kant l'a fixée. Ce dernier vice de la doctrine de Shelling a été corrigé par Hegel dont le système est au contraire éminemment sévère et rigoureux et pécherait plutôt par un excès d'aridité. L'esprit poétique, au lieu d'y dominer et de s'y développer librement, n'y perce que par intervalles, quand sa force native fait éclater la formule qui le retient. La méthode d'Hegel est irréprochable, la logique y apparaît dans toute son ampleur et avec un sens tout nouveau. Un grand nombre de vérités s'y trouvent acquises pour jamais à la philosophie et à l'histoire. Mais surtout, l'idéalisme et le réalisme s'accordant ou se confondant enfin dans une formule qui identifie le *réel* avec le *rationnel*, le philosophe n'a plus qu'à chercher le principe de l'existence du fini dans l'infini, ou, pour employer les termes d'Hegel, la raison de l'　 'tion du *phénomène* à la *substance* et de toutes les autres op... tions qui constituent le monde selon la logique. Il ne suffit pas, en effet, de raconter le développement de l'absolu et de montrer

comment l'*idée* qui le représente, et qui est lui-même, se réalise ou s'incarne graduellement et parcourt la sphère de la logique, celle de la nature et celle de l'esprit, pour rentrer de nouveau dans l'idée absolue où les oppositions s'annulent. Une doctrine pareille, quelle que soit la grandeur et la vérité de sa conception, n'est jamais qu'une doctrine de Dieu et non une doctrine de l'homme. Nous trouvons en elle une unité suprême, incompréhensible, être et néant, qui s'oppose à elle-même et commence à devenir ; puis, si nous suivons l'idée dans le cours des formes qu'elle revêt, nous ne faisons qu'embrasser un ordre nécessaire, qu'exécuter une évolution fixe qui nous ramène à l'anéantissement dans la pensée de Dieu. Aussi le fatalisme historique et la direction théocratique de la société résultent de cette philosophie, à moins qu'on n'essaye de lui donner un contre-poids à l'aide d'une conception de l'être, monade, force, entéléchie, analogue à celle de Leibnitz que la nouvelle école allemande nous semble avoir beaucoup trop oubliée. La doctrine d'Hegel ne diffère donc de celle de Shelling qu'en ce qu'elle prend son point de départ dans la logique et décrit les évolutions du monde en décrivant celles de l'idée : et en effet, selon la méthode des sciences, il faut, à l'origine de la spéculation, se placer dans l'idée ; c'est alors une œuvre admirable que de la développer, de trouver dans les lois nécessaires de son déploiement les lois de la réalité représentées, de voir cette réalité tendre et parvenir, sans cesse, et de plus en plus, à s'élever jusqu'à l'idée et à se faire elle, enfin la nature et l'histoire apparaître comme de sublimes incarnations de l'idéal. Telle est la philosophie de Hegel qui est l'apogée de la connaissance de l'absolu chez les hommes, qui explique les symboles les plus élevés des religions, unit à la méthode de Descartes la pensée de Bruno, et corrige la doctrine de Spinosa en enseignant ce que Spinosa ignorait, le progrès éternel de tous les êtres. Mais répétons aussi qu'il ne convient pas de trop diviniser l'homme ; non, la philosophie de l'absolu n'est pas le port éternel où tendent tous les êtres, parce que la philosophie n'est pas la vie, et parce que nous voulons être éternellement sans nous confondre, augmenter nos sens, élever nos organes, aimer de plus en plus, non Dieu seulement, mais ceux qui nous accompagnent dans le progrès des vies et sans la pensée desquels nous ne serions que néant ; en un mot atteindre dans l'avenir l'incarnation d'un idéal que nous ignorons encore. Or, il ne suffit pas de concevoir l'être dans l'absolu et d'y produire la vie par l'intervention du néant, il faut encore, pour représenter tout le contenu de la pensée, admettre la distinction réelle et l'indépendance de chaque force primitive au sein de la force universelle.

7. Il appartenait à un naturaliste placé, par la nature de ses recherches, à un point de vue plus concret des choses, d'appliquer la monadologie de Leibnitz à la détermination de l'essence et du sort à venir des êtres. Malheureusement les beaux travaux de Ch. Bonnet, car c'est de lui que nous voulons parler, n'ont pas eu toute l'influence que des procédés de raisonnement plus rigoureux et une science métaphysique plus sévère leur auraient certainement donnée. Les philosophes allemands semblent avoir ignoré toute l'importance et toute la valeur de ce système qui a cependant préparé les seules bases possibles d'une histoire naturelle. Ils ont fidèlement continué l'idéalisme de Leibnitz, mais non sa tendance à établir à côté de la science suprême une sorte de science exotérique fondée sur les phénomènes et sur leurs rapports sensibles. Qu'importe cependant la nature de la substance en soi et que la matière existe ou non en tant que quelque chose d'étendu et d'impénétrable? Qu'importe l'absolu, et que nous veulent les causes incompréhensibles qui font que quelque chose existe? Il ne suffit pas pour être réaliste de poser l'être hors de soi, il faut encore envisager chaque essence individuelle comme une et multiple, indépendante et modifiée, et comme portant en elle le germe de tous ses développements futurs, depuis les organes qui serviront à ses relations, jusqu'à la pensée qui lui en donnera la conscience. Bonnet ne fut pas obligé de sortir de la nature et des phénomènes, et de s'adresser à la pure monade pour résoudre ce problème : au contraire, il considéra le germe visible de chaque animal comme contenant une infinité de germes *emboîtés* les uns dans les autres ; et la substance pensante, que l'inévitable union de la pensée et de la matière nous fait regarder comme ayant son siége en quelque partie du corps, il la plaça dans une sorte de miniature de l'animal, résultat naturel de la concentration et de la représentation de tous ses organes dans un certain milieu très-petit, inaltérable dans les conditions présentes de la vie sensible. De là une palingénésie pour tous les êtres et une série de vies nouvelles qui

se produisent inévitablement et dans l'ordre, suivant les relations et les lois plus générales qui les embrassent; de là une manifestation progressive de la vie, et dans l'existence de chaque être un progrès continu dirigé par ces lois; enfin ce progrès doit se retrouver comme passé dans l'histoire de la vie, quand on classe les animaux que nous pouvons connaître suivant une échelle ascendante de leurs facultés. Maintenant que Bonnet n'ait pas aperçu toute la généralité de son idée et qu'il ait voulu restreindre *l'échelle des êtres* à un mouvement unique et rectiligne; qu'il ait trop exclusivement envisagé Dieu comme créateur et n'ait pas fait intervenir *l'infini du développement* dans ses formules; qu'il ait conservé l'idée de la matière inerte, inorganique, rejetée au surplus par un de ses contemporains Robinet, au lieu de se tenir plus près de la doctrine de Leibnitz, ce sont là des défauts qu'on peut reprendre et corriger, mais qui n'empêchent pas que cet homme encore méconnu n'ait découvert les lois fondamentales qui doivent faire de l'histoire naturelle une véritable science dans l'avenir, et qu'il n'ait facilité par la définition générale d'une vie distincte individuelle, à la fois idéale et organique, la réclamation que nous venons de faire contre l'identité absolue des panthéistes allemands (1).

8. Nous ne devons pas oublier dans notre revue des éléments de la science future la grande œuvre morale et philantropique commencée au dix-huitième siècle et poursuivie jusqu'à nous. Nous en avons dit quelques mots déjà, mais sans définir exactement sa tendance. Or, cette tendance est double et combat à la fois le principe égoïste, issu du sensualisme, et le principe de renoncement au monde et de *salut éternel*, prêché par l'Eglise. Elever la moralité de l'homme à ses propres yeux, reconnaître en lui un sens moral, une connaissance naturelle ou innée du bien et du mal, du juste et de l'injuste, c'est échapper à l'égoïsme, à la morale d'Hobbes et à sa pâle image reflétée par certains élèves de Locke. Cumberland, Wollaston, Shaftesbury, Hutcheson, Adam Smith, Price, Ferguson, Hume, Diderot, Voltaire représentent à divers degrés la *morale* et la *religion naturelles*, qui, nées au sein du protestantisme, passèrent en France et luttèrent contre toute *religion révélée*; la plus grande diffé-

---

(1) Bonnet, *La Palingénésie philosophique*, Genève, 1769. — *Contemplation de la nature*, etc. etc.

rence qu'on puisse trouver entre les systèmes de morale fondés dans cet esprit dépend du degré d'importance accordé à la sympathie par les uns, à la raison par les autres, dans la détermination du bien. Kant fonda le sien sur la raison et contribua beaucoup à propager en Allemagne cet esprit de religion naturelle. On peut reprocher un défaut très-grand à tous ces systèmes : c'est d'abord d'introniser absolument la raison ou le sentiment individuel, ensuite de supposer dans les notions humaines de justice et de bonté une invariabilité à laquelle l'histoire donne facilement un démenti. Aussi ne voulons-nous leur accorder qu'une valeur toute relative, sans renoncer à soumettre, dans tous les cas, les jugements individuels à des lois générales et sanctionnées, qui sont à leur tour soumises à l'examen et à l'appréciation des individus. Il y a à dire de la politique ce que nous venons de dire de la morale ; qui ne sait quelle fortune les idées de liberté, d'égalité et d'examen individuel ont fait en France depuis un demi-siècle ; mais qui pourrait ignorer aussi la profonde nécessité d'un pouvoir central, religieux et politique ? Que les variations du dogme, que celles du pouvoir et de la loi soient intimement liées aux variations réelles et constatées du sentiment humain, c'est ce qu'il est permis de demander. Mais la liberté en acte ne peut procéder plus loin, ni l'égalité ne peut exiger davantage dans la communauté. Le reste se passe dans le for intérieur qui est inexpugnable ; et moins que jamais on pourra l'assiéger violemment. Avant le dix-huitième siècle, tout ce que l'esprit politique général avait pu faire c'était de poser contre Hobbes, avec Grotius et Puffendorf, le principe de la sociabilité naturelle et de traiter rationnellement la question du droit ; encore Puffendorf ramena-t-il la sociabilité au besoin et à l'égoïsme. La révolution politique à laquelle nous devons les notions naturelles de droit et de devoir, qui sont désormais ineffaçablement inscrites en nous, a donc été due en grande partie aux moralistes du dix-huitième siècle, à Bayle qui les représente tous par avance, et enfin à Rousseau, qui a détruit le principe d'Hobbes d'une manière définitive en accordant la vertu, l'honneur et la bonté à l'homme de la nature. Cette idée était d'un esprit noble et grand, et bien qu'elle soit assurément fausse, si on la prend dans toute son extension, elle est vraie dans son principe, en y introduisant les restrictions convenables. Hobbes supposait l'homme méchant et le rendait pire, Rousseau le suppose bon et le fait meilleur. C'est en grande partie de ses ouvrages que date la recherche des conditions du développement naturel et de l'amélioration des hommes, et le principe de la fraternité humaine a trouvé en lui l'un de ses plus éloquents propagateurs.

9. C'est vers le milieu du dix-huitième siècle qu'une nouvelle révélation fut faite à la science, et un nouvel élément d'une grande importance ajouté à tous ceux qui constituent la grandeur de l'ère moderne. Vico créa la philosophie de l'histoire. Vico naquit à Naples, patrie de Campanella et de Bruno; ce fut un révélateur après deux martyrs; à la philosophie née de Descartes et à la méthode des sciences, il essaya d'ajouter une philosophie, une méthode et une science nouvelles. C'est l'histoire de l'humanité. Vico reprocha à Descartes, dont il aimait la métaphysique, d'avoir fondé une méthode incomplète, et il en avait le droit, lui qui la complétait en amenant parmi les sciences la poésie, l'histoire, la philologie, que Descartes avait méprisées pour leur inconsistance ou pour leur obscurité. Depuis Vico, de nombreuses tentatives ont été faites pour découvrir et pour formuler la loi du développement de l'humanité; cette science immense s'est divisée en une multitude de branches, et l'un des grands caractères de notre siècle est de poursuivre sa fondation dans mille voies diverses, par la spéculation et par l'étude des faits. Depuis Vico aussi, quoique indépendamment de ses ouvrages, l'idée du progrès de l'humanité, indiquée par Bacon, Pascal et Leibnitz, a été analysée par Turgot, Condorcet et Saint-Simon. Elle tend, grâce à d'incessantes recherches, à se constituer scientifiquement sur ses véritables lois. Des doctrines de politique générale ou d'organisation sociale, incomplètes et hâtives, il est vrai, sont sorties déjà de ces premiers aperçus; d'autres sont résultées de l'application de la science aux relations matérielles et aux travaux industriels de l'humanité. Enfin, et comme pour donner une base métaphysique et religieuse aux spéculations futures qui semblent devoir embrasser la sphère entière de l'évolution humaine pour la régler à priori, l'étude de l'histoire des religions et des philosophies avance de plus en plus l'humanité dans la connaissance d'elle-même, et un jour viendra où les dogmes, les opinions et les principes se développeront régulièrement, sans crainte et sans résistance.

Deuxième Partie.

DOCTRINE.

LIVRE SIXIÈME.

DÉTERMINATION DE LA MÉTHODE ET DE SON CONTENU IMMÉDIAT.

§ Ier.

DU FONDEMENT DE LA CONNAISSANCE.

1. Si la philosophie est l'étude de la science, mais de la science en elle-même, et dans son origine, et dans ses fondements, et dans ses lois, la première question qui se présente au philosophe doit être de déterminer les conditions du savoir. Le savoir est-il possible pour l'homme ? à quelles conditions, sous quelles formes est-il possible ?

2. Rentre donc en toi-même et médite, toi qui veux savoir ; ou bien encore laisse là ta pensée et ta vie, pour ainsi dire, élance-toi le plus loin possible, regarde, écoute, agis ; à chaque instant et partout, dans chaque événement de ton existence, dans tout sentiment, dans toute pensée, dans tout souvenir, que trouveras-tu de constant ? quel sera le fait nécessaire et suffisant à la fois pour caractériser une manifestation quelconque de ton être ?

3. D'abord ton analyse te retrouvera toujours toi-même, toi présent, et devant toi quelque chose qui est et qui se pose,

et qui joue un double rôle : celui de n'être pas toi, et d'être cependant en toi, devant toi.

4. Voilà le fait primitif : un sujet, un objet. Dans ta première observation le sujet c'est toi, et telle est aussi la seule définition convenable de ton être : *tu es celui qui perçois l'objet*, ou, pour parler métaphoriquement : *tu es celui qui vois*. L'objet, c'est ce que tu appelleras familièrement une chose, car *la chose est ce que tu vois*. Or le savoir ne peut prendre son point de départ que de toi, car si tu n'es pas, qui sera et que sauras-tu? Si donc tu vois une chose, tu ne la vois pas en elle, mais en toi et par relation à toi; tu la sais comme étant ton objet d'une certaine forme, de sorte que la chose n'est d'abord qu'une idée.

En un mot, ce que tu appelles la connaissance enveloppe nécessairement un phénomène (1) à deux faces, l'une subjective, l'autre objective. Tu ne peux savoir qu'à cette condition, mais c'est toujours en toi que la chose et toi vous êtes manifestés; sans cela il n'y a plus qu'ignorance, anéantissement, et il ne reste place à aucune vie que tu puisses sentir. C'est donc en toi, toujours en toi que tu dois rechercher le premier savoir (2).

5. Puisque tout premier savoir amène ces deux formes, il est clair que le sujet ne peut être sans objet ni l'objet sans sujet; mais le sujet peut se poser comme objet à lui-même. C'est ce qui arrive toutes les fois que tu sais actuellement et d'une manière quelconque ta propre existence. *Tu veux*, par exemple, et tu sais en même temps que le principe de cette volonté c'est toi. Sujet de cette volonté, tu es un objet pour toi qui la sais.

---

(1) *Phénomène*, ce qui apparaît en général, soit au dedans soit au dehors.

(2) Les méditations métaphysiques de Descartes et la forte analyse des perceptions objectives dans les deux premiers dialogues de Berkeley devront toujours être invoquées pour établir ce point de savoir. Pourrait-il être encore besoin de nos jours de prouver bien longuement que la perception d'un phénomène extérieur est toujours subordonnée à une apparence subjective et ne dit rien par elle-même? Ce que je vois en tel lieu, dans l'espace, rond et coloré, peut-il être quelque chose au début de la science, sinon en tant que j'ai l'idée de l'espace et que sous cette idée plusieurs autres viennent se grouper? Si je fais abstraction du sujet et de ses facultés qui ne sont encore que lui, puis-je avoir l'idée de l'étendue en palpant des points ou en voyant du rouge? Bien moins encore puis-je donner ce tact par la main ou cette vision par les yeux comme une épreuve en philosophie, tandis que les yeux et la main devraient être eux-mêmes connus antérieurement. V. le *Savoir* de Fichte dans la *destination de l'homme*. On pourrait enfin rappeler les raisons sans réplique qui se tirent du rêve et de l'hallucination.

Ces deux formes du savoir se retrouvent partout, dans la veille, dans le rêve, dans la folie, dans l'extase.

Mais pourquoi, demandera quelqu'un, de la pure logique au départ du savoir? pourquoi des abstractions et non des réalités? Heureux qui les connaît les réalités! c'est que celui qui veut savoir et non pas simplement croire trouve là la première observation que l'homme puisse recueillir sur l'être, et cela bien avant de rien connaître, soit sur la nature de l'objet, soit sur celle du sujet, de conforme à ce que les divers philosophes ont diversement expliqué.

Les premières notions du sujet et de l'objet sont très-claires et à l'abri de toute objection. Il n'en est pas de même des expressions souvent équivalentes, que l'on employait autrefois (1); elles avaient l'inconvénient d'impliquer, malgré les efforts des plus grands esprits, beaucoup de préjugés ou de notions mal définies sur la nature des êtres. Débarrassé de ces fausses images qui l'obsédaient, le savant pourra plus raisonnablement espérer de découvrir le monde comme il est, sans se laisser bercer par les illusions du vulgaire des croyants.

6. Mais comment procédera-t-il?

Il pourra, sans aucun doute, analyser, soit dans le sujet, soit dans l'objet, les diverses formes sous lesquelles ils lui apparaissent, ou pour mieux dire sans lesquelles ils ne lui apparaîtraient pas. Mais il devra soigneusement éviter de nommer autre chose que le fait. S'instruire n'est pas inventer, n'est pas créer, et il est clair qu'on ne peut d'abord apprendre qu'en observant ce qui est d'abord.

7. Signaler ces différents caractères, c'est assez dire que le sujet et l'objet n'apparaissent pas toujours identiques à eux-mêmes. Nous leur donnons différents noms selon les formes variables de leurs manifestations. Ce sujet immobile, qui est en

---

(1) Le mot *esprit* employé et très-clairement défini par Descartes rappelait malheureusement des systèmes peu scientifiques comme ceux des néoplatoniciens sur les âmes. L'emploi que les anciens et les Pères de l'Église en avaient fait, tendait, comme son origine étymologique au surplus, à détourner son véritable sens dans le cartésianisme. Il fut et devait être mal compris par le plus grand nombre.

Le mot *matière* est certainement de tous les mots celui dont on a le plus abusé dans tous les temps. Il est seul responsable de la confusion et des non-preuves pour ne pas dire des non-sens des systèmes appelés matérialistes. Son vice fondamental est de présenter au vulgaire un sens prétendu clair et au fond parfaitement vague. Ce mot indéfinissable trompe tous les jours beaucoup de bonnes gens.

nous témoin de sa propre mobilité, en devenant objet pour lui-même s'appellera tour à tour pensée, sentiment, imagination, volonté, et ne cessera pas d'être lui cependant ; de son côté, le seul et même objet auquel tu te rapportes actuellement ne changera pas, tu le sais, parce que tu l'appelleras senti, imaginé, voulu, ou parce qu'il sera senti rond, et puis dur, et puis chaud, etc. ; il y a donc quelque chose de constant parmi toutes ces variations du sujet et de l'objet, et par conséquent une idée qui précède et embrasse toutes les autres.

Ainsi une notion apparaît une seule notion commune à la fois au sujet et à l'objet, c'est celle de l'être. Il est clair, en effet, que toute notion implique celle de l'être, autrement dit qu'il faut être aussi bien pour être sujet que pour être objet, pour penser que pour être pensé ; et la raison toute simple de ce fait, la seule même qu'on en puisse donner, c'est que le premier savoir aperçoit l'être, le sujet et l'objet unis et inséparables (1).

8. Le savant s'arrêtera là et reconnaîtra l'impossibilité d'aller plus loin dans cette voie. Il pourra, s'il lui plaît, pousser jusqu'à ses dernières limites une analyse raffinée des notions ou des manifestations intérieures de sa vie et de son savoir ; il pourra étudier la notion en tant qu'elle implique un être ou qu'elle pose un objet ; mais il se trouvera devant un mur infranchissable tant qu'il pourra penser que l'être est un peut être, que l'être est moi, et qu'en moi la vie se joue sous trois masques, celui de l'être, celui du sujet, celui de l'objet, et que l'être est tour à tour pour lui-même objet et sujet dans cette éternelle comédie.

Il pleurera donc dans sa solitude, il pleurera les ailes coupées en présence d'une création dans laquelle il voudrait s'é-

---

(1) L'idée d'être est au fond la première et la base de toutes les autres ; c'est l'être qui, dans toutes les manifestations intérieures de notre vie, se présente comme objet ou sujet et implique ces deux formes. Parmi ces manifestations, la première et l'indispensable en logique et en fait est donc la pensée de l'être ; et le *cogito ergo sum* se traduit fidèlement ainsi puisque *cogito* renferme *sum*. *Pour penser il faut être* disait Descartes. Là, est toute l'intuition et tout l'argument. Ensuite *cogito* exige un sujet et un objet, cela est vrai, le sujet c'est l'*ego quatenus cogitans* ; quant à l'objet, il n'est pas nécessairement tel ou tel objet, tel ou tel corps surtout, comme les épais gassendistes le crurent ; il peut même être et il est continuellement une autre pensée, le sujet vu objectivement.

lancer; il maudira le savoir, et se tordra les mains en désirant n'avoir jamais pensé.

9. Homme, réjouis-toi cependant ! ta pensée sera fécondée. Garde le savoir, mais appelle la croyance.

Te rappelles-tu qu'en parcourant tout à l'heure le royaume intérieur, tu trouvais que la connaissance revêt diverses formes? Ces formes, tu aurais pu, suivant de nobles exemples, leur imposer le nom d'*idées* en t'attachant à ce qui les caractérise comme appartenant à un sujet. Le nom de *choses* leur convenait au contraire en tant qu'elles supposent une existence objective; eh bien, il s'agit d'accorder à ces choses un être indépendant, il s'agit de croire que ce que tu connais sous la forme objective est sujet aussi, sujet sans toi, sujet autre que toi; de croire, dis-je.

Mais je reprends de plus haut.

10. Les idées, ces phénomènes internes auxquels tu reconnais ta vie, posent devant toi différents objets; quelques-uns ne sont encore que toi-même envisagé objectivement sous tel ou tel aspect, du moins tu en juges ainsi. Mais il en est d'autres qui portent des caractères à eux, et qui te semblent invinciblement avoir des titres à une existence propre. Analysons sommairement ces caractères : à quelque observation de phénomènes subjectifs que tu veuilles te livrer, tu trouveras le caractère de *succession* constamment impliqué dans le rapport de ces phénomènes entre eux, et celui de *durée* dans chacun d'eux. J'entends par là que certaine notion que tu nommes ainsi les accompagnera en toi, et en sera inséparable. Et, de même, si tu attaches ton attention à un phénomène objectif, mais purement objectif et non sujet envisagé objectivement, tu trouveras que le caractère de l'*étendue* lui convient, tandis que celui de *position* lui appartient dans son rapport avec les autres phénomènes du même genre.

11. Sous ce dernier caractère, l'être, une fois conçu, te paraît entièrement indépendant de ta vie subjective; il semble moins relever d'elle que s'imposer à elle. Il pose la chose hors de toi, et ce mot *hors* ne prend une signification bien claire qu'en ce moment. Il exige impérieusement ta croyance en lui, et force ton consentement malgré que tu voulusses le nier pour ne croire qu'en toi; que dis-je? tu deviens toi-même, tu deviens lui sous un certain rapport; il te prête son être, et,

grâce à cette participation forcée, il te commande, il te tient à la chaîne, et te force à subir certaines modifications subjectives à la suite de ses propres modifications.

Si, à l'être hors de toi et sans toi, tu accordes l'étendue qui en est le caractère dans ta pensée, il ne t'en coûtera rien de lui accorder aussi la durée. De même que l'étendue, la durée n'existe pas seulement dans tes idées, à ce qu'il te semble, mais tu es fort porté à croire que la chose est et dure, serait et durerait, quand bien même tu ne serais pas. Le monde s'échappe ainsi de ton sein et de toutes tes idées, tu fais des attributs pour l'être, non-seulement l'espace et le temps, la figure, le nombre et le mouvement, mais quelquefois aussi la connaissance et la volonté, toujours la vérité, la bonté, la beauté. Tu places enfin dans l'être une infinité de modes pour répondre à l'infinie variété des idées : froid, chaud, dur, coloré, sonore, aimable, désirable, connaissable, en deux mots : sensible, intelligible.

12. Si tu rentres ensuite en toi-même, tu éprouveras une grande satisfaction. En effet, beaucoup d'idées qui, auparavant, ne se présentaient à toi que sous une réalité purement subjective, recevront de ta nouvelle croyance un grand développement ; cette notion d'*un* et de *plusieurs* qui, jusqu'ici, ne trouvait à s'appliquer qu'à l'analyse abstraite des formes du sujet et de l'objet dans ta pensée, prendra tout d'abord une extension immense. Tu ne diras plus seulement l'être, mais aussi les êtres, et tu appliqueras la variété des idées à la multiplicité des choses. La *nature* entière te sera révélée si tu nommes ainsi, comme je le crois, l'innombrable série de ces choses qui réalisent la multiplicité dans l'être, tandis que chacune d'elles t'apparaît avec un caractère bien marqué d'unité. Le *monde*, l'*univers* ne seront plus de vains mots pour toi, et ta parole ne nommera plus seulement des phénomènes, mais des êtres. Enfin les notions du *même* et de l'*autre* deviendront aussi plus claires quand elles porteront sur des faits, et non plus sur de simples distinctions de la pensée. Les mots *tout* et *partie* s'éclairciront, et tout ce qui est *diversité* et *rapport* dans l'être s'expliquera, du moins jusqu'à nouvelle ordre (1),

---

(1) La difficulté est en effet plutôt éloignée que résolue, et l'on verra que ces idées d'*un* et de *plusieurs*, de *même* et d'*autre*, etc., ne sont pas plus faciles à concilier dans

quand les objets s'élèveront à la dignité du sujet, et te forceront à les reconnaître pour tels.

13. Entre donc dans une voie nouvelle, si tu ne veux te consumer à rouler éternellement sur toi-même. Dans cette voie qui sera ton guide? la croyance. Tu la suivras ou tu périras à l'instant, car la croyance, c'est encore toi, et tu ne pourrais lui refuser ton assentiment qu'en paroles (1). Or, la suivre, c'est reconnaître que toute chose à laquelle tu rapportes un certain attribut existe par cela même, et que cet attribut lui convient, ou que tout être dont tu as l'idée existe subjectivement, précisément tel que tu l'aperçois objectivement et de la manière et dans la mesure où il t'est représenté. La suivre, c'est reconnaître encore que les principes généraux ou axiomes qui règlent les rapports des êtres et qui, à la fois, te paraissent parfaitement clairs et entraînent invinciblement ta foi, sont aussi réels du genre de réalité que tu leur connais et que tu leur attribues, c'est-à-dire que les rapports des êtres sont tels que tu les penses (2).

Telle est la double face de la croyance. D'une part, réalité des idées ou essences qui sont le point de départ du savoir, c'est-à-dire réalité de leur être subjectif et de leur être objectif; d'autre part, réalité des rapports qu'envisage la raison (3).

---

l'objet que dans le sujet; mais en attendant elles acquièrent plus d'extension et une double importance.

(1) Nous sommes tous nés dans la croyance, et en elle nous devons vivre et mourir. *Jacobi.*

(2) Ce serait là la doctrine de Descartes telle que Régis la produisit, si Régis eût donné à ce criterium tout logique de la certitude une preuve autre que lui-même : la croyance, la foi, ou un principe équivalent. Mais il s'en tint à l'énoncer comme un fait évident sans songer qu'il n'évitait pas ainsi l'idéalisme absolu, qui par lui-même est impropre à passer au réalisme.

(3) La logique fécondée par la croyance devient donc ontologie, mais il est fort important d'apprendre à conclure de l'une à l'autre; une revue, une collation complète des idées est d'abord nécessaire. Il faut que leur unité soit bien établie et leur pluralité bien hiérarchisée. Il faut surtout les accorder entre elles, si par cas elles divergent ou même se contrarient, dût la croyance être une seconde fois invoquée. Ceci soit dit ici seulement pour éviter les objections qui pourraient être faites à ce passage de l'idéal au réel. Qu'on songe que tous nos raisonnements jusqu'ici sont pleinement rigoureux, et entre autres ce dernier qui établit ce que la croyance exige et obtient constamment de l'homme. Nous obéissons tous à cette tendance; tous nous effectuons ce passage, ce qui ne veut pas dire, que nous trouvions tous à l'autre bord la vérité même. Reste donc à chercher ce qu'il faut faire pour être, non plus seulement simple vivant, mais philosophe.

14. Telle est aussi la théorie des idées, et c'est ainsi que pourrait se définir l'idéalisme, seule philosophie vraie, fécondée à sa base par la croyance.

En effet, et tu l'as vu, tout savoir exige d'abord une croyance à ta propre vie, à tes phénomènes intérieurs; tu es, c'est-à-dire tu penses, tu veux, tu raisonnes, tu sens; et cette intuition est une pure foi qui n'a rien de commun avec les formes de la science ordinaire.

Or, s'il t'est donné de te connaître, c'est que tu es objet pour toi-même. Mais tu n'es pas le seul objet qui pose devant toi. Au contraire, tes idées en posent plusieurs, et chacun d'eux a son caractère et ses attributions propres. D'ailleurs l'idée de l'être est une, elle convient à l'objet comme à toi, et, non-seulement l'objet en général ne te paraît pas encore toi, mais il te paraît être certainement autre que toi. Pourquoi donc ne te contenterais-tu pas de l'intuition de l'objet quand il faut bien que tu te contentes de celle du sujet. Pourquoi croire à l'un et ne pas croire à l'autre ? pourquoi l'un serait-il plus que l'autre sous le tribut de la science (1)?

15. Mais si tu es le centre du savoir, si en toi seul la vérité est écrite, il n'en est que plus important d'apprendre à la bien lire et de chercher dans une étude attentive où va ta pensée, ce qu'elle veut, ce qu'elle peut établir, ce qu'elle exige, ce qu'elle permet, ce qu'elle défend. Dès ce moment, le champ est ouvert au savant, il n'a qu'à marcher libre de toute contrainte à la découverte du monde.

Que la science triomphe donc au début de la logique ; n'a-t-elle pas plein pouvoir pour ériger les idées en natures, en essences; et ces idées, qui sont purement représentatives et portent leur vérité en elles-mêmes, où trouveraient-elles désormais une contradiction ?

A moins que les idées ne se refusassent mutuellement leur contrôle aux yeux de la science, que la pensée n'entrât en lice

---

(1) Descartes, pour donner un fondement à notre croyance en la réalité des objets, prouvait d'abord l'existence de Dieu, et de l'idée de sa véracité concluait à l'existence des objets de nos pensées. Mais pour arriver à prouver l'existence de Dieu, il fallait croire déjà à la vérité de l'objet de la pensée qui nous le révèle, puisque par le fait nous ne connaissons que cette pensée. Descartes faisait donc réellement un appel à la croyance. — La croyance ne marchande pas cependant ; elle veut accorder en même temps la réalité des objets de toutes les idées.

contre elle-même et ne se combattît, qui sait si, du sein de la contradiction, un nouvel appel à la croyance ne pourrait pas devenir nécessaire?

§ II.

DU PRINCIPE DE LA CONTRADICTION.

1. Puisqu'il lui est enfin permis d'avancer, le savant ne doit-il pas, au début, et pour mieux assurer sa marche, esquisser une méthode, rechercher quels procédés il convient de suivre pour découvrir la vérité dans les sciences et pour éviter l'erreur?

Mais ici déjà une première difficulté nous arrête. Quand nous parlions tout à l'heure, tous les mots de la langue nous prêtaient leur secours; nous invoquions la croyance, et nulle expression ne nous était défendue pourvu que nous nous fissions comprendre; mais puisque le savoir veut s'élancer maintenant hors de la sphère étroite où la croyance l'a jusqu'ici retenu, il convient de définir tous les mots dont nous avons besoin, et de n'avancer qu'à coup sûr. Or, nous avons bien reconnu qu'il fallait de nos idées, et de celle du vrai entre autres, faire des attributs pour l'être; mais tandis que l'être et le vrai s'accordent parfaitement, quelle est cette erreur qui nous apparaît maintenant?

2. Voudrait-on dire que l'erreur est la conception du *faux*, et le *faux* un attribut de l'être? Mais on ne le pourrait sans contradiction, car l'idée du vrai appartient manifestement, comme attribut, à tout ce que nous appelons être. Cependant, si nous faisons une revue de nos idées, nous ne trouvons pas seulement parmi elles l'idée de *ce qui est*, mais encore l'idée de *ce qui n'est pas*, de ce à quoi ni la *vérité*, ni la *perfection*, ni la *réalité* ne conviennent, et, par suite, à un moindre degré et comme par une sorte de compromis entre l'idée de l'*être* et celle du *non-être*, nous trouverons aussi l'idée de ce à quoi tous ces attributs ne conviennent pas entièrement, mais seulement en *partie*. Si donc le faux n'est pas un attribut de l'être, dirons-nous qu'il est un attribut du non-être, de telle façon que l'erreur consiste à concevoir comme être ce qui n'est pas, ou à concevoir ce qui est avec un attribut qui ne lui convient pas réellement?

Mais ce serait là une étrange doctrine pour des oreilles modernes ; quelle règle avons-nous, en effet, pour juger hors de notre pensée ? Quand nous concevons, soit objectivement, soit subjectivement, l'idée de l'être est impliquée dans notre conception; nous ne pourrions donc concevoir ce qui n'est pas sans admettre que ce qui n'est pas est cependant. D'un autre côté, nous ne connaissons aucune chose en soi, mais seulement par des attributs idéaux, et nous avons vu que l'attribut seul pouvait et devait nous faire croire à la chose, et à la convenance de cet attribut à cette chose. Quant à l'idée de ce qui n'a de réalité et de vérité qu'en partie, elle implique évidemment l'idée de ce qui n'est pas ; ce mot partie n'éveille pas une idée primitive, il suppose déjà quelque négation d'être, et nous devons avouer, en résumé, qu'à moins d'admettre la contradiction on ne peut prêter, soit aux choses, soit aux idées, rien de ce qui fonderait essentiellement en elles imperfection ou fausseté.

5. Reste donc une seule planche de salut. De grands esprits ont souvent reconnu que l'erreur ne dépend d'aucune fausseté réelle, soit dans la conception, soit dans l'être, mais qu'elle provient d'une simple privation de connaissance dans celui qui se trompe. Nous ne nous tromperions jamais, d'après cette doctrine, en posant par la pensée un être avec son attribut, jamais en sentant ou en imaginant purement et simplement; mais si nous voulions prononcer sur les relations des choses, sur leur rapport, soit à nous, soit entre elles, il pourrait arriver que le défaut de connaissance où nous sommes de certaines de ces choses ou encore de certaines de leurs relations, joint à notre précipitation à conclure, nous induisît en erreur.

Cette doctrine de l'erreur est, historiquement parlant, très-belle et très-admissible, mais logiquement elle ne peut nous paraître fondée sur une idée première. Ce mot *privation* ne représente pas plus que cet autre mot *partie*, dont nous parlions tout à l'heure, une conception originale et indépendante de toute autre. Le sens, au contraire, en est parfaitement vague, il amène toute espèce d'obscurité et suppose la connaissance d'un monde plus achevé que celui que la croyance nous a ébauché jusqu'ici. Nous sommes partis de l'idée de l'être qui est en nous; cette idée est sans restriction ; que vient donc faire la privation maintenant? Sans doute, il n'est pas difficile de comprendre que dans l'innombrable série des êtres que nous admettons à la suite de nos idées, et que nous reconnaissons cependant comme indépendants d'elles, il y en ait que nous ne concevons pas, et que nombre de relations nous échappent en même temps. Mais ce qu'il est difficile, et même impossible d'admettre, c'est que nous puissions comprendre, ainsi que nous le faisons maintenant, qu'il y a un défaut de connaissance en nous, et cela sans supposer que nous avons antérieurement l'idée de ce qui n'est pas, de ce qui manque, de ce qui pèche par essence, de ce qui implique imperfection, et par conséquent *non-être*, en un mot de ce qui est négatif et non plus purement affirmatif comme les premières idées dont nous nous sommes occupés. Mais ceci exige quelque développement.

4. La connaissance en général, et telle qu'elle a lieu d'abord, pose en tout l'absolu ; elle donne tel ou tel être, mais elle ne parle ni de privations ni de limites. Cet être pourra plus tard, grâce à des idées de comparaison de rapport, être conçu comme infini ou fini dans l'étendue, éternel ou passager dans la durée, mais ce rapport n'est pour rien dans la conception première, qui n'embrasse qu'un attribut clairement aperçu et défini, ou une représentation sensible ; nous ne pouvons douter de cette vérité en observant comment la connaissance se forme chez les enfants ; et les sauvages aussi, qui, sous ce rapport, sont encore enfants, sont toujours portés à attribuer aux nouveaux objets qui leur sont révélés une vitalité indépendante et à les faire dieux. Le fétichisme est né sans doute de cette disposition des esprits vierges d'expérience et de spéculation : l'homme qui, abandonné à sa première impression, adore un arbre, une fontaine, conçoit dans ces êtres, antérieurement à toute analyse, une vie permanente et libre ; il est donc bien loin de les rattacher à une chaîne de causes et d'effets, et de leur assigner de la dépendance, de la privation, des limites. Lui-même, en un mot, tout comme l'enfant, ne pourra se révéler sa propre existence que toute vivante, toute pensante, toute puissante, tant que l'expérience ne l'aura pas instruit de sa faiblesse et de son infériorité relatives. Enfin, de même que les enfants ignorent la mort, les sauvages croient tous, et cela sans exception, à la permanence du moi après elle, parce que l'idée d'anéantissement n'a pu naître qu'à la suite d'une spéculation fondée sur les rapports de sujétion de

l'homme à la nature, c'est-à-dire après de longues analyses. Ainsi, toute première connaissance est synthétique, soit dans les sens, soit dans l'entendement, et l'idée de privation n'a pu naître que par une analyse qui commence, il est vrai, avec la vie elle-même.

5. Mais cette analyse, quelque rapide qu'elle soit, n'est possible que par la faculté de nier qui est dans l'homme. Sans cela, comment pourrait-il concevoir et nommer une idée dont les éléments n'existeraient pas en lui? comment l'appliquerait-il partout dans la nature, et même à des cas inconnus qu'il suppose et analyse par avance? Que dis-je? Comment pourrait-il se savoir fini, imparfait, dépendant s'il n'avait pas la faculté de nier l'être et de penser le non être? Comment saurait-il que ce qui était tout à l'heure, par exemple cette lumière qui étincelait ou cette voix qui résonnait à ses oreilles, n'est plus maintenant, quand sa mémoire, quand son imagination ne peuvent que lui rappeler ou lui peindre un être avec certains attributs, quand sa conscience ne peut lui enseigner qu'une chose, à savoir qu'il a conçu et qu'il conçoit encore suivant des modes qui varient avec le temps? Et, en effet, les sens ne peuvent pas nous enseigner que nous ne percevons plus ce que nous percevions, et que quelque chose a cessé d'être (1).

6. Il est donc incontestable que si l'idée de l'être précède toutes nos autres idées et sert de fondement à l'*affirmation* qui lui correspond comme faculté de notre esprit, l'idée du non être arrive aussitôt pour compléter notre savoir et ses opérations; et la *négation* est la faculté de notre esprit qui répond à cette idée. A part les pures idées qui définissent ou représentent l'être au début de la conception, partout et toujours notre pensée est solidaire de l'idée du *non être*. Sans cela, comment comprendre le *devenir* et l'*avoir été*, et que dire de l'*action* et du *mouvement*, et, en général, du *changement*? Mais, avec ces deux idées fondamentales, nous affirmons et nous nions, nous ajoutons et nous retranchons, nous généralisons et nous abstrayons, nous raisonnons, nous jugeons, et la science est fondée.

(1) Le sensualisme, attaqué sur ce point, semble devoir nécessairement se réduire à la doctrine qui met la vérité dans les seules apparences sensibles actuelles et individuelles, ce qui est dans l'antiquité la thèse de Protagoras.

7. Telle est la base de la logique, et nous voyons ici combien la logique vulgaire est peu profonde, et qu'elle reste à la surface du savoir, elle qui ne sait pas visiter ses propres fondements. Il lui faudrait, en effet, reconnaître alors que le principe des contraires est en elle, et, tout en la fondant, prépare sa ruine. Nous sommes ainsi ramenés à admettre ce qui nous répugnait tant à notre début, et ce qu'implique nécessairement toute idée d'erreur et de privation : l'existence du non être.

Qu'est-ce, en effet, que le non être ? C'est ce qui n'est pas. *Ce qui n'est pas est, et il est ce qui n'est pas*, de même que *ce qui est est ce qui est*. Telle est la vérité de la pensée, et, par conséquent aussi, la vérité des choses. Pourrions-nous être étonnés maintenant en voyant, au premier regard que nous jetterons sur le monde, la mort à côté de la vie, le mal à côté du bien, la désolation à côté de la joie, puisque partout le néant suit et précède l'être ? Mais consolons-nous. Sans ce bienfaisant néant peut-on dire que nous serions nous-mêmes ? Le néant est de l'essence de la vie : sans lui nous ne vivrions pas ; la contradiction est de l'essence de la pensée, et si nous ne pouvions contredire et nier, nous ne penserions pas. Encore une fois consolons-nous, car, si d'un côté le néant *est* comme l'être, s'il nous menace et nous effraye, et partout côtoie la vie prêt à l'engloutir ; d'un autre côté, l'être pur n'est pas pour nous plus que le néant ; comme lui, il est en lui-même loin, bien loin de notre pensée et de notre vie qu'il engloutirait aussi. Levons-nous donc, et bénissons Dieu, qui de l'être et du néant a fait les magnifiques développements de la vie.

Mais il faut nous résigner, savant, à trouver désormais la contradiction dans la science ; elle y a pris pied, elle ne la quittera plus. Faisons la revue de nos idées, et nous trouverons dans toutes l'empreinte de la contradiction qui a scellé la première. La science nous semblera en ruines ; mais finissons-en cependant avec les ruines, avant que de songer à édifier de nouveau. Pénétrons dans l'objet et dans le sujet ; explorons leur nature telle que les idées nous l'expriment, et comparons ces idées les unes aux autres.

8. D'abord, l'idée de l'un convient au sujet, le moi est un ; sans cela il cesserait d'être ce centre universel auquel toute idée vient aboutir, ce spectateur unique, ce juge de la multiplicité de ses propres pensées ; il ne serait plus le moi, con-

science pleine, entière, immédiate, instantanée, indivisible de lui-même. Par un aperçu semblable il est éminemment *simple et sans composition*, lui qui est le point de concours et de rapport des composés ; il réalise cette abstraction du point géométrique, auquel une infinité de lignes et de surfaces viennent se croiser de toutes les directions. Pourrait-il, s'il n'était simple, à la fois réunir et comparer tous les éléments divers qui lui aboutissent ?

Et pourtant si le moi veut un instant sortir de son immobile et muette conscience, se poser pour son propre objet, et prendre ainsi connaissance plus complète de lui-même, que de diversités il apercevra dans son identité première ! Le moi est sujet, il est objet, il perçoit le rapport du sujet à l'objet. De là ressort une véritable trinité, de manière que quand le moi ne pourrait que se manifester à lui-même, il serait encore triple, et par conséquent multiple. Mais la composition vient s'ajouter à la multiplicité : le moi sent, il pense, il imagine, il veut ; ne faut-il pas que dans son essence, quelle qu'elle soit d'ailleurs, il y ait une sorte de variété d'éléments pour répondre à la variété des opérations. C'est ainsi que dans le point géométrique, tout simple qu'on l'ait posé, on ne peut cependant se refuser à reconnaître autant de côtés ou de faces, dans la rigueur de la pensée, qu'il y a de rayons qui concourent en lui. Enfin, quand le moi n'aurait que cette incompréhensible faculté de contenir objectivement les idées, on serait forcé de le regarder comme multiple et composé sous ce rapport. Nous devons donc conclure que le sujet est à la fois *un* et *multiple*, *simple* et *composé*, et, par conséquent aussi, *tout* et *partie* de lui-même, *même* et *autre* que lui-même, sous peine de ne se point concevoir.

9. Ces deux premières analyses supposent dans le moi la faculté d'abstraire et de nier, et, par conséquent, l'idée de non être que nous avons signalée comme la contradiction primitive que toutes les autres impliquent. A présent que le moi est ainsi exploré dans sa plus intime essence, considérons-le en tant qu'il connaît ; or, nous avons vu que la connaissance en soi est toujours absolue et illimitée dans son essence, qui consiste purement et simplement à connaître, et ne peut ignorer sans cesser d'exister ; cependant la moindre analyse nous apprend qu'elle est relative et limitée. Toujours elle se déploie

comme *infinie*, toujours elle retombe *finie*; et plus elle approfondit, en analysant, les rapports des choses, plus elle aperçoit qu'elle est imparfaite et dépendante, elle pour qui cette idée de *ne pas savoir* n'existait pas d'abord, tant son essence est de savoir. La connaissance est donc *absolue* et *relative*, *infinie* et *finie* à la fois. Mais ce n'est pas tout; ce même sujet qui, en tant qu'il connaît, est infini et fini, en tant qu'il dure, est *éternel* et *passager*. En effet, nous nous concevons éternels, par cela seul que nous nous concevons pensants, et que la pensée en soi ne peut se nier et ne contient rien qui ne soit absolu, positif et sans condition. Cependant nous changeons sans cesse; la pensée varie; et, en tant qu'elle est modifiée et qu'elle se manifeste à elle-même, elle est si peu constante qu'elle se méconnaîtrait si elle n'avait conscience de ses variations et de leur continuité. Sous ce rapport il est vrai de dire que nous ne sommes jamais ce que nous étions, ou plus exactement qu'à chaque instant nous sommes et nous ne sommes plus. L'essence de notre être semble d'abord indépendante du temps, et cependant le temps la morcelle et l'emporte par débris.

40. Passons maintenant à une contradiction nouvelle à laquelle toute notre vie est attachée : l'action ou puissance de l'homme est sous l'empire immédiat de sa volonté, et sa volonté, considérée en soi, est parfaitement indépendante. Elle est libre par essence, puisqu'elle se porte de plein gré à ses déterminations; que rien de ce qui n'est pas elle ne peut la gouverner ou la modifier directement; qu'enfin, et nous en avons conscience, elle ne s'exerce que par elle-même, et ne trouve qu'en elle la source efficace de ses mouvements. Ainsi l'homme est libre et tout-puissant dans son for intérieur. Cependant, pour peu qu'il veuille analyser les circonstances intimes dans lesquelles sa volonté se manifeste, il trouve qu'un motif ou qu'un désir l'accompagne invariablement cette volonté. Or, ce désir et ce motif se rapportent à lui, d'un côté; d'un autre, à quelque chose d'objectif; et l'être objectif étant élevé par la croyance à la dignité de sujet et de cause, il s'ensuit que la volonté, qui ne se montre jamais que comme le résultat d'une relation entre deux termes doit tout au moins dépendre de tous les deux; mais, de plus, telle ou telle volonté suit exclusivement tel ou tel motif ou désir, qui lui-même suit exclusivement telle ou telle modification de l'objet. Il en résulte que ces modifications sont en définitive

les occasions uniques à la suite desquelles la volonté est nécessairement déterminée sous peine de ne jamais l'être, et l'on a conclu de là, de tout temps, que si la volonté existe, elle n'est pas libre, mais nécessaire ; que l'homme n'est pas indépendant, mais bien esclave de ses appétits et de sa raison. En un mot, les événements de la vie interne ou externe, car toute pensée est marquée d'une empreinte objective, doivent être regardés sous ce point de vue comme fortuits ou nécessaires dans toute la série de leur production, selon que l'ordre général des choses est lui-même fortuit ou nécessaire ; mais pour libres, ils ne le sont pas, ils ne peuvent l'être.

11. Nous aurons enfin parcouru la série des contraires dans le sujet, si, aux contradictions signalées dans la durée de l'être, dans son intelligence et dans sa volonté, nous ajoutons cette suprême contradiction imposée à l'amour de l'homme, qui toujours s'élève et retombe, ne tend vers l'éternel, vers l'infini, vers l'immuable qu'à travers des illusions passagères, finies et mobiles, se trompe sur le but qu'il poursuit, dédaigne celui qu'il atteint, ignore celui qu'il désire, n'accepte enfin le mouvement que pour arriver au repos, et le repos que pour reprendre sa marche sur cette terre enchantée qui s'allonge sous ses pas.

12. Il résulte de cette analyse des contradictions renfermées dans la notion du moi, que quand bien même la science voudrait rester purement rationnelle et repousser la foi, c'est-à-dire s'en tenir à l'idéalisme absolu, elle n'en serait pas pour cela plus solide en soi, puisqu'elle ne pourrait rendre compte de la multiplicité de l'unité, de la composition du simple, des variations de l'éternel et du morcellement de l'infini. Son unique sujet se scinderait en deux parts, dont l'une se croirait libre sans pouvoir renoncer cependant à se croire à la chaîne de l'autre. Tantôt ses modifications lui sembleraient absolument volontaires, libres, arbitraires, uniquement à sa disposition, et fortuites par conséquent ; tantôt elles ne pourraient lui paraître qu'ordonnées, gouvernées et pleinement nécessaires (1).

(1) Spinosa a établi irrécusablement l'opposition du nécessaire et du fortuit. (*Op. posth.*, épist. 58.) La liberté, si elle n'est un vain mot, amène le second de ces deux termes.

L'opposition entre la Providence et la fatalité n'est que secondaire. Ces deux idées ne diffèrent qu'en tant que le sujet universel, Dieu, est plus ou moins anthropomorphisé par la croyance humaine ; ainsi ce que Leibnitz nommait Providence n'est pas le *contraire* de

13. Passons maintenant à l'analyse de l'objet. Nous savons d'abord qu'en nous seuls il est représenté, et qu'en nous seuls il peut être jugé. Or, il est représenté de deux manières : 1° intelligiblement, dans toute sa généralité et d'un seul bloc en quelque sorte ; alors, *s'il s'étend*, il est infini, car son idée n'implique pas de limites et même les exclut ; c'est une simple continuité d'étendue sans solution ni restriction quelconque ; s'il *dure*, il est éternel, parce qu'il est impossible de le concevoir mais comme n'étant pas ; la nécessité est renfermée dans son idée. Il est enfin *simple* et *indivisible*, parce qu'il est infini et que, dans l'étendue, dans la durée, tout est inséparable, identique, parfait. 2° Mais l'objet nous est aussi représenté sensiblement ou, comme nous le croyons, il agit sur nos sens ; alors il est fini, passager, composé, divisible et dans sa durée et dans son étendue ; il a tous les caractères de la contingence ; il ne nous est même ainsi représenté qu'à la condition d'être limité, sujet à la grandeur, à la figure et à la notion de partie. L'*espace* et le *temps* conçus alors comme composés et divisibles ainsi que les objets des sens eux-mêmes, viennent servir d'intermédiaires entre l'idée intelligible et l'idée sensible, et servent à éclairer, à embrasser, à coordonner les sensations (1).

14. Si nous avons trouvé la contradiction dans l'étendue et dans la durée de l'objet, il ne nous sera certes pas difficile de la trouver dans son mouvement. En effet, le mouvement local suppose la divisibilité du temps et celle de l'espace ; cette divisibilité doit être réelle, et, dans le fait, tous nos sens, d'accord entre eux, nous font percevoir des divisions que nous ne pouvons regarder comme illusoires. De là ressortent toutes les distinctions que nous faisons continuellement entre les parties de la matière et leurs situations respectives. Cependant si nous remarquons que, la division une fois admise, il est impossible de lui assigner des limites ; qu'aucun temps, aucune

ce que Spinosa nommait nécessité. Il y a là une grande question de philosophie, mais non une contradiction.

(1) L'espace, *ce qui s'étend*, voilà une idée que supposent toutes les manifestations sensibles. Tout autre caractère de la substance étendue qu'on voudrait faire servir à sa définition, par exemple la dureté, l'impénétrabilité, supposerait une perception des sens. Ainsi, l'idée générale d'étendue est comprise dans toute idée de corps, mais au contraire, l'idée de corps n'est pas comprise dans celle d'étendue. C'est entre l'idée générale et les idées particulières qui tout en l'expliquant la nient qu'existe la contradiction.

étendue, rapportés aux sens, ne peuvent être imaginés comme indivisibles essentiellement pour ces mêmes sens (1); que par conséquent il est impossible de comprendre le mouvement sensible sans comprendre comment le fini et l'infini peuvent se concilier dans l'objet, comment, par exemple, la division en points et en instants sensibles peut rigoureusement descendre jusqu'à l'infini, de telle sorte qu'une étendue finie se compose d'une infinité de parties, et un temps qui vient de commencer et qui va finir, d'une infinité de temps qui eux aussi doivent avoir un commencement et une fin (2); nous devons conclure que le mouvement est radicalement incompréhensible et qu'il n'existe pas. Nous voyons en même temps que la contradiction signalée entre l'étendue intelligible qu'implique toute sensation, et cette même étendue en tant que revêtue d'une forme sensible, reparaît ici dans l'application à l'étendue sensible elle-même de l'idée de division indéfinie et toujours essentiellement possible que l'expérience suggère à l'entendement. Ci-dessus l'étendue conçue comme infinie reparaissait finie pour les sens. Ici l'étendue, finie pour les sens, redevient infinie pour l'intelligence. La même considération s'applique à la durée, et par suite la contradiction s'impose dans l'idée du mouvement.

45. Il résulte de l'analyse des contraires dans l'objet que si la science ne trouve pas un fondement rationnel dans l'idéalisme absolu, elle ne peut le trouver davantage dans la considération du monde sensible réel, manifesté par le mouvement, tel, en un mot, que la croyance nous le donne; en effet, les idées pures auxquelles on voudrait échapper ainsi reviennent sur le terrain. Et faut-il s'en étonner? tout doit être lié dans la pensée, et que fait le savant s'il ne pense? Le sensible même ne peut être compris que par l'intelligible; toutes les idées s'enchaînent de quelque forme qu'elles soient, et ne peuvent s'expliquer que les unes par les autres.

46. Tenterait-on, en désespoir de cause, de sortir brusquement du sujet, de s'élancer dans le monde extérieur et de faire

---

(1) Il suit de là, que les atomistes doivent, à la rigueur, supposer les atomes simples, indivisibles et insensibles. C'est en effet le corps sensible qu'on ne peut s'empêcher de regarder comme indéfiniment divisible, au contraire de l'espace qui est en lui-même indivisible.

(2) Voyez les arguments de Zénon, *L'Achille aux pieds légers*, etc. Tel est incontestablement leur vrai sens.

de lui, par un renversement des rôles primitifs, le sujet unique, infini, éternel, immuable. Mais alors comment expliquer l'existence en lui des êtres multiples, finis, passagers et mobiles, des modes, en un mot, et de leur rapport; ou tout au moins si ces modes n'existent pas réellement, comment rendre compte des illusions dont nous sommes victimes?

17. Si enfin on voulait proclamer de telles sublimités inaccessibles à la science, laisser la foi s'y débattre à son gré pour en prendre ce qu'elle peut, s'en tenir à un jour clair et à un horizon borné, n'emprunter à la croyance que la notion de l'existence des êtres sensibles et de leurs relations en renonçant à sonder les idées générales qui les représentent, et, pour tout dire en un mot, s'enfermer dans le domaine des faits et systématiser leur ensemble à l'aide de l'observation et de l'expérience; oh! alors peut-on croire en vérité que la science existerait encore?... Elle renierait son origine, elle ignorerait sa méthode, elle marcherait à tâtons pour ne construire que d'insignifiantes nomenclatures, à moins que d'emprunter sournoisement quelque chose à cette spéculation qu'elle aurait commencé par proscrire? De quels faits parlerait-elle, quand les faits sont dans la pensée, quand c'est la pensée qui les connaît et qui les nomme, qui les compare et qui les juge, quand leur connaissance repose exclusivement sur des données qu'elle seule peut fournir et transformer? On abandonnerait la philosophie qui seule précède, fonde, explique toutes les sciences; on délaisserait l'étude de l'être, et l'on croirait pouvoir pénétrer ses relations mille fois plus mystérieuses, parce qu'elles plongent la tête dans les hauts nuages dont on voudrait s'éloigner; on trouverait l'univers incompréhensible dans son ensemble et l'on prétendrait le scruter dans ses détails! Que dis-je? On refuserait de croire aux vérités générales qui embrassent toutes les autres, à la raison sous sa forme suprême, aux premiers et aux plus puissants de tous les faits, et l'on voudrait encore explorer des vérités particulières, user restrictivement de la raison, et dans le naufrage universel de l'esprit, se sauver à la nage avec l'observation et l'expérience! Ce serait ignorer que l'observation n'a lieu que par l'esprit et avec les formes que l'esprit impose à tout, sujet et objet, et sous l'empreinte dont nos idées générales marquent toutes les autres; que l'expérience, dont la raison seule peut à la fois poser et régler les prémisses, ne con-

clut que par raison ; et qu'enfin là où la contradiction siége dans les principes de la science, on peut feindre de l'ignorer dans les conséquences, mais non certes l'éviter réellement ni la détruire (1).

18. Nous n'avons plus maintenant qu'à nous demander quel parti le savant doit prendre au milieu des ruines que nous venons de remuer. Il peut d'abord s'attacher à l'un des côtés du contradictoire, le développer et nier tout ce qui s'en sépare, mais alors il se détourne de l'une des faces de la raison et par suite de la raison elle-même ; il peut encore entrer dans la docte ignorance, qui s'exprime ainsi : *Je sais que je ne sais rien*. Mais le savant est un homme, et ce qu'il a de mieux à faire, c'est d'invoquer une seconde fois la croyance et de se jeter dans ses bras, c'est de fonder sur elle seule la conciliation des contraires et de pénétrer ainsi par une voie nouvelle dans une nouvelle science.

19. En résumé, au départ de tout savoir, l'être est objectif et subjectif ; il est *moi*, il est *non-moi*. De l'objet et du sujet la croyance fait deux vivantes réalités ; mais tous deux, conçus subjectivement, sont absolus, infinis, éternels ; conçus objectivement au contraire, ils sont relatifs, finis et passagers. La multiplicité succède à l'unité, la nécessité à l'indépendance. Il n'y a pas à proprement parler contradiction dans l'être d'une seule et même chose envisagée d'une même manière, mais il y a contradiction, si l'on peut parler ainsi, entre l'objet objectif et l'objet subjectif, entre le sujet subjectif et le sujet objectif c'est-à-dire dans le sein même de l'objet et du sujet, mais selon que nous les envisageons objectivement ou subjectivement. C'est donc de cette division primitive formée au fond

---

(1) Ce qui est dit ici ne porte en aucune manière contre l'emploi de *l'analyse des faits* et de *l'induction* dans la science. Nous avons d'ailleurs reconnu la valeur de cette branche de la méthode en parlant de Bacon et de Newton. Et que deviendraient si elle était négligée, que deviendraient la critique moderne, l'histoire de la nature et celle de l'homme et des monuments qu'il a élevés ? Mais c'est ici un livre de philosophie, c'est-à-dire de *méthode* et de *science générale* ; il est naturel qu'on s'y attache à montrer que toute science particulière suppose au fond une science générale et primitive, et que tout procédé partiel de recherche suppose la *méthode idéaliste* ou *logique*, et par conséquent aussi toutes les conséquences qu'elle renferme. Si cette vérité ressortissait clairement de l'ensemble de ce livre, on en pourrait conclure que les *savants positifs* négligent ou méprisent à tort la philosophie dont l'étude seule pourrait aujourd'hui les relever à la hauteur des savants des siècles précédents.

et tout au commencement de notre pensée entre l'être sujet et l'être objet que la contradiction ressort. Nous ne pouvons pas vivre, parler, penser ou même éprouver que nous sommes sans jeter les fondements de cette contradiction qui dès lors s'établit dans l'être et tente de le détruire tout en lui donnant la vie. En effet, c'est l'idée du *non-être* qui produit la contradiction, idée enveloppée dans toute représentation intelligible du passager, du divisible, du composé, du fortuit ; et par cette idée seule nous comprenons l'objet ou *ce qui n'est pas moi*, nous commençons à penser et nous éprouvons que nous sommes, car la connaissance semblerait devoir s'anéantir en se réduisant au sujet.

Le principe des contraires est dans la simultanéité de l'idée d'être et de l'idée de non être dans la pensée humaine. C'est là le grand mystère sans lequel il n'y a ni relation ni vie, ni pensée ni connaissance, ni figure ni grandeur, ni volonté ni mouvement. On ne peut donc fonder exclusivement ni le savoir ni la réalité sur l'être, mais il faut invoquer aussi le néant pour l'explication du monde, et repousser bien loin la vieille logique dont le principe est qu'*une même chose ne peut pas être et n'être pas en même temps*.

20. Celui qui aura fait ce grand pas pourrait-il avoir encore quelque peine à comprendre le monde un et multiple, éternel et passager ? Un immense horizon ne lui sera-t-il pas ouvert dans le développement indéfini de l'être au sein du néant ? s'étonnera-t-il si les contraires se confondent éternellement et à chaque instant se séparent, si le temps coule incessamment du sein de l'Éternel et de nouveau s'y vient perdre, si le fini s'abîme dans l'infini dont cependant il s'échappe, et si l'un se fait multiple et se brise en une infinité d'éclats, tandis que l'immortelle unité reluit dans chacun d'eux et dans leur ensemble ? Ce sont les ordres de celui en qui ce monde sublime a son origine, son essence et sa fin, sans jamais cesser d'être autre que lui cependant, parce que l'auteur infini d'une infinité nouvelle a jeté le temps par-dessus l'éternité, l'espace par-dessus le point, et la vie par-dessus l'être.

LIVRE SEPTIÈME.

ESSAI DE RECONSTITUTION DE LA TRADITION PHILOSOPHIQUE EN FRANCE.

§ Ier.

DES PRINCIPES PREMIERS DE LA PHILOSOPHIE DANS L'HISTOIRE.

1. Il serait aisé de montrer que l'histoire de la philosophie n'est que celle de l'esprit de l'homme, en tant qu'il s'attache, sous diverses influences et dans un certain ordre de lieux et de temps, à telle ou telle des révélations intimes qui lui sont faites. En général, et dans chacune de ces circonstances, l'histoire nous montrerait le philosophe prenant à tâche de nier et de combattre les révélations contraires, et transportant dans la science ce principe de notre vie de tous les jours, *refuser d'un côté pour accorder de l'autre*, et ne comprendre une affirmation qu'à la condition d'une négation corrélative. Telle est, en effet, notre misérable logique, partout empreinte de stérilité et de mort, quand l'esprit comme l'œil ne voit la lumière que par l'opposition des ténèbres.

De là vient que chacune des thèses contradictoires que nous avons soutenues et prouvées s'appuie sur une série de grands noms en philosophie; et s'il faut citer des exemples, en voici des plus frappants : Parménide et Zénon affirmaient que le monde est un, et que le mouvement n'est pas, et ils le prouvaient, et Spinosa après eux; mais Démocrite prenait pour principe de toute science le mouvement d'une multitude infinie d'atomes, et de nos jours encore cette doctrine subsiste sur des bases entières, indestructibles. Thalès et Pythagore, Hobbes, Spinosa et Leibnitz ont regardé nos pensées, nos volontés, nos actes comme soumis à la loi d'une absolue nécessité; mais Descartes et Platon ont affirmé la liberté de l'esprit, et Fichte, comme Pélage, a déclaré qu'en nous seuls est le principe de nos déterminations. Le hasard dans les choses, l'indifférence dans l'homme ont été de tout temps, et pour d'excellentes raisons, de vaines chimères et d'irrécusables vérités, de même que la fatalité un principe inévitable qu'il faut aimer et une superstition terrible qu'il faut abhorrer.

2. Nous mêlons dans nos comparaisons les anciens et les modernes, et cela se peut faire sans danger. L'esprit humain, du point de station qu'il occupe, va et vient, s'élance et retombe, essaye de toutes les voies, pense toutes les pensées. La croyance qui enveloppe les contradictoires est immuable, éternelle dans l'homme, mais l'homme la fractionne dans le temps et dans l'espace, et toujours, et en toute doctrine comme dans le passage de l'une à l'autre, il peut exécuter, quel que soit son nom, son pays et son siècle, des évolutions naturelles et voulues. Sous ce point de vue, celui du moi, de l'idéalisme, de l'indépendance, la science est une et multiple, mais en quelque sorte immobile, il n'y a plus d'histoire. Au contraire, si, laissant de côté l'examen des philosophies isolées, nous nous attachons à l'étude des écoles dans leur dépendance mutuelle, de la méthode et des pensées dans leur transmission d'homme à homme, enfin des idées religieuses qui entrent dans la philosophie pour y représenter le résumé des sentiments humains à chaque grande période, la science paraît se former et se développer progressivement, l'histoire naît, et, pour conclure, nous trouvons entre les anciens et les modernes une bien grande différence.

En effet, c'est principalement dans les évolutions libres, sans lien, sans méthode, que l'antiquité paraît avoir épuisé sa tâche. De là les difficultés immenses, insurmontables peut-être, de son histoire philosophique. Nous ne voulons pas dire assurément qu'il n'y ait eu aucune relation entre les diverses écoles, aucun rapport entre les doctrines et les époques qui les virent se produire, entre les systèmes scientifiques et les idées religieuses dominantes; mais ces relations sont beaucoup plus difficiles à déterminer que dans les temps modernes, et par cela même, sans que la distance puisse nous faire illusion, moins puissantes et moins durables. En effet, là où nous trouvons chez nous l'imprimerie, une prodigieuse diffusion des connaissances, une perpétuité vraiment merveilleuse des idées une fois émises, et en même temps une continuelle intervention des idées de tous, morts ou vivants, dans celles de chacun, et de celles de chacun dans celles de tous, que voyons-nous dans l'antiquité? Des traditions souvent orales et même secrètes, quelquefois à peine répétées par l'écriture et qui vont s'affaiblissant jusqu'à ce qu'elles s'effacent, oubliées, incomprises, ne laissant de ce qu'elles furent que des traces méconnaissables. Là où nos pensées sont invariablement dominées et dirigées par une religion qui nous ouvre à tous l'entrée de ses dogmes et de ses mystères, et, mieux encore que cela, a de longue main, pour ainsi dire, infiltré nos esprits de sa loi suprême d'amour, d'espérance et de foi, nous ne rencontrons chez les anciens que castes et divisions, écoles séquestrées, religion morcelée. Enfin, tandis qu'une grande, il faut le dire, une seule école de philosophie embrasse tous les génies de la métaphysique, depuis qu'une méthode nous a été donnée, et tandis que cette méthode, éclairant l'histoire, nous conduit sans discontinuité de Descartes à Hegel en nous enseignant les relations de tous les philosophes et de tous les systèmes, il suffit au contraire d'ouvrir Aristote ou Platon, ou une histoire de la philosophie ancienne pour voir dans quel labyrinthe erraient les anciens d'axiomes, de postulats et de principes, sans qu'il leur fût possible de donner à leur science un commencement qui ne fût pas arbitraire.

Il est donc évident que l'antiquité a été privée d'un principe unique et nécessaire de certitude et par suite d'une méthode philosophique. Mais elle a fait parcourir à l'esprit une sphère immense dans le savoir et dans l'être, et c'est ce que nous lui devons; elle nous a laissé la philosophie pour ainsi dire achevée dans ses détails, mais sans ordre et décomposée. Des fragments nous sont venus mêlés, agités, et quelques-uns même nous ont manqué. Mais pour elle-même et pour son développement social, quand bien même elle eût tout découvert et exploré, qu'aurait-elle pu faire, privée qu'elle était de règle et d'unité? Lorsqu'au milieu des longs siècles de sa décadence, nous voyons sa philosophie prendre enfin la forme la plus méthodique que des génies rigoureux aient pu lui donner alors, nous ne devons pas être étonnés d'y reconnaître ce puissant scepticisme qui siége au milieu du fatras du médecin Sextus; ce n'est qu'ainsi qu'elle put aboutir à une conclusion morale unique;

à moins de devenir, par une loi inverse, entre les mains des plus ardents, cet éclectisme sans preuves qui se borne à exploiter le panthéon des dogmes dans l'intérêt des tendances mystiques. L'*ataraxie* et l'*extase*, telles furent les deux extrémités entre lesquelles le monde antique épuisé s'éteignit avant d'avoir choisi.

3. Cependant il est dans l'antiquité une grande école philosophique, anneau puissant qui réunit deux âges dont nous venons d'indiquer d'ailleurs la division profonde. En effet, le platonisme, après avoir absorbé et transformé les éléments de la doctrine pythagoricienne, fut lui-même comme enveloppé par la religion chrétienne à laquelle il dut s'assimiler. Or, cette immortelle école de Pythagore et de Platon portait en elle l'idéalisme et le germe de la méthode. Les mathématiques, qui, selon la pensée de Descartes, ont de tout temps recélé cette méthode, furent la base du système de Pythagore, et nul ne dut entrer dans l'école de Platon sans être géomètre. Enfin, c'est à travers les nombres et les idées, ces êtres subjectifs qui nous sont immédiatement présents, et brillent seuls pour nous d'une entière évidence, que l'univers réel fut aperçu, exploré, réglé et pour ainsi dire créé par Pythagore et par Platon ; car pourrions-nous avoir pour connaître le monde un meilleur moyen que de le produire nous-mêmes, suivant les archétypes divins qui sont le fond de notre connaissance? Mais Descartes seul devait centraliser, ordonner ces idées que les anciens n'avaient aperçues qu'en désordre, les réunir dans la pensée, dans le sujet, et nous faire assister véritablement à cette création selon les types éternels dont Platon a tant parlé. Et tandis que Platon et les autres anciens qui furent partisans de la doctrine des deux principes adoptèrent par là un désolant dualisme et n'expliquèrent la contradiction idéale que par une brutale séparation de ses éléments, Descartes réunit une seconde fois, dans le sein de Dieu, ces idées qu'il avait une première fois réunies en lui-même, et respecta l'éternel mystère en le plaçant sous la sauvegarde de l'un, de l'infini, de l'éternel, du très-bon, du très-beau, de celui qui est.

Si la méthode fut préparée dans l'antiquité par le platonisme, on peut dire aussi que la nécessité de la conciliation des contradictoires en philosophie fut mise en évidence par l'école sceptique, dont la force et la grandeur nous apparaissent encore dans les monuments incomplets et médiocres qui nous sont restés d'elle. Elle opposa l'intelligence aux sens, Zénon d'Élée aux matérialistes, et, dans l'esprit, comme dans les sens, comme dans l'histoire de la philosophie, elle saisit et dévoila la contradiction flagrante. Aujourd'hui seulement, parmi la multitude confuse de ses arguments qu'il serait facile de rajeunir et d'ordonner, nous pouvons lire sans peine la nécessité d'accepter avec soumission les myst···· ·· la pensée pour éviter le doute, e· ···· ···sser la méthode po·· échapper aux incertitudes ·s se··· ···es sceptiques analy··rent comme Malebranche · Ber···· ···· ·s de mille ans avar· eux.

4 Or, dont l'école sceptique ···ontrait, selon nous, la néc···sité, les hom···· ·· de foi se ···erent, à la fin des temps anc!·· ·s, de l'··mettre e·· ·· ···rasser. Ces hommes de foi c'étaie··t d'··côté des philosophes, néopythagoriciens, néoplatonicien··· ·xandrins, éclectiques, théurgistes, mystagogues, païens, pleinement religieux par conséquent et philosophes de nom seulement, qui entreprenaient d'englober l'humanité tout entière dans ce pandémonium d'histoire, de mythologie et de dogme, où tout mystère avait place, où toute contradiction s'effaçait. Mais ils ne s'attachaient guère qu'aux résultats les plus élevés des doctrines, ravissaient ainsi l'homme à la terre, et ne fondaient la religion et le savoir que pour les esprits d'élite. C'étaient, d'un autre côté, des chrétiens qui de la science troublée se réfugiaient dans la croyance, qui par elle, échappaient aux tortures d'une raison sans criterium et sans méthode, qui, s'inclinant devant les mystères, les adoraient, et, se faisant petits pour croire, pouvaient ainsi donner la pâture aux plus petits de ce monde. Et cependant ils emportaient avec eux, ces chrétiens, les dieux pénates qui avaient si longtemps abrité et nourri leur intelligence, le platonisme surtout, autrefois roi, Dieu maintenant, transformé pour monter au ciel, et qui, bien que devenu religion, resta cependant comme science au fond du sanctuaire, et attendit, pour en sortir, que l'aristotélisme resté libre eût ramené l'initiative de la raison, en imposant ses formes scientifiques à la discussion des dogmes chrétiens.

Que la religion comme la conscience reconnaisse les mystères, c'est-à-dire au fond la contradiction, il ne faut pas s'en étonner ; mais que la philosophie parvienne au même résultat par les procédés qui lui sont propres, voilà un grand pas à la suite duquel elle peut se régler et s'affermir, et la religion s'élever elle-même. Or, nous n'y sommes pas encore quand les temps antiques se ferment avec les dernières écoles païennes, car jusque-là le scepticisme a été la seule science rigoureuse, la philosophie dernière et solidaire de toutes les autres, en un mot, la véritable conclusion de toutes les recherches positives des anciens. Quand s'ouvrent les temps modernes ou plutôt quand ils se préparent, à une époque de fusion analogue à celle qui termine l'antiquité, du treizième au dix-septième siècle, la philosophie balance entre la raison antique et la foi chrétienne, nous approchons du but. Nous n'avons pas encore la méthode, mais la conciliation des contradictoires se produit plus nettement que jamais, d'abord à la faveur de la foi, mais très-explicitement, puis à la fin de ce période sous des formes tout à fait scientifiques. Nous voulons parler de N. de Cusa et de G. Bruno.

5. En effet, c'est un principe souvent invoqué par ces deux grands métaphysiciens que la coïncidence des extrêmes dans l'absolu. D'abord il se trouve dans la première et la plus haute de toutes les considérations, celle de Dieu. Dieu est à la fois immuable et source de tout mouvement, de toute action; il est éternel, c'est-à-dire que dans l'éternité comme dans l'instant, son commencement et sa fin se confondent, car il doit, ainsi que l'homme, commencer et finir continuellement dès qu'il se manifeste à lui-même; infini, et il est tout entier dans la moindre des parties du tout universel comme dans le tout lui-même; tout-puissant, et il ne peut pas même ne pas être? Voulons-nous regarder la nature? nous voyons tous les phénomènes soumis à des périodes, de telle sorte que, dans l'espace et dans le temps les mouvements, dans la sensation les sons, les couleurs, le plaisir et la souffrance, le froid et le chaud, font cercle et rentrent constamment sur eux-mêmes. Enfin les lois de notre esprit nous présentent sans cesse la concordance des contrastes, car les mathématiques, qui sont l'expression exacte de ces lois pures et abstraites, nous montrent le passage du positif au négatif par l'infini aussi bien que par zéro, le rapprochement et la rencontre des courbes qui, en divergeant sans cesse d'une origine commune, arrivent à l'infini par deux directions différentes, et l'accord essentiel de l'infini lui-même

avec l'infiniment petit qui n'en diffère que par rapport au fini d'où nous partons. Nous trouvons même une image mathématique tout à fait générale, si l'on peut parler ainsi, de l'accord des deux contraires dans l'infini : un cercle est une courbe d'une longueur déterminée qui, rentrant sur elle-même, se ferme après une certaine évolution ; mais faisons grandir le rayon, l'évolution se prolonge et les deux branches de la courbe qui, à partir d'un point quelconque, paraissent diverger de plus en plus, se réunissent de plus en plus tard ; et si enfin le rayon est infini, le cercle est une ligne droite d'une longueur infinie qui revient sur elle-même et se réunit par ses deux extrémités… à l'infini. C'est une loi de notre esprit, soit ; mais une loi qu'il n'a pu créer, qu'il ne peut comprendre, et qui n'est en lui que parce qu'elle est dans l'infini.

Mais ce principe des contraires n'est pas le seul que nous trouvions dans cette grande école du seizième siècle, à laquelle il semble n'avoir manqué que la méthode de Descartes et le principe qui lui sert de base. Une autre idée dont la vérité est bien frappante s'y fit jour à la suite et au-dessus de la première qu'elle expliqua, qu'elle embrassa complétement : Dieu qui est cause et fin de tous les êtres est aussi leur *moyen* et leur *nature*, lorsqu'on le considère comme engendrant le fini, et se manifestant par lui dans l'immensité. Le Dieu absolu, infini, immanifesté, est et demeure en lui au-dessus de toute pensée, au-dessus de tout espace. C'est lui que le chrétien, que le mystique cardinal de Cusa ne craint pas d'appeler incompréhensible, inabordable, néant de l'être, être du néant. Mais il est sous ce Dieu suprême un Dieu nature qui se montre à nous ; en lui nous nous mouvons et nous pensons ; il est infini aussi, mais d'un infini qui est la somme des manifestations extensives de l'être. Dieu absolu, c'est la première personne de la trinité ; Dieu manifesté, c'est la seconde, et la troisième est l'amour qui les unit et qui fait parcourir à l'être le cercle éternel de la cause à la fin. L'on est ainsi théiste et panthéiste à la fois, c'est-à-dire que l'on est dans le vrai.

En effet, il ne faudrait pas se le dissimuler, quelque attachement que l'on eût pour les formules reçues de nos dogmes religieux, ces formules impliquent dans leur esprit et dans leur histoire, ou, si l'on veut, par leur nature, par leur origine et par les conséquences qui en ont toujours été déduites, le principe de ce panthéisme que nous venons d'exposer. Que sert de rétrécir les formules, de sacrifier l'esprit à la lettre, et de nier l'évidence? Pourquoi surtout faire tant de bruit, contre les plus grands philosophes, de cette accusation de panthéisme, quand elle peut être retournée si facilement contre ceux qui la fulminent? Mais allons plus loin : non-seulement ce grand principe a été reçu, élevé, réchauffé dans le sein du christianisme, mais il y a régné souvent exclusivement et on pourrait dire fatalement, si la philosophie n'eût rendu les hommes à la vie de ce monde, en posant le principe contraire de l'idéalisme et de la liberté. Sans doute la liberté aussi était dans ce christianisme qui, nous l'avons dit, adorait les mystères et conciliait les dogmes opposés, mais elle y était à un rang inférieur. La théologie la souffrait, la méthode l'introdisa.

6. Au point de l'histoire où nous sommes parvenus dans notre rapide analyse, l'œuvre définitive n'est pas encore accomplie. Mais nous avons vu comment, dans l'antiquité, les éléments en ont été préparés, comment le christianisme les a absorbés dans sa puissante unité, enfin comment et à quelle hauteur la doctrine platonicienne, sortie de son second berceau, a élevé l'idée philosophique et religieuse durant les deux grands siècles de la renaissance. Cependant, ce christianisme qui a posé les mystères et qui, le premier, a ouvert le sanctuaire à tous les hommes, embarrassé, à cause des nécessités des temps qu'il a traversés ou de la tendance idolâtrique de certaines populations, d'une multitude de dogmes, d'opinions et de pratiques qui l'ont successivement envahi, déchiré dans son propre sein et débordé de toutes parts au dehors, commence dès cette époque à déchoir de son universelle puissance. Mais il est de la nature des idées grandes et vraies d'avoir dans l'humanité un développement qui ne peut finir qu'avec elle. Parmi ces idées, parties impérissables de la vérité une et immortelle, parties contradictoires quelquefois, et que le génie de l'homme ne peut embrasser que successivement, s'il en est une qui semble succomber sous les coups de l'idée ennemie, c'est qu'elle se transforme au moment même et se prépare à régner sous un autre nom. Ainsi l'esprit moderne veut au dix-septième siècle une philosophie ; certes il a raison et il l'obtiendra ; mais la religion impose au novateur un certain ensemble de vérités dont il ne peut s'éloigner sans crime ; elle a raison aussi, et elle triomphera,

car la première philosophie originale qui va régner sur les intelligences embrassera la vérité religieuse tout entière. Des écoles conçues ennemies, pourront s'échapper de son sein, mais cela même prouvera son universalité, et les parties qui lui auront été arrachées, de nouveau pourront un jour se réunir en elle.

La réforme générale des sciences, quoique entreprise et menée à fin par des laïques, ne nous paraît donc qu'un anneau du développement de l'esprit chrétien considéré dans ses principaux caractères : unité et infinité de Dieu, spiritualité et liberté de l'homme, subordination de la nature à des lois fixes de nombre et de figure, et de la matière elle-même à une conception intelligible. Tous ces principes qui recèlent tant de contradictions, la philosophie originale que Descartes a fondée en France a eu précisément pour résultat de les mettre au jour et de les prouver, puis de les déployer dans leurs conséquences, de manière à former le plan d'une science universelle et complète dans son ensemble, en laissant au temps l'accomplissement des détails. Or, c'est grâce à la méthode que la philosophie peut adopter et réunir les principes contraires jusqu'ici proposés à la raison par la foi.

7. Descartes prouva d'abord que l'homme ne trouve de certitude et de premier point d'appui pour la connaissance qu'en lui-même, et seulement en tant qu'il pense, quelle que soit d'ailleurs la forme de cette pensée : conception purement intelligible, sentiment, imagination, mémoire ou volonté (1). Il fonda la méthode en prescrivant au philosophe de chercher la vérité dans la conscience et dans les notions qui se trouvent en elle avec un caractère de nécessité. Quelle est en effet la vérité que nous ne pouvons refuser de croire sans cesser de parler à l'instant même ? c'est la pensée. Si la pensée est vraie, tout ce qu'elle contient est vrai de même en tant qu'intelligible, et la sensation y est aussi comprise. Mais cette pensée qui n'est que

---

(1) La volonté n'est certaine pour nous qu'en tant que pensée et nullement en tant que cause active de quelque chose, et Hume, quoi qu'en ait dit Maine-Biran, prouve très-bien qu'il n'est pas certain que notre volonté soit la cause du mouvement de notre bras. Absolument parlant il est certain seulement que nous pensons vouloir et agir, et que subséquemment nous pensons voir ou toucher. Aucune méthode rationnelle ne peut aller plus loin. Voilà pourquoi selon nous, Descartes n'a pas pu dire : Je veux, donc je suis, et éviter ainsi es conséquences mystiques comme l'eût voulu M. Cousin. L'élément mystique est et restera sans doute dans la philosophie, quoi qu'on fasse.

la croyance, trouve bientôt un appui sur elle-même pour s'élancer au dehors, et les axiomes, qui sont encore elle, lui servent de levier.

En effet nous devons faire un premier usage de notre criterium pour la recherche d'un fondement extérieur, et alors seulement le monde entier se découvre à nos regards. Jusque-là nous ne savons pas si la connaissance que nous avons des divers objets hors de nous n'est pas illusoire; au contraire, si nous portons d'abord notre attention sur l'idée qui est en nous d'un être parfait, éternel, infini, indépendant, tandis que nous avons conscience de notre propre imperfection, nous concluons invinciblement que cet être existe, et, comme la véridicité est une de ses perfections, nous sommes rassurés sur l'usage de notre criterium et nous pouvons continuer à procéder dans la recherche de la connaissance.

Un second point est ainsi établi : l'existence d'un être absolument un et infini, dont toute essence dépend comme toute existence, qui est la cause de la pensée et du mouvement, l'origine de toute vérité. Il crée et conserve éternellement par un même acte; il connaît et veut par une même pensée; rien ne peut être qu'en lui, par lui, pour lui : il est celui qui est.

Revenant à nous, et nous considérant en tant que nous pensons, nous rencontrons en nous-mêmes des idées représentatives de certaines essences ou natures auxquelles nous attribuons nécessairement certaines propriétés qui en dépendent; et comme Dieu ne peut nous tromper, il faut que ces essences, avec leurs propriétés, définissent des êtres ou substances. C'est ainsi que nous connaissons et nommons l'esprit qui conçoit, imagine, sent, veut, se souvient et se passionne, et l'étendue qui est figurée divisible et mobile.

Et comme nous concevons ces deux substances distinctes, que nous n'apercevons rien, d'après les définitions, qui leur soit commun, nous avons, selon la méthode, une raison infaillible de les croire distinctes en effet. Elles sont cependant en relation de telle sorte que leurs modifications se correspondent suivant un ordre établi par Dieu. C'est ce que nous apprend l'expérience fondée sur l'imagination et sur les sens.

Enfin, c'est en tant que nous voulons qu'il nous est donné d'intervenir dans ces relations de l'esprit et de la matière, de l'âme et du corps, de les modifier ou de les produire nous-mêmes. Cette volonté suit librement la connaissance, et plus cette connaissance de l'ordre de vérité et de bonté établi dans le monde est grande, plus aussi nous nous portons librement à vouloir, de sorte que l'ignorance et l'indifférence peuvent seules nous retenir en esclavage.

Voilà comment Descartes systématisa ceux des dogmes chrétiens qui sont particulièrement essentiels au bonheur humain et à la société, parce qu'ils nous donnent du courage dans la vie, nous portent au bien, et nous font espérer en l'avenir. Il laissa de côté la théologie d'alors, si difficile, si délicate à aborder. Bientôt une nouvelle carrière devait s'ouvrir à la religion par l'interprétation des symboles; mais il lui suffit à lui d'avoir reconstitué la science.

Si le scepticisme, seul critique compétent quand la philosophie est fondée sur les principes que nous venons d'exposer, venait nous dire que la pensée, que la raison varient entre les hommes, nous répondrions que cela est parfaitement faux lorsque, après une revue du contenu de la pensée, nous suivons l'ordre mathématique de déduction, et passons d'un chaînon à l'autre sans rien imaginer ni omettre. S'il répliquait qu'un seul et même esprit peut encore amener cette méthode à des résultats contradictoires, nous conviendrions que telle est, en effet, l'essence de toute philosophie, et nous l'avons montré précédemment. Mais le cartésianisme lui-même est fécond sur cette question, si on veut l'interpréter avec quelque largeur, se rappeler les traditions de la France, et préparer à un Descartes plus libre une place digne d'elle et de lui.

Lorsque Descartes prononça le *cogito ergo sum*, il dit par là que l'idée de l'être est la première de nos idées, et que la conscience de notre pensée en est la première expression, d'où naît une doctrine *idéaliste* quant au criterium du vrai. Lorsqu'il établit une distinction si nette entre la chose qui conçoit et la chose qui s'étend, il posa, sous sa forme la plus ordinaire, l'antagonisme du sujet et de l'objet, et ceux qui en cela ne l'ont pas suivi ne se sont pas compris eux-mêmes et n'ont pu donner de fondement à leurs opinions; ils ont parlé de matière sans bien savoir ce qu'ils entendaient par ce mot, ou bien ils ont introduit dans son contenu plus de choses que sa définition n'en pouvait embrasser. Lorsque Descartes analysa dans le sujet les diverses idées, soit subjectives soit objectives, qui s'y rencontrent, et qu'il s'attacha aux définitions et aux axiomes comme aux seuls signes, aux seuls fondements, et aux seuls moyens de notre savoir sur l'essence des choses, il reconnut en philosophie la méthode mathématique, la seule méthode qui ait jamais existé au monde ; il admit implicitement la croyance, la foi dans son expression générale et première, et laissa, à qui voulut la garder encore, l'illusion des sens, c'est-à-dire la confiance puérile dans les conséquences sans règle ni rapport que nous en tirons à chaque instant. Il remplaça donc, par une foi unique, les opinions qui dirigent la vie vulgaire, et balaya les écuries de la science pour les changer en un seul temple, où un seul Dieu pût désormais être adoré. Lorsqu'enfin il partit de l'idée que nous avons de Dieu et du principe de causalité, pour s'élancer dans le monde extérieur, il donna à la croyance son premier développement et la base de tous les autres.

8. Il est temps de revenir, pour la dernière fois, sur le cercle vicieux tant rapproché à Descartes, et qui est effectivement au fond de sa méthode à laquelle il n'ôte son caractère si rationnel en apparence que pour la rendre plus universelle et plus vraie. Il devrait être superflu d'abord de faire observer que le cercle n'est pas dans la forme même des méditations ; divers passages (1) prouvent que Descartes entendait et admettait, sans autre preuve que celle de la clarté et de la distinction d'une notion aussi évidente pour nous que celle de notre existence, que nous ne pouvons être trompés dans l'instant même où nous concevons clairement et distinctement ; et on est en général trop prodigue de reproches de ce genre envers de puissants génies qu'on voudrait faire convaincre de paralogisme par le plus mince écolier. Le cercle est donc au fond de la méthode, envisagée comme purement rationnelle, et Descartes ne se le dissimulait pas, car il savait certainement que le principe de causalité ne peut se prouver, et qu'en général, nous sommes obligés de partir d'un principe indémontré pour démontrer tout le reste. Seulement il assimilait la certitude de ce principe à celle de notre existence, et voulait en faire usage immédiatement, pour établir l'existence de Dieu et donner ainsi hors du moi un appui à toutes nos connaissances, sans se faire un scrupule d'employer des axiomes dont personne ne

(1) *Médit. mét.*, III, 2 et 4.

doutait, pour prouver des vérités que beaucoup mettaient en doute.

Que fit-il donc, selon nous ? Il se servit *implicitement* de cette foi à l'ordre des choses qui se révèle à notre conscience, et que désormais il faut employer *explicitement*, et il la nomma intuition (1). Ainsi, partant du moi, il fut idéaliste, mais un seul instant, parceque la conscience pose Dieu et avec Dieu le monde extérieur ; il en vint donc immédiatement à un réalisme aussi absolu à son tour que l'idéalisme avait pu l'être, et il vit le monde en Dieu après l'avoir vu en lui-même. Mais il n'oublia jamais son point de départ, tempéra une doctrine par l'autre, et c'est là que résident la profondeur et la vérité de sa philosophie première.

9. La croyance au témoignage de la conscience fut si bien le point de départ de ce réalisme qui succéda à l'idéalisme cartésien, et nous donna la seconde partie de la doctrine, que souvent on peut voir Descartes adopter sur ce témoignage des vérités contradictoires, ce qui serait la ruine d'un système purement rationnel. En effet, toutes les contradictions que nous avons ci-dessus développées, il les adopte, soit implicitement, soit explicitement. Ainsi, pour le premier cas, l'existence du multiple dans l'un, du fini dans l'infini, du passager dans l'éternel fut admise, non-seulement par Descartes qui la reçut sans commentaires, mais encore par toute son école qui, au fond, l'aggrava plutôt qu'elle ne l'atténua. Spinosa voyait des modes en Dieu, Malebranche des idées et Berkeley des formes sensibles ; enfin Leibnitz accordait à la monade une infinie multiplicité. Quant au second cas, Descartes reconnut à la fois la liberté dont nous sommes conscients et la nécessité que prouve la science, le libre arbitre humain et la prescience divine ; il conserva la notion de créateur et de cause suprême, et cependant il vit dans la pensée et dans l'étendue un progrès à l'infini ; il crut Dieu essentiellement libre et sa volonté arbitraire, c'est-à-dire indépendante de toute idée de beau, de bon et de vrai, et cependant il mit la source de ces idées en lui qui peut seul nous les communiquer et qui nous les communique en effet quand il nous donne à croire, par exemple, qu'il ne peut nous tromper. En physique, il regarda les corps comme finis dans

(1) *Règles pour la direction de l'esprit.*

leur grandeur, tout en les divisant à l'infini, et tout en considérant l'étendue dont ils sont des modes comme infinie pour notre pensée ; il ne nia pas le mouvement relatif des corps, et cependant il refusa de regarder comme quelque chose d'absolu le changement de lieu, et, par suite, le mouvement qu'il devient dès lors impossible de rapporter à quelque chose d'immobile et de fixe. Il y eut donc dans sa doctrine des partis-pris, qu'il est aujourd'hui facile d'analyser et d'interpréter.

10. En effet, la doctrine de Descartes, comme toute doctrine chrétienne et même comme tout dogme complet et vrai, comprend en elle un mystère qui, suivant que nous l'envisageons sous une face ou sous une autre pour le pénétrer, nous présente à nous philosophe, nouvel Œdipe, un sphynx prêt à nous dévorer. Nous laissons-nous éblouir par la connaissance de Dieu, de l'être qui est tout être, universel, absolu et seul vivant ? Nous reconnaissons alors que celui sans qui nous péririons à l'instant, parce que seul il nous produit, celui qui nous donne nos pensées à propos des modifications des corps, qui lui-même est la source de tout mouvement, parce qu'il l'a créé et le conserve ou plutôt le crée encore à chaque instant dans ces corps ; que celui enfin qui ne peut songer qu'à lui-même et devant qui nous ne sommes qu'un néant ; que Dieu, dis-je, est tout et que nous ne sommes rien. Tout ce qui est, si quelque chose est ou semble être encore, est alors nécessaire, inévitable ; car celui qui est, est ce qu'il est, et ne peut être autre chose, et nous demeurons comme la victime incertaine, fascinée par le regard du serpent qui va l'engloutir.

Rentrons-nous en nous-mêmes au contraire, nous rappellons-nous que nous ne savons rien du monde et de Dieu que parce que nous pensons ; qu'il n'y a pas d'impossibilité que les corps ne soient pas, pourvu que nous gardions les sensations ; que l'ordre de la nature n'est peut-être que celui de notre entendement ; et qu'enfin toute vérité se réduit à la création idéale incessante et à la volonté absolue qui est dans notre âme ? Alors nous perdons de vue Dieu et le monde, ou plutôt nous devenons, nous sommes nous-mêmes, et la nature, et le monde, et Dieu.

Et il faut que ces deux doctrines soient possibles, car nous ne pouvons comprendre Dieu sans reconnaître que rien n'est sans lui, hors de lui, autre que lui ; et cependant, en cela semblables à

Dieu, nous ne pouvons rien connaître que ce qui est en nous, puisqu'il est impossible d'arriver même à concevoir comment l'être apercevrait ce qui est hors de lui et serait par conséquent là où il n'est pas. La religion comme institution, la foi comme tendance innée, involontaire, comblent cet abîme. Toute philosophie ou religion raisonnée doit le combler aussi. Serait-ce réellement impossible ? C'est ce que nous aurons à examiner, mais cela est nécessaire. Ici nous esquissons l'histoire, et c'est l'histoire qui nous amène à cette thèse. Elle ressort en effet de la philosophie cartésienne et des deux points de vue sous lesquels on peut la considérer.

Remarquons maintenant que les esprits peuvent suivre une marche inverse de celle que nous venons d'indiquer. Nous supposions que le point de départ était dans le sujet ou personnel ou universel ; supposons-le dans l'objet : le philosophe qui part de la considération de l'objet et qui fait dériver toutes nos connaissances médiatement ou immédiatement des sens est cependant forcé de reconnaître que l'objet n'est peut-être pas en lui-même tel que la sensation nous le représente, et alors il peut arriver jusqu'à nier cet objet d'où il est parti et à ne plus admettre que le sujet. Ce procédé est précisément le contraire de celui qui consiste à analyser dans le sujet les idées en tant qu'objectives, représentatives, et à faire dépendre finalement le sujet de l'objet qu'on ignorait d'abord. Cependant l'un peut suivre l'autre et nous en trouverons tout à l'heure dans l'histoire de la philosophie un exemple aussi important que bien connu.

11. Entre ces deux écueils de toute philosophie il y a bien des degrés intermédiaires où l'on peut se tenir, et l'histoire du cartésianisme nous les montre. Nous trouvons d'abord Spinosa qui prend son élan des notions purement subjectives, met dans la connaissance adéquate le criterium du vrai, et par cela seul qu'il regarde toutes les idées comme représentatives, est conduit à donner un rôle immense et même exclusif à l'objet et à nous perdre au sein de la toute-puissante et aveugle nature. Il nie les perfections morales de Dieu et par suite le fondement de celles de l'homme, et ne voyant dans les êtres finis que des modes d'un corps ou d'un esprit infini liés invariablement l'un à l'autre comme le pensant au pensé ou l'idéant à l'idée, il fait ressortir dans chacune de ces séries de modes

l'enchaînement nécessaire qu'ils ont entre eux, les ordonne en un système complet de causes et d'effets, et livre ainsi toutes choses à une brutale nécessité. Le mal ne fut pas d'attribuer l'étendue à Dieu, car toute philosophie née du cartésianisme a dû en venir à cette conséquence énoncée d'une manière ou d'une autre, et il est impossible de s'en défendre lorsque l'on envisage Dieu comme l'être unique et universel, et l'étendue comme infinie; il ne fut pas non plus de fonder une doctrine matérialiste, car ce mot ne peut s'appliquer à un système dans lequel l'esprit et la matière ne sont que les deux points de vue de l'être; mais ce fut de méconnaître en Dieu comme dans l'homme les attributs moraux, de ne voir dans les idées que celles des corps actuellement existants, et d'envisager exclusivement et les corps et les idées sous le rapport de leur succession et de leur enchaînement nécessaire de manière à engloutir enfin dans l'infini le sujet et l'objet.

Bientôt Malebranche, parti du même point que Spinosa, mais attaché à la considération exclusive de l'idée en tant qu'idée plutôt qu'à celle de son objet, envisageant la conception et la sensation en tant que nous concevons ou sentons plutôt qu'en tant qu'elles répondent à des choses conçues ou senties, et prenant ainsi, quoique toujours au sein du cartésianisme, le contre-pied de Spinosa, est conduit comme lui à voir en Dieu la source unique et actuelle de toutes nos pensées; mais il lui suffit d'y placer le monde intelligible, afin que nous puissions l'y apercevoir, et le monde matériel lui paraît superflu dès que nous le trouvons en Dieu sous une forme plus noble. Il s'abîme devant Dieu; mais chrétien, une apparente contradiction ne le détermine pas à sacrifier la volonté et la liberté de l'homme à la toute-puissance divine, et à rejeter, en embrassant la nécessité, les notions du bon et beau (1).

C'est ainsi qu'immédiatement après Descartes ses deux plus grands élèves sortent des limites qu'il avait imposées à sa doctrine et s'élancent dans l'infini. Tous deux font entrer en Dieu l'étendue, tous deux prennent en lui nos pensées; mais l'un, attaché au côté objectif ou réalisé des choses, ne voit dans les corps et dans les idées que des modes qui s'enchaînent fatalement

---

(1) La religion seule retient ici Malebranche; encore s'attache-t-il de préférence et autant que possible au côté divin des choses. Comme philosophe, nous n'avons pu trouver entre Spinosa et lui de différence réelle. (V. p. 217.)

par la nécessité de la nature divine ; et l'autre, attaché au côté subjectif ou idéal, ne contemple que l'intelligible, et semble à peine conserver dans l'homme le mystère de la volonté par lequel il s'émancipe. Tous deux exaltent surtout l'amour divin qui brise la dure nécessité en faisant adorer sa chaîne à l'esclave ; mais tous deux, par cela même, jettent également l'homme hors des bornes un peu étroites, et utiles sans doute, de notre monde. La métaphysique rejetée par Descartes, qui refusait d'en sonder les inabordables profondeurs, revient ainsi fondée sur ses propres idées ; il faut qu'un grand génie vienne clore cette période philosophique et refermer le cercle ouvert en conciliant toutes ces nouvelles doctrines avec les exigences de son temps ou plutôt de l'humanité même de tous les âges.

Leibnitz, en arrivant dans la science, trouve le dualisme esprit et étendue, sous lequel Descartes a aperçu le monde, maître du terrain et changé par Spinosa en une manifestation unique et sous deux faces de l'être infini. Il crée le système de l'harmonie préétablie, et par là sépare complètement Dieu de la création comme le voulait Descartes, en même temps qu'il fait dépendre les manifestations des êtres finis de la volonté constante de celui qui les a réglées et de son action, qui leur est continuellement nécessaire, ce qui revient à conserver au point de vue de la nature le dieu de Spinosa. Il était impossible de comprendre dans le cartésianisme l'action du corps sur l'âme, et de l'âme sur le corps ; l'harmonie préétablie l'explique encore. Faut-il ensuite connaître l'essence des êtres finis, les détacher de la substance universelle et en faire autre chose que ses modes, sans cependant leur donner l'indépendance qui n'appartient qu'à Dieu, le système de Leibnitz devient plus profond encore : tous les êtres apparaissent comme des entéléchies, substances complètes, qui ont vie et perfection à divers degrés, qui perçoivent et aperçoivent, désirent, veulent et agissent par l'intermédiaire de celui qui de toute éternité a disposé l'ordre des causes et des effets. L'étendue n'est plus alors qu'une forme sous laquelle nous percevons des ensembles de monades, et le monde réel est tout à fait distingué du monde sensible qui n'est qu'un produit des relations que les divers êtres ont entre eux. Sous ce rapport, Leibnitz se rapproche singulièrement de Malebranche ; il fait comme lui dépendre tout ce qu'il y a de *réel* et de *positif* dans notre connaissance d'une *émanation immédiate et continuelle* de Dieu en vertu *de la dépendance que tous les êtres ont de lui*, ou du moins il l'approuve dans ce sens (1). Mais il s'avance plus loin que lui encore, et s'éloigne tout à fait du cartésianisme en niant l'étendue même intelligible et rapportant l'idée que nous en avons à une perception imparfaite. Enfin la nécessité absolue en vertu de la nature divine de toutes les choses qui en découlent fait place au *principe de la raison suffisante* qui laisse subsister en Dieu une intelligence et une volonté du même genre que celles de l'homme, mais seulement infinies dans leur portée. Les vérités éternelles sont conçues comme étant de l'essence de la pensée divine sans qu'elles nuisent plus à la liberté de Dieu que la connaissance de la vérité ne peut nuire à la nôtre.

En résumé, la partie religieuse de la doctrine de Descartes étant restée voilée, quoiqu'il lui appartînt dans les hauteurs de la science de remplacer une philosophie encore obscure et peu formulée, on peut dire que deux grands élèves tentèrent de lever le voile ; et l'un, dans le royaume subjectif, l'autre, dans l'objective infinité, fondèrent deux théocraties rivales, qui, mathématiquement déduites de deux principes opposés, vinrent cependant s'accorder dans les contraires. Un troisième enfin essaya, réalisa même la sublime conciliation, et remonta vers le maître, mais sans user d'une méthode explicite et complète, sans pouvoir parvenir à construire définitivement pour les hommes une triomphante croyance.

12. Là s'arrêta le développement du cartésianisme déjà bien modifié dans quelques-uns de ses principes les plus importants, mais non de manière à ce qu'on ne pût reconnaître les suites de sa méthode et les idées qu'il avait inspirées. Alors commença ce que nous appelons son développement inverse, c'est-à-dire, que les écoles anglaises, forcées de se laisser aborder, conservèrent cependant leurs anciennes tendances, et alors, suivant la méthode de Descartes, se livrèrent à l'étude du *moi*, mais avec la volonté de n'y rencontrer que des idées nées médiatement ou immédiatement de la sensation. Ainsi, d'après la marche des esprits que nous avons analysée, ils en vinrent à l'idéalisme, tandis qu'ils étaient partis d'un réalisme objectif

---

(1) Leibnitz, *Examen du sentiment du père Malebranche, que nous voyons tout en Dieu.*

fondé sur l'observation du sujet. Mais par une différence qui tient à celle des points de départ, les idées de Berkeley ne furent que des sensations ou des représentations sensibles, tandis que les idées de Malebranche étaient les archétypes divins des conceptions de notre raison. Aussi l'idéalisme ne put s'en tenir à Berkeley, et bientôt la même philosophie, en continuant sa marche appuyée sur les mêmes principes, arriva à nier les conceptions de la raison pure, comme celle de la causalité, ou au moins à les mettre en doute. Le scepticisme fut donc appliqué à tout ce qui est autre que moi, c'est-à-dire que l'égoïsme philosophique parut et que toute notion certaine se réduisit, comme autrefois dans la doctrine de Protagoras, à la sensation présente. Il devint donc évident après que le sensualisme eut été greffé sur la doctrine de Descartes, et que deux hommes, si forts d'ailleurs, mais dont l'un eut le tort immense de ne pas croire aux mathématiques, (1), l'autre de soumettre encore la grande pensée à la petite, l'idée à la sensation, l'eurent entraîné de vive force, en quelque sorte, jusqu'à ses derniers confins; il devint évident, disons-nous, que l'homme ne peut se démontrer rigoureusement à lui-même l'existence d'aucun objet correspondant à ses conceptions intérieures. On vit alors qu'il fallait renoncer à ne chercher dans l'intelligence que cet objet si incertain, mais rentrer encore une fois dans le sujet primitif de Descartes et l'analyser mieux qu'on n'avait fait jusque-là. Kant parut.

13. Un des prophètes de notre temps, un homme à qui il n'a manqué pour épurer et pour fixer sa doctrine que quelques années de vie peut-être (1), a admirablement senti que Platon, Descartes et Kant, s'avancent tous trois sur la même ligne en philosophie, comme Aristote et Bacon; mais au lieu de demander un successeur à Bacon, car Bacon a eu tant et de si zélés élèves, que la science, à son point de vue, ne demande que du temps et des manœuvres pour être indéfiniment continuée, l'auteur du *Nouveau Christianisme*, s'il vivait encore, demanderait pour la France un successeur de Descartes et de Kant.

En effet, depuis Kant il est permis de croire que la foi doit servir de base au savoir, puisque Kant a prouvé que les

---

(1) Berkeley, *Nouvelle Théorie de la Vision*.
(2) Saint-Simon, *Lettres à MM. du bureau des longitudes*.

idées ne peuvent sortir de nous et se fixer dans le monde extérieur par voie de science. Et c'est là le plus grand pas que la doctrine des idées ait fait depuis Descartes. A la vérité Kant a voulu prouver l'impossibilité de l'idéalisme, mais sa démonstration, nous le savons, et d'ailleurs l'histoire de la philosophie après lui le montre suffisamment, n'est nullement concluante; l'empirisme, que plus que tout autre il a contribué à détruire, ne se relèvera jamais. Au contraire, la méthode mathématique qu'il s'est efforcé de réfuter en la faisant rentrer dans la conscience d'où elle sort, pour l'y engloutir, plus puissante que lui, grâce à la croyance qui la conduit et qui l'appuie, a brisé ses liens et s'est échappée triomphante. Les élèves de Kant sont dogmatiques comme ses premiers, ses plus anciens maîtres.

14. Et d'abord de la critique de Kant l'idéalisme sort flamboyant dans le génie de Fichte, comme une comète qui va dévorer le monde et la science. Mais l'idéalisme appelle aussitôt la foi et cesse d'exister dans toute sa force native. Il reconnaît sur la parole de la foi la création d'un univers réel au moins dans la conscience, et désormais c'est un fait acquis en philosophie que la science pure fonde l'idéalisme et qu'elle est inhabile à en sortir. Mais pourquoi Fichte ne voit-il pas que si la foi peut être invoquée pour établir l'existence des esprits autre que moi et pour fonder les notions du droit et du devoir dans un monde rationnel, elle peut l'être aussi pour prouver l'existence de l'objet avec les attributs qui nous en sont intérieurement révélés, c'est-à-dire, de l'espace, des corps figurés et mobiles, et des forces dans un monde matériel?

Shelling paraît alors, et, observant les deux faces de la connaissance, objet et sujet, il leur accorde la même réalité, comme suite nécessaire d'une pensée qui les présente unis, inséparables. De là une philosophie du réel en même temps qu'une philosophie de l'idéal; de là un commencement de philosophie de l'absolu, puisqu'il est clair que l'idée générale de l'être, absolu, identique domine toute manifestation et tout dualisme vital. Mais Shelling, trop préoccupé de philosophie réelle, s'empresse de s'élancer dans le monde matériel et abandonne trop tôt l'idéalisme, qui peut seul en révéler les lois. La matière, la pesanteur, la lumière, la vie se portent sans ordre sur le terrain et l'encombrent.

Mais voilà qu'il se fait un prompt retour à l'idéalisme, et

c'est celui dont Hégel donne le signal en ramenant l'ontologie à la logique, en créant le monde dans la pensée avant de le projeter au dehors. La philosophie de l'absolu est alors développée, et l'on entrevoit l'esprit des vieux symboles. Dans l'absolu les contraires se réunissent. Dieu et l'homme se rapprochent, et, pour la première fois, l'on peut espérer que Spinosa, Malebranche et Leibnitz seront réunis et confondus dans la dernière phase de la philosophie cartésienne; car, d'un côté, tout ce magnifique déploiement de philosophie est virtuellement contenu dans Descartes, de l'autre ses auteurs se rattachent tous avec les différences nécessaires de temps et de lieux à quelqu'un de ses élèves.

Ainsi les travaux des philosophes allemands concourent à dégager et à mettre au jour le véritable principe de la philosophie de Descartes. Ce principe, qui, sous une forme ou sous une autre, se retrouve dans toute la philosophie moderne, depuis Kant, avant lui c'était la croyance au Dieu qui ne trompe pas, à l'harmonie du monde sensible et du monde intelligible, à l'ordre des créatures et à la vérité de leurs connaissances.

15. L'idéalisme absolu, qui doit résulter nécessairement d'une philosophie rationnelle, dont le point de départ est la pensée, se modifie donc par la croyance au monde réel extérieur, et en particulier à une étendue, forme de tous les phénomènes externes et imposée comme condition à l'action de tous les êtres ou à leurs relations mutuelles.

Dès qu'il nous est permis d'appliquer rigoureusement au monde sensible les lois de l'intelligence, nous devons y transporter et y consacrer ces éternelles contradictions de l'esprit qui, depuis l'école sophistique dans l'antiquité jusqu'aux antinomies de Kant, ont confondu d'étonnement les têtes les plus fortes. Ces contradictions sont de l'essence même de l'être universel en tant qu'il se manifeste, puisqu'il n'y a vie qu'à la condition d'un compromis entre l'être et le néant, *double source de tout devenir*. Le fini et l'infini, le multiple et l'un et tous les contraires de même ordre, unis, confondus, identifiés dans l'éternel sans nom, doivent évidemment se rencontrer séparés, comme lois de nos conceptions en même temps que de toute expression vitale.

Or, c'est encore à Kant (1) qu'il faut rapporter la première ou au moins la plus lumineuse de ces analyses qui ont mis le contradictoire à nu dans la pensée et par suite dans la nature qui en est le reflet exact. Si l'analyse ne fut pas complète, elle fut clairement définie, tandis qu'elle n'était qu'enveloppée dans les critiques des anciens sceptiques. Et depuis que l'école de Kant a couru sa destinée, on doit reconnaître non-seulement que la philosophie part de la foi, mais aussi que la foi unit les contraires, que Fichte et Spinosa doivent s'allier et reconnaître tous deux la grandeur de cette philosophie de Descartes dans laquelle ils sont nés, et de cette religion chrétienne qui, mieux étudiée depuis longtemps, eût révélé, sous le nom de mystères, les éternelles vérités, fondement de toute morale humaine. En un mot, il faut comprendre l'*éclectisme* et le réaliser.

Il nous reste à parcourir et à rassembler tous les éléments de la restauration d'une philosophie cartésienne et française; car tel est, selon nous, l'*éclectisme* dont nous allons parler.

§ II.

APERÇU DE CE QUE POURRAIT ÊTRE AUJOURD'HUI UNE PHILOSOPHIE FRANÇAISE.

1. Si, parmi les questions philosophiques que l'on peut poser et discuter aujourd'hui, nous avons mis hors de ligne le criterium de la certitude, la méthode, le principe des contraires, et l'absolue vérité des termes opposés, tels que la méthode les présente; si nous avons réussi à élever tous ces points au-dessus du doute et de la recherche, en les fixant comme autant de positions imprenables de la croyance humaine étudiée en soi et dans son histoire; il s'ensuit qu'une doctrine primitive ainsi constituée ne peut pas être envahie par l'éclectisme, comparée à des doctrines contraires, et finalement modifiée ou rejetée. En effet, cette doctrine résulte précisément d'une comparaison à la fois historique et dogmatique, d'une analyse intime et d'un mélange nécessaire de tous les premiers éléments de la croyance et de la raison. Elle est véritablement l'éclectisme, de sorte qu'il ne peut exister pour elle des doctrines contraires; elle les admet et les justifie toutes; elle les

---

(1) *Critique de la raison pure*, t. II, de la trad. franç. analyse des antinomies de la raison.

oppose les unes aux autres en ce qu'elles ont d'exclusif; elle les accueille et les explique au contraire partout où elles sont basées sur la conscience, fondement unique et de la foi, et de la connaissance, et de la raison.

Sur ces principes que l'éclectisme ne peut contester parce qu'ils sont les siens, il établit le commencement de la science et prépare son second, son véritable travail, soit qu'entreprenant hardiment une analyse universelle, il juge ou modifie toutes les doctrines du monde, ce qui lui est possible éminemment dès qu'il les rapporte à un point fixe de comparaison, soit qu'il veuille un jour procéder par synthèse, et former dans son ensemble une philosophie déjà accomplie dans ses détails.

En effet, l'éclectisme n'a pas fini son œuvre : il la commence. Nous vivons dans un siècle profondément éclectique, et le nouveau créateur de ce vieux mot l'a admirablement choisi pour servir de drapeau à l'âge des réhabilitations, à celui des études historiques et critiques, et d'un enthousiasme qui s'exalte de tout ce qui est beau, bon et vrai dans l'humanité de tous les temps. Et, on peut le dire, jamais ce mot, bien rarement employé antérieurement à notre époque, trop peu compris encore aujourd'hui, n'a pu être entendu, avant nos jours, dans ce sens admirable où beaucoup d'hommes de cœur et d'intelligence se mettent à l'envi à l'entendre et à le pratiquer. Où trouver un siècle à comparer au nôtre, pour les travaux de l'histoire politique, religieuse, littéraire, monumentale, pour la large et impartiale appréciation de tous les éléments du passé, enfin pour l'admiration sans réserve de toute chose grande parmi les hommes, quelle qu'en puisse être la forme, le nom, l'âge ou le lieu? Sans doute il serait malheureux que l'on fît servir l'éclectisme à se passer de méthode et de principes pour tout approuver indistinctement sans règle et sans loi, ou pour détruire toutes les doctrines les unes par les autres sans en élever aucune. Et, cependant, cela même ne prouverait pas que toute philosophie éclectique est fausse, mais seulement que le mot ne fait pas la doctrine, et que celle-là ne peut pas plus que toute autre se passer d'un criterium et d'une méthode pour arriver à une vérité quelconque.

Mais revenons au sujet principal : puisque les principes, dont nous n'avons cessé de parler, et dont l'analyse est la première utilité de ce travail, se trouvent en quelque sorte hors de la sphère d'action dissolvante de l'éclectisme analytique, il s'ensuit que la philosophie de Descartes s'en échappe aussi en tant qu'elle les a produits et qu'elle les renferme. Et, comme les philosophies qui sont issues de cette philosophie mère ont successivement développé et mis en évidence ces principes, en même temps qu'elles ont fait servir son universelle méthode à élever et à fortifier les idées contraires et vraies qu'elle recèle, il s'ensuit que l'éclectisme synthétique, qui se propose de concilier les contraires, peut être regardé plus spécialement encore comme l'œuvre de conciliation de toutes les philosophies modernes issues du cartésianisme.

2. Cela posé, nous avons vu que l'opposition des doctrines, dans les diverses phases de la philosophie, se résume dans l'opposition radicale du panthéisme et de l'idéalisme. Ces deux systèmes étaient contenus dans le cartésianisme et ils en sont nés. Nous les avons expliqués, prouvés en quelque sorte ; reste à faire voir comment on peut les concilier pour les admettre simultanément. Ici une nouvelle exposition devient nécessaire.

Et d'abord, pour poser clairement le sens de ces deux mots, prenons l'un pour expression de la *déification de l'objet*, l'autre de la *déification du sujet*. Or, dans les deux cas, l'être universel est absorbé ; et qu'importe qu'on nomme *objet* ou *sujet* le gouffre dans lequel toute apparence s'engloutit ? En soi la chose est donc parfaitement indifférente : l'idéalisme n'est que le panthéisme, et réciproquement. Mais il n'en est pas moins vrai que, par rapport à ma conscience, point de départ de toute philosophie, ces deux mots expriment deux contraires s'il en fut jamais ; en effet, je ne puis confondre, moi, la déification du *moi* avec celle de *non-moi*. Que je sois perdu au sein de l'infini objectif devenu sujet universel, ou qu'en moi, sujet primitif et universel aussi, l'infini vienne se confondre ; voilà deux suppositions essentiellement identiques, mais essentiellement différentes. Mais précisément parce que les deux contraires s'identifient au fond, nous devons commencer à les croire conciliables.

Qu'entendons-nous cependant par conciliation ? Nous ne prétendons certes pas montrer que les deux états de la science dont nous parlons se suivent et s'enchaînent comme les membres d'un syllogisme. Il y a une contradiction suprême ; il faut en montrer la nécessité, en prouvant séparément la vérité de chacun des termes contraires ; nous l'avons fait dans presque tout ce qui précède, car nous avons analysé l'origine, l'essence et les résultats de la contradiction. On peut aller plus loin et faire voir que la contradiction n'existe qu'à notre point de de vue, et s'efface dans la conception de l'être un, identique, immuable, de l'absolu en un mot. Nous venons de le faire. Reste donc à exposer un système complet de l'être qui embrasse et explique à la fois l'absolu et le relatif, les deux mondes, les deux vérités. Il ne peut y avoir d'autre conciliation. Pour déterminer cette doctrine qui existe, et dont l'histoire nous montre l'expression successive dans divers systèmes, établissons d'abord les conditions auxquelles elle doit satisfaire.

3. Le premier point qui doit être posé, c'est l'existence de l'absolu, ou plutôt l'absolu même. Le panthéisme nous le révèle, lorsque après avoir réuni dans l'être les divins attributs d'unité, d'infinité, d'éternité, d'immutabilité, nous reconnaissons ces attributs incompatibles avec l'existence des modes, et que nous en venons à traiter d'*illusions* la vie et l'univers que nous cessons de comprendre et de connaître en nous plongeant dans l'extase. Mais l'idéalisme nous fait pénétrer mieux encore dans l'absolu quand il nous livre à une sorte d'extase intérieure, quand, oubliant tout ce qui est temporel et muable, abandonnant toute pensée, nous concentrant dans notre indépendance et notre infinité, en un mot, réduits en même temps à l'être le plus simple et au néant le plus parfait, nous contemplons l'immobile et toute présente identité de notre moi. Le moi est alors Dieu, absolu, immanifesté, incompréhensible pour lui-même. Le présent, le passé, le futur se confondent en lui : il est éternel ; l'espace est à la fois en lui une immensité un point et un néant : il est infini ; enfin sa pensée se dévore en naissant : il est absolu.

4. Après l'absolu en lui et par lui, et comme par un résultat de sa propre fécondation, l'être arrive à la vie. Il se multiplie, il se fait autre, le sujet et l'objet se projettent hors de lui, il se développe dans le temps et dans l'espace, il se pense lui-même et il pense autrui. Telle est la manifestation de l'absolu et la naissance de la seconde personne. Le panthéisme sait nous représenter Dieu sous ce point de vue, quand il s'empare de l'aveu universel qui représente Dieu comme source première, fin unique, essence universelle de toute modification vitale,

c'est-à-dire de toute pensée et de tout mouvement. Et ici il ne saurait y avoir que des querelles de mots, car tous les philosophes ont conçu ce point de vue. Nous pouvons donc supposer, sans attacher aux mots que nous employons un sens plus étendu que ne le comporte ce qui précède, une matière universelle, révélée à elle-même par un esprit universel, et manifestée dans l'espace par des corps successifs, variés et mouvants, révélés à eux-mêmes par des pensées successives, douées de spécificité et de volonté qui soient à l'esprit universel ce que sont les corps à la matière universelle. Ou bien encore, ce qui est la même chose, supposons un esprit universel, une âme infinie, une vie éternelle capable d'être objet ou matière pour elle-même, éternellement et infiniment, mais manifestée dans le temps par des esprits, des âmes, des vies, également objets à eux-mêmes, c'est-à-dire auxquels elle représente leurs propres êtres, et leurs rapports à la fois comme sujets et comme objets, comme pensants et comme pensés, sentants et sentis, voyants et vus, entendants et entendus, touchants et touchés. Cette matière, c'est l'objet ; cet esprit, c'est le sujet. Ici encore l'idéalisme peut nous placer au même point de vue, lorsque, quittant la contemplation du moi absolu, il s'attache à voir le développement intérieur de la vie, c'est-à-dire l'envahissement de la multiplicité, et le mouvement continu de la pensée et de la volonté sous les formes infiniment variables du temps et de l'espace, du sujet et de l'objet, de l'action et de la passion. Comme dans le panthéisme, on ne peut se refuser à reconnaître devant ce spectacle, indépendamment de toute science postérieure, et sans sortir du moi, un être universel parfaitement infini, indépendant, éternel, esprit de son corps, corps de son esprit, capable d'une infinité de formes continuellement variables, toujours nouveau, toujours créateur et créé.

3. Nous venons de tracer le portrait du Dieu nature, et cela successivement dans le grand et dans le petit monde, dans le non-moi et dans le moi. C'est le Dieu aveugle, imprévoyant, sans suprême intelligence et sans volonté une, qui, dans le temps éternel et dans l'espace infini, nécessairement ou fortuitement, va déroulant sa nature à la fois naturante et naturée. Mais ce n'est pas assez que de connaître l'absolu et le monde, il faut encore apercevoir leur rapport. Or, au point de vue panthéistique, la nature, qui dans son principe semble

nécessaire et aveugle, ne tarde pas à paraître intelligente et providentielle à celui qui étudie la marche de son développement. Des lois constantes, dont le cercle va sans cesse en s'agrandissant, président à la vie universelle sous ses formes diverses; de cause en cause et de loi en loi la nature s'élève vers l'absolu, et, émanée de lui, tend à y rentrer. Les êtres se groupent, se placent et se suivent sur une échelle indéfinie depuis le néant jusqu'à l'infini. Pour tout dire, enfin, il y a continuité, harmonie, ordre et progrès dans la production des phénomènes naturels; et, sans harmonie dans le temps et dans l'espace, il n'y aurait pas de science possible. De même, sous le point de vue idéaliste, nous voyons apparaître au milieu du chaos des idées la combinaison et la prévoyance. Les notions du vrai, du bon et du beau sont empreintes dans l'être et dans toutes ses manifestations. Les lois que nous trouvions tout à l'heure dans la nature extérieure, ici nous les rencontrons sous leur forme subjective la plus élevée, la plus parfaite : issues de la pensée, les mathématiques règlent le monde, et la logique règle les mathématiques mêmes et la pensée d'où elle sort. Nous sommes donc inévitablement conduits à contempler Dieu sous un nouvel aspect, celui de verbe, de créateur, de législateur, soit que nous voulions le contempler en nous, qui sommes et son image et son être même, en nous, où il est l'intermédiaire et le nœud de l'absolu et de la vie; soit que projetant hors de nous, par une impulsion de la foi, la connaissance du beau et du bon, de l'ordre et du progrès, le principe de l'intelligence et de la parole, l'acte et la volonté de l'ordonnateur et du maître, le verbe, en un mot, nous unissions encore une fois l'absolu avec la vie en rapportant tous ces attributs à Dieu, en tant qu'il crée, qu'il connaît, qu'il aime et qu'il attire le monde. Il est vrai que le beau et le bon, l'ordre et le progrès sont autres souvent au regard de l'homme isolé et au regard de l'ensemble; mais cela même doit nous confirmer dans la croyance à l'harmonie de cet ensemble et à son adaptation ordonnée et régulière à tous les êtres, suivant les degrés où ils sont capables de l'apprécier.

6. La doctrine de l'être que nous nous sommes proposé de rechercher doit donc présenter Dieu sous les trois points de vue où le panthéisme et l'idéalisme viennent tous deux de nous placer; et cela sera d'autant plus facile, que ces trois person-

nes de la Trinité sont ici déduites de la considération de l'Être suprême ou, pour mieux dire, de *celui qui est*, et il ne peut y avoir de meilleure définition de Dieu pour une recherche philosophique. Remarquons aussi combien cette immortelle idée de la Trinité, après la longue carrière qu'elle a fournie dans l'histoire, apparaît ici solidaire de toutes les doctrines religieuses et philosophiques qu'elle embrasse, ordonne et justifie. En effet, suivant qu'à ce tout divin de la *trina unitas* on arrache violemment l'une ou l'autre de ses parties, ou plutôt qu'on se laisse aller à la faiblesse humaine, qui trouve plus de lucidité dans une contemplation partielle de l'être que dans la vue de l'universel et de l'un, on voit apparaître infailliblement quelque philosophie ou quelque religion, et une époque entière de l'histoire de l'humanité. On ne doit donc pas être étonné si la Trinité, que nous venons d'exposer et qui est, dans le fond, sinon dans la forme de notre déduction, celle des néoplatoniciens de la renaissance, émancipés et agrandis dans Cusa et dans Bruno, diffère de celle des néoplatoniciens anciens et de celle des conciles, de Bossuet et de M. de Lamennais. En effet, les néoplatoniciens croyaient au dualisme réel et fatal de l'esprit et de la matière, de l'Être et du néant, du bien et du mal, et le christianisme a lui-même conservé une forte empreinte de cette croyance qui constituait l'hérésie manichéenne. Il est donc tout simple que la trinité néoplatonicienne de l'un, du verbe et de l'âme du monde nous paraisse incomplète aujourd'hui, et fondée bien plutôt déjà sur une abstraction de l'Être que sur l'Être lui-même, puisque le dieu des néoplatoniciens souffre encore l'existence d'un principe qui lui est étranger, contraire, ennemi. Il y a à peu près la même chose à dire de la Trinité formulée par les conciles, sauf que la matière et le mal, n'étant plus considérés comme basés sur un principe indépendant et éternel, ne constituent plus, comme ci-dessus, un dualisme antérieur à la Trinité. Mais néanmoins, et quelle que soit leur origine, ils existent hors de Dieu, qui, bien que créateur, n'en partage en aucune manière l'essence; de sorte qu'à part les énormes difficultés attachées à ce dogme, les rapports du Père, du Fils et du Saint-Esprit à la création demeurent trop extérieurs, en quelque sorte, sans intimité, et véritablement incompréhensibles. Il nous semble donc que la Trinité chrétienne, sous son énoncé actuel, puissance, intelligence et amour, bien qu'elle conserve une grande valeur, est cependant moins ontologique que purement psychologique, et ne convient à l'Être que si on l'envisage exclusivement dans la nature humaine.

7. Maintenant nous avons à nous demander si la conciliation du panthéisme et de l'idéalisme se trouve un peu plus avancée. Qu'avons-nous à conclure de plus général de notre analyse ? C'est que les deux états de la science s'accordent à nous présenter l'Être comme trinaire et à le diviniser en chacune de ses personnes ; d'où nous ne pouvons nous empêcher de conclure que Dieu est dans le moi, vieille vérité qu'on exprime en disant que l'homme a été fait à l'image de Dieu, et dont nous trouvons ici la donnée philosophique. Or, cette conclusion n'a rien d'effrayant ; elle nous prouve que Dieu n'est pas fictivement, mais bien réellement manifesté dans le fini, ou plutôt que ce mot fini, mot purement relatif, est tout à fait insignifiant pour exprimer l'essence de l'Être. Elle nous apprend que si Dieu est cet infini *in quo vivimus, movemur et sumus*, il est aussi cet autre infini qui réside dans le moi. Les enfants, nous le savons, ne peuvent croire à la mort, et il est si vrai que cette idée de mort n'est pas naturellement, directement, positivement en nous, que nous n'avons pas plus de raison de croire que nous mourrons que de croire que le soleil se lèvera demain. Ainsi, le sentiment de l'être, au plus haut degré de réalité et de perfection, se trouve en nous, c'est-à-dire le sentiment de Dieu en tant que nous sommes dieu nous-mêmes, et, pour conclure, il est tout simple que nous admettions simultanément l'idéalisme subjectif et le panthéisme objectif, et que nous puissions passer de l'un à l'autre, s'il est vrai que nous avons conscience de nous dans le premier cas, en tant que nous sommes dans l'absolu, dans l'infini, dans le parfait, dans le *quod est et nunquam gignitur*, nous relatifs, finis, imparfaits, néant même, *quod semper gignitur et non est* (1), et dans le second cas, en tant que l'absolu lui-même est en nous impérissable et divin, et que le verbe veut et se porte à l'action librement et sans autre contrôle que la pensée même qui est en nous.

8. Un autre dualisme, une autre trinité philosophique peuvent être ici rappelés comme expression de la pensée que

---

(1) *Timée*, dans les fragm. de Cicéron.

nous venons de développer. Nous voulons parler du *moi*, du *non-moi*, et de *l'infini*, qui est à la fois et chacun d'eux et leur rapport commun.

9. Nous commençons donc à entrevoir, au point où nous en sommes, comment peuvent être justifiés les deux systèmes les plus opposés que la philosophie ait pu élever ; mais nous n'en avons pas fini avec la doctrine de l'être qui seule opérera la conciliation des termes contraires de tous les ordres : or, la condition générale que nous avons établie jusqu'ici pour l'idée de l'être, c'est celle d'unité ; elle doit convenir à la fois à Dieu et au moi ; elle doit dominer les deux points de vue postérieurs de sujet et d'objet, de pensée et d'étendue, car sans cela elle ne s'appliquerait pas à l'absolu avant toute manifestation ; c'est assez dire qu'elle doit embrasser tous les degrés de l'être dans son essence, et tous les aperçus de l'être dans sa notion. L'atome et la monade sont les deux seules définitions d'être qui aient jamais satisfait à ces exigences ; mais l'atome, tel qu'il a été généralement conçu, au moins depuis Épicure, n'est qu'un grossier fétiche philosophique, une idole de tribu. L'atome n'a qu'une essence objective. Que s'il faut n'entendre par ce mot que l'être indivisible et primitif qui fonde et constitue tous les composés possibles, alors l'atome devient monade. Attachons-nous donc à la monade.

Leibnitz fut, comme on l'a dit, un grand éclectique, et dans le sens le plus noble de ce mot, lorsque entrant après Spinosa dans la philosophie, il revint à Descartes en agrandissant singulièrement sa doctrine, contint comme lui par l'idéalisme le panthéisme, et, grâce aux monades, donna de l'univers la notion la plus complète qui en eût jamais été proposée : un panthéisme absolu, Dieu seul actif et tout-puissant, au fond même seule essence de cette infinité de monades qu'il a créées et qu'il conserve par un même acte dans une immuable et universelle harmonie ; et au sein de ce Dieu cependant, la moindre monade douée d'une force ou d'une vie éternelle et exécutant librement la suite infinie de ses modifications ordonnées.

10. Mais nous l'avons dit plus haut, la notion de l'atome repose encore sur des bases entières et indestructibles ; non certes lorsque l'atome est privé de la perception et de la pensée qui se retrouvent ensuite on ne sait comment dans les composés, mais lorsqu'il est conçu simplement, quelle que soit,

sous un autre aspect, sa nature intime, comme l'*un indivisible*, principe étendu et impénétrable des corps. Or, la monade, telle que Leibnitz la conçut, ne satisfait pas à cette condition; en effet, Leibnitz innova complétement et s'éloigna de l'esprit commun de Descartes et de Spinosa, en renonçant au dualisme de l'esprit et de la matière, considérés comme servant de substrata substantiels aux attributs fondamentaux que conçoit notre entendement, la pensée, l'étendue. Il fit de la matière une simple apparence résultant d'une perception confuse, et voulut ramener la notion de l'étendue et de l'espace à celle de l'*ordre des coexistants*. Cependant nous concevons incontestablement l'espace, et Clarke se fit sur cette question le véritable organe de la conviction générale contre l'esprit de système. Leibnitz, pressé sans doute d'échapper au spinosisme, et craignant toujours d'en demeurer trop près, alla bien loin en cela dans la voie de l'idéalisme. En outre, il se crut obligé de poser les monades comme inétendues, parce qu'il les considérait comme les êtres simples opposés aux êtres composés, et que toute étendue semble devoir être divisible et composée. Cependant la considération de l'infini eût pu lui fournir une autre idée plus juste et plus conciliante. C'est celle que nous allons invoquer pour donner satisfaction à cette impérieuse nécessité de considérer comme réel, et non comme illusoire cet attribut de l'être qui, dans l'idéalisme aussi bien que dans le panthéisme lui-même, paraît être la forme et le moyen de toute manifestation objective et qui ne nous semble pas plus pouvoir être contenu dans la pensée que la pensée dans lui.

11. Arrêtons-nous donc sur l'accord de l'infini et de l'infiniment petit et sur leurs relations avec le fini. Qu'une quantité soit le produit de deux autres; que l'un des facteurs augmente jusqu'à l'infini, que l'autre diminue de même et toujours proportionnellement; la même quantité ne cesse pas d'être produite, mais elle l'est par l'infini et dans l'infini, envisagé sous les deux faces opposées qu'il nous présente. Les facteurs sont d'ailleurs nécessairement d'une même nature concrète que le produit, de sorte que si cette quantité est une étendue, elle ne sera que la reproduction d'un nombre infini de fois, une quantité... inétendue? Non, mais infiniment peu étendue. Un nombre infini de négations ne pourrait produire une réalité. On voit d'abord, par là, que si nous accordons aux monades Leib-

nitiennes une étendue infiniment petite, c'est-à-dire rigoureusement nulle eu égard à toute quantité finie, mais *capable de produire par l'infini*, nous rendrons compte aisément de la vérité du calcul différentiel, sans supposer dans notre esprit des lois qui seraient sans fondement dans la nature universelle des choses.

12. Ensuite nous complétons l'idée et la doctrine de l'être, et nous expliquons l'univers. Tout être est monade; toute monade est douée de perception, d'étendue et de force. Les monades sont en relation les unes avec les autres et en état de dépendance mutuelle; de ces relations résultent des composés, et ces composés forment une échelle indéfinie depuis l'infiniment petit jusqu'à l'infini. Chacune d'elles est solidaire de toutes les autres, et toutes le sont de chacune. Dieu, sorti de l'absolu, est à la fois et la somme des monades et la monade centrale, cause, nature et fin de toutes les monades; enfin il est tout entier dans la moindre d'entre elles, et la moindre d'entre elles est en lui à la fois libre et nécessaire en elle-même et dans toutes ses modifications.

13. D'après cela, comment concevons-nous l'étendue? de trois manières : infinie, c'est celle de Dieu; infiniment petite, c'est celle de la monade; finie, c'est la matière présente à nos sens. L'étendue conçue de Spinosa, de Régis et de Descartes existe donc de même que l'espace de Newton et de Clarke. Mais il ne faut pas croire avec les cartésiens que cette étendue puisse nous apparaître divisible, figurée, mobile. En effet il serait alors absurde de l'attribuer à Dieu en tant qu'il est Dieu; mais elle est le vrai lien des êtres et le *sensorium divin*. Elle est aussi cette étendue des esprits, que H. Morus (1) établit, et celle-là même que Malebranche, dans un passage célèbre (2), se laisse aller à invoquer. Ainsi envisagée, il n'y a certes aucun inconvénient à l'introduire en Dieu. La matière que l'on imagine et que l'on sent, celle qui est figurée, mobile et divisible, celle-là, nous pouvons suivre ici Leibnitz, n'est qu'une pure apparence des êtres: sa perception sous divers modes dépend des relations qu'ils ont entre eux et n'en est qu'une forme; cette matière, si Spinosa l'attribue à Dieu, c'est de

(1) *Lettres de Henri Morus à Descartes*, t. II, et. 66.
(2) *Recherche de la vérité*, l. II, ch. 6.

même qu'il lui attribue toutes les pensées particulières de l'univers et c'est en envisageant trop exclusivement cette dépendance des modes des créatures par rapport à Dieu, qu'il a failli. Nous savons maintenant, quant à nous, que la puissance divine se manifeste réellement et se produit dans le fini, de sorte qu'on peut attribuer à Dieu les modes du corps comme ceux de la pensée, mais en tant que Dieu est encore la nature multiple et variée, au lieu que la pure étendue intelligible et réelle, car ces deux choses ne nous semblent pas pouvoir être séparées dans l'essence de Dieu, lui convient en tant qu'il est la monade à la fois universelle et centrale de toutes les monades.

14. Ainsi, c'est par la vie et par l'évolution des monades en Dieu, principe étendu et pensant de leur être, que l'on donne une ample satisfaction à la doctrine du panthéisme. Ce mot exprime alors ce côté de toute doctrine vraie qui regarde l'universalité des choses sous le rapport de sa dépendance absolue de *celui qui est*, et l'apparition du panthéisme dans tous les siècles et dans toutes les philosophies, est une preuve suffisante de sa vérité, si l'esprit humain n'embrasse pas le faux. Au surplus, il n'est pas à craindre que ce principe plonge, comme autrefois, de grandes nations dans l'immobilité et dans la stupeur, aujourd'hui qu'il peut être complétement analysé dans son origine logique et dans ses développements vrais ou faux, depuis surtout que l'idéalisme parti de Platon, après avoir procédé à l'éducation des peuples chrétiens, est parvenu à son dernier terme en même temps que le panthéisme lui-même dans la philosophie de Descartes et dans toutes celles qui en relèvent. Si donc nous concevons le monde infini comme divin en un certain sens pour ne pas laisser dans l'ombre un grand côté de la vérité, nous devrons nous attacher à voir en lui tous les êtres entrer en relation les uns avec les autres; et cette relation consiste dans les divers modes de la connaissance et de la perception qui en sont le fond même, et dans ceux de l'étendue et du mouvement qui en constituent la forme. Il y a du reste pleine réciprocité dans ce point de vue, l'étendue pouvant être aussi bien regardée comme substratum de la monade. Le point de vue ne fait rien à l'être qui est indissolublement et à la fois les deux choses que le point de vue sépare.

15. Terminons cette recherche du système de relation des monades. Nous venons de dire que l'étendue en peut être re-

gardée comme la forme et le moyen, il est inutile que nous nous occupions ici de la volonté et du désir qui ne sont pour rien dans la relation elle-même. Occupons-nous donc des qualités sensibles qui produisent, pour les monades les phénomènes matériels. Ces qualités, nous pouvons les concevoir, partie en demeurant purs cartésiens, partie en nous rappelant la révolution produite par Leibnitz dans la doctrine. Nous penserons donc que la sensation peut s'envisager sous deux faces, et qu'elle résulte, dans la monade qui la perçoit, des *véritables* rapports qu'elle a avec les monades étrangères (et non pas seulement en tant qu'étendue avec des monades étendues), tandis qu'extérieurement ou pour un spectateur étranger elle se réduit à de purs mouvements : c'est bien par suite de leurs modifications, en tant qu'étendues et mobiles, que les monades objectives nous procurent les sensations de résistance, de dureté, d'impénétrabilité, de couleur, de son, etc. Mais ces sensations sont dans leur cause et dans leur fin tout autre chose que des mouvements, car elles sont des produits subjectifs. En même temps nous devrons concevoir les monades comme étant contenues en nombre infini dans la moindre étendue sensible aussi bien que dans la plus grande, et nous ne composerons pas ainsi l'étendue de points, car le point de l'ancienne géométrie est ce qui n'a aucune dimension. Il n'y a d'ailleurs aucune impossibilité à ce qu'une étendue sensible renferme une infinité de monades, parce que telle est l'essence de l'infiniment petit dont la conception, par rapport au fini, est aussi nécessaire que celle de l'infiniment grand. Or, les monades ne sont pas seulement dans l'espace, elles sont aussi dans le temps qui est pour l'éternité divine ce qu'est l'espace pour son immensité : de là le mouvement. La pure étendue sera donc la somme d'une infinité continue de monades infiniment peu étendues, et le pur mouvement se produira par le changement d'ordre survenu dans le temps entre ces monades parfaitement spécifiées et distinctes, ou entre certains ensembles de ces monades. Mais étendue et mouvement ne deviennent sensibles que par les modifications subjectives des monades qui sont en communication *dans* l'une et *par* l'autre.

Nous admettons donc avec Descartes que les êtres sont en relation objective les uns avec les autres, par le mouvement et par le seul mouvement ; et qu'ainsi les sensations ne sont, d'un côté, que des mouvements, quoique, d'un autre, elles ne puissent exister que comme des pensées. Nous admettons avec Spinosa que mouvements et pensées sont également en Dieu, conçu dans sa manifestation réelle et infinie ; et avec Leibnitz, que Dieu, dans son immuable éternité, conçu comme créateur, a préordonné ces mouvements et ces pensées de manière à les lier intimement dans tout ce qui a vie, et qu'il a doué chaque monade de liberté tout en prévoyant l'infinie succession de ses changements.

16. Ici nous sommes ramenés à l'idéalisme, et nous avons certes bien assez développé le principe et les conséquences du panthéisme. Il est temps de laisser l'univers et de rentrer dans la monade pour interroger à son tour la divinité du moi. Or, nous avons vu l'intervalle immense de Dieu et de la monade comblé dans le monde objectif par la série indéfinie des êtres ; pourrait-il n'y avoir qu'un vide profond au sein de la monade elle-même entre la conception qu'elle peut avoir de sa divinité, et celle de son absolue dépendance ? Pour répondre à cette question, rappelons-nous que Leibnitz a regardé la monade comme miroir de l'univers. Si, tout en s'arrêtant aux perceptions confuses et laissant perdre à la fin les représentations qui sont en elle par une diminution indéfinie de clarté (car sans cela la monade n'aurait plus vie dans le fini), il eût vu cependant, moins préoccupé de la crainte du Dieu nature, cette personne infinie du vrai Dieu se peindre tout entière dans la monade passive, il eût probablement été conduit à voir encore Dieu dans la monade active aussi bien que hors d'elle ; or il eût ainsi compris l'efficacité de l'action, et fondé la liberté sur une base bien plus solide.

En effet, si nous nous rappelons que Dieu est tout entier dans la monade infiniment petite aussi bien que dans l'infinie, nous pourrons aussi le considérer comme représenté en elle dans toute l'immensité de ses manifestations, puisque la moindre action parcourt tout l'univers et se peint dans tous les êtres. Dieu peut donc avoir dans la monade une connaissance infinie de lui-même, en tant qu'il est la création, et il peut y développer une action infinie, puisque toute modification d'une monade en suppose une pour l'univers. Il semble qu'on ne peut mieux concilier le sentiment de la liberté absolue de l'homme et celui de sa dépendance absolue, qui s'appuient l'un et l'autre sur de toutes-puissantes raisons.

17. Ainsi chaque monade est un centre dans la nature,

centre de passion, centre d'action en même temps, et aucune ne peut être dénuée tout à fait ni de perception, ni de mouvement; mais la connaissance et la conscience varient et passent par une infinité de degrés. La liberté, que nous pouvons regarder, d'après ce qui précède, comme la conscience d'une action spontanée qui suit le désir, la connaissance et la volonté dans la créature, est évidemment limitée selon que cette conscience l'est elle-même depuis l'homme, dans lequel elle est entière, jusqu'aux derniers des animaux, chez lesquels elle ne parle pas et existe tout autre que dans l'homme. Ainsi, plus ou moins limitée dans son essence, selon que la conscience qui la constitue l'est elle-même ; dans sa portée, selon que le désir, ou la connaissance, ou la volonté qui lui mesurent le champ où elle doit agir, le sont eux-mêmes, la liberté est enfin limitée dans ses effets. Les monades forment en effet divers groupes dans lesquels chacune a son rôle et sa fonction ; de sorte que, toute libre qu'elle est, elle est retenue dans un certain cercle d'action et de d'influence. C'est ainsi que l'homme, bien que sa volonté s'étende à tout ce qu'il connaît, et son a[ction] à tout ce qu'il perçoit, ne peut cependant pas, tout en le voulant, dépasser par exemple les limites de l'atmosphère terrestre, et s'élancer sur la lune.

18. Cette seule observation nous conduit à expliquer l'existence des lois constantes dans la nature, et des exceptions non moins constantes qui les suivent. Les lois existent au point de vue panthéistique, et en tant que les modifications des êtres résultent nécessairement de la série des relations établies entre eux. Mais les exceptions dépendent du point de vue idéaliste, elles ont leur source dans la liberté, et si elles ne détruisent pas les lois, c'est que le pouvoir, c'est que les effets de la liberté sont limités comme nous venons de le dire. Et cette limitation vient de ce que la créature étant finie, ses appétits et sa volonté ne s'exercent que dans une certaine sphère de perceptions ou de connaissances suffisamment claires.

19. L'hypothèse idéaliste que nous avons adoptée pour expliquer la liberté nous permet seule aussi de rendre compte des facultés de l'esprit de l'homme; et les plus grands mystères philosophiques rentrent ainsi dans un seul. En effet, dès que nous avons conscience de nous-mêmes indépendamment du monde extérieur, et que cependant nous en avons conscience

aussi, comme en faisant partie, on peut dire que nous savons abstraire et généraliser ; cette *abstraction* que nous faisons en nous isolant du *non-moi*, qui nous prête toutes les parties de notre corps et la plupart de nos pensées, abstraction justifiée par le fait de notre indépendance réelle, n'est pas d'autre nature que celle que nous pouvons faire en séparant certaines choses par la pensée de celles que nous voyons cependant sous d'autres rapports leur être indissolublement unies. En un mot, s'il est vrai que rien n'est partie dans l'univers, il est vrai aussi que chaque chose est en elle actuellement comme l'univers est en soi, et comme nous sommes en nous. Nous appliquons donc au fini la notion de l'un, de l'indivis ; nous l'appliquons même aux composés distinctement perçus par les sens, ou définis par l'intelligence, et toutes les abstractions nous deviennent alors possibles. La généralisation n'est que la marche inverse par laquelle nous faisons rentrer les choses l'une après l'autre dans le tout dont notre abstraction les a séparées. Toutes choses sont représentées avec suite et lien dans la monade moi, et la science ne consiste qu'à les déduire les unes des autres, en allant de ce qui dépend à ce dont il dépend, ou réciproquement. De là les deux faces de la méthode. Enfin, nous nous expliquons très-bien comment, dans l'ignorance fondamentale de l'être, on a pu, sans rien résoudre au fond, considérer les universaux comme des réalités, comme des noms, ou comme des conceptions de l'esprit.

20. Nous pouvons nous regarder maintenant comme ayant ramené, grâce à ce vaste éclectisme historique que nous avons essayé de fonder, toutes les contradictions d'un et de multiple, de tout et de partie, de simple et de composé, d'infini et de fini, d'éternel et de passager, de nécessaire et de contingent, en un mot toutes les antinomies de la raison et du monde, à deux vérités philosophiques : le panthéisme et l'idéalisme, et ces deux vérités à un seul mystère : l'existence de la monade en Dieu et de trois essences, disons mieux, de trois personnes en un seul et même être. Enfin, plus généralement encore, la coïncidence de l'être et du non être dans l'absolu, coïncidence qui devient diversité dans les manifestations divines, est le principe suprême de ce que la vie peut jamais savoir d'elle-même.

21. Il ne nous reste plus maintenant qu'à examiner quel-

ques-unes des questions fondamentales de la métaphysique et de la physique, qui, bien qu'elles dépendent directement des principes, ou plutôt à cause de cela même, ont produit de tout temps et produisent encore des discussions acharnées. C'est toujours au point de vue de la solution cartésienne transformée dans le système des monades que nous procéderons, et en mêlant, comme nous l'avons fait jusqu'ici, les considérations historiques à l'exposé des dogmes.

Les démonstrations de l'existence de Dieu se présentent d'abord, et nous paraissent parfaitement nécessaires et convaincantes, en admettant cependant la croyance innée, involontaire, invincible, comme appui des principes sur lesquels ces démonstrations reposent. Il nous est impossible, en effet, de nier les lois dont nous avons la révélation intérieure, et ces lois, celle de la causalité par exemple, sont telles qu'elles nous entraînent hors de nous, dès que nous avons reconnu que nous ne pourrions être, sans le savoir, auteurs de nous-mêmes et de ces lois. Nous avons vu que le parfait, l'absolu se pose dans le *moi* et qu'il s'en échappe ensuite pour embrasser dans une seule étreinte et le *moi* et le *non moi*; nous avons vu aussi le *moi*, centre universel, dès la première pensée connaître l'objet en même temps que le sujet, et croire par conséquent à son objet comme à lui-même; mais bientôt il voit les rôles changer; cet objet c'est un sujet pour lequel il est objectif, et ne pouvant le nier parce que la notion de l'être est une en lui, il croit déjà, sans le savoir, et au monde extérieur et à Dieu.

22. Les objections de Kant (1) aux preuves cartésiennes de l'existence de Dieu viennent se placer naturellement ici ; et, en les appréciant, nous achèverons d'éclaircir la question : or ces preuves impliquent deux principes : la réalité des idées, la causalité. Attachons-nous d'abord au premier.

Ce principe est celui que Descartes énonce ainsi : *Ce qui est compris dans le concept d'une chose est vrai de cette chose et peut en être affirmé.* Kant objecte que poser un sujet comme éminemment réel, c'est déjà faire entrer l'existence pour la conclure ensuite; qu'à la vérité le sujet entraîne le prédicat, à moins de contradiction; mais qu'il n'y a aucune contradiction à supprimer l'un et l'autre à la fois : d'où il suit que le principe

---

(1) Kant., *Critique de la raison pure*, l. II, ch. 2.

ci-dessus ne peut être employé à prouver l'existence de l'être éminemment réel. Déjà bien avant Kant on avait préludé à cette objection trop spécieuse pour ne pas avoir frappé dans tous les temps les esprits didactiques, mais qui, dans le fait, ne combat qu'un fantôme, et laisse debout la vraie théorie des idées telle qu'elle est contenue dans Descartes ; le père Daniel (1) dit même positivement que placer l'être au nombre des perfections divines, c'est déjà supposer que son idée est une idée vraie. Il ne voit pas et Kant n'a pas vu non plus que l'idée étant présente à l'esprit, le philosophe ne peut s'empêcher de la poser tout entière et telle qu'elle lui est révélée ; il n'y a là certes de sa part aucun caprice. Maintenant cette idée est telle qu'elle enveloppe l'existence de son objet ; le philosophe n'y peut mais, et il faudrait accuser l'ordre des choses d'après lequel toute conséquence est inévitablement renfermée dans ses prémisses. Kant objecte encore qu'une possibilité logique, tirée de l'absence de la contradiction dans le concept, n'entraîne pas la possibilité réelle, laquelle suppose une *expérience possible* dans l'ordre de choses à nous inconnu ; mais cette objection revient tout simplement reprocher à la *raison pure* de n'être pas l'expérience. Il faudrait pour que de pareils arguments pussent renverser la théorie des idées, qu'on ne se contentât pas de lui demander un genre de preuves qui n'est pas à sa portée ; mais que l'on montrât que nos idées, sous la forme qui les accompagne, ne sont que des illusions ; que le monde extérieur est autre qu'elles ne le posent, et que les raisons *à priori* ont leur base en nous-mêmes, ou bien encore ont une base extérieure toute différente de celle que nous leur supposons. Or, c'est là ce qui est à tout jamais impossible, et cependant, tant qu'on ne l'aura pas fait, la croyance viendra au secours de la raison pure, et adoptera le monde qu'elle a créé ; tant qu'on ne l'aura pas fait, la critique n'aura de valeur rationnelle qu'en faisant un appel à l'idéalisme absolu.

Nous disons que les idées de la raison pure doivent avoir un fondement soit en nous, soit hors de nous, et ceci nous ramène au second des principes qui appuient les démonstrations de l'existence de Dieu, c'est-à-dire à la *causalité*. Ici encore il faudrait ou invoquer l'idéalisme de Fichte, ou expliquer comment

---

(1) *Voyage du monde de M. Descartes*, part. II.

nous sommes dupes d'une idée si fortement enracinée en nous. Que dis-je, expliquer? ce serait beaucoup que de faire entrevoir une raison de se refuser à une croyance indépendante des opinions, des préjugés, des sens et de l'esprit lui-même qui semble bien plutôt la suivre que la créer. Jusque-là la doctrine de l'égoïsme, ou, en désespoir de cause, un scepticisme clair et net comme celui de Hume, nous paraissent bien plus scientifiques que la philosophie critique. Aussi ne nous étonnons-nous pas que les élèves de Kant se soient élancés si loin du maître en partant d'abord le suivre.

23. Nous nous sommes longuement étendus sur la destinée du dualisme cartésien de l'esprit et de l'étendue, transformé par Spinosa et par Leibnitz, et sur la forme qu'il nous paraît devoir prendre aujourd'hui. Il serait donc inutile d'y revenir ici, si ce n'était pour rappeler que ce dualisme implique dans l'être simple, soit Dieu, soit la monade créée, deux attributs réels, mais non une séparation réelle ou possible de deux éléments. Au surplus, Descartes et Leibnitz n'ont jamais cru que cette séparation dût se faire, et ils ont même affirmé le contraire. Pour les êtres finis, il n'y a donc là qu'un double point de vue nécessaire après la manifestation, et lié à celui de sujet et d'objet, d'actif et de passif. Mais alors on doit se demander ce qu'est l'étendue et ce qu'est la pensée dans les composés. L'une et l'autre y est variable dans la série infinie des phénomènes que produit la manifestation de l'être. L'une y dépend des relations des monades qui forment ces composés, en tant que ces monades sont étendues, l'autre de ces mêmes relations, en tant que les monades perçoivent ou pensent, et de la position plus ou moins élevée qu'occupe chaque monade dans le centre où on la considère.

24. Il nous sera maintenant facile d'examiner l'importante question de l'immortalité de l'âme admise par Descartes ou, en d'autres termes, de la permanence après la mort du principe pensant opposée à la décomposition du principe étendu, qui lui était uni. D'abord cette opposition semble fausse, d'après le système des monades, puisqu'elle fait envisager, d'un côté, une seule monade, et de l'autre tout un ensemble ; la question est aussi par trop facile à résoudre alors, car le composé peut périr en tant que composé, mais non le simple en tant que simple ; mais rétablissons le problème en termes sérieux, car

il serait puéril de s'en tenir à l'assurance d'une immortalité vague, qui appartient également à tout ce qui est.

Or, la mort n'est, dans le fait, qu'une brusque disparition des manifestations de la pensée dans l'homme, en tant qu'elle servait de fondement à des relations intellectuelles, dès lors interrompues, et qu'une cessation simultanée des fonctions de son corps, en tant qu'elles s'exécutaient aussi suivant certaines relations sensibles, constantes et régulières (1). Il semble donc y avoir parité et, des deux côtés, une destruction de l'ensemble, tel qu'il nous était révélé. Seulement aux phénomènes sensibles antécédents de nouveaux phénomènes sensibles qui leur sont liés, succèdent pendant un temps assez long, et peuvent être prolongés ou dirigés artificiellement, comme tous les phénomènes de ce genre (2) ; au contraire, les phénomènes intellectuels nous échappent immédiatement. Mais comme par leur nature même ceux-ci ne peuvent laisser de traces que dans les intelligences survivantes, tout comme les phénomènes sensibles en laissent dans les corps survivants soumis à nos sens, nous croyons fermement rester dans le vrai, en affirmant que, d'une part, la fin de la pensée d'un homme dans ses rapports avec la vie terrestre, de l'autre la fin tout aussi subite de son corps vivant, respirant, sécrétant, assimilant, sont deux accidents absolument pareils, deux côtés analogues dans le phénomène de la mort, et en parfait rapport avec ceux qui leur répondent dans le phénomène de la vie.

Cela posé, que pouvons-nous penser, si ce n'est qu'à cette révolution subite les monades, dont l'ensemble constitue l'homme, et entre autres sa monade centrale ou son *moi* cessent d'exister dans les mêmes relations, soit mutuelles, soit avec celles de la nature extérieure, et en commencent de nouvelles, de telle sorte que la mort est pour chacune d'elles une véritable naissance. Seulement nous ne connaissons, nous qui restons, ni cette nouvelle vie, ni les rapports qui l'unissent à l'ancienne.

(1) Cette définition de la mort semble au premier abord impliquer un grand nombre de notions ; cependant il s'en faut qu'elle soit trop compliquée, car il faudrait l'étendre encore pour la faire parfaitement rigoureuse. L'idée de la mort n'est pas simple ; enseignée par l'expérience, elle n'arrive qu'après beaucoup d'autres idées. Cette simple remarque doit suffire pour mettre en évidence la profonde absurdité des physiologistes qui ont misérablement supposé l'idée de la mort dans leur définition de la vie. Bichat, (*Recherches sur la vie et la mort.*)

(2) Momification, embaumement, incinération, etc., etc.

Revenons maintenant à l'idée de l'immortalité de l'âme, telle que Descartes l'a établie dans la philosophie moderne; elle repose sur deux points principaux : 1° L'âme étant distincte du corps ne doit pas naturellement périr quand le corps se décompose. Or, cette preuve subsiste toujours pour nous, et se trouve modifiée dans la lettre plus que dans l'esprit; en effet, la monade centrale ne peut perdre ni sa nature, ni ses facultés intensives, ni même, jusqu'à un certain point, ses connaissances acquises, par le fait de sa séparation d'avec les autres monades, pas plus qu'après le sommeil, par exemple, quand toute la nature a varié autour d'elle, et qu'elle ne retrouve pas un *iota* de pensée ou d'étendue à la même place; pas plus, disons-nous, qu'elle ne cesse alors d'être la même monade, et de vivre comme telle, selon sa nature et ses souvenirs. La mort du corps est, à la vérité, plus qu'un changement de figures, mais elle n'en entraîne pas plus pour cela la destruction du principe pensant. 2° L'esprit étant indivisible, et s'employant tout entier à vouloir, à penser, à sentir, il n'est pas sujet à périr par division ou décomposition de parties comme le corps, et dès lors on ne voit pas comment il périrait. Cette preuve, que Descartes ne donne qu'en passant, et qui a servi plus que toute autre à défrayer les métaphysiciens modernes, est encore d'une grande valeur, selon nous, pourvu qu'elle soit convenablement présentée. L'être est essentiellement un ; or, tandis que le corps est une réunion accidentelle, quoique à chaque instant déterminée, d'une multitude infinie d'êtres, et tandis que les idées actuelles dépendent de l'état et des relations de tous ces êtres, cependant l'esprit humain ne laisse pas d'avoir la conscience de centraliser toutes les idées possibles en une certaine monade indivisible, et d'agir librement sur elles. Ainsi, l'esprit diffère du corps comme le centre de la circonférence, et, après que le cercle est effacé, subsiste encore. Sans doute la pensée humaine éprouve manifestement sa multiplicité, mais elle a simultanément la conscience de son unité (1). Elle diffère du corps comme

---

(1) Kant, réfutant la preuve de la permanence de l'âme de Moses Mendelsohn, c'est-à-dire au fond celle de Descartes, en appelle à la possibilité d'une division des facultés intensives de l'esprit pour en conclure la possibilité d'une diminution et par suite d'une extinction de ces facultés. Il appuie cette idée de certaines hypothèses physiques qui la font comprendre en expliquant la transmission de la pensée par voie de génération. (*Crit. de la raison pure*, l, II, ch. 1) Mais cette objection est sans valeur pourvu que l'on regarde

l'être diffère des êtres. Ce qui est réalisé extensivement dans le corps, l'âme le contient virtuellement dans son étendue infiniment petite. Or, les êtres peuvent se disjoindre et changer leurs relations, mais l'être ne peut s'anéantir ni cesser de représenter le monde à un certain point de vue. Et, si cet être est actif et libre dans son essence, il ne peut déchoir; mais la seule puissance d'exécuter est pour lui renfermée dans de nouvelles limites, ainsi que celle de percevoir passivement, jusqu'à ce que le développement des lois générales, qui lient progressivement les êtres entre eux par l'amour, la connaissance et l'action lui ait fait retrouver dans des circonstances analogues à celles où il a déjà vécu la suite interrompue de son ancienne vie.

Nous rappellerons ici, sans autre explication, l'hypothèse palingénésique de Bonnet, dont nous avons parlé. Qu'on introduise dans cette hypothèse l'idée de l'infini, et l'on sera sur la bonne voie des méditations pour ce qui regarde l'immortalité de l'âme et la vie future. L'idée du progrès, qui est celle de *l'ordre dans le temps*, devient, de nos jours, aussi essentielle à la science que celle de *l'ordre dans l'espace*; et la vie ne peut être sans elle étudiée dans son histoire.

25. Si nous regardons les animaux comme constitués par certains ensembles de monades, qui forment des organes, lesquels sont à leur tour centralisés par d'autres organes, sans que jamais, dans la vie réelle ou dans les circonstances de son développement, aucune monade puisse être mise à nu, pour ainsi dire, nous comprendrons vraiment l'essence de la vie dans sa multiplicité, et nous la définirons par la relation réglée d'une infinité d'êtres. Chaque organe est un animal dont les parties sont elles-mêmes des animaux dont les organes propres finissent par nous échapper, et cette sorte de décomposition vitale va jusqu'à l'infini. On peut inversement composer l'animal jusqu'à l'infini, mais d'une manière générale seulement, car les relations organiques de l'homme à la nature nous échappent en grande partie. Nous connaissons,

---

l'être en lui-même comme impérissable, ce que la raison ne peut éviter de faire. Quelle que soit la définition de l'être simple : force, conscience, étendue, il est impossible de concevoir que ce qui est puisse cesser d'être en tout ou en partie ; et la *division intensive*, ou multiplicité dans le simple, ne suppose ni solution de continuité ni affaiblissement.

d'un autre côté, l'essence de la vie dans son unité ; elle se définit par la force primitive et par l'appétit ou volonté dans la monade, c'est-à-dire dans l'infiniment petit. Maintenant nous ne croyons pas que, dans les relations naturelles des êtres, aucun centre puisse être sans circonférence ; car, en approfondissant de plus en plus, en creusant l'être, on trouve Dieu au fond de l'élément simple comme au-dessus du tout universel. Ainsi une âme, celle d'un homme par exemple (bien que métaphysiquement elle ne soit comprise que comme une substance simple envisagée sous l'attribut de la pensée), peut cependant être remplacée, dans toute spéculation sur la nature, par un organe central, aussi petit que l'on voudra, complet néanmoins, et représentant le tout humain. Les germes étant contenus à l'infini, les uns dans les autres, chacun d'eux pourra être alors considéré comme portant avec lui cet organe central, incorruptible en fait, et l'on n'en comprendra que plus facilement l'entier, mais successif développement de chaque être sur un certain patron matériel, fondement de la sensibilité, auquel les conditions voulues manquent encore pour qu'il puisse agir dans notre monde, mais auquel elles seront graduellement données. Il ne faut jamais oublier que tout est relatif, au point de vue qui convient à l'homme ; que l'absolu n'est qu'un néant pour lui, et qu'une seule pensée l'unit à Dieu, celle de l'ordre et du progrès, dont il lui rapporte nécessairement la cause, les lois et la fin. Mais cet ordre et ce progrès le lient pour toute l'éternité aux autres êtres finis, qui peuvent seuls servir directement à sa vie, et avec lesquels il est pleinement solidaire. Or, ces êtres se groupent sur une infinité de degrés, depuis la plus simple perception jusqu'à la conscience la plus claire, depuis l'instinct le plus circonscrit jusqu'à la raison la plus générale, depuis le plus bas appétit jusqu'à l'amour le plus radieux, jusqu'à la volonté la plus irrésistible. Le monde entier n'est que leur ensemble ; l'histoire passée et l'histoire future du monde ne sont que leur vie éternelle. Nous ne devons pas nous croire parvenus aux limites, car il n'y a pas de limites, et il est tout simple que nous ne puissions ni percevoir, ni même rêver avec quelque clarté, ce qui n'est pas encore. Levons haut la tête, nous le pouvons, mais n'oublions pas cependant que les animaux sont notre substance, et que nous sommes la leur. Dieu est en eux, non comme en nous sans doute, mais enfin il y est. Nous nous élèverons, ils s'élèveront de même, et l'idée de la métempsycose est grande quand elle est transformée par l'idée du progrès.

L'absolu, la vérité suprême, indivisible, être et néant de l'univers, étant ainsi ravi aux aspirations humaines qui ne l'ont que trop souvent poursuivi, il nous reste, au-dessus de tous les êtres, et comme but idéal, métaphysique, cause et fin de leur progrès, le Dieu verbe, et la Providence qui pense en lui, et l'amour qui en émane. Tandis que dans l'absolu toutes les notions d'ordre, de bonté, de beauté, se confondent dans l'incompréhensible et innomable vérité de l'être; au sein du verbe, au contraire, elles se déroulent magnifiquement pour exprimer les formes idéales que revêtent toutes les relations dans la vie universelle. Nées des manifestations multiples de l'esprit et des sens, elles s'appliquent d'abord à tous les rapports, à toutes les harmonies de la vie; elles sont alors variables comme ces rapports eux-mêmes; elles ont leurs contraires, comme tous les actes, comme toutes les pensées ont les leurs; puis en tant que le monde où elles s'incarnent réalise successivement son harmonie générale, en s'étendant d'une certaine origine à un certain accomplissement, elles atteignent en lui un nouveau degré de réalité et de splendeur; elles marchent à la domination et à l'unité.

26. De l'organisation du monde sensible, et de la doctrine que nous avons exposée, on peut conclure que toutes les actions et réactions vivantes des monades, ou des petits organes qu'elles composent, sont renfermées dans certaines limites plus ou moins étroites ou larges. Toutes les apparences de la matière s'expliquent ainsi depuis celles qui se rattachent aux plus libres modifications que dirige l'esprit de l'homme jusqu'aux changements les plus lents et les plus réglés que la physique explore dans les corps supposés inertes. Nous croyons donc que tous les mouvements naturels ont sensiblement lieu par le *mécanisme* de Descartes, et cela parce que les phénomènes produits par les appétits des plus basses monades obéissent sensiblement à la nécessité, c'est-à-dire ne peuvent varier que dans des bornes très-resserrées. Ainsi l'on peut aller jusqu'à regarder la plupart des actions des animaux qui nous entourent, et les actes instinctifs de l'homme, comme faciles à prévoir et à rattacher aux actions mécaniques extérieures ou intérieures; mais la volonté n'en est pas moins réelle, et même

plusieurs déterminations des animaux prouvent incontestablement un certain degré de réflexion et la spontanéité des appétits. Ainsi le système des monades concilie merveilleusement les exigences des mécanistes avec celles des partisans des invincibles qualités occultes et de la vie de la nature, pourvu qu'on ne regarde pas le mouvement et l'étendue comme chimériques ou purement apparents dans les ensembles de monades.

Ces deux grands principes admis, et le monde vivant partagé entre l'appétit et le mécanisme, la liberté et la nécessité, il est clair que les sciences naturelles doivent se partager de même, mais de telle sorte que chacune reconnaisse un principe dominant. Ainsi, dans la physique astronomique, on peut admettre et explorer deux genres de causes, et rapporter, par exemple, l'attraction universelle à un certain fondement *appétitif* dans la vie de tous les êtres qui pèsent ; mais il faut placer avant la recherche d'une cause et d'un mode d'action par le mouvement, parce qu'il est certain que l'étendue et le mouvement sont la forme de tout phénomène, et qu'aucun corps ne peut agir naturellement là où il n'est pas. Dans la physiologie, au contraire, le principe de la vie doit évidemment dominer. Il n'est certes pas défendu de chercher, comme le fait M. Magendie, une origine et des causes mécaniques aux mouvements du corps humain, et de se préoccuper en tout des lois générales qui président aux modifications de l'étendue, mais on ne peut trouver d'explication vraiment satisfaisante des fonctions organiques qu'en accordant une véritable action vitale aux organes, comme le faisait Bichat quand il voulait, par exemple, rendre compte de la circulation du sang dans les vaisseaux capillaires.

27. En résumé, dans la physique générale, il est de la plu grande importance de conserver l'hypothèse de Descartes de la circulation sans fin de la matière des mondes et de la production de tous les phénomènes sensibles par le mouvement ; de ce point de vue, que nous avons dit être celui de la forme et des apparences, dépend l'hypothèse de l'inertie de la matière. Aussi Descartes l'a-t-il fortement exprimée, et pour toujours introduite dans la science. Mais nous avons vu que l'inertie apparente des corps dits inorganiques ne devait être attribuée qu'au bas degré de liberté des êtres qui les constituent, et aux étroites limites où leur action se trouve renfermée ; de même dans les

mouvements les plus généraux de la matière de ces mêmes corps inorganiques, il est toujours permis de supposer des variations dont la cause et les règles nous échappent, et qui n'empêchent pas les lois générales d'être observables.

En général voulons-nous établir une loi dans la nature, il y aura nécessairement lieu à négliger quelques actions partielles qui la détruiraient. Les astres ne décrivent des courbes du second degré et des aires proportionnelles aux temps qu'en vertu des causes principales qui président à leurs mouvements. Une infinité d'autres causes, au contraire, se réunissent pour modifier ces lois, tellement qu'elles n'existeraient pas pour un spectateur qui pourrait rapporter le mouvement d'une planète quelconque à un centre situé bien au-dessus de notre sphère. Les astres décrivent en réalité des spirales, et ils se livrent en outre à une infinité de changements de direction et de vitesse qu'on ne peut comparer qu'aux caprices apparents et aux déterminations les plus variées des esprits. Cependant nous devons oublier, ignorer, pour ainsi dire, toutes ces perturbations qui ne sont que des exceptions à nos yeux, parce que nous ne voyons pas d'assez haut pour apercevoir les lois qui comprennent à la fois ces perturbations et les mouvements principaux. Nous en connaissons quelques-unes très-générales, très-abstraites, auxquelles nous savons que le système entier de l'univers doit obéir ; puis nous connaissons les lois les plus spéciales qui conviennent à notre position et à notre vue ; l'intervalle est comblé par un infini que nous ne pouvons embrasser (1).

Ainsi, toute recherche physique suppose que son auteur fait abstraction, non-seulement d'un grand nombre de causes peu importantes pour nous, par exemple, de celles qui tiennent aux modifications que la vitalité des êtres inférieurs peut apporter aux conditions générales des choses, mais aussi d'un grand nombre de phénomènes importants que nous ne voulons ou ne pouvons pas lier à ceux dont nous nous occupons. Celui qui étudierait par exemple les mouvements qui ont lieu dans une liqueur qui se cristallise, et parviendrait à les soumettre à

---

(1) Ces lois si générales, par exemple, celle de la *constance des aires*, ou de la *gravitation universelle*, ne peuvent même évidemment être obtenues que par la spéculation, car leur caractère est d'être à jamais *invérifiables*.

des lois fixes, ferait nécessairement abstraction des mouvements d'un ordre différent que produisent des causes autres que celles qu'il a assignées à la cristallisation pour servir de base à sa recherche. Or, ces hypothèses, que l'on sait être fausses, et que l'on fait cependant, sont du même genre que celle de l'inertie des corps. Nous ne jugeons les corps inertes que parce que nous ne voulons les envisager que sous telle ou telle face de leurs relations, ou par rapport à d'autres corps d'une puissance si grande, que les premiers semblent en dépendre absolument et sans réciprocité.

Cette hypothèse est donc bonne et nécessaire pourvu qu'on n'oublie pas qu'elle est fictive et n'embrasse qu'un côté des choses. Descartes la posait pleine et entière ; il plaçait l'esprit de l'homme au centre du tout, il ne donnait qu'à lui seul la force, le sentiment et la vie; tout le reste était livré au mécanisme. Pour nous, qui avons accordé l'étendue à la monade, nous pouvons conserver l'hypothèse de Descartes, et concevoir comme lui le mouvement dans l'étendue, c'est-à-dire, dans le plein des monades, sans pour cela nier qu'il y ait dans la matière autre chose que de l'étendue, puisqu'il y a l'être lui-même, l'être qui agit dans certaines limites et qui perçoit de même. Nous donnons ainsi à l'étendue morte de Descartes la vie que Spinosa demandait pour elle, et nous expliquons, moins confusément que Leibnitz dans ses *œuvres exotériques*, ce qui manquait à la matière cartésienne.

28. La chimie occupe entre la physique mécanique et la physique vitaliste une sorte de terrain neutre où ses progrès, comme science théorique et spéculative, sont très-difficiles. Il nous semble cependant que l'étude des formes, c'est-à-dire du mouvement et de ses lois, doit prédominer en général dans les sciences qui ont pour objet de régler les évolutions phénoménales des corps, plutôt que de rechercher les causes métaphysiques de ces évolutions. Et en effet, la chimie n'est parvenue à se constituer qu'en apprenant à *peser sa matière* et à soumettre à la vue et au tact, pour ainsi dire, tous les éléments des corps. La théorie des proportions multiples lui a fait faire un pas de plus dans cette voie. Il lui resterait à ramener aux lois qui régissent les modifications d'un nombre restreint et déterminé d'êtres ou de corps les propriétés jusqu'ici irréductibles d'une soixantaine d'entités élémentaires, et à rendre

compte, par l'état dynamique ou statique des éléments indivisibles de ces corps, des mystérieux phénomènes, de l'isomérie et de l'isom rphie. En un mot, l'étude des mouvements intimes de la matière, si une heureuse hypothèse pouvait y donner entrée, rendrait l'unité à cette science aujourd'hui perdue dans une multitude infinie d'expériences. Quant à la section organique de la chimie, si l'on parvenait à étudier la composition des parties des êtres vivants, végétaux ou animaux, sans détruire tous leurs organes visibles, elle formerait une branche à peu près inconnue encore de la physiologie; mais jusqu'ici la vie s'est refusée au creuset et à la balance.

Nous avons vu en détail, dans les livres précédents, comment la physique mécanique et la physique vitaliste ont contribué aux progrès des connaissances, et comment la physique expérimentale et inductive, telle qu'elle est aujourd'hui constituée, peut, en qualité de science active, exploratrice et essentiellement variable, préparer continuellement par ses travaux un appui à la science générale; nous n'avons donc rien à ajouter ici sur ce sujet. Remarquons cependant qu'en exceptant la chimie, dont les progrès sont si récents, aucune découverte essentielle comparable à celles de Képler, de Galilée, de Descartes, de Leibnitz et de Newton, n'est venue s'ajouter à l'ensemble du savoir. Ne faudrait-il pas attribuer, au moins en partie, la faiblesse des travaux scientifiques actuels à l'éducation étroite et aux préjugés philosophiques de la plupart de nos savants positifs? La physiologie même, et cependant les médecins sont des plus empressés quand il s'agit de décrier et d'insulter le passé, qu'a-t-elle ajouté à la circulation du sang? Les esprits animaux ont-ils été vaincus par les fluides vitaux, les humeurs par l'irritation? La fièvre a-t-elle été expliquée, le centre des opérations organiques a-t-il été trouvé, et les maladies ont-elles été mieux guéries? On cherche tout cela cependant aujourd'hui, comme il y a deux siècles, et on ne suit que les voies ouvertes il y a deux siècles, et ce qu'alors on n'a pas trouvé on ne le trouve pas davantage. Concluons, en souhaitant que les savants rendent plus de justice à leurs devanciers, et étudient en général avec moins de prévention les idées de ceux qui ont découvert les grands principes et tracé les contours d'une science dont il n'y a plus qu'à savoir remplir les vides.

20. La conciliation des principes de la liberté et de la nécessité

nous permet d'ébaucher une théorie générale de morale et de politique propre à réunir les points de vue les plus opposés. Nous savons en effet, et nous admettons avec Descartes, que l'homme est libre sans être jamais indifférent; nous ne sommes pas plus esclaves de l'ordre de vérité, de bonté, de beauté écrit en nous que si nous étions comme Dieu créateurs de cet ordre sans dépendre en rien de ce qui en est écrit hors de nous. Mais d'une part, nous sommes finis dans la connaissance, d'autre part, combattus par des pensées contraires. De là, l'erreur et le péché. L'erreur dépend de l'imperfection de la connaissance et n'a rien de positif, le péché naît de l'application de la volonté, soit à une pensée, soit à un acte dont nous avons conscience comme contraire à l'ordre. Ainsi l'idée de la liberté et celle de la nécessité jouent toutes deux un rôle important dans l'appréciation morale des actes, et, du reste, le consentement universel des hommes les a toujours unies. Le principe de la *perfection* morale posé par Wolf, et qui peut s'énoncer ainsi : *Agis toujours de telle sorte que ton action puisse être regardée comme comprise dans la série des choses naturelles ordonnées par Dieu, et travaille à faire entrer toi-même et autrui dans ces lois*, nous semble représenter la notion de nécessité morale que tout système d'éthique doit contenir. Au contraire, le principe de la *sympathie*, ou penchant naturel à l'amour et au bien, placé dans l'homme et dans sa libre nature, quand aucune passion ne la gouverne, cette même perfection comme étant en lui et par lui sans aucune considération extérieure et, en effet, nous ne croyons pas qu'on puisse nier l'amour désintéressé, ni la vertu spontanée, pour ainsi dire. Enfin il est un troisième principe moral qui existe plus particulièrement encore dans l'homme social. Ce principe, qui régit évidemment une *sphère morale* inférieure aux deux précédentes, mais dont l'utilité est immense, c'est l'*honneur*, c'est-à-dire, la répulsion pour un état que nous savons devoir nous faire regarder comme déchus, soit par les hommes qui nous entourent et soumettent nos actions au contrôle de leurs lois et de leurs jugements, soit par rapport à Dieu considéré comme auteur libre et respecté de ces lois (1).

(1) La loi de crainte, déjà si fort affaiblie par le christianisme, ne tendrait-elle pas à disparaître d'entre les hommes, sinon comme institution sociale, au moins comme élément de la religion et de la vraie morale. Nous tromperions-nous en pensant que ceux des principes reli-

Or, s'il est vrai qu'un grand nombre de prescriptions morales ont été généralement invariables dans le cours du développement de l'humanité : *Ne tue pas ton frère, ne trahis pas celui qui a reçu ta foi,* etc. Il n'en est pas moins vrai que la plupart des règles de conduite pour la vie privée ou publique, ont été graduellement modifiées, et ne dépendent d'aucune intuition absolue. Nous voulons conclure de là que les parties spéciales et secondaires de toute doctrine morale reposent avant tout sur la croyance et sur une croyance variable parmi les hommes. Le premier objet de l'histoire est de rechercher la loi de ces variations Au surplus, comment la morale serait-elle éternellement fondée et immobile, quand elle se rapporte à l'essence même de la vie humaine, et quand les hommes sont socialement progressifs, et par suite individuellement ! La morale doit donc varier, et les institutions humaines avec elle. Au point où nous en sommes aujourd'hui, si nous ne pouvons, d'après ce qui précède, admettre la possibilité d'un système d'éthique absolu et complet, c'est-à-dire propre à régler à jamais toutes les relations des hommes entre eux et avec les autres êtres, nous pouvons cependant déterminer des principes généraux, et arriver par suite à quelques notions de politique.

Nous avons fait remarquer l'apparition de l'idée de solidarité, sous sa forme philosophique, dans les doctrines de Bacon et de Descartes ; et si cette idée semble appelée de nos jours à une grande fortune, c'est peut-être parce qu'elle donne une forme très-belle et très-précise au principe de la nécessité dans les relations sociales des hommes ; ensuite l'amour de soi et l'amour d'autrui, la perfection individuelle et la perfection commune, trouvent dans cette idée un même fondement. D'ailleurs, éminemment humaine, elle détruit à leur base, et la dévotion ascétique, et l'égoïsme, tandis qu'éminemment divine aussi pour qui sait la comprendre et l'enseigner, elle rattache le mouvement de chacun des êtres aux lois éternelles que Dieu a prescrites au mouvement de leur ensemble..

Le système des monades apporte au principe de la solidarité un grand moyen de direction et de développement, en per-

---

gieux qui s'appuient sur cette doctrine méchante du péché originel, et de l'éternité des peines, sont aujourd'hui regardés généralement comme de nature à faire attribuer à Dieu une morale moins élevée qu'au plus grand nombre des hommes ?

mettant de comparer les relations morales, et surtout politiques, aux relations organiques des êtres. Ainsi la société peut être assimilée au corps humain, qui se compose de plusieurs organes centralisés en un seul. La correspondance du devoir et du droit est également sensible dans les deux cas, tout individu ayant nécessairement un droit aussitôt qu'il a un devoir à accomplir. Le devoir se fait connaître au point de vue de l'ensemble, le droit au point de vue de l'individu. Mais de même que l'individu n'a qu'une puissance limitée dans l'organe, il n'en a qu'une limitée aussi dans la société. Chaque organe forme naturellement un certain centre dans le corps, et tous ensemble sont centralisés dans le cerveau, de telle sorte que chaque chose soit disposée en vertu des fonctions à remplir; de même, dans une société vraiment organisée, chaque fonction ne devrait-elle pas être définie et centralisée soit en elle-même, soit dans ses rapports avec les autres? Mais dans la société il y a nécessairement lieu de tenir compte à l'individu d'une liberté bien plus développée, et par conséquent plus incoërcible ; et, autant que possible, il faudrait que chacun ne fût tenu d'obéir qu'à la loi qu'il a contribué à faire et qu'il aime librement. Dans la société chaque organe spécial peut créer avec conscience la monade centrale à laquelle il doit obéir; et, en effet, pourquoi chaque individu ne nommerait-il pas un chef dans l'ordre de ses attributions ? pourquoi ces chefs eux-mêmes n'éliraient-ils pas les leurs? Ainsi, à côté du principe gouvernemental et absolu qui naît infailliblement en politique de la considération de Dieu, de l'ordre général des êtres, de la nécessité et des devoirs individuels, un principe d'élection vient se poser, né à son tour de la considération de l'homme, de sa fonction spéciale, de sa liberté et de ses droits personnels. Si le premier de ces principes ne peut avoir d'application satisfaisante qu'en partie, et là où la religion et la morale sont parfaitement définies et la science bien déterminée, l'autre de son côté ne peut s'appliquer qu'à l'aide d'une constitution très-savante, d'une exacte détermination des droits, et surtout d'une préparation suffisante de chacun au rôle qu'il doit remplir. Hors de là, et tant que l'éducation sociale et politique du peuple n'aura pas été plus avancée qu'elle n'est, ni les droits et les fonctions dans la société mieux déterminés, nous serons obligés de composer des systèmes empiriques qui seront d'autant plus mauvais qu'un plus grand nombre d'ignorants aura contribué à leur constitution et à leurs modifications successives.

50. Ici s'arrête la recherche que nous nous proposions, celle d'un principe de restauration de la philosophie française, et d'absorption en elle de tous les éléments que le temps y a découverts et fait fructifier. Nous ne pouvons mieux résumer la méthode que nous aurions voulu suivre qu'en exposant un plan succinct de la philosophie selon les principes qui nous sont apparus dans le cours de cette recherche.

D'abord, la *croyance* pose l'idéalisme, la logique, le monde entier dans la pensée de l'homme. Premier état de la philosophie. C'est déjà l'être à explorer jusqu'à ses dernières profondeurs, c'est une revue complète des idées, c'est la création dans la conscience.

Ensuite, la *croyance* projette le monde hors de la pensée. Ici vient l'ontologie, la connaissance de l'être en soi, l'étude de la cause, de la nature et de la fin, la recherche des lois des ensembles organiques, et la détermination rationnelle des formes de leurs relations, enfin la solution de toutes les antinomies et la conciliation des contraires.

De la logique et de l'ontologie, c'est-à-dire de la connaissance universelle des êtres et de leurs rapports, la morale et la politique doivent se déduire, les principes de toutes les sciences se constituer; et il ne reste plus qu'à vérifier graduellement, pendant toute la durée de l'évolution humaine, la doctrine par les faits et les faits par la doctrine.

Il est temps pour la France de revenir définitivement à la philosophie. A elle la réalisation de ce beau plan. Lancée de bonne heure dans l'ère des applications, elle a quelquefois perdu de vue la doctrine; plus qu'aucune autre nation elle a, dans son enthousiasme et dans sa mobilité, contemplé, adoré l'immuable vérité sous les faces les plus opposées, et, selon ses propres modifications, elle s'est échauffée à ses feux divers, éclairée de ses diverses lumières. Mais il lui convient de se rappeler aujourd'hui que la philosophie moderne, la mère de toutes les philosophies, celle qui les contient et peut les rassembler toutes, est la philosophie française, et que les grands hommes de la savante Allemagne sont des disciples de Descartes. Qu'elle revendique donc l'héritage du maître, et qu'elle le cultive selon le principe de la France nouvelle, la réalisation, et de la vieille France, la croyance et l'harmonie.

TABLE

DES NOMS ET DES DOCTRINES.

Absolu, 18, 362 et seq., 365, 414.
Abstraction, 426, 433-6.
Achille (de Zénon), 168, 296, 386, 408.
Affirmation, 380.
Agrippa (Cornelius), 30, 186.
Alembert (d'), 338-9.
Algèbre, 31, 87, 88, 267. (V. Mathématiques.)
Ame (esprit, intelligence, pensée), 62, 74, 76 et seq., 122, 133, 138, 146, 162, 177, 192, 227, 247, 262, 270, 274, 282, 325, 331, 337, 339, 343, 344, 359, 365, 371, 399, 415, 429, 433.
Analyse, 36, 56, 65, 85, 135, 137, 380.
Animaux, 122, 192, 277, 363, 433-4.
Antiquité (esprit de l'), 2, 391 et seq.
Aristote, 5, 10, 14, 26, 27, 44, 143, 150, 167, 168, 408.
Aristotéliciens, 14, 26.
Arnaud, 191, 276.
Atomes, 173, 176, 178, 315, 319, 331, 367, 386, 410.
Attraction, 147, 149, 178, 305, 306, 340, 434.
Attribut, 63.
Axiomes, 65, 135.

Bacon, 35 et seq., 133 et seq., 157, 167, 183, 408.
Bayle, 332 et seq., 397.
Bekker, 235.

Bérigard (de Moulins), 169.
Berkeley, 327 et seq., 334, 336, 337, 408.
Bichat, 355, 430, 435.
Bonnet (Charles), 365, 432.
Boscovich, 332 et seq., 337.
Bossuet, 207 et seq., 221.
Bruno, 15, 16, 19, et seq., 21, 350, 395.

Cabale, 12 et seq. 517.
Cabanis, 344.
Campanella, 7, 22, 27, 44, 351.
Cardan, 14, 31.
Caterus, 194, 195.
Cavalieri, 291.
Causalité, 67, 159, 160, 329, 398, 428.
Césalpini, 11, 24.
Chimie, 312, 318, 437.
Christianisme, 7, 240, 394, 397, 417, 439. (V. Théologie).
Clarke, 331, 420.
Clauberg, 234, 235.
Clerselier, 222.
Collins, 351.
Condillac, 336 et seq., 340.
Connaissance, 379, 380.
Contradiction, 245, 377 et seq., 390, 394 et seq.
Création, 71, 195, 202, 209, 285, 287, 416.
Criterium, 18, 58, 60, 75, 140, 175, 191, 192, 201, 231, 268, 288, 322 et seq., 360, 376.

Croyance, 375, 375, 398, 402, 408, 410.
Cudworth, 517, 518.
Cusa, 17 et seq., 20, 395.

Daniel, 213, 214.
Dante, 13.
Delaforge, 222.
Descartes, 16, 42 et seq., 186 et seq., 293, 297, 299 et seq., 372, 376, 398 et seq.
Dieu, 69 et seq., 135, 156, 165, 180, 195, 204, 209, 242, 259, 268, 284, 289, 328, 389, 414 et seq., 427,
Distinction, 68.
Divisibilité, 77, 95, 314, 386.
Dualisme, 241, 299, 300, 370, 429.
Dupuis, 542.
Durée, 64, 96, 245, 373, 383.

Écossais, 556 et seq.
Éclectisme, 411 et seq.
Égoïsme, 263, 330, 372.
Encyclopédistes, 358 et seq.
Erreur, 82, 193, 377 et seq., 438.
Espace, 64, 158, 281, 284, 319, 321, 355, 359, 385, 420.
Essence, 67, 75.
Étendue, 62, 270, 373, 385, 393, 420 et seq., 429.
Euler, 307, 311, 347.
Exception, 425, 435.

Fénelon, 200 et seq., 254.
Fermat, 291, 292, 312.
Fichte, 361, 362, 409.
Ficin, 12.
Finalité, 82, 137, 180, 360.
Fluxions, 293.
Formes (plastiques), 318.
Fraternité, 4, 568.

Gale (Théophile), 317.
Galilée, 32, 305, 308, 309.
Gassendi, 171, et seq., 188, 189, 535.
Généralisation, 426. (V. Universaux.)
Géométrie, 84, 161. (V. Mathématiques.)
Glisson, 352.

Gueulyncx, 234.

Harmonie (préétablie), 280, 282, 283, 353, 406, 424, 429.
Hegel, 363, 564, 410.
Helvétius, 339, 341.
Hobbes, 151, et seq., 189 et seq., 320, 321, 329.
Huet, 210, 230.
Hume, 329, 359, 366.
Huyghens, 229, 230, 307, 312.
Hypothèse, 57, 310.

Idées, 62, 152, 268 et seq., 320, 357, 360, 364, 373, 393, 427-8.
Idéalisme, 251, 327, 356, 360, 370, 376.
Immortalité, 78, 262, 274, 429.
Impénétrabilité, 95, 314, 385.
Individuation, 203.
Induction, 57, 142, 145, 157.
Inertie, 98, 100, 301, 455-6.
Infini, 19, 62, 69, 159, 188, 202, 383, 385.
Infinitésimal, 293, 298, 420, 421.
Intuition, 62.

Jésuites, 43, 196.

Kant, 359 et seq., 367, 408, 427, 431.
Képler, 33, 230, 545.

Lamettrie, 343.
Lamothe-Levayer, 215.
Lamy (Bernard), 224.
Lamy (le P.), 254.
Langue (universelle), 185, 186.
Lefebvre (ou Fabre d'Étaples), 14, 50, 186.
Leibnitz, 231, 278, 293, 298, 304, 305, 324, 334, 351, 354, 400.
Leroy (Henri, 252, 345.
Liberté, 80, 126, 165, 193, 244, 262, 274, 286, 321, 331, 359, 362, 365, 383, 425, 434-8, 440-1.
Locke, 316, 319, 335.
Lois (naturelles), 91, 108, 302, 312, 349, 425, 435-6.
Lulle (Raymond), 10, 186.
Lumière (théorie de la), 108, 112, 117, 311, 346.

DES NOMS ET DES DOCTRINES.

Magnen, 170.
Mairan, 507, 275, 313.
Malebranche, 224, 267, 295, 303, 304, 329, 405.
Mandeville, 331.
Matérialisme, 233, 331, 341 et seq., 343.
Mathématiques, 47, 83, 86, 161, 185, 249, 280, 290, 395, 416, 420.
Matière, 22, 23, 75, 76, 92, 148, 152, 159, 173, 178, 247, 271, 327, 349, 352, 371, 421, 434.
Mécanique, 299, 309.
Médicis, 12.
Mersenne, 192, 219.
Méthode, 54, 84, 91, 155, 249, 267, 358, 361, 577.
Moderne (esprit), 7, 40, 131, 132, 181, 391.
Monade, 279, 283, 285, 351, 419, 421 et seq., 434, 440.
Montaigne, 39, 41, 181, 215.
Morale, 123, 149, 156, 163, 179, 255, 257 et seq., 277, 331, 333, 341, 367, 383, 384, 438 et seq.
Morus (Henri), 317, 318.
Mouvement, 97, 148, 160, 178, 243, 303, 304, 327, 385, 425.
Multiplicité, 374, 382, 385, 389.

Nécessité, 129, 163, 238, 321, 331, 341, 383, 425, 434, 438, 440-1.
Négation, 380.
Néoplatonisme, 11, 12, 14, 34, 40, 132, 317, 394.
Newton, 180, 203, 306, 331, 343 et seq.
Nominalisme, 153, 157, 167, 189, 426.
Non-être, 377, 381, 388.
Notions (transcendantes), 434.

Objet, 370, 385, 388.
Occasionalisme, 223, 234.
Optimisme, 287, 335, 353.
Oratoire, 195, 224.

Panthéisme, 22, 242, 247, 251, 263, 272 et seq., 284, 306.

Paracelse, 23.
Pascal, 216, 292, 308.
Passions, 119, 163, 207, 237, 259 et seq.
Patrizzi, 22, 30.
Perception, 358.
Pesanteur, 32, 106, 147, 178, 307, 345.
Physiologie, 110, 146, 162, 355, 434-5-8.
Physique, 23, 24, 28, 36, 38, 53, 60, 92 et seq., 277, 299 et seq., 345 et seq., 434 et seq.
Pic (de La Mirandole), 13.
Platon, 10, 11, 151, 168, 393, 408.
Pléthon, 9.
Politique, 149, 164, 263, 341, 367, 440.
Pomponazzi, 11, 14.
Port-Royal, 196.
Privation, 82, 378.
Progrès, 144, 199, 218, 356, 366, 368, 435.
Progrès (à l'infini), 194, 290.
Providence, 277, 286, 384, 416, 421, 433-4.
Psychologie, 316, 358.
Pythagore, 86, 89, 393.

Qualités (de la matière), 95, 326, 327, 357, 423.
Qualités (occultes), 25, 28, 45, 147, 177, 306, 346, 355, 434.

Rabelais, 39, 181, 214, 215.
Raison (suffisante), 286-7-8, 407.
Ramus, 50, 83, 132.
Régis, 225, 276, 307.
Renaissance, 4, 5, 8.
Reuchlin, 14.
Rêves, 58, 83, 162, 190.
Roberval, 291, 292, 308.
Rohault, 222, 307.
Rousseau, 339, 340, 367.

Sages (de la Grèce), 5.
Sanchez, 215.
Sceptiques, 39, 188, 198, 212, 215, 392, 395, 394, 400.
Scolastique, 5, 10, 40, 45.
Schelling, 354, 362, 409.

38

Sensualisme, 131, 180, 322, 325, 336, 341, 370, 380, 387, 407.
Solidarité, 82, 130, 149, 257, 440.
Sphères (célestes), 25.
Spinosa, 22, 234, 235, 273, 279, 281, 334, 381, 390, 404.
Substance (être, substratum, etc., 63, 241, 253, 269, 276, 279, 281, 372, 419, 421.
Succession (Idée de), 375.
Sujet, 370, 381, 388.
Symbolisme, 233.
Sympathie, 334, 366, 440.
Synthèse, 56, 83, 88.

Télésio, 22, 146.
Temps, 64, 158, 281, 333, 385.
Théologie, 198, 213, 221, 236, 240, 333, 397.
Thomas (saint), 5, 11, 194.

Tourbillons, 101, 305.
Trinité, 209, 255, 259, 398, 414, et seq., 419.

Unité, V. Monade.
Universaux, 64, 219, 269, 420.

Vanini, 15, 131.
Vérité, 74, 154, 193-4, 240, 286, 337, 434. (V. Criterium).
Vico, 368.
Vide, 91, 178, 308, 313.
Viète, 31, 87, 89.
Vitalisme, 301, 549.
Voët, 232.
Volney, 342.
Voltaire, 339, 340, 366.

Wallis, 293.
Wolf, 204, 325, 438.

FIN DE LA TABLE.

ERRATA.

Pages 4, ligne 6, unde, queas alios, *lisez* : unde queas, alios.
20, note 5, ligne 2, euno, *lisez* : et uno.
21, ligne 5, spinosique, *lisez* : spinosiste.
45, note 2, ligne 5, douteuses ; que si, *lisez* : douteuses que si.
75, note 2, ligne 5, n'est, *lisez* : est.
108, note 4, ligne dernière, V*e*, *lisez* : IV*e*.
116, note 4, ligne 5, forces, *lisez* : formes.
132, ligne 7, ainsi que, *lisez* : ainsi.
135, ligne 12, de possibilité d'être, *lisez* : de possibilité, d'être.
138, note 5, portiones, *lisez* : partitio.
142, ligne 14, du, *lisez* : de.
143, ligne 10, moyen, *lisez* : moyen en s'appuyant sur le mineur.
171, note 2, ligne 5, physiques. Vide, Atomes et Mouvement, *lisez* : physique : vide, atomes et mouvement.
172, ligne 3, manque, *lisez* : manquent.
284, note 4, ligne 5, armes; malgré, *lisez* : armes, malgré.
292, note 5, ligne 1, dans de, *lisez* : de.
296, ligne 51, peut, *lisez* : pouvait.
Ibid., ligne 52, pouvait, *lisez* : peut.
313, ligne 29, infiniment, *lisez* : indéfiniment.
324, note 5, ligne 2, intellecto, *lisez* : intellectu.
339, ligne 57, *supprimez* : soient.
340, note 4, ligne 2, profondes, *lisez* : profonds

9 avril 93

www.ingramcontent.com/pod-product-compliance
Lightning Source LLC
Chambersburg PA
CBHW051620230426
43669CB00013B/2120